Hermann Vogelstein, Paul Rieger

Geschichte der Juden in Rom

Zweiter Band

Hermann Vogelstein, Paul Rieger

Geschichte der Juden in Rom
Zweiter Band

ISBN/EAN: 9783743350199

Hergestellt in Europa, USA, Kanada, Australien, Japan

Cover: Foto ©ninafisch / pixelio.de

Manufactured and distributed by brebook publishing software (www.brebook.com)

Hermann Vogelstein, Paul Rieger

Geschichte der Juden in Rom

Geschichte der Juden in Rom

von

Dr. Hermann Vogelstein und Dr. Paul Rieger.

Zweiter Band.

Berlin.

Mayer & Müller.

1895.

Geschichte der Juden in Rom.

Zweiter Band.

1420—1870.

Von

Dr. Paul Rieger.

———⋆———

Berlin.

Mayer & Müller.

1895.

Inhalt.

Glück und Freiheit der Gemeinde im Zeitalter des Humanismus.

(1420—1550.)

Auf die Zeit der Irrungen und des Schwankens folgt jetzt wieder das unumschränkte, nur für ganz kurze Zeitdauer unterbrochene Papstregiment. Mit dieser Befestigung der päpstlichen Macht schwindet auch der letzte Rest der mehr erträumten als erkämpften Selbstständigkeit der Stadt. Unter dem Volksjubel beim Einzuge Martins erstirbt der grosse Gedanke an eine weltbeherrschende Roma. Dieser Jubel bedeutet das feige Zugeständnis, dass sich das Volk ohnmächtig fühlt, sich selbst zu regieren, dass es sich nach dem gewohnten Joche sehnt. Es ist zur Einsicht gekommen, dass nur ein Monarch den ewigen Wechsel in einen zufriedenstellenden, festen Zustand wandeln könne. Die für Augenblicke so hochstrebende Volksseele Roms giebt sich besiegt. Was hatte aber Rom alles dieser seiner Freiheit geopfert! Kraft und Wohlstand hatte es ihr hingegeben. Die Sitten des Volkes waren verwildert, sodass noch 1443 Alberto degli Alberti sagen konnte: Die Römer erscheinen mir alle wie Kuhhirten.[1] Rom selbst hatte „kaum noch die Gestalt einer Stadt".[2] Das musste und konnte unter einer zielbewussten Regierung anders werden. Von ebenso gewaltiger Bedeutung ist die Ankunft des Papstes für die jüdische Gemeinde der Stadt. Gebrochen ist die Macht der rohen Gewalt; nicht wie bisher ist die Gemeinde der Willkür eines bethörten Volkes preisgegeben.

[1] Reumont III. 1. p. 23.
[2] Vita Martini V. bei Muratori III. 2. p. 864.

Nicht wie bisher hat der Jude an jedem Tage ein neues Unheil von dem thörichten Einflüsterungen nur allzu gefügigen Pöbel zu befürchten. Eine Hand hält wieder die Zügel, ein planmässiger zielbewusster Wille regiert die Stadt. Allerdings bedeutet jeder Wechsel auf dem Stuhle Petri für die Juden eine andere Zeitperiode. Jeder neue Papst kann der nur gelittenen Gemeinde ein jähes Ende bereiten. Es ist aber charakteristisch für diese Zeit, dass gerade in Rom der Wille des Papstes wenigstens in dieser Beziehung beinahe ohne Einfluss und machtlos bleibt — und bleiben soll. Während ein unseliger Befehl eines Kirchenfürsten den Juden des ganzen Erdenrundes Unheil und Verderben bringt, bleibt die römische Gemeinde in dieser Zeit sicher und unberührt. Das Unglück bedroht sie scheinbar stets, erreicht sie aber nicht. Die Ursachen dieses eigentümlichen Verhältnisses liegen einerseits in dem seltsamen Missverhältnisse, in dem sich die kanonischen Lehren und das Leben am päpstlichen Hofe befinden. Päpstliche Dekrete und kirchliche Gebote scheinen für die Stadt gar nicht zu gelten; sie scheinen für die ausserrömische Welt gegeben zu sein, ein Umstand, der nicht zum wenigsten das Missfallen der Christenheit erregt und zur Reformation führt. In dieselbe Amnestie von Bullen und Kanones sind auch die Juden der Stadt eingeschlossen, welche trotz der grausamsten Gebote ein glückliches ungestörtes Leben unter den Augen der gebietenden Fürsten und der Wächter des kanonischen Glaubens führen dürfen. Allerdings befinden sich in der ganzen Reihe der Kirchenfürsten dieser Periode eigentlich nur zwei, welche den Juden nicht wohlwollend entgegenkommen. Neben dieser Hauptursache sind auch noch andere Gründe für diese Ausnahmestellung der römischen Gemeinde vorhanden. Sowie ein judenfeindlicher päpstlicher Befehl in Aussicht stand, erfuhr die Gemeinde davon durch den Juden verpflichtete, einflussreiche Personen, welche an der Erhaltung der Gemeinde nur zu oft das regste Interesse haben mussten. Bedeutende jüdische Männer, Ärzte und Hofagenten, hatten am päpstlichen Hofe gewaltigen Einfluss, den sie zu Gunsten ihrer jüdischen Glaubensgenossen in einem solchen Falle geltend machten. Schliesslich war die in ihrem Wohlstande so sehr herabgekommene Stadt auf diesen regsamen und arbeitsamen Teil ihrer Bevölkerung dringend angewiesen und daher nicht gewillt, denselben zu vernichten — und die Bedeutung der Juden für Handel und Wandel der Stadt sahen die Päpste selbst ein.[1]) Als aber wirklich einmal ein judenfeindlicher Papst erstand,

---

[1]) Darauf weist u. a. die Bulle Martins von 1419 hin.

— 3 —

wurde derselbe durch eine seltsame Fügung des Schicksals oder durch
eine eigentümliche Verkettung der Umstände an der Ausführung seiner
Pläne gehindert. So finden wir den Zustand der Gemeinde in dieser
Zeit stets erträglich, zumeist sogar glücklich. Die römischen Juden
haben sich auch dieser Stellung durch ihren regen Anteil an dem
wissenschaftlichen Leben der Stadt und durch ihre Mitanstrengungen
zu deren neuem Aufschwung würdig erwiesen. Durch fortwährenden
wertvollen Zuwachs gestärkt und durch eine Gemeindeverfassung auch
nach innen gefestigt, kommt die römische Gemeinde aus dieser Periode
hervor. Die glückliche Lage ändert sich wie mit einem Schlage unter
der Regierung Julius III. und seines Nachfolgers Pauls IV., die endlich auch dem Judenhass in der heiligen Stadt selbst, allerdings durch
mancherlei Umstände beinahe dazu gezwungen, ein Asyl gewährten
und diese bis dahin von Rom nur aus der Ferne gekannte tieftraurige
Verirrung des menschlichen Geistes in das Herz und das Mark des
römischen Volkes einpflanzten, aus dem sie sich nicht so leicht ent-
fernen liess.

Die Wohnsitze der Juden, welche im 16. Jahrhundert den Namen
„gli Ebrei" angenommen hatten, hatten sich wenig verändert. Sie waren
durch den Campo di flore, die Piazza di S. Croce und die Piazza
Giudea (platea iudeorum) deren ursprünglicher Name Area judea sich
etwa gleichzeitig in Platea iudea oder kurz Giudea geändert hatte [1]),
begrenzt. Der für die Schönheit der Stadt interessierte Julius II.
hatte im Jahre 1508 die letztere durch Niederlegung einiger Häuser,
welche den Platz zu sehr einengten, erweitert.[2]) Etwa gleichzeitig
wurde die Judenstrasse (via iudeorum) verbreitert.[3])

Mit den ehrenden Worten: temporum suorum felicitas hat eine
dankbare Nachwelt das Gedächtnis Martins V. geziert.[4]) Er hat das
Glück seiner Zeit gewollt und mit aller Kraft erstrebt. Mit eisernem
Fleisse hat er daran gearbeitet, aus dem verarmten trägen Römer
einen strebsamen ordnungsliebenden Staatsbürger zu machen. Durch

[1]) Gio. Battista de Rossi, Piante icnografiche e prospettiche di Roma anteriori
al secolo XVI, Rom 1879, Tafel II. 1, III., IV.
[2]) Siehe die Beschreibung Roms aus dem 16. Jahrhundert im Archivio della
R. società Romana di Storia patria VI. p. 445. 446. 448. 468. L. Schrader, Monumentorum Italiae libri IV. Helmstadt 1592. p. 200a.
[3]) Opusculum de mirabilibus Novae et veteris Urbis Romae. editum a Francisco
de Albertinis Rom 1510, 4. Febr. l. III. Daselbst die Inschrift auf der Piazza
giudea. Vgl. Gregorovius VIII. 111.
[4]) Gregorovius VII. 25.

1*

unbeugsame Strenge gegen die Kirchenräuber und Wegelagerer und gerechtes Regiment hat er den Wohlstand der Stadt gesichert. Man hat ihm von mancher Seite Geldgier vorgeworfen. Aber auch diese Gier nach Geld und Gut sollte ihm nur die nötigen Mittel zur Erreichung seiner grossen und edlen Ziele schaffen.[1]) Für die Juden der Stadt ist seine Regierung eine der glücklichsten gewesen. So oft und eindringlich wie er hat kein andrer Papst die Juden geschützt. Man fühlt sich beinahe veranlasst, die ungnädige Aufnahme der jüdischen Abgesandten durch Martin in Costnitz ins Gebiet der Fabel zu verweisen. Bereits am 12. Februar 1418 hatte er den Juden, die im römischen Reiche und anderwärts wohnhaft waren, ihre Privilegien und Freiheiten bestätigt.[2]) Die italienischen Juden besonders, d. h. die in der Lombardei, in Toskana, der Romagna, der Mark Ankona, der Marca Trevisana und in Venedig bedachte sein Edikt vom 31. Januar des folgenden Jahres. Dieses ist besonders dadurch interessant, dass es eine Folge der in Forli am 18. Mai 1418 beschlossenen Deputation der jüdischen Gemeinden Italiens gewesen zu sein scheint. In demselben heisst es nämlich ausdrücklich, dass es den fussfälligen Bitten der Juden um den Schutz und um die Hilfe des Papstes den Ursprung verdanke. Auch der Annalist bemerkt, dass Martin in diesem Edikte „die Juden in seinen väterlichen Schutz nehme gegen unverschuldete Plackereien von seiten der Christen und gegen erlogene Anklagen von Schurken, welche erheuchelter frommer Eifer oder die Aussicht auf Beute veranlassten". Das Edikt ist in Mantua unterzeichnet. Der Papst verbietet in demselben, die Juden in ihren Synagogen zu belästigen, er gestattet ihnen, nach ihren Gesetzen und Verordnungen zu leben und schützt sie gegen Zwangstaufen. Dabei erinnert er sie an das Verbot, an christlichen Sonn- und Feiertagen ausserhalb ihrer Häuser zu arbeiten und schärft ihnen das Tragen des Judenzeichens ein. Von ihm sollten nur ausnahmsweise Handeltreibende ausgenommen sein, um ihnen ihre Geschäfte zu erleichtern.[3]) Sobald es bekannt geworden, dass in dem Vatikan ein neuer Geist eingezogen sei, dass von einem Papste wieder einmal wie ehedem die Losung der Humanität

---

[1]) Voigt in Raumers historischem Taschenbuch IV. (Leipzig 1839) p. 114 ff. cf. p. 170 f. Reumont III. 1. 70.

[2]) Diese Bulle erwähnt von Sigismund. 26. Februar 1418: Wanne unser heiliger vater bapst martinus etc. Zeitschr. f. Gesch. d. Juden in Deutschland V. p. 191 (das Citat das. IV. 8 ist falsch) und bei Marini I. p. 135.

[3]) Raynaldi Annales ad annum 1419. 2. 22. Jan.; s. aber F. Vernet RQH 51 S. 377.

ausgehe, wandten sich die jüdischen Gemeinden in der Marca Trevisana und in anderen Teilen Deutschlands an ihn mit der Bitte, sie
gegen Zwangstaufen in Schutz zu nehmen und ihnen ihre Privilegien
zu bestätigen. Auch dieses schöne Denkmal ist uns erhalten. Der
Papst beschränkt sich in ihm nicht auf den Schutz der deutschen
Juden allein, sondern dehnt denselben auf alle Teile der päpstlichen
Herrschaft aus. Alle und jede von ihm oder seinen Vorgängern stammenden Privilegien, Steuerfreiheiten und Indulte sollten „unverletzliche" Geltung behalten.[1] Ein neues Edikt seitens des Papstes forderten die Hetzreden des Busspredigers Bernardin von Siena heraus. Er
verbietet darin ausdrücklich den christlichen Kanzelrednern[2] judenfeindliche Reden zu halten. Er untersagt ihnen, ihre Zuhörer vom
Verkehr mit Juden abzuhalten. Jeder Christ solle vielmehr den Juden
freundlich entgegenkommen und ihm durchaus keinen Schaden an Geld und
Leben zufügen. Im Anschluss daran erklärt er die unbedingte Gültigkeit
aller ihnen zugestandenen Rechte und Freiheiten.[3] Für den freundschaftlichen Verkehr mit Juden gab Martin seinen Glaubensbrüdern
selbst das beste Beispiel, indem er den weitgereisten Gelehrten Ahron
b. Geršon Abulrabi in Rom in seinem Palaste einen Vortrag über die
Kherubim halten liess, dem er und seine Kardinäle beiwohnten.[4] —
Von der grossen Judenschutzbulle vom 20. Februar 1422[5], die am
1. Febr. 1423 vom Papste — wahrscheinlich nur vorübergehend —
aufgehoben wurde, liess sich Elihe Saby „jude von Wonomien ein
doctor in der kunst der ertzney" in seinem Hause am 13. März eine
beglaubigte Abschrift und wohl auch Übersetzung ins Deutsche an-

---

[1] Sauerland in Zeitschrift für Gesch. d. Jud. in Deutschland V. p. 382 f. hat
dieses Privilegium concessum Judaeis abgedruckt (nach dem 25. November 1420).
Alamannia wohl gleich Königreich Deutschland nach dem Vertrage von Verdun.
Noch 1424 ermahnt Martin V. den König der Georgier, seine Juden nicht zur
Taufe zu zwingen (Stern. Urkundl. Beiträge S. 37).

[2] Von deren schlimmer Wirksamkeit gegen die Juden in Italien liesse sich
manches anführen. Cronache e Statuti della città di Viterbo, ed. Ignazio Ciampi,
Firenze 1892 S. 53. 405. Venne in Viterbo e. e. e. (1428). In Orvieto s. F. Vernet
RQH 51 S. 380. In der Notiz im Tagebuch des Paolo dello Mastro (Archivio della
società Romana di storia patria XVII. 1893 S. 88.) Recordo io Paolo che in nelli
1442 dello mese di maio venne in Roma uno predicatore che si chiamava frate
Bernardino ... e fece battezzare parecchi iudii ist wahrscheinlich mit Pastor 1424
zu lesen.

[3] Raynald Annales ad 1422. 36.

[4] S. dessen Kommentar zu תרומה, siehe literarisches Leben!

[5] F. Vernet RQH 51 S. 381.

fertigen.[1]) Elihe Saby ist natürlich kein Anderer als der bereits erwähnte Elia di Sabbato, d. i. Elia Beër (Fonte) b. Šabtai[2]), der seit 1405 römischer Bürger war. Martin machte Elia Giudeo[3]) sogar zu seinem Leibarzt, dem er bis zu seinem Tode treu blieb. Noch sein Nachfolger bediente sich dieses jüdischen Arztes. Martin hob sogar das Verbot gegen jüdische Ärzte, bei Christen zu praktizieren, gänzlich auf.[4]) Praktischen Wert verlieh er dieser Aufhebung weiter dadurch, dass er dem Arzte Vitale de Graziano die Ausübung der Medizin erlaubte.[5]) Dem jüdischen Arzte Gaiso (Gagio?) b. Šelomoh aus Rom erteilte der päpstliche Vizekämmerer freies Geleit von Fermo nach Rom und den Orten des Kirchenstaates.[6]) In gleicher Weise bestätigte der Papst die Privilegen der bereits erwähnten beiden Söhne Angelos, der jüdischen Chirurgen Leutio und Manuele — beide in Trastevere — durch eine Bulle vom 10. Dezember 1420.[7]) Magister Leucius war es dann auch, den der Kämmerer Martins Benedikt am 15. November 1426 zum Vorsteher (Gubernator) oder Schiedsrichter zur Schlichtung der Streitigkeiten innerhalb der Gemeinde oder zur Schaffung eines einheitlichen jüdischen Gemeinwesens bestellte.[8]) Über die Rolle, die ein andrer jüdischer Arzt, Magister Elia Alamannus, in dieser Zeit in Rom gespielt, sind wir nur mangelhaft unterrichtet. Elia war der Hausgenosse und Leibarzt des Herzogs von Bourbon. König Alphons IV., der bekanntlich den Judenhass des Gegenpapstes Benedikt XIII. verdammte und durch den Kardinal Adimari dessen judenfeindliche Bullen aufheben liess, liess durch ihn dem Papste den Brief überreichen und nicht näher bestimmte Angelegenheiten verhandeln. Am 8. Septbr. 1420 gewährte ihm der Vizekämmerer Ludwig aus Rücksicht auf den König und den Herzog

---

[1]) Stern, Beiträge S. 36 f.

[2]) Sein Sohn Benjamin, Zunz, Ges. Schriften III. p. 91. f.

[3]) Marini S. 134 f., Rodocanachi p. 172. Am 26. Novbr. 1420 wird ihm, der gegenwärtig in Firmo weilt, freies Geleit gewährt. Am 6. April 1421 wird die Gültigkeit dieses Geleitbriefes auf 4 Monate verlängert (Stern, Urkundl. Beiträge S. 25 f.)

[4]) Das. 135. 292 in der Bulle vom 20. Februar 1422 (quod mederi possint Christianis impune). Diese wohl identisch mit Raynald 1422. 36. Schon vorher (21. Sept. 1421) hatte er den Juden in Spanien die Ausübung der Medizin gestattet und sonstige Rechte eingeräumt (F. Vernet, RQH 51 S. 379).

[5]) Natali p. 181. Vessillo 1885 p. 317.

[6]) Stern S. 42.

[7]) Reumont III. 1. p. 67. Luiz und Manuele als zwei portugiesische Juden, siehe aber Marini I. p. 108.

[8]) Stern l. c. S. 38.

von Bourbon auf ein Jahr freies Geleit nach Rom, zumal er dorthin
auch wegen seiner ärztlichen Geschicklichkeit gerufen wurde.[1]) Wenige
Jahre später liess sich „der spanische Arzt und Rabbiner Magister
Elia“ in Avignon — wohl auf der Rückreise — eine zu Gunsten
der spanischen Juden erlassene Bulle vom Notar der Kurie be-
glaubigen.[2]) Über eine möglicherweise politische Sendung der beiden
Söhne des Abraham, Moyses und Angelus nach Rom (1424) sind wir
nicht weiter unterrichtet.[3]) Von der sonstigen Lage der römischen Juden
in diesen Tagen ist wenig bekannt. Gleich am Anfang von Martins
Regierung wurde die Gemeinde in die freudigste Aufregung versetzt.
Im päpstlichen Palast war im Jahre 1419 die Nachricht von der Erhebung der 10 Stämme zur Befreiung ihrer geknechteten Brüder ein-
getroffen und hatte dort nicht wenig Unruhe hervorgerufen. Auf diese
Kunde entschloss sich R. Eliah aus Rom im Nisan 1419 nach Jerusalem zu reisen, um dort authentische Nachrichten über diese Erhebung
einzuholen. Sein Reisegefährte war der aus sehr vornehmer Familie
stammende Jüngling Benjamin Elhanan. Eine weitere Nachricht über
diese Reise ist uns nicht erhalten.[4]) Von dem Schaden, den die in
den Niederungen des Tiber wohnenden Juden durch die gewaltige
Überschwemmung vom 30. November 1422 erlitten, wird nichts Näheres
erzählt.[5]) Nach allen gegebenen Zeugnissen muss aber die Lage der
Gemeinde eine ausserordentlich günstige gewesen sein, wenn sich dieselbe auch von den allzuharten Schlägen der früheren Zeit noch nicht
ganz erholt hatte. Ihrer schweren finanziellen Stellung kam Martin
dadurch zu Hülfe, dass er 1421 die Juden im Kirchenstaate, in Kam-
panien und der Romagna, in Sabinum, Toskana, Spoleto und Ankona
zu dem Tribute heranzog, den bis dahin die römische Gemeinde allein
zu zahlen hatte. Falls die Juden dieser Länder diese Leistung verweigerten, sollte die römische Gemeinde Hand an ihre Güter legen
dürfen.[6]) Das war eine grosse Erleichterung für die verarmte Ge-

---

[1]) Stern, das. S. 25.

[2]) F. Vernet, RQH 51 S. 391.

[3]) RQH 51 S. 416.

[4]) Jewish Quarterly Review IV p. 505). Im Brief an R. 'Amram heisst es
(das. S. 506) השמועה הגיעה בחצר מלך הגוים העומד במחוזנו זה ושמעו עמים
ירגזו ותתכהו זני

[5]) Muratori Script. III. 2 p. 864. Infessurae Diaria (Tommasini) S. 24. Inschrift bei Reumont III. 1. S. 570. L. Schrader, Monumentorum Italiae libri IV.
(Helmstadt 1592) p. 199a.

[6]) Stern, Urkundl. Beiträge S. 30, Ettore Natali, p. 106.

meinde. Auch mit einer anderen grossen Abgabe verschonte er sie.
Die Sarazenen hatten im Jahre 1428 den Minoriten ihre Kapelle
auf dem Zionberge genommen. Die letzteren hatten nichts Besseres
zu thun, als die Juden zu beschuldigen, dies veranlasst zu haben,
um die Kapelle in eine Synagoge zu verwandeln. Auf ihre Anklage hin fand es Martin für recht, die Juden der Republik Venedig und der Mark Ankona mit einer Strafsumme zu belegen. Eine
schwache Entschuldigung für dies Gebahren bot ihm der Umstand,
dass diese Gemeinden mit der Levante und dadurch mit Palästina in
Verbindung standen. — Martins Regiment war so milde, dass die Juden
glaubten, sich sogar über manche kanonische Vorschrift hinwegsetzen
zu können. Das durfte Martin nicht leiden. In einer eigenen Bulle
(Sedes apostolica, 3. Juni 1425) erinnert er deshalb die Juden an das
Gebot des Judenabzeichens.[1]) Hierher gehört auch die Vollmacht
(25. Januar 1426), die er dem Bischof von Gerace, seinem Kommissar,
gegen Juden, die öffentlich wucherten, kein Judenabzeichen trugen
und auch sonst den Befehlen der Kirche zuwiderhandelten, erteilte.[2])
Dass sich trotzdem seine judenfreundliche Gesinnung nicht geändert
hatte, beweist dann seine Bulle vom 15. Februar 1429 (Quamquam
Judei), die ihn zu einem unvergesslichen Wohlthäter der Juden
gemacht hat und an die jüdischerseits noch am Ende des 18. Jahrhunderts erinnert worden ist.[3]) In ihr stellt er die Juden unter
das allgemeine bürgerliche Gesetz. Ausser dem schon öfters betonten
Schutz gegen Judentaufen verspricht er ihnen manche Freiheiten. Er
hebt gewisse, ihnen früher auferlegte Taxen auf und gestattet ihnen
offenen Handel. Noch mehr, er erlaubt ihnen sogar, an den Schulen
zu lehren.[4]) Am 18. Juni 1430 bestätigte Martin noch einmal die
Freiheiten und die Organisation, welche Erzbischof Conrad von Nicosia,
der Kämmerer des Papstes Bonifaz IX. der römischen Gemeinde zugestanden hatte.[5]) Kaum ein Jahr später stand ganz Rom klagend
an seiner Bahre. Die jüdische Gemeinde hat aber diesen Verlust am
tiefsten beklagt. Gewiss mag Geld viel bei ihm zur Begünstigung
seiner jüdischen Unterthanen erwirkt haben[6]), in der That erhielt

[1]) Rodocanachi p. 147.
[2]) Stern a. a. O. S. 36.
[3]) Das in der Bittschrift von 1787 erwähnte älteste Dokument von 1429 ist
kein anderes als diese Bulle (Vessillo 1880 p. 309).
[4]) Rodocanachi p. 147. Diese Bulle dann von Paul III. bestätigt.
[5]) Stern a. a. O. S. 43.
[6]) cod. Dresdensis F. 48 CHRONIC. INCERTI AUTORIS Sed verò Egidj

die Kurie 500 Goldgulden vom Magister Elia hebraeus am 7. April 1423 [1])
und lieh am 26. Novbr. 1429 von Salomon Ventura de Musello 700 Goldgulden und 300 vom Magister Lewucius, der wahrscheinlich mit dem
gubernator der Gemeinde Leucius identisch ist [2]) — es hat aber Päpste
gegeben, die den Juden das Geld genommen, und ihnen dafür kein
Entgelt geboten haben.

Diese glückliche Lage der Gemeinde änderte sich unter Eugens IV.
(gewählt 3. März 1431) Regierung nicht, obgleich sie in den letzten
Jahren desselben ernstlich bedroht war. Rom hat das starre, ehrliche
Ringen Eugens wenig Glück gebracht. Kaum ein Vierteljahr nach
seinem Regierungsantritt sah er die Stadt im Aufruhr gegen sich.
Diese Gährung erfüllte die Stadt bis wenige Jahre vor seinem Tode.
Kaum hatte er den Frieden durch einen günstigen Vertrag mit den
Colonna gesichert, bedrohte der Römerzug Sigismunds seine päpstliche
Stellung. Nach langen Verhandlungen verstand sich Eugen zu dessen
Krönung in Rom (31. Mai 1433), wo er bis Mitte August verweilte.
Der deutsche Kaiser hatte eben erst der Stadt den Rücken gewendet,
als der von den Visconti aufgehetzte Fortebraccio dieselbe bedrängte
und alles Vieh raubte, das sich ausserhalb der Mauern befand.[3]) In
der äussersten Not forderte eine Bürgerdeputation Eugen auf, sich
seiner weltlichen Gewalt in Rom zu begeben. Standhaft wies dies der
Papst zurück. Da erhob sich das Volk unter Poncelletto de' Venera-
meri gegen ihn und proklamierte die Republik unter sieben Guberna-
toren der Freiheit. Den ärgsten Ausschreitungen des Pöbels gegen
sich musste er sich durch die Flucht entziehen. Über neun Jahre
blieb er der Stadt fern (4. Juni 1434 — 28. August 1443). Von
diesem Wechsel der Verhältnisse wurde die römische Gemeinde gar
nicht berührt. Bereits im Jahre 1432 hatte Eugen die Privilegien
der Juden in der Lombardei, in der Mark Ankona und in Sardinien bestätigt.[4]) Am 6. Februar 1434 versicherte dann der Papst
die deutschen Judengemeinden auf ihre Bitten seines Schutzes in
„menschenfreundlichen und duldsamen" Worten. Diese Bulle, die in

---

Cardinalis Viterbiensis. p. 213b auri sacra fames (Martin V.). Eugène Müntz Les
arts à la cour des papes Paris 1878 I. S. 5 spricht ihn vom Verdachte der Habgier frei.
[1]) RQH 51 S. 415 Nr. 31, vgl. S. 423 Nr. 82.
[2]) RQH 51 S. 419 Levocius, am Rande a magistro Lewucio.
[3] Ricordanze di Messer Gimignano Inghirami (Archivio storico 5. Serie I. 1888)
S. 48.
[4]) Stern S. 45.

ihren Grundzügen eine Wiederholung der des Honorius III. vom
6. November 1217 war, bestätigte die von Martin zugestandenen Rechte
und versprach den Gemeinden Schutz gegen Zwangstaufen.[1]) Diese
Bulle ist entweder identisch mit der vom 8. Februar 1433 oder in
derselben wiederholt. Auch in ihr wird die gewaltsame Judentaufe
verboten. Kein Christ solle einen Juden verwunden, töten oder berauben, niemand sie in ihre Festfeiern mit Knütteln und durch Steinwürfe stören. Auch das Auferlegen neuer Frohnden wird untersagt.
Keiner soll wagen, einen jüdischen Friedhof zu schänden oder zu ver-
kürzen oder gar jüdische Leichen auszugraben. Die Gemeinden sollen
bei der Einziehung der ihnen auferlegten Steuern und Lasten von allen
geistlichen und weltlichen Richtern unterstützt werden. In Ländern und
Gemeinden, wo sich die Juden keiner Rechte und Freiheiten erfreuen,
sollen sie auch nicht zu diesen auferlegten Repressalien zugezogen
werden, ausser wenn diese gerade der Juden wegen ihnen auferlegt
worden sind.[2]) Dieser vielseitige notwendige Schutz wirft allerdings
kein allzu freundliches Licht auf die Sitten und die Menschlichkeit
der christlichen italienischen Bevölkerung. Man hat sich aber darüber
gar nicht zu verwundern, wenn man die lieblosen Beschlüsse des damals tagenden Basler Concils betrachtet.[3]) Um so mehr ist es hervorzuheben, wenn sich ein Papst über solche Vorurteile erhebt und das
Panier der Menschlichkeit gegen Hass und Verleumdung hochhält.
Diesem sittlichen Grundsatze ist Eugen auch in den Tagen seines
Unglücks treu geblieben. Das bewies er auch dadurch, dass er den
jüdischen Leibarzt seines Vorgängers, Elia di Sabbatò, an seinem
Hofe behielt und ihm sein Bürgerrecht und seine Pension bestätigte
(1433).[4]) — In Rom sah es während Eugens Abwesenheit recht
stürmisch aus. In der Stadt herrschte das grösste Elend. Eine
Hungersnot brachte die Kornpreise auf eine nur selten erreichte
Höhe.[5]) Dann seufzte die Stadt unter dem tyrannischen Regimente
Vitelleschis, der es allerdings verstand, die Ruhe wiederherzustellen
und die Märkte zu beleben, so dass Paulus Petronius von ihm sagen
konnte: Er hielt uns mit grosser Zucht und im Wohlstande.[6])

---

[1]) Gemeiner, Regensburgische Chronik III S. 29; Allgemeine Zeitung 1838
S. 376 nach Schlager, Wiener Skizzen aus dem Mittelalter 1836.
[2]) Jewish Quarterly Review II. 1890 p. 530 f. (Neubauer).
[3]) Grätz VIII. 184 f. Mansi Concilia XXIX. 98 f.
[4]) Stern S. 45.
[5]) 1435. Pauli Petronii Miscellanea historica (Muratori XXIV. 1109 f.)
[6]) Gregorovius VII. 80.

Nach seinem Tode hielten Raub, Blutrache und Mord wieder ihren
Einzug in die Stadt, bis Eugens Einzug in Rom am 28. August
1443 [1]) der Stadt wieder eine Reihe von Jahren der Ruhe und des
Wohlstandes brachten. Noch vorher sollten die italienischen Gemeinden in die grösste Gefahr kommen. In einer Bulle vom 20. Februar
1435 hatte Eugen noch christliche Hetzpredigten verboten [2]) und zwei
Jahre später (1437) durch die Befreiung der Juden in Bologna von
der Zahlung von hundert Dukaten für das Pallium des hl. Petronius
seine judeufreundliche Gesinnung dokumentiert.[3]) Da sah er sich wohl
durch die Verhältnisse des Basler Konzils und seine in Spanien bedrohte päpstliche Stellung und durch spanische Einflüsterungen veranlasst, eine der grausamsten Bullen, welche die Geschichte kennt,
zu proklamieren. In einem Schreiben an die Bischöfe von Kastilien
und Leon vom 8. August 1442 untersagt er den Christen jeden nur
möglichen Verkehr mit Juden. Sie sollen nicht mit ihnen in einem und
demselben Hause wohnen (§ 8), von Juden keine ärztliche Hilfe verlangen und sich ihnen als Diener und Ammen nicht verdingen dürfen.
Den Juden wird der Bau neuer Synagogen, das Geldgeschäft und
öffentliches Arbeiten an christlichen Feiertagen verboten. Sie werden
aller Rechte beraubt, von allen öffentlichen Ämtern ausgeschlossen, ihr
Zeugnis gegen Christen wird für ungültig erklärt. Diese und noch
viele andere grausame Bestimmungen sollten binnen dreissig Tagen in
Kraft treten.[4]) Bald wurde diese Bulle auch auf Italien ausgedehnt.
In den 42 Artikeln beraubte der Papst die Juden aller Rechte. Bei
Verlust ihres ganzen Vermögens wurde ihnen die Beschäftigung mit
der heiligen Lehre untersagt. Nur der Pentateuch war ihnen gestattet.[5]) Stätterecht sollten sie nur mit besonderer Erlaubnis der
betreffenden Fürsten haben, alle Handwerke wurden ihnen verboten,
die jüdischen Gerichtshöfe aufgehoben. Diese gewaltige Gefahr einigte
die jüdischen Gemeinden Italiens wie ehedem in Bologna und Forli.
Rabbinerversammlungen in Tivoli und dann in Ravenna beschlossen
alles aufzubieten, um diesen päpstlichen Befehl rückgängig zu machen
oder wenigstens zu mildern. Die grössten Geldopfer wurden auferlegt. Nicht genug damit, wollten sie den am meisten bedrohten Glau-

[1]) Papencordt 482.
[2]) Stern S. 45.
[3]) Theiner, Cod. diplom. III. p. 342.
[4]) Raynald ad annum 1442. 15: vgl. die beiden Erlasse vom 8. Juni und
25. Oktober 1432 über die Judenzeichen (Stern S. 45).
[5]) שלשלת Amsterdam p. 94 a. f.

bensbrüdern im Kirchenstaate eine sichere Zufluchtsstätte schaffen. Sie machten grosse Anstrengungen, um vom Herzog Johann Franz von Gonzaga das Recht der Ansiedelung in Mantua, Religions- und Gewerbefreiheit und ihre eigene Gerichtsbarkeit zu erhalten. Alle diese Rechte wurden ihnen von Franz gewährt. Daraufhin verliessen viele Juden den Kirchenstaat, um sich in Mantua niederzulassen.[1]) Durch grosse Geldsummen erwirkten auch schliesslich die italienischen Gemeinden die Zurücknahme dieser grausamen Bulle.[2]) Die von der Kurie der römischen Judenheit für die freie und öffentliche Übung des Kultus auferlegte Summe mag nicht gering gewesen sein.[3]) Über diese Vereinbarung zwischen der apostolischen Kammer und den Juden der Stadt Rom wurde ein förmlicher Vertrag im Dezember 1443 abgeschlossen.[4]) Dieses Abkommen unterzeichneten neben den Fattori Isache figliolo de Mosé, Angelo f. d. Leone und Angelo f. d. Gulielmo Sacerdote auch Simone f. d. Angelo, Leone f. d. Angelo, Salomone f. d. Angelo, Lazaro f. d. Angelo, Salomone f. d. Lazaro, Isache f. d. Lazaro, Simone Saul f. d. Angelo, Angelo f. d. Mesulam, Sabato f. d. Sabato, David f. d. Mattethia, Conseglio f. d. Moise, Simone f. d. Moise, Joseph f. d. Justo, Moise f. d. Daniel, David f. d. Abbamari, Isache f. d. Elia, Sabato f. d. Leone, Simoel f. d. Semuel (!), Abraham f. d. Menahem und Gulielmo f. d. Menahem, ferner die Juden von Aquila, Solmona, Neapel, Terani, Rieti und Velletri[5]). Und bei diesen Opfern blieb es nicht. Nach den Bestimmungen der Bulle wurde auch der Zehnte, der wohl nicht viel weniger als tausend Scudi betragen hat, streng eingetrieben. Zu Martins Zeiten hatten die übrigen Gemeinden des Kirchenstaats zu den Rom auferlegten Steuern beitragen müssen. Nach dessen Tode hatten sich aber die italienischen Gemeinden dauernd geweigert, dies weiter zu thun, und so sah sich die römische gezwungen, den nutzlosen Streit mit den übrigen Gemeinden aufzugeben. Der neuen grossen jährlichen Abgabe gegenüber war Rom gezwungen, von neuem an den Wohlthätigkeitssinn der übrigen Gemeinden zu appellieren. Der spätere Leibarzt Pius II., Mošeh b. Izhak, richtete deshalb Bittschreiben an alle Gemeinden Italiens, die wohl den gewünschten Er-

---

[1]) Siehe Beilage No. 1, s. Carmoly, Rev. or. II. p. 464.

[2]) שלשלת das.

[3]) REJ IX. 88. Gregorovius Wanderjahre I. 78.

[4]) Vincenzo Forcella, Catalogo dei Manoscritti riguardanti la storia di Roma che si conservano nella biblioteca Vaticana. Rom 1879. I. 76.

[5]) Berliner II 1 S. 71.

folg gehabt haben.[1]) Für die Geschichte dieser Abgabe ist es nicht uninteressant, dass die Wittwe Kaiser Sigismunds kurze Zeit nach dem Tode ihres Gemahls vom Papste alle Steuern der in den päpstlichen Staaten ansässigen Juden, welche Sigismund dem Papste abgetreten habe, verlangte.[2]) Wenige Tage vor seinem Tode verbot Eugen noch einmal die gewaltsamen Taufen der Juden in Spanien (Januar 1447)[3]). Noch am 23. Februar 1447, seinem Todestage, entstand in der Stadt eine revolutionäre Regung, deren Ausbruch die Nähe Alfonsos von Neapel und die Wahl Nicolaus V. am 6. März verhinderten.

Es war ein seltsamer Mann, der da den Thron bestieg, mehr geeignet zum Gelehrten als zum Herrscher, ein liebenswürdiger, offener Mensch, einfach in Sitten, liberal in seinen Anschauungen, erst durch die rauhe Wirklichkeit aus einer erträumten Weltanschauung emporgerissen. Kein Wunder, dass seine letzten Lebensjahre Trauer und Misstrauen verbitterten. Gleich der Empfang der jüdischen Gemeindedeputation am Monte Giordano ist charakterisisch für ihn. Man überreicht ihm das Gesetzbuch zur Bestätigung. Er verdammt es nicht, wohl aber dessen Auslegung.[4]) Allseitig tritt er für die religiöse Duldung der Juden ein.[5]) Er schützt sie gegen die Inquisition.[6]) Er bestätigt ihnen bereits am 6. Dezember alle Privilegien, die ihnen das allgemeine und kanonische Recht einräumen, und verbietet in Wiederholung der Bulle Martins vom 20. Februar 1422 Hetzpredigten gegen Juden.[7]) Nur auf das verderbliche Wühlen Johann Capistranos und dessen niedrige Hetzereien, vielleicht auch auf spanischen Einfluss am päpstlichen Hofe ist die Bestätigung der grausamen Bulle Eugens gegen die spanischen Juden zurückzuführen.[8]) Capistrano war es ja auch, welcher dem Papste ein grosses Schiff anbot, um in demselben alle Juden in ein Land jenseits des Meeres zu schaffen.[9]) Auf ihn ging

---

[1]) Rodocanachi p. 227.

[2]) H. C. B. Briegleb in Jeschurun VI. 114. Carmoly, Rev. or. II. 463.

[3]) Raynald ad annum 1447. 22.

[4]) Muratori, RIS III. 2. p. 869 Vitae Pontificum Rom.; Cancellieri, Possessi p. 42.

[5]) F. Kayser, Nikolaus V. und die Juden im Archiv für kath. Kirchenrecht LIII (1885) p. 210 f. Vgl. z. B. die Bulle vom 2. Novbr. 1447 für die spanischen Juden, vom 6. Juli 1451 für die in Parma, vom 20. Sept. 1451 für die böhmischen Juden (Stern S. 46 u. 54).

[6]) Basnage histoire IX. 31. p. 851.

[7]) Kayser, l. c. p. 216, Stern S. 46. Nur Martins Bulle kann hier gemeint sein. Für V. Kal. Mart. lies X. Kal. Mart., vgl. Stern S. 46 f. (1. Juli 1448).

[8]) Raynald ad annum 1451. 5 und Kayser, l. c. p. 212.

[9]) Cod. Vat. 7711 fol. 228 a. Siehe Beilage No. 19.

auch des Papstes Verbot vom 23. Juni 1447 zurück, auf Zinsen zu
leihen und verfallene Zinsen zurückzuzahlen. Diese Bulle hatte, wie
überhaupt das Wüten dieses Judenfeindes die Volksmassen der Stadt
dermassen gegen die Juden aufgereizt, dass dieselben ängstlich ihre
Häuser gegen das Andringen des Pöbels, welcher sie mit Steinwürfen
bedrohte, verschliessen mussten. Diese Unruhen verbreiteten sich bald
über ganz Italien. Die Gemeinde Recanati war bemüht, die italienischen Juden und vor allem die von Ankona zur Abwehr gegen diese
Massregeln zu veranlassen. Sie forderte diese Gemeinde auf, an die
Spitze des Unternehmens zu treten, wandte sich auch an die übrigen
Gemeinden und bestimmte eine Versammlung zur Durchberathung der
vorzunehmenden Schritte, vor allem zur Sendung einer Gesandtschaft
nach Rom. Die Ankonitaner forderten ihrerseits die Gemeinde Recanati
auf, ihren Bischof in Sachen der Juden nach Rom zu schicken.
Wegen der grossen Kosten verschob aber die letztere diese Massregel bis zum Zusammentritt der von ihr berufenen Versammlung,
deren Verlauf uns nicht bekannt ist.[1]) Als ein besonderes Schauspiel für das Jubeljahr 1450 hatte Capistrano eine sogenannte Disputation mit einem sonst unbekannten Magister der römischen Gemeinde, namens Gamaliel, arrangiert, die natürlich mit der notwendigen Taufe dieses Mannes und vierzig anderer Juden, welche Capistrano von der „sichtbaren Wahrheit des Christentums" überzeugt
hatte, endete.[2]) Falls der Name Gamaliel richtig überliefert ist, ist
es möglich, dass dieser Magister mit Gamaliel b. Selomoh identisch ist,
der bei einem Bücherverkaufe 1433 in Rom etwa die Rolle eines
Agenten spielte. Synagogae Romanae Magister war letzterer allerdings nicht.[3]) Die römische Gemeinde hätte damals andere Männer
ins Treffen stellen können. Die Disputation mit Gamaliel war demnach nur ein für fromme Seelen erhebendes Schauspiel mit rührendem
Ausgange. Vielleicht war auch ein derartiger Anziehungspunkt nötig,
um die durch die andauernde Pest [4]) gewiss sehr gesunkene Stimmung
der Pilger zu heben. — Die Romfahrt Kaiser Friedrichs III. und die
feierliche Einsegnung der Ehe des Kaisers mit der schönen Donna
Leonore von Portugal sowie dessen Doppelkrönung unterbrachen ein

---

[1]) Kaufmann in Revue des études juives XXIII. p. 251.
[2]) Wadding, Annales Minorum XII. p. 64 ad annum 1450.
[3]) Magazin I. p. 45.
[4]) Infessura (Tom.) p. 47, bereits seit Ende August 1448 wütete sie in Rom
und in ganz Italien.

wenig das ewige Einerlei in der Stadt.¹) Auch von den Juden wird
eine Zeit lang nichts Besonderes erzählt, bis ihnen das Jahr 1452
bisher nicht oder doch nicht in dem Umfange gekannte Schwierigkeiten brachte. In Rom herrschte grosser Geldmangel. Eine ordentliche Judenhetze liess sich aber unter Nikolaus, der eben erst (1451)
dadurch, dass er den jüdischen Ärzten Dattilo und dessen Sohn
Guglielmo das Recht erteilte, in Corneto, Montalto und Civitavecchia
zu praktizieren,²) seine wahre Gesinnung gezeigt hatte, nicht gut
in Scene setzen. Man fand einen anderen Weg zu dem Gelde
der Juden. Längstvergessene Prozesse wurden hervorgesucht, Anrechte auf veraltete Schulden geltend gemacht, um zu dem Vermögen
der Juden zu gelangen. Die Gemeinde, deren Existenz dadurch ernstlich in Frage kam, fand keinen anderen Ausweg, als ein Bittgesuch
an den Papst. Dieser willfahrte auch ihren Bitten, indem er am
2. Juli anordnete, dass alle gegen die Juden beabsichtigten Schritte
mit Ausnahme von Kriminalfällen binnen Jahresfrist verjährt sein
sollten.³) In dieser Weise schützte Nikolaus die römische Gemeinde,
welche bald den Unterschied zwischen einem liberalen Herrscher und
einem Finsterling spüren sollte, dessen grausame Pläne eine günstige
Fügung des Himmels vereitelte.

Ein Spanier bestieg den Thron; Calixt III. war am 8. April 1455
gewählt worden. Bei der Huldigung anlässlich seiner Papstkrönung
überreichte ihm die Gemeinde nach der althergebrachten Sitte am
Monte Giordano das reich mit Gold verzierte Gesetzbuch. Dieses
scheint die Goldgier des Volkes gereizt zu haben. Mit wildem Jubel
stürzte es sich auf das Huldigungsgeschenk der Gemeinde, wobei der
Papst selbst in Lebensgefahr geriet. Die Volksmassen bemächtigten
sich sogar des päpstlichen Baldachins.⁴) Diese unruhige Stimmung
hielt seine ganze Regierung hindurch an, besonders als man bemerkte,
wie sehr der Papst die Katalanier bevorzugte, und dass er in seine
nähere Umgebung nur seine Landsleute zog. Schon zu seinen Lebzeiten und sofort nach seinem Tode kam es deshalb zu den ärgsten
Ausschreitungen gegen dieselben.⁵) Es war zu erwarten, dass Calixt
sehr bald seine judenfeindliche Gesinnung äussern werde. Hatte er

---

¹) Pastor I. 378—82. Gregorovius VIII. 117—126.
²) Marini I. 294. Kayser, l. c. p. 220.
³) Vincenzo Forcella, Catalogo dei Manuscritti II. p. 223. n. 308—2506 (151 b
bis 153): Rodocanachi p. 150.
⁴) Cancellieri, possessi. 49. Pastor I. 508.
⁵) Pastor I. 603; Reumont III. 1 p. 129.

doch bereits am 24. Oktober 1455 verlangt, dass Synagoge und Begräbnisplatz der Juden in Taormina aus der Nähe der Kirche der
Predicatori entfernt würden. [1]) In der That veröffentlichte er auch am
28. Mai 1456 eine Bulle, welche alle die Einschränkungen jener berüchtigten von Eugen erneuerte, da die Juden angeblich die ihnen zugestandenen Rechte gemissbraucht hätten. Selbstverständlich hob er
auch alle Privilegien Martins, Eugens und Nikolaus auf. Die Bestimmungen dieser Bulle sollten auf alle Juden Spaniens und Italiens
Anwendung finden. Die den Juden konfiszierten Güter sollten für
den drohenden Türkenkrieg verwendet werden.[2]) Aber eben dieser
Krieg verhinderte die Ausführung der Bulle. Alle Staaten und nicht
zum wenigsten Rom selbst waren durch den Türken zu sehr bedroht.
als dass sie Zeit gehabt hätten, an die Ausführung einer Judenbulle
zu denken. Allerdings muss die Lage der Juden damals nicht be-
neidenswert gewesen sein. Nur zu bald gebot eine höhere Hand dem
Papste Halt. Am 6. August 1458 war er eine Leiche. — Die Türkengefahr beschäftigte auch seinen Nachfolger, den hochherzigen Pius II.,
andauernd. Unter Plänen und Vorbereitungen zu einem grossen Kreuz-
zuge verging sein Regiment, das unter anderen Verhältnissen ein
goldenes Zeitalter herbeigeführt haben würde. Der von ihm gewählte
Stadtkämmerer Tulius Fortipisanus regelte auch die Abgaben der
Juden und verwandelte die Vigesima in eine Kopfsteuer.[3]) Es ist von
Pius ferner die Erlaubnis, welche er Mošeh de Rieti gab, auch bei
Christen zu praktizieren, zu erwähnen.[4])

Von grösserer Bedeutung für die Juden war die Herrschaft seines
Nachfolgers Pauls II. Das Hauptbestreben dieses milden Fürsten, die
Ordnung der Stadt wiederherzustellen, war nicht von Erfolg gekrönt.
Dafür hat er aber Rom ein Volksfest geschenkt, das in seiner Eigen-
tümlichkeit Jahrhunderte lang für das Gepräge der Stadt typisch blieb
und einen ihrer Hauptanziehungspunkte bildete. Der prunkliebende
Papst verlegte die Faschingszüge von der Piazza Navona nach der
Flaminischen Strasse und fügte den sonstigen Vergnügungen der Fest-
woche eine ganze Reihe Wettrennen von Menschen und Tieren hin-

---

[1]) Codice diplomatico dei Giudei di Sicilia. Palermo 1884 T. 1 S. 578.

[2]) Raynald ad annum 1456. 67. Es ist wohl dieselbe wie die bei Marini 1.
292, in der Calixt jüdischen Ärzten verbietet, Christen zu heilen. Allerdings hier
Datum: 28. Dezember 1456.

[3]) Ms. Dresdensis A 203, Campanus epūs Apruntinus de vita Pii poēt. Maximi
p. 24 b., Beilage 2.

[4]) Marini I. 292. Stern S. 64.

zu. In Nachahmung der antiken Wettspiele sollten zur Erhöhung der „Volksfröhlichkeit" auf den Vorschlag des päpstlichen Vizekämmerers Vianesius aus Bologna an den einzelnen Tagen des Karnevals am Montage Knaben, am Dienstage Juden, am Mittwoch Greise u. s. f. um kostbare Decken (pallia) zur Belustigung des Volkes rennen.[1]) Diese Läufe hatten durchaus nichts Entehrendes, sondern waren lediglich wie es ein neuerer Schriftsteller ausgedrückt hat, „numéro du programme."[2]) Die Juden liefen in ihren roten Mänteln, von deren Tragen nur Ärzte und solche, die sich der Medizin widmeten, ausgenommen waren. Die Laufenden durften das zwanzigste Jahr nicht überschritten haben.[3]) Zu den Steuern für das Fest wurden alle Mitglieder der Gemeinde nach vorheriger Schätzung herangezogen.[4]) Die Juden scheinen sogar sehr gern Anteil an den öffentlichen Festlichkeiten genommen zu haben, bis raffinierte Rohheiten dem scheinbaren Spiele einen gar ernsten Anstrich gaben. Zum ersten Male erschienen die Juden am 9. Februar 1466 auf dem Rennplatze, der sich entlang der Via lata zog. Dieser Ort wurde bereits im nächsten Jahre (2. Februar 1467) mit der mehr als einen Kilometer langen Strecke vom Arco di St. Laurenzio in Lucina bis San Marco vertauscht.[5]) Die von Pius II. 1469 bestätigten, neugestalteten Statuti di Roma nennen im dritten Buche, in dem von den Spielen und Wettrennen und deren Vorbereitung geredet wird, als Laufbahn die Piazza Navona und die Gegend am Monte Testaccio. Das Statut, das für die Juden sonst keine neuen Bestimmungen brachte, setzte die Rennsteuer der Juden von neuem auf die bekannten 1100 fiorini fest.[6]) Zu den Abgaben der römischen Gemeinde sollten aber nach Pauls Willen wie unter Martin V. auch alle übrigen Juden des Kirchenstaates beitragen

---

[1]) Platina in seiner Vita bei Della Famiglia Sforza, Parte II. Roma 1795 p. 289; Infessura bei Eccard II. p. 1893, ed. Tommassini p. 69; Michael Cannesius bei Muratori III. 2. p. 1012. Gregorovius, Wanderjahre I. 78. Allgemeine Evang.-Lutherische Kirchenzeitung 1885. S. 157 ff.; A. Ademollo, Il carnevale di Roma al tempo di Alessandro VI. Giulio II e Leone X (1499—1520) Firenze 1891. Über Volksrennen in Verona um ein grünes Tuch siehe Dante. Com. Inf. c. XV. 121. Diese Rennen am 1. Sonntage nach den Fasten in Italien dann allgemein. (F. W. Barthold. Römerzug K. Heinrichs von Lützelburg, 1830 I. p. 250.)

[2]) Rodocanachi p. 154. Moroni LII 283, LXIV 39.

[3]) vigesimum suum aetatis annum non excedentes (Burchardi Diarium I. p. 240.)

[4]) Reumont III. 1. p. 463.

[5]) Ettore Natali p. 98 nach Diario di Paolo dello Mastro.

[6]) Vitali, Storia diplomatica de' Senatori di Roma, Rom 1791. S. 460. cf. Infessura. l. c. „ad Nagoni".

(12. Novbr. 1468).[1] Das Bestreben des Papstes, seine Römer zu erfreuen, wurde durch eine schreckliche Pest vereitelt, welche die Stadt im Jahre 1468 furchtbar heimsuchte. Schon Anfang Oktober 1464 drohte der Stadt die Seuche.[2] In den ersten Tagen des April 1468 trat sie von neuem auf. Bereits am Ende des Monats wütete sie entsetzlich. Am 3. Juni schrieb Laurentius de Pesaro aus Rom: Alles flieht. Am 8. Juli musste auch der ·Papst die Stadt verlassen, in welcher täglich vierzig bis fünfzig Menschen starben.[3] Ein weiteres Unglück war die grosse Tiberüberschwemmung am 29. September 1470. Das Wasser bespülte die Stadt bis zum Mark-Aurelsbogen am Corso.[4] Ein Zeichen von Pauls redlicher Gesinnung und seinem günstigen Verhältnis zu den Juden ist das Schreiben an Ferdinand, in welchem er etwas für damalige Zeiten durchaus nicht Selbstverständliches erklärt, dass man nämlich in einem Rechtsstreite einem Juden gegen einen Christen das Recht zuerkennen dürfe.[5]

Nicht so freundlich wie unter Paul war das Schicksal der grossen jüdischen Gemeinde unter seinem Nachfolger Sixtus IV. Die Vorläufer des grossen spanischen Unglücks zeigten sich bereits. Eine Blutbeschuldigung bedrohte Leben und Gut, die Macht der Inquisition die Seelen und Herzen der Juden. Die auch in Rom immer grösser werdende Zahl der Marranen, die nach der Einrichtung der Inquisition Spanien in hellen Haufen verliessen, trug ein gut Teil zur Unsicherheit und Unruhe der Gemeinde bei. Sie gefährdeten durch ihre Anwesenheit, oft auch durch Annäherung an einzelne hervorragende Glieder der Gemeinde deren ohnehin durch die Inquisition erschwerte Lage. Das Kirchenrecht verbot ja Juden ausdrücklich mit Neugetauften zu verkehren; und das mit Recht, da jene nur zu oft ihre Anhänglichkeit zu ihrer Mutterreligion nicht so tief im Herzen verbergen konnten, wie es Inquisition und kanonisches Recht verlangten. Neue soziale Einschränkungen gefährdeten noch besonders die Existenz eines Teils der römischen Gemeinde.[6] Wenn die Lage derselben trotz alledem eine erträgliche blieb, so ist das der Persönlichkeit des neugewählten Papstes zuzuschreiben. Er war verständig genug, die An-

---

[1] Marini II. 72, Stern S. 30.
[2] Brief des Johannes Petrus Arrivabenus an die Markgräfin Barbara von Mantua bei Pastor II. 632.
[3] Das. p. 647 f.
[4] Reumont III. 1. p. 434.
[5] Wolf in Hebr. Bibl. VI. 67.
[6] Siehe w. Sittengeschichte.

betung des in Trient ermordeten Knaben zu untersagen, und genug
Mensch, die Juden dort und überall gegen den Hass des Pöbels zu
schützen.[1]) Er war so katholisch, streng gegen die Marranen aufzu-
treten[2]) und die Einrichtung der Inquisition in Spanien zu gestatten[3]),
aber doch sittlich zu hoch stehend, als dass er deren grausame und
ungerechte Übergriffe stillschweigend hätte mit ansehen sollen. In
einem Breve vom 29. Januar 1482 tadelt er das unmenschliche Verfahren der Inquisition und schlägt die Bitte des spanischen Königs-
paares auf Errichtung derselben auch in den übrigen Teilen des
Reiches ab, obgleich ein gewisser Täufling Guillelmus Siculus in Rom
in einer Rede „die meisten Geheimnisse der Juden aufgedeckt hatte,
aus denen sonnenklar hervorging, dass die Juden in schändlicher
Hartnäckigkeit in ihren Irrtümern verharren".[4]) In einem ferneren
Edikt vom 2. August 1483 tritt er von neuem gegen die Härte und
Ungerechtigkeit der Inquisition ein und fordert Ferdinand und Isabella
zu milder Schonung auf.[5]) Streng sieht er auf die Eintreibung des
den Juden auferlegten Zwanzigsten[6]), aber er ist auch so einsichtig,
am 23. April 1476 durch den Erzbischof von Mantua von Rom aus
erklären zu lassen, dass er den Juden gestatte, auf Zinsen zu verleihen. Dass er seinen Leib auch einem jüdischen Leibarzte, der mit
einem sonst bekannten Mastro Salamone identisch zu sein scheint, anvertraut, stimmt ganz mit dem sonst von ihm Bekannten überein.[7])
Noch kurz vor seinem Tode (Mitte Juni 1484) liess er sich von diesem
die Ader schlagen.[8]) Auch drei andere jüdische Ärzte, der Magister

---

[1]) Martène et Durand Collectio amplissima II. p. 1516 (Briefregesten). Vgl.
Des. Archivio storico italiano, Ser. V, tom. XI. 1893 S. 262 ff.

[2]) Infessura (ed. Tommas. p. 227 Anm. 1. Compendium annalium Baronii ... ad
annum 1567 inclusive deductum Prag 1736 p. 706 ad annum 1483.

[3]) Pastor II. 541. Compendium l. c.

[4]) Jacobi Volaterrani diarium Romanum (Muratori XXIII. 130 f.) zum 20. April
1481. Guillelmus war des Arabischen, Lateinischen, Griechischen und Hebräischen
mächtig.

[5]) Pastor p. 543 f.

[6]) Martène et Durand, l. c. p. 1539. Brief des Papstes vom 13. Mai 1476 an
den Herzog von Ferrara: ne gravetur subsidium a clero et vigesimam a Judeis
exigi pro ecclesiae necessitatibus.

[7]) Infessura (ed. Tommasini) p. 132 Anm. 1 und p. 275 Anm. 2. In Roma
stessa, dai Registri del Camerlengo della Camera, ad annum 1482—83 nel Archivio
di Stato, riferimmo a p. 132 e 149, in nota, uno stanziamento „a mastro Salamone
medicho iudio perche medicavo uno in cancellerija d. I. et mezo".

[8]) Das. p. 132: un medico hebreo, lo quale è stato ad curarlo, lui prima ha
tronchi li nervi della braccia etc.

2*

der Künste und der Medizin Leo (27. Febr. 1474)[1]. Astruc de Balmes[2] aus Neapel und Manuele di Salomone aus Cesena wurden von ihm bestätigt.[3] Dabei hat er der jüdischen Literatur ein gewisses Interesse entgegengebracht. — Das gewöhnliche, die römische Gemeinde bedrohende Unglück, eine schreckliche Überschwemmung, blieb auch unter diesem Papste nicht aus. Am 8. April 1476 war die ganze ebene Stadt in einen See verwandelt.[4] Die Feuchtigkeit erzeugte eine ansteckende Krankheit, welche bis zum Oktober andauerte.[5] Bei derselben that ein Heilmittel, das ein Jude aus Regno erfunden hatte, der mit Giovanni Itrense eng befreundet war, die besten Dienste. Derselbe war eigentlich kein Arzt, sondern nach den Worten seines Freundes ein gelehrter Philosoph.[6] Eine Folge der Überschwemmung war gewiss auch der Einsturz zweier grosser Häuser auf der „Piazza Judeae", bei dem zwei Frauen und ein Mann ums Leben kamen.[7] Die gewaltige Strassenschlacht der Familien della Valle und Croce in der Nacht zum grünen Donnerstag 1482 vor dem Palazzo della Valle am Ghetto scheint Leben und Gut der Juden nicht gefährdet zu haben.[8]

Der sterbende Sixtus hatte die Stadt in völliger Anarchie verlassen, gegen die sein Nachfolger Innocenz während seiner ganzen Regierung vergebens ankämpfte. Seine schwache Gesundheit gab fortwährend Grund zu falschen Gerüchten über sein Hinscheiden, einen günstigen Anlass zu neuen Tumulten des Volkes. In welch' unsicherer und gefährlicher Lage sich dabei die Juden befanden, kann man schon daraus ersehen, dass die Huldigung der jüdischen Gemeinde, die bisher immer dem Papste am Monte Giordano dargebracht worden war,

---

[1] Stern S. 65.

[2] Nachkommen dieses Astruc sind der von Innocenz VIII. bestätigte Arzt Abramo di Mayr de Balmes in Neapel und dessen Sohn Landadio di Abramo de Palmis, Arzt des Cardinals Gambara (Marini I. 294, s. auch Ettore Natali p. 186); Abramo kann aber auch Astrucs Bruder gewesen sein.

[3] Marini I. 294.

[4] Bonini, Il Tevere incat. 1663 p. 53; Schrader, Monument. Italiae p. 199 a.

[5] Reumont, III. 1 p. 434. Pastor II. 464.

[6] Marini I. 295. Giovanni ist der Verfasser eines Werkchens über die Pest, das in Rom wahrscheinlich 1476 gedruckt worden ist. Marini I. 172 n. 5.

[7] Infessura bei Eccard II. 1890. Tommas. p. 81.

[8] Burckhardt, Renaissance II. 242 nach Jac. Volaterranus bei Muratori XXIII. p. 166 f. (lib. 2. cap. 112) cf. Infessura (ed. Tommas. p. 87). Vgl. den Kampf auf der Platea Judeorum am 18. August 1484 Infessura bei Eccard II. 1945 (Tommas. p. 165). Lettere di Lorenzo Lanti in Archivio st. d. Soc. rom. per la storia patria XI. 621.

vom neuen Papste, gewiss auf Ersuchen der Juden[1], „wegen der Gewaltthätigkeiten, die sich Römer und andere gegen die Juden herauszunehmen pflegten“, oder wie es an anderem Orte heisst[2], „damit sie nicht von den Römern, wie es bereits vorgekommen, verdrängt werden oder ihnen sonst Gewalt angethan werde,“ nach den unteren Zinnen in einem Winkel der Engelsburg — zum Platze zu — verlegt wurde. Hier überreichten sie ihm die Gesetzrolle zur ehrerbietigen Anbetung und richteten an den Papst eine hebräische Ansprache etwa des Sinnes: Heiliger Vater, wir Hebräer bitten im Namen unserer Gemeinde Eure Heiligkeit, dass Ihr uns würdigt, das vom allmächtigen Gotte unserem Hirten Moses auf dem Berge Sinaï übergebene mosaische Gesetz uns zu bekräftigen und zu bestätigen, sowie es die anderen Päpste, Eurer Heiligkeit Vorgänger, bekräftigt und bestätigt haben. Der Papst erwiderte darauf: Das Gesetz billigen Wir wohl, aber Wir verdammen eure Beobachtung und Auffassung desselben.[3] — Vergebens versuchte der Papst durch Strenge Ordnung zu schaffen. Eines Morgens wurde am Campidoglio ein Jude, wie man sagte ein Neophyt, wegen eines Diebstahls aufgehängt. Standhaft wies dieser den Beistand eines Christen in seiner letzten Stunde zurück und starb als Jude. Sein Genosse, ebenfalls ein Jude, sollte auch gehängt werden. Er stürzte sich in eine Kloake, wurde aber noch lebend herausgezogen und dann gehängt.[4] Den kleinen Dieb hängt man, den grossen lässt man laufen. Währenddem übte man in Rom ungestraft Diebstahl, Sakrileg und Mord. Dabei war der Vicecamerlengo so schamlos, vor Infessura es offen auszusprechen: Gott will nicht den Tod des Sünders, sondern dass er zahle und lebe.[5] Im Juli des Jahres 1487 erliess Innocenz eine Bulle gegen die Marranen in Spanien. Zwei besondere Kardinäle wurden nach derselben zur Inquisition gegen sie bestimmt.[6] Und Innocenz verstand Ernst zu machen. Schon am 18. August wurden in Rom acht Marranen eingekerkert.[7] Trotzdem kamen viele spanische Juden wie unter Sixtus IV. nach Italien und besonders nach

---

[1] Darauf weist der Ausdruck sed propter insolentiam que a Romanis et aliis Judeis fiebat, concessum est ipsis hic fieri. Burchardi Diarium I. 104. Cancellieri, Possessi p. 48 f.

[2] Burchardi Diarium ed. Thuasne I. 87.

[3] Das. und Gregorovius Wanderjahre I. 83.

[4] Burchardi Diarium I. 211.

[5] Reumont III. 1 p. 195.

[6] Infessura (ed. Tommasini) p. 227 cf. Raynald, Annales eccl. ad. ann. 1487 n. 48.

[7] Infessura (ed. Tomm.) p. 229 (bei Eccard II. 1979).

Rom, um sich bei Zeiten vor dem drohenden Ungewitter zu retten.[1]
Ein spanischer Jude war es, der beim Karnevalsrennen am 18. Februar 1487 vom Hospitale Angelicorum bis zum S. Petersplatze um das
2 cannae lange Purpurpallium kurz vor dem Ziele von einem anderen
überholt wurde, der allerdings von einem Pferde aufgehalten, zu Falle
kam, was dann eine Wiederholung des Wettkampfes zur Folge hatte.[2]
Dieser Zuzug von zum Teil sehr reichen und besonders sehr befähigten
betriebsamen Menschen hatte einen nicht geringen Einfluss auf die
Gemeindeverhältnisse. Dieser machte sich bald so sehr geltend, dass
sich das einheimische Element verdrängt oder doch in seinen Rechten
sehr beschränkt sah. Dazu kam noch der Stolz und das Selbstgefühl
der Superiorität, welches die spanischen Juden vor ihren Glaubensbrüdern besonders auszeichnete. Rechnet man noch die Gefahren hinzu, die der römischen Gemeinde durch die Nähe von zum Teil des
Abfalls vom Christentum verdächtigten spanischen Juden nach der
neuesten strengen Bulle gegen Marranen und solche, welche sie in
ihrer „Untreue" unterstützten, notwendigerweise erwachsen mussten,
so kann man sich die auffällige Zurückhaltung gerade der römischen
Gemeinde gegen die unglücklichen Religionsgenossen wohl erklären. —
Über das Ende Papst Innocenz VIII. hat sich schon kurz nach seinem
Tode eine seltsame Erzählung verbreitet. Ein jüdischer Arzt — der
Pfuscher in Lenaus Savonarola — sei zu dem ewig kranken Papst gekommen und habe ihm Heilung durch eine Einspritzung einer gewissen
Menge Menschenblut versprochen. Der Jude habe dann drei zehn-
jährigen Knaben soviel Blut entzogen, als er zur Operation für nötig
hielt. Diese misslang natürlich. Die Kinder starben an dem zu
grossen Blutverluste. Der Papst gesundete nicht und der Jude rettete
seine Haut durch schleunige Flucht. Diese von Infessura tradierte
Geschichte[3] ist in neuerer Zeit auf ihren wahren oder vielmehr un-
wahren historischen Gehalt zurückgeführt worden.[4] So viel kann man
aus ihr entnehmen, dass der Papst Vertrauen zu jüdischen Ärzten
hatte, was er auch dadurch bethätigte, dass er dem Arzte Abramo di

---

[1] Compendium annalium Baronii... ad annum 1567 inclusive deductum, Prag
1796, ad 1483 p. 706, quam plurimi de stirpe Judaica, relictis omnibus, in alia Regna
aufugere.

[2] Burchardi Diarium I. 240. Diario del Notajo del Nantiporto bei Muratori,
RIS III. 2. p. 1104.

[3] Infessura (Eccard II. p. 2005, Tommasini p. 275 f.).

[4] B. Boncampagni in Giornale degli eruditi e curiosi, Padova III 39—41 vgl.
II 770, 868 f.

Mayr de Balmes aus Lecce das Recht erteilte, in Neapel in seinem
Berufe ungestört zu wirken.[1] Am 25. Juli 1492 trat sein schon so
lange und so oft erwarteter Tod ein. An seine Stelle trat ein Mann,
an dem die Geschichte viel gesündigt, also auch viel gutzumachen hat.

Mit einem verständigen offenen Blick, der sich oft weit über den
beschränkten, allzukatholischen seiner Kardinäle erhob, war in Alexander VI. ein energisches aber doch liebevolles Herz vereinigt. Aegidius Viterbiensis weiss ihm eine grosse Reihe herrlicher Fürstentugen-
den nachzurühmen, wenn er auch nicht blind für Alexanders Fehler
ist.[2] Mit Erfolg haben ihn in neuerer Zeit Reumont[3]), Valentin
Nemec[4]) und Leonetti[5]) von den schwersten schon von seinen Zeitgenossen und ersten Biographen gegen ihn aufgehäuften Anschuldig-
ungen und Anklagen gereinigt. Über deren Grösse kann man sich
ein Bild aus dem Sündenkatalog machen, den ihm der Ceremonienmeister Pius III., Joannes Episcopus Ortanus offenbar nach einem
damals sehr verbreiteten Gedichte vorhält.[6] Alexanders Tod, heisst
es in den Versen, sei für Rom ein Glück. Des Papstes Tod bedeute
für Rom Leben. Alexander habe den Weltball durch Mordthaten ver-
heert. Das Gedicht schliesst mit den bekannten Worten:[7]

Kreuz und Altar, ja selbst seinen Gott verkauft Alexander.
Da er es früher gekauft, kann ers verkaufen mit Recht.

Die Unwahrheit dieser Anklagen hat er nicht zum wenigsten
durch sein Verhalten gegen die Juden bewiesen, welche ihm jedenfalls die zuletzt erwähnte eingebracht haben. Es ist beinah komisch,
das Julius II., der ihn nur den Marranen oder den Juden nannte, fest
überzeugt war, dass Alexander ein Beschnittener war, und sich darüber
kränkte, als man diese seine Überzeugung belächelte.[8] — An der Brücke S.
Angelo begrüsste die Gemeinde den neuen Papst von einer hohen Tribüne

---

[1] Marini I. 294.
[2] Ms. Dresd. F. 48: CHRONIC. INCERTI AVTORIS p. 254b s. Beilage
No. 3. Höfler in Archiv für Kunde oestr. Gesch.-Quellen 1854 (12.) p. 381.
[3] Reumont III. 1. p. 204 ff.
[4] Valentin Nemec, Papst Alexander VI. Klagenfurt 1879.
[5] A. Leonetti, Papa Alessandro VI secondo documenti e corteggi del tempo,
Bologna 1880.
[6] cod. Paris lat. 5163 fol. p. 4b, s. Beilage No. 4. Über den Verfasser das.
[7] Auch bei Schudt, Jüd. Merkwürdigkeiten I. 233.
[8] Döllinger, Beiträge zur Geschichte des 16. Jahrhunderts III. 383 nach dem
Tagebuche des Paris de Grassis 26. November 1507.

herab. Mit der Thorarolle bat sie ihn um Bestätigung ihres Gesetzes.
Lodernde Fackeln schmückten ihren Zug. Die Bischöfe von Neapel und
Siena stiegen von ihren Pferden und vollzogen das bei der Judenhuldigung
übliche Zeremoniell. Sonst unterschied sich diese Huldigung in nichts
von den sonst dargebrachten der Gemeinde.[1]) Es ist schon auf die
Gründe der wenig spanierfreundlichen Gesinnung der römischen Juden
hingewiesen worden. Diese trat besonders bei der Katastrophe in
Spanien hervor. Das Ausweisungsedikt war von Ferdinand und Isabella erlassen. Überallhin fluteten die unglücklichen Vaterlandslosen.
Etwa neuntausend wandten sich nach Italien[2]), von denen nicht wenige
in Rom Einlass und Wohnrecht von dem als mild bekannten Papste
begehrten. Da geschah das Unerhörte, dass sich die römische Gemeinde bittend an Alexander wandte und ihn durch ein Geldgeschenk
von tausend Dukaten zu veranlassen suchte, den spanischen Flücht-
lingen den Eintritt in die Stadt zu verwehren. Der Papst war über
dies Anerbieten so erbittert, dass er der Gemeinde eine Abgabe von
zweitausend Dukaten für die Erlaubnis, selbst weiter in Rom wohnen
zu dürfen, auferlegte.[3]) Die Gemeinde musste sich wohl oder übel
fügen. Bald sollten sich ihre Befürchtungen wenigstens in einer Hinsicht bewahrheiten. Von dieser Zeit an sind die durch ihre Intelli-
genz ihre italienischen Glaubensgenossen weit überragenden Spanier
in Rom tonangebend. Die Bedeutung der Stammgemeinde nimmt
immer mehr ab, während die von den Spaniern begründeten dauernd
wachsen. Die Spanier hielten sich gänzlich von ihren Glaubensbrüdern
fern. Diese Spaltung wurde durch die Verschiedenheit der Riten und
durch den ungebrochenen Stolz der Exulanten noch vergrössert. Aber
auch unter den Spaniern hielt die Einigkeit nicht lange an, und sogleich nach ihrer Ansiedelung in Rom erstand neben der Katalanischen
Gemeinde eine Kastilianische oder Arragonensische. Bald sollte die
Stadt eine vierte neue Gemeinde neben den drei alten כנסת יראי ד׳,
כנסת ההיכל (Scuola del Tempio) und כנסת השער entstehen sehen. —
Ferdinand und Isabella liessen es nicht bei der Austreibung der Juden
aus den Stammlanden bewenden. Durch einen Federstrich wurden
die blühenden Gemeinden Siziliens, deren Mitglieder meist betrieb-

---

[1]) A. Leonetti I. 217, 223.

[2]) Isidore Loeb in REJ. XIV, 182. Interessant ist das Vorkommen eines
spanischen Exulanten Salomon Romi 1492 in Marseille (REJ. IX. 70 No. 46). Derselbe stammt wohl aus einer in Spanien angesiedelten römischen Familie.

[3]) שלשלת p. 95 b, שבט יהודה § 57. Zurita. Annales de Aragon bei Grätz
VIII. 373.

same Handwerker waren, vernichtet.[1]) Selbstverständlich liessen sich
viele sizilianische Juden in Rom nieder, wo sie ungestörte Religionsübung und freies Wohnrecht zu erhoffen hatten. Auch in der Fremde
hielten die sizilianischen Glaubensgenossen fest zusammen. Ihnen ver-
dankt die Sizilianische Gemeinde in derselben Zeit ihren Ursprung.
Ob diese schon damals nur eine Abzweigung der כנסת ההיכל gewesen
ist, wie sie es später war, ist unbekannt. Wenige Jahre später erhielt die römische Gemeinde einen neuen Zuwachs durch 1498 aus der
Provence exilierte Juden.[2]) An der Spitze derselben befand sich eine
ursprünglich aus Lattes bei Montpellier stammende Familie, die schon
in der Provence den Namen de Lattes angenommen hatte. Die Glieder dieser Familie nahmen bald eine hervorragende Stellung in Rom
ein. Ihr Führer war der berühmte Arzt Bonet de Lattes[3]), mit seinem
jüdischen Namen R. Jakob b. Immanuel Provinciale[4]), den der Papst
Alexander, nachdem er ihm das Recht als artium et medicinae doctor
zu praktizieren verliehen, kurze Zeit nach seiner Ankunft in Rom zu
seinem Leibarzt machte. Die römische Gemeinde ernannte ihn zu
ihrem Rabbiner, der sich dann wacker für seine Brüder beim Papste
verwendete.[5]) So hatte sich in wenigen Jahren das Bild der Gemeinde
gänzlich verändert. Alle diese Verfehmten fanden bei Alexander VI.
freundliche Aufnahme. — Noch mehr ist aber des Papstes Benehmen
gegen die unglücklichen Marranen in Rom rühmend hervorzuheben.
Schon am 15. Juni 1493 sprach der spanische Gesandte in Rom dem
Papste gegenüber das Befremden der spanischen Majestäten darüber
aus, dass der Papst die von ihnen als Feinde der Kirche vertriebenen
Marranen in der Hauptstadt der Christenheit gastlich aufgenommen
habe.[6]) Der Gesandte richtete sogar die offene Aufforderung an Alexander, die Marranen aus den Kirchenstaaten zu vertreiben. Diese
hielten sich ausserhalb der Porta Appia auf und betraten nur einzeln
heimlich die Stadt. Trotz dieser Aufforderung Spaniens und einer an-
steckenden Krankheit unter den Marranen, welche die Stadt ausserordentlich gefährdete, geschah dies wenigstens nach der öffentlichen

---

[1]) אור החיים Josef Jabez Amsterdam 5541 p. 2ª eine kurze Schilderung der
Vertreibung; שבט יהודה p. 89 Anm. 63; יוחסין p. 223ª London 1857 וכן בעינותינו
הרבים וכו׳ p. 227ª ובשנת רנ״ב יום ראשון מהשנה; Güdemann S. 288.

[2]) J. Sée, Les chroniques juives Paris 1881 I. p. 248.

[3]) Carmoly, Revue or. II. 129.

[4]) Mosè V. p. 366 als רב נכסך יקובל מהקהל

[5]) Das.

[6]) Infessura bei Eccard II. 2012, Tommasini p. 288.

Meinung mit Erlaubnis und Zustimmung des Papstes.[1]) Dadurch ermutigt, schickten portugiesische Marranen eine Gesandtschaft nach Rom, um sich wegen einiger gegen sie verübten Gewaltthätigkeiten beim Papste zu beklagen. So sehr konnte dieser aber nicht der Inquisition und den kirchlichen Vorschriften ins Gesicht schlagen, Abtrünnigen gegen den Glauben wider das Recht Schutz zu gewähren. Er liess vielmehr 280 Marranen wegen Häresie einziehen. Die Führer der Gesandtschaft entkamen (20. April 1498).[2]) Auch den Gefangenen gegenüber zeigte sich Alexanders Grossmut. Er belegte sie nicht mit den schrecklichen Kirchenstrafen, sondern entliess sie, nachdem sie ihre Häresie feierlich abgeschworen.[3]) Einen kurzen Bericht über eine derartige Handlung am 29. Juli 1498, bei der sich 130 dieser Marranen öffentlich zum Christentum bekannten, hat uns der Diarist Burchard überliefert.[4]) Alexanders Verordnungen gegen die Marranen wurden immer strenger. Nach einem Schreiben Soderinis vom 17. Juni 1503 hatte der Papst etwa achtzig Marranen gefangen gesetzt, ihnen ihre Fahrzeuge und ihr Geld genommen und dann einen Befehl erlassen, dass sich ihm alle Juden (sic!) und Marranen binnen sechs Tagen als solche vorstellen sollten, widrigenfalls ihnen ihre ganze Habe konfisziert werden sollte. Sarkastisch fügt der Schreiber hinzu: Das sind alles nur neue Versuche Geld zu schneiden. In der That brachte dieser „Versuch" dem Papste einige Tausend Dukaten ein.[5]) Auch die Depesche des venetianischen Gesandten in Rom, Antonio Giustinian, an die Signoria vom 19. Juni 1503: „In diesen Tagen haben sich die Grausamkeiten des Papstes gegen die Hebräer gemehrt, wie die einen sagen, um sich die spanischen Majestäten zu verbinden, nach anderen aus eigenem Interesse", kann sich nur auf diese Gefangennahme der Marranen beziehen.[6]) — Währenddem hatte eine dreimalige Tiberüberschwemmung (Ende September 1493,[7]) 5. Dezem-

---

[1]) Das. p. 290 (Mitte Juni 1493).

[2]) Grätz VIII. 389 ff.

[3]) Valentin Nemec. Papst Alexander VI. p. 129. „Abermals ein herrlicher Charakterzug Alexanders".

[4]) Burchardi Diarium bei Eccard II. 2096.

[5]) Dispacci di Antonio Giustinian, ambasciatore veneto in Roma dal 1502 al 1505, pubbl. da Pasquale Villari 1876. II. 42. Anmerkung des Herausgebers: „che tucti c' Giudei e marrani fra sei di proximi futuri si debbano essere rappresentati etc."

[6]) Das. Siehe auch M. Brosch, Depeschen vom römischen Hof in Histor. Zeitschrift. XXXVII. 313 f.

[7]) Infessura Eccard II. 2015, Tommas. 294 f.

ber 1495 [1]) und 3. November 1500 [2]) in der Stadt furchtbare Ver-
wüstungen angerichtet. Infolge der letztgenannten stürzten am 9. November fünf Häuser zwischen dem Pons S. Angeli und der Turris Nona ein.
Andere an der Brücke gelegene mussten der allgemeinen Sicherheit
wegen auf Anordnung des Papstes niedergerissen werden. Ein nicht minder grosses Unglück für die Stadt war der Kriegszug Karls VIII. von
Frankreich gegen Neapel. Alexander hatte dem Könige die Belehnung
mit Neapel verweigert. Dieser verliess daraufhin Ende August 1494
mit Heeresmacht Lyon, und schon am 19. Dezember erschienen die
ersten Franzosen, unterstützt von den Colonna, vor Rom. Der Papst
sah die Vergeblichkeit eines längeren Widerstandes ein und beschloss,
Karl in Rom einzulassen. Am 31. Dezember zogen die Franzosen
in Rom ein. Bald füllten sich die Strassen mit lüderlichen Weibs-
bildern und rohen trinkenden Soldaten, die vor keiner Gewaltthat zu-
rückschreckten. So wurde am 8. Januar 1495 von ihnen das Schloss
des Paulus de Planca geplündert, dessen zwei Söhne und viele andere
ermordet. An demselben Tage unternahmen die wilden Horden einen
Raubzug gegen die Häuser der Juden, bei dem eine Synagoge geplündert wurde und wiederum Blut floss — und damit waren die Rohheiten der französischen Krieger an diesem einen Tage noch nicht er-
schöpft.[3]) Der Papst sah sich diesem Treiben gegenüber machtlos
und übergab deshalb dem Könige die Justizpflege während seiner
Anwesenheit in Rom. Wie wenig sich aber dessen Beamte um die
Sicherheit der Stadt kümmerten, beweist die Thatsache, dass erst am
28. Januar, d. h. einen Tag vor dem Abzuge der Franzosen, ein ernster
Schritt zur Aufrechterhaltung der Ordnung durch die Errichtung
zweier Galgen auf dem Campo di Fiore und dem Judenplatze, der
Platea Judeorum, geschah.[4]) Die Wahl des letzteren Platzes zeigt,
dass gerade das Judenviertel in Rom am meisten von den französischen Soldaten zu leiden gehabt hat. Karl hat aber besonders die
Juden der Stadt in seinen Schutz genommen. Er befahl ihnen, sich
ein weisses Kreuz auf die Schultern zu heften und verbot streng, die

[1]) Bonini, Tevere incat. p. 55 f.; Valentin Nemec, p. 108; Reumont III. 2.
p. 538 und 574; Buonarotti 1871. S. 78.

[2]) Infessura, Eccard p. 2125.

[3]) Burchardi Diarium bei Eccard II. 2060, bei Thuasne II. p. 219 f. François
Delaborde, L'expedition de Charles VIII en Italie, Paris 1888, S. 509.

[4]) Das. p. 2065; Philippi Cominaei de Carolo VIII. Galliae rege et bello Nea-
politano commentarii, Sleidano interprete lib. I. fol. 14. II. f. 20—22, 26; K. F. H.
Müller der Zug Karls VIII. etc., Prenzlau 1886; Rodocanachi p. 156.

so Bezeichneten zu verletzen. Ausserdem mussten jede Nacht 500 Ritter in der Stadt patrouillieren." [1] Abgesehen von dieser Schreckenszeit wurde die Ruhe der Juden unter Alexander nicht gestört. Die Geschichtsschreiber der Zeit melden von den Juden der Stadt wenig mehr als ihre Teilnahme an den jährlichen Karnevalsläufen. Und auch diese zeichneten sich durch eine gewisse Einförmigkeit aus. Höchstens kam es einmal vor, dass die Juden wegen einer vorgekommenen Unregelmässigkeit den Lauf am nächsten Tage wiederholen mussten wie im Jahre 1499 oder dass die Renntage verlegt wurden wie im Jahre 1502, in welchem das Rennen ausnahmsweise am Feste des hl. Stephan (27. und 28. Dezember) stattfand. [2]

Eine neue drückende Abgabe, die allerdings nur auf drei Jahre beschränkt war, veranlasste die drohende Türkengefahr. Am 4. Februar 1500 verkündeten an den Thüren der Cancellaria angeschlagene päpstliche Schreiben, dass der Papst zur Unterstützung der Expedition gegen die Türken den Hebräern den Zwanzigsten, dem Klerus den Zehnten für drei Jahre jährlich zu entrichten, auferlegt habe. [3] Am 1. Juni desselben Jahres wurde diese Steuer in einer Bulle allen Juden der christlichen Welt auferlegt. Der Papst sehe sich gezwungen, heisst es in dem Aktenstück, auch von den Juden eine Steuer zu verlangen. Da sie unter Christen wohnhaft, von ihnen die Erlaubnis hätten, frei zu leben, ihre Religion zu üben und Vermögen zu erwerben und sich vieler anderer Privilegien erfreuten, sei es billig, dass sie im Falle der Not auch mit ihnen Gefahr und Verlust teilten. Er lege daher allen Juden die Zahlung des Zwanzigsten von allen Liegenschaften, Zinsen, Einkünften und beweglichen Gütern auf, welchen dazu Deputierte, Boten oder Einsammler einziehen sollten. Etwaige Hinterziehungen dieser Steuer würden mit sofortiger Zahlung des Zehnten vom ganzen Vermögen und durch eine besondere Abgabe von 4 % an den Angeber einer solchen Hinterziehung bestraft. Anderweitige Privilegien sollten dem nicht entgegenstehen. [4] Dies ist der Verlauf der für die Geschichte der römischen Gemeinde so hochwichtigen Regierung Alexanders VI. Sie ist charakteristisch für die seiner Nachfolger, die dem von ihm gegebenen Beispiele der Toleranz und Humanität folgen. Bis zum Regierungsantritte Julius III. erfreut sich die Gemeinde des päpstlichen Schutzes.

[1] Fransois Delaborde a. a. O.
[2] Burchardi Diarium II. 508, III. 179 f.
[3] Das. III. 46; bei Eccard II. 2118.
[4] Das. S. 53 ff. Valentin Nemec, Papst Alexander VI. p. 206—8.

In Rom herrschte über den Tod Alexanders grosse Freude.
Man befürchtete sogar bei seinem Leichenbegängnisse Störungen durch
das Volk und sah sich deshalb gezwungen, aussergewöhnliche Schutzmassregeln zu treffen.[1]) Diese Unruhen des Volkes dauerten auch
noch während der Congregation der Kardinäle fort. Am 24. August
wurden sogar mehrere Häuser ausgeplündert und verbrannt.[2]) Der
am 22. September zum Papste gewählte Pius III. war so kränklich,
dass der übliche Possesso unterbleiben musste. Die Juden standen
bei der Huldigung am Eingange des ersten Saales des päpstlichen
Palastes. Der Papst erwiderte ihre Bitte um Bestätigung des Gesetzes
mit der üblichen Formel.[3]) Noch vor Monatsfrist starb er. Eine
Tiberüberschwemmung erschwerte am 21. Oktober den Zutritt zu der
ersten für ihn gelesenen Messe.[4]) Die Wahl der Kardinäle fiel auf
Ginliano della Rovere, der den Namen Julius II. annahm. Der für das
Wohl seiner jüdischen Unterthanen besorgte neue Herrscher ordnete in
den Bestimmungen über seine Krönung vom 25. November an, dass die
Juden ihre Bitte auch diesmal an den Zinnen der Engelsburg vortragen sollten, und liess noch besondere Massregeln zu ihrem Schutze
bei der Huldigung treffen.[5]) Diese hatte diesmal ein etwas anderes
Ansehen als sonst. Wider die bisherige Gewohnheit hielt der Führer
der Abordnung, welche sich nach dem päpstlichen Befehle am Runden
Turme der Engelsburg an der von dem Eingange ausgehenden Mauer
aufgestellt hatte, der päpstliche Leibarzt Rabbi Semuel Zarfathi eine längere Ansprache an den Papst. Derselbe erwiderte aber den Juden nur
mit den wenigen Worten des hergebrachten Rituals.[6]) Wenn nicht
im Anfange seiner Regierung elementare Ereignisse Rom schwer heimgesucht, wäre dieselbe für die Stadt eine durchaus glückliche gewesen.
Am 17. März 1504 war die Hungersnot in der Stadt auf eine seit
langer Zeit nicht mehr gekannte Höhe gestiegen. Dazu kam noch
eine Pest, die nach einer Depesche des venetanischen Gesandten vom
7. Juni überall herrschte und im Juli (23.) zahlreiche Opfer forderte.

---

[1]) cod. Paris 5163 p. 3a.

[2]) Das. p. 9a.

[3]) Das. p. 39b. Cancellieri, Possessi p. 55. Gregorovius, Wanderjahre I. 84.

[4]) Das. p. 42a und p. 170a.

[5]) Das. p. 55b, 184b. Nach Burchardi Diarium (Thuasne III. 306), dem in der
Beschreibung Cancellieri, Possessi p. 56 folgt, als Datum dieser Bestimmungen der
15. November.

[6]) Das. 62a, p. 190a; Burchardi Diarium III. 313. Danach Cancellieri, Possessi
p. 58; Notices et extraits des manuscrits de la bibliothèque du roi I. 124; danach
Fürst in Jahrbücher II. 336. Gregorovius, Wanderjahre I. 84.

Bereits am 30. Juli drohte der Stadt eine neue Hungersnot, die am 18. September wirklich eintrat. Am 3. Oktober fehlte es in der Stadt bereits am Nötigsten. Auf die Unordnungen hin, die deshalb am 4. November eintraten, setzte der Papst den Preis des Scheffels Korn, der bereits 60 Carlini kostete, auf 40 Carlini fest. Alle Massregeln waren vergebens. Mitte Januar 1505 kostete der Scheffel Korn bereits 90 bis 100 Carlini. Das Volk starb vor Hunger auf den Strassen. Durch den Mangel an Brot hatte sich der Preis aller anderen Gegenstände bedeutend gehoben. Von da an scheint die Hungersnot nachgelassen zu haben.[1]) Seitdem blieb die Stadt unter Julius unberührt von Leid und Unglück. Auch für die Juden der Stadt waren jene Jahre eine Zeit glücklicher Ruhe. Durch eine Bulle vom 14. Mai 1504 [2]) bestätigte der Papst dem Rabbi Šemuel Zarfathi aus freien Stücken das ihm von Alexander VI. verliehene Recht als artium et medicinae doctor Christen zu heilen — das der Papst auch auf dessen Sohn „Rabi Joseph" ausdehnte — sowie die Šemuel vom Könige von Frankreich gewährten Privilegien, welche seinem Besitze in französischen Landen Schutz versprachen, ihm selbst das Recht gaben, daselbst zu reisen und zu wohnen. Der Papst befreite ihn, seine Gemahlin, Kinder, Familie, Dienerschaft und sein Vermögen von jeder Beaufsichtigung und Jurisdiktion irgendwelcher Beamten und nahm ihn in die unmittelbare Protektion des heiligen Stuhles auf. Er gewährte ihm freies Wohnrecht und ungestörte Religionsübung und befreite ihn vom Tragen des Judenzeichens. — Auch unter Julius erhielt die Gemeinde mehrfachen bedeutenden Zuwachs. Bei einem Tumulte des Volkes gegen die Inquisition in Neapel am 29. Februar 1510 wusste der Vizekönig nichts Besseres zu thun als durch ein Edikt die Vertreibung der Juden anzubefehlen. Was ihn sonst für Gründe dazu veranlasst haben, ist unbekannt. Kurz, im Laufe des März mussten alle Juden das Königreich Neapel verlassen. Die meisten von ihnen wandten sich nach der Türkei. Nicht wenige aber suchten in den päpstlichen Staaten Zuflucht.[3]) Die italienischen Juden schienen nicht geringe Anstrengungen gemacht zu haben, die drohende Massregel zu verhindern. Noch am 26. Februar 1512 forderte der päpstliche Kämmerer die Behörden auf, durch Exekution dafür zu sorgen, dass dem Magister Moyses Hebraens

---

[1]) Dispacci di Antonio Giustinian, ambasciatore Veneto in Roma dal 1502 al 1505. III. 137, 184, 190, 201, 236, 246, 276, 284, 372.

[2]) In extenso bei Marini II. 249 ff.

[3]) Raynald 1510. XXIV. Samuel Usque, Consolaçam III.

die von ihm anlässlich der angedrohten Vertreibung der Juden aus
dem Königreich Neapel verausgabten 600 Dukaten von der Judenschaft zurückerstattet werden.[1]) Vielleicht waren es in Neapel ähnliche Gründe wie die, welche die Austreibung der Juden aus Kalabrien im nächsten Jahre verursachten. Die jüdischen Bewohner
dieser Provinz waren mit der Zeit vollständig Herren des Seiden-
marktes in Reggio geworden. Die dadurch geschädigten Kaufleute
von Genua und Lucca wühlten deshalb so lange beim Vizekönig des
spanischen Monarchen, Raimondo di Cordova, bis dieser die Verbannung aller Juden aus seinem Machtgebiete aussprach. Am 25. Juli
1511 verliessen sie ganz Kalabrien. Sie suchten neue Wohnsitze in
verschiedenen Städten Italiens, besonders in Livorno und Rom.[2]) —
Einem ganz besonderen Umstande verdankte die römische Gemeinde
eine weitere, wie es scheint, nicht geringe Verstärkung. In Tripolis
und in den Berberstaaten war eine grosse Anzahl Juden gefangen
genommen worden. Sie entgingen dem gewöhnlichen Schicksale solcher
Gefangenschaften, als Sklaven verkauft zu werden, durch die liebe-
volle Fürsorge ihrer jüdischen Brüder in den Seestädten Italiens,
welche sie gewiss für grosse Geldsummen loskauften. Auch diese
Flüchtlinge wanderten nach Rom ein, wo sie noch lange Zeit durch
ihre arabischen Namen und zum Teil durch die Bezeichnung „Tripo-
litaner" kenntlich blieben.[3]) Rom war noch die Freistätte der Welt.
— Erst in den letzten Tagen seines Lebens sah sich Julius II. durch
Geldnot zu einem Schritte gegen die beinahe ungestört in Rom wohnenden Marranen veranlasst. Wie ein Blitzstrahl aus heiterem Himmel muss ihnen der Verhaftungsbefehl einiger ihrer Leidensgenossen
in der Stadt und deren Übergabe an das Inquisitionsgericht vorgekommen sein. In der Depesche vom 16. Januar 1513, durch die der
venetianische Gesandte in Rom von diesem Vorfalle Meldung macht,
wird aber sogleich der eigentliche Beweggrund desselben angegeben.[4])
So eine Gefangennahme war eine Finanzoperation ohne Risiko. —
Noch kurz vor seinem Tode sah Rom eine Karnevalsfeier, die in ihrer
Pracht und Grossartigkeit alle seit langer Zeit abgehaltenen weit

---

[1]) Stern S. 72. Vgl. Archivio della R. società Romana di st. p. 1894 S. 288.
[2]) Güdemann S. 240 nach Spanó Bolani in Archivio Storico per le provincie
Napoletane VI (1881) p. 336.
[3]) Carmoly, Rev. or. XII. 44; Perles, Beiträge S. 201; Berliner, Censur und
Confiscation p. 5. Siehe Namenregister Beilage 12.
[4]) Marino Sanuto, Diarii XV. M. Brosch in Historische Zeitschrift XXXVII. 314.

übertraf. Sie war zugleich ein Freudenfest für die ganze Stadt, die durch das gezwungene Zurückweichen der französischen Truppen unter Ludwig XII. von Frankreich aus der Romagna und der Lombardei von einer drohenden Belagerung verschont geblieben war. Ausserdem waren gerade unter Julius die Karnevalsfestlichkeiten in Rom durch die öftere Abwesenheit des Papstes während der betreffenden Woche sehr beeinträchtigt worden.[1] Neben anderen Festlichkeiten wurden am 30. Januar 1513 Stierjagden auf dem Campidoglio, auf der Piazza Giudea, bei den „Banken" und auf der Via Florida abgehalten. Dann folgte das Wettrennen der Juden, das diesmal besonders prächtig ausgeführt ward. Über dasselbe besitzen wir eine ausführliche, poetische Beschreibung von Joannes Jacobus de Pennis. Zehn Jünglinge nennt er mit Namen, welche sich am Rennen beteiligten, unter ihnen auch einen der afrikanischen Einwanderer (Alfagore). Der Kampfpreis bestand in einer kostbaren rosenfarbenen bologneser Decke. Die Läufer waren in weisse, reich mit Lobeer verzierte Mäntel gekleidet und auch sonst mit allerlei Flitterwerk bedeckt. Auf dem Kopfe trugen sie seltsam geformte Mützen. In festlichem Zuge begaben sie sich zum päpstlichen Palaste. Auf einen Trompetenstoss begann das Rennen, dessen Bahn sich bis zur Cloaca di Santa Luce erstreckte. Der Sieger war diesmal ein gewisser Vitale.[2] Der Papst selbst hat das Fest nur wenige Tage überlebt.

Sein Nachfolger ist eine der herrlichsten und liebenswürdigsten Erscheinungen auf dem Papstthrone. Giovanni de Medici — als Papst Leo X. — war ein gutmütiger, freigebiger Mann, ein Menschenfreund und ein Menschenkenner, bescheiden in seinen Sitten, glänzend als Förderer der Wissenschaften, der mehr Sinn für die Musik und die schönen Künste als für den Ernst seines Amtes hatte. „Religiöse Vorurteile besass er nicht. Aus seiner klassischen Bildung entsprang seine Toleranz." Rom blühte unter seinem Scepter in kaum geahnter Weise. Seine Einwohnerzahl stieg von 40 000 auf 90 000 Seelen. Ein bisher unerhörter Reichtum und Glanz hatte „wie einst in den Tagen der Kaiserherrschaft dem Gedanken Raum gewähren mögen, dass der Wankelmut des Geschickes nun überwunden sei. Man lebte in Leos X. Tagen im vollständigen Bewusstsein der Sicherheit und im Genuss

---

[1] 1507 war er z. B. zur Karnevalszeit in Bologna.

[2] Text des de Pennis mitgeteilt bei A. Ademollo, il Carnevale di Roma al tempo di Alessandro VI, Giulio II e Leone X (1499—1520) Firenze 1891 p. 37 p. 45 f. Allgemeine Evangelisch-Lutherische Kirchenzeitung 1885 S. 157 f. Siehe hist. Texte 1513.

der in einem bisher nicht gekannten Masse von allen Seiten herbei-
strömenden Hülfsmittel jeder Art."[1] Die jüdische Gemeinde Roms
hatte sich unter seinen Vorgängern wahrlich nicht zu beklagen gehabt. Unter Leo war aber für dieselbe eine Zeit so ungestörten
Glückes, so froher Sicherheit gekommen, dass man glaubte, im messia-
nischen Zeitalter zu leben. In der That nahmen die Juden unter ihm
eine so geachtete und so ehrenvolle Stellung ein, sie lebten in einem
solchen Rausche eines nie gekosteten Glückes, dass die Gemeinde im
letzten Lebensjahre Leos eine Anfrage nach Jerusalem richtete, ob man
dort nicht Zeichen für die Erlösung wahrgenommen.[2] Ihr Rabbiner
nahm eine derartig geachtete Stellung bei dem Pontifex ein, dass ihn
selbst ein christlicher Gelehrter aus Deutschland, wohin der Ruf
seines Einflusses gedrungen war, um seine Verwendung beim Papste
bat. Unter einem solchen Fürsten mussten alle Verleumdungen gegen
Israel schweigen. Unter seiner Ägide konnte die Gemeinde ihre Kraft
und Entwicklungsfähigkeit in reichem Masse beweisen. -- Als der
Papst von seinem Krönungszuge nach seinem Palaste zurückkehrte,
brachte ihm die jüdische Gemeinde am Castello Adriano ihre Huldigung
dar. An der Thür desselben war eine hölzerne Estrade errichtet,
welche mit seidenen Tüchern und Goldbrokaten bedeckt war. Zahlreiche Juden hatten sich auf derselben mit Gesetzrollen aufgestellt.
Acht Fackelträger mit brennenden weissen Wachsfackeln standen um
sie herum. Als der Papst herankam, knieten die Vorsteher nieder
und boten ihm das Gesetz dar, auf welches sie in hebräischer Sprache
eine Lobrede hielten. Dann forderten sie den Papst auf, vor demselben seine Ehrfurcht zu bezeugen. Nachdem Leo das geöffnete Buch
aus den Händen des Rabbiners genommen, las er darin einige Worte
und erwiderte die Aufforderung in lateinischer Sprache. „Das heilige
Gesetz, sagte er, loben und verehren Wir, ihr Hebräer, da es vom
allmächtigen Gotte durch Moses' Hand euren Vorfahren übergeben
worden. Eure Beobachtung und Deutung desselben verdammen und
missbilligen Wir aber, da das apostolische Glaubensbekenntnis die
schon erfolgte Ankunft des Messias, den ihr noch immer vergeblich
erwartet, lehrt und unsern Herrn Jesum Christum predigt, der mit
dem Vater und dem heiligen Geist lebt und herrscht als Gott für

---

[1] Reumont III. 2. S. 447 f.
[2] Antwortschreiben der Gemeinde Jerusalem auf die Anfrage über dort bemerkte wunderbare Naturerscheinungen, deren Kunde nach Rom gedrungen war.
הלבנון V. 406 ff.

ewige Zeiten." [1]) Nach diesen Worten liess er das Buch auf die Erde
fallen und setzte seinen Zug fort. [2]) — Seine Regierungszeit erfüllen
die widerlichen Streitigkeiten Reuchlins mit Pfefferkorn, deren günstiger Ausgang zum guten Teile auf Leos Eingreifen zurückzuführen
ist. Der fanatische Feind Reuchlins, der Kardinal Bernardino de
Santa Croce, hat in Rom wenig Lorbeeren gepflückt. Er fand seinen
Meister in dem vom Papste in Reuchlins Angelegenheiten ernannten
Grimani. [3]) Auch Hochstratens Hetzereien hatten in Rom wenig Erfolg. Als Reuchlins „Augenspiegel" von der aus Mitgliedern des damals in Rom tagenden Laterankonzils zusammengesetzten Kommission
freigegeben war, fand Hochstraten kein besseres Mittel, sich von der
deshalb auf ihm lastenden Schmach zu reinigen, als dass er seine ver-
ketzernden Artikel gegen Reuchlin, Juden und Talmud an verschiedenen Stellen in Rom anschlug. Er hatte nicht an die vielen Freunde
Reuchlins gedacht, welche die Thesen Hochstratens herabrissen und
in den Kot traten. Mit Schimpf musste er die Stadt verlassen, die
keinen Raum für seine Hetzereien bot. [4]) Später machte sich in Rom
eine Reuchlin feindliche Stimmung geltend, welche nicht zum wenigstens durch die allzuheftigen Dunkelmännerbriefe hervorgerufen wurde,
vielleicht auch eine Reaktion gegen die Lehren Luthers, als deren
Vorposten man die Reuchlinsche Fehde in Rom auffasste, bilden sollte. [5])
In diesem Sinne hat man das Verbot der Dunkelmännerbriefe und die
Verurteilung der Schrift der Humanisten, welche noch ausserdem auf
den Einfluss des Kardinals Silvester Prierias und die Dominikaner

---

[1]) So nach C. G. Hoffmann, Nova scriptorum collectio II, Rituum ecclesiasti-
corum sive sacrarum ceremoniarum libri 3 von Christoforus Marcellus 1516 verfasst.
p. 326.

[2]) Chronica delle Magnifiche et honorate Pompe fatte in Roma per la Creatione
et Incoronazione di Papa Leo X. Pont. Opt. Max. des Johannes Jacobus de Pennis
(bei Roscoe, The Life and Pontificate of Leo the Tenth V. London 1806 p. 191—221).
Danach Cancellieri, Possessi p. 64 (in lingua latina, et non volgari) und p. 71. Audin,
Histoire de Léon X., Louvain 1846, I. 316. Gregorovius, Wanderjahre I. 84 f.
Reumont III. 2. p. 60. Falsch Magazin für die Lit. des Auslandes 1861, p. 375.

[3]) Geb. 1460, gest. 1523. Dukas, Recherches S. 43. In Ms. h. Vat. 6528 ein
Brief Elia del Medigos an ihn (Das. 44). Er übersetzt des Averroes Schrift de
substantia coeli nach einer hebräischen Version des 14. Jahrhunderts (דרושים שבעיים)
ins Lateinische (Hebr. Bibl. XXI. 68.). Über ihn: Burckhardt, Kultur der Renaissance I. 67. 140. Sitzungsberichte der Münchner Akademie 1875. II. 180.

[4]) Grätz IX. 166. 185 f.

[5]) Riederer, Zur Kirchen- und Gelehrtengeschichte I. 180: si pridem Capnionis
ausibus via regali obviasset, numquam Martinum (sc. Lutherum) talia fuisse ausurum,
haeque occasione sententiam contra libellum extorserunt.

zurückzuführen war, aufzufassen.[1]) In diesen humanistischen Streitigkeiten scheint auch Jakob b. Immanuel ein gewichtiges Wort mitgeredet zu haben. In einem hebräischen Schreiben wandte sich Reuchlin kurz nach seiner Appellation an Leo (nach dem 12. Oktober 1513)[2]) „an den berühmten Arzt in Rom, der in der italienischen Sprache Bonetto heisse". Er bittet ihn, dahin zu wirken, dass er nicht durch ein päpstliches Machtwort gezwungen werde, sich vor fremden Richtern zu verantworten, vor allem nicht vor den Kölnern. Er richte diese Bitte an ihn, da er gehört habe, dass er beständig im päpstlichen Palaste weile und dass der Papst seinen heiligen Leib ihm anvertraut habe. Er flehe ihn inständigst an, seine Bitte nicht unberücksichtigt zu lassen, denn in seiner Hand läge die Macht, dies und noch mehr zu erwirken.[3]) Das ist ein handgreiflicher Beweis für das grosse Ansehen, das der gelehrte Rabbiner der römischen Gemeinde am päpstlichen Hofe genoss. Leo hat auch ihm und seinem Sohne Joseph die ihnen von seinem Vorgänger bestätigten Vorzugsrechte erneuert.[4]) Noch viele andere Juden hat Leo an seinen Hof gezogen. Schon als Kardinal hatte er sein Haus voller Sänger und Musiker. Unter ihnen befanden sich auch zwei jüdische Künstler, die der freigebige Papst mit fürstlichen Geschenken überhäufte. Der eine von ihnen, Joan Maria, ein tüchtiger Komponist, erhielt von dem kunstsinnigen Fürsten sogar den Grafentitel und ein Städtchen verliehen. Der andere, Jacopo Sansecondo, hat sich nicht weniger durch seine musikalischen Fähigkeiten als durch seine Schönheit ausgezeichnet.[5]) Auch ein Spanier Mordkhai Angel (אנג״ל) hat sich in Rom in dieser Zeit hohen Ansehens erfreut. Von ihm selbst ist nur soviel bekannt, dass er wegen der Schönheit seines Äusseren und seiner Sitten von den römischen Edelleuten Galantuomo genannt wurde. Diesen Namen hat dann seine Familie angenommen, aus der eine Anzahl berühmter Ge-

---

[1]) Grätz IX. 197 nach Riederer I. 180.

[2]) Wenn auch die Briefe dieser Reihe bei Friedländer (Beiträge) aus den Jahren 1518—20 sind, muss doch das Schreiben vor Anfang 1515 abgefasst sein. Da aber die Entscheidung für Reuchlin bereits am 17. (21.) November 1513 gefasst war, muss der Brief in der Zeit vom 12. Oktober bis 17. November geschrieben sein. (L. Geiger, Johann Reuchlin p. 297).

[3]) Das p. 90 ff. Stellen des Briefes finden sich in dem später verfassten hebräischen Aufsatze Reuchlins (Illustrium virorum epistolae Hebraicae. Graecae et Latinae ad Joannem Reuchlinum .... missae, Hagenau 1519 pag. E. 1—4).

[4]) Marini II. 270.

[5]) Burckhardt. Geschichte der Cultur der Renaissance II. 137 f. 181. Siehe Weiteres unter Sittengesch.

lehrten, die Galante, hervorgegangen ist.[1]) Einem römischen Juden,
Sabbatino Salomonis, der sich durch die Ausführung einiger Geschäfte
des heiligen Stuhles besonders verdient gemacht, liess der Papst eine
jährliche Gratifikation von 60 Golddukaten aus den Abgaben der
Juden in der Mark Ankona auszahlen. In einem Schreiben vom
11. Januar 1515 sprach er ihm seinen besonderen Dank aus.[2]) Über
die Art dieser Geschäfte erfahren wir etwas Näheres aus einem Briefe
Leos an den Kämmerer der Mark, Aloysius de Gaddis, in welchem
dieser beauftragt wird, von den Geldern seiner Kasse 100 Dukaten
an Sabbatinus Salomonis für eingekaufte Gerätschaften zu zahlen.[3]) Dass
sich Leo nicht nur einzelner seiner jüdischen Unterthanen in Rom be
sonders angenommen hat, bezeugt unter anderem ein Schreiben vom
8. September 1514, in dem er geradezu ausspricht, dass es sein Wille sei,
dass den Juden ihre Privilegien gewahrt würden. Der Bischof von
Carpentras hatte nämlich den Juden von Avignon, Carpentras und
Venaissin das Tragen eines obloungen, zweiteiligen, zwei Hände breiten Abzeichens von gelber und roter Farbe anbefohlen. Der Papst
verfügte die sofortige Zurücknahme dieser Ausnahmebestimmung.[4])
Eine zweite Bulle vom 1. November 1519 ist noch interessanter. In
ihr hebt der Papst eine den Juden früher auferlegte jährliche Herdsteuer von einem Dukaten und eine Banksteuer von je zehn Dukaten
gänzlich auf. Er erteilt ihnen Amnestie für alle Ausschreitungen,
Vergehen und Verstösse, auch für die in der Stadt errichteten Synagogen, welche die Anzahl 11 nicht überschreiten sollten, und deren
Ausbesserung. Von jetzt an sollte man gegen sie nur auf dem Wege der
gerichtlichen Klage unter Beibringung von vertrauenswürdigen Zeugen vorgehen dürfen, ganz nach dem Gesetze, und vor den ordnungs-
gemässen Richtern. Schliesslich bestätigt er alle von ihm und seinen
Vorgängern gewährten Vorrechte, Zugeständnisse und Vergünstigungen.[5]) Hierher gehört auch noch ein Edikt des Papstes gegen die

---

[1]) Ahron Alfandari יד אהרן II. zu Eben Ha'ezer sub שמות האנשים verbo ביום
p. 105b in Jellineks קונטרס המזכיר 1877 p. 12 f; Azulai שם הגדולים I. p. 59 a
(ed. 1864).

[2]) Hergenroether, Regesta Leonis X. Romae (III. Id. Jan. 1515) fasc. VII.
VIII. p. 8 No. 13 652 „Sabbatino Salomonis hebraeo Romano viam salutis agnoscere"
Div. Cam. t. 64. f. 100.

[3]) Hergenroether, l. c. 3. Mai 1515 (V. Non. Mai.) No. 15284 nach Archivio
storico italiano Serie III. Tome III. Parte I. p. 220) „Cum Sabbatinus Salomonis
(so anstatt Salomonus) hebraeus romanus."

[4]) Hergenroether, l. c. p. 709. Siehe w. Sittengesch.

[5]) REJ XXI. 285—89. Mitgeteilt von Kaufmann.

Volksredner, welche das Volk gegen die Wechseltische der Juden auf-
reizten.[1]) — Als ein Förderer der Wissenschaft zeigte sich der Papst
auch, indem er die Errichtung einer hebräischen Druckerei in der Hauptstadt gestattete. Mit seiner besonderen Erlaubnis war im Hause des
Joan Giacomo Fagiot de Montecchio auf der Piazza Montanara eine
hebräische Offizin eingerichtet worden, welche sich die allerdings sehr
beschränkte Aufgabe gestellt hatte, lediglich Schriften eines Autors,
des damals in Rom weilenden Elia ben Aser Levita zu veröffentlichen.
Sie hat nur ein sehr kurzes Leben gehabt. In einem Zeitraum von
etwa drei Monaten (August bis Oktober 1518) hat sie drei kleinere
Schriften dieses Autors gefördert.[2]) Fruchtbar wirkte die Aufforderung Leos zum Drucke des Talmuds, für den er besondere Privilegien gewährte.[3]) — Auch eine grössere Judentaufe sah Rom unter
diesem Papste. Am St. Peterstage des Jahres 1518 liess der Papst
nach der Messe einige Juden mit Weib und Kind taufen. Unter ihnen
war auch die spätere „Judengeissel" Felix Pratensis, „der viele Jahre
den Juden in Rom gepredigt hatte."[4]) Nach dem Akte liess der
Papst die Getauften nach alter Sitte zum Fusskusse vor.[5])

Unter Leos Nachfolger Hadrian VI. änderte sich die glückliche
Lage der Gemeinde in keiner Weise. Erst sieben Monate nach seiner
Wahl konnte er von seinem Bischofssitze Tortosa in Rom einziehen.
Über den Judenplatz ritt er zum Campo di Fiore nach dem Vatikan.[6])
Er war ein frommer und einfacher Mann, der aber dem wilden Trei-
ben in der Stadt nicht gewachsen war, zumal als die Pest in Rom
schreckliche Ernte hielt. Die Schreiben des venetianischen Botschaf-
ters vom 31. März und 1. April 1521 entwerfen ein furchtbares Bild

---

[1]) Sandi, Principj di storia civile della repubblica di Venezia 1755. Teil III.
Bd. 1. p. 442 nach Cassel in Ersch u. Gruber II. 27. p. 151. Anm. 36.

[2]) Das Nähere siehe Sittengesch.

[3]) Riederer, l. c. 1. 180. quamvis paullo ante pontifex quosdam exhortatus
fuisset, ut Talmut imprimerent se adeo privilegiis exornasset.

[4]) Er war zu Prato geboren, dreier Sprachen mächtig, trat in den Augustiner-
orden ein und widmete sich von da an bis zu seinem Tode der Judentaufe († 1539
in Rom). Bereits 1515 ist von ihm eine lateinische Psalmübersetzung erschienen:
Psalterium ex hebraeo ad verbum fere tralatum, Venedig 1515. Hagenau 1522, als
Psalmorum liber ad Hebraicam veritatem ... tralatus, Basileae (apud Andream Cra-
tandrum) 1524. Er war auch ein Lehrer Bombergos, zu dessen Bibel Veneta 1518
er die Masora ordnete (Wolf I. 951, III. 935 f. No. 1835; Steinschneider, Catalog
Bodl. p. 2111 f.).

[5]) Diario di Leone X. di Paride de Grassi (ed. Delicati-Armellini) Roma
1884 p. 67.

[6]) Constantin Höfler, Papst Adrian VI. Wien 1880. p. 197.

von der Lage der Stadt. Kein Tag verging, an dem nicht fünf bis
sechs (nach anderen vier bis acht) Menschen ermordet wurden.[1]) Im
August kam dazu die Pest. Nach dem genauen Berichte des englischen Agenten in Rom, Hannibal von Wolsey, vom 23. Dezember 1523,
hatte die Pest 28 000 Menschenleben gefordert.[2]) Besonders hatten
ihr die in Rom zusammengehäuften Truppen Vorschub geleistet. Die
Bevölkerung gab sich jetzt ganz Übungen der Busse und Askese hin.
Man erzählte von einer Jüdin, dass sie erblindet wäre, weil sie von
einem über die Piazza Giudea getragenen Muttergottesbilde die Augen
weggewendet. Noch schlimmer sollte es dabei einem Juden ergangen
sein, der seitdem den Nacken nicht mehr bewegen konnte.[3]) Scharen
von jungen Leuten, die sich geisselten, Matronen mit brennenden Ker-
zen durchzogen die Stadt. Wer fliehen konnte, hatte dieselbe verlassen.[4]) Eine Belohnung für das tapfere, mutige Aushalten der jüdischen Ärzte der Stadt scheint die in den von Hadrian bestätigten
städtischen Statuten gewährte erneute Befreiung der Ärzte vom
Tragen des Tabarrus rubeus zu sein.[5]) Anfang Dezember 1521 kam
es in Rom zu einer nicht unbedenklichen Unruhe. Trasteveriner versuchten eine Plünderung der Juden, bei der neben materiellem Schaden auch vier Menschen auf der Piazza Giudea erschlagen wurden.
Ausgeplündert wurden allerdings nur eine Courtisane und ein Schwert-
feger. Auch zwei Sbirren verloren bei dem Tumult das Leben.[6])

Die Regierung Clemens VII. war gleichsam eine Fortsetzung der
Leos X. Dem milden und gerechten Fürsten haben die jüdischen
Gemeinden des Kirchenstaates viel zu verdanken, sodass ihn ein jüdischer Gelehrter mit gutem Rechte „Clemens, den Israel Gnädigen“
nennen konnte.[7]) Sogleich nach seinem Regierungsantritte kam eine
Anklage gegen die Juden von Venaissin und der Provence durch Sadolet vor ihn. Da reiste eine jüdische Gesandtschaft von dort nach
Rom, um die Restitution ihrer Privilegien zu erlangen. „Sie kamen
nach Rom in dem Glauben, einen Papst zu finden, wie der war, von
dem sie ihre Privilegien erlangt hatten.“ „Durch Geldversprechungen

---

[1]) Das. p. 140. 141 (nach M. Sanuto).

[2]) Brewer, Letters and papers ... of the reyn of Henry VIII. London 1862.
III. 2. n. 2714.

[3]) Lettere di principi I (Venedig 1570) p. 91a Brief vom 14. Aug. 1523.

[4]) Höfler, l. c. p. 161. Reumont III. 2. p. 153. 157. 448. Benvenuto Cellini I. 5.

[5]) Ettore Natali p. 181.

[6]) Marino Sanuto, Diarii XXXII. p. 234.

[7]) Joseph b. David Jehaja Kommentar zu מגלת שמש (Bologna 1538) p. 41b.

und ihre sonstigen Künste erreichten sie beim Papste ihr Ziel.[1] Als ein Fortsetzer der Traditionen seiner Vorgänger zeigte sich der neue Papst auch bei der Bestätigung der Joseph ben Semuel Zarfathi von Leo gewährten Vorrechte durch eine Bulle vom 25. Februar 1524. „Er bestätigte dieselben gern, da er, wie der Papst vernommen habe, nicht weniger Edelmut und nicht geringere medizinische Kenntnisse als sein verstorbener Vater verspräche." Die Privilegien sollten für ihn, Semuels Familie, seine Hausgenossen, Kinder und Diener sowie auch für einen gewissen Datilus gelten.[2] Einen anderen jüdischen Arzt, Isaaco Zarfathi (Zalfati), der sich durch glückliche Heilerfolge an Hofleuten und Freunden des Papstes berühmt gemacht hatte, ernannte Clemens am 13. November 1530 auf sein Ersuchen zum Familiaris und Tischgenossen und erteilte ihm das Recht, seine Kunst frei zu üben.[3] Von der hochangesehenen Stellung zweier Juden am päpstlichen Hofe, des gelehrten Arztes Abraham ha-Kohen, und eines Jehuda di Rodez ist unter Clemens mehrfach die Rede. „Gott hat sie mit Glanz und Pracht begnadet. Sie haben grossen bisher nie bei Juden gekannten Einfluss am Hofe des Papstes und am Hofe des grossen Königs Franz. Sie haben sogar die Macht am Vermögen zu strafen. Ihr Einfluss erstreckt sich über die Umgebung Roms, das Königreich Neapel und weiterhin."[4] Wahrscheinlich ist Abraham mit dem Mantuaner Arzt Abraham Arjé Sohn des Guglielmo (Benjamin) de Portaleone identisch, an den Papst Clemens mehrfache Breven gerichtet hat. In einem Schreiben vom 28. Februar 1525 dankt ihm Clemens, dass er sich mit der Heilung des Johannes de Medicis, der durch Flintenschüsse verwundet worden, beschäftige. Zu gleicher Zeit dankt der Papst dem Herzog von Mantua, dass er Abraham zu Johann de Medicis geschickt.[5] Am 24. November 1526 wurde ihm von Abramo das Bein abgenommen; am 29. war er eine Leiche. Natürlich schrieb man seinen Tod Abramo zu, der die Wunde vergiftet haben sollte.[6] Die Unrichtigkeit dieser

---

[1] Briefe des Hieronymus Niger in den Lettere di Principi (Venedig 1581) Tom. II. 65 bei Erler, Archiv für kathol. Kirchenrecht LIII. 30.

[2] Marini II. 268 ff., Stern S. 74.

[3] Das. II. 272 f.

[4] cod. Halberstamm 404: Brief קול חסדי יקרא אדם ב"ר. geschrieben von David Finzi. Ein David Finzi in Rom in den Notariatsakten der Gemeinde von 1536.

[5] Nach Archivii secreti vaticani Clementis VII. brevium minutae A MDXXV. 9. pars I. Breve 115 von Antonio Guasti in Archivio storico italiano Serie V, tomo (1888: p. 193 ff. veröffentlicht.

[6] Archivio storico italiano N. S. VII. p. 14. (Giornale storico di lett. ital. V,

Beschuldigung ist von Braghiroli und D'Arco[1]) nachgewiesen worden.
An Abraham Khohen wird ausser seiner philosophischen Bildung
eine besondere dichterische Begabung gerühmt, welche ihn zu vorzüglichen Predigten befähigte. Er pflegte in ihnen zu zeigen, wie schön
die Midraśstellen auf biblische Verse aufgebaut seien.[2]) — Interessant
ist es, dass Clemens die Absicht gehabt hat, eine neue Bibelübersetzung
von 6 Juden und 6 des Hebräischen kundigen Christen anfertigen zu
lassen.[3]) Das Verhängnis der Stadt hat auch diesen Plan zu nichte gemacht. — Dass sich Clemens auch für die inneren Verhältnisse der
jüdischen Gemeinde in Rom interessierte, bewies er durch die Sanktionierung eines neuen Gemeindestatuts. In der Gemeinde war durch
den fortwährenden Zuzug von aussen und die damit verbundenen Zwistigkeiten ein unerquicklicher Zustand eingetreten. Der Zwiespalt war gerade
durch das ruhige und ungestörte Glück der Zeit nur noch mehr gepflegt
worden. Die einzelnen Landschaftsgemeinden, Italiener und Ultramontani, standen sich geradezu feindlich gegenüber. Die Lage war auch
dadurch erschwert, dass es in der römischen Gemeinde keine derartige Persönlichkeit gab, um welche sich die Parteien hätten scharen
können. In dieser Not sah sich die Gemeinde gezwungen, eine auswärtige Autorität zum Schiedsrichter zu machen. Ihre Wahl fiel auf
den beim Papste hochangesehenen Daniel b. Izhak aus Pisa. Derselbe
sah die einzige Rettung in einer festen Gemeindeorganisation. Nachdem
sich je 20 von ihm getrennt berufene Banquiers, begüterte und minderbegüterte Gemeindemitglieder, sowie die einzelnen Gemeinden mit seinen
Vorschlägen einverstanden erklärt, begann er sein Reformationswerk.
Die Einrichtung eines aus 60 Mitgliedern bestehenden Gemeinderates,
die noch bis auf die jüngsten Tage bestand, geht auf diesen Rabbi
zurück. Clemens VII. genehmigte dieselbe auf Bitten der Gemeinde
und gab den Entscheidungen der Sechzig durch ein Breve vom
12. Dezember 1524 Gesetzeskraft. Eine geringe Änderung dieser Organisation wurde unter Gregor XIII. notwendig.[4]) — Die neuen Capitoli
von 1523 [5]) brachten für die Juden wenig Neues. Sie wiederholten das

45; Lamenti storici dei secoli XIV, XV e XVI. tom III. (Medin e Frati. Bologna
1890, p. 337, 340).
[1]) Documenti inediti intorno a mo. Abramo medico magistro. Mantua 1867.
[2]) cod. Halberstamm 404, s. Katalog S. 116 f., das. S. 118 f. das Jahr 5246,47.
[3]) Enchiridium Psalmorum. Eorundem ex veritate Hebraica versionem, ac Jo.
Campensis e regione Paraphrasim. Leyden 1540 (Seite 3 des einleitenden Briefes).
[4]) Rodocanachi 79 f. Das Dokument ist Archivio storico italiano Serie V,
tom. XI. S. 405 f. veröffentlicht. Ein Šelomoh di Pisa 1536 in den Akten.
[5]) La Mantia, Storia della legisl. I. 225, 233, 212.

alte Schlachtverbot, dass nämlich der Schlächter den Juden nur lebendes Vieh verkaufen, der Jude nicht in den christlichen Schlachthäusern und nicht vor Christen schlachten und der Christ kein von einem Juden geschlachtetes Tier kaufen dürfe.[1]) Dem Senator und den Marschällen wurde verboten von den Juden halbjährlich 26 Goldgulden einzufordern, wie sie es widerrechtlich „nach einem übeln Brauche gewohnt waren.[2]) Auch die Bestimmung, dass die Juden ihre Toten nur auf ihren Friedhöfen begraben dürften, wurden erneut.[3])

Das Auftreten einer immer noch in tiefes Dunkel gehüllten Erscheinung sollte den Papst veranlassen, auch eine jüdisch-politische Rolle zu spielen.

Im Jahre 1523 erschien in Palästina ein Mann, namens David b. Selomoh der Rubenite. Er gab vor, der jüngere Bruder des jüdischen Königs von Tabor[4]) zu sein, in dessen Auftrage er nach Westen reise, um Waffen und Geschütze vom Papste zu einem Entscheidungskampfe gegen die Mohammedaner zu erhalten. Schon nach der Zerstörung des Tempels in Jerusalem, so erzählte er, sollten sich seine Vorfahren in den gebirgigen Gegenden niedergelassen haben, welche das ‚wüste‘ Arabien von dem ‚glücklichen‘ und dem ‚steinigen‘ trennen. Jetzt sei sein Volk, das ganz nach arabischer Sitte lebe, 300 000 Köpfe stark. Der dunkelfarbige kleine abgezehrte und magere Mann, der etwa im 33. Lebensjahre stand, machte den Eindruck eines Abessyniers. Er zeichnete sich durch persönlichen Mut aus, war ein tüchtiger Reiter, und erzählte, dass er an seinem Leibe 100 in Schlachten erhaltene Wunden habe. Dabei war er fromm und fastete häufig. Er war in der Bibel gut zu Hause und besass vor allem eine eingehende Kennt-

---

[1]) Cap. II. 138.

[2]) III. 40.

[3]) III. 162.

[4]) Sowohl in der Bulle als auch bei Ramusio und Oertel heisst er de tabor. Das חבר in seinem Tagebuch ist von dem Abschreiber aus dem ursprünglichen תבור verstümmelt. חבור ist auch gar keine Transskription für Chaibar. Abraham Oertel, Theatrum orbis terrarum. Anversae 1579 2. ed. (erwähnt von Azarja de Rossi מאור עינים II. 299 b f.): Tafel 83. Tartaria sive magni Chami regni typus. In Nordasien am Oceanus scythicus: Tabor Reg.: Tabor seu Tybur, umbilicariave Totarorum regio, ubilicet olim libros sacros perdidissent, sunt tamen uniti sub uno rege, qui 1540 (bei de Rossi 1530) in Galliam usque ad regem Franciscum id nominis primum venit, et postea a Carolo V. Mantuae igne suae infidelitatis poenas luit quia secrete sollicitabat Christianos principes ad Judaismum, de qua re Carolum V. alloquutus erat.

nis der Kabbala. In der Unterhaltung bediente er sich zumeist der hebräischen Sprache.[1]) Er erzählte, dass er vor Jahren von seiner Heimat nach Medina und Mekka aufgebrochen sei, in Dschidda das Schiff bestiegen habe, das ihn über das rote Meer nach der äthiopischen Hafenstadt Zeïla gebracht. Hier habe er seine zahlreichen Glaubensbrüder, vor allem die Mosessöhne (בני משה) aufgesucht, die unter der Regierung des Königs von Äthiopien (Prete Giani) lebten. Auf dem Nil sei er dann bis Caïro gefahren, habe hierauf einen Pilgerzug nach den heiligen Stätten des gelobten Landes unternommen, von dem er im Jahre 1523 nach Alexandria zurückgekehrt sei.[2]) Die erste dunkle Nachricht von seinem Auftreten erhielten ungarische Juden durch Briefe aus Damaskus.[3]) Man hatte sich nicht wenig gewundert, dass die Türken im Jahre 1523 keinen Einfall in Ungarn unternommen. Als Grund führte man eine allgemeine Pest im Orient an. Die Juden in Venedig behaupteten aber eben auf Grund jener Briefe, dass eine ungeheure Anzahl Juden, die schon seit 2000 Jahren in unzugänglichen Gebirgsgegenden Indiens gewohnt, jetzt in der Richtung nach Jerusalem aufgebrochen seien und dieses vom Sultan gefordert hätten.[4]) Bald erhielt man auch Kunde von David selbst, den man in Italien sehnsüchtigst erwartete. Nach einem kurzen Aufenthalte in Alexandria fuhr er auf einem Schiffe des Messer Santo Contarini nach Venedig [5]), das er im Januar 1524 erreichte. Hier verweilte er nicht lange, sondern begab sich in langsamem Zuge nach Rom, das er am 15. Adar I. zum ersten Male betrat. Zu Ross, begleitet von Glaubensgenossen, begiebt er sich zum Vatikan. Hier empfängt ihn Kardinal Egidio (גדיאו), bei dem gerade sein Lehrer Josef Aškhenazi und der gelehrte Joseph Zarfathi weilen. Er stellt sich dem Kardinal als Gesandter seines Bruders vor, welcher ein Waffenbündnis mit den christlichen Fürsten gegen die mohammedanischen Araber abschliessen wolle. Er spricht so, dass die ihn begleitenden Juden seine Worte hören. Auf eine Einladung Egidios bleibt

---

[1]) Abraham Farissol אגרות ארחות עולם p. 16a. Ganz genau so bei Marino Sanuto Diarii LIV, 153 bei Cicogna, Delle iscrizione veneziane II. (Venezia 1827) S. 325.

[2]) Im Jahre 1530 erzählte er, dass er vor sieben Jahren von Alexandria weggereist sei (Cicogna l. l.). Statt Zeïla hat der hebräische Bericht צוואקין Suakin.

[3]) Über Juden daselbst z. B. Marino Sanuto XXIII. 421.

[4]) August 1523. Marino Sanuto XXXV. 105.

[5]) Cicogna l. l.

er bis zum Freitagabend bei demselben. Auf Bitten seiner Glaubensgenossen verlebt er dann den Sonnabend im Hause des R. Josef
Aškhenazi und des R. Rafael, die in der Strasse San Gili wohnen.
Auf den Strassen drängen sich Kinder, Männer und Weiber an ihn
heran; er empfängt zahlreiche Besuche. Sonnabend Nacht bittet der
Kardinal R. Josef zu sich, um ihm mitzuteilen, dass David am Sonntag spätestens bis zur elften Stunde des Tages zur Audienz beim
Papste vorgelassen werden könne. Begleitet von zwölf Greisen
und einer grösseren Anzahl Jünglingen kommt er zu Egidio.
Der Papst, der durch ihn eine günstige Abwendung der Türkengefahr
von den europäischen Ländern erhofft, nimmt ihn huldvoll auf. Er
verspricht ihm Empfehlungen an den König von Portugal und erbietet
sich, für seinen Unterhalt in Rom zu sorgen. So oft es ihm beliebe,
solle er zur Audienz vorgelassen werden.[1] Am 13. März 1524 berichtete der venezianische Gesandte in Rom über diese Audienz an
die Signoria: „In diesen Tagen ist hierher ein Jude zu seiner Heiligkeit, dem Papste, gekommen und hat erklärt, dass er im Auftrage
seiner Glaubensbrüder käme, die nomadisierend im wüsten Arabien
ohne Stadt und festen Wohnsitz wohnen. Er erzählt, dass sie 300000
waffenfähige Männer hätten. Da ihnen aber die Kriegführung mit
Geschützen unbekannt sei, worin sie allein den Mohammedanern, deren
Feind der Papst ist, nachständen, sei er gekommen, um einige in
der Fabrikation von Geschützen und von Pulver bewanderte Leute
zu verlangen. Er erklärt, dass es ein Leichtes sei, auf portugiesischen
Schiffen auf dem Wege durchs rote Meer dies auszuführen und erbietet
sich gleichzeitig persönlich zu diesem Zwecke den Weg zu unternehmen.
Er verspreche, dass sie, sobald sie im Umgehen mit Geschützen so
weit bewandert seien, alle Mohammedaner angreifen und Mekka unter-
werfen wollen. Seine Heiligkeit empfiehlt ihn dem König von Portugal, damit seine Majestät, falls es David Recht erscheine, sich seiner
Unterstützung zu bedienen, dies ausführen könne."[2] Die freundliche
Aufnahme Davids beim Papste erhöht natürlich sein Ansehen in der
Gemeinde noch mehr. Fattori (ממונים) und Gemeinde bestimmen ihm
ein schönes Quartier. Da er hier erkrankt, mietet ihm Jomtob ha-
Levi eine neue Wohnung. Da diese ihm zu geräuschvoll ist, quartiert

---

[1] Eduard Biberfeld, Der Reisebericht des David Rëubeni, In.-Diss. Berlin
1892. S. 24 f.

[2] Marino Sanuto, XXXVI. 72. 76; Rawdon Brown, Calendar of state papers
III. 358.

er sich bei Josef Zarfathi ein. Hier bedienen ihn Hajjm. ein Kantor,
David Ferani, Simḥah und Šelomoh הגבאני, der Maghrebine Schuâ und
dessen Brüder Mošeh und Šabtai.[1]) Dann wohnt er bei dem Arzte
Mošeh Abudarhin[2]) und hierauf bei Izḥak Abudarhin.[3]) Da er aber
fortwährend Angriffe auf sein Leben befürchtet und ungestört sein
will, mietet er sich dann wieder ein Quartier auf sechs Monate. Sein
Sekretär ist hier R. Eliah der Lehrer, Sohn des Joab, seine Diener
die beiden Brüder Eliahs, Benjamin und der Kantor.[4]) Da Kardinal Egidio auf zwei Monate nach Viterbo übersiedelt, wählt sich
David R. Daniel da Pisa, der damals in Rom wegen des Gemeindestatuts weilte, zum Dolmetscher beim Papste, „weil er häufig zum
Papste komme, in der Nähe des päpstlichen Palastes wohne, sehr reich
und angesehen und wahrhaft gelehrt sei." R. Daniel verspricht ihm,
sein Dolmetsch beim Papste zu sein, und nicht eher Rom zu verlassen, als bis David die versprochenen Briefe vom Papste erhalten
habe.[5]) Nach einjährigem Aufenthalte in Rom geht er mit Daniel
wegen seiner Briefe zum Papste. Inzwischen hatte sich aber eine
ganze Partei gegen ihn in Rom gebildet. An ihrer Spitze stand ein
Mann namens Ruben[6]), „den man zum Rab Gâon gemacht. Das war
ein grosser schlimmer Verleumder, der kein Erbarmen mit Glaubensgenossen kannte. Er war ein Arzt; er ging stets mit dem Hute in
der Hand durch die Strassen und machte vor jedem Christen seinen
Kratzfuss." Dieser und Mošeh Latino verleumdeten ihn beim portugiesischen Gesandten Dom Miguel da Silva.[7]) Trotzdem erhielt David
innerhalb weniger Tage das Verlangte.[8]) Da er vor allem päpstliche
Empfehlungsbriefe an die christlichen Könige zur Lieferung von
ehernen Geschützen und Kanoniers verlangte, wies ihn der Papst an
die Könige von Portugal und Abessynien, in der Erwägung, „dass keine
anderen als die Portugiesen wegen ihrer indischen Schifffahrten und
Exkursionen in dem Erythräischen und Persischen Golf — oder im
Orient die Äthiopier, welche von Arabien nur durch das Erythräische
Meer getrennt seien, mit den Arabern Beziehungen hätten." Der Papst

---

[1]) Biberfeld, a. a. O. S. 28.
[2]) Das. S. 29.
[3]) Das. S. 30.
[4]) Das. S. 31.
[5]) Das. S. 32.
[6]) כאנטן l. ראובן? Mantin.
[7]) Das. S. 33.
[8]) Das. S. 36. vgl. Grätz IX⁶ 538.

versah also David mit Beglaubigungsschreiben an den König von Portugal, damit dieser nach genauer Prüfung der Thatsachen mit den „arabischen Hebräern über die Verbreitung der christlichen Religion verhandle." Der Brief Clemens' an David Alnazarenus, den König von Äthiopien, vom 4. Februar 1525 ist uns erhalten. Der Hebräer David, Sohn Salomons, heisst es in demselben, aus dem öden Arabien[1]) und vom Berge Tabor, der Überbringer dieses, sei der Bruder des Königs über die dort wohnenden unzähligen Juden. Diese seien den Mohammedanern an Kräften gewachsen. Letztere hätten nur bessere Geschütze. Er solle ihn in dieser Hinsicht unterstützen. Nach Besiegung der Mohammedaner wollten die Juden Ägypten[2]) angreifen. Er habe sich bereits deshalb an Johann von Portugal gewandt, und jetzt wende er sich an ihn, da er jenen Ländern näher wäre und deshalb den Sachverhalt der Angaben Davids besser prüfen könne. Der König möge den Gesandten gut aufnehmen und ihn unterstützen, falls dem Christentum daraus ein Nutzen erwachsen könnte.[3]) Während seines Aufenthalts in Rom liess ihm der Papst alle Sehenswürdigkeiten der Stadt zeigen. Ein jüdischer Zeitgenosse erwähnt dabei besonders, dass David auf seinem Maulesel in der Peterskirche (באַרמון ס׳ פּיירי) bis zum Hauptaltare vorgeritten sei. Auch die päpstlichen Trompeter brachten David ein Ständchen.[4]) Auf seinem Zuge durch die Stadt begleiteten ihn stets zehn jüdische Vorläufer und mehr als zweihundert Christen. Natürlich versetzte sein Erscheinen die Gemeinde in die freudigste Aufregung. Dazu kam noch, dass Clemens einigen Marranen in Rom gestattet hatte, sich offen zum Judentum zu bekehren, und den Konvertiten ein Asyl in Ancona gewährte.[5]) Was Wunder, dass sich eine grosse Anzahl Juden an David herandrängte. David wird aber als sehr zurückhaltend geschildert. Mehr als einmal wies er angesehene Besucher in Rom ab. Als z. B. vier Gemeindevorsteher, unter ihnen R. 'Obadia de Sforno (מספּדינו) und der Arzt R. Jehuda Ascoli (אסק״ל) ihn um eine Kopie des ihm erteilten Brevets baten, um sie zum freudigen Andenken an die einem Glaubensgenossen erwiesene Ehre aufzubewahren, wies er sie schroff ab.[6]) Am 24. Adar I. hatte David nochmals in der 18.

---

[1]) In אגרות ארחות עולם p. 15b aber Arabia felice (פּיליצי).

[2]) Das. p. 16a ist nur von der Eroberung Palästinas die Rede.

[3]) Raynaldi annales ecclesiastici ad. a. 1525. 93.

[4]) Biberfeld S. 41.

[5]) Grätz IX. 270 nach Herculano I. 217.

[6]) Biberfeld S. 36.

Stunde Audienz, in der ihm der Papst ein Wappen und 10 Goldscudi verehrte.[1]) Bei seiner Abreise aus Rom am 15. Adar 1525 [2]) gaben ihm dreissig angesehene Israeliten das Geleit. Seine Reise durch Italien glich einem Triumphzuge. In Pisa erhielt er die Nachricht, dass ihn der König von Portugal erwarte. Er bestieg in Livorno ein Schiff, welches der Papst mit allerlei Kriegsgeräten gefüllt und mit Juden und Christen bemannt hatte, um sich an den Hof João III. von Portugal zu begeben, von dem er grossartig empfangen wurde. Dieser Empfang machte besonders auf die Marranen daselbst einen gewaltigen Eindruck. Sie glaubten in ihm den Messias zu sehen. In hellen Scharen strömten sie zu ihm. David sah sich deshalb gezwungen, Portugal nach mehr als sechzehnmonatlichem Aufenthalte zu verlassen und wieder durch Spanien und Frankreich, wo er in Avignon vom Gouverneur der Provence Monsieur de Claramonte zwei Jahre gefangen gehalten wurde [3]), nach Italien zurückzukehren, das er nicht ohne Fährlichkeiten erreichte.[4]) Seit dieser Zeit tritt Davids Erscheinung immer mehr in den Hintergrund, bis sie besonders durch einen von ihm begeisterten jungen Marranen wieder in Aller Erinnerung gebracht wurde.

Die römische Gemeinde führte unterdessen ihr glückliches Dasein fort, das selbst der schriftliche Bekehrungsversuch des Alfonso de Zamora durch einen hebräischen Brief wenig störte, wenn derselbe überhaupt je der römischen Gemeinde zu Gesicht gekommen ist.[5]) Da vernichteten die politischen Verhältnisse die eben erst erreichte hohe Blüte der Stadt und zerstörten ihren Wohlstand und ihre Schönheit. Auch die jüdische Gemeinde der Stadt hat dabei Wunden erhalten, von denen sie sich nur langsam erholte. Bereits zweimal hatten feindliche Scharen (1524 und 1526) in der Stadt furchtbar gehaust. Der Papst wollte die Stadt nicht einer erneuten Plünderung durch die Kaiserlichen aussetzen und schloss mit denselben einen achtmonatlichen

---

[1]) Das. S. 37.

[2]) Die Angabe in Abraham Farissols אגרות ארחות עולם p. 16a Marhešwan 5285 ist schon deshalb unmöglich, da David vor Erhalten der Geleitsbriefe die Stadt nicht verlassen haben wird.

[3]) Cicogna l. l.

[4]) Josef Khohen דברי הימים p. 90b.

[5]) Alfonso de Zamora. Introductiones artis grammaticae hebraicae Ende und Polyglotta Complutensia, VI. Compluti 1526 אגרת מכלכות ספרד אל היהודים במדינת רומי siehe Rodriguez de Castro, Bibl. Rabb. hisp. I. 399; De Rossi Annales 1501—1540 p. 30; Delitzsch, Wissenschaft u. Kunst im Judenthum S. 289 f.

Waffenstillstand. Auf die Kunde von Verhandlungen war aber das Heer Bourbons auch ohne seinen Führer gegen die wehrlose Stadt herangerückt. Hier war alles in der grössten Bestürzung. Kaum konnte Clemens soviel Geld schaffen, um die Stadt in einen einigermassen verteidigungsfähigen Stand zu setzen. Schon am 6. Mai drangen die feindlichen Scharen in die Stadt ein. Der Papst konnte sich nur mit Mühe mit etwa 3000 Menschen in die Engelsburg retten. Noch in derselben Nacht begann die fürchterliche Plünderung der Stadt. Dieselbe dauerte nicht weniger als drei ganze Wochen. „Unmuglich ist's / das man beschreiben mög / was sich in dieser Nacht hat zu getragen. Das arm hungerig Kriegsvolk plünderten und raubten was sie bekamen / Sie haben alle Häuser und Gemächer auffgebrochen / Kisten und Kasten zerhawen / und all Gebäuw zerrissen / darnach auch Mann und Weiber gefangen genoͤmen / und geschätzt / die musten sich mit viel Gelt lösen / und den andrer gefangen auch seyn. Viel sind auch peinlich gefragt / und etliche darob erstochen worden."[1]) Eine grosse Hungersnot und die Unzahl auf den Strassen herumliegender unbegrabener Leichen verursachten eine Pestilenz, welche zwar der Plünderung ein Ziel setzte, aber Freund und Feind in gleicher Weise hinraffte.[2]) In drei Monaten zählte man in Rom 100 000 Tote.[3]) Unter den zahlreichen Männern und Frauen, welche sich nach der Eroberung in das Haus des Kardinals Andrea della Valle geflüchtet hatten, befanden sich auch mehrere anscheinend vermögende Juden. Zum Schutze seines Palastes hatte der Kardinal einen Colonel des kaiserlichen Heeres, den Neapolitaner Fabritius Maromau aufgenommen, welcher gegen eine gewisse Summe die Flüchtlinge und ihr Besitztum zu schützen versprach. Unter denen, welche sich am 4. Juni 1527 dem Kardinal gegenüber zur Zahlung der ihnen auferlegten Teilsumme verpflichteten, waren die jüdischen Männer Aron Masocti (Masset?). Angelo Caron (Baron?), Bondi de Mursia, Gentile Dactoli, Gentil Isac, Joseph de Jona, Vitale de Dactolo, Joochana, welche zusammen 400 Scudi, und die Frauen Camilla, Gattin des Bondi hebreo, Stella, die Gattin Vitales, die Witwe Allegrezza und Livia (Lucia?), Gattin des Leone hebreo, welche je 10 Scudi bezahlten.[4]) Nach

---

[1]) Reissner, Frundsberg Historia Frankfurt 1599. fol. 114 a.
[2]) Guicciardini. Opere inedite IX. 69. 78. 107. 110. 116. etc.
[3]) Reissner, l. c. p. 123 b.
[4]) Notizia della Famiglia Boccapaduli Patrizia romana ordinata e distesa da Marco Ubaldo Bicci, In Roma 1762. p. 639. p. 645. Daselbst auch ein Jacopo rapech. Ob Jude? רפך? p. 646. Vgl. Jacques Buonaparte, Sac de Rome in

eiuem erhaltenen Schriftstück kaufte Izhak b. Selomoh sich und seine
Familie durch Zahlung von 50 Scudi von zwei spanischen Hauptleuten
los.[1]) Von dieser Unglückslage der Stadt sollen aber allein die Juden
grossen Nutzen gehabt haben, die sich für eine Geldsumme losgekauft
und dann von den Kriegsknechten für wenig Geld allerlei Raub
eingehandelt haben sollen. Gregorovius erzählt sogar: „Um Spott-
preise schleppten den Reichtum Roms die lachenden Juden in ihren
Ghetto" — der 28 Jahre später entstand.[2]) Die Nachricht hiervon
findet sich zum ersten Male in dem in Paris 1539 erschienenen Commentarius captae urbis [3]), von wo sie in Reissners Historia [4]) überge-
gangen ist. Hieraus schöpften sie dann Schudt [5]) und Ranke.[6]) Von
alledem wissen die älteren Quellen nichts. Die Warhafftige und
Kurtze / Berichtung Inn der Summa: wie es ye / tzo, im Tausent
Fünffhundert sibenundzwenzigsten / iar, den VI tag May . . . ., Inn eroberung der Stat Rom ergangen ist bis auff den XXI tag Junii erzählt nur wie Christen, Juden und Heiden in gleicher Weise vom
Kriegsvolk gebrandschatzt, gemartert und gepeinigt wurden.[7]) Dasselbe wiederholen die Direptio expugnatae urbis Romae [8]) und die
allerdings spätere Ἅλωσις Romae.[9]) Damit stehen auch die jüdischen
Quellen im Einklang. Don Joseph b. David Jehaja schreibt in dem
Nachwort zu seinem, am 12. Juli 1527 in Imola vollendeten Psalmen-
kommentare: „Gott führte gegen unsern Herrn, Papst Clemens, von
weither ein unbändig Volk aus Spanien und Deutschland. Die zogen
gegen die nichts ahnende Stadt, mordeten, raubten, plünderten und
keiner entkam. Auch die heiligen Gemeinden in Rom gingen ganz
und gar in Entsetzen zu Grunde durchs Schwert, durch Hungersnot
und Pest. Der Rest ward zu Sklaven und Mägden verkauft. Uns
aber, die unter seiner Herrschaft leben, hat er gerettet aus dem Ver-

Buchon, Panthéon (1836) p. 209, 210. Allerdings blieb der Palazzo Valle nur 8 Tage
von den plündernden Horden verschont (Gregorovius VIII 538).
[1]) S. Beilage No. 5.
[2]) Gregorovius VIII. 546.
[3]) Ex officina Roberti Stephani M.D.XXXIX. Neuerdings abgedruckt in
Zeitgenössische Berichte über die Eroberung der Stadt Rom, Halle 1881 p. 61.
[4]) Reissner, l. c. p. 115 b.
[5]) Jüdische Merkwürdigkeiten I. 237.
[6]) Ranke. Deutsche Geschichte II. 398.
[7]) Abgedruckt in Zeitgenössische Berichte etc. p. 24.
[8]) Das. p. 40; im Original S. 105.
[9]) Francofurti 1625 p. 9. Die deutsche Ausgabe: Ausführlicher Bericht und
gründliche historische Beschreibung, Frankfurt 1625 S. 13.

derben, nachdem wir den bitteren Kelch der Leiden getrunken, deren
Gewalt uns noch bedroht. Der wahrhaftige Tröster (Gott) tröste uns
und sage: Genug ist unsrer Leiden!" Dem Unglücksjahre giebt er
nach jüdischer Sitte den Namen „Zerstreuung." [1]) Auch der Passus
in einem Briefe des römischen Rabbiners Josef הגרי ben Abraham an
Egidio de Viterbo, dass er das Geschick der Juden mit angesehen
habe, kann sich nur auf das Jahr 1527 beziehen.[2]) Die Leiden der
Juden nach der Eroberung erzählt auch ein gelehrter jüdischer Mann,
Rabbi Elia b. Ašer der Deutsche:

> Es war in der Zerstreuung Jahr,[3])
> Als über Rom verhängt es war
> Zerstört zu werden, vernichtet zu sein,
> Blieb mir vom Besitztum kein Pfenniglein.
> Das war fürwahr eine Zeit der Leiden
> Kein Hemde gabs sich zu wärmen, zu kleiden,
> Im Hause kein Brot und kein Stück Holz.[4])

Ausser seinem Vermögen verlor Elia wie sein Gönner Cardinal
Egidio de Viterbo [5]) auch seine Bücher, unter ihnen den grössten Teil
seines Werkes ספר זכרונות.[6]) Die kostbarsten Drucke und Handschriften mussten den wilden Horden zur Nahrung des Küchenfeuers
und zur Streu ihrer Pferde dienen. Und Elia war nicht der einzige
jüdische Gelehrte, der so zu leiden hatte. Man denke nur an das
traurige Schicksal Joseph Zarfathis [7]) und an das der Eltern des gelehrten David de Pomis.[8]) Die Reihe dieser Zeugen für die Mitleiden-

---

[1]) פירוש Bologna 1538 p. 66a. פ״ר נתן לאביונים. Ebenso Elia Levita
מסורת הכסירת, Venedig 1538 p. 9: וזה היה בשנת פ״ר.

[2]) Perles, Aram. Studien p. 201 che io veduto la vintura delo iudio. Berliner
(II. 1. S. 86) macht Šemarja b. Josef Ungari (1544) zu seinem Sohne.

[3]) Siehe Anm. 1.

[4]) מסורת הכסורת, Venedig 1538, das.

[5]) Reumont III. 2. S. 369. Allerdings hatte der Kardinal schon vorher die
Stadt verlassen (Gregorovius VIII. 513).

[6]) Einleitung dazu ed. Goldberg 1875. Chronikon des Konrad Pellikan (ed.
Riggenbach. Basel 1877) S. 49 von Elia: donec ibidem expulsus est, non modico
orbis et sui damno.

[7]) Johannes Pierii Valeriani Bellunensis de litteratorum infelicitate libri duo,
Venetiis 1620. p. 19 ff.

[8]) צמח דוד Venedig 1587 Einleitung כאתים לפרט קטן על פ״ז ובשנת
שנתים אחר תולדתי בלה הפ״ז ונשאר הנחושת יען כי בעת שהספרדים ואשכנזים
שללו רוכה העיר גוברת וטהוללה רוב סביבותיה נשמו גם כן זכר׳

schaft der römischen Juden beschliesse der wahrheitsgetreue Joseph Kohen, der in seiner Chronik bei der Erzählung des Geschicks der Stadt auch seinen Glaubensbrüdern ein Wort des Mitleids weiht: „Auch die Juden daselbst," sagt er, „wurden der Plünderung preisgegeben; es starben von ihnen an der Pest, ihr Hilferuf stieg zum Himmel auf." [1]) Zieht man zu dem Gesagten noch den Umstand hinzu, dass die römische Gemeinde sich gezwungen sah, nach der Belagerung eine Anleihe zu kontrahieren, um den an sie gestellten Anforderungen gerecht zu werden [2]), so wird es um den „grossen Gewinn und Reichtumb",[3]) den die Juden bei der Plünderung erworben, nicht viel anders stehen als um die Mitteilung, die uns der grosse Fabulist Guicciardini [4]) und der Dichter der Presa di Roma [5]) mit ernster Miene auftischen, dass unter den schrecklich wütenden Spaniern viele Marranen und Juden gewesen seien.

Vor den verwilderten Soldaten und der wütenden Pest flohen die unglücklichen Bürger die Stadt. Sie begaben sich nach Ancona, Venedig und Neapel in ein freiwilliges Exil.[6]) Unter ihnen waren auch viele Juden wie der bereits genannte Elia, welcher sich nach Venedig wandte.[7])

Nach immer erneuter Plünderung schloss der Papst am 31. Oktober einen endgültigen Vertrag. In den ersten Tagen des Dezember räumte er mit den wenigen bei ihm gebliebenen Kompanien der „Schwarzen Banden" die Engelsburg. Er selbst entzog sich einer drohenden Gefangennahme durch die Flucht nach Orvieto. Am 17. Februar 1528 verliessen die Kaiserlichen Rom. Kaum waren sie aus den Thoren, überfiel Amico von Arsoli die Stadt. Seine Banden, die Traste-

---

[1]) דברי הימים Amsterdam 1733 p. 78 a.

[2]) Rom. Bibl. Vat. Cod. Ottob. 2483. fol. 191, s. Beil. No. 20. Rodocanachi p. 245.

[3]) Reissner. l. c. p. 115 b.

[4]) Guicciardini, Il sacco di Roma, Paris 1664 p. 228. Vgl. das Gedicht La presa e lamento di Roma (in Lamenti storici dei secoli XIV, XV e XVI t. III. Medin e Frati, Bologna 1890) S. 356 Strophe 1: per grandi obprobri fatti da marani. In dem Francesco Guicciardini zugeschriebene Lamento d'Italia werden die Plünderer mit Juden, Lutheranern und Marranen verglichen (das. S. 409, Zeile 124 ff.) Zur Erklärung vgl. Commentarius captae urbis, Parisiis 1539, S. 9: Significabantur autem Lutheranorum nomine Germani ut Hispani Marranorum. In diesem Sinne auch bei Leonardo Santoro da Caserta, Dei successi del sacco di Roma (Napoli 1858) S. 11 und bei Gregorovius VIII. 516. Nach Moroni XLV 109 sollen sogar 4000 Juden in Bourbons Heer gewesen sein.

[5]) In Scelta di curiosità letterarie 218 (Guerra di Camollia) Strophe 97 (S. 153). Era in quel campo infiniti Giudei etc.

[6]) Αλωσις Romae p. 10 (deutsch p. 16 f.).

[7]) Josef b. David Jehaja a. a. O.

veriner, das Volk der Regola und die von Monti rasten in der unglücklichen Stadt. Ihre Blutgier schonte nicht einmal die Kranken in den Hospitälern. Den Schluss dieser Greuelscenen bildete natürlich eine allgemeine Plünderung der Häuser der Juden. [1]

Am 26. Oktober 1528 kehrte der Papst in die unglückliche Stadt, in welcher immer noch Not und Krankheiten unzählige Opfer forderten, zurück. Bereits nach Jahresfrist verliess er die Stadt, um Karl V. in Bologna zu krönen. In diese Zeit fallen die Streitigkeiten Roms mit König Heinrich VIII. von England wegen der Lösung seiner Ehe mit Katharina von Aragon. In diesen Streitigkeiten haben die italienischen Juden und vor allem eine der hervorragendsten Gestalten der römischen Gemeinde eine nicht unbedeutende Rolle gespielt. Während sich der Agent des Königs, Croke, in Venedig aufhielt, kamen täglich zwei Juden zu ihm, um Schriftstücke in der Sache des Königs abzufassen.[2] Es waren der Rabbi und Magister artium et medicinae Helias (Chalfon) und der Konvertit Dom. Marco Raphael. Andere suchte Croke durch Bestechung zum Unterschreiben der Schriftstücke zu gewinnen[3], welche Helias und Raphael verfassten und die sich durchaus zu Gunsten Heinrichs aussprachen.[4] Um die Arbeiten der Beiden zu fördern, kaufte Croke in Venedig eine Konkordanz und ein anderes hebräisches Werk.[5] Am 2. März konnte Croke neue Schriften von Helias mit „correlaria" zu Numeri 27 und von Raphael an Ghinucci senden. Er bemerkte in dem Schreiben, dass er die Stimme von noch drei oder vier Rabbinern für des Königs Sache für gutes Geld kaufen könne.[6] Croke sparte keine Ausgaben. Am 11. März zahlte er Marco Raphael fünf Dukaten für zwei Duplikate seiner im Januar 1530 vollendeten[7] Schrift[8], die er noch an demselben Tage mit einem Begleitschreiben und zwei Schriften des Magisters Helias an den König schickte. Ausserdem erhielt Raphael ein Gehalt von der venetianischen Regierung.[9] Aber auch Helias bekam seine Mühewal-

[1] Gregorovius VIII. 584.
[2] Brewer, Letters and papers foreign and domestic of the reign of Henry VIII, t. IV. 3. No. 6375, 10. Jan. und 20. Febr.
[3] Das. 8. Febr.
[4] Das. No. 6149 S. 2745 vgl. auch No. 6105, 6140, 6161.
[5] Das. No. 6375, 20. Febr.
[6] No. 6250.
[7] Das. No. 6156 (Venedig, 22. Jan. 1530), vgl. 6236 (21. Febr.), 6239, 6240, 6300 (29. März) über diese Schrift und Raphael.
[8] Das. und 6786.
[9] Das. No. 6266.

4*

tung gut bezahlt.[1]) Die Schriften des Magisters waren durch die
Unterschrift Benedikts, eines greisen und hochgelehrten deutschen
Juden, und die des spanischen Magister artium et medicinae Marco
Calo Calonymos bestätigt. Croke versprach gleichzeitig demnächst
noch weitere Schriftstücke von Helias und Raphael zu schicken.[2])
Bis dahin war Helias der englischen Sache treugeblieben. In-
zwischen hatte der englische Gesandte noch einen weiteren bedeuten-
den Bundesgenossen für seine Sache geworben. Schon im Januar
1530 wurde „Jacob Mantineus, ein jüdischer Doktor" zum königlichen
Gesandten gerufen, der ihm Fragen über die Ehescheidung des englischen
Königs vorlegte.[3]) Mantino war dem englischen Gesandten (Protonotar
Casale), der im März 1539 neben dem französischen Gesandten die Bitte
des Bischofs von Verona, mit unterstützt hatte, Mantino das Tragen
des schwarzen Baretts in Venedig zu gestatten, stark verpflichtet.[4])
Die Unterredungen mit dem Gesandten wurden aus Rücksicht auf
Kaiser und Papst vorläufig unterbrochen.[5]) Kurz darauf fand aber
doch eine Verhandlung Crokes mit Jacob statt, in deren Verlauf er
Croke erklärte, eine Schrift in Heinrichs Sache verfasst zu haben,
die er mit seinem Bruder in Bologna zurückgelassen habe.[6]) Während
Jacob nach Bologna ging, um dieses Schriftstück zu holen, wurde
Marco Raphael nach Rom geschickt, um dort weiter für Heinrich
thätig zu sein.[7]) Um diese Zeit war es, wo unter den jüdischen
Bundesgenossen des Königs eine Spaltung eintrat. Offenbar auf be-
unruhigende Nachrichten aus Rom, schrieb Croke am 31. Mai 1530 an
Heinrich, dass Marco Raphael, der so „ernstlich" für ihn geschrieben,
in päpstlichen Diensten stehe.[8]) Anfang Juni kamen Jacob und
andere Juden aus Bologna zurück. Sie berichteten, dass der Papst
die Anteilnahme der Juden an der englischen Sache missbillige und
dass Helias, dessen Meinung vorher so viele ohne Zögern unter-
schrieben, jetzt angeblich keinen Juden finden könnte, der seine Schrift-

[1]) Das. No. 6375 u. 6786.
[2]) Das. 6266. Über Calo s. Marino Sanuto Diarii XV. 578 f. (27. Febr. 1513
als phisico hebreo), XVII. 33—35. XXIV. 51, 289 (1517), XXV. 229, XXVII. 463
(1519), XXVIII. 253 (13. Febr. 1520: maistro Chalò hebreo medico yspano) und 292.
[3]) No. 6165 Brief des Richard Croke an Ghinucci vom 26. Jan. 1530.
[4]) Rawdon Brown, Calendar of state papers and manuscripts relating to english
affairs IV. No. 434.
[5]) Brewer No. 6170.
[6]) No. 6194 vom 3. Febr.
[7]) No. 6398 vom 21. Mai.
[8]) No. 6414.

stücke unterzeichne.[1]) Inzwischen versuchten Frater Angelus aus
Bologna und Croke in Rom Juden zum Unterschreiben von Gutachten
zu veranlassen. Ihre Bemühungen waren umsonst, da diese erklärten,
solche Anweisung von Venedig zu haben, dass sie nicht zu unterschreiben wagten.[2]) Von da an ist auch von einer Mitwirkung venetianischer Juden bei der Ehescheidungsangelegenheit nicht mehr die
Rede. Nur gelegentlich schreibt Rodrigo Niño (28. Juni), dass er
sich während seines venetianer Aufenthaltes mit zwei Juden über die
Frage unterhalten habe, ob der Papst den Dispens erteilen dürfe.[3])
Es ist nicht unmöglich, dass sich Helias durch das Hinzuziehen
einer neuen Autorität in seiner Eitelkeit gekränkt, vielleicht auch
verdrängt sah, zumal Cardinal Aegidius erklärte, dass es in Italien
nur zwei des Hebräischen wirklich Kundige gäbe, nämlich Magister
Jacob und einen Mann, den der Bischof von London in seinem Gefolge in Bologna habe.[4]) Kurz, von jener Zeit datieren die Feindseligkeiten zwischen Jacob Mantin und Elia Chalfon. Marco Raphael war
durch ein Geschenk von 40 Pfund wieder für die Sache des Königs gewonnen worden.[5]) Wohl um sich seiner zu versichern, hatte man ihn
nach London geschickt, wo er am 15. Jan. 1531 eintraf[6]) und auch
dort weiter im Dienste des Königs blieb.[7])

Die persönliche Zwistigkeit zwischen Mantino und Elia war auch
verhängnisvoll für das Geschick Šelomoh Molkhos. Als Clemens von
der Krönung Kaiser Karls nach Rom zurückkam (9. April 1530), befand sich in der Stadt ein Mann, der die Erinnerung an jenen arabischen Fürstensohn David von neuem wachrief. Šelomoh Molkho (Diego
Pires), ein Sekretair des Königs von Portugal, war einer von den
Marranen, auf die das Erscheinen Davids in Portugal so zauberisch
gewirkt. Der phantastische junge Mann war von David so überzeugt,
dass er sich beschnitt, heimlich Portugal verliess und sich, wahrscheinlich auf Davids Veranlassung, der Türkei zuwandte. Von Salonichi,
wo er mit Joseph Taitasak verkehrte, dem er seine wunderbaren Erscheinungen brieflich mitteilte, ging er nach Safet, wo seine dunklen

---

[1]) No. 6445 vom 9. Juni.
[2]) No. 6463 vom 19. Juni.
[3]) No. 6479.
[4]) No. 6499 vom 22. Juni.
[5]) No. 6541 London 17. Juli vgl. No. 6656.
[6]) V. No. 70.
[7]) Vgl. V. No. 120, 216, 567. 1065, 1429, VI. 299 IX E. 1367; Rawdon Brown,
Calendar of state papers etc. IV. No. 658, 682, 715, 726, 864.

Träumereien Anklang fanden. Es trieb ihn aber nach Italien und besonders nach Rom, da sich hier nach einem Midraschworte Elia offenbaren sollte. Das Jahr 1529 sieht ihn bereits in Italien. In Ancona wird er verleumdet und wunderbar errettet. Wegen eines Disputes auf dem dortigen Marktplatze nimmt ihn der Herzog von Urbino zu seinem Schutze mit sich nach Urbino. Hier lässt er seine Diener und zieht allein nach Rom, welches er nach fünf Tagen erblickt. Bei einem Herbergsvater lässt er dort sein Pferd und seine Kleider. In einem Bettlergewande setzt er sich an der Tiberbrücke nahe beim päpstlichen Palaste unter die Armen und Kranken. Nach dreissig Tagen am 10. Adar 5290 träumt er hier, dass furchtbarer Regen und Erdbeben in Rom, in einem Nordlande und in Portugal Verheerungen anrichten werden, vor deren Erscheinen er die Stadt verlassen solle. Auch zwei unheilverkündende Kometen sieht er in prophetischem Traume. Am nächsten Morgen kleidet er sich bei dem Herbergsvater um und fragt auf der Strasse einen Juden Menahem nach dem Rabbiner der Stadt. Auf dessen Auskunft giebt er sich dem Rabbiner Jehuda b. Šabtai gegenüber als Diener Šelomoh Molkhos aus, der noch in Pesaro verweile. Um den Nachstellungen seiner Feinde zu entgehen, begiebt er sich zu Fuss nach dem Aufenthaltsorte des Papstes, der noch nicht in Rom ist, und erhält von demselben, nachdem er ihm sein Gesicht mitgeteilt, neben anderen Versprechungen auch die Erlaubnis, nach Rom zurückzukehren. Hier predigt er in der Synagoge nach dem Ausheben der Thora allsabbatlich auf dem Almemor.[1]) Währenddem hat sich David auf seiner Reise in verschiedenen Orten Italiens, besonders in der Romagna, auch in Rom und etwas länger in Mantua, wahrscheinlich incognito aufgehalten. Der Endpunkt seiner Reise soll vorläufig Venedig sein.[2]) Angeblich erhält Šelomoh erst jetzt Kunde von Davids Ankunft in Italien und begiebt sich vor der von ihm prophezeiten Überschwemmung zu ihm. In Venedig beginnt die Peripetie in Davids Geschick. Šelomoh tritt hier als Diener Davids auf. Er mischt sich thörichter Weise in den oben berührten Streit der beiden Ärzte Jakob Mantino und Elia Chalfon[3]) und zieht sich dadurch Mantinos Hass zu, der für beider Schicksal verhängnisvoll werden sollte. Es war im November 1530. David, der in Venedig sehr prunkvoll in kostbaren Seiden-

---

[1]) Graetz IX² S. 532.

[2]) Diese sonst nicht bekannte Reise durch Italien erzählt David selbst, s. Cicogna l. l.

[3]) Graetz IX² 245 Anm. 1.

gewändern und von fünf Dienern begleitet auftritt, beschliesst die
Wintermonate in Venedig zuzubringen und im Frühjahre zum Kaiser
zu reisen, „um ihm hochwichtige und für ihn vorteilhafte Dinge mitzuteilen". Da er aber nicht im Judenviertel, sondern ausserhalb des
Ghetto wohnen will, und ausserdem durch seine Predigten über die
Befreiung Israels in der dortigen Gemeinde verführerische und ge-
fährliche Hoffnungen wachruft und nährt, so dass man ihn wie einen
Messias abgöttisch verehrt, sieht sich die Signoria genötigt, nähere
Auskunft über den seltsamen Mann einzuziehen. Sie bedient sich dazu des berühmten Reiseschriftstellers Gian Battista Ramusio, „da er
zugleich ein Kenner der orientalischen Sprachen sei." Der interessante Bericht Ramusios über seinen Besuch bei David ist erhalten.
Das Merkwürdigste an demselben ist, dass David seine angebliche
Mission und den Auftrag seines Bruders schon ganz vergessen oder
richtiger, dessen Thorheit und geringe Zugkraft bereits eingesehen
hat. Er erklärt dem Venetianer, von Gott inspiciert zu sein, das
Volk Israel in das gelobte Land zurückzuführen und Jerusalem und
den Tempel wieder aufzubauen. Er habe seine Reise unternommen,
um diese Kunde allen seinen Glaubensgenossen zu predigen. Er behauptet mit den Engeln in Verkehr zu stehen und prophetisch die
Zukunft voraussagen zu können. Nicht ohne Stolz erzählt er Ramusio,
dass allein seine magische Geisteskraft hingereicht habe, seinen portugiesischen Diener (Selomoh) willenlos in seine Dienste zu zwingen,
so dass er auf seinen Befehl mit wichtigen Aufträgen in den Orient
zum Sultan (Signor turcho) und zu „Imbraim bassa" geeilt sei, und
der letztere ihm sogar mehrere geheime Audienzen gewährt und ihn
sehr lieb gewonnen habe. In der Unterhaltung erklärt er den Nil
für den biblischen Pišonfluss, kann aber über die drei anderen Flüsse
des Paradieses keine Auskunft geben. Als ihm Ramusio spöttelnd ein-
wirft, dass hundert Büchsenschützen genügen würden, sein ganzes
schlechtbewaffnetes Heer zu vernichten, erwidert David, dass durch
Gottes Willen die Büchsen zur Zeit der Befreiung nicht treffen und
verwunden können werden. Ramusio merkt sogleich, mit wem
er es zu thun hat; soviel ist ihm klar, dass David aus Arabien
oder Äthiopien stammen müsse. Unter Davids Dienern fällt ihm natürlich besonders Selomoh auf. Er nennt ihn einen „sehr vorsich-
tigen und schlauen Menschen," der in der Kabbala ausserordentlich
bewandert sei. Auf Ramusios Bericht[1]) hin giebt die Republik David

---

[1] Sumario de le cose de david jodeo fiol del re salamon de tauor et lixea

den Wink, Venedig schleunigst zu verlassen. Auch Šelomoh Molkho beginnt bereits an Davids Mission zu zweifeln. Kaum von einem an ihm verübten Vergiftungsversuch geheilt, begiebt er sich nach Rom, um den von ihm prophezeiten Kometen zu sehen. Am Sonnabend, den 8. Oktober 1530, war hier nach monatelangem Regen der Tiber ausgetreten und hatte die ganze Ebene um Rom unter Wasser gesetzt. Das Wasser stieg vier Fuss höher als die ältesten Wahrzeichen. Dreihundert Menschen kamen um.[1]) Zu gleicher Zeit verheerten Fluten in Flandern weite Strecken. Da sich Šelomohs Prophezeiung so wunderbar bewahrheitet hatte, war sein Empfang in Rom (Ende 1530) ein höchst ehrenvoller. Er erhielt sogar vom Papste im Palaste eine Wohnung angewiesen.[2]) Allerdings behaupteten einige Kardinäle, er habe die Wasser bezaubert, eine Ansicht, welche zur Anklage gegen ihn benutzt wurde. Dazu kamen noch die Wühlereien Jákob Mantinos, der wahrscheinlich nur zu diesem Zwecke nach Rom gereist war. Šelomoh fand aber in Rom mächtige Schützer, unter ihnen besonders den portugiesischen Gesandten. Auch das Inquisitionstribunal erklärte Mantino, ohne gewichtige Zeugen gegen Šelomoh nicht vorgehen zu können. Der venetianische Arzt wandte sich darauf an mehrere Portugiesen in der Stadt, welche Šelomoh in seiner früheren Stellung gekannt hatten. Aber auch deren Zeugnis wurde durch den päpstlichen Freibrief wett gemacht. Die Inquisition wollte sich aber doch diese Beute nicht entgehen lassen und ersuchte den Papst, gegen den vom Christentume Abgefallenen selbst einzuschreiten. Der Papst wies aber dies Ansuchen mit Rücksicht auf seinen Freibrief zurück. Trotz alledem gab sich Mantino nicht zufrieden. Er hatte den erwähnten Brief Molkhos an Taytasak in seine Hände bekommen. In ihm sollten sich Schmähungen gegen das Christentum befinden. Mit der von ihm eingereichten lateinischen Übersetzung dieses Schreibens erreichte endlich der unversöhnliche Mantino sein Ziel, die Verurteilung Molkhos

del re joseph venuto nuovamente in Venezia (Cicogna a. a. O. und S. 316); vgl. Wolf in Allg. Ztg. d. Judenthums 1866. No. 37 und Encyclopaedia Britannica XX. 269.

[1]) Bonini, Tevere incat. p. 59 f. Reumont III. 2. S. 874, Buonarroti 1871. S. 78. Benvenuto Cellini I. 11. New-Zeitung von Rom; wie das grausam und erschröcklich gross wasser der Tyber schaden gethan hat. Muratori Annali d'Italia X. 240. L. Schrader, Monument. Italiae libri IV. Helmstedt 1592. p. 199 b.

[2]) Nichts anderes bedeuten die Worte bei Josef Ha-khohen p. 91 a, dass er den Brief an טיטסה (lies טיטסק) im Monasterio (מוניסטיריאו) geschrieben habe. — Allerdings auch eine Gemeinde in Monastir (מוניסטירין), vgl. שר״ה סודרש״ד א״ח No. 39 p. 21 a, No. 155 p. 92 a, vgl. No. 122.

zum Feuertode, zu welcher auch Clemens nach dem vorgebrachten
Anklagematerial seine Zustimmung geben musste. Der Papst konnte
es sich aber nicht versagen, seinen Schützling zu warnen, ja noch
mehr, ihm in seinem Palaste Zuflucht zu gewähren. Die Inquisition
ergriff einen Selomoh ähnlichen und gleichgekleideten Mann, der ohne
Umschweife verbrannt wurde. Die Inquisitionsrichter, welche dem
Papste von dem vollzogenen Akte Mitteilung machten, mögen nicht
wenig entsetzt gewesen sein, als während ihrer Meldung Selomoh
lebend und unversehrt aus den päpstlichen Gemächern vor sie hintrat.
Das Tribunal sah sich gezwungen, den Verbrannten noch nach seinem
Tode als Gottesverächter zu brandmarken. Inzwischen war, wie er
prophezeit hatte, auch Portugal von einem Erdbeben (26. Jan. 1531)
heimgesucht worden, und der verkündete Komet erschienen (Halley-
scher Komet: August und September 1531). Trotz des päpstlichen
Schutzes sah sich Selomoh aber von allen Seiten von Feinden umgeben. Nur die Gemeinde Rom scheint treu zu ihm gehalten zu haben.
Wenigstens bestätigten ihm Gemeinde und Rabbinen auf sein Ersuchen
die Richtigkeit der Schilderung seiner römischen Erlebnisse. Dann
trat er vor den Papst mit der Bitte, ihn zu entlassen. Mitten in der
Nacht verliess er die Stadt zu Pferde. In Norditalien traf er David,
mit dem er sich nach Regensburg zu Karl V. begab. Damit war
beider Schicksal besiegelt. Wo David während Selomohs Reise geweilt, ist unbekannt. Über die Vorgänge in Regensburg sind verschiedene Gerüchte tradiert. Er soll den Kaiser aufgefordert haben, die
Juden zu einem Kriege gegen die Türken aufzubieten[1]), nach Anderen
mit dem Kaiser über religiöse Fragen gesprochen haben. Er selbst
sprach davon, dass er dem Kaiser Hochwichtiges mitzuteilen gehabt.
Jedenfalls hielt Karl beide für so gefährlich, dass er befahl, sie sofort
in Fesseln zu legen und sie nicht mehr aus den Augen zu lassen. In
Ketten zogen sie mit dem Kaiser, der zu seiner zweiten Zusammen-
kunft mit Papst Clemens nach Italien eilte, über die Alpen. Am
13. Dezember 1532 zog Karl in Bologna ein. Hier trat durch ein
seltsames Verhängnis die Katastrophe für die beiden Abenteurer ein.
Fast gleichzeitig kam in Bologna ein Gesandter des Königs von Äthiopien, Atani Tinghil (David), an. Francesco Alvarez war vom portugiesischen Könige Emanuel als Gesandter nach Äthiopien geschickt
worden[2]) und kam jetzt mit Briefen des Königs von Äthiopien zurück.

---

[1]) REJ XVI, 91.
[2]) Schon im August 1521 war ein Bündis zwischen den Königen von Portugal
und von Äthiopien abgeschlossen worden. (Marino Sanuto, Diarii XXXI, 261.)

Diese Schreiben an den König von Portugal und an Papst Clemens waren aus dem Äthiopischen ins Portugiesische und aus diesem durch Paulus Jovius ins Lateinische übersetzt worden. Allerdings sahen die Briefe des äthiopischen Königs der Botschaft David Rëubenis bedenklich ähnlich. Am 29. Januar 1533 wurden die Briefe in einem öffentlichen Konsistorium in Gegenwart von Papst und Kaiser verlesen.[1] Wahrscheinlich kam es zu einer Konfrontierung der beiden Gesandten, bei der sich David ungeschickter als Alvarez benahm. Damit war Davids Nimbus dahin. Doch war kein Grund, gegen ihn sofort einzuschreiten. Šelomoh war aber dadurch eine schutzlose Beute der Inquisition geworden, auf den man sich sogleich stürzte. Wegen seiner Apostasie vom Christentum verdammt ihn ein Gerichtshof in Mantua zum Tode auf dem Scheiterhaufen. Schon hat man ihm den Mund mit einem Riemen geschlossen, da kommt ein kaiserlicher Bote, der ihn zum Widerruf seiner Ansichten auffordert. Šelomoh, welcher ehrlich von sich selbst überzeugt ist, bleibt standhaft und erleidet den Feuertod.[2] David zieht mit dem Kaiser über Mailand und Genua nach Spanien, wird der Inquisition in Llerena übergeben und endet wahrscheinlich auf dem Scheiterhaufen in Evora.[3] Mit Šelomohs Tod war der Glaube an ihn noch nicht zerstört. Ein Mann schwur hoch und heilig, dass Šelomoh Molkho nach dem Flammentode acht Tage bei ihm geweilt habe; und er war nicht der Einzige, welcher fest an ihn glaubte. Noch Joseph Ha-khohen ist durchaus von der Echtheit seiner Sendung überzeugt.[4]

---

[1] Bottschaft des Grofsmechtigsten Konigs David / aus dem grofsen und hohen Morenland / den man gemeiniglich nennet Priester Johann / an Pabst Clemens den Siebenden / zu Bononia verhort in offnem Consistorio am XXIX. tag Januarij Anno. M. D. XXXIII. Gedrugkt zu Drefsden durch Wolffgang Stöckel 1533. — Italienisch bei M. Gio. Battista Ramusio, Delle navigationi et viaggi (Venedig 1613) I. 255 ff. In Lettere di principi III 1577 S. 116b ff. ist das Schreiben an Clemens mit der falschen Datierung 1530 abgedruckt.

[2] Ger. Steigenberger, hist.-kritischer Versuch von Entstehung und Aufnahme der kurfürstlichen Bibliothek s. l. [aber München 1784] p. 23 Anm. 27: Nachschrift Widmanstads: R. Salomonis Molchi, qui se Messiam Judaeorum esse praedicavit, atque Mantuae propter seditionis Hebraicae metum Carolo V. Rom. Imp. providente concrematus fuit anno (ni fallor) 1532, liber de secreta Hebraeorum Theologia. Azarjah de Rossi: מאור עינים S. 300: הנשרף בטנטובה שנת רצ"ו [רצג ? |.

[3] Der Judeo de Çapato (Sabbationfluss?) bei Kayserling, Geschichte der Juden in Portugal, Leipzig 1867 S. 227. vgl. S. 193 scheint doch trotz Grätz' (IX. 255. Anm. 1) Bedenken David zu sein.

[4] Ich folge hier, wo nicht andere Quellen angegeben, durchaus der

Ganz im Einklange mit Clemens liebenswürdigem Verhalten zu David Rëubeni und Selomoh Molkho steht seine Stellung zu den Marranen, welche er selbst nach der Errichtung der Inquisition in Portugal (17. Dezember 1531) gegen die Unmenschlichkeiten dieses Glaubensgerichts schützte. Auf den Einfluss des diplomatisch ausserordentlich gewandten Marranen Duarte de Paz ist dann die Einstellung der Inquisition (17. Oktober 1532) und das wichtige Schutzdekret zu Gunsten der Marranen vom 7. April 1533 zurückzuführen, dass trotz des Einspruchs des Königs am 19. Oktober 1533 und dann endgültig am 26. Juli 1534 von Clemens bestätigt, ja erweitert wurde.

So war Clemens bemüht, allen seinen Unterthanen gerecht zu werden und die Wunden zu heilen, welche seinem Lande durch die politischen Verhältnisse zugefügt waren. Unter seinem milden Regimente sammelten sich die nach allen Richtungen hin verstreuten Gemeinden der Stadt. Schon nach wenigen Jahren erreichten sie dank ihm und seinem Nachfolger die frühere Blüte. Vielleicht waren sie schon an dem grossartigen Wohlthätigkeitsakt der italienischen Gemeinden im Jahre 1532 beteiligt. Andreas Doria hatte bei der Eroberung von Coron, Patras und Zante auch viele Juden gefangen genommen. Die israelitischen Gemeinden Italiens vereinigten sich, dieselben um jeden Preis loszukaufen. Sie hatten zu diesem Zwecke ordentliche Komitees gebildet. In Neapel übernahm Abraham Zarfathi die in Genua von Joseph Khohen[1]) freigekauften Glaubensbrüder. Der Umstand, dass Andreas Doria gerade viel Juden zu Gefangenen gemacht, findet seine Erklärung darin, dass seine Operationen durch die Schiffe eines jüdischen Piraten mehrfach gestört worden waren. In einem Schreiben vom 16. August 1503 heisst es: „Vor wenigen Tagen ist die Nachricht nach Rom gebracht worden, dass Andreas Doria benachrichtigt worden sei, dass der berüchtigte jüdische Pirat eine starke Flotte ausgerüstet habe, um auf die spanischen Galeeren zu stossen, welche sich mit den Neunzehn (Schiffen) Dorias vereinigen sollten."[2]) Im Februar 1534 unternahm Chaireddin Barbarossa seine Seeräuberzüge wohl mit denselben Piraten, der in einem zeitgenössi-

---

Schilderung in Josef Ha-khohens דברי הימים (Amsterdam 1737) p. 90 b—96 a. (ʿEmek habakha 97—100). Vgl. Grätz in Monatsschrift V. 208—215, 241—261, cf. שלשלת הקבʿ; Zunz, Benjamin II. 271—274. (Gesammelte Schriften I. 279, Grätz, Geschichte IX. 227 ff.

[1]) ʿEmek Habakha 96 f.

[2]) Brewer, Letters and papers VI. No. 991.

schen Bericht kurz als il Giudeo bezeichnet wird.[1]) Über die Pest,
die am Donnerstag, den 15. Elul 5293 in Rom auftrat, und von der
die Gemeinde verschont blieb, besitzen wir eine kurze Notiz. Die
Rolle, welche in derselben die drei Kantoren Lunel der Kleine, Josef
Farissol und Barukh נקיט sowie die Hebamme מַשׁאַריָה gespielt, wird
aus dem fehlerhaften Text nicht klar.[2])

Die Lage der Gemeinde, besonders deren finanzielle Verhältnisse ge-
stalteten sich trotz der Errichtung des römischen Mons Pietatis unter
Clemens Nachfolger Paul III. noch weit günstiger. Die dauernde Ruhe
seiner Regierungszeit[3]) war der Entwicklung der Gemeinde besonders
förderlich. Dazu kam die freundschaftliche Gesinnung, welche Paul den
Juden entgegenbrachte. Alexander Farnese machte sogar dem Papste
den Vorwurf, dass er die Juden „über Gebühr" vorgezogen habe.[4]) Erbittert schreibt Sadolet, der Paul zur Vertreibung der Juden aus Avignon
aufforderte[5]) am 4. August 1539: „Wie darf man den der Religion zu
Liebe in seinem Lande die Lutheraner verfolgen sehen, der ebendort in
solcher Weise die Juden duldet? Duldet er sie aber nur? Nein, er
fördert sie, zeichnet sie aus und überhäuft sie mit Ehren. Niemals
sind Christen von einem Papste mit Gunstbezeugungen, Privilegien,
Zugeständnissen so reich bedacht worden, als sie (die Juden) in diesen
Jahren unter dem Pontifikate Pauls III. durch Ehrenstellen, Vorrechte
und Auszeichnungen nicht nur gefördert, sondern gerüstet worden
sind."[6]) Sein Lamentieren hat ihm trotz der Unterstützung des Kardinals Farnese in Rom, an den er am 6. Juli 1540 ein Dankschreiben
richtete und trotz der Venaissiner Gesandtschaft wenig genützt.[7]) Und
er war nicht der Einzige, welcher sich über die Bevorzugung von
Juden kränkte. Laelio Secundo Curio legt seinem Pasquino die Worte
in den Mund: „Betreffs Spaniens ward beschlossen, dass die Inquisitoren nicht mehr so streng gegen die Marranen sein sollten, welche
doch die Göttlichkeit Christi leugnen, — dass man aber möglichst
grausam gegen die Lutheraner vorgehen solle, welche des Papstes

---

[1]) Nuntiaturberichte aus Deutschland. Erste Abteilung 1533—59, Gotha 1892
I. S. 181 vom 14. Febr. 1534.
[2]) Jewish Quarterly Review 1892. 697.
[3]) Reumont. III. 2. p. 784.
[4]) Ciaconius, Vitae pontificum Romanorum, Romae 1697. Tom. III. 564.
[5]) Jacobi Sadoleti Epistolae III. Coloniae Agrip. p. 453. Rawdon Brown.
Calendar of state papers etc. V. No. 208.
[6]) Basnage, histoire IX. 31. S. 861 f.
[7]) Sadoleti Epistolae III. 214.

Göttlichkeit leugnen, aber die Christi anerkennen." [1] Wie seine Vorgänger hatte Paul einen jüdischen Leibarzt, den berühmten und durch
das Eintreten gegen Molkho berüchtigten Jåkob Mantino (Giacomo
Mantini). [2] Gastlich nahm er die wiederum trotz der Bemühungen
des römischen Banquiers Selomoh Zarfathi bei Karl V. (Febr. 1541)
aus dem Königreiche Neapel vertriebenen Juden im Kirchenstaate und in
Rom auf. [3] Den von Sizilien und Unteritalien nach Palästina oder Afrika
fahrenden Juden erlaubte er in Italien zu landen und befahl, sie überall freundlich aufzunehmen (24. Febr. 1543). [4] Der Prior der Lombardei hatte bei Zante ein Schiff, das venetianischen Juden gehörte,
geplündert. Noch auf dem Sterbebette forderte der Papst den Kardinal Sta. Fiore auf dafür zu sorgen, dass das geraubte Gut zurückerstattet werde. [5]

Das Breve vom 15. Februar 1543, welches eine feierliche Bestätigung aller von früheren Päpsten den Juden bewilligten Vergünstigungen.
besonders die Erneuerung von Martins Bulle von 1429 brachte und
sie der Gerichtsbarkeit der Zunftherren entzog, war ein besonders
grossartiger Beweis seiner humanen Gesinnung. [6] Diese zeigte er bei
der Aufhebung der nächtlichen Darstellung der Passion im Colosseo.
in deren Folge das durch das Gesehene fanatisierte Volk, sobald es
auf Juden oder Polizei stiess, dieselben schmähte und mit Steinen zu
werfen pflegte. was nie ohne den Tod einiger Menschen abging [7]. —
und endlich auch bei der erneuten Erlaubnis zur Errichtung einer
hebräischen Druckerei in Rom im Hause des Mastro Antonio Bladao
im Jahre 1545, einem Kompagnieunternehmen des letzteren mit Izhak
b. Immanuel de Lattes dem Provenzalen und Benjamin b. Joseph di

---

[1] Pasquino in estasi nuovo, e molto piu pieno ch'el primo ecc. Schlussblatt:
Stampato a Roma. nella botega di Pasquino, a l'iustanza da papa Paulo Farnese:
con gratia et privilegio p. 85 b.

[2] De Pomis, De medico hebraeo p. 70; Marini I. 367—369.

[3] Carmoly. Revue III. 47. Orient 1845. 323. Cod. 26 Casa de' Neofiti Blatt
1 a (Sacerdote S. 175).

[4] Stern S. 93.

[5] Rawdon Brown, Calendar of state papers etc V. No. 572, 586, Alberi Relazioni serie II. t, III. p. 340.

[6] S. a. Stern S. 92.

[7] Alessandro d'Ancona. Origini del Teatro in Italia. Firenze 1877. I. 365. cf.
REJ IX. 81. Ruggeri. L'Archiconfraternità del Gonfalone. Roma 1866, p. 152;
Fabi Montani. Feste et Spettacoli di Roma dal secolo X a tutto il XVI. p. 53.
Adinolfi. Roma nell' età di mezzo I. 379 ff. — Von da an sollte nicht mehr die
Passion, sondern die Verkündigung in der Chiesa dell' Annunciata dargestellt
werden, um derartigen Exzessen vorzubeugen.

Arignano. Der eigentliche Leiter der Druckerei, welcher aber auch nur ein kurzes Bestehen vergönnt war, war Selomoh b. Izhak aus Lissabon. Für die Vorgeschichte der italienischen hebräischen Typographie in dieser Zeit ist es besonders interessant, dass vor allem der Sohn des Papstes Pier Luigi Herzog von Castro neben dem Dekan der Rota Nicola d'Aragon, dessen Vater, der jüdische Arzt Ferdinand, in Rom zum Katholizismus übergetreten war, sich für die Erlangung einer Erlaubnis zum Druck hebräischer Werke bemühte. Die Angelegenheit wurde Hieronymus Alexander zur Begutachtung übergeben, der aber nur den Wiederabdruck von hebräischen Druckwerken gestatten wollte.[1]

So wenig Paul nach alledem mit einer Einschränkung der Denk- und Gewissensfreiheit einverstanden war, begann sich doch unter seiner Regierung alles das gegen die Juden zu regen, was dann die kirchliche Reaktion unter seinem Nachfolger zum Staatsprinzipe erhob. Die ersten Anzeichen eines offiziellen Durchdringens derselben waren die Einrichtung des Mons Pietatis in Rom im Jahre 1539, die Bulle über die Rechte der Neophyten (1542) und die Errichtung des Katechumenenhauses in der Stadt (1543). Bereits seit dem 13. Jahrhunderte besassen französische Städte einen Mons Pietatis[2] (Leihhaus). Ihrem Beispiele folgten dann nach und nach die Kommunen Italiens. Rom war eine der letzten Städte, in welcher diese Einrichtung eingeführt wurde. Der Franziskanergeneral Johannes Calvus begründete hier dieselbe. In der Bestätigungsbulle sprach der Papst sein schmerzliches Bedauern darüber aus, dass die hebräischen Wucherer Roms den Armen alle Mittel entzögen und ihnen das Mark aussaugten und ernannte zum Protektor des Instituts den Franziskaner Franz Quigonius.[3] Die Bulle übersah nur das eine, dass die jüdischen Banquiers nach der am 11. Juni 1537 abgehaltenen Konferenz mit den christlichen Geldwechslern eine Vereinbarung inbetreff ihrer Geschäftsusanzen abgemacht hatten, — dass also der gute Papst eigentlich auch seinem Schmerze über die christlichen Wucherer hätte Ausdruck verleihen sollen. Übrigens erteilte der päpstliche Kämmerer am 8. November 1541 dem Arzte Magister Sabbato und dessen Schwiegervater Zacharia und am 29. Novbr. desselben Jahres den Erben des Zaccarias Leucii da Pesaro und Abraam Lazari da Viterbo das Privi-

---

[1] REJ XXVII 210 u. 233.
[2] Depping 288.
[3] Wadding, Annales Minorum XVI. 144 f. Allg. Zeitung des Judentums 1841 p. 560. lies 1539!

leg zur Errichtung einer Geldleihbank.[1]) Auf judenfeindliche Hetzereien besonders gegen die Marranen vielleicht gar auf den heiligen
Ignatius ist die Bulle vom 21. Mai 1542 zurückzuführen. Dieselbe
liess den Neophyten ihr Familienvermögen, ausser dem durch Wucher
erworbenen, welches an die früheren Eigentümer zurückgehen sollte (!).
Alle mögliche Unterstützung und das Bürgerrecht ihres Wohnortes
wurden ausserdem den Täuflingen versprochen. Man sollte aber darauf achten, dass dieselben nicht unter sich heiraten, ihre Toten nicht
nach jüdischer Sitte begraben und Sabbate und jüdisches Ceremoniell
nicht weiter halten.[2]) Man musste sich über diese Bulle um so mehr
wundern, da der Papst seit Anbeginn[3]) seiner Regierung die Marranen
wirksam unterstützt und geschützt hatte[4]), obwohl er sich dadurch
den Groll Joãos III. von Portugal zuzog. Die Anwesenheit Karls V.
in Rom und ein erhöhter Druck seitens Portugals zwangen den Papst
zu einer Neubewilligung der Inquisition für letzteres Land, die aber
ein Schutzbreve für die Marranen vom August 1537 in ihrer Wirkung
sehr schwächte.[5]) Da die öffentliche Meinung in Portugal durch eine
Gotteslästerung eines Marranen in Lissabon noch gereizter geworden,
drang man jetzt in ihn, diesen Apostaten den Krieg offen zu erklären.
Die Kriegserklärung bildete die erwähnte Bulle vom 21. Mai 1542.
Nicht lange später aber befreite Ricci de Monte Pulciano im Namen
des Papstes in Portugal doch 1800 Marranen.

Nicht weniger unfreiwillig entschloss sich Paul zu der Einrichtung eines Hospitals und Klosters in der Stadt für jüdische und heid-
nische Katechumenen, von denen das erstere die männlichen, das
letztere die weiblichen Täuflinge aufnehmen sollte. Paul entschloss
sich zu einer derartigen Institution auf das Ersuchen eines römischen
Pfarrers, besonders aber auf die Bemühungen des heiligen Ignatius
hin. Die Notwendigkeit desselben wurde mit der grossen Anzahl von
Täuflingen begründet, unter welchen die Primarii der Juden sein
sollten.[6]) Für die Bevölkerung des Himmels mit Juden war da-

---

[1]) Stern S. 85 u. 86.
[2]) Depping 312.
[3]) z. B. 2. Oktober 1535.
[4]) z. B. durch die Erhebung Anconas zur Freistadt.
[5]) Im Jahre 1536 war — zwei Tage nach der Abreise des portugiesischen
Gesandten — in Rom am hellen Tage der Agent der Marranen ermordet worden.
Les lettres de François Rabelais, Bruxelles 1710, p. 22.
[6]) Bullarium Maximum. Rev. or. III. 47.

mals in Rom besonders Philippo Neri thätig.[1] Über die feierliche
Taufe der Familie eines jüdischen Arztes Vitale in der vatikanischen
Basilica am 22. Februar 1535 besitzen wir sogar einen offiziellen Bericht.[2] Die Casa der Katechumenen ist nachher zu einer der unselig-
sten Schöpfungen zur Aussaugung und Erniedrigung der jüdischen Gemeinde, die allerdings kein Papst „schmerzlich empfand", geworden.
Das Hospital der Neophyten ist fürwahr zum „Angeberhospital" geworden. Der Beginn einer Gesetzgebung gegen die Verbreitung
ketzerischer und verdächtiger Bücher durch Giovanni Pietro Caraffa
ist ein weiteres Anzeichen der in Rom beginnenden Reaktion.[3]

[1] Erler in Archiv für katholisches Kirchenrecht. LIII. 38 f.

[2] Nach den Diaria Joannis Francisci Firmani (Ms. Paris. lat.) in Notices des
manuscrits du Roi, II. p. 630; Carmoly, Rev. or., III. 46.; nach Grassi und Firmani bei Marini. I. 417.

[3] Reusch, der Jndex, Bonn 1883, I. 169.

Literarisches Leben in dieser Periode.

Auf eine Zeit des scheinbar gänzlich erstorbenen literarischen Könnens, des Mangels an selbständigem Schaffen und Denken folgt in dieser Periode ein neues reges geistiges Leben, das besonders durch zahlreiche gebildete Einwanderer mächtig gefördert wird. Mit kräftigem Selbstbewusstsein ringt man sich aus den drückenden Ketten einer verdüsternden Mystik los, macht man sich frei von den Fesseln einer unnatürlichen beengenden starrreligiösen Strömung. Rastlos müht man sich mit bei den Fortschritten auf allen Gebieten der Wissenschaft. Eifrig nimmt man Anteil an all den Neuschöpfungen des erfinderischen Menschengeistes in diesen Tagen. Auf den Hochschulen und Universitäten Italiens trifft man zahlreiche jüdische Jünglinge neben gleichstrebenden christlichen Jüngern der Wissenschaft. Sie nehmen regen Anteil an den neuauflebenden klassischen Studien und wenden sich eifrig der Medizin, Naturwissenschaft und Astronomie zu. Die erworbene Bildung zeigen sie in zahlreichen Schöpfungen auf allen literarischen Gebieten. In der italienischen Muttersprache dichten und denken, in der hebräischen fühlen und beten sie. Hochsinnige Fürsten und Edle fördern ihre Studien und gewähren ihnen Schutz. Christliche Gelehrte stehen im Wechselverkehr mit jüdischen Meistern. Christliche Humanität unterstützt das jüdische Streben. Das ist das Bild des jüdischen literarischen Rom bis in die Mitte des 16. Jahrhunderts.

Es war gebräuchlich geworden, dass Juden sich nur von christlichen Lehrern, welche durch die grossen Subventionen von Fürsten und städtischen Behörden imstande waren, gegen geringe Entschädi-

gung zu lehren, in allen Wissensgegenständen unterrichten liessen, so
dass die Lehrhäuser jüdischer Gelehrten beinahe verlassen waren und
diese verarmten und in die grösste Not gerieten.[1]) Eine Folge davon
war, dass sich die jüdischen Gelehrten mehr und mehr zurückzogen
und ein auffallender Rückgang speziell jüdischer Wissenschaft eintrat,
welcher sich in der Besetzung beinahe aller grösseren italienischen
Rabbinate mit deutschen und französischen Talmudisten äusserte. Von
diesem Rückgang der talmudischen Wissensgebiete war in Rom selbst
nichts zu verspüren. Diese Ausnahmestellung war allerdings zu einem
guten Teile auch auf den besonders starken Zuzug von auswärtigen
jüdischen Gelehrten zurückzuführen, wenn wir auch eine bedeutende
Anzahl in Rom heimischer Talmudisten in dieser Periode antreffen.
Im Grunde ist aber dieser Umstand darauf zurückzuführen, dass in
Rom das Anathema gegen die Philosophie von Männern wie Jákob b.
David Provençale und Joseph Jábez keine Geltung erhielt, dass man
in Rom philosophische Bildung mit talmudischem Wissen vereinigen
durfte, dass man dem wissbegierigen jüdischen Jüngling, der sich mit
Lust und Liebe talmudischen Studien gewidmet, nicht die Beschäfti-
gung mit weltlicher Bildung versagte. Denn gerade darauf ist nicht
zum geringsten Teile der Rückgang der talmudischen Gelehrsamkeit
in dem damals den Wissenschaften zujubelnden Italien begründet.
Man wird in Rom für den leidenschaftlichen Jákob Provençale [2]), welcher jeden Juden in Nahmanis Anathema gegen den „teuflischen
Griechen", dessen Worte Gift sind (ארם und אריסטו), einstimmen sehen
wollte und eine talmudische, vor philosophischem Denken warnende
Stimme anführt [3]), nur ein Lächeln des Mitleids, für Joseph Jábez [4]),
welcher alles Unglück der Zeit auf die Beschäftigung mit der Philosophie zurückführen wollte, nur ein Kopfschütteln gehabt haben. Die
philosophische Richtung der Zeit hatte auch fördernd auf den Verkehr
mit christlichen Gelehrten gewirkt. Der Neuplatonismus hatte zu
einer mystischen Behandlung der hebräischen Sprache, welche der
Schlüssel zu den tiefsten und herrlichsten Geheimnissen sein sollte,
geführt. Eine Schar geheimnisfroher christlicher Gelehrten vertraute
sich deshalb der Führung von jüdischen Meistern bei der Erlernung
dieser Sprache an. Das führte zu einer eigentümlichen Wechselwir-

---

[1]) Jakob b. David Provençale שו"ת בדבר למוד החכמות im Sammelwerk
דברי חכמים p. 73. הלא טוב לנו לשמוע כפי חכמי הגוצרים וכו'
[2]) l. c. p. 66.
[3]) Berakhot 28 b.
[4]) אור החיים p. 2 a (ed. Amsterdam 5641).

kung. Die Weltherrschaft der Kabbala hatte auch in Italien neue
ungezählte Anhänger erworben, wenn sie auch hier nicht einen so günstigen Boden zu ihren hässlichen Auswüchsen, verwirrendem Aberglauben und verzehrendem Fanatismus, fand. Die grossen Umwälzun-
gen in der Welt des 15. und 16. Jahrhunderts, die Entdeckung fern-
liegender zauberhafter Länder hatte aber auch hier die Phantasie in
hohem Grade angeregt, vor allem das Auftreten von abenteuernden
Schülern dieser Lehren begünstigt. Joseph Ha-khohen war entzückt
über die phantastischen Träumereien und Lehren eines Šelomoh Molkho.
Durch die Berührung mit jüdischen Lehrern wurden nun christliche
Gelehrte auf die Fülle geheimnisvoller Ansichten und deren ausgebildete
Systeme im Judentum aufmerksam, was einerseits zu noch grösserem
Eifer und noch höherer Begeisterung für die hebräische Sprache führte,
andererseits aber die ebenso komische wie traurige Folge hatte, dass
christliche Gelehrte, welche kaum das Verbum konjugieren konnten, sich
für verpflichtet hielten, aus der Kabbala der Juden „die Wahrheit der
christlichen Religion und die gänzliche Konfutation der jüdischen
Lehre aus den Schriften der Hebräer" herzuleiten. Nicht mit Unrecht
sahen deshalb sehr bald jüdische Lehrer mit grösstem Misstrauen auf
ihre christlichen Schüler und suchten sie von den Geheimnissen der
kabbalistischen Literatur fernzuhalten. Man verdächtigte, und zwar
nicht ohne Grund, Männer wie Elia Levita, dass sie die „Thora"
Christen gelehrt.[1]) Päpste und Gelehrte waren von der Macht der
Kabbala überzeugt.

Besondere Vorliebe brachte man allseitig dem Studium der Medizin in jüdischen Kreisen entgegen. Auch auf orthodoxer Seite
konnte man ihr nicht die Berechtigung absprechen, ja man suchte sogar dieselbe aus talmudischen Quellen abzuleiten. Man gab ihr den
talmudischen Namen „Leben der Geschöpfe".[2]) Allerdings konnte man
es sich nicht versagen, es auszusprechen, dass Philosophie, Medizin und
Naturwissenschaften aus jüdischen Quellen plagiiert hätten.[3]) Eine für
die damaligen Verhältnisse ausserordentlich grosse Zahl jüdischer
Jünglinge widmete sich so der Medizin und bildete die geistige
Elite der Gemeinde, bis die traurigen politischen Verhältnisse ihren
Einfluss auch auf das literarische Leben der jüdischen Gemeinde der
Stadt ausdehnten.

---

[1]) Elia Levita מסורת המסורת Venetiae 1538, S. 8: ועל זה גדלה עלי צעקה וכו'

[2]) Berakhot 60a. (Jakob Provençale l. c. p. 67.)

[3]) Daselbst p. 68.

Ein vielseitig gebildeter Mann, welcher allerdings Rom nur auf
kurze Zeit angehörte, eröffnet die Reihe der Gelehrten der Stadt in
dieser Zeit. Ahron b. Gerson Abulrabi (אבו אל רבי)[1]) aus Catania
kam auf seinen weiten Reisen, die ihn nach der Türkei, nach der
Krim, Jerusalem, Damaskus, Alexandria, geführt hatten, wo er
überall gleich Šemarjah dem Römer mit Karäern disputierte, auch
nach Italien, wo wir ihn in Treviso im Venetianischen antreffen. Es
ist nicht unmöglich, dass er an der zu Forli beschlossenen Deputation
der italienischen Gemeinden an Martin teilgenommen hat. Bei dieser
Gelegenheit oder später, bei seinem Aufenthalte „im grossen Rom",
hielt er im Palaste des Papstes vor diesem und seinen Kardinälen einen
Vortrag über die Kherubim.[2]) Ahron wird denselben gewiss in italienischer Sprache gehalten haben, der er ebenso mächtig war wie der
hebräischen und arabischen. Von Martin ist auch sonst eine gewisse
Vorliebe für religiöse Unterredungen bekannt. Von Ahrons ausgebrei-
teter literarischer Thätigkeit ist nur sein Superkommentar zu Rašis
Pentateucherklärungen erhalten.[3]) Von seinen philosophischen, religiösen und grammatischen Werken ist uns nur der Name überkommen.
In seinem Kommentare tritt er mutig gegen rabbinische Erklärungen
ein. Er deckt die Unwissenheit seiner Zeitgenossen unbarmherzig auf.
Obwohl Kenner der kabbalistischen Schriften, ist er doch ein besonders kühner Rationalist. Neben philosophischer Bildung zeigt er Kenntnis der Astronomie[4]) und der Astrologie, welche er seinem Vater zu
verdanken hatte. Von Disputen auf seinen Reisen mit christlichen
Gelehrten macht er öfters Mitteilung.

Eine weit grössere Bedeutung für die italienisch-jüdische Literatur hat Mošeh b. Izhak de Rieti.[5]) Er wurde 1388[6]), wohl im Mo-

---

[1]) Steinschneider, Cat. Bodl. p. 717 f., Jüd. Literatur 420 n. 30.; Schorr in
Zion I. 166—168. 193—196; Zunz, Zur Geschichte, 518—520; Grätz, VIII. 269;
Perles, Ahron b. Gerson Aboulrabi, Paris 1891; אור החיים p. 132 f. No. 281. Über
das ihm fälschlich zugeschriebene עלילות דברים (Ozar Nehmad IV. 179. אגרות יש״ר
I. 121, Haluz I. Ende) siehe Grätz VIII. 468 f. Über seinen Schwiegervater Mošeh
Gabbai: Jaulus in Monatsschrift 1875 S. 174. Seine vier Brüder Šalom, Barukh, Mošeh,
Izhak (Joseph fälschlich bei Zunz, Zur Geschichte p. 519; אור החיים p. 133). Er
selbst war der jüngste Sohn Gersons.

[2]) פירוש Constantinopel s. a. fol. (פרשת תרומה) בהייתי בעיר רומי רבתי בהיכל
האפיפיור וחשכנים

[3]) cod. Oxf. 2245 zur Genesis und zu einem Teile des Exodus.

[4]) ציון 195.

[5]) משה איש ריאטי = מאיר (cod. Benzian 8 in Hebr. Bibl. XVI. 66).

nate Ab[1]) in Rieti als Sohn des Maestro Gajo[2]) geboren. Noch nach dem Tode seines Vaters, der vor 1422[3]) erfolgte, finden wir Mošeh in Rieti, dann 1436 in Perugia.[4]) Im Jahre 1452 wird ein von ihm begründetes Lehrhaus in Narni erwähnt.[5]) Noch unter Eugens IV. Regierung kommt er nach Rom, von wo aus er sich, wie bereits erwähnt, für die römische Judenschaft an den Wohlthätigkeitssinn der übrigen Gemeinden Italiens wendet. Er bekleidet hier die Stellung eines Gemeinderabbiners. Er überlebt den Tod seiner geliebten Frau Zilla (Zippora, Sarah), welcher dieselbe im Alter von 70 Jahren nach 52jähriger Ehe ereilt. Noch unter Pius II. nimmt er die Stellung eines päpstlichen Leibarztes ein. In ihr scheint er nach 1460 in Rom gestorben zu sein.

Bereits in früher Jugend war Mošeh in die Kenntnis des Talmud und der jüdischen Literatur eingeweiht worden. Mit grossem Eifer wandte er sich dann dem Studium der Naturwissenschaft zu, welche er neben seinem gebirgigen Geburtslande seine eigentliche Heimat nennt.[6]) Ausser der Medizin waren es dann besonders philosophische Studien, denen er Interesse entgegenbrachte. Bereits in seinem 21. Lebensjahre fasste er den Plan zu einer grossen jüdischen Divina Comedia, zu dem ihn Dantes unsterbliches Werk anfeuerte. Aber erst nach sieben Jahren, im Jahre 1416, ging er an die Ausführung dieses Gedichtes[7]), durch welches er sich nach Elia de Genazzano als „Haupt in Ješurun und Fürst der Scharen" den Ehrenplatz neben

---

הר"ם זל טריאיטי‎ (cod. Scaliger Leyden 10[1]). משה די נאיין די ריאימי‎ in cod. Berlin 68 fol. 15ᵇ u. ö. In einem Ms. סקדש‎ Almanzis ist ריאַטי‎ punktiert. (יד יוסף‎ Triest s. a. 1888? p. 42).

*) Nach cod. de Rossi 1376. Siehe Cat. Bodl. p. 1984; Jewish Lit. p. 349: Bikkhure ha'ittim IX. 14; שלשלת‎ p. 49a; Geiger. Zeitschr. II. 321 f.; Dukes. Ehrensäulen p. 50; cod. Oxf. 2221 f. 6b; Buonarotti 1876 S. 117 ff. Er wird also kaum mit Mošeh Remos im Verkehr gestanden haben. Dukes, Spruchkunde 85.

[1]) מקדש מעט‎ p. 4b.

*) Hebr. Bibl. I. 88, XIX. 17. Catalog Leyden S. 350 f., Catalog Bodl. 2127 No. 6800. Izḥak ⇒ מאיין‎. Gajo = Gaggio ⇒ Gaudio ⇒ Izḥak.

[3]) cod. Oxf. 1955. משה הרופא בכ"ר יצחק ז"ל‎

[4]) cod. Rossi 1376.

*) cod. Pal. Vat. 260. Berliner II. 1 S. 121.

[6]) סקדש מעט‎ p. 69b.

[7]) מקדש מעט‎ p. 3b, 5a.

Dante erworben hat.[1]) Zum ersten Male wagte er den Versuch, die
Terza Rima in die hebräische Literatur einzuführen, ein Unternehmen,
das ihm durchaus geglückt ist. Seine Verse haben Klang und zeichnen sich durch grosse Mannigfaltigkeit in den Endungen aus. Was
ihm an poetischem Schwung fehlt, ersetzt er durch die warme Begeisterung und Hingebung für seinen Stoff und durch die Schönheit
und Gewandtheit in der Behandlung der Sprache. Über das ganze
Werk breitet sich der Hauch einer innigen Liebe für sein Judentum
aus. Von dem ausserordentlichen Einflusse dieses seines Werkes legen
neben einer verhältnismässig sehr grossen Anzahl von Abschriften
desselben [2]) auch fünf Übersetzungen von einem seiner Teile, welcher
eine synagogale Bedeutung erlangt hat, in die italienische Sprache
und eine italienische Übersetzung des ersten Hauptteiles beredtes

---

[1]) Letterbode X. 104.

[2]) cod. Almanzi (Hebr. Bibl. V. 21.) 122: סקדש מעט ואגרת יער הלבנון
geschrieben von Elihu b. harofe R. Rafael b. Izḥak b. R. Moёch Rieti.

cod. Almanzi (daselbst IV. 148) 112. Dasselbe mit anonymem Kommentar.

cod. Parma 1394 (Hebr. Bibl. XII. 33.) סקדש מעט ואגרת יער הלבנון

cod. Bresl. Sem. 31 Beides.

cod. Ghirondi 1 Beides.

cod. Halberstamm 104 Beides.

cod. Oxf. 1988 b. c; 1989 Beides.

cod. Parma 17 (von Rossi nicht beschrieben) Beides (Cataloghi I. 132 f).

cod. Rossi 183 (Hebr. Bibl. XVI 132) סקדש מעט (Bollettino italiano degli
studii orientali, Serie prima p. 147 f.)

cod. Rossi 1360. סקדש מעט

cod. Luzzatto 51. Dasselbe (אנרות שד״ל p. 1001).

cod. M. Münz in Lemberg. Dasselbe. (Siehe Catalog Goldenberg S. 46).

cod. Turin (Peyron) 147. Dasselbe in einer von der Ausgabe verschiedenen
Anordnung.

cod. Constantinopel 18. Dasselbe. (Carmoly; Revue II. p. 209).

cod. Wien (Goldenberg) XIV. XX. Dasselbe.

cod. Paris 974. 5; 993. סקדש מעט

cod. Ghirondi 120. 3. Dasselbe.

cod. 693 Horace Günzburg. מעון השואלים (Letterbode X. 97.)

cod. Vat. Pal. 281. מאסר השני מן ההיכל

cod. Rossi 1873. מעון השואלים

cod. Bialiches 45. 7. מעון הש׳

cod. Oxf. 108. 5; 1408. 7; 2266. 6. מעון הש׳

cod. Mantua XXXVc (Mortara S. 38).

cod. Halberstamm 200. מחברת האולם ומעון השואלים

Zeugnis ab.[1]) Das hebräische Original hat bis zum Jahre 1851 eines Herausgebers[2]) geharrt.

Das מקדש מעט (nach Ezech. 11. 16) zerfällt in zwei Teile, von denen der erste, אולם (der Vorhof) aus fünf. der zweite היכל (das Heiligtum) aus acht Gesängen besteht. Nachdem er in dem ersten Gesange Plan, Inhalt und Einteilung auseinandergesetzt und ein Wort über sich selbst gesprochen, tritt er im zweiten Gesange bereits in das eigentliche Thema ein. Die dreizehn Glaubensartikel des Maimuni und die Kabbala, Physik und Mathematik, geschriebenes und mündliches Gesetz und die Agada führt er uns vor. Dann geht er zu Aristoteles und seinen Schriften und, nachdem er über Zweck und Nutzen der Wissenschaften gesprochen[3]), zur Isagoge des Porphyrius und zu Aristoteles' Buch der Kategorieen über, wobei er Averroes' und Levi b. Gersons Kommentare zu diesem rühmend erwähnt. Ungleich wichtiger, besonders für die Geschichte der jüdischen Literatur ist der zweite Teil des Werkes, das Hekhal. Durch den himmlischen Tempel der abgeschiedenen Seelen (היכל הקדש) tritt Rieti in die Halle der Bittenden (מעון השואלים) ein. Im dritten Gesange (עיר אלהים) stellt er die heilige Schrift als eine Stadt dar, aus welcher er zu den אניות הנפש, Mišnah und Talmud, gelangt. Mit einer poetischen Vision schliesst er das eigentliche Gedicht. Hierauf führt er dem Leser die seligen Lehrer des Talmuds und die Gaonen (im דביר) und dann in

---

[1]) Die italienischen Übersetzungen des מעון השואלים:

   1. Eliezer Mazliaḥ b. Abraham Khohen (Lazaro da Viterbo) Venedig c. 1585. beginnend:

      Tempio d'ogni Orator fin' e desio
      Di chi pietà ricerca, e gratie tante,
      Fonte di vita benedetto, e pio.

   2. Debora Ascarelli. Venedig 1601. beginnend:

      O tempio di chi chiede un fin perfetto
      Di chi ricerca sol gratia e amore
      E dà vita il tuo fonte benedetto.

   3. Šemuel de Castel Nuovo, Venedig 1609. 1. und 3. in Bibl. Florent. Plut. II. 29 beginnend: או מֵיכְפוֹ דְּאַרְטוֹר וִלִייָא אִינְפָּאָנִינָה

   4. cod. Oxf. 1988a beginnend: טִינְפוֹ דִּי אוֹרַאטוֹרִי

   5. cod. Oxf. 2578. 10. beginnend: Al tempio sue chi cerca un fin perfetto. Italienische Übersetzung des אולם: cod. München 356. q. Fragment des אולם

[2]) Goldenthal ed. Wien. Die Inhaltsangabe nach seinen Mitteilungen.

[3]) Siehe dazu Steinschneider, Alfarabi, p. 18 und 84, den Mošeh auch namentlich anführt.

bunter Reihenfolge alle die Geistesheroeu der jüdischen Literatur vor.
Das Gedicht ist Fragment geblieben. Rieti hat ihm eine Anzahl
literarhistorischer Noten hinzugefügt, welche zum Teil charakteristisch
für den Dichter sind: Er habe Levi b. Geršon, obgleich er auf allen
Gebieten jüdischen Wissens Vorzügliches geleistet, Narboni und R.
Izhak Albalag wegen ihrer Anschauungen über die Gottheit nicht in
seinen Himmel aufgenommen. Den Dichter Immanuel habe er ausgeschlossen, weil er die Liebeslust besungen, und aus ähnlichen Gründen
R. Mostin di Erera.[1])

Vielleicht schon früher hatte Mošeh einen kurzen poetischen Versuch אגרת יער לבנון über die Bedeutung der Tempelornamente und
Tempelgefässe in der althergebrachten hebräischen Reimweise gemacht,
der aber in keiner Hinsicht an den מקדש מלט heranreicht. Das Gedicht ist in mehreren Handschriften gewöhnlich in Verbindung mit
dem Hauptgedichte erhalten.[2]) Später hat sich Rieti von der Poesie
ganz abgewendet, so dass die Sage entstand, dass er in einem Schreiben lebhaft bedauert habe, sich in seiner Jugend mit Poesie beschäftigt zu haben, und später allein die Berechtigung der Kabbala vor
allen Wissenschaften anerkannt habe.[3]) Von da an bewegen sich
Rietis Studien auf dem Gebiete der Philosophie und der Apologetik.
Vor allem beschäftigen ihn Levi b. Geršons Kommentare zu Averroes'
Schriften, welche er sich in Rieti 1422 und 1423 durch den Bethe-
liden Jehiel Haj b. Joab hatte abschreiben lassen.[4]) Aus dieser Zeit
stammen auch seine Randbemerkungen zu Mošeh Narboni's Kommentar
zu der Übersetzung כונות הפילוסופים von Gazzalis מקאצד אלפלאספה[5]),
seine Scholien zu Averroes' Erklärung der Isagoge des Porphyrius zur
Logik nach der Übersetzung Jákob Anatolis[6]) und sein Kommentar
zu den Aphorismen des Hippokrates.[7]) Ein sichtbares Zeichen seines
Eifers in den philosophischen Studien ist die von ihm in Perugia 1436
gefertigte Abschrift der Übersetzungen des Jehuda b. Mošeh b. Da-

---

[1]) cod. Bresl. Sem. 31. p. 129a. Hier heisst letzterer ר'בוסטין דיארירא, in
cod. Almanzi (יד יוסף Triest 1888 p. 44) די ארירא Siehe Beilage No. 6.

[2]) Siehe Beilage No. 7.

[3]) In אגרת חמדות Orient 1841. 235.

[4]) cod. Oxf. 1373. 1389. 1955 (loose leaf) (Geiger, Zeitschrift VI 190, Catalog
Bodl. 1985) cod. Paris 932 (vollendet Adar 5193).

[5]) cod. Berlin 69 (521), cod. München 110 und 121.

[6]) cod. Rossi 458. 1, 1209. 1.

[7]) cod. Rossi 1365. 4, Catalog Leyden p. 289. Steinschneider, Donnolo in
Virchows Archiv 42. p. 96. Ms. or Berlin 511 u. 517 qu. Siehe Beilage 7A.

niel.[1]) Iu diese Zeit gehören wohl noch seine 15 §§ Aphorismen, seine Antworten auf logische Fragen [2]) und eine von ihm erhaltene ethische Sentenz.[3]) Die letztere kann aber bereits dem grossen, iu italienischer Sprache verfassten philosophischen Werke Rietis entnommen sein. Die Wahl der Volkssprache und der populäre Charakter dieses uns nur fragmentarisch erhaltenen Werkes weisen auf die ursprünglich apologetische Tendenz desselben hin, auf die auch bereits ein Teil der Noten zu Narbonis Kommentar zu den כונות הפילוסופים zurückzuführen ist.[4]) Das in drei Teile zerfallende Werk hat einen allegorischen theologisch-philosophischen Charakter.[5]) Der erste Teil desselben giebt eine populäre Naturphilosophie nach Aristoteles, der zweite handelt von Gott und warum sich des Menschen Seele in Gottes Dienst fügt. Den dritten verlorenen Teil bildete die Geschichte der Schicksale Israels von der Urzeit bis auf des Autors Tage. Ein praktischer Fall nötigte den Autor zu einer eingehenderen Verteidigung des Judentums. Sie ist in 62 Abschnitten gegen den „bekannten judenfeindlichen Frater, der in seinen Predigten in Rom die Scharen Gottes lästerte und zu vernichten wünschte." abgefasst. Derselbe hatte eine öffentliche Disputation mit den Juden der Stadt veranstaltet, in welcher er von Mošeh Rieti siegreich widerlegt wurde.[6]) Dieser Frater ist, wenn man in ihm nicht den Bussprediger Roberto da Lecce zu suchen hat, vielleicht mit dem florentiner Gelehrten Giannozzo Manetti, dem Sekretär Nicolaus V. und Calixts III., der im Hebräischen sehr bewandert gewesen sein soll, identisch.[7]) Er ist durch eine Disputation mit einigen Juden in Gegenwart des Sigismondo Malatesta von Rimini berühmt geworden, bei welcher er seine Gegner durch seine ausserordentliche Kenntnis des Hebräischen aus dem Konzept gebracht haben soll. Die bei der Erzählung des Disputs vorgebrachte Klage der Juden über falsche Übersetzungen der hebräischen Urschriften scheint bei solcher Gelegen-

[1]) cod. Rossi 1376.

[2]) cod. Oxf 818 2. fol. 168 und am Ende die שאלה

[3]) cod. Oxf. 1259 Anfang כמאתי זה וכו׳

[4]) Steinschneider. Donnolo in Virchows Archiv 40 p. 95. Dukes in Kobaks Ješurun deutsch II. 59

[5]) cod. Scaliger 10. 1 Steinschneider. Catalog Leyden S. 350 f. 404 f. daselbst Inhaltsangabe.

[6]) cod. Oxf. 818. 2. fol 174 b.

[7]) Ms. Dresden Ob. 8 beg.: Proemio di giannozzo manetti nel dialogo consolatorio della morte del figliolo ad maestro bonch. gehörte einem Juden, der auf dem Erlanddeckel eingetragen: אבא כי יהיה לו בן סורר ומורה פירוסו אלקונסולאטוריא (Opera Mešwer) Gianotto Manetto Fiorentino in fioretta und פרקי ר׳ צדק.

heit typisch gewesen zu sein.[1]) Rietis letztes literarisches Produkt ist wohl sein Klagelied auf den Tod seiner Gattin Zilla (Zippora)[2]). der er bald ins Grab folgte.[3])

---

[1]) Tiraboschi, Storia della letteratura italiana VI. 1157. 1161. Manetti starb 26. Oktober 1459. Über ihn auch Colomesii Italia orientalis p. 4 ff.

[2]) Nach Catalog. Bodl. p. 1986: Sara. Zunz. Literaturgeschichte (1865) p. 524 f. קינה חברה סורינו cod. Florent. Plut. 88, 19. VI. עורה קול שאוני אעירה אבלי עולם הרב ר׳משה ו׳׳ל קריאיטי על פטירח אשתו (?צפורה) ע׳׳ה. cod. Oxf. 2236. 7.

[3]) Das mutmassliche Stemma der Familie de Rieti:

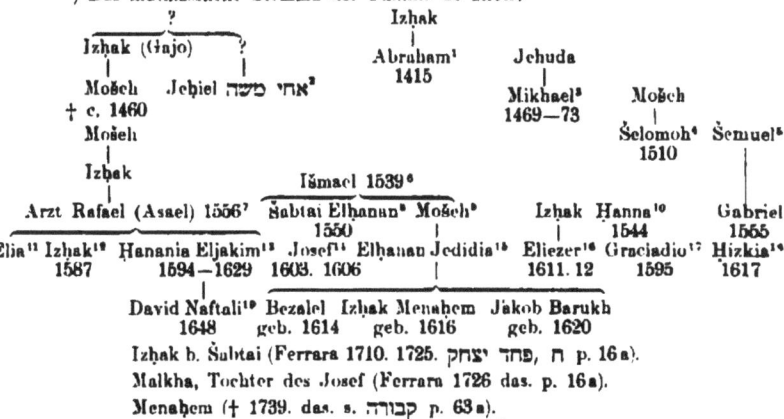

Izḥak b. Šubtai (Ferrara 1710. 1725. פחד יצחק, ח p. 16 a).

Malkha, Tochter des Josef (Ferrara 1726 das. p. 16a).

Menaḥem (+ 1739. das. s. קבורה p. 63 a).

Ohne Zeitangabe: Mazliaḥ Rieti (cod. Oxf. 2276) und Šemuel Rieti (cod. Paris 681).

[1]) Magazin I. 37.

[2]) cod. Oxf. 554, 2 a.

[3]) In Terni, cod. München 110, cod. Oxf. 99.

[4]) In Rom, cod. München 224.

[5]) cf. cod. Paris 681. Sein Sohn in Rom.

[6]) Schwager des Jeḥiel de Pisa (REJ XXVI 91).

[7]) In Bologna: נחלת אבות. Ist er der R. der mit Jeḥiel Rieti in Bologna c. 1570 (Marco Mortara, Catalogo p. 43)?

[8]) שו׳׳ת Izḥak de Lattes S. 123.

[9]) Schaffte das Geld, um in Rom ein Breve für die Gemeinde Empoli in oscana zu erhalten (REJ XXVI. 91, 232).

[10]) Gemahlin des Rëuben Šullam.

[11]) cod. Alm. 112 Hebr. Bibl. V. 21.

[12]) Mosè V. 231.

[13]) cod. Merzb. 96, cod. Oxf. 2153. 2, 1184, 2061. 2, Jew. Lit. 242 f., Magazin I. 77.

[14]) In Siena שר׳׳ת משבית מלחמות cod. Oxf. 2258.

[15]) Wohl ders. wie Elḥ. Jedidia de Tossignano in Ferrara 1588 in cod. Oxf. 2251. 7. cod. Hamburg 120.

Von literarisch thätigen oder wenigstens besonders dafür interessierten Männern in Rom sind uns aus den folgenden Jahren nur die Namen von zwei Ärzten erhalten. Der eine. R. Eliezer b. Menahem lässt sich in Rom 1452 ein Manuskript kopieren.[1]) Der andere, Mordkhai b. Eliezer b. Mordkhai b. Mošeh b. Eliezer aus der römischen Familie Angeloni (בית אניילוני) war im Besitze einer grossen Bibliothek, welche nach seinem Tode in den Besitz seiner Tochter Hanna überging.[2])

Dann ist es ein Gelehrter im Gefolge des Grafen Johannes Pico de la Mirandola, welcher das literarische Leben der römischen Gemeinde repräsentiert, Flavius (Raimund) Mithridates[3]), den man in neuerer Zeit mit Johanan Aleman zu identifizieren versucht hat. Pico de la Mirandola brachte neben den verschiedensten Liebhabereien ein durch die philosophische Richtung der Zeit begründetes Interesse der jüdischen Philosophie und Kabbala entgegen.[4]) In einem einzigen Monate hatte er mit dem hingebendsten Fleisse die hebräische Sprache erlernt.[5]) Zu diesem Zwecke trat er ausser den bereits genannten auch Elia del Medigo näher.[6]) Von seinem leidenschaftlichen Eifer für derartige Studien konnte einer der 1492 aus ihrem Vaterlande vertriebenen sizilianischen Juden erzählen, welcher wegen seiner Bücherschätze in Ferrara von Pico trotz seiner beschränkten Zeit 27 Tage aufgehalten wurde.[7]) Auch während seines Aufenthaltes in Rom (Dezember 1486)[8]) wird er mit den jüdischen Gelehrten daselbst verkehrt haben.

Flavius (Raimundus) Mithridates[9]) war in Rom geboren, wo er

---

[16]) Wolf III. No. 285, Jew. Lit. 219. 223, cod. Oxf. 851.
[17]) Seine Tochter Cosolina verheiratet mit Mošeh Leon de Revere 5355 s. Letterbode III. p. 101.
[18]) Wolf III No. 593 b. Hebr. Bibl. XIX. 14.
[19]) ed. כליץ רדומים Mantua.

---

[1]) cod. Pal. Vat. 260.
[2]) codd. München 77. 97. 111. 117.
[3]) Hebr. Bibl. XXI. 109 f.
[4]) Philippi Melanchthonis opera quae supersunt omnia edidit C. G. Bretschneider Corpus Reformatorum XI. Halle 1843. De Capnione Phorcensi p. 1010.
[5]) Brief an Marsilius Ficinus aus Fratta, J. Pici Mir. opp. II. 1572 p 367.
[6]) Dukas, Recherches S. 51.
[7]) Das. S. 64. Zunz, Zur Geschichte. S. 522.
[8]) Das. S. 48.
[9]) Als Römer bezeichnen ihn Widmanstad und Münster, Opus grammaticum consum. Basel 1549. p. 383 und 387. Perles, Beiträge p. 195

wohl bis etwa zum Jahre 1486 blieb, in welchem er sich bereits bei Pico
in Fratta bei Ferrara als dessen Lehrer in der chaldäischen Sprache
befindet. Mithridates folgte diesem Rufe, nachdem ihm der Graf eidlich versichert hatte, die Kenntnis dieser Sprache niemand weiter zu
vermitteln.[1]) Ein von einem Unbekannten an ihn gerichteter Brief,
welcher ausser einigen literarischen Anfragen auch die Bitte um ein chal-
däisches Alphabet enthielt, traf ihn nicht mehr in Fratta. Pico beantwortete denselben sehr liebenswürdig. Er bemerkt, dass der Bittende
von Mithridates nie ein solches Alphabet erhalten würde, da er auch
ihm die Erlernung dieser Sprache sehr erschwert habe.[2]) Bei Pico
erwartete Mithridates eine grössere Aufgabe. Sixtus IV. hatte in
den Jahren 1471—1484 hebräische Bücher kabbalistischen Inhalts ins
Lateinische übersetzen lassen.[3]) Drei Bände waren davon unübersetzt
geblieben. Die Übersetzung derselben wurde ihm jetzt übertragen.
Sie ist jedenfalls identisch mit den in der Vatikanischen Bibliothek
vorhandenen drei Bänden von Übersetzungen kabbalistischer Schriften,
welche 38 von ihm ins Lateinische übertragene Stücke enthalten.[4])
Von seiner weiteren Übersetzerthätigkeit zeugen Übertragungen von
Levi b. Gersons Kommentar zum hohen Liede und von Maimunis
אגרת תחית המתים.[5]) Sein Werk über die hebräischen Tonzeichen
(De tropis hebraeis) wird von Münster gerühmt.[6]) Über seinen Cha-
rakter ist viel Unwahres verbreitet worden.[7]) Von dem Vorwurfe des
Jähzorns ist er aber nicht freizusprechen, wie sein Benehmen gegen
Hieronymus Benivenius zeigt, der bei einer seiner Lehrstunden in
Picos Haus zufällig anwesend war und von ihm unsanft entfernt
wurde.[8]) An eine Übereinstimmung[9]) unseres Mithridates mit dem in

---

[1]) Dukas, Recherches S. 46, REJ XII. 249, Perles, Beiträge S. 178—196.
Jo. Pici Mirandulani opp. II. Basileae 1572. p. 385.

[2]) Jo. Pici Mirand. opp. II. 384.

[3]) Gaffarelli (Anhang zu Wolf Bibliotheca I) p. 9 nach Picos de hominis
dignitate.

[4]) Assemani, Bibl. codd. Palat. Vat. 189—191. Siehe auch Colomesii Italia
orientalis p. 16. cf. p. 29.

[5]) Wolf I. 727. 860.

[6]) Münster, Opus grammaticum consum. Basel 1549 p. 383—387. Imbonatus
bei Wolf II. 612.

[7]) Dukas, Recherches p. 69.

[8]) Joan. Pici Mir. opp. II. p. 386. Dukas, p. 72.

[9]) Versucht von Dukas p. 72 und N. Brüll in Jahrbücher III. 196. Dagegen
Steinschneider, Polemische und apologetische Literatur S. 379, Salfeld, das Hohelied S. 117.

Paris[1]) 1435 geborenen hochgelehrten Johanan Aleman b. Izhak, welcher vielleicht erst 1488 mit dem Conte Juani della Mirandola in Florenz zusammenkam, und Mithridates in jeder Hinsicht übertrifft, ist nicht zu denken.

Eine ebenfalls durch ihr Verhältnis zu einem christlichen Gelehrten allgemein bekannte Persönlichkeit ist 'Obadja b. Jâkob Sforni[2]) (Speroni).[3]) Nach Reuchlins Zeugnis ist er in Cesena geboren.[4]) Als junger Mann kam er nach Rom, um sich dort vor allem medizinischen Studien zu widmen, in denen er Bedeutendes leistete[5]) und derentwegen er sogar von David de Pomis als Bolognas berühmtester jüdischer Arzt bezeichnet wird.[6]) Wie bei den meisten seiner Zeit-

---

[1] cod. Oxf. 1535. 2 Hoheliedkommentar חשק שלמה, welchen er Tiäri 1488 im Hause des Jehiel נכם auf Veranlassung des קונתי יואני דלמירנדולה begann. Über ihn Salfeld, Hohelied S. 116. Hebr. Bibl. XIII 117. XXI 35. 130 ff. Mortara Catalogo S. 22—28. Schorr החלוץ II 23. VII 107; אגרות יש"ר II. 63. 65. 68; בכורי העתים IX. 12; Azulai II. ח § 148; Steinschneider, Pseudepigr. L. 14., Alfarabi 64. 84. 114. 115. 131. 249., Polem.-apol. L. 379; שלשלת p. 50a; Wolf I No. 807, III: Rossi, Dizionario; כרם חמד II. p. 44; Brüll, Jahrb. VIII. p. 171 Anm. 3: Carmoly, Rev. or. III. 42; Perles in REJ XII. 244 ff.: Perles, Studien 191; Probe aus dem Hoheliedkom. abgedruckt in Magazin VII. 166—169. — ליקוטים cod. Reggio 23 (= ? מאסף) Oxf. 2234; עיני העדה cod. Paris 270. 849 (Einleitung); חשק שלמה = cod. Schorr = cod. British Museum 2854 (Hebr. Bibl. V. 28 f.); חיי העולמים REJ XXIII. 293; cod. Ghirondi-Schönblum 47 (2?) Azulai in ועד לחכמים S. 18); Auszüge aus der Einleitung zum ש' חשק gedruckt Livorno 1790 und Halberstadt 1864 mit Zusätzen des Jakob Barukh. שער החשק: 45b Eroberung Granadas (cf. Zunz, Jubelschrift 15), p. 8b Šelomoh b. Nathan אורנייר in איני. p. 7a Izhak Kolon und R. Israel, p. 43ab Johanans סבות erwähnt.

[2] Wolf I. N. 1763 p. 938. III. p. 866 f. Der Name bei Reuchlin: Abdias filius Jacobi sphurno: gewöhnlich עוב'ספורנו; cod. Oxf. 2304. 4. עוב'איספורנו; cod. Oxf. 1208. 5. ספורני; in שו"ת Meir Padua עוב"איש ספורנו; Zunz, Zur Gesch. 258: Sifroni: De Pomis: Servadeus de Sforuis; Ms. 39. 8 Casa de' Neofiti: Abadias Sphorni; Šemuel Athias: די שפורנו.

[3] Sfornis ist von Speroni ebenso gebildet wie טורני (der aus Terano Stammende) von Terano wahrscheinlich infolge dialektischer Aussprache. Eine andre Verstümmelung dieses Namens ist Spiron z. B. Marino Sanuto Diarii 1 p. 897 (1498), XXXI p. 316 (1521). Vgl. Todesco statt Tedesco u. ä.

[4] Joannis Reuchlini Phorcensis De Rudimentis hebraicis (1506) p. 3. Post vero legatus Rhomä ad Alexandrum sextum, qui reliqui fuerant ea in lingua canones eos a Cesinatensi Judaeo scilicet Abdia filio Jacobi sphurno petivi qui me quotidie toto legationis tempore perquä humaniter in hebraicis erudivit nö sine insignia mercedis impendio.

[5] cod. Halberstamm 331. עובדיה ספ" אביר הרופאים.

[6] De medico hebraeo, p. 71.

genossen gehörte bei ihm das Studium der Medizin nur zur Vervoll-
kommnung seiner Bildung. Sein eigentliches Gebiet war die Bibel-
erklärung, die Mathematik und die Philosophie. Als Reuchlin nach
Rom kam, wies ihn jedenfalls der gediegene Hebraist Kardinal Domenico Grimani[1]), welcher auch mit Elia del Medigo in brieflichem
Verkehre stand, zur Erlernung der hebräischen Sprache an 'Obadja
Sforni. Letzterer ist dann auch Reuchlins Lehrer während dessen
ganzen Aufenthalts in Rom (1498—1500). Melanchthon erzählt in
einer Rede auf Reuchlin, dass 'Obadja für jede Lehrstunde als διδαϰτϱα
einen Dukaten erhalten habe.[2]) Im Jahre 1519 giebt er in Rom auf
Ersuchen des Rabbiners Israel b. Jehiel Aškhenazi eine Entscheidung
in Sachen der Donina[3]) ab (מקץ 'פ)[4]). Bei der Organisation der
Gemeinde von 1524 ist auch der eccelente doctore Servedio Sforni mit
beteiligt.[5]) Die letzte Nachricht von 'Obadjas Aufenthalt in Rom
finden wir bei David Rëubenis erster Anwesenheit daselbst.[6]) Von
da an führt er ein Wanderleben durch Italien. Er steht in brieflichem Verkehre mit seinem bedeutend jüngeren Bruder Hananel Hajim[7])
mit Meïr Padua[8]), welcher seine tiefe Talmudkenntnis rühmt, und mit
dem Rabbinate von Ferrara.[9]) Schliesslich geht er nach Bologna, wo
auch sein Bruder Hananel ausserhalb der Porta S. Momolo wohnte.[10])
Er begründet dort ein Lehrhaus[11]), dem er bis zu seinem nach
1550[12]) erfolgten Tode vorstand. Während seines ganzen Lebens hat
'Obadja eine reiche literarische Thätigkeit entfaltet. Eine Frucht

---

[1]) 'Burckhardt, Kultur der Renaissance I. 67. 140. Sitzungsberichte der
Münchner Akademie 1875. p. 180. Hebr. Bibl. XXI. 68; Dukas, Recherches. p. 44.

[2]) Philippi Melanchthonis opp. quae supersunt omnia edidit C. G. Bretschneider
(Corpus Reformatorum XI.) p. 1004, 1005. Halle 1843.

[3]) S. w.

[4]) Mosè I. 191 No. 40; 193 No. 119.

[5]) Berliner II. 1 S. 84.

[6]) E. Biberfeld, Der Reisebericht S. 36 wo sein Name noch weiter entstellt ist,
הרב ר' עובדיה מסופרנ"ו.

[7]) Von ihm noch 1586 cod. Oxf. 2259 geschrieben.

[8]) שו"ת הא לכם זרע לצדקה Venedig 5313 p. 97 No. 48, 49.

[9]) Das Rabbinat in Reggio hat er nie bekleidet. Die Unterschrift in der Entscheidung in Šemuel Algazis תולדות אדם lautet p. 13[b] הרר"בכמו עבדיה הצעיר נאם
ישראל ספורנו זצ"ל פה ר"ו aus dem Jahre 1588 89, stammt also von 'Obadja b.
Israel Sforno.

[10]) Mosè VI. 192.

[11]) שלשלת הקבלה p. 72[a].

[12]) Das. 52[a].

seiner philosophischen Studien war seine 1537 in Bologna gedruckte
„Leuchte der Völker", eine Philosophie der Religion [1]), in welcher er
hauptsächlich durch biblische Argumente den Aristoteles widerlegen
wollte. Das Motiv seiner Arbeit war, dem Unglauben im Judentum
ein Ziel zu setzen, welcher auf das alleinige Studium des Aristoteles
und die Missachtung der heiligen Schrift zurückzuführen sei. Nachdem er einleitend sieben Grundsätze für die methodische Behandlung
seines Stoffes ausgesprochen, stellt er fünfzehn Thesen auf, in denen
er in strenggläubiger Beweisführung unter Hervorhebung der tiefsitt-
lichen Momente des Judentums, zumeist auf biblische Beweise gestützt,
ein System einer jüdischen Philosophie darstellt, welches alle die gewöhnlichen Fragen der Religionsphilosophie, das Wesen Gottes und der
Seele, das Verhältnis Gottes zum Menschen, die Ewigkeit der Materie,
der Bewegung u. s. w. polemisch behandelt. Obwohl er fortwährend
gegen Aristoteles ankämpft, gebraucht er doch dessen Grundlehren,
welche er aber als aus arabischen Quellen geschöpft ausgiebt.[2]) Das
hebräische Original übersetzte 'Obadja dann in das Lateinische. Die
Übersetzung übersandte er 1548 mit einem Begleitschreiben König
Heinrich II. von Frankreich.[3]) Der beabsichtigte Druck des Werkes
in Paris scheint aus religiösen Gründen unterblieben zu sein. Eine
zweite philosophische Arbeit 'Obadjas ist der Kommentar zu den Sprüchen der Väter, welcher in der Bologneser Mahzorausgabe zum ersten
Male erschien.[4]) Während dieser Arbeiten beschäftigte er sich mit
der Erklärung der Bibel. Er hat ausser einem Pentateuchkommentar [5])
noch exegetische Studien zu drei von den kleinen Propheten [6]), zu
den Psalmen [7]). zu Hiob [8]), zum Hohen Liede und zum Prediger [9]) gefördert. Es ist aber möglich, dass ein Teil seiner Kommentarien verloren ist. Der Grundcharakter derselben ist strenge Heilighaltung
des Schriftworts. Neben einer verständigen und geschickten Auswahl

---

[1] cod. Paris 1007. 1; cod. Oxford 256; Einleitung dazu cod. Oxf. 2304, 4.
[2] Jewish Lit. p. 226.
[3] Daselbst p. 207.
[4] כתבי קמחא דאבישונה 1540; dann in בית הבחירה und in Lemberg s. a.
[5] Venedig 1567 cod. Rossi 1182. 1188. cod. Oxf. 255. cod. Florent. 26.
[6] cod. Med. Plut. 1. 46. Komment. zu Prediger, Jona, Habakuk, Zekharia;
cod. Halberstamm 331 zu Jona, Habakuk u. Zekharia (gedruckt 1692. 1724—27).
[7] cod. Paris 275 (gedruckt Venedig 1586). cod. Oxf. 2310. 2, cod. Rossi 370.
1. u. 1188.
[8] cod. Paris 276 (gedruckt Venedig 1590 als משפט צדק).
[9] Siehe Wolf I. 939 f. (gedruckt Venedig 1567) siehe Anm. 6. cod. Oxf.
2310. 2 Anfang desselben. Andere Ausgaben siehe Cat. Bodl. 2075.

aus den Exegesen Rašis, Ibn 'Ezras, Rašbams, Nahmanis und andrer
finden sich selbstständige oft originelle grammatische und sachliche
Erklärungen, deren lehrhafter Zweck zumeist durchsichtig ist. Ausser
einer Anzahl von synagogalen Vorträgen [1]) besitzen wir von ihm noch
eine hebräische Erklärung der acht Bücher der Elemente des Euklid,
welche ebenfalls nach Paris gekommen ist. Eine uns überkommene
Nachricht über von ihm stammende Briefe und halachische Novellen [2])
und eine in doppelter Relation erhaltene Umrechnung der talmudischen
Münzen [3]) vervollständigen das Bild des reichen literarischen Lebens
dieses frommen und schlichten Mannes. Sein Sohn Jākob, welchen
Šelomoh 'Athias [4]) unter den bologneser Gelehrten rühmend hervor-
hebt [5]), war eine Autorität auf talmudischem Gebiete. [6]) Im Jahre

[1]) cod. Halberstamm 331: דרשות.

[2]) שלשלת p. 72ᵃ siehe Mosé VI. 192, 193. 338 und oben S. 78.

[3]) Ende cod. Halb. 331: אמר הגאון המחבר ז"ל כמהר"ר עובדיה ספורנו נ"ע
בהיותי ברומי הייתי עם חברי ועמדתי למצוא האמת סטטבעות התלמוד ולהביאם
ברום"... ועמדנו... סטטבעות הנגר"? p. 72ᵃ שלשלת. cf. למטבע רומאנה וכו"
(מנטוה = הנטווה wie p. 52ᵇ סטבע l. הטבע (für) ולהביאם כפי חשבון הטבע טרוט.

[4]) Psalmenkommentar Venedig 1549 Vorrede: Jākob שפורנו די.

[5]) Ein Gutachten von ihm über Leviratsehe in פחד יצחק (ח'ן p. 26 b.)

[6]) Mutmassliches Stemma der Familie:

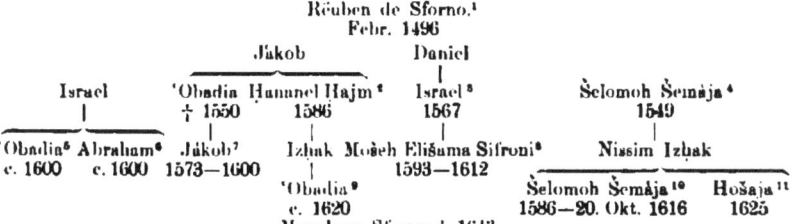

Réuben de Sforno.¹
Febr. 1496

	Jākob		Daniel	
Israel	'Obadia Hananel Hajm⁸	Israel⁸		Šelomoh Šemāja⁴
	† 1550 1586	1567		1549
'Obadia⁵ Abraham⁶ Jākob⁷	Izhak Mošeh Elišama Sifroni⁹	Nissim Izhak
c. 1600 c. 1600 1573—1600	1593—1612
'Obadia⁹	Šelomoh Šemāja¹⁰ Hošaja¹¹
c. 1620	1586—20. Okt. 1616 1625
Menahem Sforno † 1643

¹ Für ihn cod. Parma 1429 abgeschrieben (Hebr. Bibl. XII 119).

² cod. Oxf. 2259. Eine תשובה in באר עשק.

³ Editor des צידה לדרך (Sabbioneta).

⁴ cod. Oxf. 1208. 5.

⁵ שו"ת Menahem Azaria Fano No. 89.

⁶ Hebr. Bibl. XXI. 27.

⁷ פחד יצ" Buchst. 'ה p. 26ᵇ, אגרת הטעמים (Venedig 1600).

⁸ Zunz, Z. G. 258 f.

⁹ פחד יצחק Buchst. 'ב p. 20ᵃ.

¹⁰ צמח דוד (David de Pomis) Einl. 1594 Editor des Khuzari (Venedig); seine
Responsen erwähnt in שו"ת נחלת יעקב; Hebr. Bibl. XXI. 27; Letterbode III. 104.

¹¹ Mantua 5385 כנף רננים.

¹² אוצר נחמד III. 145. In Ms. or. Berlin 69: Šemtob di Sforni.

1582 wurden 'Obadjas Kommentare auf den Pentateuch, das Hohelied und den Prediger der Censur unterworfen.[1]

Eine noch grössere Bedeutung für die Gemeinde hatte Jakob b. Immanuel Provinciale, wie er sich in Rom nannte, oder Bonet[2] de Lattes, wie er in seinem provençalischen Heimatlande hiess. Bonet heiratete die Tochter eines Arztes Comprat Mossé in Aix.[3] Als über die Juden der Provence die traurige Zeit der Austreibungen hereinbrach, flüchtete sich Jakob mit seiner ganzen Familie in das päpstliche Carpentras, wo sich seitdem bis ins 18. Jahrhundert Glieder der Familie de Lattes fanden. Hier war es auch, wo der inzwischen ins reifere Mannesalter getretene Arzt eine wichtige astronomische Erfindung machte, die er in einem lateinischen Aufsatze beschrieb, der sich ebenso durch die ungelenkte Sprache als durch Originalität des Ausdrucks in derselben auszeichnete. Das Werkchen widmete er dem Papste Alexander. In 33 Kapiteln beschrieb er in demselben die mannigfachen Tugenden des von ihm erfundenen astronomischen Ringes zur Auffindung des Sonnenortes, zur Kalenderberechnung, zur Berechnung der Sonnenhöhe in jeder Tagesstunde, u. s. w. In der Einleitung zu seiner Schrift giebt er Gott, zu dessen Erkenntnis man durch die Betrachtung der Himmelskörper gelange, allein die Ehre. Er erklärt dann den achten Psalm in so eigentümlicher Weise, dass sich selbst der Herausgeber des Werkes nicht enthalten konnte, auf dem Rande des Druckes seinem Erstaunen darüber Ausdruck zu geben. Dann folgt die Widmung des Werkes an Papst Alexander VI. Zu seinem Lob und Ruhm, zu Nutz und Frommen seiner Unterthanen habe er dieses Instrument erfunden. Da vornehme und hochgeborene Herren gewöhnlich Fingerringe trügen, habe er demselben die Form eines Ringes gegeben, bei dessen Anblick nun ein jeder Sonne, Mond und die übrigen Himmelskörper betrachten und so zur Erkenntnis Gottes gelangen könne. Er sei der Überzeugung, dass seine Erfindung besonders durch ihre äussere Gefälligkeit das Astrolab und andere astronomische Instrumente übertreffe. Am Schlusse seiner Auseinandersetzung bittet er den Papst um freundliche Aufnahme derselben. Die grammatischen Schwächen seines Lateins möge er entschuldigen, da er „ein des Lateinischen unkundiger Hebräer" sei. Er schliesst mit den bekannten Worten:

[1] Ms. 39. S. Cassa de' Neofiti Sacerdote S. 184.

[2] Auch fälschlich Bonas und Bonis.

[3] REJ VII. 294.

„Bitte. verzeihe die Fehler dem, der des Latein'schen nicht kundig.
„Da ein hebräisch Gesetz, nicht Romas Sprache mein Teil!"

Das Werk Jäkobs wurde in Rom 1493 (nach Juni) dem Druck
übergeben.[1]) Sein Verfasser folgte ihm bald darauf, — vielleicht auf
Alexanders Aufforderung — dorthin nach. Schon in Rom verfasste
er seine Flugschrift Prognosticum, welche er den beiden Kardinälen
Valentiniani und de Borgia widmete. Das Werkchen (6 Blatt) erschien in Rom 1498.[2]) Es enthält wohl seine auch anderweitig bekannte Berechnung der Ankunft des Messias im Jahre 1505[3]), deren
Unrichtigkeit er selbst erleben musste.[4])

Im Jahre 1499 ist er bereits Rabbiner der Gemeinde und Leibarzt des Papstes. In dieser Stellung hat er wohl auch mit Reuchlin
während dessen Aufenthalts in Rom verkehrt. Und Reuchlin hat den
einflussreichen Leibarzt „Boneto" nicht vergessen. In seinen erwähnten
Abhandlungen nannte er sich noch Bonetus de latis hebreus medicus
provenzalis, und unter diesem Namen kannte ihn auch der deutsche
Humanist. Noch in einem Rechtsstreite in der Gemeinde hiess er
1499 Maestro Bonet Provenzali. Am Sonntag nach dem Wochenabschnitte ויקהל 5259 (1499) wurde nämlich eine bereits vor zwei
Jahren von den römischen Rabbinern Šelomoh de Treves Zarfathi und
Immanuel Provenzali entschiedene Streitigkeit, in welche neben den
drei Ärzten Mošeh מלומסטרו, Jehuda und Selomoh de Trastevere
(טירסאהיברא). der greise Joab b. Šabtai, Mošeh b. Nathan und Jekuthiel b. Šemuel verwickelt waren, auf den Einspruch eines spanischen Hakham, R. Ḥaim Usilio, als der höchsten Instanz dem ordi-

[1]) Boneti delatis hebrei medici Provenzalis Anuli per eû côpositi super astrologiam utilitates incipiunt. Romae bei Andreas Fritag de Argentina. (Repertorium
Bibliographicum operâ Ludovici Hain. Volum. II. Pars. I. Stuttgart 1831 p. 242.
No. 9926). Boneti de latis hebrei medici provenzalis anuli astronomici utilitatum
liber ad Alexandrum sextum pontificem maximum mit de Sphera Johannis de
Sacrobosco u. a. Paris 1511 (H. Stephan). Ausserdem daselbst 1507, 1521, 1527,
1534. Marburg (per J. Dryandrum) 1537, 1557. —

[2]) Boneti de Latis hebrei Provensalis rabi medicine do/ctoris ad Reverendissimos
D. D. dûm Cesarê Cardina/lem Valentianum. Et doñm meû Johannem Cardinalem/
de Borgia. Prognosticum MCCCCLXXXXVIII. endet: tum ac si per me dictum
non esset. Impressû Rome. Finis. [Rep. Bibl. op. Hain. No. 9927]. Nach
Farissol 1494.

[3]) Vgl. Zunz in Geiger. Jüd. Ztschr. XI. S. 108.

[4]) Über dieses Werk handelt Abraham Farissol im בנן אברהם cap. 71 und 74
(Ms. or. Berl. Qu. 651 s. Beilage 9 A; s. Michael אור החיים S. 268).

nierten Gemeinderabbiner Bonet zur Entscheidung unterbreitet, dem
der Papst das besondere Recht erteilt hatte, nach jüdischem Gesetze
in Rechtsfällen endgültig zu entscheiden.[1]) Von seiner angesehenen
Stellung unter Leo und von dem Schreiben Reuchlins (Oktober 1513)
ist bereits die Rede gewesen. Wenig später, in den ersten Tagen des
Jahres 1515, ist Jákob nicht mehr unter den Lebenden. Ein Schreiben
Leos an Jákobs Sohn Immanuel vom 11. Januar 1515 spricht bereits
von dem verstorbenen Magister Bonettus physicus Romanus hebraeus[2]).
Immanuel scheint an Leos Hof in grossem Ansehen gestanden zu
haben. In dem erwähnten Dokumente vom 11. Januar 1515 wird
von seinen dem heiligen Stuhle geleisteten Diensten gesprochen. Der
Papst gebrauche Immanuels Kraft jetzt zu einer wortgetreuen lateinischen Übersetzung eines hebräischen Werkes zu Nutz und Frommen
der ganzen Christenheit. Er wolle ihn auch weiterhin in seinen
Diensten beschäftigen. Zur Belohnung setzt er ihm ein Jahresgehalt von sechzig Dukaten aus den Steuereinkünften von den Juden
in der Mark Ancona aus.[3]) Von einem anderen päpstlichen Leibarzte,
der fast gleichzeitig mit Bonet in Rom praktizierte, ist schon mehrfach die Rede gewesen. Schon Alexander VI. hatte dem jüdischen
Arzte Šemuel Zarfathi[4]) Privilegien verliehen, z. B. die Grade der
von ihm geübten Kunst auch an Andere zu verleihen. Wahrscheinlich hat Šemuel schon früh auch in der Gemeinde eine hervorragende
Stellung eingenommen. Aber erst bei der Krönung des Papstes
Julius II., bei welcher er zum Sprecher der Gemeinde ausersehen war,
tritt er hervor. Von da an ist er auch der Leibarzt des neuen
Papstes. Am 14. Mai 1504 wurden die dem Vater von Alexander
verliehenen Vorrechte auf seinen Sohn R. Josef[5]) ausgedehnt. Noch
bei der Leo von der Gemeinde dargebrachten Huldigung scheint
Šemuel die Bitte um Bestätigung des Gesetzes vorgetragen zu haben.
Am 15. Šebat 1519 war Šemuel wahrscheinlich nicht mehr unter den

---

[1]) Mosé V. 266. No. 13. יכולת מחצר אדון האפיפיור לכבד תורתנו הקדושה
לגזור ולצוות על החלקים

[2]) Hergenroether. Regesta Leonis X. fasc. VII—VIII. p. 8. No. 13651.

[3]) Das Stemma der Familie s. am Ende des Abschnitts.

[4]) Vielleicht ist er mit dem Leibarzt des französischen Königs (21. Okt. 1500)
identisch (Marino Sanuto Diarii III. 1009), der allerdings am 21. Mai 1501 maistro
Salomon genannt wird (das. 1634).

[5]) Dem jüdischen Arzt des Lorenzo Suarez in Venedig, Josef, wurde das
Tragen der bareta negra (Dezember 1502) gestattet (das. IV. 517. 519.). Derselbe?

6*

Lebenden. An diesem Tage erhielt Donina, die Tochter des R. Semuel
Zarfathi aus Rom auf ihr Ersuchen vom römischen Rabbinate, welches
damals aus Israel b. Jehiel Askhenazi, Sabtai b. Mordkhai und Mazliah
b. Josef bestand, eine Rechtsentscheidung [1]), der sich ein Responsum
des 'Obadja b. Jakob Sforni (1519 פ'סקין) anschloss. [2]) Im Jahre 1524
wird Semuel als verstorben bezeichnet. Über die Höhe der Remuneration, welche er als päpstlicher Leibarzt erhielt, klärt uns eine Notiz
aus den päpstlichen Rechnungsbüchern auf, nach welcher ihm am
14. Juli 1505 per ragione della Carica 125 Goldscudi ausgezahlt wurden. [3]) Interessant ist es, dass ihm auch sein früherer Landesherr
Ludwig XII. von Frankreich, ein Schutzdekret für seine Liegenschaften in Frankreich und Freizügigkeit in seinen Ländern gewährte.
In venetianischen Berichten aus dieser Zeit wird mehrfach von einem
päpstlichen Leibarzt gesprochen, der einfach als Rabbi (Rabi) zudio
(= giudeo) oder maestro Rabi hebreo bezeichnet wird. Dieser Rabi
kann kein andrer als R. Semuel sein. [4]) Am 23. November 1510
rieten die Ärzte dem Papste gegen die Ansicht des jüdischen Rabbi
Rhabarber einzunehmen. Die Ärzte versprachen ihn in sechs Tagen
zu heilen, wenn er ihren Anordnungen folgen werde. „Der Papst
aber vertraute dem jüdischen Rabbi und nicht den anderen; der Jude
sagte ihm, dass er gar nicht krank sei." [5]) Die Gegnerschaft zwischen
dem jüdischen und den christlichen Ärzten mag überhaupt keine geringe gewesen sein. Vielleicht fand sie ihren Ausdruck auch darin,
dass, während Julius von Bologna gegen Mirandola zog, die christlichen Ärzte in Bologna blieben, Rabbi aber in San Felice (17. Januar
1511). [6]) Von höchster Bedeutung war Rabbis Auftreten bei der
schweren Erkrankung des Papstes am 17. August 1511. Die Ärzte
haben Julius bereits aufgegeben. Die Palastbeamten plündern schon
die päpstlichen Gemächer. Am Krankenbette hält der jüdische Leibarzt treue Wacht. Alle Ärzte sind wütend auf ihn und sparen keine
Schmähungen. „Wenn der Papst sterbe, sei es nur Rabbis schmähliche Schuld." Seine einzige Verteidigung ist: „Noch kann der Papst
genesen." Am 25. August erlaubt der Arzt Marco Scipio Lancelotti

[1]) Mosé V. 191. No. 40, 193 No. 102.
[2]) Das. V. 191 No. 119.
[3]) Marini I. p. 291.
[4]) Da Bonet schon am 11. Januar 1515 als verstorben bezeichnet wird.
[5]) Marino Sanuto Diarii XI. 633.
[6]) Das. 756.

dem Papste eine Pfirsiche zu essen — wenige Tage später ist Julius gesund.[1]) Kaum hatte sich aber Julius zum Sterben niedergelegt — noch am 4. Februar 1513 traf er Anordnungen für sein Leichenbegängnis — da begann der Hass gegen den jüdischen Meister hell aufzulodern. Am 15. Februar wurde sein Wohnhaus, das im Borgo stand, geplündert.[2]) Fünf Tage darauf war Julius eine Leiche! Noch am 16. September 1513 wurde Rabbi in Rom an das Krankenbett des Marchese di la Padula gerufen.[3]) Zwei Jahre später (September 1515) war er der Leibarzt des Giuliano de' Medici in Florenz, „der seinen Ärzten den Abschied erteilte, ausser dem jüdischen Rabbi." [4]) Von da an verliert sich seine Spur.

Wieviel von dem, was Pierio Valeriano von dem Unglücke seines Sohnes [5]) Josef (Josiphon, Giosifante, Giuseppe Gallo) erzählt, [6]) wahr ist, lässt sich nicht nachweisen. Josiphon, der Sohn Semuels, des Leibarztes Julius' II., war Philosoph und Mathematiker. Durch seine medizinischen Kenntnisse hatte er sich schon früh einen guten Namen gemacht. Sein Diplom vom 14. Mai 1504 war ihm nach dem Tode seines Vaters auf sein Ersuchen am 25. Februar 1524 erneuert worden.[7]) Er war von seinem Vater in das Hebräische eingeführt worden. Aber ebenso gut verstand er Griechisch und Lateinisch, in welchen Sprachen er so bewandert war, dass er in Rom berechtigtes Aufsehen erregte. Zu dieser äusseren Bildung kam bei ihm ein guter Charakter und Reinheit der Sitten. Der Rechtsgelehrte Teseo Ambrogio war sein Schüler in der hebräischen, chaldäischen und arabischen Sprache.[8]) Nach seines Vaters Tode hatte ein untreuer Diener, so erzählt nun Pierio

---

[1]) Das. XII. 449 (Brief aus Rom vom 26. August 1511: Opus epistolarium Petri Martyris Anglerii Mediolanensis, Amsterdam 1670 ep. 463 (p. 245 a). Horum nemo spem de vita Pontificis retinuit, praeter Judaeum quendam, qui a longa experientia notissimam Pontificis habebat naturam: Posse Pontificem revivissere, solus ille contendit; Gregorovius VIII. 71.

[2]) Marino Sanuto Diarii XVI. 14.

[3]) Das. XVII. 75.

[4]) Das. XXI. 37.

[5]) Nicht seines Enkels wie Marini I. 291.

[6]) De litteratorum infelicitate libri duo Venetiis 1620. p. 19 ff.

[7]) In demselben Jahre finden wir ihn im Hause des Kardinals Egidio, dessen Lehrer ein Josef Aškhenazi war (Graetz IX. 537).

[8]) Girolamo Tiraboschi, Letteratura italiana 1567. Er habe bei Giuseppe Gallo figlio di un rabbino medico di Giulio II. gelernt. 1512 zum Laterankonzil nach Rom. Unter Leo X. Professor der orientalischen Sprachen in Bologna. 1539 Introductio in Chaldaicam linguam, Syriacam, atque Armeniacam et decem alias linguas etc. 1540 †.

Valeriano, Josefs Geldkiste erbrochen und war mit dem Raube nach Konstantinopel entflohen. Josiphon folgte ihm, musste aber froh sein, sein nacktes Leben nach Rom zu retten, da ihn der Dieb in der Türkei als päpstlichen Spion bezeichnete. Während der Belagerung der Stadt (1527) wurde er von vier Räubern überfallen, denen er mit knapper Not entkam. In Vicovaro, wohin er sich, nur mit einem leichten Tuche bedeckt, geflüchtet, wurde er nicht eingelassen, da ihn die in der Gegend wütende Pest sogleich ergriffen hatte. Ohne jede Unterstützung musste er hier elend sterben.

Wie die französische Familie der Lattes zeichnete sich in dieser Zeit die spanische der Angelo Galante in Rom besonders aus. Von den Söhnen des Römers Mordkhai hat der schon mit 22 Jahren ordinierte Mošeh auf dem Gebiete der talmudischen Novellistik und der Zoharerklärung Vorzügliches geleistet. Im Jahre 1536 treffen wir ihn in Safet als Schüler Josef Karos.[1]) Von Mošehs drei Söhnen Jedidja, Abraham und Jonathan verliess der erstgenannte c. 1608 Safet, um sich in Venedig niederzulassen. Der zweite Sohn Mordkhais, der fromme und bescheidene Abraham, ist der Verfasser eines tiefsinnigen Kommentars zu den Klageliedern im Sinne des Zohar und aus ihm geschöpft, welcher in der Sammlung קול בוכים unter dem Titel קינת סתרים in Venedig 1589 und in Prag 1621 erschien. Ganz derselbe Geist spricht aus seinem Abothkommentare und seinem erklärenden Werke über den Zohar (ירח יקר). R. Mordkhai b. Mošeh גלאנטי zeichnet noch am 1. August 1541 in den Akten der Gemeinde. Am 9. Nissan 1540 wird er in denselben „der Werte, Hochgeehrte" genannt.[2]) Aus der Familie der Galante sind auch noch später bedeutende Talmudisten hervorgegangen.[3])

Neben solchen talmudischen Grössen sehen wir in Rom einen Mann, der unter dem Schutze eines christlichen Gelehrten in Rom durch seine ausserordentlichen Leistungen auf grammatischem Gebiete eine Zierde des Judentums und der Lehrer der ganzen Christenheit geworden ist, R. Elia b. Ašer Ha-lewi der Deutsche.[4]) Mit dem Zuge deutscher

---

[1]) שו"ת משפטי שמואל Mošeh Kal'ai: No. 124, שו"ת אבקת רוכל No. 73 p. 64 a.

[2]) Auch d. 21. Tammuz 1539 zeichnet er in den Akten. Vgl. S. 35 f.

[3]) Wolf III. 712 No. 1472c. Mortara מוכרת S. 25. Orient Literaturbl. VI. 211. אור החיים p. 89. No. 176.

[4]) Zum Bibliographischen: Roest, Rosenthalsche Bibliothek, siehe Elia und David Kimḥi; Nepi-Ghirondi S. 32 No. ע"ח; Buber תולדות אליהו p. 11; Wolf III. 97. No. 249; cod. Oxf. 797. 3, 1476, 1483, 1493—1495, 1506. 3, 1954. 2a, 2290. 4; cod. Paris 134 f, 1250. 2. 4. 5., 1251, 1. 2. 8; Hebr. Bibl. VI. 22. III. 28.; cod.

Gelehrten nach Italien am Ausgange des 15. und beim Beginn des
16. Jahrhunderts war auch der zu Neustadt an der Eysch bei Nürn-
berg [1]) 1472 [2]) geborene Elia nach Padua gekommen, dem damaligen
Mittelpunkte talmudischer Gelehrsamkeit in Italien. Sein dort 1504
begonnener Kommentar zu Kimhis שבילי הדעת מהלך [3]) ist ausschlaggebend für alle seine ferneren Studien geworden. In Padua hielt er
sich bis zu der Eroberung dieser Stadt im Jahre 1509 auf. Von hier
aus wanderte er nach Venedig und dann nach Rom, welches er in
den letzten Wochen des Jahres 1512 [4]) erreichte. Hier sollte er nach
längerer Ruhe durch einen christlichen Gelehrten zu einer fruchtbaren literarischen Thätigkeit angeregt werden. Der Augustiner
Aegidius Viterbiensis hatte durch seine Rede bei der Eröffnung des
Laterankonzils das grösste Aufsehen erregt. Wegen seiner vorzüglichen Bildung nahm er auch bald in der römischen Gelehrten-
welt eine geachtete Stellung ein. Ganz besonders machte ihn seine
Kenntnis der orientalischen Sprachen zu einer Berühmtheit der Stadt.
Mit den überschwänglichsten Worten preist Laurentius Grana an
seinem Grabe seine Studien hebräischer Codices, „von denen er gehört hatte, dass sie die Meister jenes Volkes verborgen hielten". [5])

Medic. Plut. 85, 3. 7. 10. II. VI. VII, 13. Plut. 2, 39; Steinschneider, Catalog Bodl.
p. 939; cod. Berlin 36, 2. 4. Zunz, Z. G. 116.

[1]) כלאכת הדקדוק השלם Opus grammaticum Autore Sebastiano Munstero,
Basileae 1549. Vorrede: Inter hos omnes excitavit Dominus in Italia Judaeum
quendam, qui tamen natus fuerat in Germania, in Nova scilicet civitate sita super
amne Eysch haud procul á Nurnberga, Eliä nomine etc. — Dass Elia in Venedig
oder gar in Rom geboren und nach der dortigen Gemeinde der Aškhenazim seinen
Beinamen erhielt, lässt sich nicht nachweisen. Für seinen deutschen Ursprung
sprechen auch die reichlichen deutschen Worterklärungen z. B. im Thišbi 1541:
ולשון בת עכי. — Münster 1526: nam expers est Latini sermonis Elias ipse, nempe
in Germania natus et educatus, bei Perles, Studien p. 32. In Unterschriften einfach
אליא המדקדק (Gedicht Elias an Abraham de Pisa REJ XXVI. 97, 238 f.). Die
Erzählung im Chronikon des Konrad Pellikan (ed. Riggenbach, Basel 1876) S. 49,
dass Elia noch 1514 in Neustadt gelebt und mit den dort wohnenden Juden von Kasimir
oder Georg dem Frommen vertrieben worden ist, ist natürlich bare Erfindung.

[2]) Im בחור ed. II. Isnae 1542 sagt er, er sei jetzt 70 Jahre.

[3]) z. B. cod. Montef. College London (Neubauer) 54. 1. cod. Wien CI.

[4]) In בחור ed. II. Isnae 1542 erzählt er, dass er 40 Jahre alt nach Venedig
gekommen sei. Paulus Fagius, Nomenclatura (Isny 1542), spricht von einem 13 jährigen Aufenthalte Elias in Rom. Danach müsste aber Elia bereits 1525 die
Stadt verlassen haben. Vielleicht bezieht sich die Zahl auf die Jahre des Verkehrs
mit Egidio.

[5]) Amaducci, Anecdota litteraria ex. mss. codicibus eruta IV. Romae 1783. p. 309.

wie er dabei nicht Mühe und nicht Kosten gespart seit jener Zeit,
wo er in ländlicher Zurückgezogenheit bei Viterbo sich der Erlernung
der hebräischen Sprache gewidmet.[1]) Zur Förderung dieser Studien
hatte ihm Leo X. eine Bibelhandschrift mit Erklärungen zum Geschenke
gemacht.[2]) Von seinem Fleisse ist die von ihm 1513 vollendete Abschrift einer lateinischen Übersetzung der Portae Lucis, des Liber
Maarekhet und des Menahem de Recanati ein schönes Zeugnis.[3]) Seine
kabbalistischen Studien führten ihn auch zu Elia dem Deutschen. Elia,
der vielleicht Egidio (זידין) in Venedig bei dessen Gesandtschaftsreise
dahin kennen gelernt oder von dessen Vorliebe für die hebräischen
Studien Kenntnis hatte, stellte sich Egidio in seinem Palaste vor.[4])
Er ward von ihm sehr freundlich aufgenommen, und vorerst (1514)[5])
dazu ausersehen, drei mystische Schriften des Eleazar aus Worms,
סודי רזייא, יצירה ס' פירוש הנפש und הכמת הנפש für ihn zu kopieren,
welcher Aufgabe er sich noch im Jahre 1515 entledigte.[6]) Noch in
demselben Jahre (Dezember 1515) reiste Egidio im Auftrage Leos zu
Maximilian I. Dem ersten Auftrage des Gelehrten folgten dann weitere
gleiche.[7]) Zu derselben Zeit hatte der wissbegierige Egidio in Elia
den Gedanken an eine masorethische Konkordanz wachgerufen, einen
Plan, welchen der deutsche Gelehrte in sechsjähriger Arbeit verwirk-
lichte. Um Elia ein ungestörtes Arbeiten zu ermöglichen, nahm ihn
Egidio Viterbiensis mit seiner ganzen Familie[8]) im Jahre 1516,17 in
sein Haus, in welchem er zehn Jahre[9]) hindurch in regstem literarischen

---

[1]) Das. p. 300.

[2]) In der Bibl. Angelica (Rom) Berliner, Magazin I. 45.

[3]) Cod. Paris. lat. 598. Sitzungsberichte d. Münchner Akademie 1875 S. 173 bis
176; Cat. Bodl. p. 2140; Orient. Literaturbl. 1849.

[4]) מסורת הכסורת Venetiae 1538 p. 9.

[5]) Tišbi Isnae 1541 Einleitung: אשר עמדתי עמו שלש עשרה שנה. Auch in
cod. München 74. Letterbode VII. 174 f. לבריאת ארין ושמים חמשת אלפים
ומאתים וששה hat man ושלשה zu lesen! Siehe auch S. 87 Anm. 4.

[6]) cod. Almanzi 313 (Hebr. Bibl. VI. S. 90); אגרות שד״ל p. 1020 f., Luzzatto
in Orient 1847 p. 341 f.

[7]) cod. München 81.

[8]) Idem est, a quo . . . Eliam Levitam cum tota familia nutritum scribit Josephus
Scaliger Epistola 136 [Fabricius, Bibl. med. et inf. aet. I. p. 62 f.]. Josephi Scaligeri
Epistolae, Lugduni 1627, Lib. II. Epistola CXXXVI. p. 345 sed interpretatio (sc.
libri Zohar) illius Aegidii Viterbiensis, qui postea cardinalis fuit, et Eliam Levitam
Germanum cum tota familia aluit.

[9]) אשר היה תלמידי וכעשר שנים תמידי (Venetiae 1538 p. 8) מסורת הכסורת.
Das erstere bezieht sich auf den ganzen Aufenthalt, das letztere auf den im Hause.

Wechselverkehre mit Egidio stand, welcher noch durch ein freund-
schaftliches Verhältnis der beiden Gelehrten besonders gefördert wurde.
Elia versichert aber, dass er ein treuer Jude geblieben sei.[1]) Im
Jahre 5277 wandte er sich dann auf besondere Anregung seines
Gönners zur Abfassung seiner ersten selbständigen grammatischen
Schrift, welche er nach seinem Beinamen den „Gelehrtenjünger",[2])
Bahur oder „Grammatik Elia Ha-lewis des Deutschen" nannte. Auf
Vermittlung des inzwischen (1. Februar 1517) zum Kardinal creïerten
Egidio wurde sogar in Rom unter dem hochsinnigen Leo die schon
erwähnte hebräische Druckerei für Elias Schriften eingerichtet, in
welcher im August 1518 eine zweite in Rom verfasste grammatische
Schrift Elias, ס' הֹהרכבה, über die formae mixtae erschien. Wenige
Monate später (Tiśri 1518) wurde auch das erstgenannte Werk Bahur
in Rom zugleich mit einer Approbation des römischen Rabbinats zu
(jetzt verlorenen) „Konjugationstabellen" (לוח בדקדוק הבנינים והפעלים)
gedruckt. Inzwischen war der Kardinal 1518 als Legatus a latere
nach Spanien gereist. Während dieser Abwesenheit und noch später
arbeitete Elia wohl fast ausschliesslich an seiner masorethischen Konkordanz (ס' זכרונה), so dass er sie im Sommer 1521 dem Kardinal
in der ersten Bearbeitung fertig vorlegen konnte.[3]) Eine für Elia im
Śebat 1520 in Rom gefertigte Abschrift des ס' צחות weist auch auf
seine grammatische Thätigkeit in dieser Zeit hin.[4]) Die grammatischen
Studien des deutschen Gelehrten förderten dann hier noch eine hebräische
gereimte Grammatik (פרקי שירה)[5]) oder פרקי אליהו בכללים קצרים
und die ersten Bogen einer aramäischen Grammatik (מתורגמן). Die
jetzt folgende auffallend lange Zeit des Stillstands in den grammatischen Arbeiten wurde von den beiden Freunden mit kabbalistischen
Studien ausgefüllt. Mag auch Elia noch so entrüstet dem Vorwurfe,
welcher ihm in jüdischen Kreisen gemacht wurde, dass er einen
Christen in die Geheimnisse der Lehre einweihe, zurückweisen, indem
er sich entschuldigend sagt, dass die Weisen uns nur verboten, einem

---

[1]) Das. p. 9. והתיה לי רב ואני אהיה לך לאב וכו׳ אך דעו כי אפילו הכי •
תהלה לאל עברי אנכי ואת אלדים אני ירא. Die Quelle der Fabel von Elia Levitas
Taufe, s. Kaufmann in Magazin XVII. 166 ff.

[2]) בעבור היות שם כנויי טשונה ובשם בחור מכונה. ed. Rom. Vorrede: בהור
zu Schlussliede: לאליה כנוי שמו בחור.

[3]) cod. München 74 (Tammuz 1521).

[4]) cod. Oxf. 1468.

[5]) So in cod. Berlin 36. 4. Ed. princ. Pesaro 1520.

[6]) So in cod. Günzburg (Letterbode XI. 164), codd. München 217—219, Hebr.
Bibl XXI. 81.

Nichtjuden מעשה בראשית, מעשה מרכבה und יצירה ס' [zu] erklären, [1]) —
er ist doch begründet. Allerdings hatte sich Egidio Teile des Zohars
von Barukh aus Beneveut übersetzen lassen, [2]) aber die erstaunlichen
Kenntnisse des Kardinals in der Kabbala, in der Literatur der jüdischen Bibelexegese und im Thargum, welche er bereits in seinem nach
1517 verfassten Chronicon zeigt, [3]) weisen auf den Verkehr mit unserem
Elia hin. [4]) Unter seiner Anleitung übersetzte Egidio libros Zoharis. [5])
wohl Teile des מדרש הנעלם; auf seinen Unterricht gehen die Rand-
glossen zu dem kabbalistischen גן אגוז zurück; [6]) aus seiner Belehrung
schöpfte er wohl auch seine Schrift über die Thagin. [7]) Dafür hat
ihn Egidio in die Mysterien der griechischen [8]) und wohl auch der
arabischen [9]) Sprache eingeführt. Alle diese Studien fanden ein jähes
Ende durch die schreckensreiche Belagerung und Plünderung der
Stadt im Jahre 1527. Aller Mittel beraubt verliess Elia die Stadt.
Besonders schmerzte ihn der Verlust der grösseren Hälfte seiner in
Rom 1525 (5286) begonnenen aramäischen Grammatik [10]) — von welcher

---

[1]) מסורת המסורת Venetiae 1538 p. 9.

[2]) Landauer nach einer Note Widmanstadts im Orient Ltbl. 1850; REJ XXVII.
S. 54 ff.

[3]) Cod. lat. Dresd. CHRONIC. INCERTI AVTORIS / Ab Initio Mundi usque ad annū 1517 p. 196 a, p. 267 b. etc. Das Werk ist identisch mit der von
August. Oldoinus in Athenaeum Romanum (Perusiae 1676) p. 32 genannten Historia viginti seculorum. Nach Fabricius, Bibl. med. et inf. aet. I. p. 62 f. als Ms. in
der Angelica zu Rom (Ms. della Biblioteca Nazionale IX. B. 14 s. Archivio st. p.
le pr. nap. 1884. S. 431). In der fortgesetzten Sammlung von alten und neuen
theologischen Schriften 1748 p. 63 heisst das Werk Historia viginti seculorum per
totidem Psalmos digesta ad Leonem X. und ist das auch sonst bekannte Commentarii in Psalmos. Aus dem Dresdner Manuskript, einer Abschrift des Originals in
der Augustinerbibliothek zu Rom, sind Stücke von Höfler im Archiv für Kunde der
österr. Gesch.-Quellen 1854 (XII.) veröffentlicht worden. Der richtige Titel des
Werkes ist Historia X seculorum.

[4]) Allerdings hatte er auch schon früher. z. B. in dem ersten Schreiben an
Reuchlin 1516, kabbalistische Kenntnisse gezeigt, welche aber aus Übersetzungen zu
stammen scheinen. (Illustrium virorum epistolae Hebraicae, Graecae et Latinae ad
Joannem Reuchlinum Phorcensem .. missae. Hagenau 1519 pag. B. III b.

[5]) Josephi Scaligeri Epistola 136.

[6]) Lilienthal in Allg. Ztg. d. Js. 1838. 154 (No. 215).

[7]) Hebr. Bibl. XXI. 82. siehe Aug. Oldoin in Athen. Rom. 33. Nach Fabricius,
Bibl. med. et. inf. aet. I. 62 f. ist es nur eine Übersetzung aus dem Hebräischen.

[8]) Thisbi Isaac 1541 in der Hakdamah.

[9]) Daselbst in der einleitenden שירה.

[10]) Siehe Vorrede zum מתורגמן; auch in einem Ms. der Angelica (in Rom)
52 (Cataloghi dei codici I. p. 101).

ein Teil wie durch ein Wunder gerettet wurde — und eines Teiles
seiner Konkordanz (זכרונות 'ס). Nach mannigfachen Irrfahrten gelangte er im Jahre 5289 nach Venedig.[1]) Im Jahre 1532 treffen wir
ihn in Venedig im Hause des Marco Grimani, des Patriarchen von
Venedig.[2]) Hier begann er eine rege ununterbrochene Thätigkeit auf
grammatischem Gebiete, welche dann durch die Anteilnahme des französischen Gesandten in Venedig, des Bischofs von Lavour, Georges de
Selve, an Elias Werken noch eine besonders angeregte wurde.[3]) Um
in seinen Arbeiten ungestört zu sein, schlug er mehrfache Einladungen
von Fürsten und Kardinälen, sogar einen Ruf des französischen Königs
nach Paris aus.[4]) Da ihm die Drucklegung seines Thisbi in seinem
Aufenthaltsorte durch die Aufgabe der Bombergschen Officin unmöglich gemacht war, wollte er das Werk zu diesem Zwecke nach Bologna
senden. Da erhielt er von Paulus Fagius den Auftrag nach Isny zu
kommen, um dort den Druck seiner Werke zu beaufsichtigen. In
kurzer Aufeinanderfolge erschienen hier der Kommentar zum Mehallekh
Sebile hadaáth, der Bahur, seine Harkhabah, Pirke Eliah, Masoreth
Hammasoreth und Tub Taám. Von den noch vorbereiteten Methurge-
man, Thisbi[5]) und Zikhronoth erschienen nur noch die beiden ersten.
Aber schon vorher hatte Elia die Stadt Isny verlassen und war nach
Venedig, wo er seine Gattin gelassen, zurückgekehrt: „Jetzt will ich
der Knechtschaft Joch abwerfen, nicht will ich länger Sklave sein.
Zurück will ich in das Land Venetia, aus welchem ich ausgezogen,
will sterben in meiner Stadt mit meiner greisen Gattin und
keinen Schritt mehr von ihr wenden".[6]) Hier waren ihm noch einige
Jahre der Ruhe beschieden.[7]) Als 76jähriger Mann starb er in Venedig
am 28. Januar 1549.[8]) Von seinen gewiss zahlreichen Schülern ist
uns ausser Johann Eck[9]) noch Josef aus Padua bekannt, welcher

---

[1]) Daselbst הולכתים עכי גולה מעיר לעיר . . . עד שבאתי הנה לעיר המהוללה
וויניסיה בשנת פרס לפרט.

[2]) REJ XXVII. S. 42.

[3]) Brüll, Jahrbücher IV. 181 Anm.; Carmoly Rev. or. III 494.

[4]) Vorrede zum תשבי s. a. Freusdorff in Monatsschrift XII. 1863 S. 98
Anm. 3.

[5]) Thisbi הקדמה.

[6]) סיתורגכין Isnae 1541. Nachwort.

[7]) Seine Thätigkeit als Correktor und Enkomiast. Venedig 1525. 1529. 1532.
1538. 1545. 1546—48.

[8]) Grabinschrift bei Wolf. III. 98. Vgl. Soave in Geiger, Jüdische Zeitschr.
XI. 208.

[9]) REJ XX. 261.

1565 in Mantua ein grammatisches Werk verfasste.[1]) Von seinen Kindern ist uns nur der Name eines seiner Söhne Jehuda Lewi bekannt.[2]) Ein Sohn seiner Tochter spielt eine der verhängnisvollsten Rollen in der Geschichte des Judentums. Seine Nachkommen, welche sich Tedesco nannten, lebten in Rom noch Jahrhunderte hindurch in angesehener Stellung.[3])

Ein zweiter bedeutender jüdischer Lehrer des Aegidius Viterbiensis war der aus Afrika stammende hochgelehrte Magister Zematus, von dem sich auch Widmanstad in Rom in kabbalistische Lehren einführen liess.[4]) Derselbe ist kein anderer als der römische Rabbiner Mikhael b. Šabthai (Rom 1546 פסק), der in den Akten den Beinamen זמאטש (ומאטש), latinisiert Zematus, führt.[5]) Das diesem Namen von Widmanstad vorgesetzte M. könnte demnach auch in Mikhael aufgelöst werden.

Zu Elias Zeiten weilte in Rom ein Mann, der in Bologna, Jesi und Recanati (1517) an seinen Werken gearbeitet, welche er 1518 in Rom vollendete. Es ist Izhak Ha-khohen b. Hajim b. Abraham b. Izhak b. Josef Ha-khohen, von welchem ein Kommentar zum Hohenliede, zu den Klageliedern und zu den Sprüchen der Väter erhalten ist[6]), ein Estherkommentar erwähnt wird.[7]) Die überkommenen Fragmente seiner Predigten und eine Reihe didaktischer Verse[8]) weisen auf seine eigentliche Thätigkeit hin.

Ein besonderes literarisches Hervortreten der römischen Rabbiner ist in dieser Zeit nicht bemerkbar. Ausser Šemuel Zarfathi sind uns eigentlich nur Namen erhalten. Die Rabbinen des Jahres 1499 Šelo-

---

[1]) cod. Oxf. 1496. לוח אילן הדקדוק.

[2]) Berliner, Censur und Confiscation S. 5 Anm. 2.

[3]) Richard Simon, Bibl. Selectae Tomus I. 148 (bei Wolf I. 153), Bartolocci Bibliotheca I. sub Elia Levita.

[4]) Perles, Studien 186. 189.

[5]) Notariatsakten: 19. Adar Šeni 1539. An den römischen Buchhändler in campo Florae, Zena, (Perles, Studien p. 163) ist demnach nicht zu denken. Im Jahre 1555 wird unser Mikhael namentlich von R. Elia de Nola als Besitzer kabbalistischer Schriften gerühmt (Perles, Studien, p. 217). Ferner Izhak Zemat b. Hajim Siliano (27. Khislew 5303. 27. II. 1553; 24. I. 55; 23. VII. 64) und

Šemuel

Rafael	Geršon aus Anagni
15. XII. 77	12. VIII. 76: 20. IV. 78; 5. X. 84: 9. XII. 84.

[6]) cod. Almanzi 71 (Hebr. Bibl. IV. 122).

[7]) Bei Alkabez כנות הלוי s. Mortara מזכרת S. 15 Anm. 2.

[8]) cod. Almanzi 71.

moh de Treves Zarfathi und Immanuel Provenzali und der Gemeindesekretär Abraham degli Piatelli sind bereits erwähnt worden. Joseph
הגרי b. Abraham, Israel b. Jehiel Aškhenazi und Šabtai b. Mordkhai
approbieren im September 1518 die Editio princeps des Bahur. Von
dem ersteren ist auch ein undatierter hebräisch-italienischer Brief an
Aegidius erhalten, in welchem er neben vielem Unverständlichen auch
mitteilt, dass er „das Schicksal der Juden" mit angesehen habe — was
sich ebensogut auf die Austreibungen aus den Berberstaaten, worauf
der Name הגרי hinweist, als auf die Belagerung Roms im Jahre 1527
beziehen kann — und einen Elezaro erwähnt.[1]) Er scheint dem Rabbinate
nur ganz kurze Zeit angehört zu haben, da noch kurz vorher am
18. Tammuz 1518 die dritte Stelle im Kollegium der Arzt Rafael b.
Jekuthiel einnahm[2]) und schon im folgenden Jahre am 15. Šebat 1519
an seiner Stelle Mazliah b. Josef[3]) unterzeichnet. Seinen Genossen im
Rabbinate, Israel b. Jehiel Aškhenazi werden wir noch als Korrektor
der Talmudausgabe 1511—13 kennen lernen. Er scheint durch seine
grosse Talmudkenntnis seine beiden Kollegen im Amte übertroffen zu
haben, die seine Entscheidung nur durch ihre Unterschrift bekräftigen.[4])
In hohem Alter ist er nach Palästina ausgewandert.[5]) Eine Anzahl
römischer Talmudgelehrten lernen wir aus einem Gutachten kennen,
welches in Rom neben dem erwähnten dritten Mitgliede des Rabbinats
Šabtai b. Mordkhai noch Eliezer b. Abraham Aškhenazi, 'Obadja b.
Isaak und Šelomoh b. Josef unterzeichnen.[6]) Einer früheren Zeit gehört ein Gutachten über einen Bann an, den das römische Rabbinat
und einige Gemeinden der Marca, unter ihnen auch Macerata, zu
Gunsten zweier sonst unbekannter Männer Izhak und Simšon ausgesprochen.[7]) Haupt der Gemeinde ist damals 'Azriel b. Hajim Trabotto,
welcher wohl identisch mit dem Aussteller eines Schächterdiploms im
Jahre 5234 ist[8]) und nicht mit seinem in Macerata 5329 verstorbenen

---

[1]) Perles, Aram. Studien 201 f.
[2]) Mosè V. 192. שו"ת Jehiel Trabot No. 67.
[3]) Mosè V. 193. No. 102 שע"ת Jehiel Trabot.
[4]) שע"ת Jehiel Trabot. Mosè V. 191 No. 40.
[5]) שו"ת des Mošeh b. Abraham Khohen di Bologna. Mosè V. 266 No. 6. Falls
er mit dem R. Israel Aškhenazi (Archivio storico urbano in Campidoglio) identisch
ist, war er noch am 13. Dezember 1536 in Rom.
[6]) Mosè V. 192. No. 61.
[7]) Mosè V. 193. No. 108.
[8]) cod. Rossi 62.

Enkel 'Aṣriel b. Jehiel di Ascoli, dem Verfasser einer Reihe von talmudischen Gutachten, verwechselt werden darf.[1])

Die Reihe dieser Namen von denen keiner einen seine Zeit über-
dauernden Klang hat, lässt auf eine Zeit der Erschlaffung schliessen.
In der That ist in dieser Zeit kein selbstständiges grösseres literarisches
Produkt entstanden. David Rëubeni hat so den Namen eines Lehrers[2])
Elia b. Joab überliefert, welcher aber nur Name geblieben ist. Von
drei weiteren römischen Rabbinern, R. Pethahia Jare b. Barukh da
Pessinetto מפצינטי), dem Arzte Jehuda b. Šabtai degli Piatelli und
R. Joseph Ha-Lewi ist ein Gutachten aus dem Jahre 1535 erhalten.[3])

Die bedeutendste Erscheinung in Rom ist aber in dieser Zeit
unstreitig Jàkob Mantino (מנטינו)[4]) aus Tortosa. Unter den spanischen Exulanten war er als Kind nach Norditalien gekommen. In
Bologna studierte Jàkob Medizin. Eine Frucht seiner medizinischen
und philosophischen Studien war seine Übersetzung der Schrift des
Averroes de partibus et de generatione animalium, welche er Leo X.
widmete. Am Schlusse derselben sprach er die Absicht aus, seine
bereits vollendete Übersetzung der Erklärungen des Rabbi Lewi (b.
Geršon) auf dieselben Bücher demnächst erscheinen zu lassen.[5]) Noch
in demselben Jahre (1521) erschien in Rom zugleich mit diesem Werke
eine Übersetzung des grossen Kommentars desselben Autors auf das
dritte Buch de anima und eine ebensolche der Epitome Metaphysi-
corum. Die letztere, welche er Hercules Gonzaga gewidmet hatte,
erlebte bereits 1523 eine zweite Auflage.[6]) In Bologna treffen wir
Jàkob noch 1524.[7]) Es ist möglich, dass er dort noch den Druck
seiner lateinischen Übersetzung der Vorrede des Maimonides zum
Traktate Aboth 1526 abgewartet hat[8]), welche er seinem Schüler,

---

[1]) שם הגדולים, Wien 1864. p. 37b, No. 190. Genealogisches über die Trabotti siehe Mortara מזכרת S. 65. Anm. 2.; Steinschneider. Catalog Bodl. p. 2052.

[2]) Es ist aber möglich, dass המלמד Familienname war, z. B. Joab כלמד
1539 (7. Nissan. Archivio urbano storico in Campidoglio [1539—1542 Diversi
Scrittori]).

[3]) Mosè VI. 133.

[4]) שלשלת p. 65b. 1479 verkauft Abraham. Sohn des gelehrten Jàkob Mantin
ein Buch an En-Benvenest (REJ XXVII. S. 32).

[5]) Nicolai Antonii Hispalensis Bibliotheca Hispana Nova, Matriti 1783, I. 615 f.

[6]) Zunz. Jubelschrift 5 f., daselbst 102 hebr. קוליית ס׳

[7]) REJ VII. 284. Mantin scheint autorisiert gewesen zu sein, an der Universität Bologna medizinische Vorlesungen zu halten (REJ XXVII. 37).

[8]) Daselbst und Marini I. 368. Cinelli, Della Biblioteca Volante di Gio: Ci.
Calvoli Scanzia VIII. 57.

dem Conte Guido Rangoni widmete. 1529 treffen wir ihn vorübergehend in Verona.[1]) Von Bologna begab sich Mantin nach Venedig, nachdem der Rat der Zehn ihm am 23. Juni 1528 die Erlaubnis erteilt, dorthin zu kommen, und ihn vom Tragen des Judenhutes befreit hatte.[2]) Am 11. März 1529 bat der Bischof von Verona Gianmatteo Giberti durch Gasparo Contarini die Signoria, seinem Freunde, dem Magister Jákob Mantino, das Tragen des schwarzen Baretts zu gestatten. Jákob sei ein tüchtiger Arzt und ausgezeichneter Mensch (et homo molto excellente), der in seinem Auftrage hebräische Werke ins Lateinische übersetzt habe. Die Bitte wurde vom französischen (Bischof von Avranches) und englischen Gesandten (Protonotar Casale) unterstützt. Jákob sei erfahren in theoretischer und praktischer Medizin und habe grossartige Heilerfolge (de belissime cure) zu verzeichnen. Die Konzession wurde ihm für vier Monate mit 10 gegen 7 Stimmen erteilt. Am 1. April wurde ihm eine neue Erlaubnis für den Mai gegeben.[3]) Von seinen Streitigkeiten mit Elia b. Menahem Halfon, welche Selomoh Molkho im Oktober 1530 beizulegen suchte, ist schon oben die Rede gewesen. Der Hass gegen Selomoh führte Mantino nach Rom, wo er die schon geschilderte Rolle gegen den abenteuernden Marranen spielte. Er scheint dann in Rom geblieben zu sein, wo er seine grossen Übersetzungen fortsetzte und eine ausgebreitete ärztliche Thätigkeit ausübte. Der neugewählte Papst Paul III. machte ihn zu seinem Leibarzt. In dieser Stellung fuhr er in seinen wissenschaftlichen Studien fort und stand nebenbei im Mittelpunkt der Freunde kabbalistischer Philosophie in Rom. Widmanstad[4]) verkehrte während seines römischen Aufenthaltes (1533 bis 1543) mit ihm.[5]) Der Täufling Franciscus Parnas (Ješája b. Eli'ezer Parnas) schrieb 1537 Teile aus dem Zoharexemplare des Leibarztes für Widmanstad ab.[6]) Im Jahre 1539 widmete Mantino Paul III. (patri beatissimo) eine Übersetzung von Averroes' Paraphrase der Platonischen Republik. In der Widmung dieser Übertragung führte er aus, dass der schönste und älteste Namen für einen Fürsten „Hirt" sei. Auch der Name

---

[1]) REJ XXVII. 43.
[2]) Das. 228.
[3]) Rawdon Brown, Calendar of state papers etc. IV. No. 430, 434, 436; seit 1496 mussten die Juden in Venedig die gelbe Kappe tragen.
[4]) Sitzungsberichte der Akademie der Wissenschaften in München (Phil.-hist. Kl.) 1875. II. 170—177.
[5]) Perles, Studien, 161.
[6]) cod. München 285. 217. Sitzungsberichte 1875 II. 173. 176.

von Pauls Geschlecht (Farnese) deute darauf hin, da Pharnes im Etruskischen und Hebräischen die Bezeichnung für „Herr und Hirt" sei.[1])
Er empfiehlt dann sich und seine Studien, welche sich auf die Erklärung der heiligen Schrift und das Gebiet der Medizin erstreckten,
dem päpstlichen Wohlwollen. In der That rief er durch diese Widmung das Wohlgefallen des heiligen Vaters in dem Masse wach,
dass er ihn noch in demselben Jahre zum Lehrer der praktischen
Medizin an der römischen Universität (Sapienza di Roma) ernannte.[2])
Wie lange Giacomo Ebreo (Jacomo, Jacopo, Giacobbe giudeo) ihrem
Lehrkörper angehört hat, ist unbekannt. In dem Register der Universitätslehrer vom Jahre 1539 wird er als Professor der praktischen
Medizin, welcher seine Vorlesungen am Nachmittag hält, erwähnt, in
dem vom Jahre 1542 findet sich sein Name nicht.[3]) Des Papstes
Gunst hat er sich bis zu dessen Ende zu erfreuen gehabt.[4]) Trotz
seiner hohen gesellschaftlichen Stellung ist er während seines römischen
Aufenthaltes in innigem Zusammenhange mit seinen jüdischen Glaubensbrüdern geblieben.[5]) Nach Amatus Lusitanus hat er sein Leben im
Orient beendet. Mantino war von Amatus 1544 nach Venedig gerufen worden, damit er seine begonnene Avicennaübersetzung[6]) dort
vollende. Noch im Jahre 1546 liess er sich die Erlaubnis, das schwarze
Barett zu tragen, vom Rat der Zehn auf weitere zwei Jahre verlängern.[7]) Ein venetianischer Patrizier, welcher als Geschäftsträger
seiner Republik nach Damask reiste, bewog ihn, die Reise mit ihm
zu unternehmen, ein Vorhaben, von dem ihm auch sein Freund, der
Gesandte Karls V. in Venedig, Didacus Mendozius (Hurtado de Mendoca) nicht abraten konnte.[8]) Von seinen in Rom angefertigten Über-

---

[1]) Pharnes Hetruscorum lingua, quae meo judicio Assyrica esset, et ut Patria
Hebraeis recepta, Pastorem atque Gubernatorem significat. (Tom. III operum
Aristotelis Stagiritae, Venetiis 1560 p. 490.

[2]) Marini I. 368; Renazzi, Storia dell' Università degli studi di Roma, Roma
1805. II. 110.; J. J. Mangeti Bibliotheca Medica l. M. p. 257; Vessillo 1886. 317.

[3]) Renazzi l. l. II. 246: Vespere: M. Jacob Haebreus., vgl. J. Caraffa, De
gymnasia romano (Rom 1781) p. 354.

[4]) De Pomis, De Medico hebraeo p. 70; Jew. Liter. S. 207.

[5]) Am 8. Januar 1536 unterzeichnet er ein Aktenstück der Gemeinde (REJ.
XXVII. 209, 234).

[6]) Commentaria in quartum Fen. libri primi Avicennae, vgl. REJ XXVII. 212.

[7]) Das. 213 und 232.

[8]) Amati Lusitani Doctoris Medici praestantissimi curiationum medicinalium
centuriae septem. Burdigalae 1620, I. 3; siehe auch Nicolai Antonii Hispalensis
Bibliotheca Hispana Nova, Matriti 1783, I. 615 f.

setzungen aus dem Hebräischen ins Lateinische ist besonders seine
Anteilnahme an der von Justiniani, dem Bischof von Korsika, allerdings wohl nur edierten lateinischen Übersetzung des Moreh Nebukhim
des Maimonides hervorzuheben.[1]) In seinen Werken zeigt er ausser
der Kenntnis der lateinischen, italienischen und hebräischen Sprache
besonders ausgedehnte Bekanntschaft mit dem Arabischen. Dafür
dass Jakobs Familie in Rom geblieben, spricht der Umstand, dass
seine Söhne Ḥananel [2]) und Šemuel b. Jakob מנטין in Rom in geachteter Stellung lebten. Šemuel, ein tüchtiger Arzt, hat sich besonders durch die Herstellung eines korrekten Textes der 1547 in
Venedig besorgten Ausgabe von Izhak 'Aramas עקידת יצחק verdient
gemacht.[3]) Ob der 1554 in Bagni di Capranica vorkommende Graziadio
(Hananel?) Mantini [4]) sein Sohn ist, lässt sich zur Zeit nicht nachweisen.

Während Mantinos Aufenthalt in Rom waltete daselbst R. Abraham
b. Ahron de Scazzocchio (מסקאצוקייה) seines Amtes als Rabbiner.
Bereits vom 8. Juli 1536 besitzen wir seine Unterschrift in Prozessakten der Gemeinde neben der des Gemeindesekretärs Jehuda b. Šabtai
(wohl der bereits erwähnte Arzt). In den Akten treffen wir ihn dann
am 29. August desselben Jahres und am 1. Marḥešwan 1538 [5]) wieder.
Auch Šelomoh Athias nennt unter den Gelehrten, welche er in Rom
getroffen, R. Abraham דישקסאוקיאו.[6]) Er muss im Besitze einer
grösseren Büchersammlung gewesen sein, aus welcher Widmanstad in
Rom mehreres ankaufte. Derselbe liess auch aus einer Zoharhand-

---

[1]) Steinschneider, Catalog Bodl. 1235, Hebr. Bibl. XV. 86; zu ergänzen durch
dessen Hebr. Übersetzungen 145, 438, 673, 685, 976 f. Die aristotelische Poetik
in der Paraphrase des Averroes ist jüngst in der lateinischen Übersetzung des
Jakob Mantino von Fr. Heidenhain (Supplementband XVII. 2 der Jahrbücher für
klass. Philologie 1890 S. 351—382 nach dem Text der Juntina von 1562) veröffentlicht worden.

[2]) In den Akten: 23. Januar 1555.

[3]) REJ XXVII S. 216. Kaufmanns Ansicht daselbst, dass der Besitzer von
Ms. Eb. 399 Dresden: Samuel Mantin, Jakobs Sohn sei, ist mindestens unbeweisbar. Die Nachschrift Blatt 63 (fälschl. bez. 64): אני (?) שבואל מנטין קנין כספי
בירושלים תוב"ב id est: Ego Samuel Mantin emi hunc librū Hierosolymis. In den
Gemeindeakten z. B. 15. Oktbr. und 29. Oktbr. 1562 בפני המשכיל ונבון מעולה
כמ"ר שמאל אביר הרופאים בן הנאון חכם הכולל כמהר"ר יעקב מנטין זצ"ל.

[4]) Marini I. 368.

[5]) Archivio Urbano Storico in Campidoglio 1536 (Diversi Scrittori).

[6]) Psalmenkommentar Venedig 1549. Sein Stemma nach den Akten:

schrift des „Abrahamus Grattiochi“ Stücke abschreiben.[1]) Später finden wir ein Gutachten von ihm in dem im Oktober 1546 zu Rom gedruckten פסק. Das römische Rabbinat, an seiner Spitze Izhak b. Immanuel de Lattes, hob in demselben das Urteil auf, welches der Rabbiner von Ancona, Izhak Leon ibn Zur b. Eliezer Sefardi, (vom 11. April 1546) und der Rabbiner von Recanati, Jåkob Israel Finzi b. Rafael in einem Prozesse des Ašer b. Šelomoh aus Monte de Lulo (דלולו) mit dem Rabbiner Jåkob Catalano in Macerata gefällt hatten. Noch im Jahre 1554 leitete er mit Šelomoh b. Šemåja טרינו[2]) das römische Rabbinat und vier Jahre später wird ein Schreiben an ihn gerichtet.[3]) Am 4. Februar 1563 war Abraham noch am Leben.

Aus den in dieser Zeit beginnenden Prozessakten der Gemeinde (im Archivio Urbano Storico in Campidoglio) lässt sich eine grössere Anzahl von Namen jüdischer Gelehrten entnehmen. Unter ihnen findet sich R. Jehuda b. Šabtai[4]) (8. Juli, 21. September 1536, 1. August 1541, 1. November 1543), die drei Richter R. Barukh b. Joab, der Arzt זרחין b. Mathithia מטיאלי und der Stadtschreiber Izhak b. Jehuda b. Šabtai (20. Thammuz 1538, der letztere auch Januar 1541, 10. August 1541, 18. Marhešwan 1542), ferner der „erhabene“ R. Izhak b. Šelomoh de Cori (5. Adar II. 1539, 11. Januar 1542), dann zwei Rabbiner, nämlich (13. Adar II. 1539) der „berühmte alte Rabbi“ David Falkon

---

Ahron
|
Abraham
8. VIII. 53; 10 u. 26. IV. 54, 27. VIII 62. 4. II. 63.
|
Ahron Romano
10. I. 84, 10. V. 85

Elia	Šemuel	Šelomoh
19. VI. 84	1. X. 85	28. XI. 1599
		24. XII. 1600; 29. I. 1603
		5. I. 1605

Spätere Scazzocchio s. bei Berliner in קבץ על יד 1893 S. 8 ff.

[1]) Steinschneider in Sitzungsberichte der Akademie der Wissenschaften zu München (phil.-hist. Cl.) 1875. II. 176. (Ob derselbe?)

[2]) Sein Vater Šemåja b. Šelomoh טרינו in den Akten 1536. Šelomoh in den Akten noch 23. Khislew 1542 (קבץ על יד 1893 S. 4); 15. X. 53; 22. IV., 12. VIII. 54; 2. u. 6. VIII, 23. X. 62. Jåkob Trego 18. XII. 1553.

[3]) REJ X. 80.

[4]) Er ist wohl mit dem oben genannten Arzte Jehuda b. Šabtai degli Piatelli (Mosè VI. 133) identisch. Sein Sohn ist der סופר מתא Izhak b. Jehuda, welcher 1530 Rabbiner der Stadt ist (Josef Khohen דברי הימים p. 93ª).

(פלקון) und Šabtai b. Joab Calabrese (מ]ל[קלוזריסי), weiterhin R. Jehuda b. Mikhael (19. Adar II. 1539), der gelehrte alte Josef Khohen Fogliese פולייסי (3. Tammuz 1539), der angesehene greise R. Jakob Piperno (9. Nisan 1540), R. Rafael Stichi שטיכי (14. Siwan 1541), Šelomoh b. Hajïm Gatigno (גאטינו‎ 24. Šebat 1542), Benjamin b. Meïr de Maregni (24. Šebat 1542), R. Izhak Rafael מלמד (25. November 1542. 1538)[1]) und der „gelehrte weise" R. Barukh b. Joab (28. November 1542). — Die Rabbiner im Jahre 1540 sind: Izhak b. Šelomoh מיגורו (de Cori), Šabtai b. Joab und Selomoh b. David Corcos. Am 1. November 1543 unterzeichnen als Rabbiner der römischen Gemeinde (משרת ק"ק רומה): Mošeh b. Mordkhai de Arignano (Akten 1536), Mošeh b. Rëuben 'Abdon und Elia b. Šelomoh Corcos[2]) (Akten 1536). Im Jahre 1546 finden wir in dem פסק neben den genannten Abraham b. Ahron, Izhak b. Immanuel de Lattes, Šelomoh b. Šemája טריגו, Mikhael b. Šabtai und Jehuda b. Šabtai noch Abraham b. Izhak Zarfathi, den Arzt Barukh Hazak b. Jehuda und Benjamin b. Joseph de Arignano erwähnt. Zu ihnen kommt noch der mit Šelomoh טריגו von Šelomoh 'Athias als römischer Gelehrter gerühmte Abraham degli Piatelli.[3]) Am 16. März 1550 gehörten Mikhael b. Izhak und Josef b. 'Obadja de Rignano zum Rabbinat. Der letztere kommt in den Akten am 21. Mai 1553 mit der Bezeichnung „der Greis" vor. Nur die wenigsten von ihnen haben eine literarische Bedeutung erlangt. Es sind dies Izhak b. Immanuel de Lattes und Benjamin b. Joseph de Arignano.

Izhak Jošuâ b. Immanuel[4]), der Enkel des grossen Bonetto, ist der Leiter der römischen Druckerei im Jahre 1546. In den neben manchen anderen in seiner Offizin erschienenen Gutachten des R. Nissim Gerondi druckte er einen seiner Rechtsentscheide mit ab.[5]) Ein besonderes Verdienst hat er sich durch seine Bemühungen um die Drucklegung des Zohar erworben. Seine Entscheidung vom 1. Jjar 5318 ist nicht nur in der ersten Zoharausgabe (Mantua 1560), sondern

---

[1]) Mitglied der Familie Rafael (Barafel), von denen in den Akten z. B. noch: R. Joab Rafael b. Benjamin de Monsanto (מהר קדש) (1. Tammuz 1539) 1550 פרנ; R. Mazliah b. Joab Rafael (9. Marhešwan 1540); R. Mošeh Rafael (1539).

[2]) Magazin I. 80. Noch am 8. November 1552 finden wir ihre drei Unterschriften zusammen in den Akten, Mošeh 'Abdon noch am 22. Mai 1553.

[3]) Athias. Psalmenkommentar, Venedig 1549: Gelehrtenverzeichnis.

[4]) ש"ות p. 120. 144. 146. siehe Mortara מוכרת p. 32.

[5]) ש"ות des R. Nissim Gerondi (Rom 1546) p. 10—16. לשון יצחק דלאבמאש אחד מכותבי המדפיסים.

auch in einer grösseren Anzahl späterer Editionen mit erschienen.[1])
Ausser einem Kommentar zum בחינת עולם [2]) verfasste er eine grössere
Gutachtensammlung, welche erst in jüngster Zeit durch den Druck
Verbreitung fand.[3]) In seiner Geburtsstadt Rom entstanden drei dieser
Gutachten in den Jahren 1543 und 1544 [4]) und das schon erwähnte
von 1546. 1536 treffen wir Izḥak wegen des Zohardruckes [5]) in Mantua.
Hier hat er wohl auch die beiden einleitenden Gedichtchen zu der
Ferraraedition (1537) des מערכת האלהות verfasst.[6]) Von dort musste
er mit Zurücklassung seiner Bücher nach Bologna fliehen. Auch hier
verweilte er nur kurze Zeit, da ihn eine Familienstreitigkeit nach
Avignon rief, von wo er im Tebeth 1558 ein Schreiben an seinen
Freund, den römischen Rabbiner Abraham b. Ahron de Scazzocchio
richtete.[7]) Auf seiner Reise gab er in פיארו 5318 ein Gutachten ab.[8])
Bereits im folgenden Jahre war er wieder in Bologna mit der Absicht, hier eine Talmudschule zu gründen. Während seines dortigen
Aufenthalts verlobte er seine Tochter Dolcetta mit Laudadio di Siena.[9])
Izḥak war dann noch in Ancona [10]) und in Cesena 1563 (צילינה ?),[11])
von wo ihn 1567 eine Berufung als Lehrer der Söhne des Izḥak
Abravanel nach Ferrara rief. Dort verfasste er auch den letzten von
ihm erhaltenen Rechtsbescheid am 11. Khislew (5329) 1568.[12]) Er
wird wohl auch nicht viel länger gelebt haben.

Izḥaks Genosse bei dem römischen Druckunternehmen (1546) war
der bereits als Unterzeichner des פסק von 1546 genannte Benjamin
b. Josef d'Arignano (Rignano, Prov. di Roma). Er war einer von den
Lehrern Widmanstads in Rom, den er in die mosaischen Gesetze und

---

[1]) In der Ed. Cremona z. B. nicht. Siehe auch Wolf III. N. 1222 S. 586.
Jew. Lit. p. 227.

[2]) cod. Wien LXXXIV; Orient 1847. 818 f.

[3]) Ed. Friedländer, Wien 1860; Ozar Nechmad II. 60. cod. Wien LV. codd.
Halberstamm 9. 228.

[4]) ש"ית p. 23 ohne Datum, p. 56. 15. März 1543, p. 87. 24. Adar II. 5304.

[5]) ש"ות p. 140 f.

[6]) Er unterzeichnet sie חזק מלטאש יצחק

[7]) REJ X. 80. Daselbst ist 1568 ein Fehler.

[8]) ש"ית p. 125. Ob = פיארו ?

[9]) REJ X. 80. Daselbst für דוכצישא lies דולציסא !

[10]) REJ X. 81.

[11]) Cod. Oxf. 2317. Siehe Steinschneider in Magazin 17. 231.

[12]) ש"ית p. 156 (Ferrara 22. Ijar 5327), p. 151 (daselbst 6. August 5327), p.
144 (daselbst 28. Marcheśwan 5329, p. 146 (das. 11. Khislew 5329), p. 120: (13. Ijar.
שכ"ב ist wohl in שכ"ח zu ändern).

das Verständnis des babylonischen Talmuds mit Rašis Erklärungen ein-
führte.[1]) Für seine von Cornel Adelkind und R. Elia de Nola gerühmte grosse Bibliothek[2]) liess er einen Zohar abschreiben, dessen
Kopie im September 1532 beendet wurde.[3]) Im Jahre 1541 vermittelte
er einen Handschriftenverkauf.[4]) am 23. Khislew 1542 wird er in den
Akten genannt.[5])

Merkwürdig für das Ende dieser Periode ist das erste Hervortreten der kastilianischen Familie der Corcos, welcher die römische
Gemeinde während eines Zeitraums von beinahe zwei Jahrhunderten
ihre Lehrer, Meister und Rabbiner zu verdanken hat. Um das Jahr
1300 tritt der erste Träger dieses Namens auf. Um 1412 treffen wir
einen Corcos in Monzin. Nach Rom kamen nach der Austreibung aus
Spanien David und dessen Sohn Šelomoh, welche durch ihren Reichtum wie durch ihre hohe Bildung bald eine dominierende Stellung in
der Gemeinde einnahmen. Šelomoh wurde zum Rabbiner der Gemeinde
gewählt. Als solchen treffen wir ihn in den Akten am 11. Mai 1536, dann
(als משרת דק״ק רומא) 1540 und 1542 (8. Khislew).[6]) Immanuel Aboab
spricht von der Achtung und dem grossen Einflusse der Familie Corcos.[7])

Es bleibt noch übrig, auf zwei jüdische Gelehrte hinzuweisen,
welche in der Stadt nur kurze Zeit geweilt: Der Spanier Don Josef
Aben Jehaja war bereits im Jahre 1532 Lehrer im Hause des Don
Šemuel Abravanel in Neapel. Im höchsten Greisenalter musste er im
Jahre 1541 auf das gegen die Juden erlassene Ausweisungsdekret hin
das ihm zur zweiten Heimat gewordene Neapel verlassen. Er wählte
Rom zu seinem Aufenthaltsorte im Exil. Er ist der bekannte Verfasser eines Kommentars auf den Pentateuch und die fünf Megilloth
sowie talmudischer Erklärungen. Er hat die Stadt wohl nicht mehr
verlassen.[8]) — Etwa drei Jahre weilte in Rom auch Mordkhai Rafael

---

[1]) Perles, Studien 189.
   biniamin de iosef de arimiano, Perles, Studien 209. 218.
   Berliner, Magazin VII. 115, cod. Mailand 100.
[4]) Ms. Prop. Fide No. 26 (jetzt im Vatikan). Dort heisst er ר' בנימין בן כר
   יוסף די אריניאנו (Berliner II. 1 S. 127).
[5]) קבץ על יד 1893 S. 4.
[6]) Stemma der Familie Corcos siehe Seite 106 f.
[7]) Nomologia 5389 p. 306: En Roma fueron estimadissimos, y prevalecieron
mucho los señores Corcoces nuestros Castellanos.
[8]) Landauer in Orient 1845. 323 nach einer Notiz Widmanstads. Auch bei
Perles, Studien, heisst es am Ende Don Joseph Romae exitii (wie Perles oder
exilii wie Landauer) sui locum elegit? Ist David b. Josef Jehaja (REJ XVI 37. 46,
XX. 39) mit ihm zusammenzubringen?

b. Jakob b. Abraham b. Maimon b. Abraham Rosello (רושילו) und
רושלה) oder Ruscelli, der Verfasser einer Schrift über die zehn
Sefiroth (שערי חיים). [1]) Er war zu Barcelona geboren, kam dann
auf seinen Wanderungen nach Neapel, 1541 nach Avignon und
schliesslich nach Rom. Hier treffen wir ihn bereits im Jahre 1548.
In Rom vollendet er in diesem Jahre das erwähnte Werk. [2]) Er lässt
sich von demselben in Rom von Jošuá b. Elia Ḥakhim eine Abschrift
(mit einem Epigramm) machen, welche dieser im Dezember 1530
vollendet. [3]) Von demselben Schreiber lässt er auch im Jahre 5311
הקוני הזוהר על מלה בראשית abschreiben. [4]) Er war auch hier mit
Benjamin b. Josef d'Arignano Zeuge eines Handschriftenverkaufs des
Mordkhai b. Jakob an Elia Corcos. [5]) Am 1. Siwan des Jahres 1550
war er in Ferrara. [6]) Von da an verliert sich sein Name. Jakob
Rosello, der noch am 4. Dezember 1558 in eine Untersuchung wegen
seiner Bücher verwickelt war, ist sein Vater. [7])

Über die literarischen Leistungen der römischen Juden in italienischer Sprache in diesem Zeitabschnitte sind wir sehr mangelhaft
unterrichtet. Da man italienisch sprach und dachte, ist es selbstverständlich, dass man auch in dieser Sprache dichtete und schrieb.
Auf einen regen brieflichen Verkehr in der Landessprache muss man
schon wegen der engen Verbindung christlicher und jüdischer Gelehrten in dieser Zeit und wegen des kommerziellen Verkehrs schliessen.

---

[1]) cod. Oxf. 1653 (Oppenheim 914).

[2]) cod. Flor. Plut. II. 38. Ješurun VI. 95.

[3]) cod. München 49. 1.

[4]) cod. Bresl. Sem. 109. Nachschrift: ותבל מלאכת עבודת הקדש היום יום ג'ראש
חדש(?)שנת י"ש'א' ברכה וכ"ט פה רומה רבתא ע'י צעיר הסופרים יוסף בן לא"א ר'
אליהו חכים זלה"ה וכתבתיהו אל מעלת הזוהר השלם מרדכי רפאל בן הנשא
הנעלה זקן ונשוא פנים ר' יעקב רושילו י"ץ השם ית' יזכהו להגות בו הוא וזרעו
וזרע זרעו עד סוף כל הדורות אמן.

[5]) Ms. 2 der Pia Casa dei Neofiti in Rom. Sacerdote S. 160.

[6]) cod. Vatic. 210. Siehe noch Hebr. Bibl. XIV. 86. REJ X. 94. XI. 153.
Zunz, Nachtrag 49.

[7]) Berliner II. 2. S. 10. Seine Verwandten nach den Akten:

Abraham
|
Jakob
29. X. 1542, 11. X. 62.

Mordkhai Rafael	Barukh
27. I. 51, 9. Khislew 48	15. X. 76
28. XII. 52, 10. VI, 16. VIII. 54.	19. II. 77

Ferner Šabtai b. Jedidia ז"ל 20. II. 78.

Ein schwacher Rest desselben ist der in mangelhaftem Italienisch ge-
schriebene Brief des Josef הגרי. Allerdings muss man gerade bei ihm
bedenken, dass Josef nicht geborener Italiener war, sondern aus den
Berberstaaten stammte. Ein schönes Gedicht „die Hochzeit der Luna“
von David Guido (1499) und eine grössere Satire von Santi Pagliero
(1527), einem fleissigen Mitarbeiter Pasquinos, sind in neuerer Zeit
römischen Juden zugeschrieben worden.[1]) Neben Rietis erwähnten
Werken sind es aber vor allem Leone Ebreos Dialoghi und die Werke
des Scrittore accademico Leone dei Sommi[2]), welche den hervorragenden Anteil der Juden an der italienischen Literatur in dieser
Zeit zeigen. Letzterer hat möglicherweise eine kurze Zeit in Rom
geweilt.

---

[1]) Von Ettore Natali 71. Die Satire soll sich in Lanucci 98 finden. Ich
habe bei beiden nicht den Zusammenhang mit der römischen Gemeinde nachweisen und das erwähnte Buch nicht auftreiben können. Crescimbeni kennt
beide nicht!

[2]) Über Leone s. Alessandro d'Ancona, Origini del teatro in Italia II. 401—427.
[Er kann nicht 10. Mai 1590 gestorben sein (p. 410), da der Dichter Manfredi noch
am 18. November 1591 an ihn schreibt.] Vessillo 1883 373—377; REJ XXIII.
78 ff. Über seine hebräischen Dichtungen: Letterbode X. 113 ff. nach cod. Oxf.
2251 [siehe die dortigen Citate]; cod. Oxf. 2220. 2. fol. 92—108 [Jehuda סומי
= de Sommi] und Hebr. Bibl. VI. 48. Anm. 1; Zunz כרם חמד V. 154 f. Cat. Bodl.
p. 1210. Wolf I. No. 763. p. 451; cod. Rossi 1227 hat er am 3. Mai 1538 für
seinen Lehrer David b. Abraham Provincialis abgeschrieben. Seine italienischen
Schriften in cod. Rossi. ital. 31. Turin cod. ital. LXVIII.

Mutmassliches Stemma der Familie de Lattes.
(Lattes bei Montpellier.)

מלטיש Gedalia 52b. מלאטש Conforte 37a, לבית למאש לבית Saare Zion. דלטש RGA Selomoh b. Adereth. מלאטים in דבר שמואל 138. לאטיש Azulai II. 68. דילאטש cod. Oxf. 1298, דילטים cod. Oxf. 1998. 1. מבית לאמאש cod. Oxf. 2133. 5, דילאמאש cod. Oxf. 2142. 34, לאמאש cod. Oxf. 2317. לטים u. דלאטש Wolf III. 842. 1221 f.

Jehuda (Béziers)

Izhak (Carcassonne) — Mošeh — Jakob

Elia[1] — Mešullam c. 1210[2] — Jehuda c. 1200[3]

Izhak Jákob — Tochter

Jehuda[4] — 'Immanuel

Izhak 1293, 1304[5] — Eliézer c. 1282 Jošuá[6] — Izhak

Jehuda c. 1320 — 'Immanuel (Tarascon) — Jákob st. 1348

Abba Mari — Izhak 1372[8] Abraham 1390[9a]

Jean Vidas[7] — Israel 1435 (Rev. hist. XIV. 43)

Leon Davin 1406—28 (Aubagne) — Vides (Carpentras) 1485[9a]

Sohn Bonnet[9] Astrug (Ms. Netter 24?)

'Immanuel — Mosse, Bonetus, Astrug, Davin, Fosseta, Duranda, Regina

Jákob st. c. 1514

Immanuel 1515—1527[10] Abraham Abigdor Ahron

Izhak[11] Elia[12] Šemuel[13] Mošeh[14] Jákob[15] David[16] Josef[17] Šemuel[18] Manoah[19] Šemuel[20]
1545—66 1554 1570 1569 1575 1546 1550 27.XII.1570 1571 10. I. 74; 27. V. 76.

Mošeh[21] Menahem[22] Selomoh[23] Immanuel[24] Mordkhai[25] Menahem[26] Jošuá
1585 1581 1584 1.IV.84. 30.I.1585 19.IX.85;
23.VIII. 17.I. 31.V. 20.I.1600 26.I.86.

Izhak[27] Menahem[28] Josef[29]
1629 1615 1620

Rafael de L. 1670 Rabbiner in Rom
Elia Arone 1806—1820[30]

Salomone Lattes
etc.

Die französische Linie[31] setzt sich fort in:
1522—1532 Bonet.	1540 Cresques.	1565—1570 Bonjues.
1527 Arzt Immanuel in Avignon.	1540—1546 Jossé (Jessé).	1570. 1571 Mossé (Mossé-chon).
1532 Bonjoret.	1546 Mossé.	1565 Hoirs de Vides.
1522—1532 {David,Davin, 1540—1546 { Davym.	1546—1565 Venture.	1571 Izhak Lyon.
	1565 Astruc de Valréas.	1570—1589 David(Davym).
	1565 Benvengude.	

578 Vital b. Izḥak in Avignon.[86]
1580—1589 Astruc.
1580—1615 Salamiel Monnier.
1583 Josef in Cavaillon.[81]

1583 Mošeh b. Jákob[84]
1600—1602 Vides (Vivas).
1615 Benvengude, Witwe des Salamiel M.
1625 Izḥak zu Šimon.[35]

1696—1679 Šemuel.
1747 Jasséda de Lattes[84] in Carpentras.
1754 Elie.
1754 Šemuel.

Der Zeit nach unbestimmt sind folgende Glieder der Familie:

Israel ben Izḥak (cod. Paris. 980), Imanuel לבית לאמאש Besitzer des Ms. Monte Cassino V. 10 (Monatsschrift XXXVII. 518).

Israel Izḥak (cod. Oxf. 81). Ahron (cod. Oxf. 225).

Mošeh דילמים Arzt (cod. Oxf. 1998. 1).

---

[1] לבנון IV. 152 (s. שערי ציון S. 41).

[2] Verf. des ס' ההשלמה.

[3] Verf. des ס' האסופות (s. שערי ציון S. 42); Renan., Rabbins II. 515, Gross in Monatsschrift 1869. 536.

[4] Gleich Vivas de Lattes.

[5] Ysac filius quondam Vivas de Latis et Flors ejus uxor in Montpellier (REJ XXII. 265. 273. 276. 277); שו"ת רשב"א No. 1219 (Zunz, Ges. Schr. III. 149): Minhath Kenaôth S. 32. 88. 96; Renan Rabbins 664, 671, 697.

[6] Zunz, Z. Gesch. 470, Hebr. Bibl. VIII. 76. שערי ציון S. 45 f.

[7] REJ VII. 294. Hinzuzufügen: Lionet 1331 u. Izḥak 1447 (REJ IX 237. 240).

[8] Das. S. 48. Verfasser des ספר קרית ספר. Dass. in cod. Oxf. 1298. Dessen מאמר בבקיד in cod. Oxf. 2142. 34, cf. Orient 1851 p. 94 Anm. 11; cod. Oxf. 2133. 5.

[8a] Ztschr. שערי ציון IV. 99.

[9] 1429 Vidas Bonet d'Aix in RQII. 51 S. 398 ist wohl derselbe.

[9a] Steph. Bertrandi Cons. II. 35 f. Regina heiratete Bonetus de latis.

[10] In päpstl. Diensten 1515.

[11]—[16] In Rom.

[11] Er ist wohl der auf der Medaille (Monatsschrift 38 S. 239 f.) dargestellte Elia Delatas Ebreo 1552.

[13] 28. II.; 15. X., 7. XII. 70.

[14] 19. IX. 69; 16. VIII. 73; 21. II. 74.

[15] 16. VIII. 75; 5. II. 78; Fattore.

[16] Cod. Med. Plut. I. 17? ד' ב' אב' דיל דלמה.

[17]—[19] In Rom (Akten). Zu Letzterem s. Mosé V. 232.

[20]—[26] In Rom (Akten).

[17] In Chieri. cod. Oxf. 212, Hebr. Bibl. VIII. 70 f., Cat. Bodl. 2802.

[18] Berliner II. 2 S. 57.

[19] Das. S. 192.

[20] cod. Halberstamm 230 u. 374.

[21] REJ XII. 197 ff. Les Juifs de Carpentras.

[22] Das. X. 82.

[23] Das. X. 83.

[24] Das. X. 81.

[25] Bulletin hist. et arch. de Vaucluse 1879 S. 65.

[26] REJ, XXVII. 268

Mutmassliches Stemma der Familie Corcos (קורקוס).

Vgl. Hebr. Bibl. XI. 71 f.
Soave in Corriere israelitico 1876. S. 82.
Berliner, Aus schweren Zeiten 8 ff.; Gesch. II, 2. S. 195 f.
Notariatsakten.
קורקוס im Familienregister des עמ"י (in שע"ת des Abraham
קורקוס 54b, Pisa 1812).

Abraham

Šelomoh Corcos[1] 1331
Jomtob קורקוס[2] 1412
Šelomoh Corcos[3] c. 1415
Izhak Corcos?[4] 1448
Symuel Corcos[5] 1481
David
Šelomoh[6]

Jošua[4]
Šelomoh[13]
Izhak[19]
Jošua[28] Šelomoh[29] Jakob[29]

Efraim[9]
Šelomoh[18]
Šelomoh[29]
Josef[30] Šelomoh[31]
Jehuda[24]
Efraim[31]

Elia[7]
Izhak[10]
Elia[16]
Mošeh[11]
Šelomoh[17]
Eliezer[33] Izhak[36] David[37]
Josef[44]
Izhak[44]

Semuel[10]
Eliezer[22] Abraham[91]
Semuel[22] Šelomoh[23]

Mošeh[21]
Hizkia Manoah[20] 1616

Selomoh
Methithia Manoah

Šelomoh
Šelomoh Rafael Izhak[1686]
Izhak 1686
Abraham Rafael † 27. Elul 1708
Benjamin

Tochter verheiratet mit Izhak C, dessen Bruder wahrsch. Rafael † 1692
Izhak Josef
Hizkia Manoah, Semuel
Hizkia Manoah Hajim[37]

Manoah
Izhak

Manoah David geb. 1720
Šemtob Hajim 1722. 1729
Manoah Hajim 1727

Šelomoh Rafael 1722. 1726
Selomoh Rafael 1722. 1726
Flaminis, Deborah, Izhak Semuel Hajim, Benjamin
Hizkia Manoah, Selomoh Rafael Matitia 1716
Hizkia Manoah, Selomoh Rafael Samuel

Ferner

Elia C. 14. I. 1576, 17. II. 1583.

Šelomoh 26. VIII. 1573; Fattore 24. IX. 1584, 17. I, 16. V. 1585.

Izhak 1. XII. 1577.

Josef in Jerusalem 1575, שלשלת הקבלה 51ᵃ; wohl der Verf. der חדושי סופרים im 2. Teil der שו״ת חיים שאל לחיד״א.

Elia: 17. II. 1583, Arzt in Rom, Schwager des ʿAzaël de Pomis; von ihm eine rabb. Entscheidung vom 28. VI. 1578. Ist er der Elia Corcos in Arch. st. art. arch. (Gori) IV. 1880 S. 16?

Dona, Tochter des Šelomoh C. c. 1585. (Ihr widmete Lazaro da Viterbo seine Übersetzung des מעון השואלים).

Izhak b. Šelomoh 26. IV. 1605.

Mošeh 1606 ed. מאה ברכות Venedig.

Rafael c. 1620 Rabb. in Padua (פחד יצחק des Cantarini 10b).

Menahem 1656 (cod. Oxf. 1285).

Mordkhai 1661—1672 Venedig (Vessillo israelitico 1883, 254; Wolf I. 798).

Hizkia Manoah Corcos b. Šelomoh Corcos (Berliner in קבץ על יד 1893 S. 18).

Izhak b. Mordkhai 1714.

Josef C. in Livorno saec. 18.

Rafael b. Šemuel saec. 18 in Florenz ים רבים IV. 46. Vielleicht mit Rafael במהר״ש C. in cod. Oxf. 2317 identisch.

Josef in Gibraltar 1811—1825.

Manoah in Siena (חמיו של הרב זרע אמח) Ismáel Khohen).

Unbestimmt ist הר״י קורקום ז״ל in Šilte ha-gibb. 3b.

---

[1] cod. Mün. 33,3. 43,10. 261,1; cod. Turin (Peyron 170 f. 296 b); Wolf IV. 992.

[2] Aus Monzon s. שבט יהודה.

[3] Gutachten des Zerabja ha-Lewi an seinen Freund Šel. C. in שו״ת רשב״א V. Nr. 166 (Livorno 1825 p. 34). vgl. Hebr. Bibl. XII. 42.

[4] Bartolocci Bibl. III. 825. Sein Grabstein im Lateran. Die Jahreszahl aber durchaus zweifelhaft. Zunz, Z. G. 417.

[5] Seine Gemahlin Mira. 1481 in Xerez de la Frontera (REJ XXII. 105).

[6] משרת דק״ק רומא 1536—1542.

[7] Fattore. 11. Juni 1537, 11. Thammuz 1542, 28. VIII. 1552; משרת 8. XI. 1552, 8. IX. 1553, 26. VIII. 1554, 27. XII. 1564.

[8] 11. VI. 1537, 15. III. 1552, 8. VI. 1552, 10. III, 17. X. 1569, 20. VI. 1570.

[9] März 1558.

[10] Besitzer des cod. Vat. 169; s. Bartolocci III. 824; 1. XI. 1553, 1558.

[11] 17. III. 1562.

[12] 26. IX. 1563, 18. III. 1569. 17. I., 15. X. 1570, 11. III., 15. X. 1571, 8. VIII. 1573.

[13] 30. XII. 1563.

[14] 13. VII. 1564.

[15] st. 14. Nisan 1578. Bartolocci 825.

[16] 14. I. 1576, 15. VIII., 2. IX. 1577, st. 3. Tebeth 1581. Bartol. das.

[17] 27. XII. 1577.

¹⁸ 16. VIII. 1573, 4. XI. 1577, 18. III. 1578.

¹⁹ נזבר 1587.

⁸⁰ 17. XII. 1600.

⁸¹ 28. VIII. 1569, 11. XII. 1570, 5. III 1581. 31. V. 1584.

⁸² cod. Oxf. 1429. 2 im Jahre 1570.

⁸³ 1578.

⁸⁴ 1595.

⁸⁵ 30. IV. 1581, als Lazaro 1573.

⁸⁶ 20. II. 1584, st. 1594.

⁸⁷ 22. I. 1601.

⁸⁸ 9. III. 1576, 15. VIII. 1581.

⁸⁹ 24. I. 1584.

⁹⁰ 25. VII. 1581, 2. I. 1584. 10. XI. 1585.

⁹¹ 24. I. 24. XII. 1600.

⁹² In Urbino (Magazin XVII. 229). 1625 in cod. Oxf. 2317. Nach Letterbode III. 106 fällt sein Tod vor 1628.

⁹³ cod. Turin 170; Wolf IV. 992.

⁹⁴ Seine Gattin Rahel st. 25. Marheśwan 1595 (Grabstein bei Bartolocci III. 825). Verfasser eines halachischen Werkes (zu Bartoloccis Zeit im Besitze des Rafael C. in Rom, Bibl. III. 821). Hebr. Bibl. XI. 44, 72. Er darf nicht mit Josef in Jerusalem verwechselt werden; 16. II. 1600. 17. III. 1601.

⁹⁵ st. 26. Ab 1594 (Grabstein Bartolocci III. 825).

⁹⁶ Rabb. 1520. Conforte קורא 47ₐ. Bartolocci III 824.

⁹⁷ 1660—1730 s. w.

Sittengeschichtliches aus dieser Periode.

(1420—1550.)

Wir haben im Eingange des vorigen Abschnittes einen Blick in
das rege wissenschaftliche Leben Roms im Zeitalter der Humanisten
geworfen und gesehen, wie in Rom Rabbiner und Ärzte in gleichem
Streben fern von selbstischer Abschliessung und sklavischer Nachahmung allgemeine Anerkennung erringen. Das ist zum guten Teile
auf die Erziehung und den Unterricht der römischen Jugend zurückzuführen. Die Erziehung der heranwachsenden Kinder war neben
den Lehrern besonders dem Elternhause anvertraut. Fromme Väter
machten es sich zu einer heiligen Pflicht, ihre Kinder in den Musse-
stunden in die heilige Schrift und in die Gebote der Religion einzuführen.[1]) Ebenso ungern sah man es, wenn sich Eltern dieser Pflicht
entzogen. Vermögende Leute hielten wohl auch einen Hauslehrer für
ihre Kinder, wie jener Benjamin b. David, der den Eliezer Jeruśalmi
aus Terano als Lehrer für seine vier Kinder und ein Waisenkind für
ein Jahresgehalt von 34 Sendi engagierte.[2]) Nach dieser ersten Vorbereitung wurden die Knaben auf sechs bis sieben Jahre zu gelehrten
Rabbinern geschickt, welche dieselben in die talmudischen und exege-
tischen Lehrfächer einführten.[3]) Gar viele Eltern hielten aber eine
derartige Schulung gänzlich oder wenigstens teilweise für überflüssig
und weihten ihre Söhne von vornherein dem Studium der exakten
Wissenschaften. Die Kenntnis der lateinischen Sprache war unter

---

[1]) ‏כמו שראיתי בעיני כמה פרנסים בארץ הזאת וכו'‏ p. 25ᵇ ‏אור החיים‏.

[2]) Berliner II, 1 S. 100.

[3]) ‏אור החיים‏ p. 2ᵃ, p. 17ᵇ sieben bis acht Jahre.

den italienischen Juden ausserordentlich verbreitet.[1]) Dafür hatte aber
die der hebräischen, besonders in Bezug auf die Grammatik, und die
des Talmuds grosse Rückschritte gemacht.[2]) Aristoteles, so pflegte man
nach einem in der Zeit umgehenden Witzworte zu sagen, hat durch
seine Forschungen mehr geleistet als fünf solcher gottseligen Rabbiner.[3])
In frommen, religionstreuen Kreisen wurde deshalb wiederholt darauf
hingewiesen, dass ein erspriessliches Studium auf der genauen Kenntnis des religiösen Lehrstoffes beruhen müsse.[4]) Es scheint aber, dass
man ihrer Stimme nur in minder wohlhabenden Kreisen Gehör schenkte.
Wenigstens wird es von den Rabbinern für ein besonders gottgefälliges
Werk bezeichnet, Rabbinerschulen finanziell zu unterstützen. Ein
Grund dieser Vernachlässigung lag aber vor allem darin, dass die
Rabbiner für ihre Belehrung von den Schülern grössere Remune-
rationen verlangten[5]) und in der geringen Dotierung der Rabbinats-
stellen. Der Rabbiner war auf die Unterstützung reicher Gemeindemitglieder sehr angewiesen.[6]) Es war daher in Italien allgemein der
Fall, dass die jüdischen Gelehrten in grosser Not lebten.[7]) Ausserdem
legte man dem Rabbiner Ämter und Pflichten auf, welche weit über
sein eigentliches Gebiet hinausgingen.[8]) Das waren für einen jungen
strebsamen Jüngling wenig verlockende Aussichten. Es war eben ein
Zeichen der Zeit, dass man sich nicht wie ehedem um der heiligen
Sache willen talmudischen Studien widmete. Man hat sich also nicht
zu wundern, dass nach Mošeh Rietis Tode nicht mehr von der durch
ihn in Narni begründeten Talmudschule die Rede ist.[9]) Das Studium
der neuplatonischen Philosophie in den herrlichen Lehrhallen wirkte

[1]) Münster bei Perles, Studien 32.
[2]) Abraham de Balmes in אברהם טקנה (Venedig 1523) עַד שכמיט נשתכחה,
וכו'; ebenso Immanuel b. Jekuthiel in der Einleitung zum לוית חן Mantua 1557;
אור החיים p. 3ᵇ: וכו' ואין אתנו יודע עד מה לא שהא סדרי ולא תלחא Dennoch
finden wir in Rom und auch sonst sogar gebildete junge Damen, welche die Bibel
in der Ursprache geläufig lesen konnten und täglich des Morgens und des Abends
das vorgeschriebene Gebet verrichteten (E. Biberfeld, der Reisebericht S. 29 u. 43).
Als Kinderlehrerin wird in Rom 1524 eine reiche Frau, namens רבח „die Rab-
binerin" genannt (das. S. 30).
[3]) אור החיים p. 6ᵃ.
[4]) Jákob b. David Provençale p. 65.
[5]) Das. p. 73.
[6]) אור החיים p. 24ᵃ.
[7]) Jákob b. David Provençale das.
[8]) Meïr Padua שו"ת Nr. 40; bei Zunz G.D.V. 450 g.
[9]) Cod. Vat. Pal. 260.

mehr anregend auf Herz und Gemüt der Jugend als die eifrige selbst-
lose Hingebung für die alten jüdischen Religionsquellen. Selbst Männer
wie Jakob Provençale mussten trotz all ihrer Feindschaft gegen die
Philosophie zugeben, dass auch die alten Lehrer des Talmuds die
Weisheitslehre hochgeachtet hätten.[1]) Hauptsächliche Beachtung fand
aber in jüdischen Kreisen das Studium der Medizin. Durch die grossen
Universitäten war es jedermann ermöglicht, zu studieren. Nicht ohne
Neid mussten die Rabbiner hören, wie ihnen jüdische Jünglinge auf
ihre Aufforderungen, sich den religiösen Wissenschaften zu widmen,
erwiderten, dass es für sie vorteilhafter wäre, gegen eine geringe
Entschädigung Vorträge bei christlichen Meistern zu hören, welche
durch Städte und Fürsten reichlich unterstützt, nicht auf die Bezahlung ihrer Schüler angewiesen wären und die auch durchaus keinen
Unterschied zwischen ihren christlichen und ihren jüdischen Zuhörern
machten.[2]) Die talmudischen Disciplinen erhielten erst durch spanische
Einwanderer neue Pfleger und rege Freunde. Wie weit es die jüdischen Studierenden der Medizin gebracht, das zeigt eine Reihe glän-
zender Namen in dieser Zeit. Als sich der Kardinal Pietro Fonseca
1422 bei einem Falle schwer verletzt hatte, rief man einen jüdischen
Arzt aus Rom nach Vicovaro.[3]) Als der Geistliche Stefano Caffari von
der Pest in Rom befallen wurde, liess er sich am 23. Februar 1449
von dem jüdischen Arzte Magister consiglio und dem christlichen
Paulus de Nerula operieren.[4]) Ein Jude war es, welcher ein wirk-
sames Mittel gegen die Pest von 1476 erfand[5]), — ein Jude Jakob
Mantino, der an der römischen Universität Medizin dozierte. Es ist
eine erstaunliche Anzahl jüdischer Ärzte, welche wir aus den Notariatsakten der Gemeinde und sonstigen Quellen kennen lernen.

1524: Rabbi Jehuda di Ascoli (אסקל);[6])

1536: Elia b. Abraham, Jehuda und Šelomoh b. Jeḥiel (noch 1539);

1538: Zeraḥin b. Mathithia, Mošeh ha-Lewi ibn abi שבת;[7])

---

[1]) Jàkob b. David Provençale p. 65.

[2]) Das. p. 73 הלא טוב לנו לשמוע מפי חכמי הנוצרים אשר ילמדו לנו בדמים
קלים וזה אומרים בעבור שחכמי הגוים ומקחי האומות יש להם פרם נדול מבית הסלך
או מתקיפי העיר אשר הם יושבים ובעבור זה הם מקילים לתלמידים ואין שואלים
להם דבר בין שהיו גוים או יהודים ובעבור זה היהודים התלמידים אינם רודם
לפייפור כמון לתת לשום חכם יתדי:

[3]) Marini I. 295 nach den Libri delle spese della Camera.

[4]) Archivio della Società Romana di storia patria. VIII. (1885) 594.

[5]) Siehe Seite 20.

[6]) Graetz IX² 538.

[7]) Berliner II. 1 S. 101.

1539: Josef b. Abraham [1]), Šemuel b. Abraham, Šelomoh b. Jeḥiel,
Jekuthiel b. Izḥak und Mošeh b. Izḥak (noch 1552);
1540: Josef b. Abraham (lebt noch 1550);
1543: Eliéẓer, Menaḥem b. Šabtai de Nola [2]) und Mošeh b. 'Obadja; [3])
1544: Mordkhai b. Mikhael;
1545: Mastro David, welcher für alle chirurgischen Fälle vom
Protomedico Tiberio Pabelli Licenz hatte; [4])
1549: Barukh b. Jehuda und Mešullam b. Abraham und
1550: Jehuda b. Izḥak, Mošeh, Jeḥiel b. Šelomoh, Mošeh b. Josef
de Monte Porzio, Mešullam b. Abraham und Josef b. Abraham.
Neben diesem Studium wurde in Rom von gebildeten Männern
besonders das Schreibergewerbe betrieben. Neben mit Kopien be-
schäftigten Männern wie Mošeh Rieti und Elia Levita treffen wir
eine Anzahl gewerbsmässiger Abschreiber, wenn sich auch ihre Zahl
im Vergleich mit derjenigen in der vergangenen Periode bedeutend
verringert hat. Denn einen Mann wie den Arzt Jehuda b. Benjamin (1436), welcher sich den Sprüchekommentar Benjamins b. Jehuda
abschrieb [5]), kann man ebensowenig zur Zunft zählen wie Astruc
Crescas Kalonymos [6]), den Sohn des Arztes Meïr Crescas Kalonymos,
welcher in Rom eine philosophische Erklärung seines Grossvaters
Maëstro Meïr Crescas Kalonymos [7]) zu Jeremia 2. 10 ff. [8]) fand und
kopierte und auch in Lecce 1438 für seinen Vater eine Abschrift
besorgte. [9]) Auch der Schreiber Daniel, der Sohn des Arztes Abraham
de Castro (9. Khislew 1452) [10]) stammte aus einer vornehmen Familie.

---

[1]) Wohl derselbe wie 1540 Josef ha-rofe.
[2]) Siehe auch Magazin (Berliner) I. 84, cod. Oxf. 427.
[3]) Daselbst S. 80.
[4]) Buonarroti, Serie III. Vol. 2. p. 229.
[5]) cod. Schönblum-Ghirondi 69, cod. Oxf. 221. 5. Wohl kaum der Jehuda b.
Benjamin המקך b. Joab in cod. Brit. Mus. siehe Mathews, Notes from various
authors, 108.
[6]) Er ist ein Glied der neapolitanischen Familie Kalonymos, welcher auch
der obenerwähnte Arzt Jekuthiel b. Jzḥak angehört. Er ist vielleicht auch derselbe wie der Schreiber des cod. Wien (Krafft) CXIX, CXXX: Crescas Kalonymos
am 4. Tammuẓ 1472 für Messer David b. Maëstro Jåkob Kalonymos.
[7]) Von ihm auch Profiat Durans drei Antworten an Maëstro Meïr Creskas in
cod. Oxf. 2244. 10.
[8]) cod. München 315. 15.
[9]) cod. Rossi 1170.
[10]) cod. Vat. Pal. 260. Er kommt bereits 1427 mit seinem Schwager Jzḥak
b. Mešullam und dessen Bruder Nathan vor (Carmoly, Rev. or. 105 nach cod. fonds

Von vornehmer Herkunft war auch der Schreiber Jekuthiel b. Mošeh, der am 13. Juli 1472 eine Abschrift für Immanuel b. Benjamin in אפריצי bei Benevent vollendete.[1] Ebenfalls fern von Rom, in Reggio, entstanden eine Pentateuchabschrift des Mošeh 'Anaw b. Šemuel aus Rom mit der kleinen Masorah (9. Adar II. 1503)[2] und eine Kopie, welche der Römer Šelomoh Khohen im April 1518 in Ferentino vollendete.[3] In der Stadt vollendete Mošeh b. Eljakim am 20. Šebat 1520 für Elia Levita eine Abschrift des Sefer Zabuth.[4] Der aus einer Ärztefamilie stammende Menahem b. Mordkhai b. Mošeh b. Menahem kopierte für Egidio de Viterbo das Targum zum Pentateuch in Rom.[5] Eine Machzorabschrift vollendete am 15. Elul 1533 in Rom Zemah ben David.[6] Am 9. Hešwan 1538 unterzeichnet Abraham b. Mordkhai der Kopist (הסופר) in den Akten. Vielleicht war auch Mešullam b. Benzion Rafael, der 1531 für Mazliah b. Abraham kopierte, ein Römer.[7] Der fruchtbarste Abschreiber in dieser Zeit ist der Spanier Hajim ben Šemuel (ibn?) Gatigno, welcher am 24. Šebat 1542 in den Akten genannt wird. Am 28. Adar 1548 vollendete er in Rom eine Abschrift des ספר הפליאה für Immanuel b. Jekuthiel di Nola[8], am 8. Khislew 1549[9] und am 22. Elul 1553 eine Kopie derselben Schrift[10], am 28. Adar 1553 eine Abschrift von Hasdai Crescas' אור ה.[11] In den Jahren 1558—1560 hielt er sich in Cremona als Korrektor der Zoharausgabe auf.[12] Noch am 13. Nisan 1574 beendete er in Bourges eine Abschrift.[13] Von Josef [14] (Jošua) [15] b. Elia Hakhims

---

Sorbonne 142 und Orient IX. 309) und 1433 als Verkäufer eines Codex der Angelica, den er von seinem Bruder Mešullam geerbt hatte. Ein weiterer Bruder Daniels ist Joab (Berliner. Magazin I. 45).

[1] cod. Paris 926. 1; 2 ist später vollendet. Er ist wohl identisch mit dem Jekuthiel b. Moše, für den Eleazar b. Josef in Ascoli 1477 cod. Rossi 662 vollendete.

[2] cod. Oxf. 45.

[3] cod. Angelica 10 (Cataloghi dei Codici 1. 91).

[4] cod. Oxf. 1468.

[5] Ms. 1 Casa de'Neofiti in Roma, Sacerdote S. 159.

[6] Ms. H. v. 8 Casanatense, Rom. s. Jewish Quarterly Review 1892 S. 697.

[7] Ms. 26 Casa de' Neofiti, Sacerdote S. 175.

[8] cod. Paris 794.

[9] cod. Mailand 22 (Berliner, Magazin VII. 117).

[10] cod. München 96.

[11] cod. München 303, f. 99.

[12] Steinschneider. Catal. Bodl. p. 2860.

[13] cod. Montef. College 72 (Neubauer).

[14] So in cod. Bresl. Sem. 109.

[15] So in cod. München.

Hand sind uns zwei Handschriften erhalten, welche er beide im Auf-
trage Mordkhai b. Jakob Rosellos in Rom, die erste im Dezember
1550 [1]), die zweite jedenfalls nicht viel später [2]) vollendete. Neben
diesen jüdischen Abschreibern waren besonders drei Täuflinge als
Kopisten in Rom thätig, Franciscus Parnas, Paulus Emilius und Fabius
Ranugi. Von ersterem ist ausser seinem jüdischen Namen Ješaja b.
Eleazar Parnas und einer für Widmanstad im Herbste 1536 gefertigten
Abschrift nichts bekannt.[3]) Eine grössere Bedeutung hatte Paulus
Emilius aus Röthelsee, welcher für Widmanstad im Frühjahr 1538
in Rom cod. München 103, im Sommer in Castro cod. München 112
und im September desselben Jahres in Gradoli cod. München 115
(3. September vollendet) abschrieb. Bereits 1543 war er in Augsburg
Buchdrucker und 1547 wurde er zur Belohnung für seinen Übertritt
zum Christentum als Professor der hebräischen Sprache nach Ingol-
stadt berufen, wo er 1575 starb.[4]) Der dritte Apostat, Eliša A-
dumim (dei Rossi) war zu Mantua geboren. In der Taufe (c. 1547)
erhielt er den Namen Fabius Ranutius de Ranutiis (רנוגי). Bereits
im November 1547 war er päpstlicher hebräischer Abschreiber, welches
Amt Paul III. für ihn creïert zu haben scheint.[5])

Man spürt schon an der verringerten Zahl der Abschreiber das
Aufblühen der schwarzen Kunst Johann Gutenbergs, welcher die
Juden Italiens bereits früh eine Freistätte gewährten. Noch vor der
Einrichtung einer eigenen römischen Typographie finden wir eine
Anzahl Römer, welche sich dem Druckergewerbe widmen, das sie
in allen Teilen Italiens ausüben. Der erste unter ihnen ist wohl
Šemuel b. Abi Šemuel, der zu Neapel am Rüsttage des Versöhnungs-
tages 1486 den Druck der Hagiographen beendete.[6]) Dann sind es
drei Römer, Benjamin, Menašeh und 'Obadja b. Mošeh, welche Naḥmanis
תורה חדושי am Ausgange des 15. Jahrhunderts druckten.[7]) Auch der

[1]) cod. München 49.

[2]) cod. Bresl. Sem. 109 (ohne Monatsangabe); s. o.

[3]) cod. München 217. Steinschn. in Sitzungsberichte der Akademie der Wissenschaften zu München, Phil.-hist. Klasse, 1875. II. 173. Vielleicht ist er mit dem
Korrektor Ješajah b. Eleazar Parnes in Rom 1545/46 identisch (השרשים 'ס Venedig
1545/46 f. 143 b).

[4]) Nach Steigenberger, hist.-lit. Versuch etc. 1784 p. 21, Anm. 21, bei Steinschneider l. c. 185—187. Siehe Reinhardstöttner in Jahrbuch für Münchener
Geschichte IV. 97. 153; Aretin. Juden in Bayern S. 57.

[5]) cod. Vat. 193. Wolf I. 183 f., Zunz כרם חמד 132.

[6]) Catalog Bodl. 1 und 3044, Berliner, Magazin I. 57.

[7]) Rossi, Annales 179, Cat. Bodl. p. 3017.

Korrektor der in Pesaro gedruckten Talmudausgabe (מגלה 1511—
1512, ע"ז 1513—1514, עירובין und סוכה) war ein Römer, der angesehene
Israel (b. Jebiel) Aškhenazi[1]), der dann in Rom eine hervorragende
Stellung einnahm. In der Stadt selbst entstand aber erst 1518 eine
hebräische Typographie, welche sich die allerdings beschränkte Aufgabe stellte, die Schriften Elia Levitas zu drucken. Die drei Söhne
des Abigdor ha-Lewi Laniatore (קצב) aus Padua, Izḫak, Jomtob und
Jakob, widmeten diesem Unternehmen Zeit und Geld. Jedenfalls durch
Egidio de Viterbo war dasselbe angeregt und dem Papste empfohlen
worden, so dass mit besonderer päpstlicher Erlaubnis die Drucklegung
von Elias הרכבה 'ס am 1. Ab 1518 im Hause des Juan Giacomo
Fagiot di Montecchio (auf der Piazza Montanara) begonnen werden
konnte. Dreimal täglich sah der Verfasser selbst mit einem Freunde
(Egidio?) das durch den Druck Geförderte durch. Nach sechzehn
Tagen war der Druck beendet. Nach einem Schlussgedicht Elias
bittet Izḫak um Entschuldigung, dass der Abdruck nicht vollendet
schön sei.[2]) Aller Anfang sei schwer. Überdies hätten genügende
Zeit zum Setzen und vor allem viele nötige Hilfsmittel hier ganz ge-
fehlt oder sie seien doch nicht so vollendet wie anderswo vorhanden
gewesen. Die nächsten Erzeugnisse seiner Offizin sollten aber besser
sein. Der Drucker hat eigentlich wenig Grund zu seiner Entschuldigung. Das Schriftchen ist so nett, sauber und korrekt gedruckt,
wie wenige seinesgleichen. Kurz darauf erschienen (verloren gegangene)
Flexionstafeln Elias, deren am 7. Tišri 1518 vom römischen Rabbinatskollegium (Josef הגרי b. Abraham, Israel b. Jebiel und Šabtai b.
Mordkhai) gegebene Approbation (Haskhamah) zugleich mit Elias
Baḫur erschien.[3]) In Fagiots Druckerei erschien auch jedenfalls
später, unter Leos Pontifikat, eine hebräische Ausgabe des 52. und
53. Kapitels Ješaja mit einer lateinischen Übersetzung. Aus unbekannten Gründen ging die römische hebräische Druckerei ein. Bereits
im Jahre 1525 sehen wir Jakob ha-Lewi b. Abigdor beim Drucke
eines Gebetbuches in Tridino Montferrati thätig.[4]) Inzwischen druckten

---

[1]) Das seinem Namen zugefügte צב, das nach Zunz, Z. G. 369. 454 nur von
Toten gebraucht wird, ist hier vielleicht in הצעיר בן' יחיאל' aufzulösen.

[2]) Siehe Beilage Nr. 10.

[3]) In Münsters ס'דקדוק (Basel 1525 [Catalog Bodl. p. 2012 f.] u. ed. Basel
1532 p. 269) abgedruckt. Darunter: נדפס פה רומא עם גזירת נחש חכמי רומא
שלא ידפיסהו איש אחר בוטן עשר שנים מהיום יום ז' התשרי(!)רעם:

[4]) Cat. Bodl. No. 2435.

8*

zwei Römer Elia und Joseph, die Söhne Izḥaks b. Jeḥiel in Venedig 1544 das חן רוח und waren daselbst noch 1546 als Korrektoren thätig.[1]) Auch ein Gersonide wird als in Rom wohnhaft bezeichnet. Es ist R. Ješâjah b. R. Eleâzar Parnes, der das ס' השרשים des David Kimḥi für die in Venedig von Cornelio Adelkind 1545/46 besorgte Ausgabe durchsah.[2]) Erst im Jahre 1545 sah Rom eine neue hebräische Offizin in seinen Mauern erstehen. Allerdings hatte Maëstro Antonio Bladao de Asula bereits 1524 das Hohelied mit der Übersetzung und Erklärung des Guidacerius gedruckt. Aber erst im Jahre 1545 konnten sich mit Erlaubnis des päpstlichen Vikariats Antonio Bladao mit Izḥak b. 'Immanuel de Lattes und Beniamin b. Mošeh de Ariguano zu einem Druckereiunternehmen zusammenthun. Am 10. Elul 1545 liessen sie Šelomoh b. Izḥak aus Lissabon in Bladaos Hause mit der Drucklegung der Responsen des Nissim Gerondi beginnen. Am 10. Šebat 1546 war das saubergedruckte Werk, dem Izḥak ein Gutachten und ein kurzes Schlussgedicht aus seiner Feder hinzugefügt, vollendet. Noch in demselben Jahre erschienen bei ihnen Naḥmanis אגרת הקדש, im Oktober der פסק der römischen Rabbiner in Sachen des Šelomoh de Monte de Lulo (דלילו) und des Jakob Catalano[3]) und vielleicht auch der Auszug, den David b. Josef Jeḥaja aus dem לשון למדים seines Vetters gemacht. Der Typograph dieser letzteren Schrift ist Šemuel Zarfathi[4]), welcher auch das letzte (1547) in Rom von Juden gedruckte Buch יד שערים gedruckt hat.[5]) Dreissig Jahre später (1578) errichtete Francesco Zanetti in Rom eine hebräische Typographie, deren Korrektor der getaufte Enkel des Mannes war, für den in Rom zum ersten Male hebräisch gedruckt wurde. In ihr erschienen die Genesis (1578), die Psalmen (1581) und die Megilloth (1580). Auch ihr war nur ein kurzes Dasein beschieden. Hundert Jahre später begründete dann die Congregatio de Propaganda Fide in Rom eine hebräische Druckerei, welche nur Missionszwecken diente und keine Bedeutung erlangt hat.

Hatte man schon in der vergangenen Periode ein bedeutendes

---

[1]) Cat. Bodl. p. 2951.

[2]) א. השרשים ס' f. 143b החר"ר ישעיה בר"ימי; ein anderer Gersonide Johanan b. Jakob vollendete in Tivoli am 6. Ab 1514 für Aegidio von Viterbo Cod. Harl. 5704 (REJ. VIII. 317).

[3]) Siehe die Beschreibung im Orient 1848 322 f. 12 Blätter 4⁰.

[4]) Zedner in Hebr. Bibl. 1859. p. 110 f. 20 Blätter 4⁰; Catal. Bodl. p. 2800 No. 7562.

[5]) Catal. Bodl. p. 550 Nr. 3551.

Anwachsen der Geldgeschäfte bei den römischen Juden bemerkt, so nehmen dieselben unter der Gunst der Verhältnisse in diesem Zeitabschnitte noch einen weiteren grossen Aufschwung. Es war sogar in Italien Brauch geworden, dass die einzelnen Kommunen mit den Juden wegen der Verleihgeschäfte förmliche Verträge und Abmachungen abschlossen.[1]) Trotzdem nahm das Wuchern der Juden in dem Masse zu, dass man z. B. in Cesena befürchtete, dass die Juden durch ihr Vermögen Herren der ganzen Stadt werden möchten.[2]) Man hat sich allerdings darüber nicht zu verwundern, wenn man hört, dass die Stadtverwaltung zufrieden war, wenn die „hebräischen Verleiher" nicht mehr als 20% jährliche Zinsen nahmen.[3]) In Rom war dagegen eine Einigung der christlichen und jüdischen Banquiers wohl schon früh zu stande gekommen, wenn auch die erhaltenen Akten über dieselbe erst aus der ersten Hälfte des 16. Jahrhunderts stammen. Man kann sich ein Bild über den Umfang der jüdischen Geldgeschäfte in Rom machen, wenn man aus den Akten erfährt, dass sich am 11. Juni 1536 dreissig jüdische Bankfirmen zu einer Konferenz in der Scuola Siciliana vereinigten. Dieselben waren zusammengekommen, um zwei Deputierte aus ihrer Mitte zu wählen, um gewisse Geschäftsusancen festzusetzen, welche einer Vereinbarung mit den christlichen Banquiers zu Grunde gelegt werden sollten. Die beiden Deputierten waren Šelomoh Zarfathi und Beniamin di Localo (לוקלו). Die übrigen damals genannten Firmen waren: Šelomoh de Pisa, Beniamin di כינפרי, Mošeh Tosso & Comp., Menaḥem Tartaglia, Izḥak Giojoso (גויום), David Piccio, Jošuà Corcos, Šelomoh Rofe, David Ram, Elia Corcos, Jakob di Daniele, Mordkhai di Scazzochio, Josef Zarfathi, Menaḥem Cordovano (גורדובאן, גורדוכאק?). Massûd, Mošeh de Guviello (גויילו), 'Obadia di Rosello (oder di Rosetta מרוסטה), Šemuel Albizi, Mošeh b. Jeḥiel, Mordkhai di Rosetta, Šabtai di Pone, Mazliaḥ de Monte Rotondo (oder גפא רכוכי), Josef di Rignano, Mordkhai di כנפרי, Izḥak de Localo (לוקלו), Mozzone, Elia b. Joab und Mošeh Moro.[4]) Die grosse Anzahl der jüdischen Banquiers nahm erst ab, als den Geldgeschäften durch die Errichtung des römischen Monte di Pietà grosser Schaden zugefügt wurde und die Ungunst der Lage alle die aus Rom vertrieb,

---

[1]) Theiner, Corpus diplomaticum III. 335. Antworten auf Supplicationes per oratores communis Civitatis Castelli pontifici exhibitae 1435.

[2]) Hergenroether, Regesta p. 520 No. 8238 (Romae, 29. April 1514).

[3]) Hergenroether, Regesta, p. 555 No. 8853 (Romae, 17. Mai 1514).

[4]) Die letzteren sechs Namen sind aus einem späteren Fascikel, aus welchem auch die angegebenen Varianten der Namen stammen. Siehe Beilage 11.

welchen es Vermögen und Stellung irgend erlaubte. Allerdings wurden, wie bereits erwähnt, sogar jüdischen Banquiers Privilegien zur Errichtung von Geldleihbanken erteilt. Die römischen Banquiers übernahmen auch für italienische Gemeinden die Zahlung der Steuern an die päpstliche Kammer. So zahlte am 2. Januar 1542 der Banquier Śelomoh, Sohn des „Magister Isaac Zarfatti", 28 ½ Scudi Gold als Vigesima für die Gemeinde Velletri, am 31. Januar der genannte und Helyas Corcos 55 Scudi Gold als Vigesima für die Gemeinde Benevent.[1]

Neben den Geldgeschäften war es besonders ein Gewerbe, welches in dieser Zeit bereits anfing sich zu der Bedeutung zu entwickeln, in der es sich in Rom bis in die neueste Zeit erhalten hat, — das Schneidergewerbe. Es war im Jahre 1541, als sich die christlichen Schneider an ihre jüdischen Kollegen wandten, um diese zu gemeinsamen Geschäftsprinzipien aufzufordern. Die Schneiderzunft beauftragte infolge dessen Jośuā b. Śelomoh Corcos und Jehuda b. Jeḥiel mit der Ausarbeitung des Übereinkommens, welches die christlichen mit den jüdischen Schneidern betreffs der Anfertigung sogenannter romaneskischer Kleidungsstücke (בגדי רומניסקי) getroffen hatten. Das Schriftstück erhielt dann durch die Unterschrift des Gemeindesekretärs (סופר מתא) Jehuda b. Śabtai volle Rechtskraft.[2] — Auch der Tuchhandel muss in dieser Zeit wie in der vorigen Periode noch lebhaft betrieben worden sein. Darauf weist auch der Umstand hin, dass ein Hausbesitzer in Rom im Jahre 1442 von einem jüdischen Mieter einen Teil des Mietzinses in cremoneser Tuch entrichtet haben will.[3] Bei einem anderen Verkaufe eines Tuchkleides im Werte von zehn Dukaten spielte eine Jüdin die Vermittlerrolle, für die sie acht Bolognini erhielt.[4] Ob bei dem Verkaufe dreier Helme für 2 Gulden der Jude Bocca Paparo nur Verkäufer oder auch Verfertiger gewesen, ist nicht zu ermitteln.[5]

Nicht wenige Glieder der Gemeinde scheinen sich dem Apothekergewerbe gewidmet zu haben. Wenigstens sollte der Erlass des Papstes Sixtus IV. vom 20. Juni 1476, — welcher das vom Papste am 14. Dezember 1471 bestätigte Gesetz, dass niemand es wage, den menschlichen Leib durch Medikamente zu heilen, falls er nicht Magister oder

---

[1] Stern S. 87 u. 90.

[2] Berliner, Aus schweren Zeiten. 9 u. 24; קבץ על יד 1893 S. 5.

[3] Archivio della Società Romana di storia patria VIII. 565.

[4] Daselbst IX. 605 f.

[5] F. Vernet, RQH 51 S. 397.

Lizentiat der Heilkunde sei, auch auf die Apotheker ausdehnte, für Christen und Juden in gleicher Weise Geltung haben.[1]) Dieser Erlass wurde zehn Jahre später auch von Innozenz VIII. (25. Febr. 1486) und schliesslich am 8. September 1531 von Clemens VII. bestätigt.[2]) Dass alle diese Gewerbe sich zunftmässig vereinigt hatten, bestätigt neben deren gemeinsamem Auftreten auch das Vorkommen eines Obermeisters der Mazzothbäckerzunft (נבאי אצימאטורי Capo degli Azimatori), namens Jebiel am 25. Nisan 1539.[3])

Zum ersten Male erscheinen in dieser Zeit in Rom jüdische Musiker, von denen uns namentlich allerdings nur zwei genannt werden, Juan Maria und Jacomo Sansecondo. Bereits als Kardinal hatte Leo X. an seinen Hof eine Anzahl tüchtiger Musiker herangezogen. Zu ihnen gehörte auch der aus Deutschland stammende Juan, welcher seinem hohen Gönner zu Ehren den Namen Juan Maria de Medicis angenommen hatte. Zum ersten Male wird in der anonymen Lebensbeschreibung des Papstes Leo von dem berühmten Flötenspieler, dem Juden Johannes Maria, dem Leo die Stadt Verrutium geschenkt und die Grafenwürde verliehen, gesprochen.[4]) Diese Bemerkung erhält eine reiche Ergänzung durch die Briefregesten des genannten Papstes und die Tagebücher des Marino Sanuto. In dem ersten dieser Schreiben wird dem deutschen Musiker Johannes Maria, dem Sohne des Dominicus, um ihn besonders zu ehren, eine monatliche Pension von 23 Golddukaten ausgesetzt.[5]) In einem weiteren Briefe ernennt ihn der Papst zum Kastellan der Burg Verrochium mit allen ihren Einkünften[6]), die wohl mit dem erwähnten Verrutium identisch ist. Der bisherige Hauptmann und die Bewohner des Schlosses scheinen sich aber gegen die Aufnahme eines jüdischen Oberhauptes sehr stark gewehrt zu haben. Der Papst richtet deshalb an Herzog Franciscus Maria die Bitte, seinen Freund Johannes Maria bei der Besitznahme des Schlosses thätig zu unterstützen[7]), und an den bisherigen Präfekten

---

[1]) Berliner, Letzte Tage 17.

[2]) Marini, Degli archiatri I. 199.

[3]) Archivio Urbano Storico in Campidoglio 1539—1542. Diversi scritturi.

[4]) Roscoe, The Life and Pontificate of Leo the Tenth. London 1846, Band VI. 329. Auch bei Gregorovius VIII. 320.

[5]) Archivio storico ital. Ser. III. Tom. III. Parte I. 233.

[6]) Hergenroether, Leonis X. regesta p. 193 No. 3315 Romae, 22 Juni 1513. Er war wohl der Nachfolger des Hieronymo Armondo, castellano di Verrochio 1904 (Marino Sanuto Diarii VI. 20).

[7]) Petri Bem bi Epistolarum Leonis decimi Pont. Max No nome Scriptorum

der Burg die Aufforderung, ohne Entschuldigung und Säumnis nach
Rom zu kommen und die Burg selbst ohne jede Schädigung ihrem
thatsächlichen Verwalter, Johannes Maria, zu übergeben.[1] Im Anfange des Jahres 1518 erhielt sein Sohn Camillus, welcher sich auch
der Musik gewidmet hatte, von Leo zum Zeichen seiner besonderen
Gunst durch ein gnädiges Schreiben einen Jahresgehalt von 276 Golddukaten, welcher ihm in monatlichen Raten ausgezahlt werden sollte,
ausgesetzt.[2] Aus Marino Sanutos Tagebüchern erfahren wir, dass
Juan sich inzwischen in Venedig niedergelassen und dort „Pfeifer des
Dogen" (pifaro dil Doxio) geworden. Am 9. Mai 1520 bat der venetianische Gesandte in Rom die Signoria, um dem Papst einen Gefallen
zu erweisen, Juan zur Ausführung gewisser Musikstücke nach Rom
zu senden.[3] Am 15. Juni gab darauf die Signoria die Erlaubnis,
dass Juan auf ein Jahr in päpstliche Dienste treten dürfe. Sein
Bruder aber solle in Venedig bleiben.[4] Leo hat aber Juan nicht
mehr von sich gelassen. Denn der venetianische Gesandte berichtet
der Signoria aus Rom, dass am 20. Mai 1523 bei einem Gastmahl am
päpstlichen Hofe der Jude Juan Maria mit drei anderen Künstlern
ein wunderbares Quartett zur Laute vorgetragen habe.[5] Ein Teil
der Kompositionen Juan Marias hat in musikalischen Kreisen Italiens
und Deutschlands weite Verbreitung gefunden. In dem Lautenbuche
des Nürnbergers Hans Gerle sind neben einigen Preambeln und
wälschen Tänzen der „berümbsten Lutenisten" auch acht Preambeln
und sechs Tänze für die Laute von unserem Juan enthalten.[6] Im
Orlandino wird ein Musiker Giovan Maria de Cornetto — vielleicht
unser Meister — gepriesen.[7] Nicht minder berühmt muss Jacomo
(Jacopo) Sansecondo als Musiker gewesen sein. Im Jahre 1502 spiel-

---

libri XVI., Lugduni 1538. p. 74. lib. III. No. 26. Hergenroether. Leonis X. regesta
p. 210. No. 3557 (Romae, 8. Juli 1513).

[1] Petri Bembi Epistolarum Leonis decimi p. 86. Liber IV No. 9. (Varruchi-
anae arcis Praefecto). Hergenroether, l. c. p. 244. No. 4061 (Romae, 11. August
1513).

[2] Arch. stor. ital. Ser. III. Tom. III. Pars I. 226.

[3] Diarii XXVIII. 488.

[4] Das. 618.

[5] Das. XXXIV. 216 tra li quali (musici) vi fu Zuan Maria ziudio
con tre sui compagni, che sonavano di lauto a quarto, e lui con la pena
mirabilmente.

[6] Ein Newes sehr Künstliches / Lautenbuch, ... durch Hanssen Gerle den
Eltern, Bürger zu Nürn- / berg 1552; s. Beilage 20.

[7] Burckhardt, Geschichte der Kultur der Renaissance. II. 131 f. 181.

ten bei der Hochzeit der Lucrezia Borgia sechs berühmte Violinspieler. Baldesar Castiglione spricht in seinem Cortegiano seine Ver-
wunderung darüber aus, dass jene es gewagt in der Gegenwart eines
solchen Künstlers, wie es „unser Jacomo Sansecondo" war, aufzuspielen, — ein Beweis, wie hoch er die künstlerischen Fähigkeiten
Jacomos geschätzt hat.[1]) Er war als ein geschickter Improvisator
berühmt.[2]) Jacomo nahm am päpstlichen Hofe eine hervorragende
Stellung ein. Er scheint auch mit Raffael in ein freundschaftliches
Verhältnis getreten zu sein. Unter den Portraits, welche der göttliche Urbinate der Nachwelt hinterlassen hat, befindet sich auch das
Bild eines Violinspielers, der sogenannte Apollo als Violinist im Parnass,
welches bis vor kurzem den kostbarsten Schmuck der Gallerie Sciarra
in Rom durch sein ausgezeichnetes Kolorit bildete.[3]) In diesem Apoll
haben bereits die Zeitgenossen Raffaels unseren Jacomo wiedererkannt
und unter das Meisterwerk den Namen Giacomo Sansecondo gesetzt.
Das ist ein so sicherer Beweis für die Identität unseres Künstlers
mit dem Raffaelschen Apollo, dass an ihm alle Zweifel, welche man
durch die Altersverschiedenheit unseres Jacomo mit dem auf dem
Bildnisse dargestellten jungen Manne begründet hat, zu nichte werden.[4])
Die Angabe, dass der jüdische Meister im Jahre 1508 bereits 40 Jahre
alt gewesen sein soll, also im Jahre 1518, in welchem Raffael das
Bild zeichnete, bereits ein fünfzigjähriger Mann gewesen sei, ist durch
nichts begründet; selbst wenn er damals bereits in diesem Alter gestanden hätte, würde ihn der begeisterte Künstler, der in ihm einen
Apoll auf Erden erblickte, nicht mit grauen Haaren und gerunzelter
Stirn dargestellt haben. Das ist das Vorrecht des Künstlers, dass er
das ihm gegebene Objekt nach seinem Belieben und nach seiner Phantasie idealisieren darf. — Das Auftreten zweier so berühmter Meister
in dieser Zeit darf durchaus nicht Wunder nehmen, da wir in Italien
noch eine grössere Zahl wenn auch nicht so berühmter jüdischer Künstler
antreffen. Wie sehr die Juden an den künstlerischen Bestrebungen der
Zeit teilgenommen, das zeigt unter anderem das Auftreten jüdischer
Schauspieltruppen in Italien in dieser Zeit, deren Leistungen sehr gerühmt werden. Sanuto erzählt, dass am Abend des 4. März 1531 im
Ghetto zu Venedig eine reizende Komödie von den Juden aufgeführt

---

[1]) Il libro del Cortegiano del Conte Baldesar Castiglione, Venedig 1528. Libro
secondo: Io non voglio . . .
[2]) Gregorovius VIII. 340.
[3]) Eugène Müntz, Raphaël, (Paris) 556.
[4]) Gryer, Raphaël peintre de portraits II. Paris 1881. 151. 152.

worden sei.[1]) Bereits am 7. August 1549 begannen die Darstellungen der jüdischen Schauspieltruppe in Mantua [2]), welche durch ihre vorzüglichen Leistungen und durch ihren genialen Leiter einen weiten Ruf erlangten und die mit kurzen Unterbrechungen bis in das Jahr 1605 dort fortgesetzt wurden. Die neuerdings mehrfach behandelte Geschichte dieser Bühne nennt eine nicht geringe Anzahl von tüchtigen jüdischen Sängern und Schauspielern. Ein Abramo dell' Arpa [3]), der auch eine Zeitlang in Rom lebte [4]). entzückte den Hof durch seinen Gesang, ein Isacchino durch sein herrliches Lautenspiel. Auch von einem jüdischen Tanzmeister, Guglielmo Ebreo Pesarese, welcher eine theoretische Anweisung der Tanzkunst verfasst hat und dessen Tanz partita crudele von einem Juden Giuseppe in Musik gesetzt worden, wird am Ausgange des 15. Jahrhunderts erzählt.[5]) Überhaupt waren Musik und Tanz unter den italienischen Juden auch in dieser Zeit sehr beliebt. So treffen wir die Gemahlin des R. Jehiel da Pisa im Garten beim Lautenspiel und in demselben Hanse tanzen Mädchen vor David Rëubeni, um ihn aufzuheitern.[6])

Einen Maler, wie in Venedig Mošeh Castellazzo, [7]) oder einen Bildhauer hat die römische Gemeinde, so weit bekannt, nicht hervorgebracht. Dagegen war die Freude an den erhabenen Kunstwerken der Renaissance auch unter den Juden der Stadt wahrscheinlich eine nicht geringe. Giorgio Vasari [8]) erzählt z. B. von der allgemeinen Begeisterung, die Michelangelo Buonarrotis Standbild des Moses hervorgerufen, und wie die Juden „allsabbatlich in hellen Schaaren, wie die Staare. Männer und Frauen wallfahrten, es aufzusuchen und anzubeten; nicht wie ein irdisch Ding, sondern wie etwas Göttliches beten sie es an."

---

[1]) Alessandro d'Ancona, Origini II 429. Anm. 1. In questa sera in Geto fu fato tra zudei una bellissima comedia ecc. am Purim?

[2]) Daselbst 401. 424. Allgemeine Zeitung (früher Augsburger) 1883, 12. August S. 3277 (Mitteilungen aus dem bayrischen Hausarchiv und Archivio storico dei Gonzaga), ferner: Giornale storico di lett. ital. V. 44—72.

[3]) Alessandro d'Ancona origini II. 400.

[4]) In den Akten: 22. Januar 1555 אברהם המנן כּכּנטובא.

[5]) Hebr. Bibl. XIX. 63.

[6]) E. Biberfeld, Der Reisebericht S. 41. 42.

[7]) REJ XXII. 290 ff., XXIII. 139 ff., E. Biberfeld, Der Reisebericht S. 24 f.

[8]) Delle vite de' piu excellenti pittori (scultori et architetti III. 2 (Bologna 1663) p. 146. Michelangelo hat auch nichts tiefer erfasst als gerade die erhabenen Gestalten des alten Testaments, einen David, eine Lea, eine Rahel.

Dieses Mitarbeiten der jüdischen Kreise mit den gebildeten christlichen erzeugte natürlich einen freundlichen Wechselverkehr, welcher noch durch den zahlreichen Besuch der Universitäten durch jüdische Studierende und die engeren Freundschaftsbande zwischen einzelnen Gelehrten besonders gefördert wurde. Das leuchtendste Beispiel dafür gaben die Päpste allerdings in dieser Zeit selbst. Ein ungefähres Bild von dem Verhältnisse der Christen zu ihren jüdischen Mitbürgern erhält man aus dem Tagebuche des Stefano Caffari. Zu Martins Zeiten hatten die Juden das Recht besessen, Grundbesitz zu erwerben. Obgleich nun die Bulle Eugens vom 8. August 1442 den Juden den Erwerb von Grundbesitz untersagte, ist es nicht unmöglich, dass diese Bestimmung der Bulle in Rom ebenso unausgeführt blieb wie eine andere, welche den Christen verbot, unter den Juden zu wohnen. Stephan erzählt von einem Juden, der zu Martins Zeiten ein Haus im Rione della Ripa gekauft und es später einem Christen käuflich überlassen hatte.[1] Sonst spricht er allerdings nur von Häuservermietungen an Juden. So vermietet er selbst am 13. August 1442 ein Haus auf der Platea Judeorum einem Juden Davicciolus mactasie (Schlächter?) auf zwei Jahre. Als jährlicher Mietspreis für dasselbe wurden achtzehn Golddukaten und sechs Ellen cremoneser ungeschorenen oder kordellierten (in Band gewebten) Stoffes (Dimity) ausgemacht, welche in zwei Raten zu entrichten waren. Der Mietsvertrag wurde durch die Unterschriften zweier Bürger vom Rione pinee rechtskräftig gemacht. Aus Stefanos Aufzeichnungen ersehen wir auch, dass viele Christen unter Juden und umgekehrt viele Juden unter Christen trotz des erwähnten Verbotes gewohnt haben.[2] Es ist dabei nicht uninteressant zu erfahren, dass die ganzen Häuser und Lagereien auf der Platea Judeorum im Besitze des Paulus und Cincius Nisci waren, welche den vierten Teil derselben am 10. Juli 1453 an Stefano Caffari und die Hälfte des Casa nova genannten Hauses „alle macella delli Judei" für den jährlichen Preis von 27½ Gulden vermieteten. Man kann daraus allerdings entnehmen, dass um diese Zeit den Juden der Erwerb von Häusern in der Stadt untersagt war und diese genötigt waren, bei grösseren Unternehmern Wohnungen zu mieten.[3] Dieses Zusammenwohnen hat auch trotz verschiedener

---

[1] Arch. d. soc. Rom. di storia patria VIII. 533. (1449.

[2] Zum Beispiel a. a. O. IX. 587 (16. September 1448), 595 (28. März 1449). Rodocanachi 38.

[3] Arch. d. soc. Rom. di storia patria IX. 607.

Verbote während dieser ganzen Periode angedauert. Am 29. Juni
1449 schreibt Heinrich Kalteisen an Herzog Heinrich von Bayern:
als ain Jud, der do nicht wuchert, mugen sie wonen under den Cristen,
als sie zu Rom wonend, da sind sie gezaichent, sie kauffen und ver-
kauffen, sie sein hantwerchs arbaitter u. s. w.[1]) In Rom wohnte im
Jahre 1541 (18. Marḥeŝwan) z. B. Ahron b. Jehuda in Trastevere
(מטרסטיבירי), in San Lorenzo z. B. Gajo b. Mordkhai und Moŝeh b.
Jebiel.[2]) Ein Schreiben Leos X. an das Stadthaupt von Cesena nimmt
das Zusammenwohnen von Juden und Christen in demselben Hause
als etwas durch die Verhältnisse Gegebenes an. Allerdings wohnten
die römischen Juden schon damals zumeist in dichtbewohnten Häusern.
Für David Reubeni mietete Jomtob ha-Lewi in Rom eine Wohnung
in einem Hause, „das voller Parteien war und durch das alle Nachbarn
durchgehn mussten".[3]) Dass auch der Besitz an Liegenschaften den
Juden später, wenn auch nicht offiziell, wieder gestattet wurde, beweist ebenfalls das Beispiel Cesenas, wo die Juden sich nach und nach
die schönsten Güter und Ländereien erworben hatten. Der Papst
verbot deren Erwerb nur den zuletzt eingewanderten Juden, liess
aber die Angesessenen im ungestörten Besitze derselben.[4]) Die soziale
Lage der römischen Gemeinde wurde auch noch dadurch besonders
erleichtert, dass sie nicht unter Aufsicht einer eigentlichen geistlichen
Behörde, sondern unter der Jurisdiktion des Kardinalvikars der Stadt
Rom stand. Dessen rechtliche Stellung zu den Juden wird zwar erst
unter den Befugnissen der Konstitution vom Jahre 1542: Licet eccle-
siarum omnium festgestellt; da diese Konstitution aber nur eine Zusammenstellung der althergebrachten Rechte und Pflichten des Kardinalvikars bildet, so ist anzunehmen, dass er auch schon früher die
höchste Autorität in Sachen der jüdischen Gemeinde gewesen ist. In
dem erwähnten Erlasse wird ihm das Recht erteilt, in Civil- und
Kriminalprozessen die Juden mit Strafen zu belegen und etwaige
Auswüchse in jüdischen Geldgeschäften „auf das ehrbare Mass" zu
redusieren. Der Kardinalvikar hatte ferner auf die Beachtung der
kanonischen Vorschriften bei den Juden zu achten und war später
wenigstens auch mit der Einziehung der jüdischen Abgaben betraut.

[1]) Stern S. 49.
[2]) Berliner II 2 S. 7.
[3]) N. Rosenthal Der Renchen S. 38 u. 52.
[4]) Hergenröther Regesta Leonis X. 392 No. 8268 19. April 1514 und 555
No. XXVI 1. Mai 1514.

In den ersteren war seit der vorigen Periode keine besondere Wandlung eingetreten. Von dem Tragen der Judentracht waren wie bisher die studierten Ärzte ausgenommen, die trotz aller Canones noch immer die gesuchtesten waren. Aus einer Aufforderung des Bischofs Mathias von Speyer (21. Okt. 1468) zur Bekehrung von Juden erfahren wir, dass in Rom jeder über 5 Jahre alte Jude einen gelben Ring auf der Brust, jede Jüdin zwei blaue Streifen an dem Schleier zu tragen hatten.[1]) Eine kleine Änderung in der Judentracht war unter Alexander VI. eingeführt worden. Das ziemlich umfangreiche Judenzeichen war von ihm in eine kleine Rota aus Schnüren, welche auf der linken Seite der Brust getragen werden sollte, verwandelt worden. Leo X. veränderte diese Rota in ein Abzeichen aus rotem Tuche, das die Juden in Rom, Avignon, Carpentras und Venaissin zu tragen hatten.[2]) Zu dem roten Mantel war im Laufe der Zeiten noch der strohgelbe (giallus) Biretus (Barett) gekommen.[3])

Grössere Wandlungen hatte die Höhe der Abgaben der Gemeinde erfahren. Die alte Zahlung des Zehnten und die von 1100 Gulden anlässlich der Spiele am Monte Agone und Testaccio war beibehalten worden. Es ist schon oben davon die Rede gewesen, wie sehr diese Abgaben die in ihrem Wohlstande im Anfange des 15. Jahrhunderts herabgekommene Gemeinde drückten, wie dann Martin V. die übrigen Gemeinden des Kirchenstaates zu Teilzahlungen heranzog und die römische Gemeinde sich unter Eugen bittend an den Wohlthätigkeitssinn der übrigen Gemeinden wenden musste. Trotz jenes Abkommens von 1443 scheinen die Gemeinden nur ungern ihren Anteil an den Steuern für Navona und Testaccio geleistet zu haben. Wenigstens musste 1536 Selomoh b. Izhak in Rom die Gemeinden des Landes besonders dazu auffordern.[4]) Etwas Genaueres erfahren wir dann über die Gemeindeabgaben unter Pius II. Wir hören da, dass der Zehnte vom Kämmerer Tullius Fortepisanus nur nach einer Kriegserklärung gegen die Türken eingezogen werden sollte, dass also aus demselben eine sogenannte Türkensteuer geworden war. Die Abgaben der Juden sollten nicht mehr als den dreissigsten Teil ihrer Einkünfte betragen. Ausserdem wurde von dem verständigen Finanzier angeordnet, dass die Vigesima der Juden nicht mehr als Einkommensteuer sondern als Kopfsteuer behandelt

[1]) Wiener in Monatsschrift XII. 1863 S. 459.
[2]) Hergenroether, l. c. 709. No. 11500 (8. September 1514).
[3]) Hergenroether l. c. 555. No. 8853 (17. Mai 1514).
[4]) Berliner II. 1 S. 99.

werden sollte.[1]) Die Gesamtsteuern der Gemeinde würden also im
Falle eines Türkenkrieges ausser den 1100 Gulden etwas mehr als
ein Sechstel der Gesamteinkünfte betragen haben. Sixtus IV. erliess
dann am 9. März 1471 ein Breve über die Vigesima der Juden. Aber
erst die Bulle vom 21. Febr. 1472 enthielt genauere Bestimmungen
über den Judenpfennig. Insbesondere sicherte sie dem Denunzianten
derjenigen, welche den Kollektoren der Steuer falsche Angaben gemacht, vier Dukaten vom Hundert zu. An einzelnen Orten hatten
sich die Juden schon damals zusammengethan und mit dem Kollektor
eine Pauschalsumme (compositio) für die Judenschaft ausgemacht.[2])
Der Zwanzigste wurde später zu einer festen Abgabe, deren Höhe
Innozenz VIII. im Jahre 1488 auf 1000 Scudi fixierte.[3]) Die Eintreibung des Zwanzigsten wurde dann immer bestimmten Vertrauens-
personen übertragen. So beauftragte am 22. März 1514 Leo X. den
Latinus Juvenalis mit diesem Geschäfte. „Da es aber mit der Juden
Ehrlichkeit dabei nicht weit her sei, sollten alle Juden gegebenenfalls verpflichtet sein, ihre Bank- und Rechnungsbücher daraufhin
prüfen zu lassen." [4]) Eine neue Steigerung der jährlichen Steuerlast
brachte die Bulle Alexanders vom 1. Juni 1500, in welcher allen
Juden der Welt der Zwanzigste auf drei Jahre, jährlich zu entrichten,
als Türkensteuer aufgelegt wurde. Die übrigen Abgaben der Juden
verwendete Alexander bekanntlich für die römische Universität.[5])
Der Zwanzigste, den die römische Gemeinde 1533 zu zahlen hatte,
betrug z. B. 300 Scudi.[6]) Diesen Abgaben fügte Leo X. eine Herdsteuer von einem Dukaten und eine Banksteuer von zehn Dukaten
hinzu, welche an Andreas Corsius, den Clericus Januensis, zu zahlen
waren, wofür er der Gemeinde allerdings einige Rechte einräumte.[7])
Diese Steuer hob er aber am 1. November 1519 durch ein eigenes
Breve auf. Nicht genug damit, kürzte man auch noch die Einkünfte
der jüdischen Gemeinde. Bisher hatte dieselbe eine Schlachtsteuer
von den Schlächtereien des Ghetto im Betrage von circa 2100 Scudi
erheben dürfen. Julius II. beanspruchte für die Camera apostolica

---

[1]) cod. Dresd. lat. A. 203 p. 24 b. Siehe Beilage 5.
[2]) Adolf Gottlob. Aus der Camera apostolica des 15. Jahrhunderts, Innsbruck
1889, S. 62. 158 vgl. 308.
[3]) Rodocanachi 231.
[4]) Hergenroether l. c. p. 477 No. 7504.
[5]) Gregorovius VII. 480. Tiraboschi VII. 113. Rodocanachi 244.
[6]) Stern S. 76 f.
[7]) In REJ. XXI. 285—289 von Kaufmann mitgeteilt.

durch die Bulle Nuper cupientes [1]) ein Drittel dieser Einnahme. welches
auf 700 Scudi veranschlagt wurde. So lange die Entwicklung der
Gemeinde ungestört blieb, war diese wohl im stande, allen diesen
Anforderungen an ihre finanziellen Kräfte gerecht zu werden. Als
aber unter Clemens die Stadt Unglück über Unglück heimsuchte
und schliesslich die Zerstörung der Stadt diese beinahe gänzlich
dem Untergange weihte. waren auch die Kräfte der Juden er-
schöpft. Sie sahen sich ausser stande, die Abgaben, welche die päpstliche Kammer gerade damals besonders nötig hatte, zu zahlen.
Clemens VII. musste deshalb den Juden, zum ersten Male seit ihrer
Anwesenheit in der Stadt, gestatten, eine Anleihe zu kontrahieren.
zumal die Gefahr allzu nahe lag, dass ein Sturz der jüdischen
Geldmänner den der christlichen Banquiers nach sich ziehen möchte.[2])
— Der Anteil an der von Paul III. am 10. Dezember 1541 allen
Juden auferlegten Steuer. der auf die römische Gemeinde fiel, betrug 360 Dukaten Gold, die zum 1. Mal am 20. Dezember von
den jüdischen Banquiers „Joseph de Rigniano, Emanuel de Modigliano
und Elias Corcos" dem päpstlichen Kämmerer ausgezahlt wurden.[3])
Bei alledem waren die Abgaben der Gemeinde im Vergleiche zu den
ihr später auferlegten noch mässig. Dazu kam, dass man den Juden
auch entsprechend ihren Lasten Freiheit in ihrer Erwerbsthätigkeit
gestattete. ihnen also die Möglichkeit gewährte, denselben zu ent-
sprechen. Besonders verschonte man sie mit den später ungeheuren
Zahlungen für die Katechumenen und sonstige Täuflinge. Lebten
dieselben. wie es gewöhnlich der Fall war. in dürftigen Verhältnissen
oder entledigten sich dieselben vor der Taufe ihrer zeitlichen Güter.
so rief der Papst den Wohlthätigkeitssinn der Gläubigen an. denen
er dafür Indulgenzen versprach. [4]) Wollten sich dieselben irgend
welchen Studien widmen. so setzte ihnen der Papst aus seinen Einkünften eine gewisse Rente aus.[5])

Über das innere Leben der Gemeinde sind wir in dieser Zeit
sehr mangelhaft unterrichtet. Die Gemeinde zerfiel nach ihrer Landes-
zugehörigkeit in Italiani und Ultramontani. Zu der so wohlthätigen

---

[1) Rodocanachi 232.
[2) Rodocanachi 245.
[3) Stern S. 86.
[4 vgl. z. B. Hergenroether. l. c. L. 528 No. 8431 (2. Mai 1514), II. 61
No. 14902 30. März 1515).
[5 Arch. stor. ital. Ser. III. Tom. III. Parte I. 216. Der Täufling Vitus
Modestus.

— 128 —

Einrichtung der drei Memunnim (so z. B. 1443) war mit der Zeit ein dreigliedriges Rabbinatskollegium gekommen, dessen Mitglieder den Namen „Diener der heiligen Gemeinde Rom" (משרת דק׳ק רומא) trugen. Sie wählten, wie das Beispiel Bonnets de Lattes zeigt, einen unter sich zum obersten Haupte der Gemeinde. Die Wahl der Gemeindefunktionäre fand zu bestimmten Zeiten statt, z. B. in Marsala am Sabbath Beresith[1]), in Rom später vor dem 17. Thamuz.

Die Memunnim waren Mitglieder der Congrega (Consulta) der Zwanzig und zugleich deren ausübende Gewalt. Durch die 36 Capitoli des Daniel b. Izbak da Pisa wurde die Zahl der erwählten Mitglieder der Congrega (הקריאה) auf sechzig erhöht. Ihre Zahl setzte sich aus zwanzig Banquiers, zwanzig Wohlhabenden und zwanzig Minderbegüterten zusammen; jedoch musste jedes Mitglied der Congrega mindestens einen Carlino Steuer (per ogni dazio) zahlen. Starb einer der Sechzig, so musste die Zahl durch Nachwahl ergänzt werden. Schien es der Congrega gut, sonstige würdige und verdienstvolle Männer hinzuzuziehen, so konnte die Zahl 60 überschritten, andrerseits aber gegebenenfalls durch Ausstossen unwürdiger Mitglieder verringert werden. Die Mitglieder der Congrega wurden für ein Jahr mit zwei Drittel Majorität der anwesenden Gemeindemitglieder gewählt. Beschlüsse wurden in geheimer Abstimmung durch Abgeben von weissen oder schwarzen Kugeln mit zwei Drittel Majorität gefasst. Ihren Entscheidungen verlieh der Kardinalvikar oder sein Vicegerente Gesetzeskraft. Ihre Hauptaufgabe bestand in der inneren Organisation des Ghetto. Sie hatten den Etat der Gemeinde anfzustellen und demgemäss die Steuerhöhe zu fixieren. Bei ihnen stand die Entscheidung über alles, was die allgemeine Verwaltung anging. Sie hatten das Recht, Vergehen gegen die Allgemeinheit, wie Ungerechtigkeiten gegen einzelne Individuen zu bestrafen. Zu ihren Befugnissen gehörte auch die Macht, den Bann zu verhängen, und die Verleihung des Titels Rabbiner. Ohne die Congrega durften die Rabbiner den Bann überhaupt nicht verhängen, in dringlichen Fällen nur mit Zustimmung der Fattori. Polizeifälle wurden von dem Präsidenten des Quartiers St. Angelo abgeurteilt. Aus der Mitte der Sechzig wurden in geheimer Abstimmung mit zwei Drittel Majorität die drei Fattori gewählt, von denen zwei Italiener sein mussten, einer Ultramontaner. Während seiner Amtsperiode durfte der Fattore aus Gemeindemitteln bis zu 100 Scudi ausgeben, nie jedoch mehr als 10 Golddukaten auf einmal.

[1]) Codice diplomatico dei Giudei di Sicilia I. 2. S. 364.

Eine höhere Ausgabe konnte er nur mit besonderer Erlaubnis der Congrega machen; eventuell hatte er für die Mehrausgabe mit seinem Vermögen zu haften. Starb ein Fattore während seines Amtsjahres, so musste innerhalb zehn Tagen ein Nachfolger gewählt werden. Nach Ablauf ihrer Amtsperiode hatten die Fattori vor dem Sindicato der Congrega Rechenschaft abzulegen. Ausserdem hatten sie aber vierteljährlich der Congrega Bericht über den Stand der Gemeinde zu erstatten, da sie die exekutive Körperschaft der Congrega bildeten und das Einziehen der Steuern zu besorgen hatten. Sie waren deshalb auch der päpstlichen Regierung gegenüber für alle Vergehungen der Gemeinschaft haftbar. Zu Sitzungen der Congrega luden die Fattori durch den Mandatario (Gerichtsdiener) ein. Wer ohne triftigen Grund eine Sitzung versäumte, zahlte einen Dukaten Strafe. Von den Strafgeldern wurden Waisenmädchen ausgestattet. Nur bei Anwesenheit von zwei Dritteln der Congregamitglieder konnten Beschlüsse gefasst werden. Für die Steuerverteilung wurden alljährlich vier Abschätzer aus der Congrega mit zwei Drittel Majorität gewählt (zwei Italiener und zwei Ultramontane). Nachdem sie vereidigt worden, nahmen sie die Repartition der Steuern auf die Gemeindemitglieder nach deren Selbsteinschätzung vor. Wer seine Selbsteinschätzung nicht beeidigen wollte, wurde von den Abschätzern eingeschätzt. Nachdem die Steuern festgesetzt, teilten die Abschätzer dieselben vertraulich den Fattori mit, welche die Steuer dann nach und nach in Quoten (מסיות) — je nach den Bedürfnissen der Gemeinde — durch zwei von ihnen Beauftragte einziehen liessen. Sobald die Steuer fixiert war, war jedermann verpflichtet, dieselbe innerhalb acht Tagen nach der Zustellung bei einer an die Camera apostolica zahlbaren Strafe von 25 Dukaten zu erlegen. Diese Strafe erhöhte sich bei längerer Verzögerung bis auf 50 Dukaten. Die oberste Finanzinstanz in der Gemeinde waren die zwei Camarlinghi (Kämmerer גזברים, ein Italiener und ein Ultramontaner), die abwechselnd je sechs Monate als Kassierer und als Revisor fungierten, aber keine Ausgaben ohne Auftrag der Fattori machen durften. Alle sechs Monate wurden zwei Almosensammler (פרנסים, ein Italiener und ein Ultramontaner) gewählt. Sie hatten die Sammlung in den Synagogen und die gerechte Verteilung der Almosen zu besorgen, worüber sie ihren Amtsnachfolgern Rechenschaft abzulegen hatten. Vor allem hatten sie die wöchentliche Verteilung von Lebensmitteln und von Geld an die Armen zu überwachen. Fünf aus der Mitte der Congrega erwählte Difensori dei capitoli (drei Italiener und zwei Ultramontane) wachten

über die genaue Innehaltung und Auslegung der Capitoli. Sie durften
bis 200 Dukaten für ihre Zwecke verausgaben. Gegebenen Falls
konnten Fattori und Difensori zusammen vorgehen. Innerhalb der
Congrega bestand ein engerer Ausschuss für besonders eilige Angelegenheiten, die zwanzig Consiglieri, die gemeinsam mit den Fattori zu beraten
hatten. Für äusserst dringliche Fälle durften die Fattori zu einer
Vorberatung auch eine geringere Anzahl angesehener Gemeindemitglieder berufen. Über den Fleischverkauf wachten zwei Ispettori delle
carne illecite (ein Italiener und ein Ultramontaner), welche beliebige
Strafen auflegen durften, die zur einen Hälfte den Wohlthätigkeitsanstalten, zur andern der Camera apostolica zuflossen. Die Capitoli konnten
nur auf dem Wege, auf welchem sie eingesetzt waren, aufgehoben werden.
Wer das Amt eines Difensore nicht annehmen wollte, hatte fünf Golddukaten zu zahlen; die Ablehnung des Amtes eines Fattore kostete
drei, die des Amtes eines Camarlingho zwei Golddukaten. Die fortwährend Streitigkeiten über die Capitoli, häufige Beschuldigungen
und Anfeindungen der amtierenden Beamten schlichtete schliesslich
ein Erlass des Kardinals Savelli vom 5. September 1571. In demselben wurde der derzeitigen Verwaltung Decharge erteilt. Die
Wahlen sollten auch in Zukunft durch Abstimmung vollzogen werden.
Die Congrega sollte von jetzt an aus 35 Italienern und 25 Ultramontanen
gebildet werden. Wahrscheinlich infolge von vorgekommenen Unregel-
mässigkeiten durften die zwanzig Consiglieri nach dem erwähnten Erlass
nur durch Zweidrittelbeschluss der Congrega gewählt werden. Zu den
Consiglieri sollten an und für sich die drei amtierenden Fattori und die
drei des vergangenen Jahres, ferner acht Italiener und sechs Ultra-
montane gehören.[1]) Die Protokolle und Verhandlungen der Gemeinde,
welche erst vom Jahre 1536 (1. Januar) an im Archivio Urbano nel
Campidoglio erhalten sind, wurden vom Gemeindesekretär (סופר מתא)
hebräisch geführt und vom Rabbinate vollzogen. Nach einer alten
Bestimmung war bei den eigentlichen Gemeinderatssitzungen der
Sechzig aber jedesmal einer der Rabbiner Protokollant.[2]) Die im
Archivio Urbano aufbewahrten Akten bestehen aus Urkunden über
Schenkungen, Darlehen, Ehescheidungen, aus Ehekontrakten u. s. w.
In einem solchen Aktenstück vom 6. Oktober 1538 leiht Ventura,
Sohn des seligen Angelo Calabrese, dem Ahron, Sohn des seligen

---

[1]) Nach Archivio storico italiano, Serie V, tomo XI. 1893. S. 398—405 und
nach den Akten; ganz ungenügend: Berliner II. 2. S. 87—93.

[2]) Berliner. Aus schweren Tagen. 14.

Raffaele Uriel, die Summe von 15 Scudi auf einen Monat ohne Zinsen vor den Zeugen Ješája, Sohn des verstorbenen Samuele Tripolese, und Seid, Sohn des seligen Abraham Sarmani. Von den Memunnim in dieser Zeit kennen wir im Jahre 1443: Izḥak b. Mošeh, Angelo Sohn des Leone und Angelo, Sohn des Gulielmo sacerdote [1]); 1524: Ahron [2]); 1536: Beniamin Khohen (18. September 1536—1562), Izḥak b. Jákob Giojoso (גויים) (18. September) und Mordkhai Ottoletto (1. Marḥešwan); 1538: Jehuda b. Jedidia Gatigno, Mordkhai b. Joab מכינפרי (wohl der oben Genannte); 1539: Joab, Izḥak b. Šabtai, Izḥak b. Šelomoh und Šabtai b. Joab Calabrese (den späteren Gemeinderabbiner); 1540: Josef, Mošeh di Cammeo [3]); 1543: Benjamin Khohen; 1549: David Pizzo b. Barukh und Šabtai; 1550: Abraham Crochia, Josef und Jákob — von den Parnassim 1538: Ibn Astrug (בין אבטרוג); 1550: den bereits 1539 in den Akten vorkommenden Joab b. Beniamin de Monte Santo und Semuel b. Josef ha-Khohen, der Parnes David b. Šelomoh di Cori [4]), — von den Gisbarim 1538: Abraham Levi und Mikhael di Palestrina und 1550: Ahron b. Josef, — schliesslich von den Gemeindesekretären 1498/9: Abraham degli Piatelli [5]), 1536: Mešullam di Volterra, 1538: Simšon Khohen b. Saádia [6]), 1539: Jehuda b. Šabtai und 1541 ff. Izḥak b. Jehuda. Zu diesem reichen Verwaltungspersonal der Gemeinde gehört noch der Gemeindesendbote (שליח דק״ק רומא), welcher den Verkehr zwischen den einzelnen Gemeinden in und ausserhalb der Stadt zu vermitteln hatte. Dieser grössere Verwaltungsapparat war durch das rasche Anwachsen der Gemeinde nötig geworden.

In der historischen Darstellung der Ereignisse ist auf die Neubildung der Landsmannschaftsgemeinden der spanischen und sizilianischen Juden hingewiesen worden. Die Zahl der römischen Gemeinden war zu Leos Zeiten [7]) bereits auf elf gestiegen. Nur die Namen von zehn kennen wir. Neben den älteren Synagogen כנסת יראי ד', כנסת ארבעה ראשים (scuola dei quattro capi) und כנסת ההיכל, כנ'קאשטילואני (an der Porta Portese) [8]) sind dies die כנ' קאשטיליאני

---

[1]) Berliner II. 1 S. 71.

[2]) E. Biberfeld, Reisebericht S. 27.

[3]) Ms. 9 Casa de' Neofiti, Sacerdote S. 165.

[4]) Das.

[5]) Mosè V. 266.

[6]) Berliner II. 1 S. 101.

[7]) Über diese Berliner in Buonarroti 1873. 26. und Magazin I. 84.

[8]) REJ. XXI. 285 ff. Falls die Notiz bei Berliner II, 2 S. 12 richtig ist, sind כנסת השער, כנ' ארבעה ראשים und כנ' שער אריה (Portaleone) drei verschiedene

כנסת אשכנזים und כנ׳ צרפתיים, כנ׳ ציציליאני, כנ׳ אראגוניסי. Diese einzelnen Gemeinden waren in der in der Nähe des Tiber gelegenen Hauptsynagoge untergebracht.[1]) Als die spanischen Exulanten nach Rom kamen, vermietete ihnen die Gemeinde die alte Synagoge (כנסת ההיכל) und baute auf dieselbe ein neues Stockwerk auf, in welchem von dieser Zeit an die Synagoge כנסת ההיכל untergebracht wurde.[2]) Trotz dieser brüderlichen Nähe war es mit der Eintracht dieser Gemeinden nicht weit her. Im Jahre 1540 hören wir z. B. von einem Streite der vereinigten Synagogen der Castigliani und der Zarfathim, den der hochangesehene greise Šelomoh Corcos, welcher zur Gemeinde der Aragonesen gehörte, schlichtete.[3]) Gelegentlich wird auch das „schöne Bad in der Synagoge der Spanier" erwähnt.[4])

In den spanischen Gemeinden wurde nach spanischem Ritus, in den drei alten und der Siziliana nach italienischem, in der Kheneset Zarfathim nach französischem und in der Kheneset Aškhenazim nach deutschem Ritus gebetet. In dem Gottesdienste der italienischen Gemeinden war das italienische Element bereits so mächtig geworden, dass im Jahre 1505 ein Druck der italienischen Übersetzung der Gebete von Jakob Israel (Fano) nötig war, nachdem schon mehr als zwanzig Jahre vorher eine handschriftliche Übersetzung derselben (1484) vollendet worden war. Auch die italienische Predigt war zu einem Bedürfnis der Zeit geworden, dem in der römischen Gemeinde reichlich Rechnung getragen wurde. Neben dem bereits erwähnten Prediger in der Landessprache Abraham ha-Lewi ist uns von den jüdischen Kanzelrednern der redebegabte Šelomoh Molkho bekannt, der während seines ersten Aufenthaltes in Rom allsabbathlich von der Bimah (בימה) der Synagoge in italienischer (hebräischer?) Sprache predigte.[5]) Die deutsche Gemeinde konstituierte sich erst 1541 unter der Leitung von Mošeh aus טרדיולה.[6]) Sie hielt ihren Gottesdienst im Tempio nuovo ab, wofür sie noch 1556 den Mietzins schuldete — ein Beweis wie arm die deutsche Kolonie war.

Gemeinden, so dass die Elfzahl der Synagogen dadurch voll wäre. Über die Scuola dei quattro capi vgl. Adinolfi, Roma nell' età di mezzo I. (1881) S. 21.

[1]) Flaminius Vacca in Montfaucon, Iter Italicum 267.

[2]) p. 7a. ס׳ כרך של רומי

[3]) Berliner, Aus schweren Zeiten. 8.

[4]) E. Biberfeld, Der Reisebericht S. 29. וכן סדר לי כרחץ בבית הכנסת של ספרדים והוא מרחץ יפה הטים

[5]) דברי הימים p. 93b.

[6]) Ein Šemuel b. Šelomoh aus טרדיולה 27. Aug. 1569 in den Akten. Seine Frau Bonosa. Er wird als Aškhenazi bezeichnet.

Ausserdem finden wir in der Gemeinde auch maghrebinische Juden
(אנשי מערב).[1]) Wie die Synagoge waren auch die Schlachthäuser der
Judenschaft Eigentum der Gesamtgemeinde. Dieselben befanden sich
auf einem Platze in der Nähe der Synagoge, welcher bereits 1453
von ihnen den Namen alle macella delli Judei, die spätere Piazza
de' Macelli, erhalten hatte.[2]) Auch am 13. März 1456 wird ein Haus
ad macellum iudeorum erwähnt.[3])

Von dem Begräbnisplatze der Juden Roms in Trastevere sind
durch den Vandalismus der Zeiten nur wenige Reste aus dieser Zeit
erhalten. Die Grabsteine der Juden wurden ja bei jeder möglichen
Gelegenheit der Profanierung und der Zerstörung preisgegeben. Ein
Grabstein aus dem Jahre 1543 ist wie durch ein Wunder unter dem
Schutze der Capella del Crocifisso in S. Paolo, in deren Seitenwand
er eingelassen ist, gerettet worden. Er stand einst auf dem Grabe
Speranzas, der Gattin des R. Mordkhai b. Zerabja Buscichelli, welche
am 3. Marheswan 1543 verschied.[4])

Auch im Denken und Fühlen der einzelnen Individuen hatte sich
wenig geändert. Höchstens hatte die Irreligiosität einen noch grösseren Umfang erreicht. „Es giebt keine Frömmigkeit und keine Gottes-
erkenntnis im Lande, kein Mensch thut ein göttlich Gebot, es sei
denn, um damit zu prahlen und sich zu rühmen.“[5]) Die meisten
Ceremonieen, die Laubhütte, der Feststrauss, Schaufäden und Gedenk-
riemen waren ausser Brauch gekommen.[6]) Von den Frauen wird
dagegen Glaubenstreue und Glaubensinnigkeit gerühmt.[7]) Um dem
Aberglauben zu steuern, hielt man die jungen Leute möglichst von
kabbalistischen Studien fern. Erst nach beendetem vierzigsten Lebensjahre gestattete man die Beschäftigung mit ihnen.[8]) Trotzdem war
der Aberglaube noch tiefer in die Gemeinde eingedrungen. Ariost
macht in der Komödie vom Nekromanten einen aus Spanien vertriebenen Juden, welcher unter verschiedenen Masken eben als Nekromant
zaubert und vor allem unglückliche Ehepaare ausbeutet, lächerlich.[9])

---

[1] Berliner II. 1 S. 97.

[2]) Arch. d. Soc. Rom. di storia patria IX. 1886. 607.

[3]) Marco Ubaldo Bicci, Notizia della Famiglia Boccapaduli, In Roma 1762. 615.

[4]) Vincenzo Forcella, Iscrizioni delle chiese e d'altri edifici di Roma XII. Roma 1878. 15.; Nicolai, Della Basilica di S. Paolo 160.

[5]) אור החיים Josef Jábez, Amsterdam p. 3b.

[6]) Daselbst 5a. 10b. 25a.

[7]) Daselbst 12a.

[8]) Joan. Pici Mirandulae Apologia p. 123 (Opera omnia II., Basileae 1572).

[9]) Burckhardt, Renaissance II. 306f.

Nach Benvenuto Cellini dienten besonders hebräische Worte als Beschwörungsformeln bei allen den Narrheiten des Aberglaubens und der Totenbeschwörung.[1]) Pietro Aretino behauptet sogar in seinem Ragionamento del Zoppino, dass Buhlerinnen ihre Weisheit und ihre Zauberkünste besonders von gewissen Judenweibern erlernten, welche im Besitze von Zaubermitteln seien.[2]) Auch die Unsittlichkeit hatte immer weitere Fortschritte unter den Juden der Stadt gemacht. Allerdings hielt sich dieselbe im Verhältnis zu deren Verbreitung unter den Christen[3]) immer noch in engen Grenzen. Ausserdem zog eine Stadt wie Rom eine Masse Abenteurer aus allen Gegenden an. Unter ihnen waren denn auch verkommene jüdische Individuen aus aller Herren Länder, welche vielleicht auch die Aussicht auf eine lukrative Taufe bei günstiger Gelegenheit ausser anderen Aussichten anlockte. Wie hätten denn sonst unter Alexander mehr als fünfzig Jüdinnen wegen fleischlicher Vergehungen zum Scheiterhaufen verdammt werden können, nachdem man bis dahin nichts von der Notwendigkeit derartiger Massregeln gehört hatte.[4]) Erst von da an erfährt man von Unsittlichkeit auf jüdischer Seite. Im Jahre 1498 wurde ein Jude wegen unsittlichen Verkehrs mit einer Christin verschnitten.[5]) Am 22. März 1514 schreibt Leo X. an Latinus Juvenalis, er habe erfahren, dass Juden mit christlichen Frauen in einem unsittlichen Verhältnisse ständen und dass sich Jüdinnen christlichen Männern hingäben. Er ersucht ihn, auf das strengste dagegen einzuschreiten.[6]) Im Jahre 1523 wurde eine getaufte Jüdin wegen Prostitution zu einer Geisselstrafe verurteilt. Auf die Angabe einer Person, welche die Delinquentin kannte, sie sei eine Jüdin, wurde das Mädchen lebendig verbrannt. Als man aber später erfuhr, dass dasselbe getauft war, wurde der Ankläger vom Volke gemisshandelt. Man muss allerdings bedenken, dass sich dies unter dem Spanier Calixt zutrug.[7]) Mit alledem stimmt Aretinos Beschreibung der Herkunft und der Lebensweise der Courtisanen überein, die sich aus Christinnen und Jüdinnen der niedrigsten Stände rekrutierten. Zu ihrer Anzahl steuerte Italien, Spanien und der Orient bei. Edelleute, Prälaten, Advokaten, Kaufleute.

---

[1]) Benvenuto Cellini II. 1.
[2]) Burckhardt, Renaissance II. 300. 301. 302 und 357.
[3]) Burchardi Diarium. ed. Leibnitz. 77. 82. 84.
[4]) Ettore Natali 141 f.
[5]) Burchardi Diarium. ed. Leibnitz 44. ed. Thuasne II. 443f.
[6]) Hergenroether, Regesta Leonis X. 477 No. 7504.
[7]) Ettore Natali 143.

Sbirren und Juden sind in ihrem Gefolge.[1]) Allerdings befinden sich die letzteren hier bei Aretino in guter Gesellschaft. Auch der Dichter Molza hatte unter seinen zahlreichen Maitressen eine Jüdin, deren Schönheit er besang.[2])

Von römischen Juden aus diesem Zeitalter sind ausser den in den Akten[3]) erwähnten noch zu nennen:

1423. Dezember. Verkauft Mas^to aguilo de bono ajuto an M. bona ventura den cod. München 207.

1428. 3. Juli. magister manuel Ebreus medicus wohnhaft in Rione S. Angelo.[4])

1436. Joab b. Abraham, Schächter (in Rom?).[5])

1458. 8. März. Daniel האייל aus Rom verkauft cod. München 207 an seinen Schwager, den Arzt Mordkhai b. Eliézer.

1460/61 verkauft Abraham b. Menaḥem Alatrino, (für welchen Adar 1433 cod. München 117 abgeschrieben wurde, den er gleichfalls nachgenanntem Mordkhai käuflich überlässt) cod. München 97 an den Arzt Mordkhai b. Eliézer b. Mordkhai b. Mošeh b. Eliézer aus der Familie der Angeloni (מבית אניילוני). Zeugen: Abraham b. David b. Elia und 'Uẓiel Jehuda b. Menaḥem. Mordkhai b. Eliézers Tochter Hanna vererbte codd. München 77 und 117 an Rëuben Rofe b. Jekuthiel b. Abraham Rofe di Forli b. Mešullam b. Menaḥem Rofe b. Jehuda Rofe aus Trastevere (טריסטיברי).

1465 Kislew wird cod. München 207 von Mordkhai b. Eliézer an den Arzt Šemuel b. Beniamin verkauft.

1466. (1467?) Ijar: David b. Abba Mari in Rom zahlt dem Gatten seiner Tochter Perna, Šabtai b. Elia b. Joab, 100 fiorini (Courant) Mitgift. Zeugen: Mordkhai b. Mešullam (?) und Šemuel di ברכגלה b. Jeḥiel.[6])

1467. 21. März: Benjamino Romano in Syrakus.[7])

1469. 3. Ab: Jošuà b. Šemuel aus Rom verkauft cod. Oxford 99 an den Arzt Mikhael b. Jehuda aus Rieti. Zeugen: Selomoh b. Jekuthiel und der Arzt Meïr (?) b. Jekuthiel aus Palaestro. Angeblich

---

[1]) Reumont III. 2. S. 461 f.

[2]) Rodocanachi 63. Tiraboschi VII. 1050.

[3]) Beilage 12.

[4]) Marco Ubaldo Bicci, Notizie della Famiglia Boccapaduli 598. 602.

[5]) cod. Schönblum 69.

[6]) cod. Asher X. (Hebr. Bibl. XIV. 104). Daselbst Šelomoh b. Jekuthiel (siehe 1469?) in Trastevere (בטראשטברינום) und Jehuda b. Mordkhai. Buonarroti VI 199.

[7]) Codice diplomatico di Sicilia I. 2. S. 61.

soll auch der in den RGA. des Jehuda Minz No. 2, 3 p. 5b ff. genannte Joab ben Elia b. Joab Mitglied einer aus Rom stammenden Gemeinde sein.[1])

1485. 19. Tebeth verkauft Abraham b. Jomtob Khohen in Rom an Mathithja einen cod. des College Emanuel (Cambridge).

1489. Jekuthiel b. Jošuà der Römer zeichnet als Zeuge in cod. Angelica 89.[2])

1496. Mai. Elḥanan b. Benjamin kauft in Rom cod. Oxford 1339 von Don Todros Astruc.

1508. Giovanni Marco da Roma in Triest aufgenommen.[3])

1510. 4. Adar: Der Arzt Šelomoh b. Mošeh aus Rieti verkauft cod. München 224 in Rom an Rafael b. Abraham. (Vielleicht derselbe, für den in Recanati cod. de Rossi 900 von Abraham b. Mathithja di Treves 1482 abgeschrieben wurde.)

1515. Der Arzt Aunzio.[4])

1538. Elul. Entscheidung, betreffend die Befreiung des Gatten von einer gesetzlich normierten Scheidung von seiner Gattin. Die Parteien: Regina, Tochter des Nathan Vivas de Cavaillon und Mošeh b. Mordkhai de מונטיליך. Das Dokument mit Unterschriften der Rabbiner von Mantua und Bologna (bis zum Jahre 1542 reichend).[5])

1541. 20. Februar. Mordkhai b. Menaḥem ז"ל da Zefirano (Ceprano) kauft Ms. Casa de' Neofiti 26 durch Benjamin b. Josef d' Arignano.[6])

1543. 1. November: Šelomoh b. Izḥak aus Lissabon, dann Mordkhai b. Massùd aus Tripolis, Šabtai Nissim b. Josef aus Segni, Šabtai b. Asturia Fogliese (פוליים).[7]) Šabtai Lorenzo, Aaron detto Aronita[8]), Šemuel Zaddik b. Abraham Aškhenazi, R. Joab b. Benjamin.[9])

1544. (2. Ḥešwan) verkauft Šabtai b. Jedidia cod. 9 Casa de' Neofiti[10]) an Šemuel Zoref b. Mošeh. Zeugen: Mordkhai b. Uziel und Mošeh b. Uziel da Aversa. Der Cod. von Šabtai an Josef b. Izḥak

---

[1]) Zunz. Ges. Schr. III. 175. Weshalb?
[2]) Berliner II. 1 S. 122.
[3]) Marino Sanuto, Diarii VII. 446, 454.
[4]) Ettore Natali 182. Vessillo 1885. 317.
[5]) cod. Oxf. 2304.
[6]) Sacerdote S. 175.
[7]) Vgl. Šabtai Astruc 1549 in Konstantinopel (cod. Oxf. 1267).
[8]) Vielleicht derselbe wie in cod. Oxf. 35.
[9]) Berliner, Magazin I. 80.
[10]) Sacerdote S. 165.

מיסים durch den Parnes David b. Šelomoh di Cori verkauft
(11. Adar II.).

1545. 17. Februar: cod. Paris 1098 in Rom verkauft.

1550. Josef b. Abigdor de Lattes. Mazliaḥ b. Šabtai (שקרינין)
מארבע בתי אבות של חומי, Richter.[1]

Historische Texte über das Karnevalsrennen der Juden.

1466. 1467. Memoriale di Paolo di Benedetto di Cola dello Mastro.[2]
Infessura ed. Tomasini. 69. [Eccard. II. p. 1893]: Lo ditto papa
[detto Papa] Paolo in principio del suo papato [Papato] volendo fare
cosa grata alli Romani, se ne venne ad habitare ad [à] Santo Marco,
et [e] amplio la festa dello carnelevare [Carnevale] et [e] fece che lo
lunedi dinanzi [inanzi] allo carnelevare se [Carnevale si] corresse per
li gazzoni un palio, et [/.] lo martedi [Martedi] per li iudei [Judei];
se corresse [si corse] l'altro, lo mercordi [Mercordi] quello delli vecchi,
lo iovedi se [giovedi si] givi ad [à] Nagoni, lo Venerdi si stava in
casa, lo sabbato alla caccia etc.

Michael Cannesius bei Muratori III. 2. p. 1012: Romanis ludos
ac praemia ludorum plurimum auxit. Ut enim omnes, ex quibus Res-
publica Romana coalescere videbatur, ludos suos, praemiaque ludorum
sortirentur, primum Hebraeis, tum adolescentibus, dehinc adultioribus,
postremo senibus pedestres ludos praemiaque ludorum addidit etc.

Platina in der Vita: Paulus ad ocium conversus Populo Romano
ad imitationem veterum ludos quam magnificentissimos, epulum lau-
tissimum instituit, procurante eam rem Vianesio Bononiensi Pontificis
Vicecamerario. Ludi autem erant pallia octo, quae cursu certantibus
in carnisprivio proponebantur singulis diebus. Currebant senes, adoles-

---

[1] cod. Halberstamm 223. p. 86. נוסח נט חליצה (Katalog S. 35.) cf. Magazin
I. 84. Der Beisatz bedeutet הקסר טיטום שהגלה הכיוחסות אבות בתי כארבעה
מירושלים ברוך: (David de Pomis. צמח דוד Hakdamah).

[2] Memoriale di Paolo di Benedetto di Cola dello Mastro. pubbl. da A. de
Antonis, Roma (Cappocini 1875). Das erste Rennen fand also nicht 1467 statt, wie
Ademollo, Il Carnevale di Roma; vgl. Ettore Natali 98.

centes, juvenes, judaei, ac seorsum pastillis primo quidem pleni quo tardiores in cursu essent.

Auch bei Della Famiglia Sforza, Parte II. Roma 1795. 289.

1487. Diario del Notajo del Nantiporto bei Muratori RIS III. 2. p. 1104: Alli 18. di Febbrajo furono cominciati a correre i Palii da i Giudei, e da i Vecchi etc. Burchardi Diarium. ed. Thuasne I. 240: Dominica 18 februarii, post prandium circa horam vigesimam, cucurrerunt Judei, vigesimum suum aetatis annum non excedentes, ab hospitali Angelicorum ad plateam s. Petri pro pallio rubeo duarum cannarum quod favore comitis Tendille habuit quidem judeus hispanus, qui, etsi primus pallium tetigit, tamen alius ipsum usque prope pallium precurrit ubi a quodam equo impeditus recidit; propterea fuisse de novo currendum.

1488. Burchardi Diarium. ed. Thuasne I. 291: Prima dominica sexagesime, que fuit 10 februarii usque ad carnis privium, S. S. O. N. ex camera Urbis exposuit pallia diversorum sortium pro volentibus currere, videlicet pro judeis.

1490. Burchardi Diarium. ed. Thuasne. I. 395: Dominica, 14 dicti mensis februarii, in platea S. Petri expositum fuit bravium rubeum ex cannis duobus vel circa, panni rosacii, pro quo cucurrerunt viri hebrei illuc a campo Flore.

1492. 19. Feb. Burchardi Diarium. ed. Thuasne. I. 447: Festum in Agone et alia consueta romana fuerunt magnifice peracta ac diversa bravia pro senibus, juvenibus, pueris. Judeis et asinis ac buffalis, ad instar anni superioris donata.

1493. Februar. Burchardi Diarium. ed. Thuasne II. 40.

1499. Burchardi Diarium. ed. Thuasne. II. 508: Dominica quadragesime, que fuit 3 februarii; cucurrerunt Judei a campo Flore usque ad castrum s. Angeli circa portam Burgi pro pallio panni rubei, quod in illa die non fuit datum, pro eo quod dicebatur mossam non fuisse bonam. Recurrerunt igitur die lune 4 februarii iterum, post horam vesperarum a campo Flore, sive a clavica inter domos Rmi. D. vice-cancellarii et D. Coronati de Planca, usque ad plateam s. Petri, et habuit pallium ille qui etiam heri fuerat primus.

1499. A. Ademollo, Il carnevale di Roma al tempo di Alessandro VI, Giulio II e Leone X (1499—1520) Firenze 1891. 25: 10. Februar. La festa similiter de testazo preter opinionem omnium, si è facta senza scandalo e questo è proceduto per due cause: la prima perchè gli Spagnoli quel giorno non se sono mancho reserati che sogliano fare li Judei el Venerdì sancto etc.

1500. Burchardi Diarium. ed. Thuasne. III. 22: Veneris carnisprivii, 28 februarii, cucurrerunt Judei a clavica vicecancellarii ad plateam s. Petri pro pallio suo solito.

1502. Am Feste des hl. Stephanus. Burchardi Diarium. ed. Thuasne III. 179 f.: 27. Dezbr.: Post prandium, cucurrerunt Judei de cloaca vicecancellerii usque ad plateam s. Petri, et senes de pyramide in Burgo usque ad eamdem plateam pro palliis consuetis. Judeus non habuit suum. Recurrerunt Judei, die martis 28 decembris, de eodem loco ad eundem, quia dicebatur quod mossa non fuisset bona; et Judeus cui debebatur pallium heri, iterum vicit hodie et habuit.

1504. cod. Paris lat. 5163 fol. p. 198ª: Die Dominica XI. Februariy post Prandium cucurrerunt Judei à Campo Flore ad Turrim S. Angeli Pontem respicientem Papa in Camere horti vidente.

Burchardi Diarium ed. Thuasne III. 332: Dominica, 11 februarii, post prandium, cucurrerunt Judei a Campo Flore ad turrim castri s. Angeli pontem respicientem, Papa in camera horti vidente.

1505. cod. Paris lat. 5163 fol. p. 118ₐ: Lunae 27 Januariy post Prandiū a Campo florae usque ad Castrum S. Angeli cucurrerunt Judei bina vice quia pᵐᵃ (= prima) motio non fuit bona et qui primo fuit primus, et secundo primus et habuit palliū. p. 207ᵇ: Lune 22 (lies 27) Januarij post Prandium à Campo Flore ad Castrū S. Angeli cucurrerunt Judei binavice quia prima motio non fuit bona, et qui primus fuit primus fuit (!), et 2º primus, ac habuit Palium.

Burch. Diar. III. 376: Die Lune, 27. januarii, post prandium, a campo Flore usque ad castrum s. Angeli cucurrerunt Judei etc.

1506. cod. Paris lat. 5163 fol. p. 158ª: Martis 17 februariy, et sequeñ Judei, et ceteri cucurrerunt pro palijs more solito, et alia festa (158ᵇ) bestialia Romae habita sollemniter.

1506. Burch. Diar. III. 418: Martis, 17 februarii, et sequentibus diebus, Judei et ceteri cucurrerunt pro pallis, more solito, et alia facta bestialia Rome habita solemniter.

1513. J. J. de Pennis. Cronica della festa magnifica. Abgedruckt auch bei Ademollo, Il carnevale. Firenze 1891. 45. Vgl. Allg. Ev.-Luth. Kirchenzeitung 1885. 157 f.

> Corsesi poi el Pallio de Judei;
> Fu di panno rosati Bolognese;
> Questi passorno con loro trofei,
> Adorni bene pur alle lor spese,
> E furno tanti, che dir non saprei,

Armatti tutti, chi spade e palvese,
Chi corsaletti, ronchi, spiedi e lance,
Che non parevano uomini da ciance.
Haveni i corridor vestiti bianchi,
Cucito adorni Ulivo con Orpello
Ch'erano di lunghezza insino ai fianchi;
Ciascuno in capo un bizarro cappello,
Esser pareva a lor gagliardi e franchi,
Che ne li porti tutti Farfarello;
Con un Ulivo grande badiale
Adorno tutti al Palazzo Papale.
Alla cloaca di Santa Lucia
Fu dato il campo e tirata la corda;
Quando fu il tempo, della tuba uscia
El suon, che par che ciascheduno assorda:
Non bisognò nè sapon, nè licia,
A fargli correr con la voglia ingorda;
E chi prima, e chi poi. el piede scosse,
Tanto che non fu il di buon e le mosse.
Cruciossi Salomon, Jacobe, Isache,
Elia, Moisè, ed Alfagore.
E Aron, che sudate avea le lache,
Sabbatuccio e la Bocca di Nasore.
Le forze di Vital non eran strache
Perchè fu il primo, e l'altro di ricore
Cogli altri insieme, e prima encor fu il giorno,
E così il Palio Judei guadagnorno.

1520. Marino Sanuto, Diarii XXVIII. 277. Domenica passata, se commenzò a dar principio a le feste de carneval, et quello jorno li judei corseno el palio nudi: Erano a compagnar li sui coredori armati ben da forsi 3000 zudei, et perchè li fo ingano al dar de la morse, el palio non fu dato, di sorte che li fo forzo corer el zorno sequente, che fo el Luni.

Cicogna, Diarium des Marc Antonio Michiel. 51: Am 12. Februar begannen die Carnevalslustbarkeiten. Die Juden liefen nackt von der Chiavica bis zum Palast. Der Preis des Tages, das Pallium von Scharlachtuch, war vorher, von Governatore, Senator, Konservatoren u. a. begleitet, zum Palast getragen worden, wo es dem Sieger überreicht werden sollte. Diesmal wurde es jedoch nicht verliehen, es

hiess, weil beim Ablaufen eine Unregelmässigkeit vorgekommen war. Tags darauf wiederholte man diesen Wettlauf.

1545. Vincenzo Forcella, Catalogo dei Manoscritti riguardanti la storia di Roma che si conservano nella bibliotheca Vaticana, Rom 1879. p. 123. n. 18—63. 4°. sec. XVIII. (127—138ᵇ). Feste di Agone, e di Testaccio fatte ⁻ Carnevale in Roma nel 1545 sotto Paolo III.

Eine genaue Schilderung des Karnevals im Jahre 1545 in Della Famiglia Sforza, Parte II., Roma 1795. p. 285—289 erwähnt die Juden nicht.

1547. Natali 99. Beim Laufe stirbt ein Jude.

Die römische Gemeinde im Zeitalter der Reaktion.
Zeit des Verfalles.
(1550—1793.)

Es ist ein düster trauriges Bild, das der Geschichtsschreiber der jüdischen Gemeinde in Rom in dieser Zeit zu entwerfen hat. Wie wenig Lichtstrahlen, wie viel Schatten und Finsternis in diesem Gemälde! Die Furien des Glaubenshasses und des Fanatismus, all' die dunkeln Geister, die das Licht scheuen, losgelassen gegen ein wehrloses Volk, dessen ehrliches Ringen und Streben man schamlos missdeutet, in dessen Herzen man jede höhere Regung, jedes selbständige Gefühl gewaltsam zu ersticken bestrebt ist! Ein thörichtes, für böse Einflüsterungen nur allzu empfängliches Volk, das gern lacht und scherzt, und dabei vergisst, dass des einen Lust des andern Leid ist, gehetzt gegen Mitmenschen, deren grösste Schuld es ist, dass sie ein andres Bekenntnis mit dem Allvater im Himmel eint! Die Mauern der Zwingburg sind zur undurchdringlichen Scheidewand geworden zwischen Mensch und Mensch. Ihre Bewohner sind nicht mehr Wesen gleichgeachtet, für die, wenn nicht das Gesetz des Rechts, so doch das des Mitleids gelten sollte, sie sind gestrichen aus der Gemeinschaft der Menschen und nur zum Exempel, wie schwer die erzürnte Gottheit strafen kann, am Leben gelassen. Eine Kette der ausgesuchtesten Leiden, eine ununterbrochene Folge von herbem Unglück und bitterem Missgeschick, wie sie nur Israels Leidensgeschichte aufzuweisen hat, ein langsames Hinmartern des vom Schicksal verfolgten und „von seiner Gottheit verstossenen" Sklaven — das ist die Geschichte der römischen Gemeinde im Zeitalter der Reaktion. Mit sehnsüchtiger Freude begrüsst das suchende Auge des Forschers die wenigen Stellen, wo sich den Elenden ein Augenblick der Ruhe und des Glückes bietet, immer fürchtend, dass der nächste Moment das schöne Bild des Friedens und der Freude grausam zerstöre. Es gehört ein gefestigter Sinn dazu, sich nicht von der Erbitterung und vom Groll beim Anblick all' des Elends und des Jammers fortreissen zu lassen und die allzukurze Zeit des Glücks zu vergessen, das redliche Streben zu lindern und zu mildern nicht zu verkennen oder gar zu übersehen. Als König Humbert das Florentiner Ghetto besuchte, soll er gesagt haben: „Zeigen Sie mir nur das Hässlichste und Abstossendste." Mit welch' stolzer Befriedigung mag ihn dabei der Gedanke erfüllt haben: Ich kann und will die Riesenschuld vergangener Jahrhunderte durch Werke der Menschenliebe und Toleranz tilgen, ich will gut machen, was Jahrhunderte gesündigt und gefrevelt haben. Der Ausblick auf die neue Zeit, welche die Leiden der Vergangenheit fast vergessen gemacht, und die greifbare Erkenntnis der waltenden Gerechtigkeit in der Geschichte der Menschheit sind es neben der Liebe zur Wahrheit allein, die zu massvoller, unparteiischer Betrachtung jenes ernsten und für die Geschichte des Menschengeistes nicht uninteressanten Bildes dauernd mahnen.

Der Fortgang der Reformation in Deutschland, das Entstehen protestantischer Reiche hatte den Päpsten die Augen geöffnet; das Murren der ganzen Christenheit hatte sie darauf aufmerksam gemacht, dass es auch für sie einen Richter gebe, dass auch für Rom kirchliches Gebot und kanonisches Recht gelte, dass es mit einem Worte nun ein Ende haben müsse mit aller Sorglosigkeit, dass es gelte, Fuss zu fassen und Stellung zu nehmen gegen den mächtigen Ansturm von allen Seiten, die Waffen zu rüsten zur Verteidigung des noch unversehrt Gebliebenen. Als ein Zeichen dieser Sammlung der Kräfte ist das Tridentiner Concil, die Schaffung des Index der verbotenen Schriften und auch die Änderung der Stellung des Papsttums gegenüber den Juden aufzufassen. Viele haben unter diesen Massregeln schwer zu seufzen gehabt. Wenn man aber die Frage aufwerfen würde, wer am meisten unter dieser Rückwirkung der Reformation zu leiden gehabt hat, so müsste die Antwort unstreitig lauten: die jüdische Gemeinde der Stadt Rom. Sie hat ihr die Luft zum Atmen, das Recht zum Arbeiten, die Lust zum Leben geraubt, sie hat ihr Herzblut vergiftet, ihre Freuden vergällt, ihre Gemüter verbittert. Eins hat aber die Gemeinde wach erhalten, eins hat sie zurückgerissen vom Abgrunde

des sittlichen Verfalles, der schützende Talisman des Judentums: seine
Lehre und seine Religion. — Es gehört mit zu den Rätseln der
jüdischen Geschichte, dass das Geschick die Juden niemals, auch nicht
im herbsten und bittersten Unglück, gänzlich ohne Schützer und Vormund gelassen hat. Diese Mission erfüllten in Rom in dieser Zeit die
städtischen Behörden — und die Inquisition. Mit dem Sinken des
päpstlichen Ansehens in der Stadt im 17. und 18. Jahrhundert wuchs
in gleichem Verhältnisse das der weltlichen und geistlichen Behörden.
Die selbständigen und mächtigsten Papstgestalten dieser Epoche sind
aber stets Helfer und Schützer der jüdischen Gemeinde gewesen.
Waren die Päpste aber Gegner und Feinde der Gemeinde, so lag es in
der Hand der ausübenden Beamten, ihre strengen und grausamen Befehle gegen das Ghetto zu mildern, ja sogar nicht selten durch Bestimmungen in ihrer Machtsphäre aufzuheben und die Gemeinde so
vor gänzlichem Verderben zu retten. Sie mögen den Juden im Ghetto
den Glauben an die Menschheit erhalten haben bis zu jener grossen
Zeit des Triumphes der Menschenrechte, bis zur französischen Revolution.

Die kaiserliche Partei der Reaktion hatte nach langem Conclave
am 7. Februar 1550 die Wahl Giovan Maria's del Monte durchgesetzt,
der am 22. Februar als Julius III. gekrönt wurde. Unter ihm sollte
der erste Teil des Programms der reaktionären Partei zur Ausführung
kommen, ohne dass es eigentlich in des Papstes ursprünglicher Absicht
gelegen hat. Er selbst war seinen jüdischen Unterthanen wohl ebenso
gewogen wie seine Vorgänger. Wie diese vertraute er sich jüdischen
Leibärzten an. Kurz nach seinem Regierungsantritt, am 7. Juni 1550,
berief er den in Medicin und Physik tüchtigen Theodoro de Sacer-
dotibus (Eliézer ha-Khohen de Viterbo?) an seinen Hof als seinen Leibarzt[1], — später, als ihn eine Krankheit heimsuchte, Vitale (Jehiel
Rebabiah) Alatino de Pomis[2] aus Spoleto und Amatus Lusitanus[3],
denselben, der bereits vorher in Ancona des Papstes Schwester Jacoba

---

[1] Marini, Archiatrj II. 297, I. 418; Giov. Andres. Dell' origine dello stato
attuale e de' progressi d'ogni letteratura e scienza venezia. 1800: Tom. XIV. 235 in
Allg. Ztg. d. Judenthums 1842, 631; s. David de Pomis צמח דוד Einltg.

[2] Marini I. 417, צמח דוד Einltg. Dessen Bruder Mošeh ist der Übersetzer
des ersten Teils des Avicenna und des Themistius De coelo et mundo ins
Lateinische.

[3] Amati Lusitani Doctoris Medici praestantissimi curationum medicinalium
centuriae septem. Burdigalae 1620. Dritte Centurie, praefatio.

de Monte geheilt hatte. [1]) Durch ein Breve berief er das Medizinal-
kollegium von Padua, um den Juden aus Imola, Leone Benaja, zu
prüfen und zum Doktor zu kreieren. [2]) Wie die Edelsten seiner Vorgänger verbot er die Taufe von Judenkindern gegen den Willen der
Eltern und setzte sogar eine Strafe von tausend Dukaten auf einen
solchen Gewaltakt. [3]) Er hat das den Marranen in Ancona gewährte
Wohnrecht nicht angetastet. [4]) Die von Paul III. dem Kardinalvikar
der Stadt, Philippus Archintus, verliehene aktive und passive Jurisdiktion über die Juden der Stadt, in die sich kein Richter und keine
Magistratsperson einmischen sollte, bestätigte auch er, da er vernommen,
dass die Juden ihre Prozesse in letzterer Zeit vor andere Tribunale
oder Private gebracht, was zu mancherlei Klagen Anlass gegeben
hatte. [5]) Auch die Abgaben der Juden der Stadt hat er nicht besonders erhöht. Zu der allen Juden auferlegten Vigesima, die im
Jahre 1551 eine Summe von 9855 Scudi einbrachte [6]), und den althergebrachten Abgaben fügte er in einer Bulle Pastoris aeterni vices
vom 31. August 1554 eine Synagogensteuer von 10 Golddukaten auf
jedes jüdische Bethaus im Kirchenstaate hinzu, deren Zahl damals 115
betrug. [7]) Dieses Geld war für das Haus der Neophyten bestimmt,
das auf Kosten der Juden erhalten werden sollte. Zu dem Akte aber,
welcher seine Regierung für die Geschichte der Juden gebrandmarkt
hat, zu der Verbrennung der talmudischen Schriften ist er durch In-
triguen und Wühlereien getrieben worden, ohne die er sich vielleicht
nie zu einer derartigen Gewaltthat veranlasst gefühlt hätte. Ein
Vorspiel derselben war die Verbrennung eines zum Judentum über-
getretenen Franziskanermönches, namens Cornelio aus Montalcino in Rom
(4. Sept.). [8]) Der Scheiterhaufen sollte nicht der einzige in diesem Jahre
bleiben. Die beiden venetianischen Patrizier und Besitzer hebräischer
Druckereien, Bragadini und Giustiniani, waren in einen Konkurrenz-
streit geraten, der bald dahin ausartete, dass die beiden Firmen, um

---

[1]) Das. Centuria II. 1.

[2]) Marini I. 296.

[3]) Pignatelli, Consultationes, Tom. V. cons. 14, n. 200; p. 69.

[4]) Stern S. 95 u. 108.

[5]) Motuproprio: Cum. sicut accepimus, universitatem Hebraeorum Urbis.

[6]) Alberi, Relazioni degli ambasciatori veneti al Senato, Serie II. Vol. III:
Relazione di Roma di Matteo Dandolo 1551. 352.

[7]) Erwähnt in der Bulle vom 23. März 1556: Dudum postquam. s. a. כיר
1870. 372, Rodocanachi 228.

[8]) Zunz, Synagog. Poesie 336. Diario di Cola Calleine (Ms. Berl. ital. f. 9) 348b.

einander zu vernichten, getaufte Juden, welche in ihren Offizinen thätig waren, nach Rom schickten, um hier beim Papste den Talmud und alle hebräischen Schriften zu verleumden. Den vereinigten Wühlereien der Konvertiten Ḥananel de Foligno, Joseph Moro (Philippo) und Šelomoh (Vittorio Eliano) Romano, — des Enkels Elia Levitas — gelang es auch wirklich den Papst zu veranlassen, eine Kommission zur Beurteilung der hebräischen Bücher einzusetzen: „So wurde die Untersuchung dieser Angelegenheit den Kardinälen, d. h. so viel wie Blinden das Urteil über Farben, übertragen, die mit den Augen jener treulosen Angeber sehen mussten und deshalb bald die Vernichtung des ganzen Talmuds durch Feuer aussprachen". ¹) Am 12. August 1553 erliess der Papst ein Edikt an die Fürsten, Bischöfe und Magistrate, die beiden Talmude zu konfiszieren und zu verbrennen. Den Juden wurde bei Güterkonfiskation die sofortige Auslieferung aller talmudischen Bücher anbefohlen. Auch den Christen wurde untersagt, sie zu lesen, im Besitze zu behalten oder Juden beim Schreiben und Drucken derselben zu unterstützen. ²) Kaum war das Dekret erlassen, liess der römische Magistrat in der Stadt Haussuchung bei den Juden halten und alle vorgefundenen talmudischen Bücher auf den Campo di fiore schleppen. Am Sonnabend, den 9. September, — es war der jüdische Neujahrstag —, wurden die Bücher trotz aller Bitten und Vorstellungen der Juden in Rom auf dem genannten Platze verbrannt.³) Wie mit Windeseile wurde der Befehl in ganz Italien verbreitet. Noch in demselben Monate loderten die an dem Rückgange der päpstlichen Macht wahrlich unschuldigen Bücher in Bologna⁴) und im folgenden Monate in Venedig⁵) auf. Gleiche Auto-da-fés folgten in Ravenna, Ferrara, Mantua und in der ganzen Romagna. Ein Wehruf

---

¹) Brief des Andreas Masius an Kardinal Pighinus aus Rom vom 24. Dezember 1553 und Brief desselben vom 19. Februar 1554 an den Gesandten Marcus Antonius de Mula in Venedig in Acta Academiae Theodoro-Palatinae, Mannheim 1794. VII. 344. 348. vgl. Perles, Studien 223.

²) Das Dekret in der Bulle vom 29. Mai 1554 erwähnt; s. Erler im Archiv für Kath. Kirchenrecht LIII. 44; Reusch, Index I. 47; Berliner, Censur und Bücherconfiscation 3.

³) עמק הבכא ed. Wiener 208. ed. Letteris 111; Ettore Natali, Ghetto 84.

⁴) שלשלת הקבלה p. 96a; Ferraris Prompta Bibliotheca 1763, III. 297: et anno 1553 cum Festa Tabernaculorum a Judaeis Septembri mense celebrarentur.

⁵) Josef Khohen דברי הימים p. 139b; Abraham Menaḥem b. Jákob Khohen Kafa de Port Aškhenazi בלולה מנחה Verona 1593, Sektion הברכה זאת ad v. אש סימני p. 208b; Jehuda Lerma יהודה לחם Vorwort; Jacobi Pignatelli Novisimae consultationes canonicae II. 462.

ging durch ganz Italien: „Unsere heiligen Schriften sind dahin, das
wenige, was uns geblieben war! Wehe, dass wir das Jahr sahen, in
dem der Allmächtige unter unseren Feinden war, als der Papst und
seine Kardinäle von Rom aus befahlen, uns die heiligen Bücher zu
rauben, all' unsere Herrlichkeit", klagt ein jüdischer Mann.[1] „Ach,
dass unsere Augen das Feuer gesehen, das nimmer erlöscht! Zu
Tagen des Fastens, der Thränen und der Klagen habe ich mir jene
Tage alljährlich bestimmt, denn unheilsschwer waren sie wie die Verbrennung des Heiligtums Gottes", tönt es von Abraham Rafa de Port's
Lippen bei der Erinnerung an die Unglückszeit.[2] Und so klingt es
wieder in den Erzählungen der jüdischen Chronisten. Auch ein christlicher Gelehrter der Zeit empfand die schreiende Ungerechtigkeit
dieses grausamen Befehls. Andreas Masius schreibt in einem Briefe
an den Kardinal Pighinus: „Ich habe schon an anderem Orte von
meiner Erbitterung über diesen frevelhaften Urteilspruch über den
Talmud der Hebräer geschrieben. So oft ich daran denke, fühle ich
Folterqualen, dass ihr euch auf die Klagen zweier Männer, die aus
purer Gewinnsucht entstammten, und auf das Zeugnis zweier von
diesen feindlichen venetianischen Buchhändlern gedungenen Juden-
christen, — wenn sie diesen Namen verdienen — so unüberlegt zu
diesem Urteilsspruche zur ewigen Schmach des apostolischen Stuhles
entschlossen habt".[3] In der That findet sich keine Entschuldigung
dafür. Man behauptete zwar, dass die Freiheit, alle Arten Bücher
zu lesen, das Volk verseucht habe und fand es deshalb damals für
richtig, nach dem Beschlusse des letzten Laterankonzils alle häretischen
und verdächtigen Bücher zu verbieten und die Strafbestimmungen
gegen die, welche sie lesen, drucken oder ausführen, zu erneuern.[4]
Hat aber der Talmud das Volk verseucht? Allerdings war in jenem
Konzile auch beschlossen worden, dass keine andere Lehre als die von
der römischen Kirche gutgeheissene gelehrt werden dürfe und dass
alle, welche anders glauben und lehren, als Häretiker verdammt
werden sollten.[5] Das mag eine Verteidigung gewesen sein, — ist
aber keine Rechtfertigung! Auch gegen die übrigen hebräischen
Schriften war dasselbe geplant. Die jüdische Gemeinde Roms that
alles Erdenkliche, um das zu verhindern. Die Rabbiner der Stadt

---

[1] cod. Oxf. 1623, 3. ספר וכרון Einltg.
[2] מנחה בלילה Verona p. 203b. vgl. Grätz IX² 337 Anm. 1.
[3] Acta Acad. Theodoro-Palatinae VII. 344.
[4] Cod. Ms. Dresd. F. 82 p. 3b; s. Beilage 14.
Das.

10*

Mikhael b. Izḥak, Josef b. 'Obadia di Arignano und vor allem
R. Josef de Arli (Marli), der vom Papste eine Vollmacht für die
Untersuchung dieser Frage erhalten hatte, traten wacker für die Verteidigung der heiligen Bücher ein. Zwei von den erwähnten Konvertiten suchten letzteren aber bei der Beratung zu verleumden und
totzureden. Josef verlor dadurch nicht den Mut. Kühn schleuderte
er den Anklägern das Wort entgegen: „Schweigt, denn ihr versteht
nicht einmal in Gottes Gesetzbuch zu lesen!" In einer längeren
Auseinandersetzung widerlegte er sie dann so schlagend, dass
sie sich schimpflich zurückziehen mussten.[1]) In einer späteren Beratung über dieselbe Angelegenheit bat der Papst den in der hebräischen Literatur sehr bewanderten Kardinal Sacristo um sein Urteil.
Er sprach sich unumwunden für die Erhaltung der hebräischen Bücher
aus.[2]) Daraufhin erliess Julius III. am 29. Mai die Konstitution:
Contra Hebraeos retinentes libros Thalmudis. In derselben bestimmte
der Papst eine genaue Nachforschung nach den talmudischen und
allen den Schriften, welche Schmähungen gegen das Christentum enthalten. Binnen vier Monaten sollten sie alle bei Geld- und gegebenenfalls sogar bei körperlichen Strafen ausgeliefert werden. Wegen anderer
Bücher sollten die Juden unbehelligt bleiben. Diesen Bestimmungen
wurden dann noch der Befehl der Censierung und Tilgung antichrist-
licher Stellen in den betreffenden Büchern hinzugefügt, die Quelle
fortwährender Beunruhigungen und neuer Bedrückungen.[3])

Aus dem Gefühle der gemeinsamen Gefahr entsprang das Bedürfnis nach einer neuen Rabbinerversammlung. Am 21. Juni (21.
Tammuz 1554) versammelten sich in Ferrara 14 angesehene Rabbiner
Italiens, unter ihnen die beiden Römer Jehuda b. Sabtai und Elia b.
Selomoh Corcos, um einige wichtige sociale Fragen durchzuberaten
und den sittlichen Halt der Gemeinden zu festigen. Die Beschlüsse
der Versammlung sind bis ins 18. Jahrhundert und weiterhin in voller
Gültigkeit geblieben. Die Ausbreitung der hebräischen Buchdrucke-
reien und die neueren Einschränkungen derselben durch die Kirchen-
gesetze machten die Bestimmung nötig, dass kein bisher ungedrucktes
Buch ohne Erlaubnis und Approbation von drei ordinierten Rabbinern
oder, falls am Druckort keine Gemeinde, ohne die der Vorsteher der
nächsten Gemeinde gedruckt werden solle. Wird das Buch in einer

---

[1]) Cod. Hebr. Strassburg 36. f. 25 b (Katalog Landauer S. 50).
[2]) Das. f. 48 a.
[3]) Reusch. Index I. 47: עֵמֶק הַבָּכָא p. 113.

grossen Stadt gedruckt, so hat zu der Approbation der Gemeindevorsteher
die von drei ordinierten Rabbinern zu kommen. Die Namen derselben
müssen in der Einleitung des Werkes genannt werden. Es wird jedem
Israeliten bei 25 Scudi verboten, ein Buch ohne solche Bestätigung zu
kaufen. Die Strafsumme fliesst der Almosenkasse des Ortes des Zu-
widerhandelnden zu. Weitere Bestimmungen erheischte die Wahrung
der Autorität der rabbinischen Gerichte. Nur mit Erlaubnis der Gemeinde oder des Stadtrabbiners durfte ein Jude einen Prozess mit
einem Glaubensbruder vor ein christliches Gericht bringen. Hatte er das
dennoch gethan und dies später bereut, so sollte ihm kein Rabbiner und
keine Gemeinde gestatten, dieselbe Sache vor das jüdische Gericht zu
bringen. Ohne Zustimmung der prozessierenden Parteien oder der von
ihnen gewählten Richter wurde es in Civilprozessen nicht erlaubt, auch
nicht mit Weglassung der Namen, eine Entscheidung aufzuschreiben.[1]
Eine weitere Bestimmung war, dass an einem Orte, wo ein von der
Gemeinde oder deren Vorstehern eingesetzter Rabbiner amtierte, ein
auswärtiger oder sonstiger Rabbiner ohne die Erlaubnis des Orts-
rabbiners keine mündlichen oder schriftlichen Rechtsentscheidungen
treffen dürfe, ausser in Fällen, wo der letztere die Übernahme des
Prozesses zurückgewiesen. Die Wohnverhältnisse der Juden und das
Bestreben, den unbemittelten Juden die Sorge um ein Unterkommen
zu erleichtern, hatten Rabbi Geršons Bestimmung über das ewige
Mietsrecht veranlasst (חזקת הבתים), die unter den Ghettoverhältnissen
Italiens eine erneute Wichtigkeit erhielt. Diese Bestimmung war in
Italien stets eingehalten worden. Sie bildete auch die Grundlage des
späteren römischen Mietrechts. Es war nun in letzter Zeit vorgekommen, dass Hausbesitzer bei Häuserverkäufen die Anrechte ihrer
jüdischen Mieter für ungültig erklärten.[2] Es wurde daher in Ferrara
an die alte Bestimmung erinnert, dass das Wohnrecht der Juden selbst
nach dem Hausverkaufe in Kraft bleibt. Auch eine zweite Einrichtung Rabbi Geršons musste hier erneuert werden. Da schon damals
die eigentümliche Sitte in Italien grössere Verbreitung gefunden hatte,
durch päpstlichen Dispens nach zehnjähriger kinderloser Ehe die Erlaubnis zur Ehelichung einer zweiten Gattin zu erlangen, sah sich die
Versammlung veranlasst, an jene ehrwürdige Satzung Rabbi Geršons
zu erinnern, welche die Monogamie zur gesetzlichen Norm im Juden-

---

[1] Vgl. שו״ת מהר״ם פאדוא No. 40.
[2] תקנות חכמים (Brody 1879, Auszug aus der Zeitschrift עברי אנכי) S. 9 ein
derartiger Fall in Bologna.

tum erhob. Sie bestimmt, dass der Gatte, wenn ihm seine Gattin
einen Sohn oder eine Tochter geschenkt hat, ohne die vor zwei
Zeugen gegebene Erlaubnis seiner Frau und eines ihrer Verwandten
keine zweite Frau ehelichen darf. Schliesslich wird derjenige, der
sich erkühnt, ein noch nicht zehnjähriges Mädchen ohne Erlaubnis
der Eltern oder, falls dasselbe eine Waise ist, ohne Erlaubnis
zweier ihrer nahen Verwandten sich anzuverloben, samt seinen Trau-
zeugen mit dem scharfen Banne bedroht. Eine Zusatzbestimmung
über Zinsgeschäfte fand auf die römischen Verhältnisse keine Anwendung.[1] So war eine neue Schutzwehr geschaffen, eine neue
innere Kräftigung zur Abwehr all' des drohenden Unheils, das nur
zu bald eintreten sollte.

Es hatte zwar den Anschein, dass für die Juden nach dem
Ableben Julius III. eine bessere Zeit kommen würde, wenigstens
berechtigte sein Nachfolger Marcellus II.[2] zu den freudigsten Hoffnungen. Zwar zur Reformpartei gehörig, verstand er es doch mit
frommer Strenge Güte und Mässigung zu paaren. Jedenfalls konnte
seine Regierung nicht von Einfluss auf die Geschicke der Gemeinde
sein, da ihr nur eine zwanzigtägige Dauer beschieden war. Und
doch hätte ein Ereignis unter seiner Regierung der römischen
Gemeinde den Untergang bereitet haben können. Ein spanisch-
arabischer Christ, der Advokat Sulim, hatte im Einverständnis mit
seiner Geliebten sein Mündel ermordet, um sich seines grossen Vermögens zu bemächtigen. Um den Verdacht von sich abzulenken,
nagelten sie den Leichnam des Kindes auf ein Kreuz, das sie dann
auf dem Campo Santo niederlegten. Die ganze Stadt geriet in die
furchtbarste Aufregung; auf den Strassen predigte man gegen die
Juden, die man des Verbrechens beschuldigte. Marcellus war durch
die Kunde von dieser angeblichen Unthat der Juden so aufgebracht,
dass das Schlimmste für die Gemeinde zu befürchten war. Ein Fast-
tag wurde von ihr festgesetzt. „Sie teilten fromme Gaben aus, flehten
den Gott ihrer Väter an, der sich von ihnen finden liess." Der
Kardinal Alexander Farnese war es, der sich der Juden annahm. Er

---

[1] תקנות חכמים Brody 1879. Mit einigen Varianten in den Namen bereits im
s. v. הקנות p. 157b ff. mit Zusätzen פחד יצחק als הקנות שנהקנו בפיראר als Izhak
Lampronti. David Terni in שפת אמת p. 121a (vgl. 97b) bemerkt, dass diese
Statuten in Florenz, Pesaro, wie überhaupt in Piemont beachtet werden (Brüll,
Jahrbücher IX. 101). Semuel Arkevolti erwähnt sie in פלגי מים p. 15a.

[2] Über seine tüchtigen Kenntnisse im Hebräischen vgl. Colomesii Italia et
Hispania orientalis, Hamburg 1730, 77 ff.

beschwichtigte Papst und Pöbel durch verständiges Zureden. Um
das Kind rekognoszieren zu können, liess er das Gerücht aussprengen,
es sei vom Papste heilig gesprochen worden. Zahlreiches Volk
strömte zusammen, während Richter und Beamte bei der Leiche darauf
achteten, ob jemand das Kind erkennen würde. Es dauerte auch nicht
lange, bis das Kind als Mündel des Spaniers von einem Arzte erkannt wurde. Der Kardinal liess darauf vor dem Volke Sulim und
seine Geliebte durch den Bargello gefangen nehmen. Ḥananel Foligno,
der schon auf eine Vernichtung der Gemeinde gehofft hatte, gab sich
aber nicht zufrieden und hetzte das Volk noch mehr gegen die Juden
auf. Die Gemeindevorsteher erliessen darauf an Ḥananel die Aufforderung zu einem öffentlichen Dispute. Die Richter holten ihn in
der That herbei. Seine schändliche Gesinnung wurde aufgedeckt und
er musste sich mit Spott und Schande zurückziehen: „Der Himmel
offenbarte sein Verbrechen und die Erde erhob sich gegen ihn." Ein
Verhör der beiden Gefangenen ergab vollständig deren Schuld. Sie
konnten dieselbe nicht ableugnen, da man im Hause des Spaniers das
blutbefleckte Bett des Knaben gefunden hatte. Nach einer Version
wurde Sulim, den man erst später aufgefunden, schon am Tage von
Marcellus' Krönung gehängt, nach einer anderen auf Alexander Farneses Befehl erst nach dem Tode des Papstes. In der römischen Gemeinde aber herrschte über diese wunderbare Rettung grosse Freude.
Man liess die ganze Begebenheit mit einem Dankgedichte zur Erinnerung in eine Rolle, מעשי נסים genannt, eintragen, die noch
Abraham Graziano gesehen hat.[1] In der Gemeinde hatte sich Marcellus durch sein gerechtes Auftreten viele Freunde geschaffen. Rabbi
Elia b. Sabtai meldet Masius den Tod des Papstes mit den Worten:
„Hilf Gott, der Edle ist verschieden!"[2]

Allerdings sollte die Gemeinde bald Gottes Hülfe bedürfen. Der
neugewählte Papst war kein andrer als der Gründer des Theatiner-
ordens, der eiserne und unbeugsame Gian Pietro Caraffa, als Papst
Paul IV. Der venetianische Gesandte charakterisiert ihn trefflich[3]:
„Er ist in allem eifrig, vor allem in der Inquisition." Durch seine
Strenge hat er Rom wenig genützt. Die Einwohnerschaft der Stadt

[1] עמק הבכא (Letteris) p. 114 f. REJ. IV. 88 (Abraham Josef Šelomoh
Grazianos Glossen zu שלשלה p. 117); Codex Halberstamm 360 (Katalog S. 90);
Arch. st. art. arch. e lett. (Gori) III. 276.
[2] Perles, Studien 217.
[3] Reumont III. 2 S. 514. (Über seine hebräischen Kenntnisse Colomesii
Italia etc. 95 f.)

fiel unter ihm auf 45—50000. Alles, was seine Vorgänger gegen die
Juden gedacht und geplant, kam unter ihm zur Ausführung. Er war
es, der einst zur Einführung der Inquisition geraten; er war es, der
Julius III. allzu dehnbare Verfügung, welche den Juden ihr Vermögen
sicherte, aber verlangte, dass das durch Wucher Erworbene den rechtmässigen Besitzern zurückgestellt oder den Neophyten zufallen sollte,
zum ersten Male durchführte;[1] er war es, der all die grausamen
unmenschlichen kanonischen Bestimmungen gegen die Juden zuerst in
die That übersetzt hat. Und er hat damit nicht lange gezögert. Mit
einer Konsequenz, die einer besseren Sache würdig gewesen wäre,
hat er bis zu seinem Lebensende bei jeder Gelegenheit seinen Hass
gegen die Juden gehegt und gepflegt. Wenige Tage nach seinem
Regierungsantritte, am 12. Juli 1555, veröffentlichte er die berüchtigte
Bulle Cum nimis absurdum. Solange Menschen leben, in denen nur
ein Fünkchen Humanität glüht, solange die Sonne in ihrem Laufe in
gleicher Weise allen Menschen leuchtet, solange wird dieses Dekret
als eine der allerniedrigsten Äusserungen kleinlichen Kastengeistes,
grausamen Klassenhasses und schändlichen Missbrauchs einer „von
Gott verliehenen" Macht betrachtet und verachtet werden. Wenn
man den Urheber eines solchen Beschlusses heilig gesprochen, wen
soll man da als Verbrecher verdammen und brandmarken? Es ist
allerdings traurig, dass es dem erfinderischen Menschenhasse möglich
geworden, noch Verschärfungen eines solchen Edikts zu erdenken.
Und wie begründete der Papst dieses Edikt? „Weil es wider-
sinnig und unziemend ist, dass die Juden, welche Gott ob ihrer
eigenen Schuld zum ewigen Sklaventume verdammt, unter dem Vorwande, dass christliche Liebe sie hege und ihr Beisammenwohnen
dulde, sich den Christen gegenüber so undankbar zeigen, dass sie ihre
Gnade mit Beschimpfung vergelten und sich statt der schuldigen
Unterwürfigkeit die Herrschaft anmassen, — so haben wir auf die
Kunde, dass ihre Unverschämtheit in Rom und in anderen Städten,
Dörfern und Ortschaften der heiligen römischen Kirche so weit gegangen sei, dass sie sich nicht nur erkühnen, unter den Christen und
sogar bei ihren Kirchen ohne Unterschied in der Kleidung zu wohnen,
sondern sogar in den vornehmen Strassen und Plätzen dieser Städte,
Dörfer und Ortschaften Häuser zu mieten, Liegenschaften zu erwerben und
zu besitzen, Ammen und Mägde und sonstige christliche Dienerschaft zu
dingen und noch viel anderes zur Schande und Verachtung des Namens

---

[1] Reumont III. 2 351.

Christ zu begehen, — uns genötigt gesehen, folgende Bestimmungen zu treffen." Zuerst befiehlt er, dass alle Juden in einer und derselben Strasse wohnen müssen oder, falls eine nicht genügt, in mehreren zusammenhängenden, die von den Wohnungen der Christen aber gänzlich geschieden sein sollen. Dieses Quartier, welches in Rom durch ihn selbst, in den übrigen Städten, Dörfern und Ortschaften durch seine Beamten bezeichnet werden soll, darf nur einen Eingang und einen Ausgang haben. Es wird den Juden nur ein Bethaus in ihren Wohnsitzen gestattet, alle übrigen sollen zerstört und vernichtet und kein neues errichtet werden. Alle ihre Liegenschaften müssen sie in bestimmter Frist an Christen verkaufen. Das Gebot des Tragens des gelben Judenhutes, beziehentlich für Frauen eines ebensolchen Schleiers, sowie das Verbot der Benutzung christlicher Dienerschaft, der öffentlichen Arbeit an Festtagen der Kirche und des freundschaftlichen Verkehrs mit Christen wird erneuert. Jeder Handel, selbst der mit Lebensmitteln, mit alleiniger Ausnahme des Lumpenhandels, wird ihnen untersagt; bei Geldgeschäften sollen sie begonnene Monate nicht voll anrechnen dürfen, verfallene Pfänder erst nach 18 Monaten veräussern und den dabei erzielten Überschuss an den Verpfänder zurückerstatten. Die Geschäftsbücher müssen von jetzt an in italienischer Sprache mit lateinischen Schriftzeichen geführt werden. Jüdische Ärzte dürfen bei Christen nicht praktizieren. Kein Jude soll sich von einem armen Christen Herr nennen lassen. In einer Schlussbestimmung verpflichtet der Papst die Juden endlich zu strenger Innehaltung der Ortsstatuten. Das waren Befehle, die in ihrer Gesamtheit die Gemeinden des Kirchenstaates notwendigerweise ruinieren mussten. Vor ihrer strengen Durchführung ist Paul nicht zurückgeschreckt. Als ein reicher Jude den Befehl zum Tragen des Judenhutes als eine Finanzspekulation des Papstes bezeichnete, wurde er öffentlich gepeitscht. [1] Vergebens bot die Gemeinde 40000 Scudi für die Zurücknahme des Befehls. Am Sonnabend, den 23. Juli 1555, mussten die Juden zum ersten Mal den gelben Hut tragen, die Frauen das 1½ Ellen breite gelbe Kopftuch. [2] Auch David Ascoli, der Verfasser einer gelehrten lateinischen Apologie gegen das Tragen des Judenzeichens, musste seinen Freimut im Gefängnis büssen. [3]

---

[1] Das. 532.
[2] REJ. XX. 45. Diario di Cola Calleine (Ms. Berl. it. f. 9) 361ₐ: A di 26. luglio etc.
[3] Della biblioteca volante di Gio. Cinelli Calvoli XIV in La Galleria di Minerva III. Venedig 1700. 268: Apologia Haebraeorum Auctore David de Ascoli,

Bis dahin hatten die Juden in Rom in beinahe allen Teilen der Stadt gewohnt, wenn sich auch die Mehrzahl von ihnen zwischen den beiden Tiberbrücken von der Brücke Quattro Capi bis zur Regola schon seit alter Zeit niedergelassen hatte. Da wurde der Befehl des Papstes am 24. Juli an den Hauptplätzen der Stadt mit einigen Erklärungen vom Kardinalvicar, dem Bischofe von Ischia, bekannt gegeben. Bereits am 26. Juli wurden alle Juden in eine Gasse eingesperrt und sofort mit der Ummauerung derselben begonnen. Der 26. Juli fiel auf den 9. Ab, der für die jüdische Geschichte stets ein dies fatalis gewesen ist. [1]) Das Unerhörte war geschehen; Rom hatte ein Ghetto, und das in dem ungesundesten Teile der Stadt, der alljährlich der Tiberüberschwemmung ausgesetzt war, in einem Stadtteil von lauter alten baufälligen Häusern, auf einem Platze, der für ebensoviel Personen bestimmt war, als er Familien aufnehmen sollte. In zwei Monaten war die Mauer mit den 2 Thoren vollendet; bereits am 3. Oktober forderte der Papst von der Gemeinde für die Mauern die Zahlung von 100 Scudi. [2]) Auch mit der Durchführung der übrigen Bestimmungen der Bulle wurde nicht gezögert. Binnen sechs Monaten mussten die Juden alle ihre Liegenschaften verkauft haben, welche trotz der kurzen Frist noch eine Summe von 500000 Kronen, allerdings nur den fünften Teil ihres eigentlichen Wertes einbrachten. [3]) Man kann sich also leicht ein Bild von dem thatsächlichen Reichtum der Juden des Kirchenstaates bis zu dieser Zeit machen. Dieser Verkauf wurde aber eine Quelle neuer Plackereien und Quälereien, da man die jüdischen Häuserbesitzer beschuldigte, ihre Liegenschaften nur zum Scheine und auf dem Papiere verkauft zu haben. Eine grosse Anzahl Verhaftungen und gewaltsame Konfiskationen waren die Folge dieser Anklage. [4]) Auch die Synagogen der römischen Gemeinden wurden bis auf zwei kassiert. [5]) Und damit war das Mass der Grausamkeiten noch nicht

---

Argentoratu 1569. La scrittura è però erudita, ma egli ne fù punito con lunga prigionia. Mazzuchelli, Scrittori d'Italia II, 1157. Wolf Bibliotheca III 181.

[1]) Mit der Bulle vgl. den Bericht in ... p. 88a f. Für ... los ... ss ... gl... In der Bulle vom 18. Jan. 1724 hat unsere Bulle das Datum 14. Juli 1555.

[2]) ... nach Pier. de Gela Cav... Rome, dei Rione di Trastevere ... anno 1561 ... anno 1562 ... Noch im ... Ms.

[3]) ... gegen Ende de ... 116 Ragnage IX, 567 nach Alph. Ciaconius ed 1555.

[4]) ... p. 118.

[5]) ... p. 116.

voll! Eine Bulle Pauls vom 23. März 1556 erneuerte die Bestimmung
seines Vorgängers, welche den Gemeinden des Kirchenstaates die am
Allerheiligensonntage alljährlich zu leistende Zahlung von 10 Dukaten
für jede Synagoge an das Katechumenhaus der Stadt auferlegte. Die
Zahlung musste auch für die infolge der Bulle vom 12. Juli 1555 zerstörten und ausgelieferten Bethäuser weiter geleistet werden. Verwalter, Rabbiner (Ministri מֹשְׁרֹת) und Fattori der Gemeinden sollten
zu derselben gezwungen werden können.[1] Bald sollte sich die Undurchführbarkeit seiner Massregeln wenigstens in einer Hinsicht zeigen.
Das Tribunal der Rota sah sich gezwungen, in einer eignen Dezision
zu erklären, dass die Juden jegliches Handwerk und jedes Geschäft
mit Ausnahme der freien Künste und des Nahrungsmittelhandels ausüben dürfen.[2] Am 22. August liess Paul diese Erleichterung durch
den Generalvikar bekannt geben.

Neue Erschwerungen brachten der Gemeinde die spanischen Verwick-
lungen. Auf die Kunde vom Bündnis des Papstes mit Frankreich gegen
Spanien war Alba mit einem zahlreichen Heere gegen den Kirchenstaat
ausgezogen. In Rom herrschte deshalb panischer Schrecken. Die Stadt
stellte dem Papste 8000 Mann zur Verfügung. Pferdeaushebungen, öffentliche Getreideverkäufe in der Stadt und das Verbot der Auswanderung
vergrösserten noch die Furcht. Das letztere Verbot wurde von den Juden
der Stadt als eine gegen sie gerichtete Massregel aufgefasst. Selbstverständlich hatten zahlreiche Gemeindemitglieder bald nach der Bekannt-
gabe der Bulle am 12. Juli Rom und den Kirchenstaat verlassen. Eine
Aufhebung dieses Auswanderungsrechtes musste den Juden als eine neue
Erschwerung ihrer Lage erscheinen.[3] Als sie nun gar wie die übrigen
Bewohner Roms zu den Arbeiten bei der Befestigung der Stadtmauern
hinzugezogen wurden, glaubten sie auf den Gipfel des Unglücks gelangt zu sein. Man erzählte sogar von einem Befehle des Papstes,
das Judenviertel nächtlicher Weile anzünden zu lassen, der nur
durch Alessandro Farneses' Dazwischentreten nicht zur Ausführung
gekommen.[4] Ein zweideutiger Befehl des Papstes erhöhte das Gefühl
der Unsicherheit in der Gemeinde noch mehr. Die Verordnung, dass
jeder Jude, der nicht zum allgemeinen Besten der Stadt beitragen
würde, die Stadt verlassen solle,[5] scheint sich aber auch auf die Ver-

---

[1] Dudum postquam und שְׁלִשְׁלֹת p. 96 a.
[2] Decisio 194, tom. III., n° 9.
[3] עֵמֶק p. 116.
[4] Das. p. 116—118.
[5] Das. p. 118.

teidigungsarbeiten in Rom bei der drohenden Belagerung durch Alba bezogen zu haben. Dabei drohte ihnen das gottesschänderische Treiben des Apostaten Vittorio Elliano, Josef Moro (als Christ Philippo) und des Juden Josue dei Cantori in allen Teilen der Romagna fortwährend neues Unglück. [1]) Zahlreiche Taufen waren eine leicht erklärliche Folge solcher Bedrückungen. [2]) Auf die Wühlereien von Apostaten war auch eine neue Bücherkonfiskation am 1. Mai 1557 zurückzuführen. [3]) Diesmal ging der Befehl aber nicht nur gegen die Talmudexemplare, sondern gegen alle Werke in hebräischer Sprache, sogar gegen die Gebetbücher in allen Synagogen Roms. Bei der Revision hatte der Apostat Andrea del Monte vier oder fünf Tage später einen Abraham-Ibn-'Ezrakommentar in der Synagoge der Aškhenazim entdeckt. Derselbe war vom Vorsteher der Scuola Nova mit anderen Büchern ohne Wissen der ersteren Gemeinde in ihr Bethaus gebracht worden. Mehrere Verhaftungen und die Schliessung der Aškhenazimsynagoge waren die nächste Folge ihrer Unvorsichtigkeit. Die von den päpstlichen Gerichten eingeleitete Untersuchung endete am 20. Juli 1558 damit, dass der Gemeinde eine Strafe von 1000 Scudi, die in 3 Raten erlegt werden sollte, auferlegt wurde. Die Bürgschaft für die Zahlung übernahm Elia Corcos, dem gegenüber sich die Verwaltungsmitglieder Šelomoh Ram, Jehuda di Tagliacozzo, Izḥak b. Jakob Giojosi, Josef di Arignano, Mazliaḥ di Zephirano, David Ram, Šabtai b. Joab, Mošeh 'Abdon, Mathithia b. Mikhael, Jošuà Corcos, Jehuda di Murcia, Barukh Anaw, Ḥajim 'Anaw und Mošeh b. Izḥak verpflichteten. Die Synagoge der Aškhenazim blieb 9 Monate geschlossen. Ihre Vorsteher, an der Spitze Šemuel Zaddik, strengten deshalb einen Prozess gegen die Verwaltung der Scuola Nova an, durch deren Verschulden die Schliessung ihres Bethauses veranlasst worden war. Sie verlangten eine Entschädigung, die sie bei der Zahlung eines Mietsrückstandes von 19½ Scudi an die Scuola Nova mit in Anrechnung bringen wollten. Der Streit wurde schliesslich durch einen Vergleich am 29. Januar 1558 beendet, der von Barukh b. Josef, Elia Corcos und dem Gemeindenotar Jehuda b. Šabtai vollzogen wurde. In demselben wurde der deutschen Gemeinde das Anrecht auf eine Entschädigung abgesprochen, nachdem Šabtai di Cameo und der Gemeindebeglaubigte eidlich bekundet, dass die betreffenden Bücher wohl aus der Scuola Nova ge-

---

[1]) S. r. B. Stern S. 153.

[2]) Vgl. die allerdings zweifelhafte Erzählung bei Bassage IX. 31. p. 69.

[3]) Über Bücherverbrennungen in diesem Jahre s. שבט 122.

wesen wären, aber aus Privatbesitz gestammt hätten. Für die ohnehin wenig zahlreiche und unbemittelte deutsche Gemeinde war die lange Schliessung ihrer Synagoge ein tötlicher Schlag gewesen, dem sie sehr bald erlegen zu sein scheint. [1]) Die Gemeindedeputation, von der Josef Khohen erzählt, wurde vielleicht bei dieser Gelegenheit an den Papst geschickt. Entrüstet schildert der jüdische Chronist die verächtliche Aufnahme derselben, wie der Papst ihr nicht einmal sein Antlitz zugewandt. [2]) Jedenfalls wegen dieser Bücherkonfiskation wurde in der Consulta der römischen Gemeinde am 4. Juni der Beschluss gefasst, den Beglaubigten der Gemeinde, den bereits genannten Leon, mit einem Begleiter, der täglich einen Scudi Reisespesen erhielt, zu den Gemeinden jenseits der Marken zu entsenden. [3]) Vielleicht sollte dieser aber auch nur Gelder für etwaige in Rom eintretende Schwierigkeiten, wie die Auflegung von Strafzahlungen, sammeln.

Von der finanziellen Schwäche der römischen Gemeinde legt ein Vertrag Zeugnis ab, den Josuà b. Selomoh Corcos als Vertreter der vereinigten Synagogen der Castigliani und Zarfathim mit den vereinigten Catalana und Aragonese am 16. März 1557 wegen der gemeinsamen Benutzung gewisser synagogaler Requisiten abschloss. [4]) Am 22. Juni desselben Jahres sah sich die Gemeinde gezwungen, mehreren armen Familien zur Auswanderung behülflich zu sein. Die Gemeinden Tempio, Aškhenazim, Siziliana und Tempio nuovo sollten dazu je 4, die Catalana-Aragonese, Porto, Quattro capi und Portaleone je 5 Scudi beitragen. [5]) Schon am 15. Februar 1559 wurde von Paul eine neue Konstitution gegen die Juden, welche talmudische oder antichristliche Schriften im Besitze behalten, gegeben. [6]) Ihre Verbrennung wurde von neuem anbefohlen. Eine Tiberüberschwemmung am 15. September 1557, in deren Folge die palatinische Brücke (25. September) einstürzte, machte das Unglück der jüdischen Gemeinde erst vollständig. Das ganze Ghetto war unter Wasser gesetzt, das dem jüdischen Besitztume schrecklichen Schaden zufügte. Es war nur der Vorbote für dieses oft noch schlimmer auftretende alljährliche Unglück des Judenquartiers. [7])

---

[1]) Berliner. Censur u. Bücherconfisc. 4, Aus schweren Zeiten 87.
[2]) ʻEmek p. 117.
[3]) Berliner, Censur 6.
[4]) Ders. Aus schweren Zeiten 8f.
[5]) Berliner II. 2 S. 12, vgl. o. S. 131 Anm. 8.
[6]) Spondanus, Annalium Continuatio, Paris 1647 II. ad 1559 e.
[7]) Ettore Natali, Ghetto 151, Reumont III. ⁕ 730,

Noch entsetzlicher war das Schicksal der unglücklichen Marranen unter dem zelotischen Papste. Alle seine Vorgänger hatten das Wohnrecht der Marranen in Ancona unangetastet gelassen. Er liess bald nach seinem Regierungsantritte ihre Güter konfiszieren, sie selbst gefangen nehmen und in Ketten schlagen. Auf Veranlassung der Donna Gracia Nâsi (Beatrice, Brianda) erhob Soliman Einspruch gegen die Gefangennahme türkischer Marranen, worauf der Papst dieselben wohl oder übel freigeben musste. Um so unumschränkter raste er aber gegen die Übrigen. Am 30. April 1556 ordnete er an, dass alle aus Portugal kommenden Juden oder Judaisierenden ohne weiteres verbrannt werden sollten. [1] Im Siwan (Mai) 1556 wurden denn auch 24 (23) Männer und eine Frau, die bis zu ihrem letzten Atemzuge ihrem jüdischen Glauben treu geblieben, in Ancona verbrannt. 38 andere Marranen wurden zu den Galeeren verurteilt, entkamen aber auf der Fahrt nach Pesaro, wo ihnen allerdings auch nur eine kurze Ruhe vergönnt war. [2] Auch in anderen Städten des Kirchenstaates fanden Güterkonfiskationen bei angeblichen Apostaten statt, wobei sich aber die päpstlichen Kommissare nicht so genau an ihre Weisung hielten und auch bei wirklichen Juden raubten und plünderten. [3] Kann man sich wundern, dass ganz Rom aufatmete, als die Kunde von Pauls Tod bekannt worden war? Kann man sich wundern, dass das endlich befreite Volk gegen alles, was den Namen Caraffa trug, zügellos wütete? Die Juden fassten den Tod des Theatiners als eine göttliche Strafe auf. „Da Gott sah, dass die Bosheit des Theatiners ohne Grenzen auf Erden war und dass das Dichten und Trachten seines Herzens immer böse, strafte er ihn am 18. August mit dem Tode. Gott ist gerecht." [4] Der Brief eines Römers Giovanni Vicellino vom 23. August 1559 schildert lebhaft die Ereignisse vor und nach dem Ableben des Papstes. Die Wappenschilder des Papstes wurden von den Volksmassen zertrümmert. „Dann zogen sie auf den Campidoglio, wo der Senat und das römische Volk zum ewigen Gedächtnis eine herrliche Statue des Papstes aus schneeweissem Marmor errichtet hatten, welche ihnen 3000 Scudi gekostet, — und vereint in Hass und Wut zerschlugen sie derselben Oberhaupt, Nase, Mund und Ohren und schliesslich zerschmetterten sie das Standbild dem Papste zum Schimpfe gänzlich. Der Kopf wurde von Kindern genommen und

---

[1] Stern S. 116.
[2] 'Emek 117 f. Šalšeleth p. 96.
[3] David de Pomis דוד צמח Einltg.
[4] 'Emek p. 124.

unter Flüchen gegen den Papst von der Anhöhe herunter gerollt —
und alles das thaten Römer noch bei Lebzeiten des Papstes.“ [1]) In
den nächsten Tagen wurde das schimpfliche Schauspiel fortgesetzt, an
dem sich auch die Söhne der römischen Edelleute und sogar Frauen
beteiligten. [2]) Die Kerker wurden auf Senatsbeschluss geöffnet, die
Gebäude der Inquisition gestürmt, geplündert und angezündet, die
Beamten der Inquisition gemisshandelt. Wenig fehlte, so wäre auch das
Dominikanerkloster ein Raub der Flammen geworden. Am 23. August
schenkte das römische Volk den Juden der Stadt die Freiheit. Diese,
welche sich gewiss bei dem Ausbruche der Unruhen in der Stadt
ängstlich in ihre Häuser zurückgezogen hatten, rissen die Ghettothore,
— das Panorama des Lafrerio vom Jahre 1557 im British Museum
zeigt deren bereits 6 [3]) —, das schimpfliche Erinnerungzeichen an
den verstorbenen Feind, nieder und strömten in die Strassen der
Stadt. [4]) Hier soll ein Jude sein gelbes Barett auf den zerschlagenen
Kopf der Bildsäule unter dem Jubel des Volkes gesetzt haben, wofür
er allerdings nach der Wiederherstellung der Ordnung in der Stadt
den Tod erlitten haben soll. [5]) Pietro Norres beschreibt in seiner
Geschichte des Krieges Pauls IV. gegen die Spanier entrüstet diese
Scene: „Erst sah man und liess man zu, dann duldete der Magistrat
und die Edelsten unter Beifallsbezeugungen und Lachen, dass auf das
ehrwürdige Haupt, welches doch das ihres Fürsten und des rechtmässigen Nachfolgers Sankt Peters vorstellte, — ein nichtswürdiger
Jude das gelbe Barett setzte“. [6]) Trotz alledem sind die Zweifel an
dieser Erzählung nur allzu berechtigt. Das Diario scritto da un
contemporaneo [7]), der erwähnte durchaus nicht judenfreundliche Brief
Giovanni Vicellinos und die hier besonders genaue Erzählung Josef
ha-Khohens wissen davon gar nichts. Pietro Norres und Sforza Pallavicini schrieben aber ihre Geschichte erst 100 Jahre nach Pauls Tode.
Die jüdische Geschichte hat Paul IV. neben Haman gestellt. [8])

Ein halbes Jahr hindurch herrschte in der Stadt die wildeste

---

[1]) Cod. Ms. der Breslauer Stadtbibliothek: Exemplar Epistolae Romae allatae
quae loco historiae esse potest, de obitu Pauli IIII. Pontif. qt. 1559. Beilage 16.

[2]) Das. p. 4 b.

[3]) Rodocanachi 49.

[4]) Exemplar p. 5 a.

[5]) Raynald Ann. eccl. ad. 1559 No. 36. Rodocanachi p. 178 nach Pallavicini.

[6]) Archivio storico I. 12 p. 277.

[7]) Das. p. 451 ff. Diario di Cola Calleine (Ms. Berl.) 385a erwähnt die Juden nicht.

[8]) Zahlenwert טיאטרו = ‎‏המן‏ (Letteris in s. ed. 'Emek. p. 117).

Willkür. Es schien beinahe, als ob diese das Papstjoch ganz abwerfen
wolle. Erst am 26. Dezember 1559 erwählten die Kardinäle Gian
Angelo de Medici zum Papst, der den Namen Pius IV. annahm. Er
war das ganze Gegenteil seines Vorgängers. Er war leutselig und
zugänglich, ein milder und einfacher Mann; für die Inquisition hatte
er keine Sympathieen, aber er liess sie in ihrer Macht bestehen, da
er „nichts davon verstand". Alessandro Farneses Machtstellung bei
dem neuen Pontifex war eine Gewähr für eine duldsame Regierung.
In der That war der neue Papst bemüht, die Wunden, welche die
Vorzeit der jüdischen Gemeinde geschlagen, zu verbinden und zu heilen.
Nach der Krönung am Dreikönigstage brachte die Gemeinde dem
Neuerwählten ihre Huldigung dar, welche der Papst leutselig ent-
gegennahm. Die Klagen des Sprechers der Deputation über das viel-
fache Leid der Vorzeit beantwortete er mit trostreichen Verheissungen
und freundlicher Zurede.[1] Das strenge Urteil, welches der Papst
gegen die Nepoten seines Vorgängers aussprach, liess ihn in den Augen
der Juden als einen Vollstrecker der göttlichen Gerechtigkeit erscheinen.[2] Von seiner weisen Fürsorge für das Wohl der Stadt und
der jüdischen Gemeinde zeugte die Einsetzung einer Kommission,
welche Massregeln gegen die alljährliche Tiberüberschwemmung durch
die Schaffung eines neuen Flussbettes treffen sollte.[3] Die Frage der
Tiberregulierung war infolge der letzten Überschwemmung brennend
geworden.[4] Am meisten hatte unter dieser wieder das Ghetto zu
leiden. Über die Folgen derselben kann man sich ein Bild aus dem
Berichte des Venetianers Girolamo Soranzo machen. „Der Fluss," so
heisst es in demselben, „trägt dazu bei, die Stadt ungesund zu machen,
zu unendlichem Schaden der Bewohner. Denn er richtet nicht nur
viel Habe zugrunde, sondern lässt auch in den Kellern eine solche
Menge Schlamm zurück, dass die Ärmeren unvermögend sind, sie zu
leeren, wodurch dieselben unbrauchbar und die Erdgeschosse so feucht
werden, dass man sie lange nicht ohne Lebensgefahr bewohnen kann."[5]
Der Papst hatte bald Gelegenheit, seine gerechte humane Gesinnung
den Juden gegenüber zu zeigen. Kaiser Ferdinand hatte die Juden
aus Böhmen vertrieben und nur 12 Familien in Prag gelassen, welche

---

[1] 'Emek p. 124 f.
[2] Das.
[3] Raynald Ann. eccl. ad. 1561 No. 79.
[4] Relazione di Luigi Mocenigo in Alberi, Relazioni degli ambasciatori veneti
al Senato, Serie II., tomo IV. 33.
[5] Reumont III. 2 788.

im Jahre 1561 auch diese Stadt verlassen mussten. Daraufhin begab
sich Mordkhai Zemaḥ Khohen b. Gerson nach Rom, um bei dem Papste
eine Zurücknahme des Ausweisungsbefehles zu erwirken. In der That
erhielt er von Pius ein günstiges Schreiben, auf welches hin die
Zurückberufung der Juden nach Böhmen erfolgte. [1]

Erst am 8. August 1561 erliess der Papst einen Befehl, der endlich
die drückende Lage der Juden des Kirchenstaates bedeutend erleichterte.
Diese Bulle wurde vom Papste am 27. Februar des folgenden Jahres speziell
für die römische Gemeinde wiederholt und am 12. März in Rom publiziert.
Die elf Bestimmungen dieses Edikts hoben eigentlich alle Beschränkungen Pauls IV. auf oder linderten sie wenigstens erheblich. Paul IV.,
heisst es in demselben, habe Bestimmungen betreffs der Juden erlassen,
durch welche die letzteren infolge von Verläumdungen und Necke-
reien einiger nach ihrem Vermögen Trachtenden, welche den Buchstaben des Erlasses seines Vorgängers in vielem ganz gegen dessen
Auffassung gedeutet, gequält und beunruhigt worden seien. Er ordne
deshalb aus eigenem Antriebe an, dass die Juden auf Reisen den
gelben Judenhut oder das schwarze Käppchen ablegen dürfen [2]); falls
sich aber ihr Aufenthalt in dem fremden Orte über die Dauer eines
Tages ausdehnt, sollen sie auch dort das gelbe Barett tragen. Wichtig
war die Bestimmung, dass das Wohnrecht der Juden nur für den Fall, dass
die ihnen angewiesenen Quartiere weit und geräumig genug und günstig
zur Ausübung ihrer Geschäfte und ihres Handels seien, auf das Ghetto
beschränkt sein sollte. Andrenfalls sollte ihnen der Kämmerer Guido
Ascanius einen andren günstigen Platz bezeichnen oder den früheren
so weit als nötig erweitern dürfen. Läden wurden ihnen auch ausserhalb
des ghectus — so heisst hier zum ersten Male das römische Ghetto —
gestattet. Dieselben durften aber mit Ausnahme der Festtage, nur
von Aufgang bis Untergang der Sonne geöffnet sein. Ausser den etwa
in ihren Besitz kommenden Häusern im Ghetto erlaubte ihnen der
Papst den Erwerb von Liegenschaften bis zum Werte von 1500
Golddukaten. Er gestattete ihnen Anwesen von Christen zu mieten.
mit Christen gemeinsame Geschäfte zu unternehmen und alle Handwerke und jeden Handel zu treiben. Für die Folgezeit erwies sich
eine weitere Bestimmung der Bulle, welche die Steigerung der Miets-
preise im Judenviertel untersagte, als besonders wichtig. Von Juden

---

[1]) Zemaḥ David (Gans) ad. 1559, Zunz in Geiger, Ztschr. f. j. Theol. V. 40
Sein Grabstein in Lieben עד בן No. 25; vgl. 'Emek p. 123.

[2]) Im August 1563 erhielt die Camera 190 Sc. für die neu gestattete Farbe des
Baretts (Arch. della R. soc. Rom. 1894 S. 229).

gekaufte Liegenschaften sollten bezahlt oder im alten Zustande mit
den Erträgen zurückerstattet werden. Auch die Freiheit der Verwendung des Überschusses aus dem Verkaufe von Pfändern, welche
nach 18 Monaten verfallen waren, wurde den Juden gelassen. Früher
mit Beschlag belegte Rechnungsbücher und Gemeindeakten sollten
zurückgegeben werden. Die ersteren sollten weiter, mit Ausnahme
der für den Privatgebrauch bestimmten, italienisch geführt werden.
Mit Christen wurde ihnen jeder ehrbare gesellschaftliche Verkehr erlaubt, das Halten christlicher Dienstboten aber verboten. Im übrigen
sollten sie an die Ortsstatuten gebunden sein. Der Papst erteilte dann
der Gemeinde Ablass für alle gegen Pauls Bestimmungen vorgekommenen Vergehungen ausser für Mord, Falschmünzerei, Verspottung des
Christentums und Majestätsbeleidigung. Er befreite sie von der Zahlung
aller noch nicht geleisteten Strafgelder, rückständigen Zwanzigsten
und sonstigen Abgaben. Am Ende der Bulle forderte er die römische
Gemeinde sowie die übrigen im Kirchenstaate zur Zahlung der mit der
päpstlichen Kammer am 8. Januar 1562 ausgemachten Abmachungs-
summe und zur Innehaltung der gewöhnlichen von den Abschätzern
festgesetzten Abgaben auf. Er bestätigte den darüber mit der Camera
Apostolica ausgestellten Vertrag samt dessen Klauseln. Die Gemeinde
hatte in den letzten Jahren nicht mehr den Zahlungen genügen können
und war deshalb sehr oft in sehr prekärer Lage. Durch das erwähnte
Kompromiss der Gemeinde mit der apostolischen Kammer wurde die
römische Judenschaft von allen diesen Lasten durch eine sofort zahl-
bare einmalige Summe von 1500 Scudi befreit.[1]) Die Gesamteinkünfte
der päpstlichen Kammer aus den Steuern der Juden des Kirchenstaates
betrugen unter Paul IV. 10900 Scudi.[2])

Über eine andere Schwierigkeit der Gemeinde sind wir nur mangelhaft unterrichtet. Die Gemeinde hatte im Dezember 1443 mit dem päpstlichen Stuhl einen Vertrag abgeschlossen, der ihr gegen eine Zahlung von
1130 Dukaten freie Übung des Kultus gewährte und die Gemeinden des
Kirchenstaates zu gemeinsamer Tragung dieser Summe verpflichtete. Das
hebräische Orginal dieser Konvention war in die Hand des Apostaten
Andrea de' Monti geraten. Die Gemeinde, die damals in so grosser
Geldnot war, dass sie sich bittend an alle Gemeinden Europas wenden

---

[1]) Rodocanachi 230.

[2]) Cod. Ms. Dresden Relacione di Roma al tempo di Pio Quarto et Pio
Quinto del Clarmo Sig. Paolo Tiepolo Ambasciatore Veneto p. 12b. Die Vigesima
der Juden brachte 1551: 9855 Sc. (Alberi a. a. O. tomo III 352); der Zehnte der
Juden 1560: 8000 Sc. (das. IV 27).

musste [1]), konnte diese Zahlung wahrscheinlich ohne die Unterstützung
der Gemeinden des Kirchenstaates nicht leisten und gab Andrea
50 Scudi, damit er das Aktenstück der päpstlichen Regierung nicht
übergäbe. (?) Der Apostat nahm das Geld, leugnete dasselbe aber
dann ab [2]). so dass sich die Gemeinde gezwungen sah, das Instrument
von Giulio Marcello Romano aus dem Hebräischen übersetzen zu lassen
und dasselbe selbst der Inquisition einzureichen. [3])

Bei alledem begann die Gemeinde sich wieder ein wenig zu heben.
Jüdische Geschäftsleute eröffneten auf die Bulle vom 8. August 1561 Läden
auf der Piazza Colonna und S. Marco und vor allem auf dem Corso. [4]) Der
eben erst gestattete freie Ankauf von Liegenschaften hob das finanzielle
Leben der Gemeinde, der neu erlaubte Verkehr mit Christen ihr Selbstbewusstsein. Die Regelung und Feststellung des Mietzinses im Ghetto
war eine grosse Erleichterung für die armen Bewohner desselben.
Sie bildete den Beginn des römischen Jus Gazagà (חזקה). welches
seinem Eigentümer ein dauerndes Mietrecht als juristisches Eigen-
tumsrecht verlieh, über das er frei verfügen konnte. Wie ehedem
sah man in Rom tüchtige und anerkannte Ärzte. Der Papst war auch
so einsichtig, das Ghetto zu erweitern, das sich als gar zu eng bemessen für die Gemeinde erwiesen hatte. Es ist aber nicht zu erkennen, nach welcher Seite diese Erweiterung stattfand. [5]) Im Jahre
1563 bestätigte Pius IV. noch die Kirche S. Lorenzo de' Cavalluzzi.
ein Beweis, dass sich das Ghetto noch nicht bis dahin erstreckte. [6])
Auch für die Bücher der Juden war eine bessere Zeit gekommen.
Die fünf von den italienischen Gemeinden in dieser Angelegenheit
(1. Oktober 1563) Deputierten, deren Sache dem Urteil des Trienter
Koncils unterbreitet war. erreichten am 24. März 1564 wenigstens so
viel, dass der Talmud mit verändertem Namen erscheinen durfte. [7])

Pius IV. war ein leider allzu kurzes Dasein beschieden. In seinem
Nachfolger, Pius V., bestieg der Grossinquisitor selbst den Papstthron.
Seine Wahl war ein Triumph für die Anhänger der strengsten Re-
aktion. „Gott hat uns Paul IV. wieder aufgeweckt", war ihre frohe

---

[1]) Vgl. den Gemeindeabschluss vom 4. Juni 1558.
[2]) REJ IX. 88.
[3]) Vincenzo Forcella, Catalogo dei Manoscritti riguardanti la storia di Roma
che si conservano nella biblioteca Vaticana, Roma 1879 I. 76 No. 249.
[4]) Rodocanachi 181 f.
[5]) Das. 45.
[6]) Roma ricercata nel suo sito di Fioravante Martinelli, Venetia 1664 I. 44.
[7]) Grätz IX. 393. Stern S. 137.

Losung.[1]) Zelotische Frömmigkeit und Leutseligkeit, Reizbarkeit und Gerechtigkeit, unerbittliche Strenge und Milde waren seltsam in ihm gemischt. Ein gewisser Bertano hatte am 13. August 1566 einen Brief an Pius V. gerichtet, in dem er ihn aufforderte, die Hebräer und die Kurtisanen in Rom zu dulden. Die Caporionen baten den Papst wenigstens das letztere zu gestatten. Pius erwiderte, er wolle lieber die Stadt verlassen, als durch die Finger sehen.[2]) Er hat aber doch schliesslich nachgegeben.[3]) Mit dem unbeugsamsten Hasse hat er Hugenotten und Juden verfolgt. Kein Mittel war ihm da zu grausam, kein Gesetz zu unmenschlich. Er war der erste Papst, welcher die Huldigung der Gemeinde am Krönungstage (27. Januar 1566) abschaffte.[4]) Dass dies nicht als eine Erleichterung der römischen Judenschaft angesehen werden konnte, hatte er durch den von Thomas Manriquez ausgeführten Befehl bewiesen, dass kein Jude ohne besondere schriftliche Erlaubnis irgend welche hebräische Bücher kaufen oder verkaufen dürfe.[5]) Durch die Wahl eines so judenfeindlichen Herrschers glaubte der Pöbel das Recht zu den gröbsten Ausschreitungen gegen die Juden erhalten zu haben. Da veröffentlichte am 10. April der Governatore von Rom Alessandro Palantieri eine päpstliche Verordnung, dass bei Peitschenstrafe niemand wagen solle, einen Juden zu stören, zu verspotten oder zu misshandeln (Bando di non dare fastidio alli Hebrei, Roma 1566).[6]) Seine wahrhafte Gesinnung gegen die Juden dokumentierte der Papst nicht lange später auf die schlimmstmögliche Weise — durch Erneuerung der grausamen Bulle Pauls IV. Am 1. Mai verkündeten päpstliche Dekrete an der Cancellaria und auf dem Campo di fiore die am 10. März (19. April) beschlossene Aufhebung aller von Pius IV. gewährten Privilegien und die Neubestätigung aller von dem Theatiner eingeführten Einschränkungen der Juden. In ganz Italien wurde dies Dekret verbreitet, aber nur im Kirchenstaate respektiert. Verhaftungen, Gelderpressungen und Bücherkonfiskationen waren die nächste Folge des

---

[1]) Ranke, Päpste I. 351.

[2]) Das. 357 Anm. 1. vgl. Marsaud, I manoscritti italiani della regia biblioteca Parigiana I. 630 No. 1051 (Suppl.) VII° Lettera scritta da Incerto al Papa Pio V°. acciocchè gli Hebrei e le meretrici non si scaccino da Roma ecc. Daraus veröffentlicht von Moses Schwab in Vessillo israelitico 1885 p. 54—56 und REJ XXV. 113 ff Das. in cod. Ms. Leipzig 679 (Rep.) II. 4. f. 150a u. Ms. Berlin ital. 45d f. 37—42.

[3]) Reumont III. 2. 790.

[4]) Cancellieri, Possessi 111.

[5]) Erler in Archiv f. Katholisches Kirchen-Recht LIII. 52.

[6]) Das.

Erlasses.[1]) Wie seinerzeit Paul IV. sah auch Pius bald die Undurch-führbarkeit seiner Befehle ein. Bereits am 20. Mai liess der Vice-gerente Cardinal Savelli bekannt geben, dass den Juden unter anderem auch die Ausübung der Kunst des Goldarbeiters und des Juweliers gestattet sei. Nebenbei enthielt aber dieser Erlass einige neue Be-schränkungen. Es wurde Juden verboten, an Christen Käse und andere Erzeugnisse der Milchwirtschaft zu verkaufen. Das Betreten von Klöstern, Kirchen, Kapellen und von Spitälern der Nonnen wurde ihnen ebenso nachdrücklich untersagt wie der Eintritt in die Häuser unehrbarer Christinnen. Bei Übertretung des letzteren Verbots wurde ihnen mit einer Geldstrafe von 200 Goldscudi, mit Peitschenhieben und Ausweisung aus der Stadt gedroht.[2]) Um Zuwiderhandlungen gegen die Bulle zu verhindern, erneuerte ein Edikt des Vikariats vom 15. Juli 1566 das Verbot des Haltens christlicher Dienerschaft.[3]) Die letztere Bestimmung wurde von Pius noch am 11. Januar 1572 wieder-holt mit besonderer Hervorhebung des Verbots, am Sabbat Licht und Feuer von Christenkindern anzünden zu lassen.[4]) Eine Folge solchen Druckes waren zahlreiche Judentaufen im Kirchenstaate. In Rom wird besonders von einer, dafür aber um so ausführlicher, berichtet. Die Geschichte dieser Taufe ist die Quelle unendlicher Irrtümer ge-worden. Der Ceremonienmeister des Papstes Pius V., Cornelius Fir-manus de Macerata, hat einen ausserordentlich eingehenden Bericht dieser Taufe überliefert. Nach einer grossen Zahl von vorbereitenden Massregeln am 4. Juni wurden die zur Taufe Bestimmten in feier-lichem Zuge in die Sankt Peterskirche geführt. Hinter zwei Neophyten schritten drei Parafrenarii des Papstes in rosafarbenen Kleidern. Jeder von ihnen trug einen in weiss gekleideten Knaben mit weissen Fackeln in den Händen. Ihnen folgte Elias und dessen Sohn Moises in gleichem Aufzuge. Der Papst sprach vor der Taufhandlung selbst die vorgeschriebenen Gebete. Dann taufte er Elia, den der Kardinal Crispus über das Taufbecken hielt; hierauf Moises, bei dem der Kar-dinal Vitellius dies Amt versah, und schliesslich die drei Kinder des Moises: Leo, Abraam und Elia, bei denen Kardinal Farnese, Kardinal Paceco und Kardinal Gesualdo Patenstelle vertraten. Am Schlusse

---

[1]) 'Emek p. 130, Salseleth p. 96 b.

[2]) REJ III. 99. 100, Ferraris prompta bibliotheca III. s. v. Hebraeus p. 292. n. 11 (Paris 1763.) Der geschäftliche Verkehr mit Meretrices wurde ihnen nur bei offenen Thüren gestattet.

[3]) REJ das.

[4] Erwähnt in dem Edikt vom 2. April 1708.

der Feier, welcher zahlreiche Prälaten beiwohnten, sprach der Papst
die Schlussgebete und liess die Getauften zum Fusskusse vor. Der
Ceremonienmeister hatte einer grossen Anzahl Juden, welche die Taufe
mit ansehen wollten, unterhalb der Orgel Platz angewiesen.[1] Dass
dieser Elia ein Rabbiner oder eine sonst angesehene Persönlichkeit
gewesen, erzählt Johannes Firmanus nicht. Das Compendium annalium
Baronii macht Elia zum Vorsteher der Gemeinde „oder Oberpriester".
Er soll dem Papste noch während seines Kardinalats versprochen
haben, dass er sich taufen wolle, sobald er Papst geworden sei. Er
habe in der Taufe den Namen Michael erhalten und sei von Pius in
die Familie Ghislieri aufgenommen worden. Das Compendium bringt
auch die Nachricht von einer kurz darauf erfolgten Taufe von Elias
Gattin mit dreissig anderen Juden.[2] Raynald und Fleury fügten der
Zahl dreissig noch eine Null hinzu, so dass bei ihnen bereits von einer
Taufe von 300 Juden die Rede ist. Bartolocci ist es dann gewesen,
der, um dem Kind auch einen Namen zu geben, aus dem „Vorsteher
Elia" einen Abkömmling der angesehenen Familie Corcos machte, der
sich nach einer Unterredung mit dem Papste entschloss, sich zugleich
mit seinen 3 Söhnen und Enkeln taufen zu lassen.[3] Dafür fehlt aber
Bartolocci jeder Schein der Begründung. Die drei in dieser Zeit vor-
kommenden Elia Corcos (Elia b. Izḥak[4]), Elia b. Šelomoh[5]) und der
Arzt Elia)[6] sind als Juden gestorben. Das ist die Geschichte der
Geschichte dieser Taufe.

Das Ende dieses Unglücksjahres bildete eine grosse Tiberüberschwemmung in der Neujahrsnacht des Jahres 1567.[7] Das neue
Jahr brachte gleich in seinem Eingange neue Leiden. Eine Bulle
vom 19. Januar 1567 (Cum nos nuper) befahl den Juden den sofortigen
Verkauf aller ihrer Güter und Liegenschaften. Im Unterlassungsfalle
drohte ihnen Konfiskation des betreffenden Besitztumes zur einen Hälfte

---

[1] Cod. Ms. Paris lat. 572 fol. Cornelii Firmani de Macerata, J. U. D. (Juris
utriusque doctor) Ceremoniarum apostolicarum magistri Diarium Pii Papae Quinti
etc. p. 26ᵃ—28ᵇ s. Beilage 17. Vgl. Notices des manuscrits du Roi II. 654. wo
mehrere Irrtümer.

[2] Compendium annalium Baronii ad ann. 1567 inclusivè deductum. Prag
1736. 834.

[3] Bartolocci III. 758f. vgl. Antonius Gabutius Vita Pii V: Elia Carcosso.

[4] Seinen Grabstein Bartolocci III. 825.

[5] Noch 1581 in der Gemeindeverwaltung thätig.

[6] David de Pomis. צמח דוד (1587) Einltg.

[7] Cod. Ms. Paris lat. 5172 fol. p. 42ᵃ. Vgl. Notices des manuscr. du Roi
II. 655.

zu Gunsten des Katechumenhauses, zur anderen zu Gunsten des Mons
Pietatis.[1]) Nicht genug damit, legten am 11. Oktober 1567 Saraceni
und im folgenden Jahre am 16. Oktober Sirleto strenge Strafen auf
jegliches Zinsennehmen.[2]) Diese Befehle schrieben aber gleichzeitig
vor, dem der Übertretung derselben Geziehenen Mittel zu seiner Verteidigung in die Hand zu geben. Der Bischof von Benevent glaubte
im Sinne dieser Verordnungen zu handeln, als er die Forderungen von
Juden an Christen wegen angeblicher Wucherzinsen mit Beschlag belegte. Derselbe teilte auch Sirleto mit, dass ein des Wucherns verdächtiger römischer Jude Leone Jayr ein Exekutionsmandat gegen
seine christlichen Schuldner verlangt habe, und bat ihn, hier einzuschreiten, damit dieses Geld den Neophyten nicht entgehe. Durch
solche Bestimmungen wurde auch der letzte Rest des Wohlstandes
der Ghettobewohner vernichtet, wenn dieselben auch durch Bestechung
noch manches derartige Mandat erreicht haben mögen.[3]) Wie ernst
aber diese Bestimmungen gemeint waren, das zeigte die Sequestration
der Güter eines Giovanni Battista (ob ein Jude?) im August 1569,
welcher Geld zu 20 % verliehen und seine Güter nur scheinbar verkauft hatte.[4]) Sirleto war es auch, der am 10. Juli 1568 als Protektor
der Katechumenen den letzteren bei körperlichen Strafen und 25 Scudi
jeden Verkehr mit Juden untersagte.[5]) Sogar für das Betreten des
Ghettos mussten sie sich besondere Erlaubnisscheine einholen. Da
dieser Befehl nicht beachtet worden zu sein scheint, verbot am 30. Juli
1569 der Kardinalvikar den Juden die Aufnahme männlicher und
weiblicher Neophyten und Katechumenen in ihre Häuser und Läden.[6])
Alle die früheren Beschränkungen und Erschwerungen waren nur die
Einleitung und der Vorgeschmack des gegen die Juden Geplanten
gewesen. Die Schlussscene war die schon längst vorbereitete Bulle
vom 26. Februar 1569. (Hebraeorum gens sola quondam a Deo dilecta),
die noch an demselben Tage publiziert wurde. Den jüdischen Bewohnern wurden in derselben die undenkbarsten Verbrechen vorgeworfen, Unsittlichkeit, Wahrsagerei, Zauberei und Magie.[7]) Mit ihnen

---

[1]) REJ II. 280. Rodocanachi 182.
[2]) cf. 'Emek p. 139.
[3]) REJ IX. 85.
[4]) Das. 84 f.
[5]) Rodocanachi 288, REJ IX. 77. 82 f. Sirletos Vorgänger war Gian Michele
Sarazeno (von 1563—1567[68?]).
[6]) Ferraris Prompta Bibliotheca III. n. 187 p. 801.
[7]) Selbst Gregorovius (VIII. 207) scheut sich nicht, von „jüdischen Sibyllen"
zu erzählen.

begründete ein Papst die Austreibung der Juden aus seinen Landen.
Binnen drei Monaten sollten die Juden den Kirchenstaat verlassen.
Auf die Kunde von dieser in Vorbereitung stehenden Bulle machte die
Gemeinde Ancona Vorstellungen beim Papste wegen ihres Bleibens.[1]
Die Bulle erlaubte denn auch den Gemeinden Anconas und Roms zur
Vermittlung des Handels mit dem Oriente in ihren Wohnsitzen zu
bleiben.[2] Der letztere Grund konnte allerdings nur auf die Anco-
nitaner Juden Anwendung finden, da die römischen schon seit langem
nicht mehr so regen Anteil an dem Handel mit der Levante nahmen.
Die Vorsteher der bedrohten Gemeinden thaten vor dem Papste einen
Fussfall, ohne das geringste von ihm zu erreichen. Im Mai verliessen
die Unglücklichen ihre Wohnstätten, in denen ihre Ahnen viele
Jahrhunderte hindurch geweilt hatten. Sie begaben sich wie die aus
der Provence Vertriebenen zu einem grossen Teile nach der Levante.
Am 28. November 1569 schenkte der Papst den Friedhof der Juden
in Bologna den Nonnen von S. Pietro Martire.[3] Ein Teil der Unglücklichen, der sich nach Urbino geflüchtet hatte, musste im März
1570 auf Pius Drängen von dort auswandern. Die Zahl der Aus-
getriebenen lässt sich nicht feststellen. Man kann aber auf deren
Grösse aus der grossen Anzahl der geschlossenen Synagogen schliessen.
Nicht weniger als 108 Bethäuser beraubte der Befehl des Papstes
ihrer Beter. Den Ertrag aus der von Julius III. eingeführten Synagogensteuer, welche zu dieser Zeit 984 (1380?) Scudi einbrachte, wovon 108 Scudi auf den Teil der 9 römischen Synagogen kamen, wollte
aber der Papst dem Katechumenhause nicht entziehen. Er befahl
deshalb den Gemeinden in Rom und Ancona die volle Zahlung dieser
Summe zu übernehmen.[4] Das war eine neue schwere Last für die
Gemeinde, welcher so viele Erwerbszweige verschlossen waren. Aller-
dings übernahm Ancona den grössten Teil dieser Zahlung unter der
Bedingung, denselben von den vertriebenen Gemeinden der Mark, von
Ascoli und Fano nach ihrer etwaigen Rückkehr erheben zu dürfen.[5]
Eine weitere neue Abgabe von 300 Scudi wurde der Gemeinde als
Beitrag für die Erhaltung des an der Tibermündung gelegenen Hafens
Fiumicino durch die Bulle: Cum urbes et oppida auferlegt. Diese

---

[1] 'Emek p. 132.
[2] s. a. Gregorovius, Wanderjahre I. 71. REJ. IX. 85
[3] Stern S. 146.
[4] Bartolocci III. 757. Bédarride ed. II. 567. Der letztere giebt als Summe
1380 Scudi an (also wohl 112 à 12 und 12 à 10).
[5] REJ X. 199 f.

Summe erhielt der Architekt Domenico Fontana für eine Verpfählung des genannten Hafens und eine Erweiterung seiner Fahrstrasse, bis dieselbe seit 1626 zu einer jährlichen Kontribution wurde. Dabei erachtete es der Papst für selbstverständlich, dass die jüdischen Kaufleute denjenigen, welche in den Türkenkrieg zogen, ihre Pfänder ohne Zinsen zurückgäben und ihre Forderungen an dieselben bis zu ihrer Rückkehr aus dem Kampfe prolongierten. [1] Das einzige Gute, was die Gemeinde unter Pius erfahren, war die Erweiterung des Ghettos durch die Niederlegung der Kirche S. Lorenzo de' Cavalluzzi [2] und der Kirche dei Santi Martiri Patermuzio e Coprete auf dem Platze del Mercatello, die unter dem Patronate der Familie Boccapaduli stand [3]. — eine Gnade, die den bittren Beigeschmack hatte, dass man diese Kirchen nicht durch die jüdische Umgebung entweihen wollte.

Unter seinem Nachfolger zog wieder Ruhe und Frieden in die Häuser des Ghetto ein. [4] Zwar konnte sich Gregor XIII. trotz aller Milde und Sanftmut nicht mehr dem Einfluss der kirchlichpolitischen Ideen der Zeit entziehen. Dem Drucke der Jesuiten und Theatiner am päpstlichen Hofe war er nicht gewachsen. Eben so wenig war er imstande, gegen das Räuberunwesen, dass sich aus den politischen Fraktionen herausgebildet hatte, so energisch einzuschreiten, wie es nötig gewesen wäre. Bei alledem hob sich unter ihm die Stadt. Die Zahl ihrer Einwohner stieg auf 140 000. [5] Auch die jüdischen Bewohner des Kirchenstaats wurden wieder zahlreicher. In Ravenna sammelte sich eine neue Gemeinde. Die Nachricht Letis von zahlreichen Auswanderungen aus Rom unter Gregor erscheint deshalb sehr zweifelhaft. [6] Allerdings war ihre Lage unter dem neuen Papste keine so günstige. [7] Eine Anzahl neuer Erschwerungen, Folgen der fortschreitenden Reaktion, brachte auch sein Pontifikat. Aber Gregor ist nicht ihr Urheber gewesen, — er ist zu ihnen durch die Politik

[1] 'Emek p. 133.

[2] Fioravante Martinelli, Roma ricerata (3. ed. Roma 1658 p. 101) ed. Venedig 1664 I. 44.

[3] Vincenzo Forzella, Iscrizioni delle chiese e d'altri edificii di Roma XIII. 227. Marco Ubaldo Bicci, Notizia della Famiglia Boccapaduli patrizia romana p. 21 u. Anm. a.

[4] 'Emek das.

[5] Reumont III² 791.

[6] Vita di Sisto Quinto c. 14.

[7] Das von ihm neubestätigte städtische Statut enthielt keine für die Gemeinde wichtigen Abänderungen (Statuta urbis Romae authoritate Gregorii P. P. XIII. a Senatu populoque romano edita et reformata, Rom 1611).

der Kirche veranlasst worden. Der neue Papst hatte ein Herz —
selbst für die Juden im Ghetto. Bei der von ihm angeregten Neu-
regulierung des Kalenders waren auch jüdische Hände thätig. [1]
Den neugewählten Papst begrüsste ein italienisches Huldigungs-
gedicht Jehuda Saltaros. [2] In der Gemeinde wusste man bald, dass ein
andrer Geist im päpstlichen Palaste herrsche. In der Nacht zum 8. März
1576 versammelten sich die Congrega der Dreissig und viele Notabeln
der Gemeinde zu gemeinsamer Beratung, wie der Ausweisungsbefehl
vom 26. Februar 1569 rückgängig gemacht werden und wie man Vergünstigungen vom Papste erlangen könnte. [3] Die Gemeinde hatte
sich nicht getäuscht. Gleich nach seiner Wahl richteten die Eletti
von Venaissin ein zweimaliges Gesuch an ihn, die Juden von der
Einwanderung nach Venaissin fernzuhalten. Trotzdem gestattete der
Papst die Rückkehr der Juden in dieses Gebiet, wovon ihn auch die
Gegenvorstellungen des Kardinals von Como in Rom nicht abbringen
konnten. [4] Am 15. Dezember 1581 sicherte er sogar, wie ehemals
Paul III. allen nach oder durch Italien kommenden Juden freies Geleit
zu. [5] Sein erstes Regierungsjahr verging beinahe gänzlich mit
Rüstungen gegen Selim. Die in den Kirchenstaaten ausgehobenen
Truppen sammelten sich in Rom. Es war eine rohe unbändige Schar,
zumeist Schiffer aus den Küstengegenden Italiens. Was wunder, dass
die zum Kampfe gegen die Ungläubigen Ausziehenden ihre Waffen
erst einmal an den ungläubigen Juden in Rom versuchen wollten. Am
Charfreitage, es war der zweite Tag des Passahfestes (20. März), drang
eine grössere Anzahl dieser Soldaten in das Ghetto ein und bedrohte
dessen Bewohner mit Schimpfreden. Die Helden riefen vor den Ghettothoren ihre Kameraden herbei, um den Juden den Garaus zu machen.
Währenddem fanden diese aber Zeit, die Thore des Ghettos zu schliessen
und sich zu bewaffnen. Mutig traten sie den Soldaten, welche die
Thore einschlagen wollten, entgegen, so dass sich diese zurückziehen
mussten. „Durch himmlische Gnade verloren die Juden dabei auch

---

[1] Antonelli, Indice (der Handschr. in Ferrara) I. p. 190 No. 392: Rafaele
Mirami ebreo Ferrarese, Informationi intorno alle rivolutioni del tempo, Praktische
Regeln zur Regulierung des Kalenders; vielleicht auf Gregors Veranlassung verfasst. Mirami ist nach Tiraboschi, Storia VII. p. 1320 auch Verfasser eines Werkes
über Spiegel.

[2] Letterbode V. 34. Wolf Bibliotheca III. 396.

[3] Berliner II. 2 S. 17.

[4] Theiner, Annales eccl. I. (1856) 351.

[5] Stern S. 153.

nicht einen Mann, wofür sie Gott dankten."[1]) Der Papst, welchem
Cardinal Sibilo über den Vorfall Bericht erstattet hatte, und die
städtischen Behörden befahlen sogleich, dass alle Truppen die Stadt
verlassen sollten. Um die Unruhen gegen das Ghetto gänzlich zu
unterdrücken, liess dann am 23. März der Generalgouverneur, der
päpstliche Obernotar Msg. Monti Valenzi, durch den öffentlichen Aus-
rufer Vincenzo bekannt geben, dass jeder, der sich auf dem Judenplatze und im Umkreis des Ghetto ohne bestimmten Grund aufhalte,
dem Tode durch den Galgen verfalle.[2]) Trotzdem sah sich die Congrega infolge dieser Auftritte gezwungen, um Reibereien zwischen
Juden und Christen im Ghetto vorzubeugen, am 21. September 1573
zu beschliessen, dass von jetzt ab geeignete Männer im Ghetto patrouillieren und die von ihnen zur Anzeige Gebrachten eventuell in-
haftiert werden sollten.[3]) Hat man sich aber über derartige Vorfälle
zu verwundern, wenn man hört, dass beim Karneval des folgenden
Jahres vor den Augen des Magistrats und der päpstlichen Behörden
„nach alter Sitte" gemästete nackte Juden in Kälte und Regen, vom
Pöbel mit Kot beworfen, auf dem Felde am Testaccio wettlaufen
mussten?[4]) Die Schilderung des Karnevallaufes vom Jahre 1583 ist
noch weit empörender. „Am Montag liefen wie gewöhnlich 8 nackte
Juden um ihren Preis, begünstigt von Regen, Wind und Frost, wie's
jene Treulosen verdienen, trotz ihres Schreiens mit Kot maskiert. Nach
jenen zweibeinigen Bestien liefen die vierfüssigen."[5]) Das war aus
dem zur Erhöhung der Volksfreudigkeit geschaffenen Feste geworden!
Dennoch hat der Papst es nie an Gunstbezeugungen gegen die Juden
der Stadt fehlen lassen. Dazu gehört vor allem die Aufhebung des
Verbotes, Geld auf Zinsen zu verleihen. Nach einem älteren Berichte
soll das päpstliche Privileg den Juden von Rom und Ancona sogar
gestattet haben, bis zu 24 % Interessen zu nehmen.[6]) Der Papst ermächtigte auch die Gemeinde, einige ihr genommene Grundstücke in
der Nähe der Synagoge zurück zu kaufen. Er entzog sie der Gerichts-

---

[1] 'Emek p. 134.
[2]) REJ II. 179, Rodocanachi 51, vgl 'Emek a. a. O.
[3]) Berliner II. 2 S. 34.
[4]) Reumont III. 2 786, vgl. Allg. Evang.-Lutherische Kirchenzeitung 1885 157 f.
[5]) Domenico Gnoli. Vittoria Accoramboni, Firenze 1890 (nach den Avvisi di
Roma vom 16. Febr. 1583) 146. Rodocanachi 192 nach Ademollo 9.
[6]) Julius Bened. Crescentius, Consilium super Judaeorum Privilegiis Darmb-
statt 1612, 25 bei Erler in Archiv f. Kath. K.R. LIII, 57. Schudt, Merkwürdigkeiten 1. 235.

barkeit der Zunftmeister und soll auch der bedrängten Gemeinde einen Teil ihrer Schuld erlassen haben.[1]) Noch wichtiger für die Kräftigung des Gemeinwesens war ein Breve vom 10. Januar 1577, durch welches die unter Clemens VII. geschaffene Gemeindeorganisation unter dem Rate der Sechzig von Neuem bestätigt und die Gemeinde autorisiert wurde, eine Gemeindesteuer nach dem Vermögen ihrer Mitglieder aufzuerlegen. Er schuf dadurch den Grund zur Kapitalsteuer des Ghetto (per aes et libram).[2]) Das war ein Lichtschein nach so langen Jahren düsterer Trauer. Noch in demselben Jahre (1. September) empfahl aber der Papst den Juden christliche Predigten zu hören und richtete zu diesem Zwecke eine Predigerschule in einem Hause in der Nähe der Kirche S. Maria della Minerva ein, welche 1582 in die Nähe von S. Maria de' Monti verlegt wurde. Wenn auch schon lange vorher regelmässige Judenbekehrungspredigten in verschiedenen Teilen Italiens gehalten wurden[3]), so war das doch der erste gewaltthätige Schritt gegen die Religion des Ghetto. Das war der Beginn des offenen Angriffes gegen das Judentum in Rom. Dieser Schritt bedeutete das Aufhören des rechtlichen Zustandes der unter den Christen wohnenden Juden, — von jetzt an war die Losung bei der Behandlung der römischen Juden: Gewissenszwang gegen die freie Überzeugung. Wie wenige Kirchenfürsten haben dies gefühlt! Der erste dieser Judenprediger, der allsabbathlich im Oratorium sanctissimae trinitatis die Juden zur Taufe aufzufordern hatte, war der Pater Josephus Florentia.[4]) Eine grössere Bedeutung hatte sein 1576 ernannter Nachfolger Andrea de' Monti. Josef Zarfathi aus Fez war im Jahre 1552 in Rom zum Christentume übergetreten, wobei er den Namen Messer Andrea de' Monti annahm. Seit 1576 hielt er die Judenbekehrungspredigten, an denen damals sechzig Juden teilzunehmen hatten. Michel de Montaigne wohnte in der Fastenzeit des Jahres 1580 einer solchen Judenpredigt in S. Trinità de' Monti an einem Sonnabendnachmittage bei. Er rühmt die scharfe Argumentation des Predigers, seine Kenntnis des rabbinischen Schrifttums und der „dazu dienenden Sprachen".[5]) In seinem Eifer

---

[1]) Berliner, Aus den letzten Tagen des röm. Ghettos 19.
[2]) Rodocanachi 80. 262.
[3]) Vgl. Codice diplomatico dei Giudei di Sicilia, Palermo 1884, 1. 2. S. 59 (1467), S. 167 (1475).
[4]) Nach Ernst Ferdinand Hess bei Schudt I. 247.
[5]) Journal du voyage de Michel de Montaigne en Italie, par la Suisse et l'Allemagne en 1580 et 1581, Avec des Notes par M. de Querlon, Paris 1774 II. 176 f.; vgl. REJ IX. 86 ff.

gegen das Judentum hatte Andrea eine Widerlegung des jüdischen
Messiasglaubens מבוכת היהודים (Confusione de' Giudei) verfasst, welcher
er später eine am 12. Januar 1581 [1]) vollendete, dasselbe Thema be-
handelnde Schrift אגרת שלום (Lettera di Pace) folgen liess. Er
forderte darin die Juden Roms zur Bekehrung auf und wies neben
anderem die schon erfolgte Ankunft des Messias nach. Gegen
dieses Hetzprodukt legte die römische Gemeinde beim Protektor
der Neophyten, Cardinal Sirleto, feierlichen Protest ein. Sie weigerte
sich, seinen Predigten ferner beizuwohnen. Andrea musste deshalb einen Hilfsprediger erhalten. Wenig später trat er aber
freiwillig gänzlich von diesem seinen Posten zurück. [2]) Er hat
dann als Revisor der hebräischen Bücher weiter gewirkt. Er war
im Juni 1597 bereits verstorben. [3]) Die Predigten, welche Domenico
Gerosolomitano in den Jahren 1573—1586 den Juden in Rom gehalten,
besitzt das Neophytenkolleg in Rom handschriftlich. Sie sind zu einem
Teil in hebräischer Sprache, zu einem anderen vulgäritalienisch geschrieben. [4]) Andrea hörte aber nicht auf, Gregor zu einer gesetzlichen
schärferen Fassung seines 1572 gegebenen Befehls anzutreiben. [5]) Am
1. September 1584 erliess der Papst auch wirklich eine Bulle: Sancta
Mater ecclesia, in welcher er eine allwöchentliche Bekehrungspredigt
anordnete, die womöglich in hebräischer Sprache an einem nicht-
heiligen Orte gehalten werden sollte. Der dritte Teil aller Juden über
zwölf Jahre, ausser den aus begründeter Ursache Ferngehaltenen,
hatte bei derselben zu erscheinen. [6]) Der Papst fixierte die Zahl der
zum Erscheinen Verpflichteten auf 150, u. z. 100 Männer und 50 Frauen.
Am Hüttenfeste (24. September) wurde der Befehl publiziert. Eine Anzahl
Taufen war die erste und beabsichtigte Folge dieser Predigten. Unter
diesen Taufen erregte der Übertritt eines reichen römischen Juden Šemuel
— wieder angeblich ein Mitglied der Familie der Corcos — welcher
in der Taufe den Namen Ugo erhielt, berechtigtes Aufsehen (1573). Aus

---

[1]) Mss. 37 u. 38 Casa de' Neofiti (Sacerdote S. 181 f.). Nach Basnage Histoire
IX. 31. p. 863 erst 1582 vollendet.

[2]) Bartolocci III. 818 f. Wolf I. 556 f. No. 961, III. 420. (Er ist selbstverständlich nicht mit dem Banquier Josef Zarfathi zusammenzubringen, da er fast
bis zum Ausgang des 16. Jahrhunderts gelebt hat.) Gregorovius Wanderjahre I. 98.

[3]) Sacerdote S. 181 Anm.

[4]) Ms. Casa de' Neofiti 35. Wahrscheinlich enthält 36 ebenfalls aus solchen
Predigten Stammendes.

[5]) Ettore Natali, 226.

[6]) Diese Bulle auch bei Bartolocci III. 784.

einem im Jahre 1609 geführten Prozesse, in welchem Ugo von der
Rota am 6. April zur Zahlung einer Mitgift von 1000 Scudi für seine
Enkelin Flavia verurteilt wird, geht hervor, dass Gregor ihn bei seiner
Taufe mit reichen Privilegien und Ehren überhäuft hatte und dass
sich die Kinder seines Sohnes Gregor (Lazarus) mit den edelsten
Familien des Landes verschwägert. [1] Um die Taufen noch mehr zu
erleichtern, musste die Gemeinde nach einer Verordnung vom 4. September 1578 die 1100 Scudi alljährlich zum Unterhalte der Casa dei
Catecumeni beitragen. [2] Um dann ferner den Neophyten ihr elter-
liches Erbteil zu sichern, befahl Gregor am 13. September 1581 sogleich
nach der Taufe das Inventar des Besitzes der jüdischen Eltern aufzunehmen. [3] Eine weitere schwere Beschränkung der religiösen Freiheit bedeutete die Bulle: Antiqua Judaeorum improbitas vom 1. Juni
1581 —, die erste, welche auch an den Ghettothoren (am 10. Juni)
angeschlagen wurde. Sie räumte der Inquisition die thatsächlich
allerdings längst geübte Befugnis ein, in bestimmten Fällen gegen
die Juden einzuschreiten. [4] Waren diese auch noch so beschränkt,
so waren sie doch eine genügende Handhabe für die Inquisition, der
Gemeinde das Leben fortdauernd zu erschweren und zu verbittern.
Im Falle der Gottesläugnung, des Dämonenglaubens, der Gotteslästerung Christi und Mariä, wegen Verleitung zur Häresie und Unterstützung von Häretikern, wegen Besitzes der den Juden verbotenen
Bücher und Haltens christlicher Ammen konnte die Inquisition den
Juden Strafen auflegen. Die Inquisition zeigte sogleich ihren Eifer
auf dem neuen Machtgebiete durch eifrige Nachforschung nach talmudischen und sonstigen verbotenen Schriften. Betreffs der christlichen Dienstboten kam aber am 3. Juli ein Erlass des päpstlichen
Dekans Msg. Melchiorre den Bedürfnissen der Gemeinde entgegen.
Was bedeutete gegen diese Unterwerfung unter das Tribunal der Inquisition, das am 30. März desselben Jahres erneute strenge Verbot,
welches den Christen die Herbeiziehung jüdischer Ärzte, den Juden
die Behandlung jener untersagte [5], wenn es auch die soziale Stellung

---

[1] Sacrae rotae romanae decisionum recentiorum a Joanne Batista Compagno
selectarum pars II No. 249. vgl. pars III No. 220. Unter seinen 14 Enkeln waren
9 Mädchen, deren Ausstattung dem Grossvater zur Last fiel. Diese Taufe ist also
von Bartolocci III. 821 nicht erfunden.

[2] Ettore Natali 234.

[3] Das. 258.

[4] Rev. or. III. 117. Theiner, annales eccles. III. 309.

[5] Bulle Multos adhuc ex Christianis hominibus, auch Rev. or. a. a. O., bei
Theiner, Annales eccles. III. 309: 28. Febr. 1581.

eines Teils der Gebildeten der Gemeinde schwer schädigte? Was
wollte dem gegenüber ein Verbot wie das des Kardinals Savelli vom
2. Juni 1583 besagen, welches den Juden bei 100 Scudi und anderen
Strafen die Benutzung eines Wagens untersagte [1], mag es auch noch
so beschämend und erniedrigend gewesen sein? Die Einrichtung der
Judenpredigten und die der Inquisition eingeräumte Macht gegen die
Juden sind die beiden Danaergeschenke, welche die Juden der Stadt
Rom aus den Tagen Gregors XIII. in die Geschichte der beiden folgenden Jahrhunderte hinübernehmen. Am 27. Šebat 1583 sah auch
Rom das so lang entbehrte Schauspiel der Verbrennung eines Juden.
Mutig bestieg damals der von neuchristlichen Eltern in Portugal geborene und in Ferrara zum Judentum übergetretene Josef Saralbo
den Scheiterhaufen.[2] — Mit dem Wachsen des Druckes macht sich in
der römischen Gemeinde zugleich ein dauerndes Sinken ihrer finanziellen Kraft bemerkbar. Dieses ist nicht allein auf die Taufe
reicher Juden, wie jüngst behauptet wurde [3], zurückzuführen, sondern
wird eine Folge der kommerziellen Beschränkungen und zahlreichen
Auswanderungen von Vermögenden gewesen sein. Der Papst sah
sich deshalb zu einigen Erleichterungen in dieser Beziehung gezwungen. Ein Instrument der päpstlichen Kammer vom 21. April
1581 gestattete den römischen Juden auf ihren Reisen und beim
Besuche von Jahrmärkten das Judenzeichen abzulegen, falls sich
ihr Aufenthalt an dem betreffenden Orte nicht über einen Tag ausdehnte [4], und im folgenden Jahre (22. Oktober 1582) verringerte
der Papst den Zwanzigsten der Juden, welcher seit Innocenz VIII.
1000 (1125) Scudi betragen hatte, auf Ersuchen der Gemeinde auf
500 Scudi. [5] Interessant für die Finanzverhältnisse ist aus dieser
Zeit ein Abkommen (1581), der Gemeindedeputierten, unter ihnen auch
Elia Corcos, mit den Zollpächtern in der Romagna, in der Lombardei
und in Toscana über die Garantie, welche die römische Gemeinde für
sie zu leisten hatte.[6] — Bei alledem war der alte Geist der Wohlthätigkeit unter den italienischen Juden nicht erloschen. Im Jahre 1580
hatten maltesische Schiffe eine grössere Anzahl Juden hinweggeführt,
welche trotz aller angebotenen Lösegelder nicht befreit werden

---

[1] REJ III. 100.
[2] Hammaggid 1858 No. 47.
[3] Rodocanachi 280.
[4] Erwähnt in der Bulle vom 22. Oktbr. 1586 s. Erler a. a. O. p. 55.
[5] Rodocanachi 230 f., vgl. Berliner II. 2 S. 17.
[6] Berliner, Aus schweren Zeiten 9.

konnten, bis Gregor sich selbst in einem Schreiben vom 5. September 1585 an den Grossmeister von Malta wandte, indem er ihm vorstellte, dass das angebotene Geld die grösstmögliche Lösesumme darstelle und ihn ersuchte, für dasselbe den Rest der Gefangenen freizugeben.[1] — Das Unglücksjahr 1581 führte auch einen Mann nach Rom, dem die jüdische Literatur zu hohem Danke verpflichtet ist, Abtalion b. Mordkhai da Modena. Wegen der bereits erwähnten Bücherkonfiskation ging er im Auftrage einiger italienischer Gemeinden nach Rom zu Papst Gregor. Nach mehreren Unteredungen in lateinischer Sprache, von denen eine über den Talmud über zwei Stunden dauerte, erlangte er die Erfüllung seiner Bitte, eine Sistirung der Konfiskation. Am 21. Januar 1582 finden wir seinen Namen zugleich mit Benzion b. Eliézer aus Norzia in den römischen Gemeindeakten. Abtalion starb hochgeehrt als 82 jähriger Greis im Jahre 1611 in Ferrara.[2]

Mit Gregor schien aller Jammer und alles Unglück des Ghetto mitbegraben zu sein. Es hatte den Anschein, als ob von jetzt an eine ewige lichte Zeit der religiösen Freiheit für das Ghetto kommen sollte, als ob alle die dunkeln unsichtbaren Mächte und Kräfte, welche bis jetzt gegen das Ghetto gewühlt, durch das Erscheinen des neuen Inhabers von Petri Thron gebannt und gescheucht wären. In Sixtus V. glaubte man wieder eine jener mächtigen und herrlichen Papstgestalten des frühen Mittelalters aufleben zu sehen. Ackerbau und Gewerbfleiss werden von ihm gefördert, neue herrliche Bauten erstehen überall, mit Macht und Strenge wird das Räuberunwesen ausgerottet, ein geistvoller ernster Herrscher lenkt das Staatswesen. Unter Sixtus änderte sich auch die Lage der Gemeinde ganz und gar. „Sixtus pflegte zu sagen, dass man den christlichen Unterthanen den Hals abschneiden müsse, um den Hebräern ein Beispiel von guter Rechtspflege zu geben und ihnen mehr Furcht einzujagen, und den Hebräern den Geldbeutel, um den der christlichen Unterthanen zu schonen; und in der That liess Sixtus während seines ganzen strengen Pontifikates nur einen einzigen Hebräer hinrichten, dagegen bedrückte er sie des öfteren mit übermässigen Abgaben und sog Blut aus ihrem Geldbeutel; dessenungeachtet hatte sich die Zahl der Hebräer in Rom um mehr als zweihundert Familien wegen des von diesem Volke zumeist be-

---

[1] Theiner, Annales ecclesiastici (1856) III. 615.

[2] Wolf B.H.l. n. 22, Geiger Leon da Modena 8, הולדות גדולי ישראל S. 27 No. 58, S. 26 No. 65, הכרמל 1862 p. 293, Zunz, Monatstage 49, כאור עינים (Imre Binah), מקוה ישראל, פלגי מים, Letterbodo V. 43.

gehrten Schutzes, dessen sie sicher waren, vergrössert; vorher, unter
dem Pontifikate Gregors XIII. hatten sich beinahe alle Hebräer wie
die Vögel von allen Seiten aus dem Kirchenstaate wegen der unerträg-
lichen Unbilden, welche ihnen von Christen angethan wurden, geflüchtet. — aber zu Sixtus' Zeiten kehrten nicht nur die Flüchtlinge
zurück, sondern es kamen auch viele von neuem hinzu; und sie hatten
Recht, da Sixtus es in der That nicht zuliess, dass sie von irgend
einem belästigt wurden. Er liess sogar einmal im Ghetto einen Diener
der Familie Conti stäupen, weil er einem durch seine Strasse gehenden
Hebräer den Hut weggenommen und in den Tiber geworfen hatte.
Dieser Fall rief solchen Schrecken hervor, dass sich niemand mehr
erkühnte, den Juden die geringste Unbill zu thun. Andrerseits schnitt
ihnen der brave Sixtus in unglaublichem Masse in ihren Geldbeutel.
Doch zahlten sie ihm gerne wegen des süssen Lebens, dessen sie sich
zu erfreuen hatten, ohne von irgend einem belästigt zu werden." [1]
„Der Triumph," sagt ein andrer Biograph des Papstes bei der Schilderung der Ruhe unter dessen Herrschaft, „war so völlig und vollständig, dass es keinen Juden mehr gab, der noch Gegenstand der
Gewaltthätigkeit und der Verspottung anderer gewesen wäre. Sprich-
wörtlich sagte man damals: Erinnert euch, dass Sixtus regiert!" [2]
Eine Zeit solcher Gerechtigkeit hatten die Juden seit einem halben
Jahrhundert nicht mehr gesehen. Der Sohn des Herzogs von Parma,
der ein Verhältnis mit einer Jüdin hatte, wurde gefangen genommen
und rettete sich nur durch die Flucht vor der Strenge des Papstes. [3]
„Zu wiederholten Malen sah Rom, sprachlos vor Erstaunen, wie Christen,
welche Juden beschimpft hatten, zur Promenadenzeit, von einem Ende
des Korso zum anderen gepeitscht wurden. Von allen Unterthanen
des Papstes waren sie die anhänglichsten." [4] Als der römische Kaufmann Paolo Marini Secchi mit dem Juden Sansone Ceneda mit 1000
Scudi gegen ein Pfund Fleisch des Juden gewettet und, nachdem er
die Wette gewonnen, auf sein Pfund Judenfleisch bestand, bestrafte
der Papst beide Teile wegen eines so tollkühnen Unterfangens. [5]

---

[1] Gregorio Leti, Vita di Sixto V. Amsterdam 1693. III. 473 f. Vgl. Schudt,
I. 235. Trotz der geringen Glaubwürdigkeit der Relationen Letis hat man keinen
Grund an diesen Anekdoten zu zweifeln.
[2] Casimiro Tempesti, Sisto V. Roma 1754. I. 148.
[3] Ettore Natali, 143.
[4] Hübner, Sixtus V, Leipzig 1871. I. 293.
[5] Graetz, X. 145. Anm. 2. Ursprung der Fabel in Shakespeare's Kaufmann
von Venedig (in Grätz, IX 3, 471 heisst der Christ Pietro Secchi).

Wie seine edelsten Vorgänger vertraute er sich jüdischen Leibärzten, Astruco di Napoli und Manuele di Cesena, an.[1]) Noch mehr, in Finanzsachen war ein portugiesischer Marrane, namens Lopez, welcher vor der Inquisition aus Portugal entflohen war, des Papstes und dessen Schwester rechte Hand. Die Anregung zu einem grossen Teile der von Sixtus geschaffenen Gewerbesteuern ist von ihm ausgegangen.[2]) Wie ein Symbol der wiedererstandenen religiösen Freiheit und Duldung muss den Juden der Stadt der in diesen Tagen unter Ruinen aufgefundene Tempelleuchter des Severusbogens erschienen sein.[3])

Sogleich nach seinem Regierungsantritte hob er den Ausweisungsbefehl Pius V. auf und gestattete ihnen neue Wohnsitze in der Romagna. Ein weiterer durch die Verhältnisse nötig gewordener Schritt war dann das Verbot an die Malteserritter, jüdische Reisende auf Schiffen zu berauben und zu Sklaven zu machen.[4]) Noch waren aber andere tiefere Schäden zu heilen. Eine Bulle vom 18. Dezember 1585, welche den Meistern der Wollhändlerzunft gestattete, auch gegen jüdische Schuldner für ihre Mitglieder als ordentliche Richter vorzugehen, weist auf die traurige Finanzlage im Ghetto hin, welche eine solche Massregel nötig machte. Erst der Kabinetsbefehl vom 22. Oktober 1586 (Christiana pietas) brachte eine gesetzmässige Regelung des neuen günstigen Zustandes. Ist jene Bulle des Theatiners ein Denkmal schimpflichen Menschenhasses, so ist dieser Befehl ein leuchtendes Denkmal fürstlicher Humanität. In ihm gab Sixtus den Juden das Recht, sich allerorten im Kirchenstaate in Städten und Kastellen niederzulassen, und an den bürgerlichen Vorrechten teilzunehmen; er erlaubte ihnen Künste und Handel jeder Art zu treiben, auch mit Getreide und Fleisch, und den Weinschank; er bewilligte ihnen überall Gotteshäuser, Schulen und Friedhöfe, so viele sie nötig hatten; er gestattete den Christen jüdische Ärzte zu consultieren und hob das Judenzeichen auf. Der Zinsfuss wurde für die jüdischen Banquiers auf 18 % festgesetzt.[5]) Eine grössere Erleichterung brachte der Gemeinde auch

---

[1]) Nach Garzoni, Piazza Universale bei Frizzi, Difesa contro gli attacchi fatti alla Nazione Ebrea, Pavia 1784 p. 80; Rodocanachi 173.

[2]) Ranke, Die römischen Päpste II. 466.

[3]) Giornale de Letterati per tutto l'anno 1676 p. 15. Arcus L. Septimii Severi Aug. Anaglypha cum explicatione Josephi Mariae Suaresij.

[4]) 'Emek 155. Zu der Bulle vom 22. Oktober 1586 vgl. Kaufmann in Jewish Quarterly Review 1892, 509 ff.

[5]) Diese Bestimmung wurde in einem Motu proprio vom 4. Januar 1587 wiederholt.

die Bestimmung, dass der Zwanzigste durch eine Kopfsteuer von 12
giuli für die in Rom ansässigen Juden im Alter von 15—60 Jahren
ersetzt werden sollte. Für das Eintrittsrecht in die päpstlichen
Staaten zum Zwecke der Niederlassung hatte ein jeder 20 giuli zu
zahlen. Die übrigen Gemeindeabgaben wurden bis auf die 1130 Scudi
aufgehoben. Freiheit des Ritus und Freigebung der hebräischen
Bücher und die Beschränkung der Judenpredigten auf jährlich sechs
machten erst die in dieser Bulle gewährten Rechte vollkommen. Am
Ende derselben gewährt er, wie ehemals Leo, der Gemeinde eine allgemeine Absolution ausser für Mord, Falschmünzerei, Rebellion und
Sakrileg. Einen Zusatz zu dem Edikte bildete die Gleichstellung der
Juden mit den Christen auf Reisen. Das war ein Jahr der Freude,
wie es die römische Gemeinde lange nicht erlebt hatte. Schon beim
ersten Karneval unter Sixtus Regierung trat der eingetretene Wechsel
der Verhältnisse hervor. Die Juden, welche noch kurz vorher bei
diesen Festlichkeiten dem rohen Pöbel zum Gegenstande des Spottes
und der Verachtung gedient hatten, erfreuten sich jetzt als Zuschauer
sicher gegen jede Belästigung an dem bei dem Feste Gebotenen.[1] —
Besonders die Freigabe der hebräischen Schriften hatte in Italien die
freudigsten Hoffnungen wachgerufen. Um der Verfolgung der hebräischen Werke durch die Inquisition zuvorzukommen, beschlossen Rom,
Venedig, Mantua, Ferrara, Modena, Reggio und Padua eine Vorzensur
für hebräische Werke. Eine Kommission, welche aus je einem Rabbiner und einem Abgeordneten der genannten Gemeinden zusammengesetzt war, wurde mit dieser Aufgabe betraut. Dann veranlasste
Padua auf einem daselbst zusammenberufenen Gemeindetage, die Gemeinden Piemonts, Mantua, Mailand und Ferrara zu einem gemeinsamen Vorgehen in Rom, um den Neudruck des Talmuds durchzusetzen.
Die zu diesem Zwecke gewählte Deputation an Sixtus blieb in Cremona zurück, während ihr Führer, der Mantuaner Bezalel Masserano[2],
mit 2000 Scudi nach Rom ging. Er hatte aber die Vollmacht, bis zu
10000 Scudi für die heilige Sache zu verwenden.[3] Er erreichte hier
auch die Erlaubnis des Besitzes und Druckes nach Zensur, Expurgation
und Titeländerung des betreffenden Werkes (Oktober 1586). Dennoch
war der Widerstand in Rom gegen den Druck des Talmuds noch sehr

---

[1] Casimiro Tempesti, Sisto V, Roma 1754, I. 203.
[2] Wohl ein Nachkomme des Ješaia b. Jákob Masserano b. Ješaia da Verona,
1481 in Mantua (cod. Oxf. 1071).
[3] Stern S. 154.

stark. Interessant ist es, dass vornehme Römer den Neudruck des Talmuds in Rom selbst verlangten. [1]) Das Jahr 1589 forderte in dieser Hinsicht neue Opfer von den italienischen Gemeinden. Um die zu etwaigen Schritten nötigen Geldsummen herbeizuschaffen, wandte sich das römische Rabbinat bittend an die Gemeinden in Ober- und Mittel-italien (20. Juli 1590). Diese Aufforderung begründete die römische Gemeinde in eigentümlicher Weise: „Wenn ihr soviel gethan habt, um die angedrohte Austreibung zu hintertreiben, um wie viel mehr solltet ihr für die Erhaltung der heiligen Bücher thun, welche euer Leben und die Dauer eurer Tage sind". [2]) Nach den zu Padua ge-troffenen Bestimmungen sollte denn jeder Jude in Italien, der mehr als 100 Sc. besass, 4 % seines Vermögens für den Talmudneudruck nach Ferrara an Šelomoh da Fano abliefern. [3]) Der Papst gestattete auch schliesslich den Druck des Talmuds und übergab die Zensur desselben zwei dazu konstituirten Kommissionen, welche nach der Verordnung des Cardinals M. Ant. Colonna vom 1. Juni 1590 aus je vier Christen bestanden. Nach einem Beschlusse der Kongregation der Kardinäle vom 7. August 1590, zu dessen Durchberatung auch die jüdischen Deputirten R. Lazaro, der Arzt R. Elia, R. Simeone da Rieti, der Arzt R. Isac da Viterbo, R. Sanson Massarani und R. Samuel Benjamin hinzugezogen wurden, sollten zu der ersten ein, zu der zweiten zwei getaufte Juden gehören. Mit Sixtus' Tode wurde der Plan eines neuen Talmuddruckes aufgegeben. [4])

Von der neuen inneren Kräftigung der Gemeinde zeugte die Wiederherstellung der Mauer um den Begräbnisplatz an der Porta Portese unter der Leitung des Schatzmeisters der Gemeinde Izbak b. Šelomoh Corcos (1587) und der Vorsteher Gerson b. Mordkhai di Rignano und Šemtob b. Jehuda Ambron.[5]) Davon zeugte auch vor allem der sich auch im Ghetto rührende Gewerbefleiss. Magino (Meïr) di Gabriele (מאיר מגינו) aus Venedig [6]) und Giovanni Cor-

---

[1]) Das. 156.
[2]) Mortara in Hebr. Bibl. V. 72—75, vgl. Stern S. 157. כי היא חייך ואורך ימיך.
[3]) Stern S. 159.
[4]) Hebr. Bibl. a. a. O., Stern S. 158 und Reusch, Index I. 50. Einer der Haupt-gegner des Talmuds war der Kardinal di Santaseverino (Ranke, Römische Päpste III. 88*).
[5]) Berliner, Aus schweren Zeiten 11. u. Gesch. der Juden in Rom II 2. S. 24.
[6]) Seinen Bruder Abraham di Gabriele di Magino, welcher am 18. August 1575 im Alter von 28 Jahren in Venedig starb, behandelte der Arzt David de Pomis (Vessillo israelitico 1884 207).

cione aus Neapel fassten den Plan, in Rom eine Seidenmanufaktur
einzurichten, nachdem daselbst ein römischer Bürger, Peter von
Valenzia, dazu bereits die Anregung gegeben. Auf seine Angaben
hin befahl der Papst, in allen Gärten, Wiesen und Wäldern des
Kirchenstaates auf jeden Rubbio Landes wenigstens fünf Maulbeer-
bäume zu pflanzen. Da kam Sixtus das Versprechen des jüdischen
Seidenbauers Magino (Mainus) aus Venedig, zweimal im Jahre von den
Seidenraupen Frucht und Seide zu ziehen, sehr gelegen.[1]) In einer
Bulle vom 4. Juni 1587 erhielt Magino das alleinige Recht zur Aus-
nutzung seiner Erfindung auf sechzig Jahre und das Recht, fünfzehn
Jahre mit seiner Familie ausserhalb des Ghettos wohnen zu dürfen.
Allerdings machte der Papst aus, dass seine Schwester Camilla Peretti-
Mignucci Teil an dem Verdienste haben sollte.[2]) Zum Dank dafür
widmete Magino dem Papste im Jahre 1588 italienische Dialoge über
die Behandlung der Seide, denen er ein Preisgedicht auf den Papst
voranschickte.[3]) Durch ein weiteres Privileg vom 15. Juli 1588 wurde
ihm das ausschliessliche Recht zugesichert, mit einem von ihm erfundenen Pflanzenöl Spiegel und Krystallgläser zu polieren.[4])

Im Jahre 1588 wiederholte Sixtus das Verbot, die Juden beim
Korso zu beschimpfen und setzte auf die Übertretung desselben
Prangerstrafe.[5]) Es muss einigermassen befremdlich erscheinen, dass
in demselben Jahre (16. Oktober) ein Edikt des Kardinals Rusticucci den Juden untersagen durfte, sich einen Kutscher zu halten,
den Christen, ihnen einen Wagen zu leihen oder sie mit sich fahren
zu lassen.[6]) Allerdings muss man bedenken, dass Sixtus nur die
soziale Lage, nicht die gesellschaftliche Stellung des Ghettos bessern
wollte. Von diesem Gesichtspunkte aus ist auch das Motuproprio vom
4. Januar 1589 aufzufassen, welches den jüdischen Banquiers alle
ihnen bisher gewährten Rechte, unter ihnen auch die Fixierung des
Zinsfusses auf 18 %, bestätigte.

Die immer zahlreicher nach Rom strömenden Juden machten in demselben Jahre eine Vergrösserung des Ghettos notwendig. Ein Edikt des

---

[1]) Ranke, Römische Päpste I. 455 nach Gualterius, Vita Sixti V.
[2]) Bartolocci, Bibl. IV. 20- 22. Ettore Natali 218.
[3]) Bartolocci das., Wolf I 753; Frizzi Difesa 116; Steinschneider, Jüdische Literatur § 29 Ende. Jüdische Typographie S. 93; Hebr. Bibliographie I. 88; Vessillo israelitico 1878 116, Rev. or. III. 118.
[4]) Ettore Natali das.
[5]) Erler in Archiv für Katholisches K. R. LIII. 59.
[6]) REJ III. 100.

Vicecamerlengo Enrico Caetani (März) machte kund, dass der Papst beschlossen habe, das Ghetto nach dem Flusse zu, d. h. von der Mühle des Bernardino Molinaio bis zum Ponte Quattro Capi zu erweitern. Der Papst wies in dem Erlasse den ganzen freien Raum zwischen den neuen und den alten Ghettothoren dem Architekten Domenico Fontana zur Errichtung neuer bequemer Wohnungen für die Juden an.[1] Diesem Fontana zu Ehren übertrug Sixtus seinen Erben die Ghettowache an zwei Thoren, wofür ihnen die Gemeinde jährlich 27 Scudi 60 bajocchi zu zahlen hatte.[2] Seine letzte, auch die Juden der Stadt betreffende Verordnung vom 4. September 1589 richtete für den Klerus und die Juden besondere Gefängnisse ein. Am 27. August des folgenden Jahres wurde er zu einem anderen Leben abgerufen. Bereits im Juli hatte sich an einem Markttage, welcher schon damals am Mittwoch abgehalten wurde, auf der Piazza Navona das Gerücht von dem Tode des Papstes verbreitet. Der venetianische Gesandte erzählt, wie daraufhin die jüdischen Händler bestürzt ihre Waren eingepackt und nach Hause geeilt waren.[3] Wie gross muss ihre Trauer und ihr Entsetzen gewesen sein, als das gefürchtete Ereignis wirklich eintrat!

In die letzten Jahre von Sixtus' Regierung fallen die Streitigkeiten betreffs der Teilnahme der neuen Gemeinden des Kirchenstaates an der von Rom und Ancona für die exilierten Gemeinden bisher gezahlten Synagogensteuern. Sogleich bei der Vertreibung hatten die römischen und anconitanischen Gemeinden ausgemacht, dass, sobald es den Juden wieder gestattet sein werde, in der Mark, in Ascoli und in Fano zu wohnen, Ancona die betreffenden Teilzahlungen von den genannten Gemeinden wieder zu erheben habe. Bis zum Jahre 1581 hatte die römische Gemeinde die ganze Summe allein gezahlt. Im erwähnten Jahre aber verklagte die römische Gemeinde die von Ancona auf Zahlung von 16 fälligen Jahresraten. Die damaligen Fattori, Consilius Tedescus und Samuel de Paliano, hatten dann schliesslich mit dem Spezialbeauftragten Angelus Capuanus am 17. April 1581 fixiert, dass Ancona von jetzt ab jährlich 72½ Goldscudi am 1. Januar an Rom zahlen solle. Für die verflossene Zeit erhielt die römische Gemeinde eine Pauschalsumme von 250 Goldscudi. Es wurde aber damals besonders ausgemacht, dass, sobald wieder Juden in der Mark Aufnahme fänden, Ancona das

---

[1] Ettore Natali, 52 f.
[2] Rodocanachi 50.
[3] Hübner, Sixtus V. I. 293. Übrigens gelangte der jüdische Handel unter Sixtus auch nicht zu rechter Blüte (Ranke, Römische Päpste III. 78 f.).

Recht habe, von den neuen Gemeinden auch für die Zeit vor 1581
die Steuerquoten einzufordern. Dasselbe Recht wurde auch den
römischen Juden für ihre Zahlung von 11½ Goldscudi — im ganzen
waren es 84 — reserviert. Am 12. Juli 1581 war über diesen Vertrag zwischen den Gemeinden zu Rom und zu Ancona ein Protokoll
des päpstlichen Protonotars ausgefertigt worden.[1] Die neuentstan-
denen Gemeinden verstanden sich schliesslich zu den an sie gestellten
Forderungen.[2] Hungersnot und Epidemieen in den Jahren 1590 und
1591 und der kurz auf einander erfolgte Tod der drei Nachfolger
Sixtus' waren ein böses Omen für die Zukunft.

Es ist in der Papstgeschichte ein eigentümliches Verhängnis gewesen, dass auf den verstorbenen Papst gewöhnlich ein Gegner seiner
politischen und religiösen Anschauungen folgte. Daher auch der fortwährend Wechsel der Geschicke des Ghettos! Der neugewählte Papst,
Urban VII., ein Mann spanischer Gesinnung hätte ihm verderblich
werden können. Er starb nach zwölftägiger Regierung. Am 6. Dezember ging Gregor XIV. aus der Wahl als Haupt der Christenheit
hervor, ein Kind in seinen Anschauungen, ein Spielball spanischer
Umtriebe. Bei seiner Krönung hat die römische Gemeinde zum ersten
Male einen Teil der Schmückung der Feststrasse übernommen. Entlang dem Abstieg vom Capitol bei den farnesischen Gärten und dem
Septimiusbogen hatte sie Täfelchen anbringen lassen, auf denen sich
neben hebräischen, auf den Papst angewandten Schriftversen bildliche
Darstellungen befanden.[3] Nur wenig ist über sein Verhältnis zu den
Juden bekannt. Am 11. August 1591 gestattete er dem Arzte Abraham
di Portaleone zu praktizieren.[4] Gregor war nur ein zehnmonatliches
Regiment verstattet. Sein Nachfolger Innocenz starb ebenfalls nach
einem nur sechzigtägigen Pontifikat. Alle diese Päpste haben keinen
Einfluss auf die Geschicke des Ghetto gehabt. Anders wurde dies,
als in Clemens VIII. ein Spanierfreund von altem Korne den Thron
bestieg. Bei seiner Wahl (20. Januar 1592) erklärte er, er wolle
allen vergeben und sich zum Zeichen dieser seiner Gesinnung Clemens
nennen.[5] Die Juden haben von seiner „Gnade" wenig zu spüren bekommen, dafür aber viel von seiner Leidenschaftlichkeit und seiner

---

[1] Stern S. 149, vgl. REJ X. 199 f.

[2] REJ X. 199 Anm. 4, 200.

[3] Cancellieri. Possessi 129, vgl. 141; Gasparo Alveri. Roma in ogni stato 1663,
I. 385; Gregorovius, Wanderjahre I. 85.

[4] Wolff in Hebräische Bibliographie I. 18,

[5] Ranke, Römische Päpste II. 151.

„Frömmigkeit". Das einzige, allerdings auch zweifelhafte Gute war
der auf dringende Vorstellungen der Gemeinde im Jahre 1595 gestattete Anschluss der Gemeinde an den Monte di pietà. Die Gemeindeschuld war auf etwas über 18000 Scudi gestiegen. Die Gemeinde hatte grosse Verpflichtungen und kein Geld. Es war also ein
Glück, dass der Papst ihr gestattete, 214 Anteile zu je 100 Scudi von
dem Monte zu beheben. Die Erlaubnis gab der Papst in einem Handschreiben an die Conservatoren. Allerdings musste die Gemeinde sofort 3075 Scudi von der geliehenen Summe als einen Überrest als
Geschenk für diese Vergünstigung an die päpstliche Kammer zahlen,
wie aus einem päpstlichen Schreiben an den Schatzmeister hervor-
geht.[1] — Bereits am 28. Februar 1592 verbot eine Bulle: Cum saepe
accidere den Juden den Handel mit neuen Sachen.[2] Dann war es
der Generalvikar Kardinal Geronimo Rusticucci, der mit einem Bienen-
fleisse aus allen Ecken und Enden alle die Einschränkungen und
Bullen sammelte, welche gegen Juden seit undenklichen Zeiten erlassen worden waren. Den Beginn machte er mit der Erneuerung
aller Beschränkungen im Verkehr der Neophyten mit ihren ehemaligen
Glaubensgenossen. Am 17., und dann am 28. Juli untersagte er ihnen
sogar den Verkehr mit ihren jüdischen Eltern und das Betreten des
Ghettos. Drei Geisselhiebe sollte jeder Jude und jede Jüdin erhalten,
die sich auf dreissig Ellen (canne) der Casa dei neofiti genähert. Dass
jeder Jude für den Versuch einen Neophyten von der Taufe zurück-
zuhalten, auf die Galeere geschickt werden sollte, war dabei selbstverständlich.[3] Ein weiteres Verbot vom 13. August bei 25 Scudi
Strafe, an Christen rituell geschlachtetes Fleisch zu verkaufen oder
zu verschenken[4], war nur die Einleitung zu dem für die Geschichte
der Menschheit interessanten Erlass vom 17. August, welcher im
Jahre 1598 in einigen Punkten erneuert wurde. Was für ein Recht
immer man einem Menschen nehmen kann, das wurde den Bewohnern
des Ghettos geraubt. Bei 50 Scudi Strafe wurde ihnen verboten,
Christen in ihre Synagogen einzulassen, nach der ersten Nachtstunde
ins Ghetto zu kommen[5] und die Häuser von Christen mit Ausnahme
der Wohnungen von Richtern, Advokaten, Notaren und Prokuratoren

---

[1] Bibliotheca Vaticana, Cod. Ottobon. 2483. Danach ungenau Rodocanachi 246.
[2] Das. 188.
[3] Ferraris Prompta Bibliotheca III. 300 n. 187; Ettore Natali, 258.
[4] REJ III 99 f.; Ferraris, Prompta Bibliotheca III 300 n. 197.
[5] Ferraris l. c. 301 n. 207 bei 25 Scudi Strafe.

zu betreten.[1]) Zu dieser Geldstrafe kamen noch Peitschenhiebe für die Aufnahme eines Christen ins Ghetto während der Nachtzeit (nach 24 Uhr). Mit Christen, ausser auf Reisen zu essen und zu trinken, ihnen Fleisch und ungesäuertes Brot zu verkaufen[2]), ihre Tiere rituell zu schlachten, sie Hebräisch, Singen, Tanzen, Musik und anderes zu lehren oder bei ihnen irgend etwas zu lernen (auf letzteres stand eine Strafe von 10 Scudi), für sie zu zaubern und zu hexen, ihnen zu wahrsagen oder einen Dieb zu bezeichnen, verboten Geissel-, Galeeren- und Geld-strafen. Ferner wurde ihnen untersagt, Christen zu Dienern zu haben, bei Christen zu baden und sich rasieren zu lassen, ausserhalb der Fluss-länge des Ghettos Wäsche und Kleidungsstücke zu waschen[3]), christ-liche Hebammen und Ammen zu halten, Christen zu Ärzten, zu Vor-mündern, Kuratoren und Testamentvollstreckern zu nehmen[4]), von Christen Geld zu leihen oder mit deren Geld in ihrem Auftrage zu wuchern oder zu handeln[5]), zu wetten, ob Schwangere Knaben ge-bären werden, mit Christen zu spielen, mit Agnus, Reliquien und Kirchenschmuck zu handeln — das letztere bei 200 Scudi und Ga-leerenstrafe.[6]) Auch der Befehl, das gelbe Abzeichen zu tragen, welches Frauen nicht mit Halstüchern verdecken durften, wurde er-neuert.[7]) Neu war das Verbot, von Personen unter vierzehn Jahren Pfänder zu kaufen, zu tauschen oder an sich zu nehmen, wofür Kon-fiskation des betreffenden Gegenstandes und andere Strafen angedroht wurden.[8]) Eine weitere neue Einschränkung des Verkehrs bestand darin, dass alle von ihnen gekauften oder eingewechselten Gegenstände im Werte von mehr als einem Scudi bis zum nächsten Tage dem Notar des Generalvikars angegeben werden mussten, wobei auch der Verkäufer, Herkunft und Art des Gegenstandes zu bezeichnen war. Wenn ein Gegenstand, welcher nicht gemeldet worden war, als irgend woher gestohlen erkannt wurde, so sollte man gegen den Käufer wie gegen einen Hehler des Diebstahls vorgehen. Innerhalb der nächsten

---

[1]) Das. 300 n. 195.
[2]) Vgl. Stern S. 175.
[3]) Das. n. 198. Auch in Gesellschaft mit Christen wurde ihnen das Waschen bei Peitschenstrafe, dem Christen bei 25 Scudi verboten.
[4]) Das. n. 199 bei 100 Scudi Strafe für beide Teile.
[5]) Das. n. 200. Dem Juden drohte dafür die Peitsche, dem Christen Konfis-kation der betreffenden Summen und andere Strafen.
[6]) Das. n. 202.
[7]) REJ II. 279 f.
[8]) Ferraris das. n. 192.

zehn Tage nach dem Einkaufe durfte an den gekauften Gegenständen nicht die geringste Änderung vorgenommen werden, sie mussten vielmehr unverändert zu einem etwaigen Vorweisen liegen bleiben. Ausgenommen waren von diesen Bestimmungen alle Gerätschaften und Waren, welche in Bausch und Bogen angekauft worden waren.[1] Nicht genug damit, mussten diejenigen Handelsleute, welche in der Stadt mit ihren Waren herumzogen, dieselben offen oder in weitmaschigen Netzen bei etwaigem Verluste derselben und 25 Scudi Strafe herumtragen.[2] Das Verbot, neue Kleidungsstücke zu verfertigen, worauf Verlust der Ware und 25 Scudi Strafe standen, änderte Rusticucci dahin, dass sie etwa trotz dieses Verbotes neuzugeschnittene Kleider nach vier Monaten verkaufen durften.[3] Bei allen übrigen Handwerken hätten sie sich nach den Zunftvorschriften zu richten, widrigenfalls sie sich den in jenen Vorschriften festgesetzten Strafen und anderen etwa vom Generalvikar noch ausserdem hinzugefügten aussetzten. Insofern hätten sie sich den Zunftmeistern gegenüber unterworfen zu betrachten.[4] — Dass noch weitere Einschränkungen ihrer Rechte möglich waren, beweisen die grausamen und strengen Bullen des nächsten Jahres. Nachdem am 22. Februar die Congregation das Ghetto für so unrein und entweiht erklärt hatte, dass die Eucharistie nicht einmal durch seine Strassen getragen werden durfte[5]), begann auch der Papst gegen die „verblendeten und hartnäckigen" Juden gewaltsam vorzugehen. Am 25. Februar 1593 erklärte er die volle Gültigkeit der beiden Blutbefehle Pauls IV. und Pius' V. und befahl allen Juden im Kirchenstaate mit Ausnahme der von Rom, Ancona und Avignon binnen drei Monaten seine Staaten zu verlassen. Die Ausnahmestellung dieser drei Gemeinden begründete der Papst mit der Förderung des Handels mit dem Oriente durch sie, mit der leichten Beaufsichtigung und der Möglichkeit eines wirksamen Einschreitens an diesen Orten gegen etwaige Übertretungen und mit der gerade hier naheliegenden möglichen Taufe. Als Grund für die Austreibung gab der Papst Missbrauch der ihnen gewährten Rechte, masslosen Wucher, Aussaugen der ärmeren Volksklassen durch betrügerisches Zinsennehmen und andere schwere nicht genannte Vergehungen an. Am 13. März wurde die Bulle veröffentlicht. So waren

[1]) Das. n. 194.
[2]) Das. n. 203.
[3]) Das. n. 204.
[4]) Das. n. 205.
[5]) Das. p. 292 n. 15.

die Juden wieder einmal aller ihrer Rechte beraubt und zu rechtlosen
Sklaven gemacht. Das einzige, was ihnen der Papst noch gelassen,
ihre Bücher, raubte er ihnen noch in derselben Woche. Am 28. Februar erliess Clemens einen Befehl, welcher alle bisher gegebenen
Verbote gegen den Talmud und andere hebräische Schriften auffrischte,
„da der Hebräer Bosheit tagtäglich neue Listen ersinne, diese ver-
derblichen, gottlosen und verabscheuungswürdigen, von alters her ver-
dammten und jüngst auf den Index gesetzten Schriften im Volke zu
verbreiten." Zehn Tage nach der Veröffentlichung sollten in Rom,
zwei Monate nachher im übrigen Kirchenstaate alle hebräischen
Bücher an die Inquisition zur Verbrennung ausgeliefert werden. Bei
Strafe der Güterkonfiskation und der Exkommunikation untersagte er
jeden Besitz und jede Verbreitung derselben, sei es durch Druck, Abschrift, Einfuhr, Verkauf oder Verschenken.[1] Am 3. April wurde
die Bulle, welche alle Hoffnungen der italienischen Gemeinden auf
eine Freigabe des Talmuds zerstörte, publiziert. War es eine Genugthuung, dass der Papst selbst wenig später die Undurchführbarkeit
seiner strengen Befehle einsah? Bereits am 2. Juli musste er einen
Teil der Bulle vom 25. Februar ebenfalls wegen der Erhaltung des
Handels widerrufen[2] und am 8. März des folgenden Jahres befreite
er sogar alle Händler aus dem Orient in Ancona von jeder Steuer und
Abgabe und bestätigte der dortigen orientalischen Judengemeinde die
ihr von Paul III. gestatteten Statuten. Er erklärte dabei ausdrücklich, dass der Ausweisungsbefehl auf sie keine Geltung habe und überliess die Schlichtung ihrer Prozesse einem von ihnen zu wählenden
dreigliedrigen Handelsgerichte. Auch der Termin für die Ablieferung
der korrigierten hebräischen Bücher musste vom Papste am 17. April
1593 auf Ansuchen der römischen Gemeinde bis Ende Mai verlängert
werden. Hierher gehört auch die Erklärung des Kardinals der Indexkommission vom 24. August 1596, die ebenfalls auf eine Eingabe der
römischen Juden im Namen der gesamten Judenheit erfolgte, dass nur
die rabbinischen Kommentare der Ketzer Paulus Fagius und Conradus
Pellicanus auf dem Index des Clemens VIII. ständen.[3] Am 14. Januar
1601 wurden die konfiszierten Bücher auf päpstlichen Befehl auf dem
Petersplatze verbrannt.[4] Wie wenig streng aber sonst die übrigen

[1] Bulle Cum Hebraeorum malitia; Gebhart, Renaissance italienne 1887 192 f.;
Spondanus, Annalium Continuatio, Paris 1647. II. ad annum 1593. No. 25.
[2] Stern S. 164.
[3] Stern S. 163 und 166.
[4] Stern S. 175.

Beschränkuugen gehandhabt wurden, beweist die Notwendigkeit eines
Ediktes Rusticuccis vom 14. Oktober 1593, welches die Fattori verpflichtete, darauf zu achten, dass sich bei den Judenpredigten in
S. Trinità de' Convalescenti reihum je 250 Gemeindemitglieder, die
das zwölfte Jahr überschritten haben mussten, bei 25 Goldscudi Strafe
einfänden und dass bei der Predigt Jünglinge und Mädchen bis zum
Alter von zwanzig Jahren getrennt von ihren Eltern sässen.[1]) Dabei
wurde aber Leben und Gut der Gemeinde durch die Stadtbehörde
gegen rohe Übergriffe des Pöbels wiederholt geschützt. Am 28. Januar
1595 erliess Annibale Rucellai, der Governatore Roms, eine Verordnung, dass, wer sich erkühne, unter irgend einem Vorwande Juden
oder Jüdinnen zu beleidigen, mit Werfen von Kot oder durch Weg-
nehmen der Hüte zu beschimpfen, durch Entreissen der Waren, welche
sie bei sich tragen, oder durch körperliche Verletzungen zu schädigen,
zu Geisselstrafe und 200 Scudi Geldstrafe verurteilt werden sollte.[2])
Dieser Erlass wurde auch im folgenden Jahre am 14. Februar durch
den Governatore Domenico Foschi erneuert.[3]) Die Regelung der
Fleischsteuer durch ein Breve vom 15. Oktober 1595 bedeutete für
die Gemeinde eine nicht unbedeutende Aufbesserung ihrer Finanz-
wirtschaft. Eine fernere erfreuliche Erleichterung brachte ihnen der
18. Mai 1596. Ein Breve des Papstes von diesem Tage erklärte die
Duldung der hebräischen Bücher, falls sie nichts Anstössiges enthalten.
Die jüdischen Besitzer derselben wurden veranlasst, ihre Bücher selbst
zensieren zu lassen, widrigenfalls ihre Bücher der Verbrennung an-
heimfallen sollten.[4]) Dem Besitzer wurde von dem wohlbestallten
Expurgator eine Quittung über die zur Korrektur eingelieferten
Schriften ausgestellt. Das nach den allgemeinen Regeln der Censur
(מ׳ הוקק) gereinigte Buch wurde dann durch einen Schlussvermerk
freigegeben.[5]) Allerdings wurde wohl gleichzeitig verboten, die Festgebete in einer anderen Sprache als in der Hebräischen drucken zu
lassen.[6]) Dagegen wurden in demselben Jahre Juden, welche am
Sabbath ein gerichtliches Verhör nicht unterschreiben wollten, ge-

---

[1]) Ferraris III. 301. n. 606.
[2]) Ettore Natali, 100.
[3]) Das.
[4]) Albitius de inconstantia in fide cap. XXX. No. 310 auch bei Berliner. Censur
und Confiscation 49.
[5]) Mortara in Hebr. Bibliographie V. 76. Vermerk: Per fede della ispurg.ue
di esti libri . . . das. 97 f. s. a. Berliner a. a. O. 9.
[6]) Reusch, Index I. 51.

fänglich eingezogen.[1]) — Da Rusticuccis Befehle nur zu oft überschritten wurden, sah er sich gezwungen, dieselben im Jahr 1598 zu erneuern, und im folgenden Jahre von neuem zu vermehren. Inzwischen nahm aber ein elementares Ereignis, die Tiberüberschwemmung vom 24. Dezember 1598, die allgemeine Aufmerksamkeit in Anspruch. Neben grossem materiellen Schaden beklagte man den Verlust von 1500 Menschenleben. Die palatinische Brücke wurde von den rasenden Wasserfluten hinweggerissen [2]) — das Ghetto blieb aber wie durch ein Wunder vor ihnen verschont. „Am 24. des 12. Monats war heftiger Regen im Lande, und die Wasser des Tiber stiegen drei Tage und drei Nächte wie es vorher nie beobachtet worden war. Viele Mauern und Häuser stürzten ein. In Israels Wohnungen aber war Licht, nicht der kleinste Schaden traf sie, denn das Wasser erreichte nur das Thor der Synagoge, drang aber nicht in ihr Gebiet ein. Als der Papst hinschickte, um sich von der Wahrheit dieses ihm berichteten Faktums zu überzeugen, ergab sich, dass man ihm die Wahrheit gemeldet hatte.“ [3])

Je besser es das Geschick mit den Juden meinte, um so schlechter der Papst und seine Beamten. Am 24. Mai 1599 erklärte ein Edikt Rusticuccis, dass kein Jude ohne die Erlaubnis des Kardinalvikars in Rom und keiner ohne diejenige der Inquisition und der Bischöfe des betreffenden Kirchensprengels ausserhalb des Ghettos wohnen dürfe. Zugleich wurde (wahrscheinlich aber nur den auswärtigen) Juden bei Androhung der Schliessung der Synagogen und der Konfiskation ihres in Rom und in den Kirchenstaaten liegenden Vermögens verboten, Reisen zu unternehmen, um den religiösen Festen beizuwohnen. [4]) Auch die Regelung der Befugnisse des Kardinalkämmerers gedachte der Juden (18. Dezember 1599). Es wurde den Kämmerern streng untersagt, ausserhalb des Kirchenstaats wohnhaften Juden, sogenannte Tolerantiae (Erlaubnisscheine zu Geldgeschäften) zu erteilen. Dieselben sollten überhaupt nur levantinischen Juden ausgestellt werden. In Rom sollten sie auf die genaue Innehaltung der bestimmten Zahl der Juden sehen (!). Auch sollten sie ihnen keine

---

[1] Stern S. 173.

[2]) Muratori, Annali d'Italia X 559; Bonini, Tevere incat. 64 f.; Reumont III 2. 733; Gasparo Alveri, Roma in ogni stato (1664) I 574; Buonarroti 1871. 78.

[3]) 'Emek p. 168; für 10. lies 12. Monat! An der Wahrheit des zeitgenössischen Berichtes ist trotz einer entgegenstehenden Notiz aus dem 17. Jahrhundert in Bibl. Vat. Cod. Ottobon. 2483 kaum zu zweifeln.

[4]) REJ III. 100.

neuen Rechte und Privilegien, keine Erlaubnis zum Heilen. zum Synagogenbau, zur Heimführung einer zweiten Gattin zu Lebzeiten der ersten oder zu anderen Überschreitungen der apostolischen Bestimmungen, sowie keine Absolution für etwaige Überschreitungen der Gesetze gewähren. Ferner sollten sie ihnen nicht die Ausübung von Bankgeschäften, selbst wo sich dieselben nur auf das Geldwechseln beschränkten, gestatten. Etwaige Erlaubnisse in dieser Beziehung erklärte der Papst für aufgehoben. [1]

Dass die finanzielle Lage der Gemeinde durch solche Bestimmungen nicht gefördert wurde, kann man sich denken. Einen sichtbaren Beweis der Armut des Ghettos brachte ein Befehl, dass die Juden alle ihre disponiblen Betten für die Pilger des Jubeljahres 1600 hergeben sollten. Die Sbirren konnten aber im ganzen Ghetto nur achtzig Bettdecken auftreiben. Die Juden wurden deshalb gezwungen, für 317 Scudi Betten, und zwar 200 Bettdecken und 90 Strohsäcke zu kaufen. Das Jubeljahr scheint aber dem Ghetto gute Einnahmen gebracht zu haben, da sie die gekauften Betten und Strohsäcke den Hospitälern zum Geschenke machten, eine immerhin grosse Leistung für das verarmte Ghetto. [2] Das Jubeljahr machte vielleicht auch einige besondere Bestimmungen für die Juden nötig. Am 26. Februar 1600 hob der Papst einen Befehl auf, dass die von Juden nicht eingelösten Pfänder im Leihhause versteigert werden sollten. Dieselben sollten vielmehr wieder an dem gewöhnlichen Platze auf der Piazza Giudea lizitiert werden. Zugleich bestätigte der Papst dem Kardinalkämmerer die Jurisdiktion über die Hebräer auch bei Diebstählen von Pfändern. [3] Aus einem Verbote vom 10. April geht hervor, dass dies wegen des Lärmens, der Unruhe und der gegenseitigen Possenreisserei der Juden während der Versteigerungen nötig geworden war. [4] Auch das feierliche Tragen der hl. Lade unter Fackelbeleuchtung von einem Hause in ein anderes wurde damals untersagt. [5] Dass bei alledem ein gewisses freundschaftliches Verhältnis zwischen Christen und Juden geherrscht, beweist der Umstand, dass das heilige Offiz am 21. Dezember den Christen bei 25 Goldscudi und anderen Strafen untersagen musste, zu Predigten in die Synagogen zu gehen, der Beschneidungsfeier beizuwohnen und von Juden Osterbrot zu nehmen. Die Strafen waren dabei für beide Teile

---

[1] § 14 der Bulle über die Befugnisse des Cardinalis Cammerarius.
[2] Rodocanachi 250.
[3] Konstitution vom 26. Februar 1600 §§ 2 und 3.
[4] Rodocanachi 271.
[5] Stern S. 175.

gleichen.[1]) Wohl auf Bitten der Gemeinde erneuerte der Gover-
nore auch im Jahre 1602 (9. Februar) und dann im Jahre 1605
(1. Februar) das Verbot, Juden beim Karneval zu belästigen. Dem
Manne drohten für eine Übertretung dieses Erlasses drei Geissel-
schläge, Frauen und Kindern drei Peitschenhiebe.[2]) Ebenso wiederholte der Governatore Ferrante Taverna am 26. Januar des folgenden
Jahres das Schutzdekret gegen jede Beleidigung der Juden vom
18. Januar 1595.[3]) Wenige Wochen später (13. März) wurde auch
eine Wiederholung des Verbotes für Katechumenen, das Ghetto zu
betreten und mit Juden zu verkehren, notwendig.[4]) Wichtiger für
die Gemeinde war die Ghettoordnung des päpstlichen Vikars Kardinal
Borghese vom 18. Juni 1603. Das Ghetto sollte nach derselben von
Ostern bis Allerheiligen eine Stunde nach Anbruch der Nacht, im
übrigen Jahre zwei Stunden nach ihrem Anbruch (gleich 7 Uhr
abends) geschlossen und mit der Morgendämmerung geöffnet werden.
Doch durfte der Pförtner im Sommer bis 1½ Stunde, im Winter
bis 3 Stunden nach Anbruch der Nacht das Thor öffnen. Für
Personen, welche aus zwingenden Gründen mit einer Bescheinigung des Richters oder einer angesehenen Persönlichkeit versehen
waren, war ihm das Öffnen im Sommer bis drei Stunden nach Anbruch der Nacht, im Winter bis 5 Stunden nachher gestattet. Ausserhalb dieser Stunden durfte der Pförtner während der Nacht niemanden
aus- oder einlassen, ausser in gewissen von höherer Gewalt vor-
gesehenen Fällen, denen er unbedingt Rechnung zu tragen hatte.
Bei Geld- und Körperstrafen war ihnen aber verboten, Christen ohne
besondere Erlaubnis — ausser in Spezialfällen — im Sommer nach
1½ Stunde nach Anbruch der Nacht, im Winter 3 Stunden nachher
ins Ghetto einzulassen. Während der Nacht ankommenden Fremden
durfte der Pförtner das Thor öffnen, nachdem er ihre Namen aufgenommen hatte. Bei unvorhergesehenen Leichenzügen und plötzlich
ausbrechenden Händeln durfte er Juden herauslassen, nachdem er sie
gezählt; er hatte sie aber zu begleiten; ebenso musste der Pförtner
sie bei ihrem Eintritte ins Ghetto wieder zählen. Er hatte auch am
Morgen alle im Laufe der Nacht aufnotierten Namen dem Notar zu
melden. Etwaige Bestechungen des Wächters wurden an demselben

---

[1]) Ferraris Prompta Bibliotheca III. 300. No. 183, vgl. Stern S. 175.
[2]) REJ II 289, Rodocanachi 211, Ettore Natali, 100.
[3]) Natali das.
[4]) Rodocanachi 289.

mit Geisselstrafen und 10 Scudi Geldbusse geahndet, von denen der
Denunziant 5 Scudi erhielt.[1]

Auch eine neue unverhältnismässig grosse Judensteuer hatte Clemens
für das Ghetto in Aussicht genommen. An Stelle der durch die Judenaus-
treibungen ausgefallenen Synagogensteuer (12000 Sc.) hatte Clemens der
römischen Gemeinde die Zahlung von 2500 Scudi an das Kolleg der Neophyten und der Katechumenen auferlegt, welche die Gemeinde selbstverständlich nicht aufbringen konnte. Der Papst musste deshalb diese
Summe am 4. Januar 1604 auf 800 Scudi reduzieren, von denen 300 dem
Magdalenenkloster der bekehrten Frauen zu Gute kamen.[2] Ausser dem
am 6. Oktober 1604 erneuerten Verbote, an Christen ungesäuertes Brot
zu verkaufen und zu verschenken[3], brachte das letzte Lebensjahr dieses
Papstes der römischen Gemeinde noch ein wenig Sonnenschein. Am 5. Juni
1604 sprach eine Bulle die Absolution der Gemeindemitglieder für alle
Gesetzesüberschreitungen mit Ausnahme des Mordes, der Falschmünzerei, des Sakrilegs, der Majestätsbeleidigung und der Rebellion
und der vor das Inquisitionstribunal gehörigen Fälle frei, wobei aber
der geschädigten Partei der Civilweg offen bleiben sollte. Dann entschied sie einen Prozess über ein Stück Land an dem jüdischen Begräbnisplatz zu Gunsten der Gemeinde und erneuerte schliesslich das
ius Gazagà, dass sie unter keinem Vorwande ausgemietet werden
könnten oder eine Steigerung des Mietszinses erfahren sollten. Bei
grösseren nicht gerade nötigen Ausbesserungen der betreffenden Häuser
wurde dem Besitzer gestattet, einen genau fixierten prozentuellen Zu-
schlag zur Miete zu erheben.[4] In diese grosse Absolution und gnädige
Verzeihung wurden am 23. August desselben Jahres auch die Marranen miteingeschlossen. Es war zum ersten Male, dass eine päpstliche Bulle Juden Vergehen gegen die Inquisition gleich gemeinen
Verbrechen anrechnete und nicht absolvierte. Aber gerade dieser
Umstand ist typisch für das Verhältnis der Gemeinde in Clemens' VIII.
letzten Lebensjahren zu der Beaufsichtigung derselben durch die In-

---

[1] Gebhart, Renaissance italienne nach Bertolotti 193 f., vgl. Rodocanachi 50.
Anm. 1.

[2] Rodocanachi 231 f. s. a. Urbans VIII. Breve vom 17. März 1636.

[3] Ferraris Prompta Bibliotheca (Paris 1785) IV. col. 162 n. 19. vgl. REJ III.
99. Der Jude hatte 50 Scudi Geldstrafe und drei Peitschenhiebe, der Christ nur
die 50 Scudi Strafe zu erwarten. Für Kinder waren die Eltern haftbar. Auch erwähnt im Edikt vom 2. April 1708.

[4] Wiederholt in einer Bulle vom 29. März 1773 (s. Barberi, Bullarium
IV. 553 ff.).

quisition. Es ist beinahe unglaublich, in welch' liebloser Weise die letztere gegen die Juden der Stadt einschritt. Da hatte ein Avon (Ahron ?) b. Izḥak Pontecorvo einmal vor dem Notar erklärt, er wolle Christ werden. Er ist verlobt, und da zwei Seelen mehr als eine wert sind, wird er mit seiner Braut ins Katechumenhaus gebracht. Das Mädchen bleibt standhaft und kehrt ins Ghetto zurück; da bereut auch Ahron das gegebene Wort und bleibt Jude.[1] Ein Barukh Ambron (Barnech Aurbron ?) wird am 25. September 1602 einem Geistlichen anvertraut, welcher ihn zur Taufe vorbereiten soll. Am 28. stürzt er sich von einem Fenster des Gartenhauses herab, um dem zu entgehen. Am 8. Oktober nimmt ihn ein Mons. Diotallevi zu sich, um ihn zu bekehren. Er entwischt noch an demselben Tage und kehrt ins Ghetto zurück. Die Eltern, welche offenbar ihr Kind selig sehen wollen, führen es wieder dem Geistlichen zu. Schliesslich erklärt Barukh am 19. Oktober, sich taufen lassen zu wollen.[2] — Einen brutalen Akt der Gewalt verübte die Inquisition im November 1604. Der Monsignore Giudice dei Catecumeni lässt eine Kutsche vor das Haus des Hauptrabbiners der Stadt, Jošuà Ascarelli vorfahren. Der Rabbiner wird mit seiner Frau und seinen vier Kindern genötigt, dieselbe zu besteigen und geradewegs in die Casa gefahren. Erst nach 43 Tagen, in denen er sich einer sehr guten Behandlung zu erfreuen hatte, wird er frei gelassen, „weil er's so wollte." Von seinen vier Kindern war die zwölfjährige Camilla nach zehn Tagen, die acht-jährige Belluccia nach acht, der sechsjährige Juda nach fünf Tagen und der vierjährige Manuello sogar schon nach vier Tagen von der Wahrheit des Christentums so überzeugt, dass sie sich zur Taufe bereit erklärten. Arme Eltern! Siegreicher Christenglaube!?[3] Wohl infolge dieses Falles erklärte man eine Taufe, welche die Amme ohne Wissen der Eltern vorgenommen, für gültig und verpflichteten den Vater zur weiteren Erhaltung des Kindes.[4] Die Vorgeschichte der Taufe der Tochter des Salomone Tudesco, Mariamne, ist glücklicherweise unbekannt geblieben.[5]

Über dem Ghetto schien ein Unstern zu walten. Der Nachfolger des Papstes Clemens hätte, wenn ihm das Geschick ein längeres Leben ge-

---

[1] Ettore Natali, 250 (29. Dezember 1600).
[2] Das. p. 241.
[3] Das. p. 242. Taufe am 22. Januar 1605 s. a. Allgemeine Zeitung (München) 1887, Beilage zu Sonntag, 25. September p. 3922.
[4] Stern S. 176.
[5] Ettore Natali 242.

währt, der Stadt und der jüdischen Gemeinde Jahre des Glückes und des
Friedens bringen können. Leo XI. war ein Mann von reicher Begabung
und grossen Tugenden. Bei der Annahme des Namens Leo erklärte er, er
habe diesen Namen nicht nur zur Erinnerung an seinen grossen Vorfahren
gewählt, sondern darum, dass er der Stadt die Hoffnung an ein Auf-
erstehen des goldenen Zeitalters Leos wachrufen möchte.[1] Nach einer
kaum 26tägigen Regierung gehörte er nicht mehr zu den Lebenden.

Am 16. Mai 1605 wählte das Conclave den strengen Paul V. zum
Papst, dessen Ideal die Bestimmungen von Trident waren. Was
wunder, dass für die Juden der Stadt eine trübe Zeit zu kommen
drohte. Wenn trotzdem die Lage der römischen Gemeinde eine erträgliche blieb, so ist dies vor allem dem gesunden Sinn ihrer christlichen Mitbürger zuzuschreiben. Dass die Inquisition und die päpstlichen Gerichte unter einem solchen Fürsten gegen die Juden freie
Hand bekamen, ist selbstverständlich. Ein Rabbi, der die Existenz
einer Gottheit geläugnet hatte, musste seinen Irrglauben am 31. Januar
1608 abschwören.[2] Einem Juden Vita wurden am 4. Februar 1610
seine Güter konfisziert, weil er Bücher, welche talmudische Irrtümer
enthielten, besessen hatte.[3] Auf Ersuchen der Gemeinde wurde das
Schutzedikt des Governatore gegen Belästigungen und Beschimpfungen
der Juden mehrfach wiederholt (am 17. Februar 1609, 21. Februar
1615, 9. Februar 1616 und 22. Februar 1620).[4] Überhaupt zeigte sich
die städtische Verwaltung gern zum Schutze jüdischer Interessen
bereit. Dem Papste hatten die vielen Beschränkungen, welche seine
Vorgänger den Juden auferlegt hatten, ein besonderes Vorgehen gegen
die Juden erspart. Wir finden daher eigentlich wenige selbstständige
Erlässe Pauls gegen die römische Gemeinde; dass diese zumeist auch
nur Wiederholungen älterer sind, wird bei dem fleissigen Hasse seiner
Vorgänger nicht Wunder nehmen. Am 9. August erneuerte das
heilige Offizium die Verordnung Rusticuccis, welche Christen untersagte, jüdische Synagogen zu besuchen, Beschneidungen beizuwohnen
und Osterbrot als Geschenk oder sonstwie anzunehmen. Eine Erweiterung des Verbotes, bei Auktionen durch Lärmen zu stören, war
ein Erlass vom 20. August 1605. Derselbe warf gleichzeitig Licht
auf die Vermögensverhältnisse der Juden in Rom. Bei strengen
Strafen verbot er geheimes Einverständnis zur Fälschung der Ange-

---

[1] Cod. Ms. lat. Paris 5173. fol. 45a. 46b. 47b.
[2] Stern S. 176.
[3] REJ IX. 90. Danach Rodocanachi: 198 auch bei Stern S. 176.
[4] REJ II. 289; Ettore Natali 100.

bote, jede Beleidigung und Störung von Fremden und gestattete, dass sich zum Kaufe eines mehr als 12 Scudi werten Gegenstandes zwei, zum Kaufe eines über 25 Scudi werten drei Händler vereinigen dürften.[1] Dass am 20. Juni 1611 die Rota die Untauglichkeit eines jüdischen Zeugen in einem Prozesse zwischen Christen aussprach, war nur die Auffrischung der alten kanonischen Bestimmung.[2] Wiederholungen waren auch die Dekrete vom 7. November 1613 und vom 28. Mai 1614, welche den jüdischen Händler mit christlichen Kultusgegenständen mit 200 Scudi und Galeerenstrafe, den christlichen Käufer mit der gleichen Geldsumme und anderen Strafen bedrohten[3], die Erlasse vom 14. Mai 1615 und vom 17. Juli 1618, nach welchen es jüdischen Ärzten bei 25 Scudi Strafe verboten war, für Christen Medizin zu bereiten oder sie selbst bei Hinzuziehung christlicher Ärzte zu kurieren, — einer Strafe, welcher auch der Christ anheimfiel, — und christlichen Ärzten nur mit besonderer Erlaubnis des Papstes oder des Viceregenten gestattet war, im Dienste der Judengemeinde zu praktizieren[4], ferner das Verbot vom 8. Juli 1615, Christen rituell geschlachtetes Fleisch zu verkaufen und in christlichen Fleischereien rituell zu schlachten[5], weiter das vom folgenden Jahre in der Karnevalszeit zu tanzen[6] und das vom 9. August 1617 christliche Dienstboten zu halten[7], sowie die Bestimmung vom 9. Januar 1620, dass kein Jude bei 25 Scudi Strafe einen Christen und umgekehrt kein Christ einen Juden in irgend einer Kunst (z. B. im Tanzen) oder Wissenschaft (z. B. in Grammatik, lateinischer Sprache) unterrichten sollte.[8] Andrerseits wurde auch gelegentlich einem Inquisitor untersagt, bei Juden ein Darlehen aufzunehmen (1615).[9] Wichtiger für das Ghetto waren die wohl durch die Tiberüberschwemmung vom 23. Januar 1606[10] von Paul veranlassten Arbeiten zur Abwehr derselben,

---

[1] Rodocanachi 271.

[2] Sacrae rotae romanae decisionum recentiorum a Joanne Batista Compagno selectarum pars III. No. 371. 5.

[3] Ferraris prompta Bibliotheca III. 301 n. 202.

[4] Das. 300 n. 190, 191.

[5] Das. n. 197 und Stern 177.

[6] Stern 177.

[7] J. M. Jost, Neuere Geschichte der Israeliten von 1815—1845 II. (Berlin 1847) 277 f.

[8] Ferraris III. n. 188. Stern 178.

[9] Stern 177.

[10] Gasparo Alveri, Roma in ogni stato I. 422. 574; Bonini, Tevere incat. 65 f.; Buonarroti 1871 78.

welche die Stadt durch ihre Zolleinnahmen unterstützte. [1] Auf direktes
Ersuchen der Gemeinde erliess dann Paul am 7. August 1610 eine
Bulle zu einer dringend nötig gewordenen gesetzlichen Regelung
der Mitgiften. [2] Auch die Reform der Justizpflege in der Stadt
(am 1. März 1611) gedachte der Juden. In Kriminalfällen zwischen
Juden und Juden wurde dem Governatore das oberste Recht zugesprochen. In Finanzangelegenheiten zwischen der Gemeinde und der
apostolischen Kammer, in Pfand- und Banksachen hatte der päpstliche
Kämmerer zu entscheiden. Bei Pfänderdiebstählen, soweit sie die
jüdischen Wechsler betrafen, sollten Kämmerer und Governatore in
gleicher Weise vorgehen dürfen. Die Juden sollten der Jurisdiktion
des Richters der päpstlichen Kammer in von anderen Tribunalen ab-
hängigen Fällen und wo es sich um Verpflichtungen gegen die Kammer
handelte, unterworfen sein. Aber auch in Kriminalsachen durfte der
Richter gegen die Juden vorgehen. Bei Vergehen, an welchen Christen
und Juden beteiligt waren, konnten Vikar und Senator, je nachdem
sie früher angerufen, einschreiten. Sonst sollte aber dem Vikar nach
der Bestimmung des Papstes Julius III. bei jüdischen Prozessen aktive
und passive Jurisdiktion, in Streitigkeiten zwischen Juden und
Christen die passive vorbehalten bleiben. [3] Diese Bestimmung enthielt
eigentlich nichts Neues, sie war aber das endgültige Todesurteil des
jüdischen Civilgerichts. Fügt man noch ein Urteil der Rota vom
30. Mai 1617 über die Geldgeschäfte der Juden hinzu, so ist unter
Paul eine neue Fixierung der Rechtsverhältnisse der Juden zu verzeichnen. Bei Gelegenheit eines Prozesses erklärte damals die Rota,
dass die hebräischen Wechsler und Geldverleiher in Rom ungestört
ihren Geschäften nachgehen könnten und dass bei ihnen wissentlicher
Betrug nicht vorausgesetzt werden dürfe. Ihren in italienischer
Sprache geführten Geschäftsbüchern wurde gesetzliche Kraft gegeben,
doch sollten sie vom Auditor der Rota und von geschäftskundigen
Personen bestätigt werden. Allerdings „duldete" der Papst nur, dass
die Juden unter Beachtung der bestehenden Capitoli, welche die
Zinshöhe auf 18 % begrenzte, Geldverleihgeschäfte betrieben. [4]

Ein Zeichen väterlicher Güte für die jüdische Gemeinde war der
mit zwei Drachen geschmückte Brunnen auf der Piazza del Tempio, an

---

[1] Reumont III. 2. 658.
[2] Bulle Exponi nobis nuper fecistis.
[3] Reformatio Tribunalium Almae Urbis et eius officialium § 7: De iurisdic-
tione in Hebraeos.
[4] Sacrae rotae romanae decisionum recentionum etc. pars IV. No. 498.

welchem neben dem Wappen des Papstes der siebenarmige Leuchter, das Wahrzeichen der römischen Gemeinde, angebracht war. Vorher hatte sich die Gemeinde mit Tiberwasser und einem kleineren Brunnen im oberen Ghetto begnügen müssen. Als Paul den Bau des Aquädukts Acqua Paolo nach Trastevere zu unternahm, gestattete er der Gemeinde (1614), eine Nebenleitung auf den genannten Platz zu führen. Der Brunnen hat das Ghetto bis zu seinem Ende mit Wasser versorgt.[1] Eine Inschrift an demselben besagte, dass Paul gestattet habe „zur Behebung der Not der Hebräer" das Wasser hierher zu leiten.[2] Erfreulich war ferner eine wenn auch nicht allgemeine Absolution, welche der Papst der Gemeinde für alle Vergehen, ausser für Majestätsbeleidigung, Mord, Falschmünzerei und Übertretungen päpstlicher Briefe und Bullen am 5. September 1622 erteilte. Bei 1000 Goldscudi und anderen Strafen verpflichtete er Geistlichkeit und Magistrat zu strenger Beachtung dieser Absolution.[3]

Dass man in Rom auch einmal den Juden Recht verschaffte, bewies ein Fall, in welchem der Vicegerent von Rom, Hieronymus Machiavelli, am 7. August 1615 dem Katechumenenhause die Rückgabe der beiden Töchter der Letitia, Wittwe des Benedikt (Barukh) Ambron, Perna und Allegretia, gegen die Vorstellungen der bereits im Katechumenenhause befindlichen Oheime der Kinder, von denen Damien b. Jakob Blanchetti genannt wird, anbefahl.[4] Noch in dem letzten Lebensjahre Pauls fällte die Rota zwei Urteile, welche für die soziale Lage des Ghettos wichtig, für das Rechtlichkeitsgefühl der Rota ehrenhaft waren. Das Verbot des Kardinals Rusticucci (1592), Kleidungsstücke aus neuen Stoffen zu fertigen, war in Vergessenheit geraten, bis die christlichen Schneider der Stadt, neidisch auf die jüdische Konkurrenz, eine strenge Durchführung dieses Verbotes bei der Rota verlangten. Die heilige Rota entschied aber wohl ganz gegen Erwarten der christlichen Meister, dass es den jüdischen Schneidern durchaus nicht verboten sei, aus neuen Stoffen Kleider anzufertigen, da die Fertigung neuer Kleidungsstücke nicht in das Gebiet des Handels, sondern in das der gewerblichen Kunst gehöre und es unmöglich sei, die jüdische Bevölkerung, welcher der Besitz von Liegenschaften untersagt sei,

[1] Reumont III 2. 820. Rodocanachi 54.
[2] Moroni, Diction. Eccles. XXI. 39 (Die Inschrift des Brunnens). Als eine Gnade musste die Neubestätigung von Martins Bulle vom 15. Febr. 1429 auf Kosten des Semuel del Banco (26. März 1616) angesehen werden (Berliner II. 1. S. 69.
[3] REJ XIX. 137.
[4] Das. III. 96.

auf den Lumpenhandel zu beschränken. Wenn man in Betracht zieht, dass sich bereits damals der grössere Teil der Gemeinde mit dem Schneiderhandwerk ernährte, so wird man die Wichtigkeit dieser Entscheidung zu würdigen verstehen.[1]) Von nicht geringerer Bedeutung war die Entscheidung der Rota in einer zweiten Wohl und Wehe der Gemeinde sehr nahegehenden Frage. Am 13. August 1620 wandte sich die Gemeinde mit einer Bittschrift an den Papst, dass Christen, welche Juden wegen Schulden ins Gefängnis gebracht, ebenso für die Verpflegung der inhaftierten jüdischen Schuldner zu sorgen haben sollten, wie dies die jüdischen Gläubiger für die wegen Schulden gefänglich eingezogenen Christen thäten. Bei einer Beratung über diese wohl bereits vom Rabbiner Ḥiskia Manoaḥ Corcos abgefasste Bittschrift, waren neun Stimmen gegen dieselbe, drei, die des Armenvorstehers Ottavio Belo, des ersten Schreibers der Kammer, S. Vitale, und des Beisitzers der Kammer, Spinola, für die Juden. Eine christliche Denkschrift gegen die Bittschrift brachte folgende Gründe gegen die Verpflegung der eingekerkerten jüdischen Schuldner vor. Man brauche sich bei den Juden nicht an die strenge Innehaltung der Gesetze des Gemeinwohls und an kanonische Milde zu halten. Arme Juden würden sowieso von der Synagoge des Ghettos erhalten. Es wäre zu befürchten, dass die Juden es vorziehen würden, im Gefängnis zu bleiben und die Geduld ihrer Gläubiger, welche noch dazu für sie zu sorgen hätten, zu ermüden, so dass die Christen schliesslich von einer Verfolgung der Juden absehen würden, um nicht ihre Unkosten noch zu vergrössern. Christliche Gläubiger beriefen sich dabei auf Christi Wort: Es ist nicht gut, den Kindern das Brot zu nehmen und es Hunden vorzuwerfen. Trotz dieser Gegenschrift hielt sich der Governatore an die alte Norm, dass der Christ verpflichtet sei, für den inhaftierten armen Juden zu sorgen.[2]) Die Entscheidung der Rota vom 11. Januar 1621 ist in mehr als einer Hinsicht bemerkenswert. Sie bestimmte 1. Arme Christen in Schuldhaft müssen von den Gläubigern nach dem gemeinen Recht erhalten werden; 2. Was man Christen nach dem gemeinen Rechte schuldig ist, findet auch bei Juden Anwendung; 3. Die Juden stehen unter dem gemeinen Rechte und müssen nach dem römischen Civilrecht abgeurteilt werden; die Rechtsverhältnisse zwischen Juden und Christen sind die gleichen:

---

[1]) Sacrae rotae romanae decisionum recentionum etc. pars IV 2. No. 194; Ferraris Prompta Bibliotheca III. 301 n. 204; Berliner. Letzte Tage 21.
[2]) REJ II. 284 f.

4. Für die Juden giebt es ausser in Ausnahmefällen in rechtlicher
Beziehung keinen Unterschied; 5. Die heilige Mutter Kirche duldet
die Juden ob gerechter Gründe; 6. Die Juden sind vor dem weltlichen Gerichte wegen der Duldsamkeit der Kirche nicht hassenswerte
Personen; 7. Die Juden nehmen an Thaten der Menschenliebe mit den
Christen teil; 8. Rechtsgleichheit ist zu wahren; 10. Juden darf von
Rechtes wegen keinerlei Schimpf und Unbill geschehen; 13. Unterhalt ist auch dem inhaftierten unbemittelten Juden zu gewähren;
15. Den Juden muss die Wohlthat der Cession (nach römischem Rechte)
zugestanden werden; 16. Nach dem Gewohnheitsrechte hat der Gläubiger für die Erhaltung des schuldhaftierten unbemittelten Christen
zu sorgen; 17. Das unter Christen beachtete Gewohnheitsrecht findet
auch auf Juden Anwendung; 20. Juden geniessen statutarische und
Gewohnheitsrechte, ob diese günstig oder ungünstig sind; 26. Der
Landesfürst ist gehalten, den Bedürfnissen der Juden entgegen zu
kommen und sie mit Liebe zu behandeln; 36. Juden ist (bei Zahlungs-
schwierigkeiten) ein Moratorium zu bewilligen; 39. Die Wiederein-
setzung in den früheren Stand (nach dem Moratorium?) wird auch
minderjährigen Juden gewährt. Diese Bestimmungen blieben bis zum
Oktober 1635 in Kraft. Sie hoben die Erlässe der Päpste Paul IV.
und Pius V. auf, welche den christlichen Gläubiger von der Verpflichtung der Erhaltung des jüdischen Schuldners im Gefängnis befreit hatten.[1]

Die Regierung von Pauls schwachem und kränklichen Nachfolger,
Gregors XV., brachte keine Änderung in das Schicksal des Ghettos.
Die Begründung der Gesellschaft De Propaganda Fide, die Heilig-
sprechung des Ignatius Loyola und Franz Xavers charakterisieren
sein Regiment. Das Schutzedikt für die Zeit des Karnevals musste die
städtische Verwaltung am 13. Februar 1621 wiederholen.[2] Trotzdem
hatte ein gewisser freundschaftlicher Verkehr der christlichen mit der
jüdischen Bevölkerung nicht aufgehört. Das zeigte auch die Notwendigkeit der Erneuerung des Dekretes vom 9. Januar 1620 (am
16. März 1622), welches den Juden verbot, Christen irgend eine Kunst
oder Wissenschaft zu lehren.[3] Von den fortwährenden Plackereien
der päpstlichen Behörden lagen mehrfache Klagen der Gemeinde in

---

[1] Sacrae rotae romanae decisionum recentiorum etc. pars IV 2 No. 269 Coram
Manzanedo; vgl. REJ II. 285 und Berliner, Letzte Tage 22.

[2] REJ II. 289.

[3] Ferraris Prompta Bibliotheca III. 300. n. 188

dieser Zeit ein nur allzu beredtes Zeugnis ab. Im Jahre 1622 machte
die Gemeinde Vorstellungen wegen der Schwierigkeiten, in welche
sie die Verpflichtung versetzte, verdächtige Persönlichkeiten anzu-
zeigen, für welche sie Waren verkauft. Die Gemeinde erklärte es
für unmöglich, zu erkennen, ob die Betreffenden verdächtig seien oder
nicht, zumal gerade in diesem Jahre sehr viele unbekannte Fremde
in Rom seien und deshalb als verdächtig angesehen werden könnten.
Sie forderte deshalb die Einrichtung eines Bureaus, wo der Verkäufer
seinen Namen, Stellung und Wohnung, der jüdische Käufer Natur
und Quantum der verkauften Waren einzutragen hatte.[1]) Ebenso
sahen sich die drei Fattori der Gemeinde gezwungen, am 17. März
1623 um die Erklärung einiger unklarer Paragraphen der Ghettoordnung vom 18. Juni 1603 zu ersuchen. Der Vicevikar erwiderte
darauf, dass Juden auch ohne die Bescheinigung in den Strassen der
Stadt ausserhalb der erlaubten Stunden nicht beunruhigt werden
dürften, ausser wenn sie sich gerade in Anklagezustand befänden.[2])
Am 3. Februar und am 17. März 1623 wurde von der Rota auch die
Fortdauer des Amts des Notars der Hebräer ausgesprochen. Allerdings war mit der Zeit aus dem von Leo X. zum Schutze der Interessen der jüdischen Banquiers eingerichteten Amte eine inquisitorische
Beaufsichtigung derselben zum Zwecke der richtigen Zahlung der
Steuern und Abgaben geworden.[3])

Ein etwas anderes Aussehen bekam die Lage der Gemeinde unter
Urban VIII., einem selbständigen, aber wankelmütigen Menschen,
der vor allem auf den Ausbau der weltlichen Macht des Papsttums
bedacht war, der sich erhaben fühlte über Kanon und päpstliche
Konstitutionen. Seit seinem Pontifikat herrschen auch in Rom nur
noch politische Rücksichten. Bis zu einer so freundlichen, humanen
Gesinnung, dass er auch dem Ghetto Duldung und Schutz gewährte,
hat er sich nicht emporschwingen können. Bis jetzt hatten die Juden
noch das Glück gehabt, bei der Audienz des Papstes Fuss zu küssen.
Urban ordnete an, „nicht auf eine gedruckte Autorität gestützt, nicht
vom Ritenmeister belehrt, sondern durch göttliche Inspiration er-
leuchtet", dass die Juden von da an nur den Ort, wo des Papstes Fuss
eben gestanden, küssen sollten.[4]) Die Inquisition nahm sich jetzt

---

[1]) Arch. stor. (ed. Gori) 272 f.; REJ II. 285 f.; Gebhart, Renaissance italienne 198.
[2]) REJ II. 281.
[3]) Sacrae rotae romanae decisionum recentiorum etc. pars IV 2 No. 455, 3,
6. und 467.
[4]) Schudt, Jüdische Merkw. I. 242.

auch das Recht (8. und 23. Oktober 1625), allein die Erlaubnis zum
Setzen von Grabsteinen und zum Anbringen von Inschriften auf Grabsteinen zu erteilen, und erklärte zur Feier des Jubiläumsjahrs 1625,
dass sie für die Juden keine derartige Erlaubnis habe.[1] Wie viel
schamlose Rohheit gehört dazu, den Hinterbliebenen die letzte Liebes-
pflicht, ein Zeichen des frommen Gedenkens auf dem Grabhügel der
Lieben, zu verbieten! In demselben Jahre verbot die Inquisition, dass
Juden und Christen gemeinsam maskirt an den Theatervorstellungen
zur Zeit des Karneval teilnehmen.[2] Was den Inquisitoren recht war,
war den Sbirren billig. Die Plackereien müssen geradezu unerträglich
gewesen sein, — wenn selbst die Juden des Ghettos sie nicht mehr
ertragen zu können erklärten. Sobald im Ghetto eine Streitigkeit
ausbrach, wenn ein Kind beim Spielen fiel und sich ein wenig an der
Stirne oder sonst verletzte, verhaftete man den Vater, die Nachbarn
und Nachbarinnen, — um sie dann frei zu lassen. Wegen aller dieser
Quälereien sah sich schliesslich die Gemeinde veranlasst, ein Gesuch
an den Governatore zu richten, den Spionen und Sbirren zu verbieten,
jeden beliebigen — ausser etwa im Falle der Verweigerung der
Zeugenschaft — zu verhaften.[3] Die Gründung des Collegio Ghislieri
(1630) auf der Via Giulia durch den von Juden stammenden Josef
Ghislieri fällt in diese Zeit.[4] Während Urbans Regierung setzte die
päpstliche Obrigkeit ihr stilles „segensreiches" Wirken und Wühlen
gegen die soziale Freiheit der Gemeinde fort. Dafür, dass man ein
jüdisches Mädchen, welches mit einem jungen römischen Edelmanne
ein Verhältnis hatte, lebendig verbrannte (1628), hatte man noch einen
Schein des Rechts.[5] Wie tief aber die spähenden Augen der Inquisition drangen, das zeigte ein Erlass vom 11. Januar 1629, nach
welchem es Badern und Barbieren, sowohl innerhalb wie ausserhalb
ihrer Badestuben oder Bäder bei hohen Strafen verboten war, einen
Juden zu baden oder zu scheren.[6] Das Gebot des Judenzeichens
wurde wieder verschärft. Ein Dekret vom 21. Juni 1629 bestimmte
bei 50 Scudi Geldstrafe, Peitschenhieben und anderen Strafen, dass das

---

[1] REJ III. a. a. O. Berliner, Aus schweren Zeiten. 6.
[2] Stern S. 177.
[3] Gebhart, Renaissance italienne 198 f. nach Bertolotti in Arch. stor. (ed.
Gori) 273 f.; REJ II. 286.
[4] Forcella, Iscrizioni XIII. 181 No. 359. vgl. Arch. stor. della R. soc. rom. di
storia patria XIV. 195.
[5] Ettore Natali, 143.
[6] Ferraris Prompta Biblioth. III. 300. n. 185.

gelbe Barett und die gelben Hüte nicht verdeckt getragen werden
durften. Die beiden Seitenstreifen des Baretts oder wenigstens die
Hutkrämpe sollten mit gleichfarbigem Stoffe abgefüttert sein. Ferner
sollten sie keine schwarzen Schleier oder Binden, sondern ebenfalls
nur gelbe tragen. Jüdinnen mussten das Abzeichen sichtbar am
Kopfe tragen und nicht mit einem Tüchlein oder sonstwie verdecken.[1])
Die Bestimmungen über das Judenzeichen erforderten noch im September 1636 einen neuen Erlass. Es war bei den Juden der Stadt
Brauch geworden, ihren Hut mit pomeranzenfarbigen Ormesino zu verdecken.[2]) Die Farbe hatte sich mit der Zeit in Karmoisin verwandelt,
sodass die Judenhüte durchaus den Kardinalshüten glichen. Das war
natürlich den Herren ein Dorn im Auge — und in der That setzte es
der Kardinal di Lione und der Kardinal S. Onofrio durch, dass die
Juden zu ihren alten strohgelben Hüten zurückkehrten, welcher für
sie und die Huren der Stadt reserviert war.[3]) Sogar das Faden-
nudelmachen und das Brotbacken verbot man am 15. Juni 1635 den
Juden der Stadt bei nicht weniger als 50 Scudi Strafe und Geisselhieben.[4]) Auch das Verbot des Handels mit christlichen Kultusgegenständen wurde im Jahre 1634 aufgefrischt[5]), und am 7. Juni des
folgenden Jahres den Neophyten jeder Verkehr und das Betreten des
Ghettos von neuem untersagt.[6]) Dass auch den Christen in demselben
Jahre wiederholt verboten wurde, Juden in der Grammatik, im Lateinischen, im Tanzen und anderen Künsten zu unterrichten, nimmt dabei
nicht wunder.[7]) Mit einem Juden, der bei der Jagd versehentlich
ein Marienbild getroffen hatte, mag nicht glimpflich verfahren sein[8]),
obwohl er schleunigst die Taufe annahm. Zu alledem kamen noch
die alljährlichen Grausamkeiten des Karnevals. Fortwährende Erneue-
rungen des Karnevalschutzdekrets (am 20. Februar 1628[9]), am 2. Februar 1630[10]), am 14. Februar 1632[11]), am 18. Februar 1634[12]), am

---

[1]) Das. 301 n. 201.

[2]) Vgl. cod. IV Q 128 der Breslauer Universitätsbibliothek p. 25: Im Romane
Landt, über ziehen Sie die hütte mit Rothen taffet (23. Oktb. 1662).

[3]) Nach Gigli bei Cancellieri 226. s. Michele Rosa, delle porpore et delle
materie presse gl'Antichi, Modena 1786. 134.

[4]) REJ II. 286.

[5]) Ferraris III. 301. n. 202.

[6]) Das. n. 187.

[7]) Stern S. 178.

[8]) Stern das.

[9]) REJ II. 289.

[10]) Ettore Natali, 100.

4. Februar 1637[1]) zeigten nur die immer erneute Erkenntnis der
städtischen Verwaltung für die Notwendigkeit derselben. Die Schil-
derungen des Karnevals in dieser Zeit erzählen von der Zügellosigkeit
des Volkes bei diesem Feste. Dass die Rohheit des Volkes durch die
gesetzlich angeordneten Judenrennen nicht gerade gemildert wurden,
davon zeugen die Berichte über dieselben. Es muss ein erhebender
Anblick gewesen sein, wie die „unbekleideten hinkenden und halb-
lahmen" Juden in der Via Giulia von dem entmenschten Pöbel be-
schmutzt, gestossen und beschimpft, den „Wettlauf" ausführten. [2])

War so ihre gesellschaftliche Stellung eine grenzenlos traurige und
beengte, so wurde ihre finanzielle Lage durch die unter Urban immer mehr
gesteigerten Bedürfnisse des Staates, durch elementares Unglück und
durch verwöhnte Konvertiten geradezu unerträglich. Bereits im Jahre
1627 hatte der Papst der Gemeinde eine Zahlung von 6000 Scudi zur
Unterstützung der Annona auferlegt[3]), von denen die Gemeinde jährlich 300 Scudi zu zahlen hatte. Noch überraschender war für die
Gemeinde ein Breve vom 17. August 1629, welches von der römischen
Judenschaft ausser der gewöhnlichen Steuer von 1500 Scudi für getaufte Juden nicht mehr und nicht weniger als eine jährliche Pension
von 1200 Scudi für den aus Mantua stammenden Konvertiten Francesco Leonardo Masserano Barberini verlangte, welcher ein Buch
gegen das Judentum verfassen wollte. Der Gemeinde erschien die
Summe allzuhoch, und so befreite der Papst dieselbe auf ihre Bitten
von der einen Hälfte derselben durch eine einmalige Zahlung von
5000 Scudi, welche die Judenschaft den Sig[ri] Sacchetti leistete. Die
anderen 600 Scudi hatte die Gemeinde dem Neophyten weiter zu
zahlen. Nach Masseranos Tod, den man der Gemeinde zur Last legte[4]),
hatte die Judenschaft diese Pension bis zum 10. Juni 1634 an die
Casa de' Catecumeni zu zahlen.[5]) Die Tiberüberschwemmung vom
22. Februar 1628 hatte währenddem dem jüdischen Vermögen noch
weiteren Schaden zugefügt. [6]) Die Gemeinde sah sich ausser Stande,

[1]) REJ a. a. O.
[2]) Das.
[3]) Ettore Natali a. a. O.
[4]) Allgemeine Evangelisch-Lutherische Kirchenzeitung 1885 157 f.
[5]) Bibliotheca Vaticana. cod. Ottob. 2483. Unvollständig bei Rodocanachi 249.
[6]) So nach Biblioth. Vatic. Cod. 7711 fol. 227[a b].
[7]) Biblioth. Vat. Cod. Ottob. 2483. Wohl nach derselben Quelle durchaus
unrichtig bei Rodocanachi 247 f., vgl. REJ II. 282, Allgemeine Ztg. des Judentums 1865 224. Berliner II. 2 S. 41.
[8]) Gasparo Alveri, Roma in ogni stato I. 574, Bonini Tevere incat. 67.

allen von der päpstlichen Kammer an sie gestellten Anforderungen nachzukommen. Da ermächtigte am 15. Juli 1631 der Kameralrichter Fulvio Benigni und der Gemeindenotar Gulio Donati den Isach Todesco und die übrigen Fattori der Gemeinde, die bei den Juden genommenen Pfandstücke im Schatzamte zur Deckung der Abgaben an die Camera und anderer der Gemeinde obliegenden Lasten zu verkaufen.[1]) Trotzdem legte Urban der römischen Judenschaft bereits im folgenden Jahre wieder zur Unterstützung der Annona eine einmalige Subsidienabgabe von 3000 Scudi[2]) und ein wenig später durch Sr. Pietro Colangeli eine neue Abgabe in gleicher Höhe auf. Schon im Jahre 1634 verlangte der Papst eine weitere Summe von 3000 Scudi für die Casa dei Catechumeni, welche bei Cosimo Ruggiero geliehen und an die Bank der Herren Syrii gezahlt wurde.[3]) Im nächsten Jahre musste die Gemeinde eine Zahlung von 1535 Scudi an den Fiskus leisten.[4]) Durch diese Abgaben und Einschränkungen hatte die Zahl der jüdischen Schuldhaftierten bedeutend zugenommen. Die christlichen Gläubiger, welche für deren Erhaltung zu sorgen hatten, bestürmten deshalb den Papst wegen einer Abänderung dieses Gesetzes, zu welcher er sich auch in der Constitution vom 18. Oktober 1635 herbeiliess. Er hob darin die alten, noch in jüngster Zeit von der Rota bestätigten Bestimmungen auf und verpflichtete die jüdische Gemeinde in der Stadt zu der Erhaltung der unbemittelten jüdischen Haftierten, wofür die Gemeinde das Recht erhielt, sich von dem Vermögen und den Rechten des Eingekerkerten bezahlt zu machen.[5]) Die grosse Tiberüberschwemmung im Februar 1637 brachte dem Ghetto weiteren empfindlichen Schaden.[6]) Die Einnahme von Castro (13. Oktober 1641) und der darauf folgende Einfall des Herzogs Odoardo von Parma in die Kirchenstaaten hatten neue schwere Auflagen für die jüdische Gemeinde zur Folge. Nach altem Brauche hatte die Gemeinde dem kriegführenden Heere nach Ronciglione, Viterbo, Acquapendente, Perugia, Corneto, Castiglion del Lago und

---

[1]) Rodocanachi 261.
[2]) Cod. Vat. Ottob. 2483, vgl. Rodocanachi 249.
[3]) Cod. Vat. Ottob. 2483.
[4]) Berliner II. 2 S. 42.
[5]) Bulle Cum sicut accepimus; vgl. Sacrae rotae romanae decisionum recentiorum etc. pars IV 2. No. 289. Durch eine Bulle Cum alias piae vom 17. März 1636 wurden auch Ferrara und Urbino von ihm zur Zahlung der Synagogensteuer (10 Scudi) herangezogen.
[6]) Buonarroti 1871 p. 78. Allgemeine Ztg. des Judenthums 1871. 50.

nach anderen Lagerorten die Betten für das jedesmalige Lager ohne
Entschädigung zu liefern. Angeblich kostete diese ausserordentlich
grosse Lieferung der Gemeinde 80 000[1]), nach andrer Berechnung
150 000 Scudi[2]), wegen derer die Gemeinde eine Eingabe an die
Camera machte. Alle Städte des Kirchenstaates öffneten dem Herzoge
von Parma widerstandslos die Thore. Urban hatte das Schlimmste
zu befürchten. Von Haus zu Haus gingen seine Kommissare für die
Ausstattung und Bewaffnung der wenigen Verteidiger betteln. Auflagen über Auflagen waren nötig geworden. Auch die Juden hatten
37000 Scudi (35 000 Scudi) zu zahlen, welche sie in zwei Teilzahlungen
leisteten, und zwar an die päpstlichen Banquiers Farsetti und Pavia
in der Zeit vom 1. Juni bis zum 26. in vierzehn Raten 22 900 Scudi
und dann vom 15. September 1643 bis zum 30. Mai 1644 in acht Raten
zusammen 12 088.85 Scudi.[3]) Dabei hatte die Gemeinde im Febr. 1643
eine Anleihe von 5000 Scudi bei Raphaello delli Rossi machen müssen.
Die noch zu 37 000 Scudi fehlende verlangte Summe konnte nicht aufgebracht werden. Dafür erhielt die Gemeinde von jenen 150 000 Scudi
nach langen Verhandlungen nur das Quartiergeld im Betrage von
2500 Scudi (?) zurück.[4]) Wegen des Restes erhielt sie erst am 23.
Februar 1656 den Bescheid, dass die Summe viel zu hoch gegriffen
sei und die Kammer gar nichts zahlen werde.[5])

Noch in anderer Beziehung war Urbans Regierung für die Gemeinde
sehr verhängnisvoll. Am 3. März 1633 und dann am 30. März 1638 erklärte
eine Entscheidung der heiligen Congregation einmal ausgeführte widerrechtliche Taufen von jüdischen Kindern trotz aller früheren dem entgegenstehenden Bestimmungen für gültig;[6]) dabei verbot dieselbe Behörde am 16. Juli 1639 Zwangstaufen von Kindern unter sieben Jahren.
Dazu bestimmte der Papst am 1. Juli 1635, dass die Bekehrung des

---

[1]) Bibl. Vat. cod. Ottob. 2483 f. 192.

[2]) Rodocanachi 249.

[3]) Bibl. Vat. Cod. Ottob. 2483 f. 192. Ungenau bei Rodocanachi 249.

[4]) Dies sind wohl die 25000 Scudi, auf welche der Papst der Gemeinde einen
Wechsel ausstellte, in der Erwägung, dass es den Christen nicht verboten sein kann,
mit den Juden zu wuchern, wie es dem Juden mit dem Christen nicht verboten
ist, da die hl. Schrift nur sage: „Du sollst nicht von deinem Bruder Zins nehmen."
Diario veridico e spassionato della Città e Corte di Roma . . . notato o scritto
fedelmte da Deone hora Temi Dio . . . (Ms. Ital. Berolin. 41. p. 334 b., s.
Beilage 19).

[5]) Rodocanachi 249 f.

[6]) Im Edikte Benedikts XIV. vom 28. Februar 1747 erwähnt. Eine Zwangs-
taufe in demselben Jahre s. Stern 180.

' Familienoberhauptes auch die seiner Familie mit einschliesse. Demnach sollten mit dem Oberhaupte dessen Frau, Kinder und Verwandte ins Katechumenhaus übergeführt werden und dort die Probezeit (40 Tage) durchmachen.[1] Trotzdem scheint diese Gewaltmassregel keinen grossen Erfolg gehabt zu haben. Angelo di Pinto hatte sich taufen lassen, worauf seine Gattin Canosa und seine Kinder Sabtai und Graziosa (am 22. Mai 1641) mit eingezogen wurden. Am 2. Juli hatte man die beiden Kinder soweit gebracht, dass sie sich zur Taufe bereit erklärten, während Canosa ins Ghetto zurückkehrte.[2] Ebenso musste die Römerin Esther, die Gemahlin des Israel Terracino, welche auf falsche Zeugenaussagen hin am 23. Februar 1642 in die Casa gebracht worden war, von dort wieder entlassen werden.[3] Ein eigentümliches Geschichtchen, das hierher gehört, wird aus Urbans Zeit berichtet. Ein Frater Giovanni Domenico Nazzareno sagte eines Tages in der Chiesa della Minerva zu einem Juden Tullo Serotino[4], er möge ihm einen seiner Söhne zur Taufe überlassen. Der Jude wies dies natürlich zurück. Als aber der Frater ihm versprach, dass der Papst selbst das Kind taufen würde, sagte der Jude: Nun, wenn das wirklich so sein wird, gebe ich das Kind hin. Er wandte sich dann ein wenig ab und fügte hinzu: ‚Eher töte ich es und meine fünf übrigen Kinder.‘ Die Angelegenheit kam dem Papst zu Ohren, und er ordnete an, dass, falls der Jude sich weigere, das eine Kind herzugeben, ihm alle Kinder genommen werden sollten. Die Schergen machten einen Einfall ins Ghetto und raubten nach kurzem Kampfe Serotino einen Säugling in der Wiege und ein achtjähriges Kind. Beide Kinder wurden getauft und unter Trompeten- und Trommelschall auf dem weissen Zelter des Papstes durch die Stadt geführt. Da brach eine Revolte im Ghetto aus, gegen die eine Congregation Massregeln beschloss.[5] Überhaupt sah der Papst sehr gern Taufen von Juden. Am 28. Mai 1639 wies er z. B. seinen Oberschatzmeister an, den getauften Juden, Urban und Anna, goldene Ketten, Rubin- und Diamantkreuze zu schenken.[6]

Unter seinem Nachfolger, dem rechtschaffenen, friedlichen und

---

[1] Rodocanachi 286. Das. 290. Edikt des Kardinals S. Onofrio, dass ohne Erlaubnis des Kardinalprotektors kein Neophyt Rom verlassen dürfe.

[2] Ettore Natali 243.

[3] Das.

[4] In REJ III heisst er Prospero di Pultro (Feltro), genannt Serampino.

[5] Ettore Natali, 246.

[6] REJ II. 283.

zugänglichen Innocenz X., wurde die Lage der Gemeinde eine bedeutend bessere, wenn auch die ersten Regierungsjahre des neuen Pontifex für die Stadt unsagbar unglücklich waren. An diesem Unheile war vor allem die Herrschsucht und die Habgier seiner Schwägerin Olimpia Maidalchina schuld, deren Einflusse sich der Papst nur für ganz kurze Zeit zu entziehen wagte. Das milde gerechte Verhalten des Papstes gegen die Gemeinde hatte auch Einfluss auf das der päpstlichen Behörden. Einen Teil der Schmückung der Feststrasse seines Possesso hatten die Juden übernommen. Von dem Bogen S. M. Novae und dem Titusbogen an bis zum Colosseo hatte die Gemeinde in bunter Abwechslung Teppiche, seidene Decken und orientalische Webereien an der Strasse in reicher Fülle anbringen lassen, an denen 60 goldglänzende Täfelchen mit hebräischen und lateinischen Bibelversen zum Lobe des Papstes befestigt waren, „mit denen sie den neuen Papst weniger begrüssen als ihm schmeicheln wollten." [1]) Innocenz hat aber auch ungeheucheltes Lob verdient. Durch die fortwährende Steigerung der Abgaben und Zölle unter seinen Vorgängern und infolge eines durch Olimpia Maidalchina veranlassten Getreidemonopols waren die Lebensmittelpreise trotz mancher lindernden Massregel seitens des Papstes so sehr gestiegen, dass das Volk auf dem Campidoglio am 24. Februar 1646 beschloss, sich an den Papst direkt zu wenden. [2]) Obwohl der Papst den Wünschen des Volkes möglichst entgegenkam, war er doch nicht im Stande, die Zufuhr so zu heben, dass eine fühlbare Linderung des Notstandes hätte eintreten können. Im Gegenteile machte sich bald eine neue und noch grössere Notlage fühlbar. Am 30. November 1647 war schon kein Brot mehr in Rom zu finden. [3]) Der Papst liess alle Ausgänge der Stadt mit Militär besetzen, um eine etwaige Ausfuhr von Brot oder Viktualien zu verhindern. [4]) Mit Schrecken erzählt Theodor von Meyden von dem kleinen schwarzen Hungerbrot. [5]) Dazu kamen noch die Schreck-

---

[1]) Cancellieri, Possessi 215. 223. 251; Laurentii Banck, Roma triumphans seu Actus Inaugurationis et Coronationis Innocentii Decimi Pont. Max. Franckerae 1645 172—181.

[2]) Diario della Città e Corte di Roma scritto e notato da Deone hora Temi Dio (Ms. Ital. Fol. Berolin. 42. p. 207ª f. [24. Februar 1646 bis 10. März desselben Jahres p. 215ª).

[3]) Das. p. 549ª f.

[4]) Das. p. 550ᵇ.

[5]) Das. p. 555ª.

nisse der Tiberüberschwemmung vom 7. Dezember 1647. [1] Sie war
mit der vom 24. März des Vorjahres nicht zu vergleichen. Damals
hatten die Fluten nur die niedrig gelegenen Teile der Stadt unter
Wasser, gesetzt; der edle Kardinal Panfilio, der Governatore der
Stadt und andere Edelleute fuhren auf Barken an die Fenster der
von dem Wasser umfluteten Häuser, um die Bewohner derselben mit
Lebensmitteln zu versorgen. [2] Dieselbe Art der Verproviantierung
ordnete auch der Papst bei der Überschwemmung des Jahres 1647
an. Das Wasser war bereits am 7. Dezember zum Stehen gekommen.
als am 21. das Gerücht von einem erneuten Steigen des Flusses die Stadt
in Schrecken versetzte. Der durch die Überschwemmung angerichtete
Schaden war ein ungeheurer. Grosse Gebäude hatten der Gewalt des
Wassers nicht widerstehen können. [3] Die Hungersnot nahm stetig zu.
Im Mai 1648 bildeten Kräuter und junge Feigen die einzige Nahrung in
der Stadt. [4] Der Papst verliess seinen Palast nicht mehr, um nicht
von dem Jammergeschrei der Hungernden belästigt zu werden. [5] Die
Unruhe in der Stadt wurde durch den Entschluss des Papstes, die
Fleischsteuer zu erhöhen, noch vergrössert. Eine Volksversammlung
am 8. September protestierte gegen diese neue Last. [6] Am 4. November 1648 war der Scheffel Korn selbst für 30 Scudi nicht zu
haben. [7] Der Prefetto d'Annona musste am 13. Februar des folgenden
Jahres den Befehl, dass nur in den Staatsbäckereien Brot gebacken
werden dürfe, schleunigst zurücknehmen, da in der Stadt deshalb
offene Auflehnung drohte. [8] Beim Corso sahen Don Camillo, der Sohn
der Olimpia Maidalchina, und seine schöne Gattin von ihren Fenstern
aus, wie Gottheiten vom ganzen Volke angestaunt, dem Wettlaufe
zu, während in den Strassen die Armen Hungers starben. [9] Dieses
Sterben auf den Strassen dauerte noch im Juni fort. Die Hospitäler
waren überfüllt. Bei dem fühlbaren Mangel an Krankenpflegern
mussten die Franziskaner und Kapuziner mit in den Krankenhäusern

---

[1] Nach Bonini, Tevere incat. 68 f. am 24. Nov.; Gasparo Alveri, Roma in
ogni stato I. p. 575 hat aber obenfalls 7. Dezember.
[2] Diario della città e corte di Roma ecc. 221b.
[3] Das. 557b und 564 f.
[4] Diario della città e corte di Roma ecc. (Cod. Ms. Ital. fol. Berolin. 43
p. 68b.
[5] Das. p. 122a (1. August 1648).
[6] Das. p. 137.
[7] Das. p. 173a.
[8] Das. p. 227a.
[9] Das. p. 220a, 233b

Dienste leisten.[1]) Auch im Jubeljahre machte sich noch kein wesentlicher Rückgang der Not bemerkbar. Der Hochsommer brachte bei der andauernden Dürre eine neue Hungersnot und grössere Sterblichkeit.[2]) Unter diesem fortdauernden Unglücke hatte auch die jüdische Gemeinde schwer zu leiden. Sie sah sich schliesslich gezwungen, sich an Innocenz wegen Bewilligung einer Anleihe beim Monte di Pietà bittend zu wenden. Wie hatten sich die Zeiten geändert! Der Monte, begründet zur Bekämpfung jüdischer Geldgeschäfte, sollte den Juden aufhelfen! Am 7. September 1647 ermächtigte denn auch ein Breve des Papstes die Gemeinde behufs Deckung ihrer Schuld im Betrage von 12 000 Scudi zur Aufnahme einer Anleihe von 160 000 Scudi zu 4$^{1}/_{2}$ %, gegen welche die Gemeinde alle ihre Einnahmen und sogar das ius gazzagà verpfänden musste. Die Gemeinde wurde zur weiteren Zahlung der jährlichen Zinsen der früheren Schuld bei den Monti in Höhe von 760 Scudi verpflichtet. Ausserdem musste die Judenschaft 16 000 Scudi, welche sie der apostolischen Kammer schuldete, von der Anleihe sofort zahlen und dem Papste für die Erlaubnis zur Kontrahierung der Schuld eine Subvention von 4000 Scudi (13 400 Scudi?) leisten.[3]) Dabei verlangte die päpstliche Kammer schon am 10. August 1649 dringend von der Gemeinde die Zahlung von weiteren 3000 Scudi. Dieselbe musste durch Erhebung von 25 Steuerquoten (מסיות) gedeckt werden. Schon am 19. November desselben Jahres forderte die Kammer wieder 1500 Scudi, welche durch eine Kopfsteuer von einem Scudi für jede männliche Person vom 15. Lebensjahre an aufgebracht wurden. Als die Camera im Mai 1651 wieder einmal 3000 Scudi verlangte, beschloss die Congrega 5 Teile (מסים) der Gesamtsteuer in monatlichen Zwischenräumen einzuziehen. Dafür wurde allerdings der Gemeinde im Juli 1652 die Lieferung von Betten für das Militär auf 5 Jahre übertragen. Die Gemeinde musste aber um das dazu nötige Geld aufzutreiben, die Porpina verpachten.[4]) Da im Jubeljahre 1650 der Karneval ausfiel, ordnete Clemens an, dass die Juden ausser den 325 Sc. für die Palii noch 1300 Sc. dem Ospizio zahlen sollten. Diese Summe kam 1675 der Brüderschaft della Trinità dei pellegrini zu gute.[5]) Die soziale Lage der Judenschaft wurde freilich in mancher Hinsicht verbessert.

---

[1]) Das. p. 237ª. 245ᵇ. 273ᵇ.
[2]) Das. p. 357ᵇ, 425ᵇ, 429ᵃ. Nach Ettore Natali 230 nur 308 500 Besucher.
[3]) Bibl. Vat. cod. Ottob. 2483 p. 191ᵇ vgl. 192ᵇ; bei Rodocanachi 251 ungenau.
[4]) Berliner II. 2 S. 43 f.
[5]) Moroni. Diz. eccl. II. 130. XXI. 16.

Die päpstliche Kammer hatte stets ein williges Ohr für dahin gehende Klagen der Juden Roms. So hatte die Sattlerzunft die Conservatoren der Stadt zur Veröffentlichung eines Ediktes veranlasst, dass kein Jude und kein Trödler neues Sattlerzeug feilhalten und nichts in das Sattlergewerbe Einschlägiges verfertigen dürfe. Besonders sollten die Juden kein Wagengeschirr ausbessern dürfen, es vielmehr nur so verkaufen, wie sie es vom Sattler erhalten. Die Juden luden die Sattlerzunft vor Gericht, und die Kapitolinische Kurie erklärte in Gegenwart des Cardinalcamerlingo das Edikt der Conservatoren für null und nichtig. [1] Allerdings brachte Innocenz' Regierung den Juden auch die Erneuung des Verbotes, in Staatskutschen in der Stadt herumzufahren, das sie wohl leicht ertragen haben mögen [2] (20. Juli 1654). Dabei hörten selbstverständlich alle die Unannehmlichkeiten nicht auf, mit denen die Inquisition die Gemeinde in dieser Zeit allzu reichlich bedachte. Durch die gewaltsame Entführung eines Mädchens aus dem Ghetto unter dem Vorwande, dass sie sich hätte taufen wollen, war im Ghetto eine gewaltige Erregung (1645) entstanden. Die Sbirren mussten zur Verhaftung von dreissig Personen schreiten, von denen aber nur Sabtai d'Alatri ins Gefängnis gebracht wurde. Er richtete ein Gesuch um Freilassung an den Governatore der Stadt, dessen Erfolg unbekannt ist. [3] Am 2. Dezember 1649 musste das Katechumenhaus einen wackeren dreizehnzährigen Juden entlassen, welcher vor Zeugen die Absicht ausgesprochen haben sollte, sich taufen zu lassen. [4] Auch das Jubeljahr 1650 wurde durch einige derartige Gewaltakte ausgezeichnet. Am 4. April wurde Consola ihrem Gatten Salomone Pontecorvo geraubt und in die Casa der Madonna de' Monti geschleppt. Gegen alle Bestimmungen hielt man sie hier 47 Tage gefangen. Consola blieb aber standhaft und kehrte als Jüdin zu ihrem Gatten zurück. [5] Besser gelang ein derartiges Manoeuvre am 4. September desselben Jahres. Ein gewisser Salvatore Spoletini war als Christ in Perugia gestorben. Darauf bemächtigte man sich seiner drei in Rom weilenden Kinder Patientia, Oliva und Angelo, welche sich zur Annahme der Taufe bereit erklärten. [6] — Der gewaltthätigen Behandlung im Katechumenenhause suchten sich die dorthin geschleppten Juden

---

[1] Berliner, Letzte Tage 22.
[2] Moroni, Diz. eccles. Ind. IV. s. v. Lusso.
[3] REJ II. 283.
[4] Ettore Natali, 243.
[5] Das. 248.
[6] Das. 247, 243.

des öfteren durch die Flucht zu entziehen. Kardinal Odescalchi verschärfte deshalb die Strafen derjenigen, welche dem Katechumenenhause entflohen. Vollständige Vermögenskonfiskation und ausserdem fünf Jahre Galeerendienst, bez. Peitschenhiebe drohten jeglichem Flüchtlinge aus diesem Kerker für Unschuldige.[1] — Auch die Roheiten beim Karneval hatten eher zu- als abgenommen. Im Jahre 1649 liefen die Juden z. B. in schrecklichem Platzregen.[2] Um die Spiele pikant einzuleiten, wurde der Karneval seit dem Jahre 1654 mit der Hinrichtung grober Verbrecher begonnen.[3]

Gegen das Ende von Innozenz' Pontifikat war wahrscheinlich Jakob b. Naftali aus Gnesen in Rom, um vom Papste gegen eine Blutbeschuldigung in Grosspolen ein Schutzdekret zu erlangen. Ob Jakob überhaupt auf seiner Wanderung bis Rom gekommen, ob Innocenz oder sein Nachfolger ihm das Verlangte zugestanden, ist aus den dürftigen Quellen nicht zu erkennen.[4]

In dieser einigermassen erträglichen Lage blieb die Gemeinde auch unter Alexander VII. Ja, sie gestaltete sich sogar unter diesem Papste in mancher Hinsicht erfreulicher. Auch diesmal hatte die Gemeinde die via triumphalis vom Titusbogen bis zum Colosseo festlich geschmückt.[5] Die allgemeine Volksfreude wurde bald durch die immer drohender werdende Gefahr der orientalischen Pest gestört, welche bereits im April 1656 in Neapel grausam wütete. Da in Trastevere einige Krankheitsfälle vorgekommen, wurden am 23. Juni auf Beschluss einer aus neun Kardinälen zusammengesetzten Sanitätskommission dieser Stadtteil abgeschlossen, indem der Ponte quattro capi an der Ghettoseite, dann das weitere Flussufer gänzlich abgesperrt und von Soldaten Tag und Nacht bewacht wurde. Die Kirche de Benfratelli mit ihrem Hospitale, und die Kirche und das Hospital S. Gio: Battista de' Genuesi wurden in Lazarethe umgewandelt; ein regelmässiger Krankenwagendienst wurde eingerichtet; mehrere Klöster innerhalb und ausserhalb der Stadtmauer wurden ebenfalls zur Aufnahme von Pestkranken bestimmt und mit Ärzten versehen. Dieser ganze Sanitätsapparat stand unter der Aufsicht des Msg. Gastaldi Genuese. Die fortschreitende Krankheit machte auch die Einrichtung weiterer Lazarethe nötig. Für reichliche Desinfektionsmittel war

---

[1] Rodocanachi 288.
[2] Ademollo, Il carnevale 9.
[3] Allgemeine Evang.-Lutherische Kirchenzeitung 1885 157 f.
[4] Kaufmann in Monatsschrift XXXVIII S. 89—96.
[5] Cancellieri, Possessi 264 ff.

allerorten gesorgt worden. Von den jüdischen Händlern befürchtete
man eine weitere Verbreitung der Krankheit, da sie in der ganzen
Stadt mit Waren herumzogen, welche zu einem grossen Teile als
Krankheitsträger verdächtig waren. Deshalb wurde auch das Ghetto
gesperrt und unter die Oberaufsicht des Monsignore Negroni gestellt.
In gleicher Weise hatten auch die übrigen Stadtteile solche Bezirks-
aufseher erhalten.[1]) Die päpstlichen Ordonanzen für das Ghetto sind
vom 20. Juni, 5. Juli und 20. August 1656.[2]) Über den Verlauf der
Krankheit im Ghetto haben wir einen in mancher Hinsicht interessanten
Bericht von einem seiner Ärzte, dem Römer Jakob Zahalon: Die
Krankheit äusserte sich zuerst im Juli 1656 in einer erhöhten Sterb-
lichkeit der Kinder. Dann zeigte sich die eigentliche Seuche an den
Erwachsenen in starkem Fieber und roten Hautflecken (פיטיקיאי pe-
tecchie); drei Tage nach deren Erscheinen trat der Tod ein. Drei
Monate nach dem Beginne der Pest kam der erste Krankheitsfall im
Ghetto vor (Ende Oktober). Im Ghetto wütete die Seuche neun Monate lang, endete aber früher als in den übrigen Teilen der Stadt.
Achthundert Personen [3]) fielen ihr im Ghetto zum Opfer. Die Regierung
hatte den Juden verboten, ihr Quartier zu verlassen und in die Umgebung desselben nach ihrer Gewohnheit zu gehen. Zwei Kardinäle
kamen ins Ghetto, um einen passenden Platz für ein Lazareth auszu-
suchen. Sie ordneten an, dass die Häuser an der Strasse, die zum
Flusse führte, nahe am sogenannten Brückenthore des Ghettos, dazu
eingerichtet werden sollten. Monsignore Negroni kam ausserdem täglich zweimal ins Ghetto, um auf die Bedürfnisse der Gemeinde zu
achten und vor allem auf die Isolierung der Erkrankten zu sehen. Am
Hauptthore des Quartiers wurde ein Galgen errichtet, an dem derjenige, welcher gegen die Vorschriften handelte, aufgehängt werden
sollte. Ein christlicher Arzt wachte darüber, dass jeder von der
Krankheit Befallene sofort in das Lazareth übergeführt werde. Auch
der von der Krankheit befallene Arzt Semuel Gabbai mit seinem
Vater wurde dorthin gebracht; der letztere starb auch dort. Die
Lazarethhäuser waren in drei Abteilungen eingeteilt, deren jeder ein
jüdischer Arzt vorstand. Es waren dies Hanania de Modigliano,

---

[1]) Gasparo Alveri, Roma in ogni stato 575—577.
[2]) Rodocanachi 65.
[3]) Nach Buonarroti 1870 (V.) 121 waren es 1600 Personen. Der jüdische Bericht ist aber hier glaubwürdiger. Die Zahlen sind überhaupt sehr schwankend.
Nach Buonarroti starben 14473 Personen in der Stadt, nach Pallavicini's Schriftchen
über die Pest von 1656 (ed. 1836) 22000.

Gabriel Lariccia, welcher die Krankheit nicht überlebte, und Izḥak
Zahalon. Es war festgesetzt, dass der jüdische Arzt den Kranken be-
suchte und, falls er Anzeichen der Pest bei ihm fand, dem christlichen
Oberarzte darüber Meldung erstattete. Die Fähigkeiten des letzteren
scheinen nicht gerade glänzende gewesen zu sein, wie es sich bei der
Krankheitserscheinung bei Šabtai Khohen sehr deutlich zeigte. Das
Bett des Kranken wurde dann nach der Meldung in die Abteilung
Šemuel Gabbais gebracht, konnte aber auf besonderen Wunsch auch
im Hause bleiben. Beim Krankenbesuche trug der Arzt zur Reinigung
der Luft eine grosse brennende Pechfackel in der Hand, in dem
Munde den Theriak, am Arme ein Cauterio (künstlich eiterndes Ge-
schwür). Die Leichen wurden auf einem Kahne aus der Stadt auf
einen dazu bestimmten Platz Piano dei divisori (dogliosi? פייאן די
דויהשרי) gebracht.[1]) Fünfzehn, wohl aus dem Kollegium der Sechzig
gewählte Gemeindemitglieder, welche ihre Sitzungen in der Synagoge
ראשים 'ד abhielten, untersuchten bereits vor der Pest genau die Bedürfnisse der Gemeinde an Geld und Lebensmitteln. Während der
Krankheit hielten sich diese zur Vermittlung des Verkehrs mit der
Aussenwelt ausserhalb des Ghettos auf. Das Quartier selbst hatte
man in 17 Bezirke geteilt, in denen je ein dazu Bestimmter für die
Verpflegung seines Bezirkes zu sorgen hatte. Die Gemeinde versorgte
die Armen und Unbemittelten, deren Zahl 2624 unter einer Gesamt-
zahl von 4127 Seelen betrug. Jeder Mann von über 18 Jahren erhielt täglich 7½ Bajocchi, Frauen und Kinder je 5 Bajocchi.[2]) Dies
machte allwöchentlich eine Summe von 1036 Scudi, 9 Giulii und 9 Bajocchi zu Lasten der Gemeinde aus. Die 15 Deputierten kauften
ausserhalb des Ghettos Brot, Wein, Öl und Früchte, welche die 17
Bezirksvorsteher übernahmen und weiter verteilten. Die Vermögenden
kauften ihren Unterhalt zu einer ihnen von Negroni bestimmten
Stunde. Ausserhalb dieser Zeit war es aber jedem streng verboten,
Nahrungsmittel einzukaufen. Während der Nacht durfte niemand das
Ghetto verlassen. Da auch die Synagogen geschlossen waren, predigte
am 2. Khislew 5417 (שבת תולדות) Jakob Zahalon im Eckhause der
Strasse Catalana vom Fenster des David Gatigno gehörenden Hauses
zu der auf der Strasse versammelten Gemeinde. Ein andermal predigte
ebenderselbe auf der Strasse Toscana vom Fenster des Hauses des

---

[1]) Nach Buonarroti das. p. 120 begrub die Gemeinde weiter auf ihrem Begräbnisplatze an der Porta Portese.

[2]) Bibl. Vat. cod. Ottob. 2483 p. 192 b pro Kopf ein Carlino.

Jehuda Gatinai (Gatigno?) aus. Ebenso thaten die übrigen Rabbiner der Gemeinde.[1]) Auf ein Dekret des Kardinals Sacchetti wurden im Ghetto am 5. Dezember 1656 und dann auf Anordnung des Kardinals Chigi am 4. Februar und 8. August 1657 grössere Desinfektionen ausgeführt. Bei denselben versprachen die Vorsteher der Gemeinde Ersatz für alle durch die Desinfektion verdorbenen Gegenstände.[2]) Am 28. August 1657 kam der letzte Erkrankungsfall vor.[3]) In der Gemeinde wurde es als ein besonders günstiges Zeichen angesehen, dass die an der Pest erkrankte schwangere Frau des Izḥak Mondolfo, namens Zivia de Morzia, im Lazarethe einen Sohn gebar, den sie Efraïm Levi nannte und der noch im Jahre 1683 am Leben war.[4]) Von den fünfzehn Deputierten war keiner der Krankheit erlegen. Nach ihrer Beendigung kehrten sie ins Ghetto zurück, wo sie den „Verein des Lebens und der Liebe" (חברת חיים וחסד) gründeten. Sie pflegten sich in der Nacht zum Donnerstag im Hause des Jehuda Jair[5]) mit Thora zu beschäftigen. Zur Erinnerung an deren wunderbare Errettung versammelte man sich in Rom alljährlich am Sabbate des Tempelweihfestes in der Synagoge Quattro capi (דרדאשים), wo der Rabbiner eine Predigt zu halten hatte, in welcher er die wunderbare Errettung der Gemeinde von der Pest erwähnte. Alljährlich spendeten sie an diesem Tage 50 Scudi für Betten, welche unter die Armen der Gemeinde verteilt wurden. Andere reiche Gemeindemitglieder verbanden sich mit ihnen zur Unterstützung der Armen. Unter seinen Toten betrauerte das Ghetto auch einen gleichnamigen Vetter des Izḥak Zaḥalon, der ein berühmter Chirurg gewesen war.[6]) Eine später verfasste Flugschrift berechnete die Ausgaben der Gemeinde während der Pest auf 40000 Scudi. Vom 23. Juni bis zum 10. Juli 1656 hatte die Gemeinde 7200 Scudi leihen müssen. Ausserdem hatte sie aber auch die Betten für die ihnen verschlossenen christlichen Hospitäler unentgeltlich zu liefern gehabt.[7]) Natürlich waren in der Gemeinde bei dem Steigen der Krankheit Zahlungsstockungen eingetreten. In zahlreichen Bittschriften wurde dem Papste die missliche Lage der Gemeinde vor-

---

[1]) Die Schilderung ist dem 5443 in Venedig erschienenen אוצר התיים entnommen.

[2]) Rodocanachi 65.

[3]) Buonarroti V. 1870 121

[4]) Ist es der spätere berühmte Lederarbeiter Efraïm Levi coromaio?

[5]) Derselbe unterzeichnet das Regolamento vom 28. Mai 1661 als Leone Jair.

[6]) אוצר התיים.

[7]) Bibl. Vat. cod. Ottob. 2483 p. 192 b, Rodocanachi 252.

gestellt; sie berechnete allein ihre ausserordentlichen Abgaben auf
eine Periode von 30 Jahren mit 150 000 Scudi. Der Papst setzte schliesslich (16. Sept. 1656) den Zinsfuss der Gemeindeschuld an den Monte
di pietà von $4\frac{1}{2}$ % auf 4 % herab, was eine Erleichterung von 830 Scudi
ausmachte. Er liess aber als Entschädigung für die aus älterer Zeit
restierenden Zinsen $207\frac{1}{2}$ Bilanzen (Luoghi) zu je 100 Scudi, in 15
Jahren zahlbar, hypothekarisch zu 4 %, eintragen. Da diese neue
Schuld jährlich gerade 830 Scudi Zinsen kostete, so hatte die Gemeinde
von dieser Gnade auch nicht den geringsten Vorteil.[1] Ebenso hatte
die Gemeinde bei den päpstlichen Bewegungen gegen Frankreich eine
beträchtliche Anzahl Bettzeug für die Besatzungen von Viterbo, Toscanella, Corneto und Civitavecchia zu liefern, wofür sie natürlich
nichts erhielt.[2] Ein Lied voller Selbstanklagen, welches ein Elia
Recanati in der Romagna verfasste, schildert die Leiden der Pest
und der Hungersnot des Jahres 1656.[3] Die Krankheit hatte einige
wichtige Veränderungen des ius Gazzagà zur Folge. Bereits am
1. Dezember 1657 hatte ein Breve: Verba aeterni die Gemeinde gezwungen, den Neophyten das Jus so lange zu vergüten, bis die von
ihnen vorher innegehabten Wohnungen weiter vermietet waren.
Durch die Krankheit war die Zahl der Gemeindemitglieder so stark
verringert worden, dass eine Anzahl Wohnungen leer blieben, wodurch
die christlichen Besitzer der Häuser, unter ihnen einige fromme Gesellschaften, in ihren Einkünften geschädigt waren. Da bestimmte
der Papst am 15. November 1658 in einer Bulle: Ad ea per quae, dass
die Gemeinde die Miete für alle unbewohnten Wohnungen des Ghettos
zu zahlen habe. In der Begründung dieses Befehles hob der Papst
hervor, dass die jüdischen Bewohner die Häuser nicht schonen, so dass
deren Besitzer oft zu Reparaturen genötigt seien — kein Wunder bei
den oft mehrere hundert Jahre alten Bauten. Es bestehe unter ihnen
eine geheime Abmachung, dass kein Israelit ein von einem Glauben-
genossen verlassenes Haus miete — eine Beschuldigung, die keiner
Zurückweisung bedarf. Darum sei es nötig, gegen derartige Betrü-
gereien auf dem Wege des Gesetzes zum Schutze der christlichen
Eigentümer vorzugehen. Der wahre Grund lag zu nahe — als dass
ihn der Papst angegeben hätte.

Eine grosse Erleichterung des jüdischen Handels bedeutete ein

[1] Das. 252.
[2] Cod. Vat. Orat. 3483 a. a. O.
[3] Beginnt: ‏שמעו בני‎, vgl. Zunz, Literaturgesch. der syn. Poesie 440.

Zirkular der Inquisition vom 6. September 1659. Dasselbe befahl den Bischöfen und Stadtverwaltungen des Kirchenstaates, reisende Juden in öffentlichen Herbergen aufzunehmen und ihnen zehn Tage Aufenthalt für die Märkte zu gestatten, wozu noch drei weitere Tage kommen sollten, wenn der Markt durch schlechtes Wetter gestört worden war.[1] Wie weit ein Verbot des Kardinals Ginnetti vom 23. Februar 1658, welches die Juden bei Annahme von Kreuzen und Heiligenbildern als Pfändern mit 200 Scudi und Galeerenstrafe bedrohte, die geschäftliche Lage der Gemeinde etwa geschädigt hat, lässt sich nicht erkennen.[2] Sehr gross war der Schaden, den die Gemeinde durch die Tiberüberschwemmung am 5. November 1660 zu erleiden hatte. „Natürlich war das Ghetto der Hebräer der Ort, welcher am meisten von der Überschwemmung zu leiden hatte, da das Wasser an der Flussseite bis zum zweiten Stockwerke stieg, von der Stadtseite das erste berührte.... Aus Mitleid mit dem so heimgesuchten Volke ordnete die Regierung an, dass man dem Ghetto einen Ausgang an der Seite des Palastes der Cenci mache, da es nur an dieser Seite mit dem Nötigsten versorgt werden könnte, weil die übrigen Thore vom Wasser ganz verdeckt waren. Köstlich, aber von dem Gifthauche des angeborenen Dünkels der Juden angeweht, war die Erwiderung eines armseligen Weibes aus diesem Volke, welches, von den Fluten schon beinahe ganz überströmt, auf die Aufforderung eines die Frau bemitleidenden katholischen Geistlichen, sich mit seiner Hülfe aus der Gefahr zu retten und ihr Leben in Sicherheit zu bringen, obwohl ihre Lumpen schon von der Flut weggeschwemmt wurden, nur die Antwort hatte: Sie brauche keine Unterstützung von Christen; für die Juden genüge es, den Namen Gottes anzurufen, der sich sogleich, stets und in jeder Lage für sie finden lasse. Der Katholik lächelte und liess sie im Wasser. Es war ein Glück für die Unglückliche, dass die Überschwemmung nicht an einem Sonnabende war, da sie sich dann in ihrer Hartnäckigkeit ruhig hätte verderben lassen."[3] Ein wahrhaft jüdisches Weib — ein wahrhaft katholisches Lächeln!

Die grosse finanzielle Schwäche der römischen Gemeinde hatte schon längst eine Reihe von Bestimmungen zur Regelung der Festlichkeiten und des Kleiderluxus nötig gemacht. Trotz des gesunkenen Wohlstandes glaubten doch die meisten es ihrer Ehre

[1] REJ III. a. a. O.
[2] Ettore Natali, 39.
[3] Bonini, Il Tevere incat. 76. vgl. Buonarroti 1871 78.

schuldig zu sein, nach aussen hin möglichst viel Luxus zu entfalten, was eine grosse Gefahr für die mittlere und ärmere Klasse bedeutete. In einer Sitzung der Sechzig am 4. April 1661 wurde deshalb beschlossen, um dem Luxus zu steuern, „welcher die Jugend von guter Sitte, von Gottesfurcht und Rechtsliebe ablenkt" und die Deckung der Steuern und Subsidien der Gemeinde erschwert, eine siebengliedrige Kommission mit der Ausarbeitung einer Gemeindeordnung zu betrauen, welche diesen Mängeln möglichst abhelfen sollte. In weniger als Monatsfrist, bereits am 12. Mai, überreichte die Kommission dem Rate der Sechzig die mit der grössten Genauigkeit ausgearbeitete Pragmatica, welche kurz darauf als Pragmatica da osservarsi dalli Ebrei di Roma in der päpstlichen Druckerei erschien. Am 28. Mai 1661 wurde sie von Francisco Messolo in den Gemeindesynagogen angeschlagen. Sie war von den Mitgliedern der Kommission, nämlich dem Rabbiner Salvator Sonatori (Jošuā Menaghen), den Fattori Leone Jair (Jehuda Jair), Moseh Benafer, Samuel quondam Sabato Todesco und den Deputierten Rafaello Velletri, Isaac quondam Jacobbe Giroso (Giojoso) und Abraham Beturbó (Viterbo) und schliesslich von dem Vicegerenten Ottavio di Patrasso unterzeichnet. Die Fattori sollten jede Übertretung der Bestimmungen des in manchen Punkten vielleicht allzustrengen Regolamento dem Tribunale des Vikariats anzeigen.[1] Nicht minder wichtig für die innere Geschichte der Gemeinde war eine weitere gesetzliche Massregel, die vielleicht auf die lügnerischen Berichte über die Finanzen des Ghettos in einer damals erschienenen Hetzschrift „Die wahre Lage des Ghettos" zurückzuführen ist. Die letztere sollte eine Erwiderung auf die fortwährenden Bittschriften der Gemeinde um eine mildere Regelung ihrer finanziellen Verhältnisse sein. Bisher hatten die Gemeindemitglieder ihr ganzes Vermögen zur Kapitalsteuer (per aes et libram) alle fünf Jahre selbst einzuschätzen. Auf falsche Selbsteinschätzung standen die höchsten Strafen. Zum ersten Male erliess nun die Gemeindeverwaltung im Jahre 1667 eine genaue detaillierte Vorschrift zur Einschätzung, deren Richtigkeit von den Manifestanten zu beschwören war. Dieselbe wurde dann 1677 und hierauf alle fünf Jahre wiederholt.[2] Allerdings hatte sich die Kapitalsteuer von den ehemaligen $1/5$ % (12 giulii auf 100 Scudi) bis auf 5 % erhöht.[3] Diese Erhöhung war eine notwendige Folge des stetig sinkenden Gesamtvermögens der Gemeindemitglieder.

---

[1] Vgl. Rodocanachi 84, Natali 117 und den folgenden Abschnitt.

[2] Capitoli et ordini per il giuramento universale da farsi nell anno 1667.

[3] Rodocanachi 263.

Die traurigen Ausschreitungen gegen die Juden anlässlich der Karnevalsfestlichkeiten waren noch durch weitere neue bereichert worden. Beim Karneval des Jahres 1659 erschienen zum ersten Male Wagen mit kompromittierenden Darstellungen aus dem religiösen und gesellschaftlichen Leben des Ghettos, welche von da an eine ständige Erscheinung beim römischen Karneval bildeten. Die Familie des Juden Vitale di Segni und dessen Gattin Trohero ersuchten damals den Governatore, nicht mehr zuzulassen, dass die Fisch- und Fruchthändler Roms einen Wagen mit die Familie beschimpfenden Bildern durch die Strassen der Stadt herumfahren dürften.[1] Ihrer Bitte scheint diesmal Folge geleistet worden zu sein. Wenige Jahre später treffen wir aber denselben Unfug beim Karneval wieder. Die aller Menschlichkeit spottenden Rennen wurden allerdings unter Alexander zum letzten Male abgehalten. Der Deutsche Sprenger erzählt ganz erstaunt, wie die Juden vom Obelisken bei St. Maria de Popolo, nackt bis auf eine Binde um die Lende, den Wettlauf unternehmen müssen.[2] Zum letzten Male sahen die Römer die Juden am 14. Februar 1667 wettlaufen.[3] Mit Papst Alexander VII. wurde auch dieser Brauch begraben. — Auch das strenge Verbot des Verkehrs zwischen Juden und Neophyten (14. Oktober 1659) wurde unter Alexander erneuert.[4] Die Strenge dieses Verbotes musste Izhak (Sohn des ?) Cavi spüren. Am 4. September wurde er in die Casa eingesperrt. Er bereute bitter seine frühere Absicht sich taufen zu lassen und suchte, um seine Gewissensbisse zu beschwichtigen, einen polnischen Jüngling, mit dem er im Katechumenenhause zusammen gewesen war, zur Rückkehr zum Judentum zu bewegen. Der Pole zeigte Izhaks Vorhaben an, und dieser musste dasselbe bitter büssen. Der Richter Claudio liess ihn am 10. November bei grausiger Kälte mit nacktem Rücken durch die ganze Stadt peitschen.[5] Aber auch gegen die Neophyten wurde äusserst streng vorgegangen. Ein Edikt des Kardinals S. Onofrio hatte denselben verboten, ohne Erlaubnis des Kardinalprotektors die Stadt zu verlassen. Am 7. Juli 1660 erliess Kardinal Odescalchi auf Grund jenes Edikts einen strafenden Erlass gegen die Neophyten Tommaso Agostino, dessen Frau und drei Kinder, welche in dem jedenfalls begründeten Verdachte standen, Rom der Apostasie halber ·

---

[1] REJ II 287.
[2] Sprenger, Roma nova (Frankf. 1667) 791; Gregorovius Wanderjahre I. 78 f.
[3] Natali 106.
[4] Das. 258. 233.
[5] Das. 250.

verlassen zu haben.[1]) Wie es mit der Überzeugungstreue der Getauften stand, das zeigte das Beispiel eines Juden Adula aus Tunis,
welcher sich, während der Priester die Taufgeräte herbeiholte, den
Hals abschnitt (2. Mai 1666).[2]) Gewalt ging im Katechumenenhause
nur zu oft vor Recht. Das erfuhr auch Olimpia, die Braut eines
jüdischen Schurken namens Moses. Der ging zum heiligen Offizium
und liess das arme Mädchen, wohl um sich von ihr frei zu machen,
aus dem Ghetto wegschleppen, da sie eine Convertitin sei. Das Offiz
säumte nicht, und nach vierzehn Tagen ward Olimpia zur Taufe gezwungen.[3]) Ein gewisser Angelo hatte seinen fünf Monate alten Sohn
Simon Christen zum Aufziehen übergeben. Diese hatten das Kind
ohne Wissen des Vaters taufen lassen. Angelo nahm es nichtsahnend
wieder in sein Haus. Da holten die Schergen des Papstes das Kind
mit Gewalt. Zum Glücke starb es (27. Oktober 1660).[4]) — Auch über
die Gründe einer Taufe erhalten wir eine nicht uninteressante Erklärung. Ein Jude entwischte französischen Galeeren. Er wurde gefasst, das Schlimmste drohte ihm. In seiner Not erklärte er, Christ
werden zu wollen. Das öffnete ihm die Thore des Kerkers. Er hatte
sich aber ein wenig getäuscht. In den Galeeren von Civitavecchia
sollte er bis zu seinem Tode Dienste thun (8. Oktober 1660).[5]) So
ganz ohne Nebengründe wird auch die Taufe des Arztes Angelo Gabbai
nicht gewesen sein. Am 29. Dezember 1662 veranstaltete er ein Fest,
bei welchem er seine Absicht, mit seiner Familie Christ zu werden,
aussprach. Die Familie nahm den Namen Filippani an.[6]) Alle diese
Taufen bieten ein trauriges Bild. Sie zeugen einerseits von niedriger
Verworfenheit und schwachem Charakter, andererseits von niedriger
Ausnutzung dieser Verworfenheit und charakterlosem Anspornen zu
solcher Schwäche.

Ein milder, massvoller und sittenreiner Mann war Alexanders
Nachfolger. Clemens IX. war es, der nicht nur einsah, dass es auf
dem bisherigen Wege, den Staat durch immer neue Abgaben und
Zölle zu halten, nicht mehr weitergehe, sondern auch durch Abschaffung des Getreidezolles und anderer Abgaben das Seinige zu

[1]) Rodocanachi 290.
[2]) Allg. Zeitung (München 1887) Beilage zu Sonntag, 25. Septembe
1887 S. 3922.
[3]) Natali 246.
[4]) Das. 247.
[5]) Das. 250.
[6]) Das. 247.

einer Neugestaltung der Dinge beitrug.[1]) Für die Gemeinde hat seine
vielleicht allzukurze Regierung eine hohe Bedeutung erlangt. Clemens IX.
ist es gewesen, — und das ist sein Hauptverdienst um die römische
Gemeinde — der in der Erkenntnis der Unmenschlichkeit des Karne-
valsrennens der Juden, dasselbe auf Bitten der Judenschaft gänzlich
aufhob. Er that dies durch ein Handschreiben vom 28. Januar 1668,
in welchem er gleichzeitig die Judenschaft von der Teilnahme an der
Kavalkade des Senators am ersten Montage des Karnevals befreite.
Dieselbe scheint nur kurze Zeit vorher aufgekommen zu sein. Die
Faktoren der Gemeinde mussten dabei in Begleitung von Gemeinde-
mitgliedern in einer altertümlichen grotesken Tracht in dem Zuge
einherschreiten. Man hatte dabei gewiss nicht die Absicht gehabt,
die an dem Zuge der Kavalkade teilnehmenden Juden etwa dem Ge-
spötte des Volkes preiszugeben. Es lag vielmehr in dem Geschmacke
der Zeit, bei allen derartigen festlichen Aufzügen[2]) in möglichst seltsamer und altertümlicher Tracht zu erscheinen, — eine Mode, welche
ja auch bei uns wieder vorherrschend geworden ist. Aber nur zu
bald gehörte zu den herkömmlichen Unordnungen des Karnevals die
Belästigung und Verspottung dieses Teils des Zugs. Allerdings hatte
die Gemeinde für diese Befreiung vom Rennen eine neue Steuer von
300 Scudi und die alte Zahlung von 531.17 Scudi zu den Spielen am
Agone und Testaccio weiter zu leisten und ausserdem im Hauptsaale
des Kapitols den drei Konservatoren der Stadt und dem Obersten der
Kaporionen am ersten Sonnabende des Karnevals eine Huldigung dar-
zubringen. Dieselbe bestand in der Überreichung der Karnevalsrenn-
preise (Pallia) und aus 20 Scudi in einem Blumenstrausse. Das Geld
sollte zur Ausschmückung des Balkons für den Senat auf der Piazza
del popolo verwendet werden. Für die Huldigung wurde bereits damals oder wenig später der Wortlaut der Ansprache des Rabbiners
und der Antwort des ersten Konservators festgestellt. Derselbe setzte
nach seinen Worten den Fuss auf den Nacken des Sprechers der Gemeinde und sagte ihm: Geht fort (andate)! Dass der Konservator
demselben bei dieser Gelegenheit einen Fussstoss versetzt habe, gehört in das Reich der Fabel. Zu Zeiten wurde noch eine zweite
Huldigung vor dem Senator von der Gemeinde verlangt.[3]) Bei alle-

[1]) Reumont III. 2. 635.
[2]) Man denke an die Kavalkaden der Päpste beim Possesso, die Kleidung der
päpstlichen Diener bei Prunkmählern usw.
[3]) Massimo d'Azeglio, dell' emancipazione civile degl' Israeliti (1848) 25;

dem konnten die Juden der Stadt mit dieser Änderung sehr zufrieden sein. Am 2. Februar 1668 verpflichteten sich die Mitglieder der Congrega zur Zahlung der neuen Steuer (300 Sc.) an die Kammer des römischen Volkes. Das betreffende Aktenstück nennt als Congregamitglieder: Rabi Salvator filius quondam Jacob Senatoris (l. Sonatoris = סננ), die drei Fattori: Joseph Velletri filius qu. Raphaelis, Crescentius filius qu. Angeli Sermonete und Raphael filius qu. Isachi Cornetti, ferner als Deputatus: Abram qu. Angeli Maroni, dann die Mitglieder: Leo qu. Raphaelis Jairti, Raphael qu. Alexandri Velletri, Samuel filius qu. Sabati Tedeschi, Samuel qu. Emanuelis Todeschi, Isach qu. Salomonis Joirti (!), Moises qu. Sabati Menaphri (Venaphri?), Moises qu. Josephi Montis, Angelus qu. Sabati Panserii, Moises qu. Venturae Caiatti, Aron qu. Moisis Frascati, Jacob qu. Samuelis Ascarelli, Abram Lazarus qu. David Viterbo, Jacob qu. Benedicti Montis, Vitus qu. Josephi Menapelli, Abram qu. Abrammi Modigliani, Salamou qu. Jacobi Castelnovi, Jacob qu. Jacobi Joicesi (גויוס), Aron qu. Samuelis Gazzagni, Leo qu. Grazia Dei Strada, Samuel qu. Moisis Panserii, Isach qu. Sabati de Perugia, David qu. Beniamini Sacerdotis, Salamon qu. Sabati Tedeschi, Samuel qu. Asdrubali Josephi, Samuel qu. Emanuelis Paliani, Abram qu. Beniamini Tedeschi, Abram qu. Raphaelis Franchoni, Abram qu. Salamonis Campagniani, Angelus qu. Prosperi de Signia, Jacob qu. Davidis Misani und Samuel qu. Pellegrini Ascarelli. Sie alle unterzeichnen als Romanus.[1]

Unter Clemens IX. Regierung war es auch, dass ein abenteuernder Sabbatianer ganz Italien in Aufregung versetzte. Sabtai Zebis Auftreten hatte selbst im Vatikan das grösste Aufsehen, ja sogar Unruhe erregt.[2] Der erwähnte Sabbatianer war Nathan Ghazati, der von Griechenland nach Venedig und von da nach Livorno kam. Hier suchte man ihn zu beseitigen, da man berechtigte Furcht hegte, dass das Auftreten dieses Mannes falschen Verdacht bei der christlichen Bevölkerung wachrufen werde. Nathan wandte sich hierauf nach Rom, wo wir ihn im Jahre 1668 treffen. Obwohl er sich den Bart hatte abnehmen lassen, wurde er hier erkannt. Die Gemeinde sah sich gezwungen, ihn um ihrer eigenen Sicherheit willen ausweisen zu lassen.

Gregorovius Wanderjahre I. 78 f.; L. Olivieri Il senato romano 1885, tom II. 49 bei Rodocanachi 204 ff.; Natali 106. 108.

[1] Archivio della R. Soc. Rom. di storia p. 1894 p. 230 ff.

[2] Schudt IV. 238 nach W. Goerze in de Kerklyke en Weereldlyke Historien (Amsterdam 1705 643).

Nathan ging nach der Türkei und starb etwa 1680 in Sofia.[1]) Ein anderer sabbatianischer Wanderprediger Sabtai Rafael hatte in Italien noch weniger Glück.[2])

Auf Clemens IX. folgte ein Mann auf Petri Stuhl, welcher durchaus nicht im Stande war, dem tieftraurigen Zustande seines Landes aufzuhelfen, Clemens X. Die Einwohnerzahl des Kirchenstaates hatte in den letzten vierzig Jahren um ein Drittel abgenommen. Überall herrschte die grösste Armut. Der Missbrauch der Annona hatte das Ansehen des Staates geschädigt. Aus den Kirchen waren vollends Freistätten für Verbrechen geworden.[3]) Auch das Räuberunwesen erhob sich unter dem neuen Papste mit neuer Macht. Der französische Botschafter Villars meldet 1672: Man morde die Leute in den Strassen Roms aufs Geratewohl, wie man trinke, wenn man Durst habe. — von Strafe sei nie die Rede.[4]) Dabei befolgte der Papst eine eigentümliche Politik. War ihm irgend eine Sache unangenehm, wollte er irgend eine Bitte abschlagen, so beauftragte er damit Inquisition. Propaganda oder die Jesuiten, und er war gewiss, dass diese so unbarmherzig vorgehen würden, wie er es in seiner Stellung zu thun sich schämte. Darunter hatten denn auch die Juden der Stadt schwer zu leiden. Am 28. Juni 1671 erneuerte man das Verbot, in Wagen durch die Stadt zu fahren und verbot sogar den Christen bei Strafe an Leib und Geld und Konfiskation des Wagens mit dem Gespann, Juden zu Kutschern zu nehmen. Zugleich wurde das Gebot, das gelbe Abzeichen zu tragen, bei besonders strengen Strafen aufgefrischt. Hundert Goldscudi und Tortur drohten dem männlichen Übertreter, mit der gleichen Geldstrafe, Geisselhieben und Verbannung drohte man dafür Kindern und Frauen.[5]) Auch unter Clemens X. erlangte die Gemeinde vom Governatore der Stadt eine Wiederholung des Schutzdekrets für die Zeit des Karnevals (22. April 1672).[6]) Freundlicher stellte sich der Papst zu der wieder hervortretenden Marranenfrage. Dieselbe war in Portugal von Dom Pedro wieder in Fluss gebracht worden. Der Papst gestattete den Marranen, einen Sachwalter nach Rom zu senden. Dieser führte seine Sache so gut, dass ein päpstlicher Befehl vom 3. Oktober 1674 die Inquisition in Portugal

---

[1]) Grätz, X. 251. Note 3, S. LII ff.
[2]) Das. Note 4 S. LXII.
[3]) Ranke III. 199⁶.
[4]) Reumont III 2. 815.
[5]) REJ II. 286 f.
[6]) Das. 289.

gänzlich suspendierte. Erst sein Nachfolger sah sich durch die Macht der Verhältnisse zur Aufhebung jenes Interdikts gegen die portugiesischen Inquisitoren gezwungen.[1])

Unter Clemens trat der eigentlich unerhörte Fall ein, dass sich eine auswärtige Gemeinde Hilfe flehend an die römische Judenschaft wandte. Leopold I. hatte den Befehl gegeben, dass alle Juden innerhalb drei Monaten Wien verlassen sollten. Die Wiener Gemeinde wandte sich darauf an Rabbi Izḅak Señor Teixeira in Hamburg mit der Bitte, an alle Personen, die nur irgend welchen Einfluss beim Kaiser besässen, Briefe zu senden, damit sie sich für die bedrohte Gemeinde ins Mittel legten.[2]) In einem Antwortschreiben Rabbi Izḅaks von 12. Ijar 1670 teilte er den Wienern mit, dass er bereits an spanische Grosse geschrieben habe, dass diese den Beichtvater der Kaiserin beeinflussen möchten, auf welchen der Plan der Austreibung zurückging. Ebenso habe er sich an den Grafen Montecuculi und an den Kardinal Azzolino in Rom gewandt, welch' letzterer seine Verwendung versprach, sobald es ihm möglich wäre, da er sich zur Zeit mit den übrigen Kardinälen im Konklave befand.[3]) Die Königin von Schweden habe, wie ihm Rabbi Selomoh aus Rom mitgeteilt, an den Nunzio apostolico romano in Wien, an die Kaiserin und an die Mutter der Kaiserin für die Juden Briefe gerichtet. Die Verwendung der Königin verdankte Rabbi Izḅak der Vermittlung eben dieses wackeren Vorstehers der römischen Gemeinde.[4]) Auf diese Mitteilung hin wandte sich Rabbi Izḅak auch an den Sekretär der Königin Christine, ein Beweis dafür, dass der römische Gemeindevorsteher bei dieser edlen Fürstin eine Stütze für seine Gemeinde in bedrängter Lage fand. Auch Kardinal Azzolino scheint ein bekannter, wackrer, edler Helfer der römischen Judenschaft gewesen zu sein.

Wie von der Ungerechtigkeit Clemens', so hatte die Gemeinde von dem allzufeinen Rechtlichkeitsgefühle seines Nachfolgers Innocenz XI. zu leiden. Von ihm datiert der gänzliche finanzielle Verfall, der vollständige Ruin des Ghettos. Innocenz war ein ehrenwerter liebens-

---

[1]) Grätz X. 277—283.

[2]) ס׳אהל יעקב ה״ה שאלות ותשוב׳ von Jákob Sasportas (Amsterdam 1698) Nr. 77 vom 2. Nisan 1670.

[3]) ס׳אהל יעקב No. 78: נאלים שאר כי הוא סגור בבית הועד עם שאר הקרדי״ כי הוא
Vgl. Kaufmann, Die letzte Vertreibung der Juden usw. S. 134.

[4]) והדברים הללו: כבר דבר (סופר המלכה) עם הגביר הנעלה ה״ר שלמה
פרנס ק״ק רומי כדי לבשר למערית.

würdiger Herrscher, aber rücksichtslos energisch in allen seinen Vor-
sätzen. Der Kirchenstaat hat ihm viel zu verdanken. Er hat manche
unnütze Stelle eingezogen und sonst noch vieles zur Bekämpfung
der Bestechlichkeit der Beamten und anderer Krebsschäden in seinem
Staatswesen gethan. Gefährlicher für das Ghetto waren die Bemühungen des Papstes zur Einschränkung des Wuchers.[1]) Dennoch
war Innocenz auch den Juden gegenüber ein gerechter Herrscher.
Der venetianische Feldherr Morosini hatte 1685 auf Morea christliche
und jüdische Gefangene gemacht. Die ersteren hatte er freigelassen.
Die jüdischen Gefangenen wandten sich an Innocenz, um von ihm
ihre Freilassung zu erwirken. Der Papst setzte auch eine Kommission
zur Untersuchung dieser Angelegenheit ein und zwang dann auch
Venedig zur Freilassung der Juden. Allein der Umstand, dass sich
Juden an Innocenz in einer solchen Sache wandten, spricht mehr für
sein Gerechtigkeitsgefühl als seine schliessliche Entscheidung.[2]) Interessant sind des Papstes Massregeln betreffs der Judenpredigten.
Er war durch die dabei vorkommenden Störungen zur Einsicht gekommen, dass sich ein derartiger Popanz nicht für eine Kirche zieme.
Er liess deshalb die Predigten in einem anderen geeigneten Raume
halten.[3]) Es müssen auch recht eigentümliche Verhältnisse bei diesen
Predigten geherrscht haben. Die Reichen befreiten sich von dem Besuche derselben, indem sie Arme gegen eine bestimmte kleine Vergütung an ihrer statt schickten. Ein christlicher Aufseher zählte die
Eintretenden und regte mit einem Stocke diejenigen, welche sich die
Ohren verstopften, sich unterhielten oder eingeschlafen waren, zu erhöhter Aufmerksamkeit an.[4]) Mit tiefem Schmerze erzählt Wagenseil, welcher in dieser Zeit in Rom war, von dem leeren und gleich-
gültigen Geschwätz der Judenprediger, für das die Zuhörer nur Lachen
oder Gähnen hatten. Der Wächter schlug dann mit seinem riesigen
Stocke auf die Lachenden und Gähnenden los. Dabei entstand ein
solches Gelärm, dass der Prediger für eine gewisse Zeit seinen Vortrag unterbrechen musste. An einen Erfolg dieser Reden war selbstverständlich nicht zu denken.[5]) Dafür besuchten aber Christen um
so eifriger die geistvollen jüdischen Redner in so grosser Anzahl, dass

---

[1]) Ranke III. 202*.
[2]) Basnage Histoire des Juifs (Rotterdam 1707) V. 2044.
[3]) Das. 2045.
[4]) Wagenseil, Loculamentum secundum: ad orbis notitiam necessaria in der
Synopsis Geographie 129.
[5]) Ders. Tela ignea Satani 1681. 90.

der gute Papst sich gezwungen sah, alle christlichen Synagogenbesucher mit Exkommunikation und 25 Scudi Strafe zu bedrohen.[1])
Diese Massregeln des Papstes hatten selbstverständlich die Lage des
Ghettos wenig verändert. Anders wurde dies, als Innocenz an die
Durchführung seiner strengen Pläne zur Aufhebung des Wuchers und
überhaupt der Geldgeschäfte ging. War die Lage der Gemeinde schon
ohnehin durch die grossen geschäftlichen Einschränkungen und Steuerlasten eine kaum erträgliche geworden, so mussten derartige Massregeln, wie sie Innocenz plante, auch den letzten Rest eines Wohlstandes vernichten. Von allen päpstlichen Befehlen gegen die Handels-
geschäfte der Juden ist keiner so schwerwiegend gewesen wie der
vom 30. Oktober 1682. Bedenkt man, dass der Verfasser einer Hetzschrift gegen das jüdische Vermögen: „Die wahre Lage der Juden in
Rom" unter 4500 Bewohnern (850 Familien) nur 200 besitzende und
5 vermögende Familien fand[2]), eine Zahl, welche jedenfalls auch
tendenziös zu hoch gegriffen ist, und dass diese Begüterten sich zumeist durch Geldgeschäfte ernährten und die Zinsenlast einer Gemeindeschuld von mehr als 260 000 Scudi zu tragen hatten, so wird
man die Schwere dieses Schlags ermessen können. Der erwähnte Befehl
verbot den jüdischen Banquiers, ihre Geschäfte weiter zu führen, und
der Papst war energisch genug, auf die strengste Durchführung des
Edikts zu sehen. Eine Bittschrift der Gemeinde an den Papst führte
aus, dass dadurch das Gesamtvermögen des Ghettos von 400 000 Scudi
auf 90 000 gefallen sei.[3]) Der Papst sah sich schliesslich gezwungen,
diese Massregeln zu verschieben (26. Febr. 83, 21. März 84). Nach
wenigen Jahren starb der Papst, und der Befehl war vergessen, bis er
nach etwa zwanzig Jahren wieder von einem Papst aufgefrischt wurde.

Sonst änderte sich unter Innocenz XI. im Ghetto wenig. Nach
den Bestimmungen von 1633, 1638 und 1639 war es nicht überraschend,
dass die heilige Kongregation am 2. November 1678 anordnete, dass
eine von einer christlichen Amme an einem jüdischen Kinde vollzogene
Nottaufe gültig sei.[4]) Einigermassen erfreulich war es, dass die Camera am 14. Dezember 1684, jedenfalls auf eine dahingehende Ein-

---

[1]) Basnage IX. cap. 32. p. 897 (nach La Roque) vgl. Bastholm Jüdische Geschichte III. (Pirna 1785) 360 f.

[2]) Stato vero degli Ebrei in Roma. Stamperia del Varese 1668 p. 23. vgl. p. 7;
s. m. Rodocanachi 13; vgl. Bibl. Vatic. cod. 7711 fol. 227 ab aus dieser Zeit und
cod. vat. Ottob. 2483 fol. 192 b aus dem Jahre 1682.

[3]) Rodocanachi 219.

[4]) Erwähnt in der Bulle vom 28. Februar 1747.

gabe, die wegen Civilvergehen Inhaftierten von der Bezahlung ihres
Unterhalts im Kerker befreite und dem Capitano wegen der nötigen
Ausgaben Freiheit der Entscheidung überliess.[1]) Allerdings erinnerte
dieselbe Behörde am 28. Juni 1685 an die alte Verordnung, dass
die Gemeinde für die Ernährung von schuldhaftierten Juden aufzu-
kommen habe.

Der am 8. August 1686 erneuerte Schutz des Governatore gegen
Beschimpfungen und Belästigungen[2]) musste in diesem Jahre dringend
von den Juden in Anspruch genommen werden. Am 19. September
1686 kam eine Stafette mit der Botschaft von der Eroberung Ofens
nach Rom, so erzählt ein Brief Jean Durands vom 20. September.
Auf die erste Kunde von der Eroberung dieser Stadt machten sich sogleich einige von der Hefe des Volks gegen das Judenquartier auf,
um dort zu plündern. Der Governatore liess die Wache an den Ein-
gängen des Ghettos verstärken, eine Massregel, welche den Tumult
beilegte. „Diese so häufigen und grundlosen Volksaufstände erregen
bei vielen den Glauben, dass sie auf einen Haupträdelsführer, der die
Sache immer leitet, zurückzuführen seien."[3]) Die immer steigende
Türkengefahr hatte also auch dem Ghetto indirekten Schaden zugefügt. Im Dezember desselben Jahres suchte eine Überschwemmung
das Ghetto schwer heim.[4]) Von so gewaltsamen Taufen wie unter
seinen Vorgängern ist unter Innocenz XI. nichts bekannt. Unter ihm
war es ja, wo ein französischer Gesandter in seine Heimat berichtete,
dass der römische Hof keine gewaltsamen Bekehrungen wünsche:
„Man müsse die Menschen in die Tempel führen, aber nicht hinein-
schleifen."[5]) Allerdings wurde von frommen Christen auch unter ihm
tapfer darauf los denunziert. Auf diese Weise wurden u. a. Anna Caviora,
die Gemahlin des Vito Spagnoletto aus Rom (29. Januar 1686), Lama,
die Tochter des Römers Samuele di Tivoli (15. März 1686) und Flaminia, eine Tochter des Pace Passapaglio[6]) (1. März 1687 nach
45 tägigem Aufenthalte in der Casa) der Kirche zugeführt.[7]) Ein Fall
aus den letzten Tagen seines Regiments zeigte auch, dass man in

---

[1]) REJ II. 285 nach Goris Arch. stor. 270.
[2]) REJ das. 289.
[3]) Correspondance inédite de Mabillon et de Montfaucon avec l'Italie, publiée
par M. Valéry (Paris 1846) 323 f.; Rev. or. III. 152.
[4]) Buonarroti 1871. 78.
[5]) Ranke III. 115.
[6]) Natali 244.
[7]) Das. 247.

Bezug auf Gewaltthätigkeit bei Judentaufen noch nicht aus der Übung gekommen war. Am 26. April 1689 liess Monsig. Bologna nach Sara, von deren Zuneigung zum Christentum zwei Personen Zeugnis abgelegt hatten, fahnden. Die Juden verbargen das arme Mädchen und verhalfen ihr zur Flucht. Darauf setzte man Bruder und Mutter Saras gefangen, bis diese den Aufenthaltsort Saras angaben, worauf das Mädchen bis zum 5. Januar 1690 „überzeugt" wurde.[1]

Inzwischen war Innocenz gestorben und ihm am 6. Oktober Alexander VIII. gefolgt. Bei dem feierlichen Possesso am 23. Oktober hatte die Gemeinde am Colosseo zahlreiche Tafeln mit den neuen Pontifex rühmenden Sprüchen anbringen lassen.[2] Bei der Teuerung des folgenden Jahres bewies Alexander besonderen Wohlthätigkeitssinn[3], während seines Papsttums Friedfertigkeit und Versöhnlichkeit. Unter seiner kurzen Regierung — er starb bereits am 1. Februar 1691 — wurde am 17. Juli 1690 für die Neophyten und Katechumenen das Verbot des Verkehrs mit Juden erneuert.

Wichtiger für die Gemeinde war die Regierung Innocenz XII. Während seines Pontifikats erlangte die Gemeinde wieder eine bescheidene Blüte. Allerdings stieg die Anzahl ihrer Mitglieder nicht in gleichem Verhältnisse mit deren Vermögen. Auch Innocenz huldigte die Gemeinde in der bereits zu einer festen Norm gewordenen Weise.[4] Eine Bulle des neugewählten Papstes vom 31. August 1692, welche die Privatgerichtsbefugnisse aufhob, traf auch die Gerechtsame der Gemeinde.[5] Dann war es ein Unglück im Ghetto, dem Juden und Christen in grosser Anzahl zum Opfer fielen, welches die mannigfachsten Erörterungen hervorrief. Zur Hochzeit des reichen römischen Kaufmanns Abramo Sonino mit Rachele da Cavi hatten sich auch zahlreiche christliche Gäste, unter ihnen der Sign. de Todi, ein Domherr, ein portugiesischer Abt und ein Kanonikus eingefunden (9. Dezember 1693). Man erwartete noch eine vornehme römische Dame, da brach das dritte Stockwerk des Festhauses in dem Augenblicke zusammen, in dem der Rabbiner die Einsegnung der Ehe beginnen wollte. Von

---

[1] Das. 247f.

[2] Vincenzo Forcella, Catalogo dei manoscritti riguardanti la storia di Roma I. 299 No. 837 Copiosissima e distantissima Narrazione della Solenne Cavalcata e delle Cerimonie fatte il di 23. di Ottobre 1689 etc. Die Aufschriften der Cartelle delli Ebbrej nel Coliseo bei Cancellieri, Possessi 307 f.

[3] Reumont III. 2. S. 639.

[4] Cancellieri 318 f.

[5] Bulle Ad radicitus submovendum.

dem Hause blieben nur die vier Wände stehen. Fast alle Festteilnehmer waren verwundet oder getötet. Der Verlobte verlor dabei alle seine Verwandten. Bei dem entsetzlichen Unglücke kamen in der ersten Etage des Hauses auch eine alte Frau um, ein jüdischer Schneider, eine Mutter, welche ihr Kind säugte und ein Priester, der sich seine Sutane ausbessern lassen wollte. Das war ein Fall, der von frommen Hetzern als Strafe des Himmels für den freundschaftlichen Verkehr mit den Juden der Stadt ausgenutzt wurde. Bei aller Traurigkeit ist er ein erfreulicher Zeuge für den lebhaften gesellschaftlichen Verkehr zwischen Juden und Christen. Ein zeitgenössischer Schriftsteller beginnt die thränenreiche Erzählung des Unglücks mit den Worten: Dein Herz sei härter als der Diamant.[1]

Das Jahr 1695 (27. März) brachte der Gemeinde die einzige ausserordentliche Abgabe, die Innocenz ihr auferlegte. Sie bestand in einem Beitrage von 600 Scudi zur Schmückung des Brunnens Marforia.[2] Dafür äusserte sich aber des Papstes Wohlwollen bei der schrecklichen Tiberüberschwemmung in den letzten Tagen desselben Jahres und den ersten des folgenden in um so höheren Grade.[3] Auch in der Gemeinde regte sich wieder der alte Geist der Kraft und der Selbstständigkeit, gefördert durch die machtvolle Erscheinung des Gemeinderabbiners Tranquillo Vita Corcos. Ein Neophyt Paolo Sebastiano Medici hatte die Absicht, eine Schrift voller Anklagen gegen seine Mutterreligion in Venedig unter dem Titel „Riten und Bräuche der Juden" erscheinen zu lassen. Um ihr den Boden zu ebnen, wanderte er durch Italien und hielt unter anderem in Livorno, in Pisa und in Florenz giftige Hetzreden gegen Juden und Judentum. Dagegen reichte die römische Gemeinde durch Tranquillo Vita Corcos ein Memorial an die Kongregation des heiligen Uffizio ein, um den Druck der angekündigten Schrift Medicis zu verhindern. Das Memorial, welches in Rom 1697 gedruckt wurde, hatte den gewünschten Erfolg. Medici konnte darauf nichts erwidern. Erst fast vierzig Jahre später (1736) durfte das Werk P. S. Medicis erscheinen[4], nachdem schon

---

[1] Nach cod. Bibl. Vat. 2648 p. 76—91 (Forcella, Catalogo dei manoscritti riguardanti la storia di Roma III. 20 n. 32) bei Rodocanachi 214—216.

[2] Cancellieri, Il Mercato 34 bei Rodocanachi 55.

[3] Reumont III. 2. 8. 640.

[4] Memoriale alla S. Congregazione del S. Uffizio per l'Università degli Ebrei (29 Seiten klein 2°) Mosè VI. Im Gutachten Ganganellis erwähnt REJ XVIII. 200 oben; Berliner, Aus schweren Tagen 13 f.; Seine Riti e costumi degli Ebrei. Firenze 1736, Venedig 1746. 1778. In Riti (1736) 230 nennt er sein Midolla della lingua

vorher einige andere Schriften desselben Verfassers gedruckt worden waren.

Mit dem allgemeinen Wachstum der Stadt hielt die Zunahme der Gemeinde gleichen Schritt. Am 29. Juni 1697 überreichte der Kardinalvikar dem Papste die Einwohnerliste der Stadt. Ausser den 133 894 „Getauften" wohnten in Rom nach derselben 9—10 000 Juden.[1]) Bei der Volkszählung im Juli 1699 wurde ihre Zahl auf rund 10 000 angegeben.[2]) Diese ungenaue Schätzung weist darauf hin, dass man schon damals wie später die jüdischen Einwohner bei Volkszählungen nicht berücksichtigte. Allerdings war die Mehrzahl dieser jüdischen Einwohner Bettler. Obwohl der Mietzins im Ghetto im allgemeinen seit einem reichlichen Jahrhundert unverändert geblieben war, konnten sie denselben doch nicht aufbringen. Bei den alten Häusern des Ghettos waren wohl auch öftere Reparaturen nötig geworden, infolge deren sich der Mietzins stetig vergrösserte. Schliesslich unterbreitete Tranquillo Vita Corcos eine Schilderung dieser traurigen Verhältnisse dem gnädigen Papste. Genau und sachgemäss legte er in einer Eingabe vom 30. April 1698 die Wohnungsverhältnisse im Ghetto dar. Innocenz setzte daraufhin eine Kommission von Kardinälen zur Untersuchung der Finanzen des Ghetto ein. Diese schlug eine Ermässigung des Mietzinses im Judenquartier um 12% vor[3]), welche der Gemeinde zur Aufbesserung ihrer Finanzen zufliessen sollten. Der Papst war damit einverstanden und ermächtigte ausserdem die Gemeinde, um ihr weiter thätig aufzuhelfen, im August desselben Jahres zu einer Anleihe von 128 808 Scudi zu 3%.[4]) Der Papst untersagte aber der Gemeinde in einem Breve vom 1. September 1698 selbst in äusserster Notlage die Kontrahierung irgend einer neuen Schuld. Jedoch bereits am 19. November 1699 machte die Gemeinde eine neue dreiprozentige Anleihe von 6500 Scudi bei der jüdischen Gesellschaft „des Todes", welche sie zur Lieferung von Betten, zu denen sie die Materialien

santa (1694). Catalogo de' Neofiti illustri (1701 das. p. 478). Promptuarium Biblicorum Textuum ad Catholicam Fidem confirmandam et Iudaeorum infirmandam perfidiam (1707 das. 479). Lettera scritta agli Ebrei d'Italia vom 7. Aug. 1715 (Riti 476—501). Die Biblioteca dell' Accademia dei concordi in Rovigo besitzt eine Handschrift (No. 239) Scrittura contro il libro smercio dei „Riti e costumi degli ebrei descritti e confutati dal dott. Paolo Medici (Mazzatinti III. 25).

[1]) Diarium des Gio Battista Campello in Studi e documenti di storia e diritto (Rom 1890) XI. 109 f.

[2]) Das. XIV. 1893. 187.

[3]) Vgl. Berliner, Aus schweren Tagen 13.

[4]) Schudt, Merkw. I. 236 f.

kaufen musste, nötig brauchte. Die Bettenlieferung für das Militär war ihnen übrigens von der erwähnten Finanzkommission ausschliesslich übertragen worden. Die Kammer berechnete den Reinertrag aus diesem Rechte auf jährlich rund 800 Scudi, welche zur Zinsentilgung der Gemeindeschuld beim Monte verwendet werden sollten.[1]) Vielleicht ebensowichtig für die Finanzlage der Gemeinde war ein Handschreiben des Papstes vom 20. Juli 1699, welches die Tesorieri generali zur Beaufsichtigung des Gemeindehaushaltes verpflichtete; dieselben sollten gegen säumige Steuerzahler und nachlässige Behörden im Ghetto mit Ordnung und Strenge zum Vorteile der Finanzlage desselben vorgehen.[2]) Am 9. April und 15. August 1699 wurde nochmals die Verpflichtung der Gemeinde zur Erhaltung schuldhaftierter Gemeindemitglieder wiederholt, obwohl sich eine vom Papste über diese Frage eingesetzte Spezialkommission für die Aufhebung dieser Verpflichtung erklärt hatte.[3]) Um die Wende des Jahrhunderts starb der hochherzige Innocenz XII. Auch unter ihm hörte man nur wenig von gewaltsamen Taufen. Das Offizium hatte zur Verhütung von Zwangstaufen die Verwendung christlicher Ammen und Hebammen am 8. November 1695 selbst untersagt.[4]) Einen ganzen Roman scheint die Nachricht über die Taufe der Stella Gennazzano, der Gemahlin des Sabato Fornaro, welche von einem Juden namens Sabato Romanello ins Monasterium geschleppt wurde und dann nach der Scheidung ihrem Manne noch ein vierjähriges Kind stahl, einzuschliessen.[5]) Eine regelmässige Schlacht im Ghetto und dann eifrige, aber vergebliche Petitionen an das heilige Offiz verursachte die notarielle Taufe von vier Enkeln des Śabtai Deservi, welche er nach dem Tode seines Sohnes Ercole Deservi dem Katechumenenhause übergeben hatte.[6])

Die Regierung Innocenz XII. hatte die Hoffnungen der Gemeinde ziemlich hoch gespannt. Sie glaubte, dass jetzt in der Sedisvakanz die Zeit gekommen sei, sich vom Tragen des Judenzeichens gänzlich befreien zu können. Aber ein strenges Edikt vom 30. Oktober 1700

---

[1]) Rodocanachi 254 f.
[2]) Erwähnt in einem Handschreiben vom 25. Juli 1803 (Barberi, Bullarium XII. 324—334).
[3]) REJ II. 285.
[4]) Das. III. 100.
[5]) Natali 248.
[6]) Natali 248. Am 23. Dezember 1698 entschied die hl. Kongregation von neuem, dass eine an Judenkindern widerrechtlich vollzogene Taufe gültig sei (Bulle vom 28. Febr. 1747).

belehrte die Gemeinde, dass ihr Wunsch um hundert Jahre verfrüht sei.[1]) Dem am 23. November gewählten Clemens XI. war ein zwanzigjähriges Regiment beschieden, welches für die Stadt beinahe ereignislos verlief, für die Gemeinde, soweit es auf den Papst ankam, erfreulich war. Er war ein freundlicher milder Herr; das Interesse der Curie war sein Interesse. Die politischen Verhältnisse haben seine natürliche Begabung in Fesseln gehalten. Personen und Leben der Gemeinde hat er geschützt, ihren Finanzen kein Interesse entgegengebracht. Seine Erlasse zur Unterdrückung der jüdischen Geldgeschäfte haben keinen nennenswerten Einfluss gehabt. Dieselben waren allerdings bereits auf ein Minimum gesunken. Nur drei jüdische Banken in Rom hatten das Privileg, Christen gegen Zinsen Geld zu leihen.[2]) Auch unter Innocenz war die Zahl der Juden in Rom ausserordentlich gross. Gibbon[3]) zählt um 1709 cirka 9000 jüdische Seelen. Schudt[4]) berechnet um dieselbe Zeit die Zahl der Juden auf 7000—8000 und Basnage[5]) ein wenig später sogar auf 12—15 000. Diese Schätzung ist nicht zu hoch, da eine offizielle Nachricht der Regierung vom Jahre 1732 ihre Zahl auf über 12 000 angiebt.[6]) Jedenfalls hat die Personenzahl der Gemeinde unter Clemens die grösste Höhe erreicht. Die Inquisition erlangte unter Clemens neue, besondere Macht. Die Juden haben aber darunter nicht zu leiden gehabt.

Auch Clemens hat die Gemeinde durch Schmückung eines Teiles der Feststrasse bei seinem Possesso gehuldigt.[7]) Gleich zu Beginn seiner Regierung zeigte der neue Papst seine besondere Freude an Judentaufen. Umsomehr ist es anzuerkennen, dass die Inquisition doch bei denselben eine gewisse Gerechtigkeit walten liess. So gab sie am 6. September 1702 der Wittwe des Josef di Anticoli, Gracia, ihre fünf Kinder zurück, welche ihr Onkel Johannes Baptista de Paulis der Inquisition zur Taufe und christlichen Erziehung übergeben hatte. Der Papst hatte im Jahre 1703 von neuem einige rabbinische Schriften, unter ihnen Werke des Jakob Ḥabib auf den Index gesetzt.[8]) Am

---

[1]) Rodocanachi 186.
[2]) שו״ת מים רבים ad חשן משפט No. 14.
[3]) The decline and fall of the Roman empire chap. LXXI.
[4]) Schudt, Merkw. (gedr. 1714) I. S. 230.
[5]) Histoire IX. cap. 32 pag. 896 (der 2. Auflage).
[6]) REJ III 101.
[7]) Cancellieri, Possessi 330 ff.
[8]) Reusch, Index II. 148.

12. März taufte er mit eigner Hand in der vatikanischen Basilika drei Juden aus Livorno, einen Mann samt dessen Frau und Tochter.[1]) Zu ihrer Sicherstellung hatte der Papst am 11. März die Bulle Pauls III. vom 21. März 1542 über den Besitz der Neophyten erneuert. Die geschäftige Sage hat aus dieser Taufe sofort die Taufe von einer grossen Anzahl Türken und Juden gemacht, welche die Augen der Wahrheit geöffnet hatten.[2]) Dabei beruhigte sich aber des Papstes Eifer nicht. Am 18. Februar 1705 erklärte die Kongregation von neuem die Gültigkeit von Nottaufen durch christliche Ammen[3]) und am 4. Dezember 1705 verbot Domenico Frarli streng jeden Verkehr der Katechumenen und Neophyten mit Juden. Die letzteren wurden sogar bei blosser Annäherung auf 60 Meter im Umkreise der Casa dei catecumeni oder bei Betrachtung der Fenster dieses Gebäudes von gleicher Entfernung aus mit drei Geisselhieben und 100 Scudi Geldstrafe bedroht.[4]) Dass die Kongregation am 8. März 1708 widerrechtliche Zwangstaufen an Judenkindern für gültig erklärte, kann daher ebensowenig auffallend erscheinen wie ein Edikt des Kardinalvikars Gasparo de Carpegna, welches auch nur vom Gesichtspunkte der Taufen betrachtet werden muss. Dasselbe untersagte den Juden christliche Dienerschaft, besonders die Verwendung von Knaben und Mädchen zum Anzünden von Feuer und Licht am Sabbattage, an Sonn- und Feiertagen bei Christen, bei Geistlichen und in Klöstern zu arbeiten und jede Überlassung von Mazzoth an Christen. Bei letzterem Verbote hatten die Eltern für ihre Kinder zu bürgen. Die Strafe für jeden Übertretungsfall desselben wurde nach dem Erlasse vom 8. Oktober 1604 auf 50 Scudi und drei Geisselhiebe festgesetzt.[5]) Clemens ging zum Schutze der Neophyten noch weiter. Am 29. Februar 1712 wurden die Juden Giovanni Vitale und Salvatore de Colleveccio aus den Kirchenstaaten verbannt, weil sie den Katechumenen Isaaco Lusci geschäftlich geschädigt hatten.[6]) Trotz dieser grossen Vorliebe des Papstes für die Neophyten ist er der Gemeinde stets ein gerechter, milder Fürst gewesen. Im Dezember 1702

---

[1]) Relazione della funzione fatta nel battesimo dato da P. P. Clemente XI. a tre Ebrei nella Basilica Vaticana.

[2]) Mr. Reboulet, Histoire de Clement XI. pape, Avignon 1752. 140.

[3]) Erwähnt in der Bulle vom 28. Februar 1747.

[4]) Natali 239. 258. Am 10. August 1718 wurde der Verkehr von neuem untersagt (das. 258).

[5]) Zuerst in Ferraris prompta bibliotheca 1763. 292. n. 19; dann im Bullarium magnum (Luxembourg); zuletzt in REJ III. 100.

[6]) Natali 240.

hatte überreicher Schnee und Regen eine ungeheure Überschwemmung des Tiber herbeigeführt. Clemens sorgte väterlich für alle von diesem Unglücke Betroffenen.[1]) In der Nacht des 14. Januars 1703 suchte ein Erdbeben ganz Italien heim, in dessen Gefolge eine abermalige Überschwemmung eintrat.[2]) Der Papst suchte soweit irgend möglich alle Schäden dieser elementaren Ereignisse wieder gut zu machen.

In einer speziellen Angelegenheit der Juden des Kirchenstaates kennen wir nicht die Stellungnahme des Papstes. Im Jahre 1705 beschuldigte man in Viterbo zwei Juden, Giamello (Gioiello) de Cori und Josef Samen[3]), einen Christenknaben erhängt und erdrosselt zu haben. Bei dieser Gelegenheit wärmte man natürlich alle die schändlichen Anklagen über den rituellen Blutgebrauch auf. Der römische Rabbiner Tranquillo Vita Corcos trat darauf mit einem geharnischten Memorial in italienischer Sprache gegen die Blutbeschuldigung auf. welches er der Sacra Consulta zu Händen des Ghezzi Fanente einreichte. Darauf übergab er am 21. September 1705 derselben Behörde im Namen der Gemeinde ein Addizionalmemorial. Beide Schriftchen sind mit einem dritten über dieselbe Angelegenheit auch in Fürth 1706 in jüdisch-deutscher bis auf den Druckort genauer Übersetzung erschienen.[4])

Auch bei den Karnevalsfestlichkeiten schützte die städtische Regierung die Juden — so weit sie es für passend hielt. In den Jahren 1698—1707 waren die Festlichkeiten des Karnevals ausgefallen. Trotzdem hatte die Gemeinde die Karnevalsteuern zu zahlen.[5]) Am 9. Februar 1709 war es nun, wo die Fischhändler, welche am Ghetto Markt hielten und sich schon immer durch verletzende Maskeraden beim Karneval berühmt gemacht hatten, das Leichenbegängnis eines Rabbiners auf einem Karren pantomimisch darstellten und dasselbe in rohster Weise verunglimpften. Die beschimpfte Gemeinde wandte sich sofort an den Kardinalvikar, der auch den Umzug des Karrens verbot. Als aber der damals in Rom anwesende Sohn des Polenkönigs

---

[1]) Buonarroti 1871. 78; Reboulet. Histoire de Clement XI. pape I. 97.

[2]) Reboulet a. a. O.; Reumont III. 2. S. 774.

[3]) In ‏וכו׳‏ ‏כאקרא קאנסולמא‏ ‏טיטול‏ heisst dieser ‏סאמון‏; in ‏אן די הובע‏ ‏פא״‏ ‏היעצי‏ ‏הערן‏ ‏דעם‏ ‏קונסולמא‏ aber ‏סאמען‏. Der italienische Titel in Berliner II. 2. S. 223.

[4]) M. Roest, Catalog der Hebraica und Judaica aus der L. Rosenthalschen Bibliothek. Amsterdam 1875, I 55. s. v. Albertus (Andreas). Daselbst die genaue Beschreibung der drei Schriftchen. Vgl. Steinschneider in der Zeitschrift für Geschichte der Juden in Deutschland V. 158 und Berliner, Aus schweren Zeiten 14.

[5]) Arch. della R. soc. Rom. di storia patria 1894. 233.

Alexander Sobiesky eine Wiederholung dieses Zuges unter seinen
Fenstern erbat, war die Behörde nicht standhaft genug, dem jungen
Manne diese Bitte trotz aller Vorstellungen der Gemeinde abzuschlagen.[1]
Das hatte zur Folge, dass bereits im Jahre 1711 die Fischhändler am
Ghetto beim Karneval eine lange Prozession von 100 auf Eseln reiten-
den Juden darstellten, an deren Spitze ein Rabbiner verkehrt zu
Pferde ritt, der mit der einen Hand die Zügel, mit der anderen eine
Gesetzrolle hielt.[2] Derartige geschmacklose Rohheiten waren so eine
Speise für das gesunkene Rom. Clemens war entschlossen, denselben
ein Ende zu machen. Im März des Jahres 1712 verbot er auf das
Strengste jede Beleidigung, Verhöhnung oder körperliche Schädigung
eines Juden.[3]

Ein recht trübes Licht auf sonst nicht belegte Verhältnisse der
Gemeinde wirft der Befehl des Kardinalvikars von Rom, Gasparo di
Carpegna, vom 5. August 1712. Es sei dem Papste, heisst es in demselben, zu Ohren gekommen, dass grosse Ungebührlichkeiten dadurch
entstehen oder entstehen können, dass eine grosse Anzahl Jüdinnen
sich nachts ausserhalb des Ghettos in Schänken, auf der Piazza
Navona und anderswo aufhalte. Darum erneuere er vor allem den
Jüdinnen gegenüber bei zehn Scudi und Peitschenstrafe das Verbot,
während der Nacht das Ghetto unter irgend einem Vorwande, selbst in
Begleitung ihrer Gatten, Väter, Brüder oder sonstiger naher Ver-
wandter zu verlassen. Auch den christlichen Ghettopförtner bedrohte
das Edikt bei ungenauer Ausführung seiner Pflichten mit zehn Scudi
Geldstrafe und Verlust seines Postens.[4] Der Passus des Befehles
„oder entstehen können" zeigt, dass man in demselben thatsächlich nur
eine prophylaktische Massregel zu erkennen hat.

Die finanzielle Lage hatte sich währenddem noch weiter verschlechtert, so dass sich eine vom Papste eingesetzte Kommission zu
einigen Schutzmassregeln für das Ghetto veranlasst sah, welche der
Papst auch durch ein Breve vom 30. Januar 1720 bestätigte.[5] Schon
vorher hatte die römische Inquisition auf Bitten der jüdischen Ge-

---

[1] D. Silvagni La corte II. (Il carnevale) 63; Allg. Evang.-Luth. Kirchen.-
zeitung 1885 157 f.; Natali 123.

[2] Silvagni a. a. O. II. 65; Allg. Evang.-Luth. Kirchenzeitung das.; Rodocanachi 212.

[3] Schudt, Jüdische Merkw. I. 236; Rev. or. III. 154.

[4] Zuerst in Ferraris Prompta Bibliotheca III. (1763) 292 n. 20; dann im
Bullarium (ed. Luxembourg); zuletzt Natali 142.

[5] Rodocanachi 256.

meinde den Juden am 14. Dezember 1718 gestattet, sich von einem Markte auf den anderen zu begeben, falls diese unmittelbar aufeinanderfolgten, und die einzelnen Inquisitionstribunale der Provinz ermächtigt, in unvorhergesehenen Fällen eine Erlaubnis von Fall zu Fall zu erteilen.[1]) Desgleichen erlaubte man den Juden gegen eine Abgabe von 10 Scudi, die am 3. März 1734 auf 12 Scudi erhöht wurde, auch ausserhalb des Ghetto offene Läden zu halten.[2]) Trotz aller äusseren Bedrängnis begann sich unter Clemens in der Gemeinde ein freier wissenschaftlicher Geist zu regen, der manches Hervorragende gezeitigt hat.

Die Lage der Gemeinde wurde unter Innocenz XIII. wieder trauriger.[3]) „Zum Zeichen der Huldigung und des Gehorsams" hatte die Gemeinde einen Teil seines Krönungsweges mit Dekorationen und Emblemen nach Rabbi Tranquillo Vita Corcos' Andordnung reichlich geschmückt.[4]) Die Erneuerung der beschränkenden Bullen Pauls IV., Pius' V. und Clemens' VIII. in einer Bulle vom 14. Januar 1724 für die in Avignon und in Venaissin wohnenden Juden, welche schwunghafte Seidenzucht und Seidenhandel betrieben und das strenge Verbot des Handels mit neuen Sachen ist für seine kurze Regierungszeit charakteristisch.[5]) Was Innocenz geplant, führte sein Nachfolger Benedikt XIII. völlig und zielbewusst durch. Sein frommes, wohlthätiges Herz fühlte nicht für die Bewohner des Ghettos. Aber alle seine Pläne scheiterten an dem gesunden humanen Sinne der römischen Bevölkerung und ihrer Behörden. Die Inquisition in ihrer durchaus selbstständigen und unabhängigen Stellung that das Ihrige zum Schutze der berechtigten Interessen des Ghettos. Ein seltsames Bild: Die römische Gemeinde im Schutze der Inquisition gegen den Papst! Die zweimalige Wiederholung der Bullen Pauls IV., Pius V. und Clemens VIII. (am 26. März 1728 und am 21. März 1729), welche die Juden auf den alleinigen Handel mit alten Tüchern, Lappen und altem Eisen beschränkten, zeigt nur die Schwäche und Machtlosigkeit des päpstlichen Wortes.[6]) Dass ein so eingreifender Befehl in kaum Jahresfrist zweimal gegeben werden musste, beweist nur, wie wenig Beachtung er gefunden hatte. In der That widersprachen die Entscheidungen der

---

[1]) Perugini in REJ III. 97.
[2]) Berliner II. 2 S. 97.
[3]) Rev. or. III. 156.
[4]) Cancellieri, Possessi 350 ff.
[5]) Bulle Ex iniuncto Nobis caelitus. Moroni, Diz. III. 269.
[6]) Auch erwähnt in Gregorovius Wanderjahre I. 96.

Inquisition diesen päpstlichen Erlässen durchaus. Bei Benedikts
Krönung hatte die Gemeinde die Schmückung der Strassenflucht vom
Titusbogen bis zum Garten der P. P. Olivetani übernommen. [1]) Ausserdem
überreichte ihm die römische Judenschaft bei seinem Regierungsantritte
ein kostbares Album mit Sprüchen und Emblemen. [2]) Während der
Papst am 14. Februar 1727 die notwendigen Vorbedingungen zur Vor-
nahme der Taufe an einem Juden und die Regeln zur Prüfung der
denunzierenden Zeugen festsetzte [3]) und am 7. Dezember 1727 sechs
Jüdinnen, drei Juden und einen Türken im Baptisterium St. Petri
taufte [4]), und im folgenden Jahre (1728) die Bücherzensur von neuem
zu verschärfen suchte [5]) — arbeiteten Stadtbehörde und Inquisition
ruhig und zielbewusst gegen diese Erlässe und Handlungen des Papstes.
Die Trödler Roms hatten die Juden verklagt, weil sie ausserhalb des
ihnen gestatteten Quartiers Gewerbe betrieben und Läden hielten.
Die Inquisition wies im Jahre 1726 diese Anklage mit einem Hin-
weise auf das von Benedikt XIII. bestätigte Statut der römischen
Trödler, auf einen gleichen Beschluss des Kardinals Ansidei und des
damaligen Vicegerenten — des Bischofs von Bojano — zurück. Der
Vicegerent hatte erklärt, dass die Juden bereits seit fünfzig Jahren
offene Läden und Magazine ausserhalb des Ghettos gehabt und in
denselben mit Erlaubnis der Vikare und der Vicegerenten Geschäfte
mit Mobilien und Waaren betrieben. [6]) In dem erwähnten Beschlusse
des Kardinals Ansidei wies dieser darauf hin, dass die Juden bei
S. Marco, auf der Piazza Colonna und am Corso bisher offene Läden
gehabt hätten. [7]) Schliesslich bestimmte am 28. August 1728 ein
Votum des Erzbischofs von Damiata, des damaligen Assessors des
S. Offizio, dass es den Hebräern gestattet sei, mit Trödelkram zu
handeln, und setzte Modalitäten und Ort fest, unter denen und wo
dieselben ausserhalb des Ghettos Läden halten dürften. [8]) Zweimal
erneuerte unter Benedikt XIII. der Governatore der Stadt die alte
Bestimmung, welche bei körperlichen Strafen jede Beleidigung und
Belästigung der Juden besonders in der Karnevalswoche untersagte.

[1]) Cancellieri, Possessi 363 und 511.
[2]) Berliner, Magazin I. 96.
[3]) Bulle Emanavit nuper, vgl. die Bulle vom 28. Februar 1747.
[4]) David Silvagni, La corte II. (Il carnevale) 333.
[5]) Berliner, Aus schweren Zeiten 14; ders. Censur und Confiskation 23 f.
[6]) Ders. Letzte Tage 22 f.
[7]) Das. 24.
[8]) Vincenzo Forcella, Catalogo dei manoscritti riguardanti ecc. 237 n. 668.

nämlich am 3. Januar 1725 beim Beginne des grossen Jubiläums und dann am 20. August 1727.[1]) Auch das Gesetz schützte die Juden so weit irgend möglich. So griff man am 5. Oktober 1728 auf der Piazza del Popolo einen gewissen Giovanni Cristoforo Boni aus Tanara. Derselbe war ein Gastwirt und hatte einen jüdischen Händler, der bei ihm übernachtete, im Bette getötet und beraubt. Am Morgen seiner Hinrichtung wurde das Ghetto geschlossen, so dass man keinen Juden in der Stadt sah, bis die gewöhnlichen Gebete für die Seele des Mörders gesprochen worden waren.[2]) Die Schliessung des Ghettos scheint eine Schutzmassregel gegen etwaige Unruhen gegen die Juden gewesen zu sein. Bei allem Unglücke erkannte die Gemeinde wenigstens, dass es auch für sie Recht und Schutz gäbe.

Benedikts Nachfolger, Clemens XII., hegte ganz dieselbe feindliche und verächtliche Gesinnung gegen die Gemeinde. Aber auch unter ihm waren es Inquisition und Stadt, welche die Lage der Judenschaft, wenn auch nicht erleichtern, so doch ihresteils lindern konnten — und auch linderten. Typisch für das Mass dessen, was man den Juden der Stadt von seiten der Inquisition zugestehen wollte und das, was man ihnen nicht einräumen zu dürfen glaubte, ist die vom Kardinal Petra im Auftrage des heiligen Offiz projektierte Judenordnung, welche ein Rundschreiben des Assessors des heiligen Offiz vom 2. September 1732 den Kardinälen zur Begutachtung vorlegte. Dasselbe enthielt eine Zusammenfassung aller wichtigeren Edikte, Bullen und Konzilsbeschlüsse über die soziale und gesellschaftliche Stellung der Juden im christlichen Staate. Selbstverständlich hielt es sich betreffs der jüdischen Schriften an die Regeln des Index. Bei 100 Scudi und lebenslänglicher Galeerenstrafe verbot es die Ausübung abergläubischer Handlungen, das Wahrsagen von glücklichen Lotterienummern und andere ähnliche Zauberei. Das Verbot der Grabinschriften, jeder öffentlichen Ceremonie auf den Strassen (z. B. bei Leichenbegängnissen), des Verkaufs von rituell geschlachtetem Fleische, von Mazzoth und Milchwaren an Christen, des Ankaufs oder der Aufbewahrung von christlichen Kultusgegenständen, die Edikte gegen das Betreten von Kirchen und Klöstern, gegen die Annäherung an das Katechumenenhaus, gegen die Verwendung christlicher Dienerschaft, christlicher Ammen und Hebammen, gegen den gesellschaftlichen Verkehr mit

---

[1]) REJ II. 289.
[2]) Ademollo, Le giustizie a Roma in Arch. della R. soc. Rom. di storia patria I V. 503.

Christen, sowie die strengen Bestimmungen gegen die Arbeit an Sonn-
und Feiertagen ausserhalb des Ghettos, gegen das Fahren mit Wagen
und das Halten von Kutschern erfuhren keinerlei Abänderung. Die
Inquisition wahrte sich in dem Projekt die Bestätigung neuer Synagogen-
bauten, eine Frage, welche bald ein aktuelles Interesse in der Stadt
haben sollte. Sie beauftragte in demselben die beiden obersten Rabbinen
des Ghettos mit der Zählung der Israeliten in Rom, deren Namen,
Geburtstag und Wohnung sie aufschreiben sollten. Obwohl sie von
neuem den Juden Reisen, um einem Feste beizuwohnen untersagte,
erlaubte sie doch den Besuch von Märkten in allen Städten des Kirchenstaates. Nach der vorgeschlagenen Ordnung sollte allerdings kein
Jude ausserhalb des Ghettos wohnen oder auch nur eine Nacht zubringen dürfen. Doch wurde den Juden mit Erlaubnis des Kardinalvikars — oder ausserhalb der Stadt mit derjenigen der Bischöfe des
betreffenden Sprengels oder der dortigen Inquisitoren — auch das
Wohnen sowie das Halten von Niederlagen, Läden und Geschäften an
anderen Orten gestattet. Damit bei den Judenpredigten auch wirklich ein Drittel aller über 12 Jahre alten Bewohner des Ghettos —
ihre Zahl giebt das Projekt als 12 000 an — erscheinen könnten,
sollten zwei neue Prediger[1] angestellt und für die Reden die Kirche
Trinità de' Pellegrini verwendet werden, da die bis jetzt dazu ge-
brauchten Räumlichkeiten nur dreihundert Personen fassten. Einigermassen komisch ist die letzte Bestimmung der vorgeschlagenen Ordnung, welche dem Rabbiner das Tragen einer der Amtstracht der
christlichen Geistlichen ähnlichen Kleidung untersagte. Vor allem
wurde ihm das kleine französische Koller verboten.[2] Im ganzen
zeigt diese Ordnung, welche denn auch mit wenigen Änderungen bis
in die neueste Zeit offiziell innegehalten wurde, eine durchaus nicht
judenfeindliche Gesinnung. Mit Übergehung mancher ungerechten
Beschränkung früherer Zeiten ist sie nur eine erneute Fixierung der
Judenordnungen aus dem Ende des 16. Jahrhunderts mit einigen
wenigen, durch die neuen Verhältnisse bedingten Zusätzen. Sie kennt
vor allem keine Beschränkung des jüdischen Handels und des jüdischen
Gewerbes. Dass die Inquisition auch zu weiteren Zugeständnissen ge-
neigt war, zeigte sie durch einen dem Papste gemachten Vorschlag,
die Juden auf Reisen vom Tragen ihrer Abzeichen zu befreien, welchen
Clemens auch am 29. Juli 1735 annahm.[3] Ebenso wies der Kardinal-

---

[1] Einer derselben war der Dominikaner P. Lorenzo Virgulti. s. REJ III. 101 f.
[2] REJ III. 99 ff.; vgl. Analecta iuris pontificii I. Serie p. 2813 No. 200.
[3] Das. 102.

kämmerer im Jahre 1737 auf Grund einer von der ganzen Kammer
bestätigten Sentenz das Ansuchen der christlichen Kaufleute der Stadt,
den Juden den Handel und Vertrieb von Spezereien zu verbieten,
zurück [1]), obwohl sich die Petenten bei demselben auf eine Bestimmung
des Papstes Innocenz XIII. bezogen.

Auch bei Clemens XII. Krönung schmückte die Gemeinde die
Strasse vom Titusbogen bis zum Colosseo mit vierzig Emblemtafeln
mit hebräischen und lateinischen Bibelversen.[2]) Zu den ersten Handlungen des neuen Papstes gehörte eine grosse allgemeine Bücherkonfiskation in den Ghetti des Kirchenstaates (28. Mai 1731). Die
Gemeinden des Kirchenstaates vereinigten sich deshalb in einer gemeinsamen Bittschrift an den Consultore del S. Offizio Mons. Assemani,
um die Freigabe der untersuchten und unterschlagenen Bücher zu erwirken.[3]) Daraufhin wurde ein Bericht über die Sachlage in dieser
Angelegenheit [4]) ausgearbeitet, auf den sich eine sehr eingehende Erwiderung des Revisors Gio. Antonio Costanzi über die Zensur der zu
gestattenden Bücher und das Zurückhalten der nicht zensurfähigen
zu stützen scheint.[5]) Die ersteren sind wohl insgesamt ihren früheren
Besitzern ausgehändigt worden. Wegen der zurückgehaltenen Schriften
richteten die Gemeinden eine neue Eingabe an Assemani, deren Erfolg unbekannt ist.[6])

Die Finanzlage hatte sich währenddem derartig verschlechtert,
dass sich der Papst im Jahre 1732 zu energischen Massregeln
zur Hebung derselben gezwungen sah. Doch konnte die Hülfe nur
eine momentane sein. Der Papst befreite die Gemeinde vor der
Hand von gewissen Abgaben und hob offiziell die Verfolgung jüdischer Schuldner durch ihre christlichen Gläubiger auf.[7]) Zugleich
bestimmte er durch Handschreiben vom 6. März 1737 einen christlichen
Rechnungsführer für das Ghetto, dessen Jahresgehalt er am 9. Juli
1738 auf 36 Scudi festsetzte.[8]) Die Pragmatica that das Menschen-
möglichste zur Einschränkung des Luxus im Ghetto. Bei alledem
war in der Lage der Gemeinde keine Änderung zu verspüren. Die

---

[1]) Berliner, Letzte Tage 24.

[2]) Cancellieri, Possessi 372.

[3]) Vincenzo Forcella, Catalogo dei manoscritti riguardanti ecc. I. 183 n. 572
cart 2—12, 14b ff.); REJ IX. 90; Berliner Censur und Confiscation 12—21.

[4]) Forcella a. a. O. (cart. 20—27) Breve Relazione ecc.

[5]) Das. (cart. 29—151) Relazione della perquisitione; Berliner a. a. O. 21 f.

[6]) Berliner, das. 24 f.

[7]) Rodocanachi 256.

[8] Berliner II. 2 S. 104.

Schuldenlast war im Laufe der Zeit zu sehr angewachsen. Vielleicht nur, um ein weiteres Anwachsen der Gemeindeschuld zu verhindern, verweigerte auch die Inquisition am 4. August 1735 den Wiederaufbau der Synagoge des Ghettarello an der Porta Leone und ordnete dafür nach längeren Verhandlungen [1]) die Vergrösserung der Hauptsynagoge des Ghettos [2]) an. Unter Clemens XII. sah Rom auch manches, was es wohl seit Jahrhunderten nicht mehr zu sehen bekommen hatte. Ein Jude hatte häretische Ansichten über Gott öffentlich vorgetragen. Die Inquisition sah sich genötigt, gegen ihn streng vorzugehen. Sie liess ihn vom Henker der Stadt durchprügeln und vertrieb ihn dann aus derselben (22. Oktober 1736).[3]) Nicht lange nachher, am 26. Juni 1738, musste ein anderer Jude dieselbe Strafe erleiden, weil er sich im Einverständnis mit den Häschern in eine Kirche eingeschlichen hatte, um eine Person zu beschimpfen.[4]) Am Sonnabend, den 24. Oktober 1736 wurde auch zum ersten Male nach 150 Jahren wieder eine Hinrichtung an Juden vollstreckt. Ghezzis Tagebuch erzählt dieselbe auf das Genaueste. Ein zweiter erhaltener, jüngst veröffentlichter Bericht ergänzt dessen Bemerkungen. Zwei römische Juden, der 24jährige Abramo figlio d'Isaaco Cajvano und der 42jährige Angelo quondam Rubino dell'Arricia waren bei einem Einbruche in Läden des Ghettos ertappt worden. Am 24. November wurden sie wie andre Verbrecher in Karren auf die Piazza di Ponte Sant' Angelo geführt. Die sie begleitenden Tröster (Confortari) trugen aber die Monstranz verdeckt, da die beiden Unglücklichen sich trotz aller angewandten Mittel nicht taufen liessen. Sie zeigten vielmehr Zeichen der Freude und des Übermutes. Abraham hatte für alle Aufforderungen sich zu bekehren, nur ein entschiedenes: Nein! Angelo: „Ich bin als Jude geboren und will als Jude sterben". Wegen des ungeheuren Volksandranges musste der Platz durch Militärposten abgesperrt werden. Der Vikar hatte eigene Gebete für diese Hinrichtung bestätigt. Nach deren Vollstreckung wurde der Segen mit dem Tantum ergo erteilt. Dann hielt man eine Messe ab, die Gesellschaft der Barmherzigkeit sang die Litanei und dann leise den Rosenkranz. Nachdem der Henker den Strick zerschnitten, wurden die Leichen zur Confortaria geschleift, wo ihnen Handfesseln und

---

[1]) Akten vom 26. November 1738 und vom 23. Juli und 23. September 1739.
[2]) REJ III. 102.
[3]) Das. II. 287.
[4]) Das.

Stricke abgenommen wurden. Von S. Gio. Decollato aus wurden die
Leichen in derselben Nacht von den Juden unter Begleitung von
Sbirren auf einem Wagen zum Gemeindefriedhofe gefahren. Die
Gräber wurden von Christen mit Mist beworfen.[1] Die Unglücklichen
waren Opfer der Armut des Ghettos.

Nicht weniger mögen einige Taufen in dieser Zeit die Gemeinde erregt haben. Die Römerin Stella Bondi hatte die Absicht, sich und ihre
fünf Kinder taufen zu lassen. Schliesslich bereute sie ihren Entschluss und
forderte ihre Kinder zurück. Zwei derselben, welche noch nicht das
siebente Jahr erreicht hatten, wurden ihr vorenthalten (18. Januar 1732).[2]
Ein andrer Jude, Benzion aus Padua, ging mit seinen zwei Töchtern
Gabriella und Dolce (25. Februar 1737) ins Katechumenenhaus. Natürlich
schleppte man auch seine Gattin Graziosa Sara dorthin, musste sie aber
nach einer 80 tägigen Probezeit, während der sie von der Gemeinde erhalten werden musste, von dort entlassen.[3] Noch schlimmer erging es
Ester Sarsati, der Witwe des Salvatore d'Anticoli. Ein Jude aus Bordeaux
teilte dem Vicegerenten ein angebliches Taufgelübde der Frau mit,
worauf sie samt ihrem fünfjährigen Sohne Simḥa am 19. Oktober 1737
festgenommen wurde. Dabei entstand im Ghetto ein grösserer Streit,
sodass eine Anzahl Personen, unter ihnen ein „Moreno" festgenommen
wurde. Obgleich man angab, dass Ester schwanger sei, wurde sie
im Collegio bis zum 17. Dezember, wo sie abortierte, gefangen gehalten. Die standhafte Frau kehrte ins Ghetto zurück.[4]

Benedikt XIV., der liebenswürdige und kluge Nachfolger Clemens XII., wäre ganz der Mann gewesen, der dem Ghetto das Joch
hätte erleichtern können und wollen. — wenn er nicht Papst geworden
wäre. So glaubte er es aber seiner Stellung schuldig zu sein, in den
Juden nur Wesen zu sehen, welche sich taufen sollten oder wollten.
Mit dem strengen Vorgehen der Jesuiten glaubte er sich nicht einverstanden erklären zu können, in der Unterstützung von Bekehrungen
zum Judentum ging er allen voran. Bedenkt man aber, dass alle seine
dahinzielenden Bestimmungen Leben und Sicherheit der Gesamtheit
durchaus nicht bedrohten, so war die Lage der Gemeinde unter
Benedikt ziemlich ruhig und ungestört. Bei aller seiner Liebe für

---

[1] Ademollo, Le giustizie a Roma in Arch. della R. soc. Rom. di storia patria.
IV. 517 f.; REJ II. 283 f.

[2] Perugini in REJ III. a. a. O.

[3] Natali 240.

[4] Das. 249.

Taufen behielt er doch das Herz auch für die standhaften Juden auf
dem rechten Flecke. Mit seiner Regierung begann eine Zeit erträg-
licher Ruhe für die römischen Juden, die sich während der Regierung
Clemens XIV. in eine Zeit lange nicht gekosteten Glückes verwandelte.
Unvergessen sei Benedikt sein Brief an das Episkopat und Primat
Polens zum Schutze der Juden [1]), unvergessen seine freundliche Aufnahme der Bitte Jakob Seleks! Das war viel gegenüber den Rohheiten, die sich römische Edelleute, ein Marquis del Grillo, ein Giulio
Forlivesi und ein Conte Viscardi trotz aller Einsprüche des Governatore gegen die Juden herausnahmen. [2]) Kurze Zeit nach seinem
Regierungsantritte, bei dem ihm auch die Gemeinde in gewohnter Weise
huldigte [3]), gestattete Benedikt den Juden den Handel mit neuem
Tuche (20. Sept. 1740). [4]) Nicht lange nachher, im Jahre 1743, wandte
der Papst seine Aufmerksamkeit auch der Finanzlage des Ghettos zu.
Wie seine Vorgänger befreite er damals die Gemeinde vorläufig von
einigen Steuern und sistierte alle Verfolgungen der Juden durch ihre
christlichen Gläubiger. [5]) Es ist anzunehmen, dass auch ein Teil der
römischen Gemeinde der Einladung des Königs von Neapel und
Sicilien, Don Carlos, sich in seinen Landen wieder niederzulassen,
Folge geleistet hat. [6]) Allerdings machten jesuitische Hetzereien den
daraufhin in Neapel, Messina, Palermo, Lecce und Barletta entstan-
denen Gemeinden ein baldiges Ende. [7])

Mit dem Jahre 1747 beginnen die Bemühungen des Papstes zur
Ordnung und Regulierung der Judentaufen. Den ersten Rang in
denselben nimmt die Bulle Postremo mense superioris anni vom 28.
Februar 1747 ein. Dieselbe war durch einen Vorfall im Ghetto veranlasst worden. Ein gewisser Antonio Viviano hatte im Ghetto das
Haus der Perla Misani betreten und dort die drei Töchter derselben
und deren zwölfjährigen Sohn angetroffen. Er sprach die Worte des
Sakraments aus und taufte die drei Mädchen mit Wasser, während
der Knabe demselben Schicksale nur dadurch entging, dass Antonio
nicht mehr genug Wasser hatte. Der Vicegerent war unschlüssig,
was er in diesem Falle zu thun habe, und wandte sich an den Papst.

[1]) Edikt vom 14. Juni 1751 De his quae vetita sunt Hebraeis.
[2]) Natali 120.
[3]) Cancellieri, Possessi 384.
[4]) Moroni, Diz. eccl. XXI. 20; Gregorovius, Wanderjahre I. 96.
[5]) Rodocanachi 256; s. a. Arch. d. R. società Rom. di storia patria 1894. 236.
[6]) Rev. or. III. 157—167.
[7]) Das. 168.

der dann, da noch fünf ähnliche Fälle in letzter Zeit vorgekommen waren, zur Belehrung des Vicegerenten die erwähnte Bulle erliess. Dieselbe behandelt in ihrem ersten Teile die Taufe von Kindern vor der Erreichung des legitimen Alters, d. h. vor Vollendung des siebenten Lebensjahres, und in ihrem zweiten Teile die Taufe solcher Kinder, die diese Jahresgrenze bereits überschritten. In dem ersten Teile beantwortet die Bulle zunächst die Frage, ob es erlaubt sei, jüdische Kinder gegen den Willen der Eltern zu taufen, durchaus verneinend. Ausführlicher behandelt sie dann die Frage, in welchen Fällen eine solche Taufe trotz des Widerspruchs der Eltern erlaubt sei. Der Papst bestimmt, dass eine Nottaufe, vollzogen von einer christlichen Amme, völlige Gültigkeit besitze und erörtert dann die Fälle, in denen die Taufe an ausgesetzten oder von ihren Eltern böswillig verlassenen Kindern gestattet ist. Zu diesen Kindern seien solche nicht zu zählen, welche man ausserhalb des Ghettos ohne Eltern oder Begleiter antrifft, ebenso nicht solche, welche der Obhut eines Vormundes anvertraut sind. Dagegen sei die auf des Vaters Befehl gegen der Mutter Willen und umgekehrt auf Befehl der Mutter gegen des Vaters Willen vollzogene Taufe ebenso gültig wie die von dem Grossvater des Kindes nach des Vaters Tod gegen der Mutter Willen angeordnete Taufe. Eine weitere Frage, welche der erste Teil der Bulle natürlich bejahend beantwortet, ist die, ob eine widerrechtlich vollzogene Taufe Gültigkeit habe. Solche Kinder sollen dann frommen Christen zur weiteren Erziehung übergeben werden. In solchem Falle genüge die Aussage eines Augenzeugen. Der zweite Teil der Bulle über die Taufe derjenigen jüdischen Kinder, welche bereits das siebente Lebensjahr überschritten, erklärt nach einem Beschlusse der heiligen Kongregation vom Jahre 1639 eine solche Taufe, falls sie mit Zustimmung der betreffenden Person geschehen, für ordnungsgemäss. Allerdings solle der Taufe eine Untersuchung der etwaigen Ursachen derselben vorangehen, da die Erfahrung lehre, dass jüdische Mädchen oft nur wegen der Aussicht auf eine Ehe mit einem Christen ihrem alten Glauben untreu werden und dass jüdische Männer des öfteren wegen der Auflösung ihrer Eheverhältnisse oder wegen grosser Schulden sich zur Taufe melden. Bei solchen, die zur katholischen Kirche übertreten, müsse genau untersucht werden, von wem sie getauft worden sind, und ob die Taufe in der richtigen Form geschehen sei. Dann sei auch eine Einführung der Täuflinge in die Glaubenslehre nötig. Falls der Täufling nach der Taufe erklärt, nicht den nötigen Willen zur Taufe gehabt zu haben, habe man ihn zu einer zweiten Taufe zu

16*

veranlassen. Wenn er sich aber dem nicht unterziehen wolle, so bleibe
nichts übrig, als ihn zu entlassen. Im Anhange zu diesen Bestimmungen erklärt die Bulle das Zeugnis e i n e r glaubwürdigen Person
bei einer Denunziation, dass jemand sich taufen lassen wolle, für ge-
nügend. Ist das Zeugnis unanfechtbar, so kann der Täufling sofort den
Katechumenen eingereiht werden. Die Taufe des Bräutigams oder
des Gatten habe die Taufe oder die Scheidung der Braut oder der
Gemahlin zur Folge. Benedikt hatte zur weiteren Klarlegung solcher
Fälle durch einige Rechtsgelehrten eine Versammlung von jüdischen
Gelehrten in Rom mit der genauen Fixierung. wann nach jüdischem
Rechte eine Ehe als vollzogen zu betrachten sei, einberufen. Sogleich
nach der Vollziehung der Ehe sollte dann in solchen Fällen nach der
Erklärung des Gatten die Gattin ins Katechumenhaus gebracht werden.
Die Bulle verpflichtete schliesslich die Faktoren, dagegen einzuschreiten.
dass man im Ghetto solche Ehebündnisse sogleich für aufgehoben er-
kläre und die junge Gattin sogleich einem anderen Juden antraue,
wie man es oft gethan zu haben scheint. Der letztere Umstand veranlasste den Papst bereits am 16. September desselben Jahres zu
einem neuen Edikt (Nuper quidem Nobis relatum est.) Getaufte Juden
hatten bisher gewöhnlich ihren Frauen nach rabbinischem Brauche
vor Zeugen einen Scheidebrief gegeben. damit sie sich mit einem anderen Manne verheiraten könnten. Benedikt setzte deshalb fest, dass
die Taufe des Mannes bei einer Weigerung der Ehefrau sich taufen
zu lassen, eine sofortige rechtsgültige Scheidung der Ehe zur Folge
habe. Sollte der Getaufte seiner Gemahlin dennoch den rabbinischen
Scheidebrief erteilen. so verfalle er in die Strafe der Judaizanten, die
Gemeinde aber habe. selbst wenn der Akt ohne ihr Wissen und Vor-
sorgen geschehen sei, 100 Goldscudi Strafe zu zahlen, von welchen
ein Drittel dem Angeber, der Rest dem Katechumenenhause zu gute
kommen sollte. Der von dem Ehegatten gegebene Scheidebrief habe
aber Rechtskraft. [1] Ein weiterer Brief des Papstes vom 9. Februar
1749 (Singulari Nobis consolationi) bestimmte die Wiederholung der
Taufe eines Juden. der eine Protestantin geheiratet, welche in der
Ehe zum Katholizismus übergetreten sei. Mit dem Schreiben vom
15. Dezember 1751 an den Assessor der heiligen Kongregation Pier
Girolamo Guglielmi (Probe te meminisse) beendigt Benedikt XIV. seine
Reform der Judentaufen. In demselben erteilt er auch der Gross-

---

[1] Beide Bullen in Orient 1841. 259 erwähnt. Zur letzteren Bulle vergleiche
Reusch. Index II. 753 ff.

mutter infolge eines derartigen in der Stadt vorgekommenen Falles
das Recht, die Kinder ihres verstorbenen Sohnes auch gegen den
Willen von deren Mutter und Vormund taufen zu lassen. Das Vor-
kommnis, welches dieses Schreiben veranlasste, ist uns zufällig bekannt.
Šelomoh Narni hatte in seinem Testamente seine Gattin Perla und
Šemuel Castelnovi, Mošeh de Serti und Mošeh de Veroli zu Vormündern
seiner Kinder eingesetzt. Die Verwandten der Kinder, sämtlich Christen,
vor allem Julienne Falconieri, die Mutter des Šelomoh Narni, wollten
aber durchaus die Taufe derselben durchsetzen. Für Perla traten die
Advokaten Johann Baptista Riganti, Carlo Luti und Gasparo Battaglio
wacker ein [1]), bis das Schreiben des Papstes dem Prozesse ein gewalt-
sames Ende machte. Natürlich hatte das Vorgehen des Papstes
manchen Gewaltakt gegen Leben und Freiheit der Individuen des
Ghettos zur Folge. Mošeh Funari hatte seine schwangere Frau mit
zwei kleinen Kindern, Debora und Ricca, hinterlassen (1755). Die
Kinder wurden der unglücklichen Mutter entrissen und zur Taufe
geschleppt. Ricca starb kurz nach der Taufe vor Furcht. — Am
29. April 1758 hatte ein christlicher Geselle des jüdischen Schneiders
Pellegrino ein jüdisches Kind von drei Jahren ohne Zeugen getauft.
Bei dem Streite über die Gültigkeit der Taufe gaben Josef Assemani
und Lorenzo Ganganelli Urteile ab. [2])
    Vielleicht infolge der Anfrage der Gemeinde vom 17. Februar 1751
über die Bestimmungen für die Erlaubnis des Marktbesuchs und des
Wohnens ausserhalb des Ghettos [3]), hatte noch Benedikt am 15. September das strenge Projekt der Judenordnung der Inquisition von 1732
mit einigen wenigen Änderungen erneuert. Da befahl der Papst im
April 1753 auf das Gerücht, dass verbotene Bücher in Tuchballen und
auf andere Weise ins Ghetto eingeschmuggelt worden seien, eine
grosse allgemeine Bücherkonfiskation. [4]) All der Jammer und all die
Willkür der letzten Konfiskationen von 1731, 1738 und 1748 wiederholten sich auch diesmal. Nachdem die Ghettothore geschlossen
waren, betraten Notare mit ihren Substituten in Begleitung von
Sbirren die verdächtigen Häuser. Die gefundenen Bücher wurden in
grosse Säcke gesteckt, welche in Gegenwart zweier christlicher Zeugen
mit spanischem Wachs versiegelt wurden. An jedem solchen Sacke

---

[1]) REJ III. 107.
[2]) REJ III. 108; Moroni, Diz. eccl. II. 139.
[3]) Das. 105; s. a. Analecta iuris pontificii I. Serie p. 2813 No. 200.
[4]) Berliner, Censur und Confiscation 25, vgl. REJ XXIII. 147 f.

wurde ein Zettel mit dem Namen des betreffenden Besitzers befestigt.
In jener Nacht wurden 38 Karren mit solchen Säcken in ein vorher
bestimmtes Haus gebracht, wo sie ein Beamter des Tribunals abnahm.
Auf die Vorstellungen der Gemeinde wegen der nötigen Exemplare
von Gebet- und Psalmenbüchern wurden diese zuerst durchgesehen
und den Besitzern zurückgestellt. Anfangs hatte man geglaubt, dass
die bereits früher zensierten Bücher sofort zurückgegeben werden
würden. Diese Hoffnung ergab sich aber als irrig, als man fand, dass
die Besitzer früher revidierter Schriften dieselben zumeist wieder
ergänzt hatten. Man forderte also die Juden von neuem auf, ihre
Bücher selbst zur Korrektur einzureichen, man gestattete ihnen aber
oft vorhandene Schriften nach einem zensierten Exemplar selbst zu
korrigieren. [1]

In Benedikts letzten Lebenstagen wurde in Rom eine Streitfrage
entschieden, die für die Juden der ganzen Welt von der höchsten
Wichtigkeit war, ja von der Wohl und Wehe von vielen Tausenden
abhing, bei der ein Mann hervortrat, der in der Geschichte des Judentums und der Humanität einen verdienten Ehrenplatz einnimmt. In
der Passahwoche des Jahres 1756 hatte man in Jampol in Polen den
Leichnam eines Christen gefunden. Sofort erhob sich eine Blutanklage
gegen die dortigen Juden, deren Folge eine Judenverfolgung war, die
von den Bischöfen von Jampol und Kiew unterstützt worden zu sein
scheint. Die Juden schickten deshalb am Ende des Jahres 1757 Jakob
Selek, oder wie er sich selbst nannte Eljakim b. Aser Selig nach Rom,
wo er im Anfange des Jahres 1758 anlangte. Er übergab hier Benedikt XIV. eine Bittschrift der polnischen Gemeinden um Schutz
gegen die Blutbeschuldigung. Der Papst betraute mit dem Berichte
und der Durchsicht desselben den Rat des heiligen Offiziums Lorenzo
Gauganelli (den späteren Papst Clemens XIV.). Am 21. März 1758
hatte derselbe seine eingehende Denkschrift vollendet und der Kongregation eingereicht. Sie rechtfertigte die Juden gegen alle derartigen
Beschuldigungen. Benedikts Nachfolger, Clemens XIII., entliess darauf
Jakob Selek ehrenvoll und liess ihn durch Kardinal Corsini eindringlich dem Bischof von Warschau, Visconti, empfehlen, dem er auch den
Schutz der Juden in Polen gegen die Blutanklage auftrug. Demzufolge veröffentlichte dann August III. von Polen ein Rechtfertigungs-
dekret der Juden. [2] Während seines römischen Aufenthaltes schrieb

---

[1] Berliner, das. 10 f.
[2] Ausführliches hierüber: Mortara in Educatore 1862 257—270; Berliner.

Jakob (1759) an Semuel Gallichi. Er stand auch mit dem Gemeinderabbiner Šabtai Piano in wissenschaftlichem Verkehre. [1]

Die freundliche Aufnahme Jakob Seleks ist für den frommen und
gütigen Clemens XIII. charakteristisch. Es wäre seiner lauteren Gesinnung zuwider gewesen, irgend eine solche Gewaltthat zu dulden.
Ihm zur Seite stand der mächtige und verständige Kardinal Torre-
giani. Auf den Einfluss des letzteren ist wohl auch die Neubestätigung
der von Paul V. seinerzeit den jüdischen, türkischen und griechischen
Kaufleuten gewährten Handelsprivilegien für das anconitanische Gebiet
durch eine Bulle vom 25. September 1760 zurückzuführen. [2] Die Gemeinde brachte ihm ihre Huldigung in besonders grossartiger Weise dar.
Neben den gewöhnlichen Emblemen hatte sie auf der Via triumphalis
zwei grosse Inschriften angebracht. In der ersten „empfahl sich die
Gemeinde unterthänigst dem gerechten, glückverheissenden, frommen,
durch göttliche Eingebung zum Papste gewählten Papste.“ An diese
Widmung schloss sich ein Gedicht in Hexametern in mythologischer
Denk- und Sprechweise. Die zweite Inschrift war eine Elegie in
Distichen. Ihre Überschrift wünschte „an dem feierlichen, glückver-
kündenden, heissersehnten Tage seines ruhmvollen Possesso dem mit
aller Tugenden Art reich geschmückten Papste den herrlichen Triumph
des Friedens.“ [3] An diese Inschriften knüpfte sich ein eigentümlicher
Prozess. Der Verfasser jener Gedichte hatte dieselben in einer Sammlung mit anderen Sonetten drucken lassen. Da erhob der Rabbiner
der Gemeinde Einspruch gegen die Ausgabe der Sammlung, da jene
Gedichte durch Kauf sein alleiniges Eigentum geworden seien. Der
Richter P. Orsi gab den originellen Bescheid, der die Gemeinde nicht
wenig verblüfft haben mag, dass der Rabbiner allerdings das aus-
gedehnteste Recht auf diese Gedichte habe, — dass er aber die Kosten
für die deshalb unterdrückte Edition zu zahlen habe. [4] Bemerkenswert für das Verhältnis der Juden zur Regierung ist das Anerbieten
des Mošeh Vita Coën in Ferrara, Getreidelieferungen zu übernehmen.
Er wurde auch am 22. Februar 1764 beauftragt, möglichst viel Korn

---

Gutachten Ganganellis; J. B. Levisohn אפס דמים p. 107 fg.; Grätz X. 433; REJ
XVIII. 179 ff. u. a. m.

[1] Berliner, Magazin XV (אוצר טוב) 9—14.
[2] Barberi, Bullarium II. 155—168.
[3] Cancellieri, Possessi 399 ff.
[4] Nouveaux Mémoires ou observations sur l'Italie et sur les Italiens par deux
gentils hommes Suédois bei Carmoly, Rev. or. III. 168 f.

und 4000 Malter türkischen Weizen nach Ancona oder Civitavecchia
zu liefern. Wie sehr man mit der Erledigung dieser Aufträge durch
Coën zufrieden war, beweisen die wiederholten Dankbriefe des Papstes
(6. März, 21. März, 14. April und 23. Mai). [1]

Ruhig verfloss die Regierungszeit Clemens XIII. Wichtiger und
bei weitem bedeutender für die Gemeinde war das Pontifikat des ihm
auf Petri Stuhl folgenden Clemens XIV. Bestieg ja in ihm jener
Lorenzo Ganganelli den Thron, der durch sein Gutachten über die
Blutanklage alle jüdischen Herzen für sich eingenommen hatte. Er
war „ein Geist von eigentümlicher Feinheit und Milde, ein Gemüt
voll Enthusiasmus, Empfänglichkeit und Liebe, mit tüchtigen Kenntnissen ausgestattet." [2] „Seine Religion war nicht Eifer, Verfolgung,
Herrschsucht, Polemik, sondern Friede, Demut und inneres Verständnis." [3] Er besass den Mut und die Kraft der Aufopferung, den
Orden der Jesuiten aufzuheben, er war aber auch so vom Geiste der
Humanität und Menschenliebe durchdrungen, dass er alles, was in
seiner Macht stand, zur gesellschaftlichen und ökonomischen Hebung
seiner jüdischen Unterthanen that; er war so einsichtig, auch den
regsamen Juden Anteil an dem allgemeinen Streben zur Kräftigung
seines Staates zu gewähren. In den Jubelruf bei seiner Krönung, an
der die Gemeinde in der gewohnten Weise Anteil nahm [4], „Freut
euch laut, ihr armen Horden, Ganganell ist Papst geworden!" [5] hat
wohl niemand freudiger eingestimmt als die jüdische Gemeinde. Die
Zahl ihrer Mitglieder hielt sich immer noch auf 10 000. [6] Zu den
Vertrauten des Papstes gehörten neben dem Fürsten Camillo Massimo
und dem Rat P. Bontempi der unter seinem Vorgänger zuerst hervortretende jüdische Banquier Coën. Man sparte deshalb nicht mit giftigen
Spottgedichten gegen den Frater wie gegen den Juden. Solche Lieb-
losigkeit wurde noch von den Jesuiten genährt, die sich auch die
Hungersnot von 1772/73 zu nutze machten, indem sie auf allen Kanzeln
predigten, dass diese eine Folge der Sünden des Papstes sei. Auch

---

[1] Stern 184 ff.
[2] Reumont III. 2 S. 659.
[3] Ranke, Die Päpste III. 139.
[4] Cancellieri, Possessi 414 ff.; Diario de Roma ovvero notizie periodiche di
ciò che avvenne di più interessante dopo l'esaltazione del Sommo Pontifice Clemente XIV. Venedig 1769 8—23.
[5] Theiner, Clemens XIV. Deutsche Ausgabe I. 249.
[6] Volkmann, Historisch-kritische Nachrichten von Italien (Leipzig 1770)
II. 532.

die Vorkehrungen gegen dieselbe, besonders die Bestimmung, das Getreide für jeden nur annehmbaren Preis zu verkaufen, waren nicht geeignet, das Wohlwollen gegen die päpstlichen Ratgeber zu vergrössern. [1]) Dabei war es gerade Coën, der im Notjahr 1773 5000 Malter türkischen Weizen lieferte. [2]) Eine Satire auf den Tod des Papstes wünschte sogar seinen jüdischen Banquier zum Henker. [3]) Das Volk sucht immer Anlass zum Spott. Die von ihm Verlachten sind nicht die von ihm Gehassten.

Sogleich nach seinem Regierungsantritte befreite Clemens die Gemeinde von jeder angemassten Gerichtsbarkeit und von der Oberhoheit der Inquisition und stellte sie durch Handschreiben vom 5. August 1769 und vom 7. März 1772 in allen nicht den Handel betreffenden Prozessen einzig und allein unter die Jurisdiktion des Vicariato di Roma. [4]) Streng ging er gegen jede Verletzung des ius Gazzagà vor. Einer der drei Faktoren der Gemeinde Emmanuel Modigliano hatte einen Juden namens Angelo Aron Benedetti, der die Pflichten seines Wohnrechtes durchaus erfüllt hatte, dadurch aus demselben verdrängen wollen, dass er mit der Archiconfraternità della Somma Trinità dei pellegrini e convalescenti, der Besitzerin des betreffenden Hauses, über den von Aron innegehabten kleinen Laden mit Wohnung einen ewigen Vertrag unter günstigen Bedingungen abschloss. Angelus Aron und Isaac Josef Tedeschi hatten sich dagegen bittend durch die zwei Faktoren der Gemeinde, Gabriel de Ambron und David de Segni, an den Papst gewendet, der auch in einem Reskripte vom 13. August 1771 die Unverletzlichkeit des Anrechtes des Aron durch den Auditor Januarius de Simone erklären liess. Man schien aber in der Gemeinde noch weitere derartige Eingriffe in ihre Rechte zu befürchten, und erbat sich deshalb vom Papste die Bestätigung der Bulle Clemens' VIII. vom 5. Juni 1604, durch welche den römischen Juden das Jus Gazzagà verliehen worden war. Die Bestätigung erfolgte am 29. März 1773 zugleich mit der Erneuerung des darin ausgesprochenen Ablasses für alle leichteren Vergehen und Ausschreitungen. [5]) Unter Clemens Regierung begann sich unter den

---

[1]) David Silvagni, La corte e la società Romana (3. ed.) I. cap. 3. p. 210.

[2]) Stern S. 190.

[3]) Das. p. 234.

[4]) Regolamento legislativo e giudiziario per gli affari civili emanato dalla Stà di nostro signore Gregorio Papa XVI ecc. (Roma 1834) § 368, S. 142; vgl. Orient 1841. 259.

[5]) Barberi, Bullarium IV. 553 ff.

Juden wieder Kunst und Handwerk zu regen. Auch im Kirchenstaate gab es wieder zahlreiche Ärzte und Chirurgen, Meister in
mannigfacher Kunst, Schneider, Tischler und andre Handwerker unter
den Juden. [1] Wie ehedem gab es wieder jüdische Apotheker, auf
die auch im Statute der Apotheker von 1778 Rücksicht genommen
wurde. [2] Mehrere Seidenmanufakturen, eine Fabrik wollener Hüte
und viele Geschäftsmagazine thaten sich auf. [3]

So blieb es auch unter Pius VI., der am 15. Februar 1775 zum
Papste gewählt worden war. Er wäre infolge seiner Charaktereigen-
schaften für die Gemeinde ein humaner Fürst gewesen, wenn es ihm
die Politik gestattet hätte. So glaubte er aber den immer mächtiger
anschwellenden Wogen der modernen Ansichten über Staat und Gesellschaft wenigstens in seinem Staatswesen den Damm durch eine
möglichst starke Reaktion entgegensetzen zu müssen. Die Erschütterung
der katholischen Welt äusserte sich auch in Rom, der wachsende
Abfall von aller kirchlichen Gesinnung, die steigende Gährung gegen
eine Weltstellung des Katholizismus, der frische Odem des freien
Geistes, der zugleich in verschiedenen Ländern Europas sich fühlbar
machte und bald zum alles aufrüttelnden und umstürzenden Orkane
werden sollte, drang, wenn auch nur als ferne Kunde nach Rom.
Hier sollten sich die Wogen brechen, hier sollten die gährenden Elemente gedämpft, hier dem Ansturme eine feste unerschütterliche
Mauer entgegengesetzt werden — so wollte es der Papst. Aber des
Geistes Schwung lässt sich im Fluge nicht hemmen, der freie Gedanke lässt sich nicht so leicht in Fesseln schlagen, wie man hier
dachte. Unter diesen Versuchen des Kirchenfürsten hatte die seiner
Hand zunächst liegende jüdische Gemeinde, welche damals 7000 Mitglieder zählte [4], schwer, sehr schwer zu leiden. Man hatte in derselben gewiss die kühnsten Hoffnungen auf den neuen edlen Papst
gesetzt. Frohen Herzens brachte sie ihm ihre Huldigungen dar. [5]
Auf Bitten der vier Gemeinden von Avignon setzte er in einem Edikte
vom 15. Mai 1775 hohe Strafen auf gegen den Willen der Eltern erfolgte Taufen jüdischer Kinder fest. [6] Aber schon am 5. April des-

---

[1] Frizzi, Difesa contro gli attacchi fatti alla nazione ebrea, Pavia 1784 107. 82.
[2] Berliner, Aus den letzten Tagen des römischen Ghetto 17.
[3] Frizzi a. a. O. 116. 156.
[4] Dupaty, Lettres sur l'Italie, Rome 1789 II, S. 116; Carlo Tivarone, L'Italia
prima della rivoluzione francese (1735—89) Torino-Napoli 1888 p. 287.
[5] Cancellieri, Possessi 429 ff. Gregorovius Wanderjahre I. 87. Msc. Rosen
3019 ist das Huldigungsgeschenk der Gemeinde (Cat. d. mss. d. bibl. de France II. 71).
[6] Barberi, Bullarium VI. 60.

selben Jahres hatte er die unter Clemens XIV. gänzlich in Vergessenheit geratene Judenordnung (Editto sopra gli Ebrei) mit neu verschärften Strafen in ihrem ganzen Umfange in 44 Paragraphen wieder aufgefrischt. [1] „In ihrem stinkenden Quartier, dem Ghetto, eingeschlossen, durften die Juden sich nur bei Tage in dem übrigen Teile der Stadt zeigen, und mussten beim Sonnenuntergang sich bei Todesstrafe wieder in ihr Gefängnis zurückziehen. Wenn sie ein Paar Tage eine etwas reinere Luft auf dem Lande schöpfen wollten, war dazu eine besondere Erlaubnis nötig. Bei Strafe der Galeeren war ihnen verboten, sich dem Kloster Annunciata zu nähern, oder sich sonst in einer Kirche, einem Kloster und Hospital in Rom blicken zu lassen. Aller Verkehr mit Christen war ihnen untersagt. Körperliche Strafe stand darauf, wenn sie einen christlichen Dienstboten zu dingen wagten. Kein Christ durfte einen Juden neben sich in seinem Fuhrwerk sitzen lassen, oder es ihm auch nur leihen; bloss auf Reisen war ihnen gestattet, sich eines Wagens zu bedienen. Zum Abzeichen der Schande mussten beide Geschlechter beim Ausgehen ein gelbes Stück Zeug tragen. Ihr Begräbnis geschah in grösster Stille. Kein Stein durfte ihr Grab bezeichnen, und denen, die sie liebten, ihr Andenken erhalten." [2] Es ist unsagbar, mit welcher Raffiniertheit dem Juden hier auch jeder Schein der Freiheit geraubt wurde. Es ist unfassbar, wie Menschen gegen Menschen solche Grausamkeiten üben, ja nur erfinden können! Jene 44 Paragraphen reden eine gar laute Sprache, wie tief menschliche Thorheit, menschlicher Aberwitz Menschen erniedrigen kann! Im Januar 1793 wurde das Edikt nochmals in Erinnerung gebracht. Dupaty, der 1783 Rom besuchte, konnte mit gutem Rechte sagen: Ihre Lage ist hier noch elender als irgend sonstwo. Entrüstet über all das Empörende, das er hier gesehen, ruft er aus: „Man fragt: Wann werden sich die Juden zum Christentum bekehren? Ich frage: Wann werden sich die Christen zur Toleranz bekehren? Christen, wann wollt ihr aufhören, euch als die Pächter des göttlichen Richterstuhls aufzuspielen?" [3] Noch in demselben Jahre (Oktober 1775) erliess Pius ein strenges Edikt gegen diejenigen Juden, welche talmudische, kabbalistische oder sonstige Bücher, welche Irrtümer gegen die heilige Schrift enthalten, lesen, besitzen oder sonstwie erhalten.

---

[1] REJ II. 288.

[2] Pius der Sechste und sein Pontificat. (Aus dem Franz. übers. von Meyer.) Hamburg 1800. 148 f.

[3] Dupaty, Lettres sur l'Italie, Rome 1789. II. S. 116 u. 118.

Dasselbe bedrohte ein derartiges Vergehen mit Konfiskation des Vermögens. Bei 100 Scudi Strafe und 7 Jahren Gefängnis verbot dasselbe dann weiter, hebräische oder aus dem Hebräischen übersetzte
Bücher, bevor sie in Rom dem Magister S. Palatii, an anderen Orten
dem Bischof oder Lokalinquisitor zur Begutachtung vorgelegt waren,
von einem Christen zu kaufen oder sonstwie zu erwerben. Kein Christ
solle einem Juden zur Erlangung solcher verbotenen Schriften ver-
helfen. So war dem Ghetto das nur allzukurze Zeit gekostete Glück
der Freiheit wieder geraubt.[1] Auf den Strassen verkaufte man Hetz-
schriften über das angebliche Martyrium des Simon von Trient (März
1775), eine giftige Broschüre „über die Irrtümer der Juden" (Juli 1775),
eine Schrift L'Ebreo esigliato. Nur unter grossen Anstrengungen erreichte die Gemeinde die Unterdrückung dieser Pamphlete.[2] Dafür
mussten die Juden mit unter den neuen verlotterten Verhältnissen
leiden. Wegen der immer zahlreicher werdenden Morde und Raub-
anfälle in der Stadt musste der Papst schliesslich tags und nachts
Militärpatrouillen durch die Strassen Roms herumstreifen lassen und
1789 die Strassenbeleuchtung einführen.[3] Im September des Jahres
1783 wurde in den Strassen der Stadt ein Jude von einem Christen
erschlagen und als Leiche in die Consolation getragen. Nicht genug
damit wollte man dem Vater des Ermordeten nur gegen eine Zahlung
von 100 Scudi, die der Priester allerdings sogleich auf 50 reduzierte,
den Leichnam herausgeben. Der Vater konnte die Summe nicht aufbringen und klagte den Bewohnern des Ghettos sein Leid. Sogleich
machte sich unter denselben eine so gereizte Stimmung geltend, dass
die Gemeinde, um drohenden Unruhen vorzubeugen, die verlangte
Summe zahlte. Sie unterliess es aber nicht, eine Eingabe deshalb
beim Papste zu machen, auf welche hin derselbe die Zurückerstattung
des Geldes am 20. September 1783 veranlasste.[4] Ein neuer Mord
verursachte die Repräsentanz der Gemeinde zu einer weiteren Vorstellung beim päpstlichen Tribunale (23. Juli 1784). Am 16. Juli 1784
war nämlich ein Jude durch Steinwürfe getötet worden. Bei der
Leichenschau hatte der dazu beorderte Chirurg für sich, seinen Substituten und den Notar sechs Scudi Entschädigung verlangt, obgleich
bisher in solchen Fällen nur 1 Scudi 50 Bajocchi und noch 20 Bajocchi

---

[1] Reusch, Index I. 52 nach Analecta iuris pontificii IV. (II. 2) 1422.
[2] Berliner II. 2 S. 105 f.
[3] Reumont III. 2. S. 823.
[4] REJ II. 287 f.

für die Sbirren erlegt zu werden pflegten. Die Gemeinde wandte
sich deshalb an den Governatore der Stadt um Rückerstattung dieser
Summe, zumal Christen für gleiche Leistungen gar nichts zu zahlen
hätten. Sie machte dabei darauf aufmerksam, dass bei solchen Untersuchungen die beteiligten Beamten gar keine Rücksicht auf das Zart-
gefühl der Leidtragenden nähmen. Am 22. August ordnete der Governatore die Untersuchung des Falles an, da auch er die verlangte
Summe für zu hoch bemessen hielt. Der Chirurg Pignotti behauptete
dagegen, dass er bei diesem ausserordentlichen Falle ein Anrecht auf
eine höhere Entschädigung gehabt zu haben glaubte. Dennoch gab
der Governatore der Gemeinde Recht.[1]) Bereits am 18. März 1786
gab ein ähnlicher Fall der Gemeinde neuen Anlass zu Klagen.[2]) Derartige Gewaltthätigkeiten gegen die Juden der Stadt scheinen überhaupt damals an der Tagesordnung gewesen zu sein. Am 2. März 1789
ging ein Jude an der Kirche S. Caterina de' Trinità vorbei; da beraubt ihn ein Steinwurf seines rechten Auges. Sein linkes Auge hatte
er schon vor längerer Zeit verloren, so dass er völlig erblindete.[3])
Den Höhepunkt der Reaktion gegen das Ghetto bezeichnet aber eine
Schurkenthat ersten Ranges. Im Frühjahre 1784 hatte sich ein armer
Jude zur Taufe gemeldet. Derselbe teilte in der Casa mit, dass sich
zwei mit ihm im zweiten Grade verwandte Waisenknaben im Alter
von zehn und dreizehn Jahren im Ghetto befänden. Diese Knaben
wohnten dort bei ihren Verwandten im ersten Grade. Sobald der
Befehl zu ihrer Einziehung bekannt geworden war, verbarg man die
beiden Kinder. Die Casa gab sich aber damit nicht zufrieden, liess
sechzig jüdische Knaben ins Gefängnis werfen und die Gemeinde-
ältesten foltern. Gegenüber solchen Rohheiten sah man sich zur Auslieferung der Kinder veranlasst, die dann auch beide, der ältere trotz
des lebhaftesten Protestes, zur Taufe geschleppt wurden. Die Gemeinde musste ihre Widersetzlichkeit mit einer grossen Geldsumme
büssen. Da wandte sich die römische Judenschaft hilfeflehend an die
jüdischen Brüdergemeinden in Europa, von denen sie Unterstützung
und christliche Gutachten über solche Proselytenmacherei erbat. Ein
solches Sendschreiben ist auch an die Berliner Ältesten gekommen.[4])
Dieser Druck und die Höhe der Abgaben zwangen schliesslich

---

[1]) Das. 288.
[2]) Das.
[3]) Rodocanachi 212.
[4]) Monatsschrift für Gesch. u. Wissensch. u. Judent. X. (1861) 399 f. Allgemeine Zeitung des Judentums 1865 185.

die Gemeinde zu einer Eingabe an den Papst. In einem eingehenden Gesuche brachte sie im Jahre 1787 alle ihre Beschwerden, ihre erzwungene gesellschaftliche Erniedrigung, die Schwere der ihr auferlegten Steuerlasten, die Verschliessung aller Erwerbsquellen eindringlich vor. Als Antwort auf diese Eingabe erfolgte am 2. Juni 1787 ein päpstliches Reskript, in welchem der Gemeinde die Einsetzung einer Untersuchungskommission über ihre Lage und die Mittel zur Hebung derselben mitgeteilt wurde. Darauf gaben zwölf christliche Advokaten der Stadt ein Gutachten zu Gunsten der römischen Gemeinde ab, welches sich auf 66 Dokumente stützte, von denen das älteste vom Jahre 1429 die Bulle Martins V., das jüngste vom 31. Mai 1787 ein Bericht des Rabbinatssekretärs Prospero de Castro war.[1]) Die Kommission hatte sich auch mit der Bitte der Gemeinde um Aufhebung der Karnevalsteuer von 851 Scudi 56 Bajocchi zu beschäftigen.[2]) Selbstverständlich blieben alle Bitten und Vorstellungen der römischen Juden erfolglos. Die Kommission kam zu keinem Entschlusse. Eine gewaltigere Macht als die der Wahrheit musste für das arme Ghetto eintreten. Die Sehnsucht der römischen Juden nach einer Neugestaltung der Dinge sollte nur zu bald erfüllt werden. Wenn das Papsttum die Niederlagen und die Unterdrückung der folgenden Jahre verdient hat, so hat es dieselben um die unglücklichen Juden der Stadt Rom verdient. Die Gerechtigkeit der Vorsehung in der Geschichte hat sich hier in vollstem Masse bewährt.

---

[1]) Vessillo israelitico (Flaminio Servi) 1880 309 f. Bédarride p. 561 (ed. II. Stern I. 39. Der Titel des Memoire: All' illustrissima congregazione particolare. deputata dalla santità di nostro signore Pio P. P. VI. degl' illustrissimi e reverendissimi Monsignori Ruffo tresoriere generale, Della Porta, Rusconi, Gregorii. Pelagalli, Consalvi e Miselli segretario: Romana per l'università degl'Ebrei di Roma. Sommario. In Roma per i Lazzaroni 1789.

[2]) Carmoly, Rev. or. III. 171. Allgemeine Zeitung des Judentums 1838 No. 42.

Literarisches Leben.

Unter der immer trauriger werdenden politischen Lage hatte das literarische Leben in der Stadt sehr zu leiden. Der äussere Druck wirkte niederdrückend auf Geist und Gemüt. Die allseitige philosophische und wissenschaftliche Bildung erschien frommen Eiferern als ein Hauptgrund des tiefen Falls. An die Stelle der Lern- und Geistesfreiheit traten Mystik und Askese. Dort wo sich früher allerorten ein sprossendes schaffensfrohes Leben geäussert, herrschte jetzt Grabesstille und Grabesdunkel. Nicht nach den klaren Zielen des vorwärtsstrebenden menschlichen Schaffens und Forschens zu Nutz und Frommen der ganzen Menschheit, sondern nach den tiefverborgenen, unergründlichen, weitab von dem Treiben der Welt liegenden Rätseln des Himmels und der Geisterwelt strebte der Geist. Man beschäftigte sich nicht wie früher mit dem Leben, man suchte eine selische Vereinigung mit dem Gestorbenen, längst Vergangenen durch mystische Formeln und asketische Selbstquälerei. Diese Geistesrichtung beherrscht das ganze innere Leben der Gemeinde. Man hatte durch den starren Blick nach oben den Boden unter den Füssen verloren; die jüdische Wissenschaft war des Zusammenhangs mit der übrigen strebenden Welt beraubt. Nur noch vereinzelt erstanden Männer, welche sich über diese Grenzen hinwegsetzten und einen eigenen Weg wissenschaftlicher Forschung einschlugen. Es ist für die Zeitanschauung charakteristisch, dass sich dem Verbote, 'Azaria de Rossis מאור עינים ohne rabbinische Erlaubnis zu besitzen, neben den Rabbinern von Venedig, Pesaro, Ancona, Padua, Verona und Ferrara auch die vier Rabbiner Roms und die drei dortigen Fattori am 21. Jjar 1574 anschlossen, während nur Cremona und Mantua auf

'Azarias Seite blieben.[1]) Dafür blühte aber die talmudische Gelehrsamkeit in ausserordentlich schneller Entwicklung in Rom neu auf.
Eine reiche Zahl talmudischer Autoritäten gab dieser Zeit das wissenschaftliche Gepräge. Aber auch deren Studien wurden durch das
Talmudverbot erheblich eingeschränkt. Nach einem römischen Briefe
des Eljakim b. Ašer Selig an Šemuel Gallichi aus dem Jahre 1759
fand sich in ganz Rom kein Talmudexemplar.[2]) Philosophische
Studien waren durchaus verpönt. In ganz Italien drohte jedem.
der sich mit Lewi b. Geršons Pentateuchkommentar abgab, der
Bann.[3]) Dafür fanden aber kabbalistische Schwärmer allerorten den
grössten Anhang. Exegese und Theologie zeitigten in dieser Zeit
nichts Hervorragendes. Die Poesie fand — oft in literarischen Vereinigungen — ihren Ausdruck in Gelegenheits- und Widmungsgedichten
und Epigrammen auf alle möglichen Ereignisse des Lebens.[4]) Die
Poesie dieser Zeit hat etwas Geschäftsmässiges, Zünftlerisches, sie
basiert nicht auf der wahren Empfindung, sondern auf dem Klange
des Wortes. Im allgemeinen zeigt das literarische Leben der Stadt
Erschlaffung. ein langsames Ermatten bis zum völligen Ersterben.

Über die in Rom besonders beliebten Bücher kann man sich aus
den Konfiskationslisten der Inquisition ein ungefähres Bild machen.
1753 befanden sich unter denselben 40 משניות, 12 שבט מוסר. 11
מקראות גדולות. 10 הלכות הרי״ף (als Ersatz für den verbotenen Talmud).
מנות הלוי 6. שלחן ערוך 6, רי״ף (קטן) 7. משה אלשיך 8, יד החזקה 9.
עין יעקב 9, 30 Gebetbücher, 5 Mahzorim u. s. w.[5]) In Lugo konfiszierte
man in demselben Jahre 25 Pentateuche mit Rašis Kommentar.

Zwei Leuchten medizinischer Wissenschaft. Amatus Lusitanus und
David de Pomis. die zwar der Gemeinde selbst nicht angehören,
stehen am Eingange dieser Zeit in mannigfacher Beziehung zu Rom.
Der Scheinchrist Jo. Roderigo (Rodriguez) de Castello Bianco. mit
seinem gelehrten Namen Amatus (חביב)[6]) Lusitanus, hatte Portugal

---

[1]) Nach einem Flugblatt in cod. XXXVIII der Gemeinde Mantua (M. Mortara, Catalogo dei manoscritti ebraici, Livorno 1878 p. 40).

[2]) Magazin XV. (אוצר טוב) S. 13 (שאין הנני׳ בידם)

[3]) Hebr. Bibliographie VIII. 65.

[4]) cod. Halberst. 199 (Katalog S. 28 f). vgl. Steinschneider Jewish Lit. 245.

[5]) Berliner. Censur und Confiscation 25 f.

[6]) In שרת כהרשד״ם ad ח״מ No. 5 p. 4b allerdings ein ר׳חביב אמאטו in
Salonichi in derselben Zeit. Wenn der daselbst vorkommende Habib Diego mit Habib
Amato identisch ist, so ist er nicht mit Amatus Lusitanus zusammenzubringen.
Eine Familie Amato später weit verbreitet. z. B. die Brüder Nissim und Šemuel

verlassen, wo er in Salamanca mit Auszeichnung Medizin studiert
hatte [1]), hielt sich um 1536 in Antwerpen auf [2]), wo er seine Exege-
mata in duos priores Dioscoridis de arte medica libros veröffentlichte,
und wandte sich schliesslich nach Italien. In Venedig verkehrte er
mit Jakob Mantino. In Ferrara treffen wir ihn 1546. [3]) Hier traf
ihn auch die ehrende Einladung, an den Hof des Königs von Polen
zu kommen [4]), die er ausschlug, um mit seinem Bruder Josef [5]) nach
Ancona, der Freistätte des Glaubens und der Wissenschaft, zu eilen
(1547). Sein Ruf verbreitete sich hier schnell. Jacoba del Monte, des
Papstes Schwester, vertraute sich seiner Kunst an. [6]) Für Julius selbst
verschrieb er einen wirksamen Heiltrank. [7]) Ein Jude aus Brussa bei
Konstantinopel kam seinetwegen nach Ancona, um von ihm Heilung
von langjähriger Krankheit zu erlangen. [8]) Noch im Jahre 1551
scheint er an das Krankenlager des Papstes nach Rom berufen worden
zu sein [9]), wohin er seitdem des öfteren kam. [10]) In Rom vollendete
er auch seine zweite Sammlung Krankheitsberichte (1. Mai 1551) und
am 15. Mai 1551 seine Enarrationes in Dioscoridis Anazarbei de
medica materia libros quinque. [11]) Seinen ersten dortigen Aufenthalt,
der sich auf mehrere Monate erstreckte, verlebte er im Hause seines
Freundes, des Gesandten Alphonsus Alencastrensis (Lancastre), bei
dem er seitdem stets in Rom abstieg und dem er seine dritte Sammlung Krankheitsberichte widmete. Inzwischen war auch sein in
Spanien erzogener Neffe Brandanus nach Italien gekommen, um hier
Philosophie und Medizin zu studieren. [12]) Amatus sollte aber nur noch
kurze Zeit in Italien bleiben. Pauls IV. strenges Vorgehen gegen
die Marranen in Ancona traf auch ihn. Ausser seinem Vermögen

Amato, Söhne des Josef in Konstantinopel c. 1720 (שו"ת משאת משה) I. n°. 49
p. 130b, No. 50 p. 131b, II. Vorrede. Gedicht). Vielleicht ist Amatus der in den
Akten am 22. Januar 1563 unterzeichnete המפואר כהר"ר אברהם חביב und ident.
mit Righettus alias Abraham Lusitanus (Arch. st. [F. Gori] IV. 1880. 17).

[1]) Nach Centurie 1. 3 bei Carmoly, Rev. or. 1842 199 u. s.
[2]) Cent. I. (Cosimo Medici gewidmet) 3, 99.
[3]) Cent. I. 4. 9. 21. 25. 28.
[4]) In Dioscoridis Anazarbei etc., Venetiis 1557, Brief.
[5]) Cent. II (dem Kardinal von Ferrara, Hippolito da Este gewidmet) 1.
[6]) Cent. IV. 49
[7]) II. 31.
[8]) II. 18.
[9]) III. Einltg.
[10]) II. 62. 68. 82. 83. 84. 96. III. 1. 3. 4. 7. 8. 10—13.
[11]) Venetiis 1557. Lugduni 1558.
[12]) V. 16.

raubte man ihm seine fast vollendete fünfte Sammlung Krankheitsberichte, seinen im Manuskript fertigen Avicennakommentar (Commentarius in quartum Fen. libri primi Avicennae) und eine Verteidigungsschrift gegen Pier Andrea Mattioli aus Siena, mit welchem Amatus
(in seinen Commenti sopra Dioscoride 1554) wegen einer Übersetzung
der Materia medicinalis Dioscoridis eine heftige literarische Fehde aufgenommen hatte, bei der er an Melchiorre Guillandino (Theon 1558)
eine feste Stütze fand. [1]   Amatus selbst rettete sich nach Pesaro.
Von hier aus unternahm er auf Anraten des Abraham Cathalano
Schritte zur Rückerlangung dieser Schriften.   Er erhielt nur die
Sammlung Krankheitsberichte zurück, die er in Pesaro vollendete.
Hier empfing er von der Stadt Ragusa die Einladung, sich in ihren
Mauern niederzulassen.   Amatus nahm sie mit Freuden an, zumal in
Ragusa eine jüdische Gemeinde war und ihm dort ein ruhiges von
den politischen Strömungen entferntes Leben winkte.   Doch auch hier
war seines Bleibens nicht lange. [2]   Bereits am 1. Dezember 1559
widmete er seine in Ragusa vollendete fünfte Sammlung Krankheits-
berichte in Salonichi dem weitberühmten Josef Nasi, dem er schon
früher seine Übersetzung des Eutrop ins Spanische (La Historia de
Eutropio) als Zeichen seiner Hochachtung dargebracht hatte.   In
Salonichi stand Amatus in regem Verkehr mit den angesehensten
Juden der Stadt.   Glieder der Familie Yahja, Habib, Naamias, Ben-
venisti, Sason und Abarbanel [3] gehörten zu seinen Patienten.   Im
August 1561 widmete er Guedalia b. Moyse Yahia die siebente Samm-
lung Krankheitsberichte.   Noch im Jahre 5329 (1568,69) war er am
Leben. [4]   Er soll am 21. Januar 1568 in Salonichi gestorben sein.
Das medizinische Glaubensbekenntnis am Schlusse seines Hauptwerkes
ist ein herrliches Denkmal seines edlen Herzens (Salonichi 1558 59).
Er nimmt in der medizinischen Literatur, die er um viele wertvolle
Schriften bereichert hat, eine hervorragende Stellung ein. [5]

[1] Tiraboschi, Storia della letteratura ital. VII. 866. 872.

[2] Diese Zeit füllt Cent. VI.

[3] Luna, die Gemahlin des Magnificus Leo Abarbanel hatte er in Pesaro geheilt (Cent. V. 88). In Salonichi heilte er einen Enkel Jehuda illius Jebudae, sive
Leonis Abarbanelij Platonici Philosophi, qui nobis divinos de amore dialogos scriptos
reliquit (Cent. VII. 98).

[4] Cent. VII. 27.

[5] Seine Centuriae erschienen einzeln und gesammelt: Florenz 1551, Venedig
1552, 1557, 1560, 1653 (1654 Titelblatt), Basel 1556, Leyden 1560, 1570, Paris 1620,
Bordeaux 1620, Barcelona 1628. Seine sonstigen Werke bei Wolf Bibliotheca 1.
200 f.; Nicolaus Antonius Hispalensis Bibliotheca Hispana Nova, Matriti 1783 I.

Ein ähnliches Nomadenleben, in das ebenfalls Paul IV. so verhängnisvoll eingriff, führte David b. Izḫak de Pomis aus der altrömischen familia Pomaria (מן התפוהים) von den ersten Tagen seiner Kindheit bis in sein Greisenalter. Nach seinem in Perugia am 27. November 1551 bestandenen Doktorexamen liess er sich in Magliano nieder, wo er als Artium et Medicinae Doctor praktizierte und zugleich das Rabbinat verwaltete, bis ihm Pauls IV. harte Erlässe Vermögen und Stellung raubten. Seitdem hielt er sich fünf Jahre beim Grafen Niccolo Orsini (1555—1560) und drei bei der Familie Sforza (1560—63) auf. Inzwischen schien unter Pius IV. für die Juden des Kirchenstaates eine bessere Zeit gekommen zu sein. David ging nach Rom und erlangte auch eine Audienz bei dem leutseligen Fürsten (1565). In wohlgesetzter lateinischer Rede setzte er dem Papste und seinen Kardinälen seine Wünsche auseinander und erhielt auch die Erlaubnis, sich in Chiusi, wo er schon drei Jahre geweilt, niederzulassen und dort bei Christen zu praktizieren, eine Erlaubnis, welche Papst Pius V. nach wenigen Tagen annullierte. Pius IV. starb gerade eine Woche nach Davids Audienz. David war durch verwandschaftliche Bande mit zwei berühmten römischen Gelehrten verbunden. Seine Gattin war die Schwester des Dichters Eliéžer b. Abraham Khohen de Viterbo und des Arztes Izḫak Khohen de Viterbo. Als David alle seine Hoffnungen so jäh zertört sah, wandte er sich nach Venedig, dessen freiheitliche menschenfreundliche Gesetze der bis dahin Verfolgte begeistert pries. Dennoch scheint es ihn noch immer nach seiner Heimat gezogen zu haben. Am 1. Februar 1587 widmete er dem Papste Sixtus V. sein grosses Werk, den Dittionario novo (צמח דוד), vielleicht in der Hoffnung, nach Rom an den päpstlichen Hof berufen zu werden.[1] Noch im Jahre 1593 erhielt er eine neue Erlaubnis zur Ausübung seiner ärztlichen Praxis.[2] Er war ebenso

p. 63; Carmoly. Rev. or. II. 200. Vgl. Allg. Ztg. des Judenthums 1880 668, 684, 749 nach Ernest David in Arch. isr. und Soave in Corriere israel. 1877,78. In der Bibliotheca H. N. auch der Druckfehler de Castel Branco. Steinschneider Hebr. Übers. 686. Über Amatos Bruder (?) Elia Montalto s. M. Kayserling, Die Juden in Navarra u. s. w. Berlin 1861 146 ff. und Graetz IX. 485—490, 485 Anm. 1. Seine wissenschaftliche Bedeutung s. Biographie universelle.

[1] S. auch מקוה ישראל Esto es, Esperanza de Israel ... por Menasseh Ben Israel. Amsterdam 5410 p. 106 f.

[2] Sein Leben und seine Schriften s. צמח דוד Einltg; Jost. Annalen 1839, 223; Fürst in Jahrbücher II. 360 ff; Grätz IX. 504 f; Vessillo isr. 1875 157, 1876 319; Magazin 1875 48; Hebr. Bibliographie XVI. 19; Steinschneider Jew. Lit. 235;

17*

bewandert in der klassischen wie in der jüdischen Literatur, in der Medizin wie in der Philosophie. Durch seine grossartige Verteidigungsschrift „der jüdische Arzt" (De medico Hebraeo) hat er sich ein unsterbliches Verdienst um das Judentum und die jüdische Wissenschaft erworben. — Amatus und David de Pomis sind für eine lange Zeit die beiden letzten jüdischen Ärzte, welche mit Rom in engeren Beziehungen gestanden und durch grössere Werke hervorgetreten sind, wenn auch noch immer die Gebildetsten der Stadt zu einem grossen Teile studierte Ärzte waren.

Eine grössere Anzahl berühmter Talmudisten in Rom weist auf das Aufblühen der talmudischen Studien in der Gemeinde hin. Der Arzt Elia b. Josef di Nola war bereits 1563 (26. Sept.) Rabbiner der römischen Judenschaft. Schon vorher, im Jahre 1555, stand er in brieflichem Verkehre mit Masius, dem er kabbalistische Schriften, die im Besitze des Rabbi Mikhael Zemat (זמט) waren, sowie andere Schriften aus der Sammlung des Beniamin de Arignano zu erwerben versprach.[1]) Dass er auch ausserhalb Roms sich grossen Ansehens erfreute, beweist sein Schreiben vom 17. Dezember 1573 an Rabbi Eljakim de Macerata über die Leviratsehe. Es war damals angeregt worden, die Leviratsehe gänzlich aufzuheben und dafür das Repudium (חליצה) zur ständigen Norm zu erklären. Aus seinen Gutachten spricht ein frommer Sinn und grosse Bescheidenheit.[2]) Bereits 1537 übersetzte er ein Werk Roberts von Lincoln in das Hebräische. Dass er seine philosophischen Studien fortgesetzt hat, beweist der Umstand, dass er Moseh Alatinos lateinische Übersetzung von Themistius' Paraphrasis in libros IV Aristotelis de coelo (1574) durchgesehen hat.[3])

Dukas in REJ I. 145—152; Wolf I. 311—313, III. 195 ff; Joseph. Scaligeri epp. 244 p. 524 (vgl. עיר דוד des David Khohen de Lara); Vessillo isr. 1884. 207. Sein Verhältnis zu Aldus Manutius s. REJ I. 150; sein Wappen ein Apfelbaum auf zwei ausschreitenden Löwen.

[1]) Perles Studien 217 f. Mitglieder der Familie de Nola in Rom damals:

Menaḥem		Šabtai
Šabtai	Immanuel	Benjamin
30. VI. 1570	12. I. 1578	24. V.. 16. XII. 1562
		Moseh Lehrer
		2. I. 1565.

[2]) פחד יצחק s. v. חליצה IV. 26b; vgl. Nepi - Ghirondi תולדות גדולי ישראל p. 31 No. 66; שלשלת p. 52b.

[3]) Steinschneider Hebr. Übers. 476 f. In der Einltg. heisst es: Domini Heliae Nolani Hebrei undequaquam doctissimi ac philosophi peritissimi opera adiuti.

Er darf mit seinem Zeitgenossen, dem Apostaten Elia b. Menaḥem di Nola, nicht verwechselt werden.

Ebenfalls über eine Leviratsehe gaben in demselben Jahre in Rom der Rabbiner Barukh b. Joab da Fes Fiori (מפ"אם פיורי) [1]) und am 19. Khislew Rabbi Izḥak Khohen b. Abraham מוטומרט [2]) ein Gutachten ab. [3]) R. Barukh schlichtete auch im Verein mit Šemuel de Lattes und Izḥak Treves [4]) am 23. Mai 1577 einen in der Gemeinde ausgebrochenen Streit über die Aussprache im Priestersegen. [5]) Ein Nachkomme eines Exulanten aus der Provence, Rabbi Jeḥiel Khohen bar Mošeh b. Jeḥiel b. Josef b. Ḥajim Manoscrivi, von dem ein Fragment eines in Velletri 1564/65 vollendeten italienischen Werkes חכמת נשים [6]) erhalten ist, gab am 28. Juni 1578 in Rom eine rabbinische

---

[1]) In den Akten 5. Juni 1574, 14. Jan. 76. Rabiner Barukh (פיירי) מאסה פיירה.

[2]) REJ X. 81. Sollte nicht für מוטומרט: מוֹטִירבוֹ! zu lesen sein? Vgl. S. 262 f. über Izḥak b. Abraham da Viterbo.

[3]) פחד יצחק s. v. חליצה IV. 25ᵇ; Zunz, Ges. Schriften III. 176.

[4]) Izḥak b. Elihu Treves ז"ל in den Akten. Von Mitgliedern der Familie Treves in den Akten ferner:

Elia

Izḥak	Josef
21. Febr. 74, 27. Mai 76, 24. Febr. 82	21. Dez. 76, 26. Nov. 1600 16. Aug. 1604

Ḥajim
1. Jan. 86, 29. März 1605.

Jakob

Ḥajim de Patras	Jeḥiel 12. Nov. 1600.
24. Mai 62 (Aškhenazi), 7. Juni, 25. Juli,	
4. Oktbr. 63, 25. Dezbr. 64. 12. Aug., 5.,	
19. Sept., 11., 18. Okt. 69, 7. Juni 1583.	

Jakob	Josef	Jehuda
13. Dez. 62	30. V. 63; 30. IV. 70; 9. VIII. 73	30. VI. 1564
18. I., 5. IV., 20. VI. 63	22. VI. 86; 16. IX. 1603	1. IX. 1602

Ausserdem: Arzt Jakob b. R. Joḥanan ז"ל 13. XII. 1562 und R. Geršon b. R. David. 17. VIII. 1603.

[5]) Berliner II. 2, S. 35.

[6]) Der Name ist mehrfach, aber stets verschieden erhalten z. B. איסקריו אנסקריוי; in den Akten מסניסקריוי, מנסקריני, מנוסקריוי (21. VIII. 76. 1. I. 78, 3. V., 14. XII. 81, 17. II. 83, 1. IV. 84. 16. II. 86); cod. Luzzatto 81 s. אגרות שד"ל p. 1002.

Entscheidung.[1]) Mit ihm unterzeichneten Izḫak b. Jehuda dei Piatelli
(מיליפייאטילי)[2]), Elia b. Selomoh Corcos und Eliézer Mazliaḥ b. Abraham
Khoheu de Viterbo. Es handelte sich damals um eine Anfrage aus
Modena wegen eines Israeliten, der am Freitag gegen Abend Wasser
geschöpft, und dem man es wehren wollte, mit demselben am Sonntage
Brot zu backen. Neben den Rabbinern Eliézer Mazliaḥ Khohen und
Izḫak b. R. Jehuda ז״ל dei Piatelli treffen wir in den Akten am 21.
Februar 1574 als dritten Rabbiner R. Mošeh b. R. Immanuel de Lattes.
Am 5. Juni desselben Jahres unterzeichnen R. Eliézer und R. Mošeh
als Rabbiner. Ein Ahabah b. Mošeh Khohen de אנסקריוי (Manoscrivi?),
wohl ein Enkel des genannten Jeḫiel b. Mošeh, bestätigte im Jahre
1605/6 eine Entscheidung des römischen Rabbinats. Noch im Jahre
1620 ist Ahabah Khohen de איסקריוי (!) mit David della Roca, Rafael
Ḥizkiah Manoaḥ Corcos und Šemuel de Castel Mitglied einer Steuer-
kommission.[3]) Ein Bruder Jeḫiels war der gelehrte Arzt R. Šemuel
Manoscrivi in Rom.[4])

Im Jahre 1587 (14. August) erbat die Gemeinde Bologna wegen
eines unwissenden Schächters das Urteil von Mazliaḥs Bruder, Eliézer
Izḫak Khohen b. Abraham Khohen de Viterbo Aškhenazi[5]), des

---

[1]) REJ X. 185 (תשובות מתנות באדם) מננסקריו.

[2]) Er ist wohl der Isaac rabino, dem der Vice-cancelliere Kardinal Farnese
am 22. Juli 1582 im Auftrage der Cavallucci ein Haus auf der Piazza Giudea nahe
dem „Judenthore" bei San Salvatorello vermietet (Domenico Gnoli, Vittoria Accoramboni, Firenze 1890 p. 26). Mitglieder der Familie 'Anaw (delli Piatelli) damals in Rom:

Jákob		Mordkhai	
Ḥajim de Capua	Zeraḫia	Barukh de Capua	Šemuel
30. I, 4. VII. 1554;	25. VII., 6. VIII. 1570	22. VI. 1551, 26. VIII., 14. X. 54,	15. V. 1582
seine Gattin Speranza 6. VI. 1576		6. 27. XII 63, 29. VIII., 2. X. 64.	
		5. IX. 69	
Mošeh	Šemuel	Abraham	Abraham
10. VIII. 1574	30. IX. 1571	15. V. 1581	
27. V. 1584	4. II. 1582		Šelomoh
			20. VIII., 29. X. 70, 14. I. 71.

[3]) Magazin I. 104 (Scaria ist falsch!) 1621 wurden sie mit der Schriftführung
der Congrega betraut (Berliner II. 2. 54).

[4]) Am 31. Jan. 1586. במי החכם הרופא כמה״ר כמואל כהן יצ״ו בכמהר״ר
משה כהן כנוסקריוי זצ״ל

[5]) REJ a. a. O. Mitglieder der Familie Khohen (de) Viterbo damals in
Rom:

Schwagers von David de Pomis. Er war in Rom geboren, wo bereits 1539 ein Simon Khohen b. Mordkhai Khohen de Viterbo auftritt, hatte sich medizinischen und talmudischen Studien gewidmet und in beiden Vorzügliches geleistet. In einem seiner Gutachten erzählte er, dass in seiner Jugend in Rom die Gattin des verstorbenen R. Efraim, der den Beinamen R. Kreti trug, mit Zustimmung vieler dortiger Autoritäten von ihrem Schwager geehlicht worden sei.[1] Er liess sich später in Siena nieder. In den Rechtsgutachten des Mošeh Provenzal hat er den Ehrennamen der Hohepriester (הכהן הגדול).[2] Auf seinen Tod, der am 6. Marḥešwan 1590 erfolgte, verfasste der auch als Abschreiber (Rom. 3. Thammuz 1561) bekannte Jákob b. 'Obadia di Tivoli verschiedene liturgische Dichtungen.[3] Sein Bruder[4], der schon erwähnte Ḥamul Elieẓer Mazliaḥ b. Abraham de Viterbo, gehörte im Jahre 1587 zum römischen Rabbinat, nachdem er 1570 Fattore der

Josef
|
Mahalalel
25. VII. 1563
|
Jehiel
2. VIII. 1584

Abraham 29. XI. 1541

Elieẓer Mazliaḥ
22. V. 53, 20. VII. 63. 17 I. 70. 16. VIII. 73
16, 27. XII. 76, 3. VIII. 81. 2. I., 22. I, 1. VI. 84
1., 4. XI. 1599
|
Abraham Ḥajim
21. II. 74, 23. VI. 77, 14. VI. 83, 25. IV, 15. VII. 84

Elieẓer Izḥak
|

David
28. V. 1601,
3. VIII. 1603

Menaḥem ל״ר
|
Barukh
10. VI. 54, 4. XII. 62, 6. V. 63
17. II. 77.

David ר״ל
|
Mordkhai
18. XI. 84, 16. XII. 85
26. IV. 1605

Benjamin

Izḥak
27. XII. 1542
|
Ḥamul Mazliaḥ (Arzt)
4. V, 10. VI. 1601, 26. I. 1602,
8. II. 1604

Ahron
30. VIII. 71, 15. III. 77. 10. III. 16. X. 83,
24. I. 84, 10. XI. 85, 29. IV. 86.

Menaḥem
16. XII. 1584

Mošeh 1617
(Berliner II. 2 S. 190)

[1] פסק הגאון אביר הרופאים החכם כמהר"ר s. v. חליצה IV. 24a: פחד יצחק
ותושב סיינה vgl. Nepi-Ghirondi a. a. O. p. 179, No. 94. יצחק כהן יצ"ו

[2] Mortara מזכרת p. 69; Mosè V. 231. 232 (Consulti di Mose Provenzal ms. 82. 111; Consulti rituali mss. di Jehiel b. 'Aẓriel Trabot, Duecentosessanta coss. ms. del. sec. 17. 221; vgl. Mortara, Catalogo dei manoscritti ebraici ... di Mantova XXXIX. p. 42.

[3] cod. Oxf. 1998. 1 für ביקורבו ist ביתירבו zu lesen; vgl. cod Merzbacher 86. Er ist wohl auch der Verfasser der Schrift de Duello (?) Bartolocci III. 891; Wolf I. 651 No. 1176.

[4] Verwandt scheint auch Jákob b. Jehiel Khohen de Viterbo (cod. Paris 681).

Gemeinde gewesen war. Er war der grösste damalige Halachist Roms. In einer rabbinischen Entscheidung aus dem Jahre 1605/6 zeigt er sich im babylonischen und jerusalemischen Talmud, in Alfasis und Ašeris Kommentaren, im Tur Oraḥ Ḥajim und in den rabbinischen Responsen des Josef Kolon bewandert.[1]) Seiner Entscheidung schlossen sich ausser dem römischen Rabbinat R. Josef b. Šabtai de Rieti in Siena, der auch als Abschreiber einer Handschrift (1603) bekannt ist[2]), und R. Rafael b. Benjamin di Modigliano au. Sein lateinischer Brief an Kardinal Sirleto, in dem er seine Glaubensgenossen gegen die Anklage, den Text der Bibel gefälscht zu haben, verteidigt, verdient Beachtung.[3]) Berühmt ist er durch seine Übersetzung von Mošeh Rietis Il tempio di oratori (מעון השואלים) in schlichte italienische Verse im Versmasse des hebräischen Originals geworden, die im Jahre 1585 in Venedig im Drucke erschien. Dieselbe trägt, wie der erwähnte Brief, seinen italienischen Namen Lazaro Hebreo da Viterbo.[4]) Sie ist Donna Corcos (קורקש), der Tochter R. Šelomohs, in einer fliessend geschriebenen Widmung, die in klangvolle hebräische Rhythmen ausklingt, gewidmet. Die Übersetzung ist in der Volkssprache gehalten, in engem, aber nie sklavischem Anschluss an das Original. Es tönt in ihm die ganze Reinheit der Empfindung und der gesunde fromme Sinn des alten Dichters wieder. Sie scheint ein Hilfsmittel für den synagogalen Gebrauch gewesen zu sein, eine Art Erbauungsbuch für das Volk, welches in Haus und Synagoge gleich geschätzt wurde.

Wenige Jahre später machte sich eine gebildete Römerin an eine Umdichtung dieser Übersetzung in klangreiche geschmackvolle Verse in reiner italienischer Sprache, Debora Ascarelli. Sie war die Gattin des angesehenen, aber literarisch unbekannt gebliebenen Sig. Gioseppe Ascarelli. Schon seit dem Jahre 1560 war Debora als Dichterin in Rom hochberühmt.[5]) Mit dem auch auf talmudischem Gebiete bewanderten David b. Joseph della Roca verband sie das gleiche literarische Streben, welches wohl zu einem innigen Freundschaftsver-

---

[1]) משבית טלחמות (Venedig 1606) p. 91b—92a. Bemerkungen zu seinem Responsum in שו״ת פלני מים (Venedig 1608) Anhang II. p. 2b, 3a (für סבי״ת רכ״ו l. סביחרבו).

[2]) cod. Oxf. 2258 im Hause des Menahem Mestri geschrieben.

[3]) Jewish Quarterly Review VII. 283 ff.

[4]) Vgl. Wolf III. 814f. No. 1651b. Das seltene Schriftchen (Il tempio di M. Moïse di Rieti trasportato in vulgare Italiano, da M. Lazaro da Viterbo (Venedig, Juan de Gara) besitzt z. B. die Mediceo-Laurenziana in Florenz, die Bibliothek des jüd. Lehr- und Lesevereins in Breslau.

[5]) Basnage IX. 31. p. 866.

hältnis geführt hat. Mit einem Schreiben vom 20. Oktober 1601 edierte der letztere die poetischen italienischen Übertragungen mehrerer hebräischer liturgischer Dichtungen der inzwischen ergrauten Dichterin zum Zeichen seiner Dankbarkeit und seiner Hochachtung für dieselbe. Es waren die Übersetzungen von Rietis „Tempel der Bittenden", von R. Beḥai b. Josefs „Preise meine Seele", von R. Nissims „grossem Bekenntnis" und des sefardischen Seder ʿAboda. Ihnen fügte Debora zwei Erzeugnisse ihrer eigenen Muse und ein ihr gewidmetes Gedicht eines Unbekannten, vielleicht von David della Roca, hinzu. Das sichtlich zu liturgischen Zwecken bestimmte Werkchen erschien noch in demselben Jahre 1601/2 in Venedig zugleich mit seinen entsprechenden hebräischen Originalen. Die schönen frommen Verse des alten Dichters hat wohl keiner so getreu im Anschluss an das Original und dabei so frei und selbstempfunden wiedergegeben als Debora. Über ihre sonstigen Lebensverhältnisse sind wir bisher nicht unterrichtet.[1])

Der dritte Übersetzer des Rietischen Gesanges war ebenfalls ein Römer, der Gemeinderabbiner Šemuel b. Mošeh da Castelnuovo[2]), der dritte bekannte Träger dieses Namens, welcher 1606 in Rom eine rabbinische Entscheidung bestätigte. Drei Jahre später wurde seine Neuübersetzung des מעון השואלים in Venedig gedruckt. Die grosse Nachfrage nach der italienischen Fassung von Rietis Werk scheint eine neue Auflage desselben nötig gemacht zu haben, welche Šemuel übernahm. Er begnügte sich aber nicht mit einer einfachen Wiedergabe des Vorgefundenen, sondern feilte und änderte die Arbeiten seiner Vorgänger so um, dass seine Neudichtung ein immerhin neues Gepräge trägt. Zugleich liess er eine wohl auch von ihm stammende poetische italienische Übersetzung des von Jehuda Ha-Lewi gedichteten Lobgesanges auf Gott: „Wer ist wie du" (מי כמוך) im Druck erscheinen.[3]) Die Übersetzungen waren wie seinerzeit die des Lazaro da Viterbo in hebräischen Charakteren gedruckt. Ihnen folgten die hebräischen Originale der Lieder für die Beschneidungsfeierlichkeit, die römischen Gebräuche und Gebete beim Begräbnisse u. a. m.[4]) Diesen Dichtern schliesst sich in derselben Zeit der aus Modena stammende Šelomoh

---

[1]) Wolf I. 287. 294 f. Nepi-Ghirondi a. a. O. 76, Steinschneider Catal. Bodl. 1978; Educatore 21.34. 23.376. Angelo (Mordkhai) Alatrino edierte 1628 in Venedig unter dem Titel L'Angelica Tromba dieselbe Dichtung R. Beḥai's und anderes hebr. und ital. (Wolf I. 788).

[2]) Schreiber des cod. Rossi 319 (21. März 1425) Šemuel b. Mošeh de civitate nova; Steinschneider Cat. Mich. p. 375 (1524) Šemuel de Castel Novo.

[3]) Wolf. III. 2134.

[4]) Er ist wohl der Šemuel de Castel in Berliner Magazin I. 104.

Rossi an, dessen zierliche Madrigals in einer Handschrift der Bibliothek
der kgl. Akademie di Santa Cecilia erhalten sind. [1]) Er lebte in den
Jahren 1590—1610 in Rom.

Vermutlich um dieselbe Zeit tritt, vielleicht von Männern wie
Israel Seruk, Izḥak Lurias Sendboten nach Italien, mit fortgerissen, der
einzige einigermassen bedeutende aus Rom stammende Kabbalist, der
Schüler des Ahron Ha-Lewi: Abraham b. Eliah, Sohn des Richters
Lewi Fiches (פיקם), auf. Die Vorrede seiner kabbalistischen Abhandlung über den geheimnisvollen Wert der einzelnen Buchstaben, welcher
er den Namen „Das Buch der Krönlein" (ס'התגין) gab, beendete er
1597 zu Loveno (לאווין) in Italien. Der Vorrede des Verfassers folgen
Vorbemerkungen eines Enkels desselben, 'Aẓriel Fiches b. Jehuda Leo
(ליוא) aus Perugia, welcher im Jahre 1618 zu Perugia eine Abschrift
des „Buches der Krönlein" vollendete. [2])

Von den Gemeinderabbinern der Zeit ist nur wenig bekannt. Im
Juni 1617 legte der רב הקהל Ḥananel Sforno das erste Gemeindebuch an, das er bis 1619 führte, wo er Rom verliess. Von da an
führte David b. Ḥananja die Protokolle. Seit 1620 funktionierten die
4 oben genannten Rabbiner, von denen ein jeder 3 Monate hindurch
Protokollant der Congrega war. Das Rabbinat des Arztes Abraham
di Cammeo, der am 22. April 1618 gewählt wurde, scheint von ganz
kurzer Dauer gewesen zu sein. [3])

Die erste wieder besonders hervortretende literarische Persönlichkeit in der römischen Gemeinde ist dann der Rabbiner Rafael Ḥiskia
Manoaḥ Corcos. Im Jahre 1620 wurde er zum Gemeinderabbiner gewählt. Fast dreissig Jahre, bis zu seinem Tode, hat er dieses Amtes
gewaltet, welches durch ihn wieder etwas von dem früheren Glanze
erlangte. In einem erhaltenen Schreiben vom 29. Dezember 1624
machte er Pelegrin Sanguinetti in Modena anlässlich der dort angeordneten Bücherinquisition Mitteilung von dem päpstlichen Breve vom
17. April 1593 und dem Dekret der Indexkommission vom 24. August
1596. [4]) Als Nathanael Trabotti durch sein grosses Werk über die
rituellen Bäder der Frauen (1628) eine grosse Anzahl Gegenschriften
aus allen Teilen Italiens heraufbeschwor, war es eben Manoaḥ Corcos,

---

[1]) Ettore Natali. 176.

[2]) cod. Oxf. 1441.3, 2294. Die Jahreszahl wird wohl wegen des Enkels nach dem
angegebenen Verse (נור אלהיו על ראשו) 5357 (נ"ו"ר ע"ל) sein müssen. Vgl.
Cassel, Juden 161; Beniakob אוצר הספרים ח. 29 S. 615; אור החיים (1891) No.
207 S. 105.

[3]) Berliner II. 2 S. 54.

[4]) Stern S. 181.

der durch seine Entscheidung für Nathanael die heftige Erregung beschwichtigte. [1]) Das Gemeindebuch nennt ihn „den berühmten Richter, den Erhabenen, den grossen, in seiner Zeit einzigen Rabbiner, dessen Name in alle Teile Italiens und über dessen Grenzen hinausdrang." [2]) In seinen Entscheidungen, z. B. bei der Erörterung, dass das Leder zu den Gebetriemen dazu eigens gegerbt werden müsse, zeigt er sich als ein scharfer Pilpulist. [3]) Im cod. Oppenh. Add. Qu. 1. f. 78—84 finden sich Mitteilungen von ihm (aus den Jahren 1616—1619) und von Semuel b. Abraham Corcos (c. 1625). [4]) Sein Grabredner wandte auf ihn mit Anspielung auf die Anfangsbuchstaben seines Namens (קודקוס 'מנח 'הזקיה' = קק"מ" Mehl) ein altes Witzwort „Wo kein Mehl (kein Lebensunterhalt) d. h. H. M. Corcos, giebts auch keine Gotteslehre" an. [5]) Ihm zur Seite standen die drei hervorragenden Gemeindevorsteher Mordkhai Toscano, Hajim Natronai und Rafael Jair, denen im Jahre 1642 die zweite Ausgabe der תפלות ישרים (Venedig) gewidmet wurde, an deren Durchsicht wohl Rafael mit Teil genommen hat. [6]) — Über die Stellung, welche Josef Romi, der Verfasser des ליל הסמין in der Gemeinde eingenommen, sind wir nicht unterrichtet. Er war der Schüler des Leon da Modena, welcher zu dem erwähnten Werke ein einleitendes Gedicht verfasst hat. [7]) Von einem anderen Römer, Mošeh b. Izhak ha-Khohen Rapa, wissen wir nur, dass er 1625/26 ein grösseres Werk „Heilmittel und Heilungen" verfasst (oder nur abgeschrieben?) hat, welches handschriftlich erhalten ist. [8]) Am 14. August 1650 stellte Ahabah Khohen (25 Jjar 1660) nach dem Hinscheiden Rafael H. M. Corcos' den Antrag, neue würdige Lehrer zu berufen. Die von der Congrega Erwählten waren Izhak b. Mošeh Padua, Jošua b. Izhak Menaghen, der Arzt Hananjah b. Rafael Modigliano und Mošeh b. Josef Babo. [9])

---

[1]) אור החיים (1891) No. 1145 p. 564; Basnage Histoire l. 7. cap. 8, S. 239 giebt hierfür das Jahr 1644. Die Bemerkung bei Conforte קורא הדורות p. 47a ובזמן ההוא היה ברוכה הרב ר' סנח קורקוס scheint sich auf dieses Ereignis zu beziehen.

[2]) Berliner, Aus schweren Zeiten 12.

[3]) שו"ת באר עשק § 86. S. 99b vgl. § 10.

[4]) Berliner, a. a. O.

[5]) Bartolocci III. 824.

[6]) Steinschneider. Catal. Bodl. p. 1355.

[7]) בחינת הקבלה in (ed. Reggio) חיי יהודה S. XII.

[8]) cod. Merzbacher 82 mehr als 200 Blatt. Er ist wohl mit dem Schreiber von cod. Rossi 1210 nicht zusammenbringen.

[9]) Berliner II, 2. S. 55.

Unter Manoaḥ Corcos' Rabbinat wurde in Rom der bereits erwähnte weitberühmte Jàkob Zahalon als Sohn des Izḥak Zahalon 1630 geboren. Mitglieder der Familie Zahalon weilten schon seit längerer Zeit in Rom.[1] Sie gehörten zur Gemeinde der vereinigten Synagogen der Catalani und Aragonese.[2] Jàkob widmete sich neben talmudischen auch medizinischen Studien und erlangte an der römischen Universität den Doktorgrad der Philosophie und den Titel Artium ac Medicinae doctor.[3] In jungen Jahren sollte er bereits seine medizinischen Kenntnisse verwerten. Im Schreckensjahr der Pest von 1656—57 hat er sich opferfreudig, treu seinem Berufe, den Kranken der Gemeinde gewidmet. An seiner Seite standen der Arzt Šemuel Gabbai und dessen Vater Mordkhai[4], Ḥanania de Modigliano, Gabriel dell' Arricia und ein Vetter Jàkobs namens Izḥak Zahalon, der seinem Berufe in diesem Jahre zum Opfer fiel.[5] Trotz seiner damals offenbar angestrengten ärztlichen Thätigkeit vernachlässigte Jàkob seinen seelsorgerischen Beruf nicht. Mehrmals, unter anderem am 18. November 1656, predigte er, da die Synagogen geschlossen waren, von einem Fenster aus dem auf der Strasse versammelten Volke. Seine Gemeinde erhöhte denn auch im Jahre 1656 sein Jahresgehalt als Prediger und Sekretär von 40 auf 46 Scudi. Noch im Jahre 1680 war er Protokollant.[6] Als am 20. Khislew 1661 die Congrega die Wahl von Lehrern zur Erhaltung der Gotteslehre beschloss, berief sie ihn neben Mošeh b. Šalom Fes Fiori (Passapaire?) und Elišā b. Josef Menaghen.[7] Jàkob ist einer der ersten in Italien gewesen, welche den synagogalen Wert der Predigt erkannt haben. Am Anfange seiner „Köstlichen Perlen" (מרגליות טובות), in denen er Beḥai b. Josefs tiefsinniges Werk „die Herzenspflichten" auf dreissig Abschnitte (für die dreissig Tage des Monats) verteilte, zu denen er eigene Gebete hinzugefügt, findet sich ein schönes Gebet für Prediger, aus dem die Seelengrösse des Verfassers und die

---

[1] Bartolocci I. 33. Ihr gehörte Mošeh ben Abraham Zahalon an, der 1496 eine Schrift des Mordkhai Comtino kopierte (Jonas Gurland, Kurze Beschreibung der ... hebr. Handschriften der Firkow. Samml. in der Kaiserl. Bibl. zu Petersburg 1866 S. 6 No. 345). und im 16. Jahrhundert Abraham b. Izḥak Z., der in Bagdad das ישע אלהים (Venedig 1595) und das יד חרוצים vollendete. Über ihn auch Nepi-Ghirondi חולדות גדולי ישראל S. 33. No. 72.

[2] So in cod. Oxf. 2268.1.

[3] Bartolocci I. 33, III. 852; vgl. Carmoly, Rev. or. II. 267.

[4] Das. 893 f.

[5] אוצר החיים (Venedig 5443).

[6] Berliner II. 2 S. 192.

[7] Das. S. 55.

hohe Achtung vor seinem Berufe wiederklingt.[1]) In seinem אור הדרשנים
(auch קול יעקב genannt) stellt er eine förmliche jüdische Predigtlehre
auf. Ausser seinen in Rom gehaltenen Predigten, denen er den Namen
„Wahrheit schenke Jâkob" gab, sammelte er seine Vorträge über das „Höre
Israel" (unter dem Titel שובו אלי) und über Daniel (דרושים על דניאל).
Seine biblischen Kommentare zu Ješâia (ישועות יעקב)[2]), zu Kohelet
(קהלת יעקב) und zum Hohen Liede (צהלה ורנה) tragen einen meist
homiletischen Charakter. Zu ihnen kommen noch seine philosophischen
Schriften, ein hebräisches Kompendium des Thomas von Aquino[3]), sein
„Himmelsschatz" (אוצר השמים על חכמה האלהית הלימודית) und eine
polemische Schrift „Jâkobsschlacht" (מלחמת יעקב).[4]) Bis nach 1680
ist Jâkob als Morenu[5]) (Rabbiner) in Rom geblieben. Da erhielt er
einen Ruf nach Ferrara, dem er auch Folge leistete. 1682 ist er bereits Rabbiner der dortigen Gemeinde.[6]) Von da an datiert seine
rabbinisch halachische Thätigkeit. Dort beantwortet er unter anderem
eine rabbinische Anfrage des Mikhael Jeḥaja aus Lugo[7]), erteilt er
eine Haskhamah[8]) und entscheidet er 1689 eine talmudische Frage.[9])
Andere rabbinische Gutachten Jâkobs enthält die handschriftliche
Sammlung שו״ת עפר יעקב.[10]) Sein Kommentar auf die drei ersten
Traktate des Jad Ha-Ḥazakah (מורשה קהלת יעקב) ist noch in Rom entstanden. Zum Teil auf früheren Sammlungen beruht sein grosses
medizinisches Werk, der „Lebensschatz", das seinen Ruhm begründet
hat. In dreizehn Büchern behandelt er, oft in der eingehendsten
Weise, seinen Arzneimittelschatz und entwickelt die reichsten
chirurgischen und medizinischen Kenntnisse mit scharfer Beobachtung
der Prognose und der Folgen der Krankheiten. Es ist ein Werk,
welches verdient, von berufener Hand in eine moderne Sprache übersetzt zu werden. Einige Auszüge aus dem 1683 in Venedig gedruckten

---

[1]) ed. Venedig 1665; zweite vermehrte Ausgabe Frankfurt a/M. 1708 vgl.
Zunz, Gottes. Vorträge d. Juden 447. Anm. g. Es enthält auch die 613 Gebote.

[2]) Handschrift im Besitze des Dr. med. Ascarelli in Rom. 404 Blatt. Jewish
Quarterly Review V, 697.

[3]) Wolf I. 600f., Steinschneider Cat. Bodl. 1265f., Hebr. Übers. 483.

[4]) Nepi-Ghirondi a. a. O. 129. 131. No. 11.

[5]) Bartolocci I. 33.

[6]) פחד יצחק s. v. עוקר p. 79 b.

[7]) Das. ב (Venedig 5510) p. 36 a.

[8]) Das. ס p. 136 a.

[9]) Das. s. v. עוקר p. 80 a.

[10]) Nepi-Ghirondi a. a. O.

...ssenschaftlich erhalten.[1]) Unbekannt ist der In-
... des Jakobszelt" (אהל יעקב).[2]) Er ist nach der
... seines Mordkhai am 18. September (17. Elul) 1693 in
... . Sein Sohn war auch sein Amtsnachfolger, in
... am 30. November 1748 in hohem Alter starb.[4])
... Nachfolger des Manoaḥ Corcos im Rabbinate wuchs
... noch mehr. Rabbi Šabtai b. Mordkhai Panzieri
... (פינצוירי. פאנסירי. פאנצוירי.) stammte aus einer por-
...Familie in Konstantinopel. Ein Glied derselben, der
... Kabbalist Efraim, war von dort um 1620 nach Damas-
...men. Schon früh (sicher vor 1539) sind Mitglieder der
... nach Rom gekommen.[5]) Šabtai treffen wir jedenfalls im Jahre
... als Rabbiner in Rom. In diesem Jahre richtet er an Semuel
...Anfragen wegen einer dem Kommentare R. Nissims wider-
... henden Stelle im Alfasikommentare[6]), dann wegen eines Citates
... dem Jerusalemischen Talmud im Nissimkommentare[7]) und schliess-
...wegen einer strittigen Stelle desselben Erklärers.[8]) Er wandte
... an Semuel Aboab als Autorität in der genauen Erklärung der

[1]) cod. Oxf. 2085. 2.

[2]) cod. vat. hebr. 466; s. Angelo Mai Scriptorum veterum nova collectio e
vaticanis codicibus edita V. p. 85. Ob mit אוצר החיים identisch (Steinschneider)?

[3]) Wolf III. 509.

[4]) Vgl. עמדי העבודה S. 199, Zunz Monatstage 64. In Ferrara zeichnet er
1711 (s. v. קדושי p. 102b); 1718 (das. s. v. עלילה p. 94a); 1720 (das.
'ח p. 16a, 17a); 1726 (das. 'ס p. 43a); 1727 (das. 'ח p. 16a, 'ב p. 20b); 1728
(das. 'ס p. 87b, p. 118b, p. 149b); 1730 (das. 'ח 16a); 1731 (das. 'ח p. 20a); 1741
(das. 'ב p. 5a). Verfasser des מציץ ומליץ (Venedig 1715) und (?) der Eulogie zu
מפתח ערוך (Metz 1777).

[5]) Conforte קורא הדורות p. 42a, Carmoly Rev. or. II. 285. Mitglieder der
Familie delli Panzieri damals in Rom:

Mošeh	Šabtai	Izhak; dessen Gattin Piacentina st. 1561
		(Berliner II. 2. S. 193)
Jedidia	Mošeh	David	Mordkhai, Jomtob, Šabtai, Mošeh
12. Nisan 1539	15. XII. 1580, 7. VI. 83		Šabtai	1617
	Šemtob	Semuel		(Berliner II. 2. S. 56.)
	2. IX. 1601,	29. IX. 1602,		
	22. VII. 1603	1. VIII. 1604		
	1616	1617		

In cod. 20 Casa de'Neofiti 1471 Šelomoh b. Immanuel דליהנצירי (l. delli Panzieri,
Sacerdote S. 173).

[6]) שרח דבר שמואל Nr. 73.

[7]) das. Nr. 74.

[8]) das. Nr. 77.

talmudischen Schriften R. Nissims, zumal dieser erst jüngst einen Teil derselben (המדיר 'פ, 7. Abschnitt des Tr. Khethuboth) eingehend kommentiert hatte. Ebenso stand Sabtai mit Jehiel Finzi aus Florenz in literarischem Verkehr. Unter anderem erteilte er einer Entscheidung desselben seine Zustimmung. [1] Interessant für die römischen Verhältnisse ist ein Responsum von ihm in den handschriftlichen „Responsen italienischer Rabbiner" (השובות רבני איטלייא). Dasselbe beschäftigt sich mit der Steuerabschätzung der Gemeinde. Sabtai spricht sich in demselben durchaus gegen die beabsichtigte Einführung der Selbsteinschätzung mit eidlicher Bekräftigung aus und tritt für den bisherigen Abschätzungsmodus der Steuerrepartition durch sieben angesehene Gemeindemitglieder ein. [2] Eine ähnliche Entscheidung Sabtais, der noch Josef b. Selomoh Fiametta beitritt, findet sich in der Gutachtensammlung des Mathithja Ferni. [3] Sabtai Pansieri hat wohl bereits in hohem Alter Rom verlassen und sich in Sinigaglia um das Jahr 1684/85 niedergelassen. Wenigstens richtet in dieser Zeit Semuel Aboab an ihn dorthin eine Bitte um ein Gutachten wegen eines Schreibversehens in einer Pentateuchhandschrift. [4] Am 6. Mai 1685 wird er von der Congrega wieder aus Sinigaglia in das römische Rabbinatskollegium berufen. [5] 1682 lebte in Rom ein Samuele Ponsieri. [6] Vierzig Jahre später waren David (1720) und Semtob b. Semuel delli Panzieri (1721) Mitglieder der Congrega. [7]

Eine vielleicht noch bedeutendere Stellung nahm in der Gemeinde der Rabbiner Josua Menaghen (Salvator Sonatore) b. Jakob ein. Der Urahn Josuas, Abraham b. Eliezer המנגן hatte der römischen Gemeinde bereits 1545 angehört. [8] Dessen Söhne Josua (1586) und Josef (c. 1600) hatten in Rom eine bedeutende Stellung eingenommen. Der Enkel des ersteren war eben unser Josua. Er galt als der bedeutendste Talmudgelehrte Roms. Man nannte ihn den „Meister des Talmuds" und wandte auf ihn das Wort an, welches einst auf Moseh Maimuni gesagt worden war: „Von Moseh bis Moseh stand nicht seinesgleichen

---

[1] ש"ות הרמ"ז Nr. 39.

[2] Nepi-Ghirondi תולדות p. 333. Nr. 30.

[3] שו"ת שפת אמת p. 53—59.

[4] שו"ת דבר שמואל No. 305 (vgl. No. 288) und No. 306 über ein ähnliches Thema. Berliner II. 2, S. 55.

[5] Berliner II. 2, S. 55.

[6] Cod. Vat. Ottob. 2483.

[7] Berliner II. 2, S. 191.

[8] Mordkhai b. Abraham Farissol המנגן 1472 (Mortara, Indice alfabetico S. 39[1]).

auf." Seit dem 1. Jjar 1660 hatte er den Vorsitz im Rabbinat, dem er seit 1650 angehörte. Nach dem Hinscheiden Izḥaks b. Selomoh Giojoso (1668) war er auch Protokollant der Congrega mit einem Jahresgehalte von 50 Scudi. Am 2. Mai 1682 bat er um seine Entlassung, da er jetzt 70 Jahre alt sei. Die Congrega wollte seine Mitarbeit aber nicht missen und gab ihm zur Unterstützung in seiner amtlichen Thätigkeit den Rabbiner Jehuda b. Ḥananja 'Ezra zur Seite. Erst 12 Jahre später (1694) schied er ehrenvoll aus dem Rabbinat. [1] Auch er stand in besonders regem Verkehre mit Šemuel Aboab. Bereits um 1654 wandte sich Jošuä in einer eherechtlichen Frage an ihn [2], nach 1664 wegen eines Erbanspruchs. [3] Er ist es wohl auch gewesen, der sich für den Römer Abraham Mikhael Malakh in einer synagogalen Sache an Aboab wandte. Wenigstens wird sein Name in dem Responsum genannt. [4] Ein andermal richtete er in derselben Zeit wegen einer Verlobung unter ganz eigentümlichen Verhältnissen eine Anfrage an den berühmten Gelehrten. [5] Sonst ist nur wenig über Jošuä Menaghen bekannt. [6] Am 30. Mai 1674 stand er bei dem erstgeborenen Sohne Mordkhai des Arztes Šemuel b. Mordkhai Gabbai mit David Gatigno Pate. [7] Von höchster Wichtigkeit für die Entwicklung der Gemeinde sind seine Bemühungen und Vorschläge für die erste, bereits erwähnte, Pragmatica vom 28. Mai 1661. Jošuä Menaghen standen in richterlichen Obliegenheiten David b. Abraham de Cobo (מקדו?), Izḥak Sonino [8], Mošeh Nerni und Šemuel del Monte bei. [9] Der gleichnamige Enkel des Erstgenannten, welcher der weit verbreiteten Familie der Cobo [10] entstammte, gehörte noch im Jahre 1713/14 dem römischen Rabbinat an. [11] Er ist wohl der am 20. Šebat 1728 verstorbene und am folgenden Tage begrabenen David de Cobo. [12]

---

[1] Herliner II. S. 55.

[2] שו״ת דבר שמואל No. 78.

[3] Das. No. 90.

[4] Das. No. 128.

[5] Das. No. 291.

[6] תולדות גדולי ישראל S. 169. No. 66; a. a. Arch. st. della R. soc. Romana di st. p. 1894. 230.

[7] Bartolocci III. 895.

[8] Ein gleichnamiger Nachkomme von ihm ist 1720 Mitglied der Congrega (Berliner II. 2. S. 191).

[9] שו״ת דבר שמואל No. 291.

[10] Über mehrere Glieder derselben s. Jellinek קונטרס המספיד S. 4, 6, 21, 24, 28.

[11] מלחמות לה׳ p. 2.

[12] Berliner. Aus schweren Zeiten, Grabschrift 26, welcher de Cori (?) liest.

Jošuå wird von Tranquillo Vita Corcos in einer Entscheidung im Jahre 1713/14 ehrenvoll erwähnt. [1] Der vor 1675 verstorbene Schatzmeister der Talmud-Thoraschule Elîša Menaghen war ein Sohn seines Bruders Josef. [2] Ein anderer Sohn Josefs, der Rabbiner Vito Ḥajim Menaghen, der im Jahre 1692 mit den Fattori Šemuel Tedesco, Jakob Ascarello und Šemuel di Sermoneta ein Regolamento unterzeichnete [3], war auf Josuås Vorschlag 1691 mit Mošeh di Cavi und Abraham ben Mordkhai di Marina in das Rabbinat gewählt worden. [4] Der erstgenannte Fattore Šemuel Tedesco war bereits 1661 Vorsteher der Gemeinde gewesen. Mit ihm waren damals Mošeh Venafer und Jehuda Jair Leon b. Rafael Jair der Römer im Amte. Der letztere war auch mit der Durchsicht der תפלות ישרים (Venedig 1661) betraut. [5] 1693 wurde Mordkhai ben Šabtai dell'Aricia und Josef Castelnuovo ins Rabbinat berufen. [6] Neben den Genannten besass die Gemeinde in jener Zeit noch mehrere bedeutende Talmudisten. Joab (Jakob?) oder, wie ihn Bartolocci nennt, Dattilo b. Barukh delli Piatelli gehörte ursprünglich dem römischen Rabbinat an. Er war in der Gemeinde als Jugendlehrer thätig, als welcher er Jošuå Menaghen wacker unterstützte. [7] An Jakob Zahalons wissenschaftlichen Bestrebungen nahm er innigen Anteil. Unterstützten sie doch zu einem grossen Teile seine pädagogischen Bemühungen. Die „Köstlichen Perlen" und den Jad ha-Ḥazakahkommentar desselben Autors hat er mit einer Vorrede versehen. [8] Um das Jahr 1683 beschäftigte er sich mit einem Autorenverzeichnis der rabbinischen Responsen. Er ist als Rabbiner der Gemeinde Siena gestorben. [9]

Auf den Charakter eines anderen Rabbiners, Rafael de Latas (מלאטים), wirft das wenige von ihm Bekannte ein gutes Licht. Rafael war es, der sich an Šemuel Aboab mit der Anfrage wandte, ob es recht sei, sich die ganze Woche mit dem Studium der Gotteslehre zu befassen und sich dabei von anderen erhalten zu lassen, und ob es

---

[1] ראשית בכורי קציר p. 6a.

[2] S. אסף המזכיר Vorrede u. o. Josef M., der 1720 Mitglied der Congrega war (Berliner II. 2, S. 191), ist wohl sein Enkel.

[3] Berliner Magazin I. 96.

[4] Berliner II. 2, S. 56.

[5] Bartolocci III. 47, Wolf I. 429.

[6] Berliner das.

[7] Basnage, hist. IX. cap. 32. p. 896. Für Menahem l. Menaghen!

[8] Venedig 1665.

[9] Bartolocci III. 781; Zunz, Ges. Schriften III. 176.

nicht besser sei, selbst für seinen Unterhalt zu sorgen und sich nur am Sabbattage den frommen Studien zu weihen. Šemuel beschwichtigte seine Bedenken und erklärte ihm, dass es kein Unrecht sei, sich von der Gemeinde erhalten zu lassen und nur zu studieren. Allerdings möge er sich bei seinem Unterhalte nur auf das Nötigste beschränken und sich im Interesse der Gemeinde mit Lehre, Gottesdienst und Werken des Wohlthuns befassen.[1]) In Rafaels Besitz sah Bartolocci in Rom ein halachisches Werk des Josef Corcos.[2])

Ein anderer Römer R. Pinḥas Nieto (ניטו) befragte 1674 Šemuel Aboab über eine rituelle Angelegenheit[3]) und über eine verschobene Beschneidung.[4])

Ausser dem Fattore des Jahres 1675, Abraham Todesco [Aškhenazi][5]) (noch 1703) werden uns in demselben Jahre der Parnas der römischen Gemeinde und zugleich der Vorsteher der Talmud-Thoraschule Josef Kimḥi (bereits 1671)[6]) und David de Segni, der die gleichen Ämter inne hatte, genannt.[7]) Zu den Talmudgelehrten der Stadt in dieser Zeit gehört indirekt der Verfasser des אסף המזכיר, der grosse, nach 1672 in Florenz verstorbene Wohlthäter R. Zekharja b. Efraim Mahallalel de Porto aus Rom, von dem noch weiter die Rede sein wird.

Bereits unter dem Rabbinat des Vito Menaghen (1692) nahm Tranquillo (Manoaḥ) Vita (Ḥajim) Corcos b. Izḥak eine hervorragende Stellung als Prediger und Arzt in der Gemeinde ein. Wegen seiner

---

[1]) שו"ת דבר שמואל No. 138; vgl. Nepi-Ghirondi נ"י תולדות S. 309. No. 5

[2]) Bartolocci III. 821, Hebr. Bibliographie XI. 71 f.

[3]) שו"ת דבר שמואל No. 180.

[4]) Das. No. 192.

[5]) Bartolocci I. 135.

[6]) Basnage, Histoire IX. cap. 32. S. 896 (2. ed.)

[7]) אסף המזכיר Vorrede. Aus Segni (Familie ?) damals in Rom:

David		Elia ז"ל		Mordkhai
Mošeh	Benveniste	Šelomoh	Šabtai	Mazliah
11. IX. 82,	13. I, 19. IX. 85	28. VIII. 83,	5. VIII. 1603	23. IV. 1584
Jehuda		Siman Tob	Šelomoh	Ventura ז"ל
Izḥak	Šelomoh	Ahron	Ventura	Izḥak
7. IX. 83,	12. XI. 1600	14. I. 85	16. XII. 85, 5. VIII. 1603	28. IV. 1586
Šemuel	Elia יצ"ו	Barukh und dessen Frau Livia		
				12. VII. 85
Ahron	Mordkhai	Efraim		
23. I. 1600	8. XI. 1600, 2. IV. 1601	28. I., 23. V., 28. XII. 1603.		

Verwandtschaft mit dem Rabbiner Rafael Corcos war Tranquillo nicht
in den Gemeinderat berufen worden. Als aber Rafael um das Jahr
1692 starb, da war kein Hindernis zu seiner Berufung (12. Aug. 1692)
in den Rat der Gemeinde mehr da, zumal er ein Sohn der Tochter
des hochberühmten Rabbiners Ḥiẓkiah Manoaḥ Corcos war und ausserdem „in den Palästen der Fürsten und Prälaten, die ihn ob seiner
Weisheit liebten, tagtäglich aus- und einging". Von da an ist er un-
unterbrochen rastlos für seine Gemeinde thätig gewesen. Durch Wort
und That, durch Beispiel nnd Ermahnung war er unermüdlich auf
ihr inneres und äusseres Wohlergehen bedacht. Eine grosse Anzahl
vorzüglicher Einrichtungen in der römischen Gemeinde geht auf ihn
zurück. Schon im Jahre 1693 wird er auf der alten Friedhofsmauer
unter den Deputierten genannt, denen die Gemeinde die Verwaltung
der Wege auf dem Friedhof übergeben hatte. Eine Bittschrift wegen
des Mietzinses im Ghetto besitzt das römische Gemeindearchiv.[1]) Im
Jahre 1699 trat er dafür ein, dass jeder Jude testamentarisch frei
über seinen Besitz verfügen könne.[2]) Das Regolamento des Jahres
1703 unterzeichnet er als Rabbiner (seit dem 9. April 1702) mit den
Fattoren Abraham Tedesco und Emanuel Tedesco und dem Depositore
Giacobbe Caijat.[3]) Er ist es gewesen, der in dem von ihm 1719 neu
begonnenen Gemeindebuch die ständige Führung des Protokolls in
italienischer Sprache durchsetzte. Tranquillo war es, der gegen die
Hetzreden des Paolo Sebastiano Medici erfolgreichen Protest einlegte
und in einem Memoriale im Namen der Gemeinde von der Inquisition
ein Verbot gegen dessen verleumderische Schriften forderte.[4]) Auf
ihn ist zu einem guten Teile die Ermässigung des Mietzinses im Ghetto
um 12 % zu Gunsten der jüdischen Gemeinde zurückzuführen.[5]) Er
trat im Jahre 1705/6 offen und mutig der Blutanklage in Viterbo
entgegen. Er war es, der, um verschiedene thörichte Vorurteile zu
beseitigen, 1713 in Rimini eine Schrift „Betrachtungen über den Ge-

---

[1]) Berliner II. 2, S. 71.
[2]) Das. 72.
[3]) Berliner, Magazin I. 96. Aus schweren Tagen 14. Auch die Capitoli ordini
הורת ערבה vom 25. Dezember 1721 und die Pragmatica e Regola vom 12. September 1726 u. a. von ihm gedruckt.
[4]) Memoriale alla S. Congregazione del S. Uffizio per l'università degli Ebrei
(Roma 1697, 29 Seiten, klein 2°). Vgl. Berliner aus schweren Tagen 13 f. Wolf
III. 147, No. 457 d. Der Verfasser desselben ist nach Cinelli Bibl. vol XIV. p. 47 b
(Galleria di Minerva III. 275) Graziadio Cases.
[5]) Vgl. sein Memoriale vom April 1698.

brauch der Pfostenschrift" auf Verlangen des Generalinquisitors drucken
liess.[1]) Die den Juden übertragene Schmückung der Feststrasse bei
dem Possesso des neuen Papstes Innocenz XIII. geschah nach seinen
Angaben.[2]) Auf seine Supplik hin (1723) wurde der Fleischverkauf
im Ghetto definitiv geregelt.[3]) Noch im Jahre 1728 reichte er der
Inquisition in Sachen der Zensur der hebräischen Bücher eine Denkschrift ein.[4]) So ist Manoaḥ Ḥajim Corcos ohne Unterlass für seine
Gemeinde wie ein guter Hirt thätig gewesen. An allen ihren Schick-
salen, den freudigen und den traurigen, hat er den innigsten Anteil
genommen. Er starb in hohem Alter am 25. Tebeth (14. Januar) 1730.
Auf dem Sterbebette ernannte er noch vor der bei ihm versammelten
Congrega Josef di Palestrina und Sabtai di Segni zu Rabbinern.[5])
Nicht viel später, am 28. Adar 1730, starb sein Sohn Semuel Ḥajim,
der seit 1720 Mitglied des Gemeinderates gewesen war. Aus Manoaḥ
Ḥajims rabbinischen Entscheidungen spricht grosse Bescheidenheit und
fester Glaube an die altjüdische Tradition. Im Jahre 1713/14 appro-
bierte er mit Sabtai b. Izḥak de Pontecorvo eine Entscheidung des
Jakob Ulma.[6]) Es handelte sich damals um den Priestersegen im
Schlussgebete des Versöhnungstages. Über die Melodie dieses Segens
entspann sich dann zwischen Pinḥas Ḥaj 'Anaw und Immanuel Ricchi
aus Ferrara eine längere, literarische Kontroverse.[7]) Es zeugt von
dem grossen Ansehen, welches das römische Rabbinat unter seiner
Leitung genoss, dass der päpstliche Auditor in einer Prozesssache der
Gemeinde Sinigaglia vom römischen Rabbinat ein Gutachten (28. Juni
1724) einforderte. Neben Tranquillo Corcos unterzeichneten dasselbe
Josef di Palestrina, David di Cori, Jacobbe Treves, Abram Tedesco
und Moise Uzziel.[8]) Eine grössere Anzahl der rabbinischen Gutachten
Tranquillos stammt aus seinem letzten Lebensjahre.[9]) In einem der-

---

[1]) Spiegazione ovvero riflessione sopra l'uso delle pergamene scritte con
caratteri hebraici (Mose VI). Die Schrift zeigt, dass er kabbalistischen Spielereien
nicht abhold war.

[2]) Cancellieri, Possessi 350 ff.

[3]) Berliner II, 2 S. 79.

[4]) Berliner, Censur und Confiscation 23f., Aus schweren Zeiten 14.

[5]) Berliner II, 2. S. 81.

[6]) ראשית בכורי קציר f. 6ª.

[7]) מכת בכורות (cod. Oxf. 2188. 1 [1715] vgl. Hebr. Bibliographie VII. 84)
gegen תוספת בכורי קציר [gedruckt 1715].

[8]) Berliner II. 2 S. 80.

[9]) פחד יצחק s. v. ספק p. 118a; das. 119b die von ihm unterzeichnete
שו"ת מים רבים ,הסכמת ר"מ דק"ק רומא XIV. 8. Die in שו"ת כרף ע"ר p. 87a

selben unterzeichnet er als „Stadt- und Schulhaupt der heiligen Gemeinde Rom".[1]) In diesem Jahre wandte sich auch Tranquillo in einer Eheangelegenheit an die päpstlichen Gerichte. Es handelte sich um die Schliessung einer ungültigen Ehe in Pesaro, wegen der die Gemeinde dieser Stadt von Jerusalem aus in den Bann gethan worden war. Die Entscheidung der unerquicklichen Angelegenheit wurde Tranquillo übergeben, der von den päpstlichen Gerichten dazu die Erlaubnis, nach jüdischem Rechte zu entscheiden, erhalten hatte. 120 Jahre später ist seine Entscheidung auf Wunsch eines römischen Rabbiners ins Italienische übertragen worden.[2]) Interessant ist sein „Akademisches Zwiegespräch", das am Purimfeste des Jahres 1710 von seinen Schülern vorgetragen wurde. Die einleitenden Worte dazu sprach sein Sohn Šemuel Corcos.[3]) Seine Kollegen im Rabbinat waren Izḥak de Castelnovo (s. w.) und Šemuel del Monte, seit dem 3. Januar 1703 auch Izḥak Sonino (st. 23. Jan. 1731). Im Jahre 1724 rühmt ein jüdischer Reisender, Abraham Levi aus Amsterdam, Tranquillo als Arzt und Meister der lateinischen Sprache.[4])

In eine grössere religiöse Streitigkeit hat sich Tranquillo Corcos nicht gemischt, wohl aber sein Bruder Ḥizkiah Mošeh Ḥajim b. Izḥak Corcos. Aus Safet kam ein seltsamer Almosensammler nach Europa, Neḥemja Ḥaja Ḥajun. Bald tauchte er in Italien, bald in Deutschland, Holland und Polen auf. Überall predigte er seine neue Religion, liess da und dort oft unter recht zweifelhaften Umständen seine Schriften über dieselbe drucken und begründete sich eine Position auf der Dummheit und der Gläubigkeit seiner Glaubensgenossen. Er war noch einer von den verstreuten Anhängern Šabtai Zebis, der, vielleicht gar aus Überzeugung für denselben, allerorten Propaganda machte und sich in jüdischen Kreisen in ganz Europa Anhänger warb. Dabei ging er so schlau und vorsichtig zu Werke, dass er die frömmsten

---

erwähnte Bestätigung einer Entscheidung des Josef Fiametta in Ancona ist an der angegebenen Stelle (שו"ת משאת משה 1. p. 120) nicht zu finden.

[1]) שו"ת שמש צדקה zu Eben ha-'Eẓer f. 11 a. Das. ist für 5494: 5489 zu lesen, s. Nepi-Ghirondi תולדות גדולי ישראל S. 105. Die Dissertazione scritta in forma di lettera all' Ebreo Tranquillo Corcos dal P. I. E. D. M. S. M. 1772 (Vessillo 1883 314) wendet sich an den Rabbiner Manoaḥ Corcos in Siena; vgl. שו"ת זרע אמת p. 91 b No. 87 ad. Oraḥ Ḥajim.

[2]) שו"ת כרך של רומי No. 17 p. 63 b.

[3]) Berliner II, 2. 75; vgl. 81.

[4]) Letterbode XI. 110. Het verhaal van een reis door en groot gedeelte s. a. REJ XXVI. 267 ff.

und gelehrtesten Rabbiner über seine Absichten zu täuschen verstand,
und sie mit in das Netz seiner zweifelhaften Unternehmungen hinein-
zog. Seine Absicht war, nachzuweisen, dass auch das Judentum einen
dreieinigen Gott lehre. Von allen Seiten erhob man sich gegen eine
derartige lästerliche Lüge. Dennoch gelang es ihm, in Venedig mit
einer Empfehlung des dortigen Rabbinats einen Auszug aus seinen
Hauptwerken drucken zu lassen, was ihm in Smyrna unmöglich gemacht worden war.[1]) Vom Berliner Rabbinat (Naftali Ha-Khohen)
wusste er sich eine Approbation für sein grosses kabbalistisches Werk[2]),
von Prag, Nikolsburg, Berlin (Königsberg) und Glogau für seinen
phantastischen Pentateuchkommentar zu verschaffen.[3]) Das ging so
weit, dass er auf rabbinischer Seite sogar eifrige Verteidiger fand,
selbst nachdem seine wahren Absichten aufgedeckt waren. Neḥemja
wandte sich dem Orient zu, wo er in hohem Alter (1733) seinen Tod
fand. In Europa tobten aber die Streitigkeiten über die Schriften
des Abenteurers weiter. Fest und energisch traten Zebi Aškhenazi
aus Amsterdam und Mošeh Chagis gegen seine Irrlehren auf und
sprachen über ihn den Bann aus. Die Irrlehren selbst widerlegte
David Nieto im Fuego legal. Eine grosse Anzahl jüdischer Gemeinden
traten ihrem Schiedsspruche bei. Unter ihnen war auch die römische.
Bereits am Freitag, den 20. Khislew 5474, und dann am 27. Tebet
desselben Jahres unterzeichnete das römische Rabbinat die Zustimmungs-
erklärungen zum Banne gegen Neḥemja. An erster Stelle unterschrieb
Izḥak b. Mordkhai de Castelnovo, darauf der schon erwähnte Ḥizkiah
Mošeh Ḥajim b. Izḥak Corcos und Šabtai b. Izḥak. Ihnen schlossen
sich Jĕuda b. Mordkhai Piatelli, David b. Abraham de Cobo und
Jakob b. Josef Treves[4]) (st. 10. Ijar 5487)[5]) an.

Etwa um dieselbe Zeit war der als Dichter bekannte Menaḥem
Rafael de Cracovia (קרקוביא) aus Venedig in Rom. Während seines
Aufenthaltes in dieser Stadt richtete er eine halachische Anfrage an
Simšon Morpurgo in Ancona.[6])

Unter dem Rabbinat des Tranquillo Vita Corcos trat in Rom eine
der interessantesten wissenschaftlichen Erscheinungen der jüdischen

---

[1]) ס' רזא דיחודא Venedig 1711. (Approb: von Šelomoh b. Ješaiah Nizza,
David b. Šelomoh Altaras und Rafael b. Šelomoh de Silva).

[2]) ס' עוז לאלהים Berlin 1713.

[3]) ס' דברי נחמיה das.

[4]) ס' לחישת שרף p. 11 a. ס' מלחמה לה' וחרב לה') p. 2, p. 46 und

[5]) Berliner, Aus schweren Zeiten, Grabschrift 20.

[6]) שמש צדקה I. 9.

Literatur auf, die noch lange nicht die Würdigung finden konnte, die
ihr gebührt. Sabtai Ambron (עמרן) ist der Name dieses ganz eigentümlichen Mannes, der ein Märtyrer der Wissenschaft gegen Pfaffengeist und Intrigue geworden ist. Über seine Lebensschicksale sind
wir nicht unterrichtet. Männer mit seinem Familiennamen sind bereits
mehrere genannt worden. Mitglieder der Familie „Embron" werden
bereits 1492 genannt.[1]) Semtob Ambron (1539) und Zerabia Ambron
(1536) sind die beiden zuerst in Rom erwähnten Mitglieder der Familie. Ein Jehuda b. Semtob Ambron zeichnet am 26. Oktober 1550
in den Akten. Jakob Ambron war 1618 Vorsteher des Aussteuervereins.[2]) Im Jahre 1682 treffen wir Leone Ambron in Rom.[3]) — Im
Jahre 1710 kündigte das Giornale de' Letterati in Venedig das Erscheinen eines ausführlichen Werkes über ein neues kosmographisches
System an, in dessen Anfang bewiesen werde, dass die Erde oval sei.
Der in Leipzig erscheinende „Neue Bücher-Saal der Gelehrten Welt"
verbreitete diese Nachricht weiter in Deutschland. Es war das grosse
Werk des Filosofo ebreo Sabbato Ambron aus Rom. Nicht viel später
war das Giornale in der Lage, Ausführliches über das betreffende
Werk zu melden, dessen Titel Pancosmosophia war. Es zerfiel in
vier Teile. Der erste, die Tesigraphia, setzte vor allem die philosophischen und astronomischen Axiome des Verfassers auseinander (de
praepositionibus) und widerlegte aus der Beschaffenheit der Elemente
und der Planetenbahnen die Ansicht des Ptolemaeus, Copernicus und
Tycho de Brahe, dass es mehr als eine Welt gäbe (de confutationibus).
Auf der so gefundenen Grundlage baute sich der zweite Teil, die
Ichnocosmographia seu de Speculationibus auf. In ihm gab Sabtai
die eigentliche Auseinandersetzung seiner Ansichten. Er beschrieb
die Peripheria solida und die anderen Teile der Welt, welche das
Universum bilden. Das Weltgebäude habe semielliptische Form; es
stehe auf dem äussersten Rande der Peripherie, welcher die Endgrenze alles Erschaffenen sei. Das Firmament des Himmels sei ein
Solidum, auf dessen Strassen die Planeten wandeln. Es stütze sich
auf allen Seiten auf den äussersten Rand der Erde. Der Lauf der

---

[1]) REJ. IX. 70. 74 Jacob E. et Salomon E. eius filius.

[2]) Berliner II. 2. S. 57.

[3]) Cod. ms. Vat. Ottob. 2483. Ferner Gabriel und Barukh A. im Anfang des
17. Jahrhunderts; 1720 Gabriel; 21. Juni 1737 Alexander; auf Kosten des Hizkiah
b. Gabriel A. wurde in Venedig 1775 das Buch שערי התשובה für die Morgenandachten in der Catalana und Castigliana gedruckt (Berliner II. 2, S. 90, 136,
191, 192).

Planeten sei gemischt (mixtus) oder spiralisch, nie aber circularis verticalis. Das zeitweilige Verschwinden der Sonne und der Planeten (d. h. am Tage, bez. in der Nacht) rühre von einem optischen Effekt, aber nicht von der dazwischenstehenden Erdkugel her. Nur die Sterne der achten Sphäre und die Planeten, unter ihnen auch der Mond hätten eigenes, nicht von der Sonne herrührendes Licht. Ein dritter Teil des Werkes, die Empireographia seu de suppositionibus, handelte von der unsichtbaren Welt, oder wie er sie nennt, vom Freudenhimmel (empireo) und dessen Herrlichkeit, von der Hölle und ihren Strafen. Den Schluss der Cosmographia bildete eine genaue Erklärung der 100 dem Werke zur Veranschaulichung beigefügten grossen Kupferstiche, welche den Namen Ichnographia seu de expositionibus trug. Das ganze Werk scheint stark von kabbalistischen und altjüdischen kosmo- logischen Anschauungen beeinflusst gewesen zu sein. Das Gesamt- werk war schon früher von Šabtai als Historia omnium Systematum coeli verfasst, jetzt aber bedeutend erweitert worden. Schon hatte der jüdische Gelehrte die Kupferplatten stechen lassen und das Werk Philipp V. gewidmet, da untersagte die römische Inquisition dessen Drucklegung bei harter Strafe. Es sollten in dem Werke an- geblich Sachen enthalten sein, die den Lehren der christlichen katho- lischen Religion widersprächen. Šabtai Ambron wandte sich nach Venedig, um dort den Druck durchzusetzen. Allein auf Veranlassung des päpstlichen Nuntius Mattei, des Erzbischofs zu Fermo, verboten ihm das die Reformatori dei Studii. Šabtai war dem gegenüber rat- los. Da erfuhr er, dass man in Deutschland sein Unternehmen auf- merksam verfolge, und übersandte sein Manuskript mit den Platten dem Verleger des „Neuen Bücher-Saals der gelehrten Welt" in Leipzig. Dieser versprach auch dasselbe zum Drucke zu befördern. Das- selbe ist aber auch in Leipzig nicht gedruckt worden. Vielleicht hatten es die geistlichen Behörden Roms verstanden, die Schrift des Juden gänzlich zu unterdrücken. Sie verschwindet seitdem gänzlich. Von Šabtai war noch weiterhin auch in Deutschland die Rede, als er sich an die Ausarbeitung einer grossen Bibliotheca Rabbinica machte. Sie sollte vor allem Bartoloccis Vorurteile beseitigen und seine Fehler verbessern, „dass man sich also ein vollkommenes Werk versprechen könnte". Bei seinen Arbeiten unterstützten ihn ein weitverzweigter literarischer Verkehr, die zahlreichen, ihm zugänglichen römischen Bibliotheken und mehrere jüdische Gelehrte. Auch dieses Werk ist Manuskript geblieben. Vielleicht hat ein plötzlicher Tod den Ver- fasser verhindert, an dasselbe die letzte Hand zu legen. Im Jahre

1720 war Šabtai Mitglied der Congrega.[1]) Sein Leben ist ein trauriges
Bild aus einer unseligen Zeit. Welchen Schmerz muss der geistig so
rührige und gewiss auch hochstehende Mann unter solchem Drucke
empfunden haben! Es wäre schön, könnte man seine Werke auffinden
und die Ehrenschuld tilgen, die ihm vor dem Richterstuhl der Wissenschaft und der Menschlichkeit gebührt.[2])

Šabtai Ambron ist für eine lange Zeit die letzte bedeutende lite-
rarische Persönlichkeit der römischen Gemeinde. Aus der Folgezeit
sind uns eigentlich nur Namen und auch diese nur spärlich erhalten.
Ein römischer Jude Rafael Luzzati, der Sohn des Doktors der Philo-
sophie und der Medizin Izḥak, wurde am 4. Mai 1717 zu Padua als
Arzt diplomiert.[3]) Nicht viel später (c. 1730) studierte ein anderer
Römer, Elia Concili, ebenfalls in Padua Medizin. Anlässlich seiner
Doktorpromotion feierte ihn Mošeh Ḥajim Luzzatto in einem Gedichte.
Elia liess sich in Livorno nieder.[4]) Auch keine bedeutendere talmudische Autorität in der Gemeinde ist aus diesen Jahren bekannt. In
den rabbinischen Gutachten des Rabbiners von Reggio, Ješâia b. Israel
Ḥizkiah Bassani, welche sein Sohn Israel Beniamin edierte, findet sich
eine Entscheidung Malakhi b. Jakob Khohens in einem sich in Rom
abspielenden Civilprozesse vom Nisan 1732. In derselben werden zwei
Richter (Rabbiner), der verstorbene Jákob Ješurun Lopez und der verstorbene Šemuel da Costa erwähnt.[5]) Eine andere Anfrage aus Rom
entschied Ješâia Bassani am 27. Šebat 1738 von Reggio aus selbst.[6])
Einen grösseren Ruf scheint der römische Rabbiner Šabtai b. David de
Segni besessen zu haben. Er wird als weise, fromm und bescheiden gerühmt. Am 3. Tebeth 1741 approbierte er mit vielen anderen italienischen Rabbinern die florentiner Ausgabe von Meïr b. Todros Abulâfias
מסורת סייג לתורה. Beim Erscheinen des Werks im Jahre 1750 war

[1]) Berliner II, 2. S. 191.

[2]) Giornale de' Letterati d'Italia, Tomo secondo, Anno 1710. In Venezia
p. 521—24; Neuer Bücher-Saal der Gelehrten Welt, Leipzig 1710 (1712) II. 180,
IV. 328ff.; das. Drittes Jahr, Leipzig 1713, XXV. 66, XXVI. 143; Journal des
Savans 1712. Nov.; Wolf I. 1022; Nepi-Ghirondi תולדות גדולי p. 328. No. 35; vgl.
Koecher, Neue hebr. Bibl. II. 268; Fürst Bibliotheca III. 183; Benjakob אוצר
הספרים No. 181, ס No. 456.

[3]) אגרות שד"ל p. 785: Im Diplom heisst er Raphael Luzzati Hebraeus romanus das. p. 815.

[4]) Rev. or. II. 122. 477.

[5]) ס' תודה שלמים No. 11, p. 73a.

[6]) Das. No. 10 p. 71b.

Sabtai nicht mehr am Leben. [1] Seine Nachfolger im Rabbinat waren Sabtai Izḅak Fiani und Mikhael Ḥajim di Segni (Sienne?). [2] Für den Erstgenannten hat Jåkob Selig, der Anwalt der Juden von Jampol, in einem Schreiben einige halachische Fragen erörtert. Šabtai Fiani hat opferfreudig sein ganzes Ansehen zur Unterstützung Seligs eingesetzt. Selig wusste viel von seinem ausserordentlichen Ansehen am päpstlichen Hofe und bei den Grossen Roms zu erzählen. [3] Vom 11. Dezember 1742 an war er gegen eine jährliche Remuneration von 15 Scudi Protokollant der Congrega. Am 31. Juli 1747 wurde ihm Vitale di Castro als Schriftführer beigegeben. [4]

Von da an hat die römische Gemeinde bis zum Ende des 18. Jahrhunderts keinen hervorragenden Rabbiner gehabt. Die Musen der Dichtkunst und der Wissenschaft schienen sie gänzlich verlassen zu haben. Kaum ein einziges Aufflackern des verlöschenden Geistes ist mehr in Rom zu erspähen. Die grossen Sorgen des Daseins hatten den Keim geistigen Lebens fast gänzlich erstickt. Noch am Ende des Jahrhunderts erhielt ein römischer Jude, Giuseppe Castelli, den römischen Doktorgrad der Medizin (18. Dezember 1797). [5] Denselben haben wohl auch vorher noch manche gebildete Jünglinge der römischen Gemeinde erreicht. Erwähnung verdient noch ein Hochzeitsgedicht des römischen Rabbiners und Elementarlehrers (מלמד תינוקות) Abraham b. Jåkob 'Anaw. Es ist ein Wettstreit in der Form eines Dialogs zwischen Jiftaḥ und den 'Ammoniten. Das Gedicht stammt aus dem Jahre 1757.58. [6] Ausserdem ist Abraham der Verfasser eines Dramas. Er ist im Tebeth 1782 gestorben. [6] Sendboten aus dem heiligen Lande brachten dann wieder rabbinische Gelehrsamkeit nach Rom.

Zum Schluss noch einige Worte über die literarische Thätigkeit der Neophyten in Rom! Die Reaktion brauchte Werkzeuge zu einem zielbewussten Vorgehen gegen die Religion und die Wissenschaft des Judentums, vor allem gegen den Talmud. Nirgends konnte sie gefügigere Hilfskräfte finden als bei getauften Juden. Bei ihnen fand

---

[1] Seine Approbation auch in ed. Berlin 1761.

[2] Carmoly in Rev. or. III. 168 hat für beide das Jahr 1755.

[3] Magazin XV. S. 11—14. כולן נתנו עיניהם ברבינו וב״ה אשר נתן לו כח לעמוד בהיכל המלך והשדים וכבאו סומל בין גדולי רומא (das. S. 11.)

[4] Berliner II. 2, S. 188.

[5] Ettore Natali, 191.

[6] cod. Almanzi 317 (Hebr. Bibliographie VI. 141).

[7] Berliner, יסוד עולם S. 40, Magazin I. 112.

sie eine besonders mächtige Triebfeder, den Hass gegen ihre Mutterreligion. Dazu kam noch, dass die vatikanische Bibliothek für ihre zahlreichen Bücherschätze in allen Sprachen des Orients, die sich durch die in dieser Zeit besonders regen wechselseitigen Beziehungen mit den östlichen Gemeinden stetig mehrten, der orientalischen Sprachen kundige, womöglich in ihnen literarisch gewandte Männer brauchte. Diese boten sich ihr in den aus dem Orient stammenden Neophyten dar. So ist das Bibliotheksamt des orientalischen Schreibers beinahe ständig mit getauften Juden besetzt gewesen. Diese verstanden sich in dieser ihrer Stellung noch besonders dadurch zu befestigen und nützlich zu machen, dass sie ihren Vorgesetzten, der eine so, der andere so, in Aussicht stellten, durch ihr Wissen aus den hebräischen Schriften die Wahrheit des Christentums zu beweisen und die Nichtigkeit des Judentums gründlich darzuthun.

Elia b. Menahem di Nola, der Nachkomme einer anscheinend längere Zeit in Rom ansässigen Familie, war einer der hervorragendsten Täuflinge der römischen Gemeinde. Sein Onkel Šemuel b. Šabtai begegnet uns 1536 in den Notariatsakten der Gemeinde. Sein Vater Menahem b. Šabtai di Nola ist als Besitzer einer Handschrift bekannt. [1]) Er war ein tüchtiger Arzt und im Besitze eines so grossen Vermögens, dass er 1565 zwei Häuser einem nicht weiter bekannten Rafael (seinem Sohne?) testierte. [2]) Aus dieser letztwilligen Verfügung seines Vaters geht hervor, dass er mit der Taufe seines Sohnes durchaus nicht einverstanden war. Dieselbe muss nach dem 9. Nisan 1556 stattgefunden haben. Sein Pathe war der Bruder des Papstes Clemens VIII., Thomas Aldobrandini. [3]) Elia erhielt in der Taufe den Namen Giov. Paulo Eustachio. Als Jude schrieb er einen Zohar ab, den er 1548 vollendete. [4]) In der Nachschrift einer am 9. Nisan 1556 vollendeten Kopie bekennt er sich noch zum Judentum. [5]) In seinen späteren Abschriften, welche er bereits als „Hebräischer Schreiber der Vatikanischen Bibliothek" im Auftrage des Bibliothekars M. A. Amolsio machte, nennt er sich Juan (Giovan) Paulo Eustachio. Von seinem Fleisse aus dieser Zeit zeugen eine grosse Anzahl selbstständiger

---

[1]) cod. Paris 1041.

[2]) cod. Oxf. 427.

[3]) Wolf I. 769.

[4]) cod. München 68.

[5]) cod. Vat. Pal. 70 ותכל מלאכת הקדש ... ה' יזכני לראות בביאת משיח בביאת וכו'. צדקנו. Perles Aramäische Studien 216 f. schreibt die Abschrift dem Rabbiner Elia zu. Derselbe heisst aber Elia b. Jakob.

Schriften und Ergänzungen zu älteren Manuskripten. Nachweislich in päpstlichen Diensten schrieb er von 1568 bis zum 1. Dezember 1599.[1]) Ausserdem ist G. P. Eustachio der Verfasser zahlreicher selbständiger Schriften in italienischer Sprache. Am 13. Juni 1590 vollendete er christologisch-messianische Kollektaneen aus der Bibel und dem neuen Testamente.[2]) Erwähnung verdienen sein Sacro Settenario über die Mystik der Zahl Sieben[3]) und seine neun „heilsamen Reden über die Hauptdogmen des Christenglaubens."[4]) Seine selbständige literarische Thätigkeit erstreckt sich über die Jahre 1568—1600. Nach dem Tode des Professors der hebräischen Sprache Giulio Marcelli erhielt er im Jahre 1576 dessen Lehrstuhl an der römischen Universität.[5]) Ein Schreiben des Mantuaner Gesandten in Rom vom 11. Januar 1584 an die Corte di Mantova nennt ihn Giov. Paulo Eustachio Renato.[6]) Er beteiligte sich auch an der Zensur der hebräischen Bücher (vom 18. Mai 1581—12. Jan. 1583).[7])

Ein Hauptfeind des Judentums war der Sohn der Tochter des frommen und gelehrten Elia b. 'Aŝer Ha-Lewi, der nach seinem Grossvater den Namen Elia trug. Er war in Alessandria geboren, von seinem Grossvater unterrichtet worden und wohl mit ihm nach Deutschland gegangen. In Venedig traf er seinen bereits getauften Bruder Vittorio, der als Typograph und Talmudfeind gleich berühmt geworden ist. Vergebens versuchte er seinen Bruder zur Rückkehr zum Judentum zu bewegen. Vittorio scheint ihm aber eine so glänzende Zukunft in Aussicht gestellt zu haben, dass er sich im Jahre 1551 selbst auf Zureden von Cantareno und Andrea Frusio taufen liess. Er erhielt in der Taufe den Namen Giovanni Batista Romano und trat in den Jesuitenorden ein. Zehn Jahre hielt er sich dann in Rom als Lehrer der hebräischen und arabischen Sprache auf, bis ihn Pius IV. 1561 an den Patriarchen der Kopten nach Memphis sandte. In

---

[1]) cod. Vat. Pal. 59. 1 (1568), cod. Oxf. 1636 (1578), cod. Vat. 75 (28. Febr. 1586), cod. Vat. Palat 85 (30. Novbr. [1590?] 1592), cod. Vat. 340. 1, 3, 5, 6. (18. Jan 1596, 22. Juni 1597, 12. Dezbr. 1597, 1. Dezbr. 1599), cod. Vat. Pal. 93 (15. Oktbr. 1596), cod. Vat. Pal. 81 (30. Novbr. 1598), vgl. Berliner II. 2, S. 194.

[2]) cod. Vat. Pal. 272. ספר und לקוטים.

[3]) Neapel 1579.

[4]) Salutari discorsi ne quali si contengono li principali dogmi della religione e fede Christiana das. 1582 (bereits 1575 vollendet); seine übrigen Schriften Vessillo isr. 1881 270, 1882 12, vgl. Wolf I. 769 f., III. 691 f. No. 1441.

[5]) Renazzi, Storia della sapienza II. 203.

[6]) Vessillo isr. 1884. 234 f.

[7]) Ms. 39. 3, 6, 7 Casa de'Neofiti (Sacerdote S. 184).

Alexandrien wurde er wegen seiner Verläumdungen gegen die Juden
von denselben verfolgt. Ein Anteil an der Talmudverbrennung von
1553 ist ihm nicht nachzuweisen. [1]) Er starb in Rom am 3. März 1589.
Berühmt sind seine Übersetzungen von Giov. Brunos Katechismus gegen
die orientalischen Häretiker in die drei semitischen Sprachen und der
Dekrete des Tridentiner Konzils ins Arabische. [2])

Nicht viel später (1559) wurde Fabiano Fiocchi (oder Fioghi) aus
Monte San Salvino, angeblich nach einem Dispute mit dem Kapuziner
Paolo da Norcia Christ. Er war dann in Rom Lehrer der hebräischen
Sprache am Neophytenkolleg und Katechet der jüdischen Täuflinge.
Ausser seinem Dialogo fra il Catechumeno et il Padre catechisante
(Rom 1582. 1601) schrieb er ein hebräisches Gedicht mit einer latei-
nischen Übersetzung, das er Gregor XIII. und anderen widmet.

Guglielmo dei Franchi war von Geburt ein Römer. Nach der
Taufe trat er in einen Mönchsorden ein (Monachus Vallumbrosae).
Er hat einige Verdienste um die Verbreitung der hebräischen Sprache
unter den Christen. 1596 liess er ein hebräisches Alphabet
drucken[3]), drei Jahre später in Bergamo eine kurze
Grammatik. [4]) — Ein Zeitgenosse dei Franchis war der dem
Praedicatores angehörige Alexander de Franciscis
Hebraeinus, dessen jüdischer Name Elisa de Roma gewesen
wird als ein vorzüglicher Redner gerühmt. [5]) Er wurde
zum Prokurator, dann zum Generalvikar und
von Forli ernannt. In dieser Stellung verblieb
Den Rest seines Lebens verbrachte er als
Forli verfasste er hebräische Noten zum
auf die Texte der Vulgata, welche bis zu
Er ist auch der Verfasser des De tempo

[1] Grätz IX², 335 f. Anm. 2 nach
findet in ihm Josef Khohens Selomoh Kohen
[2] Wolf IV. 841 No. 811 c. Richard
Wissenschaft, Kunst und Judenthum
[3] Dieselbe handschriftlich im Ver
a. a. O. 289. Vessillo israelitico 1891 2
[4] Alphabetum Hebraicum. Rom
[5] שמש לבן יושב Sole de
diese grammatica Hebraea. Bergamo
Hebr. Geschichte der hebr. Sprach
No. 435.
[6] Bartolocci I. 216 f.
[7] cod. Vat. 268.

Fabiano Fiocchis Nachfolger als Lehrer der hebräischen Sprache am Neophytenkolleg in Rom war Domenico Jerušalmi aus Safed in Obergaliläa. Er soll als Jude Leibarzt des Sultans in Stambul gewesen sein, kam nach Italien und liess sich hier vor 1573 taufen. Das Neophytenkolleg besitzt von ihm neben seinen den Juden in Rom in den Jahren 1573—1586 gehaltenen Bekehrungspredigten (Ms. 35) eine hebräische Schrift מעין גנים über christliche Glaubensartikel und eine am 5. Juni 1616 vollendete hebräische Übersetzung des Neuen Testaments (Mss. 32 u. 33) und der Apokryphen (Ms. 34, vollendet 25. Juni 1617) handschriftlich. [1]) Noch im Jahre 1620 war er Revisor der hebräischen Bücher.

Eine geringere Stellung nimmt Jehuda Zěbi (Leo de Cervis) aus Verona ein, welcher 1625 in Rom als Augustinus Grimanus getauft wurde. Er ist der Verfasser eines „Schlüssels der heiligen Lehre" de modo intelligendi et interpretandi linguam sanctam [2]) und einiger hebräischer Schreiben, welche sich in der vatikanischen Bibliothek befinden. [3]) Noch im Jahre 1683 lebte er in hohem Greisenalter in Rom.

Weit mehr Beachtung verdient der hebräische Schreiber des Vatikans Giovanni Batista Giona Galileo. Jehuda Jona war 1588 zu Safe geboren, 1625 in Warschau getauft worden und 1638 nach Rom gekommen, wo er 1671 starb. Im Jahre 1652 wurde er Professor der hebräischen Sprache an der römischen Sapienza. [4]) Von 1650 bis zu seinem Tode war er Bartoloccis Lehrer. Von seinen zahlreichen Werken seien seine hebräisch-lateinische Predigt über den Messias und die Ausgiessung des heiligen Geistes (1653), seine hebräische Übersetzung des italienischen Katechismus Robert Bellarmins unter dem Titel למד המשיחים (1658), seine Clemens IX. gewidmete Übertragung der Evangelien ins Hebräische (1668), sein ungedruckt gebliebenes rabbinisch-chaldäisches Lexikon und seine Abhandlung über den Namen Jesu hervorgehoben. Den grössten Wert beansprucht seine von ihm

---

[*]) Prosperus Mandosius, Bibl. Roman. Cent. I. No. 47. Über ihn Wolf I. 184 f., III. 118; Ughelli Italia sacra II. 629; Delitzsch a. a. O. 292.

[1]) Mss. 32—36 Casa de'Neofiti (Sacerdote S. 178—181 und die daselbst angegebene Literatur. Ferner Delitzsch, das. 293 f.)

[2]) Wolf I. 453 No. 770 מפתח תורה קדושה.

[3]) Bartolocci III. 71.

[4]) Renazzi, Storia della Sapienza III. 195, J. Caraffa De Gymnasio Romano (Rom 1781) 397.

nicht vollendete Sammlung der Varianten der drei Targumim. [1]) Sigismondo Jona Romano ist wohl sein Sohn. [2])

Ebenfalls hebräischer Schreiber des Vatikans war Julius Morosini (Maurocenus), als Jude Semuel Naḥmias b. David Izḥak aus Salonichi, wo er 1612 geboren war. Am 22. November 1649 liess er sich mit seinem Sohne David (Lorenzo? Schreiber 1688—1695) und seinem Bruder Josef in Venedig taufen. In Rom wurde er unter Clemens IX. (1671) hebräischer Schreiber des Vaticans, in welcher Stellung er bis zu seinem Tode (1683) verblieb. Nebenbei war er auch Lektor der hebräischen Sprache am Collegium de propaganda fide. Gegen die Juden verfasste er in italienischer Sprache den „Glaubenspfad". [3]) Sein Hauptwerk ist aber die Vollendung (1. Februar 1677) der von Johannes Baptista Jona begonnenen Variantensammlung aus den drei Targumim. [4])

Ob der Römer Joseph Maria Ciantes vom Orden der Praedicatores von jüdischen Eltern stammte, ist unbekannt. Er war bis 1640 Judenbekehrungsprediger in Rom, war dann bis 1656 Bischof von Marsica und von da an bis zu seinem Tode (1670) schriftstellerisch thätig. Er bearbeitete die Summa des Thomas von Aquino gegen die Heiden (1657) und schrieb zwei antisemitische Werke über die Dreieinigkeit (1667) und über die Fleischwerdung Christi (1668). [5]) Sein Nachfolger als Judenprediger (seit 1646), Gregorius de Scharintiis Gregorii filius, arbeitete noch 1683 für den Himmel. [6])

Ein tüchtiger Physiker war der Römer Alexander Crescenzi, dessen jüdischer Name uns nicht bekannt ist. Er übersetzte eine spanische Abhandlung über die Chokolade ins Italienische und ist durch seine 1666 edirten Berichte über den Vesuvausbruch von 1660, welche er durch mathematische Beobachtungen erläuterte, berühmt geworden. [7])

In dieser Zeit erregte die Taufe eines angesehenen Mitgliedes der

---

[1]) cod. Vat. Urb. 68. חלופין שבין ג' תרגומים; cod. Oxf. 2341 wohl eine Abschrift davon.

[2]) Amari Le tipografie orientali e gli orientalisti a Roma nei sec. 16 e 17 in Rivista europea 1878 (IX) 256. 259 f.

[3]) דרך אמונה Via della Fede mostrata agli Ebrei, Roma 1683.

[4]) cod. Vat. Urb. 59. Über ihn Wolf III. 1126 f. No. 2410, Steinschneider in Vessillo isr. 1882 372 f. Rivista europea IX. 257 und 263.

[5]) Wolf III. 419 f. No. 969 c; Quetif und Echard, Scriptores oreatorum (Paris 1721) II. 634 a.

[6]) Bartolocci III. 749. 823.

[7]) Wolf III. 120 f. No. 329.

römischen Gemeinde berechtigtes Aufsehen. Mordkhai, der Sohn des
römischen Arztes Šemuel b. Mordkhai Gabbai, eines Nachkommen des
berühmten Spaniers Izḥak Gabbai hatte schon frühzeitig den Doktorgrad von der römischen Universität erhalten und war Arzt der Gemeinde geworden. Seine beiden Söhne waren im Betsaale der römischen
Talmud-Thoraschule beschnitten worden. Bei seinem ältesten Sohne
standen der Rabbiner Jošuā Menagḥen und der Onkel seiner Frau,
David Gatigno, Pathe, während Mordkhais Grossmutter Diana ihren
Urenkel bei der Beschneidung hielt (30. Mai 1674). Bei der Beschneidung seines zweiten Sohnes (24. Juli 1676) waren Gamliel
Caivano (קאיבאני) und Jakob Gatigno Pathen. Ausser diesen beiden
Söhnen besass Mordkhai zwei Töchter, Filadora und Diana. Seine
Gattin Raḥel war die Tochter des römischen Juden Rafael b. Mošeh
de Velletri. Nach alledem scheint Mordkhai ein frommes Haus geführt zu haben. Um so erstaunlicher war es, als er sich im Alter
von 32 Jahren mit seiner ganzen Familie am 14. Februar 1683 taufen
liess. Er erhielt in der Taufe den Namen Benedictus Filipani, seine
damals dreissigjährige Gattin den Namen Flaminia Filipani (Philipani). [1]

Noch auffallender war die Bekehrung des mehr als siebzig Jahre
alten Mošeh (b. Izḥak?) de Cavi (מקאוי) am 25. Mai 1698 in Rom. [2]
Im Jahre 1675 schrieb er ein Preisgedicht zum Ruhme der Bibliotheca
Rabbinica des Julius Bartolocci. Er bekleidete damals das Amt eines
Professors der hebräischen und chaldäischen Sprache in der Stadt. [3]
Sein christlicher Name wurde Philippus Thomas Fidelis. [4] Überhaupt

---

[1] Bartolocci III. 893—895. Von seinen Vorfahren in Rom sei Rafael (13.
III. 1583, 17 VIII. 85) b. Jehuda (30. XII. 63, 1 u. 10. V., 1. VI. 84) b. Abraham
רל erwähnt.

[2] Nach einem Briefe bei Wolf IV. 955 No. 1834 b sub. Moyses de Cani
(l. Cavi).

[3] Vorgedruckt dem ersten Bande der Bibliotheca Magna Rabbinica.

[4] Er ist ein Nachkomme des Izḥak de Cavi in cod. Mont. College London 6 f. 86 b
(Neubauer) מחברת יצחק סקאוי יצו נקנה בשטן הראש עשרה הלא הוא כס״ר
משה בכ״ר יצחק כהן יצ״ו ובנובברות כסר׳ יהונתן בכ״ר מרדכי סמיאילי יצ״ו שנת
שס״ו לפ״ק: Seine Vorfahren in Rom sind: R. Mošeh de Cavi „Turco“ (1. 1.
1553, 20. XII. 54).

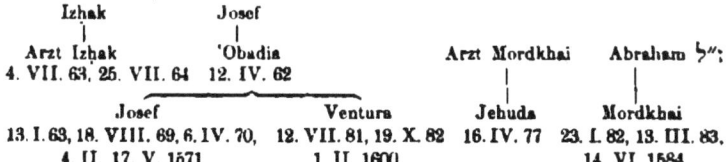

Izḥak		Josef					
Arzt Izḥak		'Obadia			Arzt Mordkhai		Abraham רל״ז
4. VII. 63, 25. VII. 64		12. IV. 62					
Josef			Ventura		Jehuda		Mordkhai
13. I. 63, 18. VIII. 69, 6. IV. 70,			12. VII. 81, 19. X. 82		16. IV. 77		23. I. 82, 13. III. 83,
4. II, 17. V. 1571			1. II. 1600				14. VI. 1584.

gab es damals in fast allen angesehenen jüdischen Familien Täuflinge. Berühmt als Ärzte und Juristen waren in Rom z. B. die Zachiae, Nachkommen des Izḥak de Viterbo. [1]

Ein bekannter Neophyt des achtzehnten Jahrhunderts war Clemens Caracciolo, der 1712 in Rom ein arabisches Manuskript abschrieb. [2] Erwähnung verdient schliesslich noch die gelehrte Christin Caecilia Sabutia aus Rom, welche im Jahre 1683 etwa achtzehn Jahre alt war. Schon in diesem Alter verteidigte sie öffentlich philosophisch-theologische Thesen. Ihre Lieblingsbeschäftigung aber war, christologische Deutungen von Bibelstellen gegen Juden zu verteidigen. Sie soll dabei manchen vielleicht allzu galanten Rabbiner in die Enge getrieben haben. [3]

---

[1] Wolf I. 651 No. 1176 nach Bartolocci III. 891; z. B. Paolo Zacchia (1584 bis 1659) s. F. Ranalli, Vite di uomini illustri romani, Firenze 1840. II., Bibliografia Romana (Rom 1880) 252 und La Mantia, Storia della legislazione italiana I. 508, 708, 713. Das. S. 710 Silvestro und Lanfranco Z.

[2] cod. ar. Vat. 128 (Hebr. Bibl. XVI. 50).

[3] Hebr. Bibliographie 1880. 69, Bartolocci III. 756.

Das Leben im Ghetto.

Pauls IV. grausames Edikt hatte das Wohnrecht der Juden auf einen Ort der Stadt beschränkt. Es ist wohl wahr, dass in jener Zeit nur noch wenige Glieder der jüdischen Gemeinschaft in Rom ausserhalb dieses Quartiers wohnten, dass also von einem eigentlichen Einzug in ein bestimmtes Judenviertel nicht die Rede sein kann. Die Lage der Synagoge und der Schule hatte ja das religiöse Leben schon seit vielen Jahrhunderten an diesen Ort gebannt. Dennoch lag schon deshalb eine tiefe Erniedrigung in dem päpstlichen Erlasse, weil den Christen untersagt wurde, wie bisher in dem Mittelpunkte des jüdischen Lebens feste Wohnsitze zu haben. Diese gewaltsame Scheidung ist dann auch einer der Hauptgründe der einschneidenden Wandlung des ganzen Lebens der Juden der Stadt. Aus dem freien Manne war ein Sträfling geworden, den das Judenzeichen in der Pestfarbe von der menschlichen Gesellschaft ausgestossen. Aus den mitringenden, gleichstrebenden Gliedern des römischen Stadtwesens waren gleichgültige, abgestumpfte Sklaven geworden. So ist das Leben im Judenviertel seitdem das Bild eines langsamen Abblühens und Absterbens, ein unaufhörliches Sinken von Stufe zu Stufe. Der Helden des Geistes und der Feder wurden immer weniger. Von einer Teilnahme an den wissenschaftlichen und gesellschaftlichen Bestrebungen der Zeit ist nur wenig zu spüren. Aber im Innern dieser scheinbar leblosen Masse pulsierte doch noch warmes Leben. Alles hatte man dem unglücklichen Juden rauben können, nur nicht den Glauben. Der Glaube ersetzte ihm die Liebe und Achtung der Mitmenschen. der Glaube musste ihm für die ihm verschlossenen Künste und Wissenschaften Ersatz bieten, der Glaube gab ihm des Herzens inneres Glück und frohe Befriedigung trotz Qualen und Peinigungen von aussen. Alles Interesse hatte er verloren und verlieren müssen, aber er fühlte sich als Glied einer grossen Gesamtheit. Dieser Gedanke erhob und belebte ihn. Er liess ihn die Sklavenfesseln vergessen, er gab ihm in seinen Augen einen hohen Wert, die Selbstachtung. Darum konnten auch alle die edlen Keime der Menschenseele in ihm nicht ersterben. Er selbst ein Bettler, teilte sein Brot mit seinem Nächsten, er selbst ein Knecht, wollte seinen Kindern eine gute freie Erziehung zuteil werden lassen. Daher die grossen Schulen, daher die ausserordentlich zahlreichen Wohlthätigkeitsanstalten, daher die geistige, wenn auch noch so bescheidene Regsamkeit, daher der ergreifende wahrhaft patriarchalische Zug in Synagoge und Familie. Bei aller Enge und Schlichtheit ist deshalb gerade das Leben im Judenviertel imstande, unser Mitgefühl und unsere Aufmerksamkeit in hohem Masse wachzurufen. Es liegt in ihm unendlich viel Rührendes und Ergreifendes.

Der Name des Judenviertels war ursprünglich Serraglio delli hebrei [1]) und septus hebraicus (Hebraeorum). [2]) Zum ersten Male erscheint dann in der Bulle vom 27. Februar 1562 der Name ghectus. Dieses Wort ist wohl keine Abkürzung von borghetto [3]), sondern mit dem italienischen ghetto = Eisengiesserei zusammenzubringen. Bereits im Jahre 1306 kommt in Venedig ein Nicolaus Aymus, Beamter bei der Eisengiesserei (qui est officialis ad ghettum) [4]), vor. Man unterschied in Venedig den alten und den neuen Geto. Es mögen wohl hier schon früher Juden gewohnt haben. Aber erst am 26. März 1516 wurde in Venedig beantragt, die Juden zu zwingen, sich im Geto nuovo bei San Hieronimo, der wie ein Kastell sei, niederzulassen. Der Antrag wurde mit 113 gegen 48 Stimmen angenommen. [5]) Seitdem war

---

[1]) So nach einem Vertrage vom 23. Septbr. 1577 in Notizia della Famiglia Boccapaduli da M. U. Bicci. In Roma 1762 674.

[2]) z. B. Forcella, Iscrizione XIII. 89 No. 126.

[3]) Rodocanachi 41.

[4]) Romanin, storia documentata di Venezia II. 378 in Hebr. Bibl. XV. 92. Das Judenquartier in Venedig und Salerno heisst aber bereits im Jahre 1090 in Urkunden Judaea, Judaica und Judaenzia, später italienisiert Giudaica und Giudecca (Muratori, Ant. Ital., Diss. XVI. Steinschneider in Virchow, Archiv XXXVIII. 89.) das mit dem alten talmudischen ידוראיקי (Jerušalmi Gittin 43 b.) zu identifizieren ist. Im Jahre 1470 werden die Mauern des Judenviertels in Negroponte le mura della Judayca (A. de Tummullulis da Sant' Elia, Notabilia temporum in den Fonti per la storia (Livorno 1890) 163 Zeile 74, 164 Zeile 132) genannt.

[5]) Marino Sanuto Diarii XII. 72 f. 83.

Geto oder Ghetto in Venedig einfach Name für das Judenviertel.[1]
Als unter Paul IV. die Juden in Rom in ein besonderes Viertel ge-
sperrt wurden, war dieser Name für das Judenquartier schon allgemein.
Das im Rione St. Angelo gelegene römische Ghetto hat auf dem
Panorama des Lafrerio vom Jahre 1557 bereits fünf Thore. Sein
Haupteingang war an der Piazza Giudea, deren Fortsetzung innerhalb
der Ghettomauer, die Piazza del Mercatello[2]), später ebenfalls Piazza
Giudea (dentro il Ghetto) hiess. Von diesem Platze ging die Strada
della Rua, die älteste und schönste Strasse des Ghettos, welche der
Strada di Pescaria parallel läuft, und die schmale Gasse Vicolo de'
Cenci aus. Durch die letztere wurde die Piazza Giudea mit der Piazza
di Tempio oder delle Scuole verbunden, auf welcher Paul V. einen
schönen Brunnen aufgestellt hatte. Etwa in die Mitte der Strada
della Rua mündete eine enge Gasse, welche in die Piazza de' Macelli
oder Piazza Macello endete. Dort im Centrum der Stadt befanden
sich die sechs oder sieben Schlächtereien des Judenviertels. Am Ende
der Strada di Pescaria befand sich an der Piazza di Pescaria ein
zweiter Ghettoeingang. Der von diesem Platz ausgehende Vicolo de'
Savelli war mit einer Fontäne geschmückt, durch die Ghettomauer
aber zur Sackgasse gemacht. Dem Vicolo parallel lief die Strada
Quattro Capi, deren Ausgangsthor zur Brückenstrasse des alten Pons
Judeorum (Ponte Fabricio oder Quattro Capi) führte. Die am Ufer
des Tiber angebaute alte Ghettostrasse Strada della Fiumara erweiterte sich zu der mit einem Springbrunnen geschmückten Piazza
delle tre canelle oder delle fontanelle und endigte ebenfalls in ein
Thor, in dessen Nähe ein Gässchen zu den Cinque scuole degli Ebrei
d. h. zu der Synagoge führte.[3] Dieser gegenüber befand sich der
verwahrloste Palast der Cenci, der bis 1847 durch eine hohe Ghettomauer von dem Synagogenplatze (Piazza delle Scuole) getrennt war.
An den Palast wurde 1575 eine dem heiligen Thomas geweihte Kirche
angebaut.[4] Das vornehme Viertel bildeten die Piazza Giudea, Piazza

---

[1]) Das. XXIII. 360. XXIV. 45, XXVII. 193, 358 u. ö. Freund versuchte mit
Ghetto das gothische gatvo (angelsächsisch geto, neuhochdeutsch Gasse) zusammenzubringen (Monatsschrift III. S. 438. Alles andere daselbst Vorgebrachte ist sicher
unrichtig).

[2]) Adinolfi. Roma nell' età di mezzo II. 1882 398. Noch 1603 fünf Thore
(Archivio st. [F. Gori] III. 265).

[3]) Nach Nolli Giambattista. Nuova pianta di Roma, 1748.

[4]) Römische Briefe von einem Florentiner (Reumont) 1844. III. 206.

del Tempio, Piazza delle Tartarughe und die Strada della Rua (auch Via
Rua), während die arme Bevölkerung meist in den Strassen Catalana, Fiumara, della Stuffa, della Torre und de' Savelli sowie auf der Piazza delle
Fontanelle und Piazza Quattro Capi wohnte. Auf der Strada delle Azzimelle
oder del Forno delle Azimelle befanden sich jüdische Bäckereien. [1]) Die
Zahl der Häuser im Judenviertel betrug nach einem Plane aus dem Jahre
1676 einhunderteinunddreissig. [2]) Im Jahre 1724 zählte ein jüdischer
Reisender im Ghetto zwei grosse und sechs kleine Gassen. [3]) Da sich
der Raum sehr bald als zu eng erwies, musste bereits 1566 die Kirche
der Armenier S. Lorenzo de' Cavalluzzi aus dem Ghetto entfernt
werden. [4]) Andere Grundbesitzer wie Prospero Boccapaduli und die
Familie der Baroncini mussten ihre Paläste den Juden vermieten.
Sixtus V. liess dann einige Häuser zum Ghetto hinzufügen. Glaubens-
hass entfernte noch im Jahre 1657 (Edikt Alexanders VI. an Kardinal
Carlo Barberini) die Kirchen S. Salvatore de' Baroncini, S. Leonardo
und S. Patermuzio e Coprete aus dem Judenviertel. Seitdem blieb
die äussere Gestalt des Ghettos ziemlich unverändert, bis in neuerer
Zeit Leo XII. dasselbe um die Via Reginella und einen Teil der Rua
Pescheria erweiterte, so dass es von da an acht Ghettothore hatte. [5])
Über den Eingang von der Seite des Titusbogens hat sich wohl schon
früh die Sage gebildet, dass die Juden denselben auf ihre besonderen
Bitten erhalten hätten, um nicht den Titusbogen, das Denkmal ihrer
Schmach, passieren zu müssen. [6]) Die Häuser im Ghetto, von denen
einige mit dem alten Wahrzeichen der Gemeinde, dem siebenarmigen
Leuchter bezeichnet waren [7]), waren unregelmässige, oft burgähnliche
Bauten. Auf alten Bildern der Stadt sieht man bisweilen die dürftigen,
armseligen, bis dicht an den Strom herangebauten Wohnhäuser mit
ihren wenigen kleinen Fenstern. [8]) Die Strassen waren meist eng und

---

[1]) Rodocanachi 57 f.; Berliner, Aus den letzten Tagen des römischen Ghetto,
Berlin 1886. 9.

[2]) G. B. Falda da Valduggia, Nuova pianta ed alzata della città di Roma 1676.

[3]) Letterbode XI. 111: Het verhaal van een reis door en groot gedeelte van
Europa; medegedeelt dor M. Roest. Der Reisende ist Abraham Levi aus Amsterdam.

[4]) Roma ricerata nel suo sito di Fioravante Martinelli Romano, Venetia
1644, I. 44.

[5]) Gregorovius, Wanderjahre in Italien I. (1874) 101.

[6]) Richard. Memoires d'Italie, Tome VI. 309, Dijon 1776.

[7]) Gregorovius a. a. O. I. 54.

[8]) z. B. Discorsi sopra l'antichità di Roma di Vicenzo Scamozzi, Venedig 1582:
Tavola 38 qui si mostra in altra veduta il ponte Fabricio, e parte dell' isola nel

krumm. Der Blick des aus dem Hauptthore des Ghettos Heraus-
tretenden fiel sogleich auf ein riesiges Kruzifix an St. Angelo in
Pescheria, auf das mit grossen hebräischen und lateinischen Lettern
der Vers Jeśàja 65. 2 (Ich breite meine Hände tagtäglich aus nach
dem widerspenstigen Volke).[1]) Ein zartes Memento!

In diesem kaum einen Quadratkilometer grossen Raum waren zu
Zeiten mehr als 10000 ständige Bewohner eingepfercht. Es war daher
in den ärmeren Strassen beinahe zur Regel geworden, dass mehrere
Familien in demselben Zimmer wohnten. Die Folge davon war ein
ungesunder Geruch in diesen Teilen des Ghettos, der selbstverständlich
judenfeindliche Nasen besonders unangenehm berührte. Die Description
de la ville de Rome weiss daher „von einem fortwährenden unerträg-
lichen Gestank im ganzen Viertel" zu erzählen. [2]) François Deseine
berichtet genau dasselbe und führt als plausiblen Grund an, „da diese
Kanaille sich ausserordentlich vermehrt.[3]) Der Président De Brosses,
der in den Jahren 1739 und 1740 in Italien reiste, bereicherte sogar
des Ghettos wegen den französischen Wortschatz um den Ausdruck
„Erzunreinlichkeit" (archisaloperie). [4]) Deutsche Reisende fühlten sich
dann bemüssigt, diese Anklage in mannigfacher Variation zu wiederholen. Volkmann nennt 1770 das Ghetto den „Sitz des Elends und
der Unsauberkeit."[5]) Auch Gorani klagt 1794 über die Unreinlichkeit
und die schlechte Luft im Judenquartier. Er ist aber auch wahrheits-
getreu genug, die Gründe dafür anzugeben. Oft habe er gefunden,
dass eine ganze Familie nur einen Wohnraum besass. „Zuweilen enthält dieses Zimmer, wo nur ein Bette steht, verschiedene Familien zugleich, die es reihum bewohnen."[6]) In besonders roher Weise hat
das in neuerer Zeit Pecht ausgesprochen. „Den Ghetto zu durchlaufen,
dazu gehört einiger Mut, da man die traurige Aussicht hat, schwer-
lich herauszukommen, ohne um einiges Konfekt reicher geworden zu
sein.... Darin (d. h. im Schmutz) wird denn Unglaubliches in den

---

Tevere; Roma regina mundi et montana florida oder die höchstberühmteste nun-
mehr 240 (sic!) Jahr Alte | Grosse | der Welt und Christenheit | Hauptstadt und
Königin Rom, Augspurg 1688 p. 8 und Kupfer 15.

[1]) J. Gaume. Les trois Rome, III. (1848) 135.
[2]) Lyon II. 1690. 343.
[3]) François Deseine, Rome moderne. Leide 1713 II. 491.
[4]) Le président de Brosses en Italie, ed. Colomb, Paris. 1858 II. 17.
[5]) Historisch-kritische Nachrichten von Italien. Leipzig 1770. II. 532.
[6]) Gorani, Rom und seine Bewohner am Ende des 18. Jahrhunderts, Riga
1794 440 f.

engen Strassen der Judenstadt geleistet, die Überfüllung der Häuser
mit Menschen bringt eine Öffentlichkeit des Lebens hervor, dass die
ganze Bevölkerung in den engen Strassen versammelt scheint und ich
mich nicht wundern würde, wenn die Weiber auf offener Strasse ihre
Niederkunft hielten." In dieser zartsinnigen Weise fährt er fort, seinem
Judenhasse auch in Rom Luft zu machen. [1] Ehrlicher und unparteiischer war ein Berichterstatter der Allgemeinen evangel.-lutherischen
Kirchenzeitung, der das Ghetto im Vergleich mit Neapel sauber und
freundlich nannte. [2] In der That war auch die Reinigung der Ghettostrassen durch einen Bando der Strassenpolizei von 1743, der seitdem
alljährlich wiederholt wurde, geregelt. Nach demselben war es jedem
Juden verboten, Kehricht, Lumpen und Abfälle auf die Strassen zu
werfen. Aller Abraum musste in die dazu bestimmten Mistgruben
auf der Piazza Grande (diesseits der Fontäne, rechts vom Thore an
der Piazza Giudea), auf der Piazetta delle Scolette, in der Quergasse,
welche die Piazza delle tre Canelle durchschnitt und am Arcaccio
abgefahren werden. [3] Ausserdem hatte die Gemeinde alljährlich eine
bestimmte Summe für die Strassenreinigung des Judenviertels zu
zahlen, die zu Zeiten eine beträchtliche Höhe erreichte. Es ist also
kaum anzunehmen, dass die Strassen im Ghetto so gar unsauber aus-
gesehen haben.

Allerdings bedingte die unglückliche Lage des Ghettos eine alljährlich wiederkehrende Verschlammung seiner niedrig gelegenen Teile
durch die Ablagerungen der Tiberüberschwemmungen. Dieselben
trugen auch vor allem durch die zurückbleibende schlammige Feuchtigkeit dazu bei, das Ghetto ungesund zu machen. Besonders die in
der Fiumara wohnenden Juden hatten an den Folgen der Über-
schwemmungen furchtbar zu leiden. Die verschiedenen Versuche der
Päpste, das Tiberbett zu regulieren und dadurch Rom von der steten
Gefahr zu befreien, haben zu keinem grösseren Erfolge geführt, zumeist auch das Judenviertel gänzlich ausser Acht gelassen. Es ist
daher nicht ganz ausgeschlossen, dass die Gemeinde, wie es der Président De Brosses erzählt, das Anerbieten gestellt, das Tiberbett auf
ihre Kosten zu reinigen und zu vertiefen und Quais bis zur Insel auf-
führen zu lassen. Sehr unwahrscheinlich klingt aber die dabei an-

---

[1] Friedrich Pecht, Sechs Monate in Rom, Leipzig 1859 76—81.
[2] Allg. evang.-luth. Kirchenzeitung 1885 902.
[3] Dott. Leone Vicchi, Vincenzo Monti lo lettere e la politica in Italia dal
1750 al 1830 I. (1778—1780) Fusignano 1885 55.

geblich gestellte Bedingung der Gemeinde, dass alle bei den Arbeiten
gefundenen Kostbarkeiten und Altertümer der Gemeinde gehören sollten.
Der Vorschlag sei wegen der durch den aufgewühlten Schlamm drohenden Pestgefahr nicht angenommen worden,[1]) Trotzdem erreichten die
Bewohner des Ghetto oft ein aussergewöhnliches Alter.[2])

Das schönste Gebände im Judenviertel war die Synagoge. Dieselbe vereinigte die fünf Hauptgemeinden in sich, die wieder unter
einander bestimmte Vereinigungen bildeten. Die alte Gemeinde Del
Tempio (כנסת ההיכל) hatte die Siziliana und die spätere Scuola Nuova
schon früh angezogen. Andererseits hatten am 30. August 1558 und
am 16. März 1557 Jošuà b. Selomoh Corcos als Vertreter der vereinigten Synagogen Castigliana und Zarfathim mit den vereinigten
Gemeinden Catalana und Aragonese einen Vertrag über die gemeinsame Benützung einiger synagogaler Requisiten abgeschlossen.[3]) Um
dieselbe Zeit verschwand die römische Askhenazimgemeinde gänzlich.
Von den elf Synagogengemeinden unter Leo X. waren im Jahre 1620
die altehrwürdige כנסת יראי ה', die Siziliana, del Tempio, die Catalana
und die Castigliana noch selbstständig.[4]) An die Stelle der Erstgenannten trat dann die Scuola Nuova. In dieser Zahl haben sich
die römischen Gemeinden bis in die jüngsten Tage erhalten. Allerdings zählte man noch am Ende des 17. Jahrhunderts in Rom neun
Synagogen.[5]) Nach den fünf Synagogen teilte sich die Gemeinde in
fünf Sprengel. In der Hauptsynagoge, welche Eigentum der Scuola
del Tempio war, besass die Castigliana gegen eine feste Mietszahlung
ein ewiges Mietrecht, das nur aufhören sollte, wenn die Regierung
einmal das Beten im Obergeschoss verbieten würde.[6]) Neben dieser
Hauptsynagoge besass die Gemeinde in dem dem Ghetto nahegelegenen
Stadtteil Portaleone die Scuola dei quattro capi (כנסת ארבעה ראשים.
geschlossen 1558), welche mit der im 16. Jahrhundert vorkommenden
Synagoge כנסת שערים oder כנסת השער (Synagoga della Porta) an
der Porta Portese nicht identisch ist.[7]) Unter dem erstgenannten

---

[1]) Le Président De Brosses en Italie, ed. Colomb, Paris 1858 II. 18.
[2]) Jo. Mariae Lancisii Dissertatio de nativis deque adventitiis Romani coeli
qualitatibus, Romae 1711 91.
[3]) Berliner, Aus schweren Zeiten 8f. u. Gesch. d. J. in Rom II. 2 S. 8.
[4]) Magazin I. 104.
[5]) Basholms, Jüd. Gesch. III (Pirna 1785) 360.
[6]) שו"ת כרך של רומי (Livorno 1876) No. 20.
[7]) Hebr. Bibl. XX. 47 nach Berliner in Buonarroti Mai 1873 26, Berliner in
Magazin I. 84.

Namen kennt sie Abraham Levi bereits 1724.[1]) Um das Ende des
18. Jahrhunderts verschwindet sie, nachdem sie schon seit 1558 geschlossen war. Die ehemaligen Mitglieder dieser Synagoge vereinigten
sich auf Anregung des Josef del Monte zu einem Vereine mit gleichem
Namen (1. März 1667). der am 24. Januar 1672 von der päpstlichen
Behörde bestätigt wurde. Eine Holztafel (jetzt im Gemeindebureau)
enthält die Namen von 198 Mitgliedern, welche bei der Schliessung der
Synagoge ihr angehört hatten.[2]) Die auf der Piazza delle scuole[3])
sehr unvorteilhaft gelegene Synagoge war ein moderner stilvoller Bau
mit guter Gesamtwirkung.[4]) Aus dem massigen Hauptgebäude sprang
ein Vorbau hervor, der von vier hohen korinthischen Pfeilern gehalten
eine Art geschlossenen Portikus bildete. Diese Pfeiler trugen in der
Mitte ein Giebeldach, dessen Fries mit dem alten Wahrzeichen der
Gemeinde, dem siebenarmigen Leuchter, einer Harfe und einer Zither
in Stuck geschmückt war. Im Innern zeigte sie schmucklose Räume.[5])
Ausser ihr unterhielt die Gemeinde noch zwei kleinere Bethäuser.

Neben dem alten an der Porta Portese in Trastevere gelegenen
Friedhof, dem Ortaccio degli Ebrei oder Campo Giudeo[6]) — in dessen
Nähe Bosio am 14. Dezember 1602 den alten Gemeindebegräbnisplatz
entdeckt hatte[7]), — der sich der Stadtmauer anschmiegend von der
Vigna Crescenzj, der Vigna Mendes und dem Arsenal begrenzt wurde[8]),
besass die Gemeinde zwei Friedhöfe am nördlichen Abhange des
Aventin, die Orti degli Ebrei.[9]) Unter Innozenz X. waren der Gemeinde dort Begräbnisplätze angewiesen worden.[10]) Der notarielle
Vertrag über den neuen Friedhof stammt vom 5. Sept. 1645. Er
musste 1728 erweitert werden. Der gegenwärtig benutzte Friedhof
der Gemeinde am Abhang des Aventin wurde 1775 angekauft.[11]) In

---

[1]) Het verhaal van een reis in Letterbode XI. 111.
[2]) Berliner II. 1 S. 96.
[3]) Flaminius Vacca in Montfaucon Iter italicum 267.
[4]) Sie gefiel sogar der Description de la ville de Rome (Lyon 1690) II. 343.
[5]) Gregorovius Wanderjahre I., 116 f. Rudolf Schramm, Italienische Skizzen,
Erfurt 1880, 158. Allg. Zeitung des Judenthums 1841 590.
[6]) Antonio Bosio Romano, Roma sotterranea (2. ed. 1650) 190.
[7]) Das. 190 f. vgl. Roma antica e moderna, Roma 1750. I. 202.
[8]) Nolli, Giambattista: Nuova pianta ecc.
[9]) Vgl. Monatsschrift III. 437.
[10]) Roma ricerata nel suo sito di Fioravante Martinello Romano, Venetia 1664,
II. 53; nach Sprenger Roma nova, Frankfurt 1667 785 wurde noch unter Urban
VIII. in Trastevere begraben.
[11]) Berliner II. 2, S. 63.

Trastevere scheint man noch 1645 begraben zu haben.[1]) Der ältere
der beiden am Aventin liegenden Friedhöfe, der Ortaccio vecchio degl'
Ebrei, war von den Vignen Carrito, Cavaletti, Carlone und Andreani
umschlossen. Nachdem er gefüllt war, erhielt die Gemeinde einen
neuen Totenacker, der die Verlängerung des alten nach Norden bis
zur Acqua Crabra bildete. Der Eingang dieses neuen Ortaccio degl'
Ebrei war von dem Vicolo della Greca aus. Diese so herrlich gelegenen, von Weinbergen rings umkränzten Friedhöfe boten nach den
strengen Edikten von 1625 und 1775 einen wenig erfreulichen Anblick. Wie erwähnt, hatte sich die Inquisition in denselben das ausschliessliche Recht zugesprochen, Grabsteine zu erlauben und zugleich
den Juden das Aufstellen von Denksteinen selbst ohne Grabinschriften
verboten. Wohl hatte die Gemeinde nicht lange nachher für die
Gräber ihrer Rabbiner, später auch für andere Gräber unbezeichnete
Grabplatten erwirkt, bis endlich wieder Grabinschriften erschienen.
Das dauerte aber immer nur so lange, bis die Inquisition die Wegnahme der betreffenden Steine anbefahl und die Gemeinde mit einer
Strafe belegte. Nicht selten retteten dann die Hinterbliebenen die
Steine, welche die Gräber ihrer Lieben geziert, vor der Zerstörung
in ihre Häuser, in denen nach der Niederlegung des Ghettos (1887)
eine Anzahl derselben aufgefunden wurde.[2]) Zu Bosios Zeiten waren
viele Gräber mit einem in Stein gehauenen siebenarmigen Leuchter
bezeichnet.[3])

Das Leben im Ghetto zu Rom unterschied sich nur wenig von
dem in den übrigen Gemeinden Italiens. War das neugeborene Kind
männlichen Geschlechts, so hatte der Vater die Erlaubnis, die sieben
Personen zu bezeichnen, welche am kommenden Sabbattage zur Vor-
lesung aus dem Pentateuch auf den Almemor der Synagoge gerufen
wurden. Am Abend vor der Beschneidung versammelten sich in dem
Hause, wo der religiöse Akt vollzogen werden sollte, zahlreiche Männer
und Frauen. Hier wurde von einem Knaben, bisweilen auch von dem
Rabbiner eine Ausprache zum Preise der heiligen Handlung gehalten.
Nach derselben wurde gesungen, getanzt, gegessen, getrunken und
auch sonst der allgemeinen Freude Ausdruck verliehen. Ein Teil der
Anwesenden blieb die ganze Nacht hindurch bei dem Kinde, angeblich

---

[1]) F. de Rossi, Ritratto di Roma moderna, Roma 1645 46.
[2]) Berliner, Aus schweren Zeiten 7. Auch 1665 wurden einige jüdische Grabsteine nach der Kirche San Giovanni de Laterano gebracht (Blume, Iter italicum
III. 155; Bartolocci III. 825; Zunz, ZG. 400).
[3]) Antonio Bosio Romano, Roma sotterranea (2. ed. 1650) 192.

um es gegen die Hexe Lilith zu schützen, und vertrieb sich die Zeit
mit allerlei Unterhaltung, mit Singen und Spielen und fröhlicher Zwie-
sprache.[1]) Nach der Beschneidung schickte der Mohel der Mutter des
Kindes eingemachte Früchte. Ebenso thaten der Pathe, die Pathin,
die Verwandten und die Freunde der Familie. Waren die Eltern
arm, so brachte man wohl auch Geld in das Haus. Dieselben Geschenke wurden drei Tage nach der Operation aus Freude über die
Heilung geschickt.[2]) Die Pragmatica gestattete ausdrücklich Gastmähler mit Musik, Tanz und Gesang bei den Wachen am Vorabend
der Beschneidung, bestimmte aber auch die Art der Erfrischungen,
sowie die dabei üblichen Geschenke und Vergütungen.[3]) So durften
nach der Pragmatica von 1726 am Tage der Beschneidung Eier,
Biscuit und Konfekt gereicht werden. Jedoch durften nicht mehr als
200 Eier verbraucht werden. Gevatter und Gevatterinnen durften
der Wöchnerin nur 2 Piaster, der Beschneider 6 Paoli oder Gegenstände im Werte von so viel schenken. War diese arm, so durfte
man dazu noch Nahrungsmittel und Kleidung für das Kind hinzufügen.
Nur an Regentagen durfte die Gevatterin einen Wagen benutzen.[4])
Gleichzeitig untersagte die Pragmatica die damals zur Mode gewordene
Sitte, die Kinder von christlichen Ammen nähren zu lassen.[5])

Schon in frühem Alter wurden die Kinder einem Lehrer anvertraut. Der Unterrichtsgang der Kinder des Judenviertels hatte sich
unter dem Drucke der Verhältnisse sehr schnell gänzlich geändert.
An die Stelle des freien geistigen Verkehrs trat die völlige Abschliessung gegen alle wissenschaftlichen Strömungen der Aussenwelt.
Da Universitäten und Hochschulen den Juden fast verschlossen waren,
die Ausübung der Medizin aber nur auf eine spätere Praxis im
Judenviertel beschränkt war, so wandten sich alle die Jünglinge,
welche eine höhere geistige Reife zum Studium der Wissenschaften
besonders befähigte, gezwungen dem Handel und den Geldgeschäften
zu. Allerdings hatte der Vicegerent 1643 erlaubt, dass ein christlicher Lehrer im Ghetto Unterricht in Grammatik, Logik und
anderen Wissenschaften erteilte. Aber wegen der christlichen Lehrer
der Grammatica entstand unter den Vorstehern der Talmud-Thora ein

---

[1]) Paolo Medici, Riti e costumi degli ebrei, Firenze 1736 8 ff.

[2]) Historia de riti Hebraici di Leon Modena Rabino, Hebreo da Venezia.
Nuovamente ristampata, e con diligenza ricorretta, Venezia 1687 108.

[3]) Rodocanachi 86, Ettore Natali 117 f.

[4]) Berliner II. 2. S. 197.

[5]) Das Gleiche verbot auch die Bulle von 1555 § 4.

Streit, da es einige für unschicklich hielten, dass in ihren geweihten Räumen lateinisch gesprochen wurde. Aus dem Tagebuche (זכרונות) eines jüdischen Studenten, Jehudah Gonzago, ersieht man die Schwierig-keit, die dem jüdischen Doktoranden gemacht wurden. Seine Promotion (23. Sept. 1717) musste des Unterschiedes wegen in einem kleinen Zimmer der Sapienza stattfinden. Während der Christ für sein Diplom 30 Scudi zu zahlen hatte, forderte man vom Juden für eine zweite und dritte Copie noch weitere 60 Scudi. [1]) Über die Bildung, welche man den Kindern im Ghetto angedeihen liess, wird oft geklagt. Ihre Fehler sind eine Folge des Druckes und der gewaltsamen Unter-drückung jeder freien geistigen Regsamkeit. Der Mangel an geeigneten Lehrkräften machte sich besonders fühlbar. Die Robitim, wie man die Kinderlehrer nannte, standen in keinem guten Ruf. Vor allem war es mit ihrer Kenntnis des Italienischen nicht weit her. Über-haupt war unter den Juden eine plumpe ungelenke Volkssprache ge-bräuchlich. [2]) Die Bestrebungen des Venetianers Leon Modena, unter den italienischen Juden die reine toscanische Sprache zu verbreiten, haben keinen Erfolg gehabt. In Rom selbst hatte sich eine eigene Volkssprache gebildet, welche sich dem Romaneskischen näherte. [3]) Es gab sogar Stimmen, welche davon abrieten, Kinder die italienische Schriftsprache lehren zu lassen. Jehuda 'Azael del Bene in Ferrara (st. 2. April 1678) mahnte ab, die Mädchen Italienisch lesen zu lehren, damit sie nicht durch Liebesgedichte verführt würden. [4]) Im Alter von fünf Jahren wurde das Kind dem Elementarlehrer zugeführt, bei dem es vorerst Hebräisch lesen lernte. Hatte das Kind darin eine gewisse Fertigkeit erlangt, so begann der Unterricht im Italienischen. Dann wurde das Kind in das Schreiben, Rechnen, wohl auch in die Geschichte eingeführt und im Hebräischen und Italienischen weiter ausgebildet. Die Lehrmethode war dabei die allereinfachste. Der Lehrer trug einen Bibelvers vor, erklärte ihn und liess ihn hierauf von dem Schüler wiederholen. [5]) Dieser Vorunterricht war auf einen Kursus von vier Jahren berechnet. Allerdings kam es vor allem in späterer Zeit vor, dass der erste Kinderunterricht alten Frauen überlassen

---

[1]) Berliner II. 2. S. 68f. u. 143.

[2]) נלות יהודה Nuovo dittionario hebraico et italiano opera di Leon Modena. Rabbi Hebreo da Venetia, Padoa 1640 (Josef Foà) 2. ed. Vorrede: L'autore alli benioni lettori.

[3]) Ettore Natali, 53.

[4]) Zunz, Monatstage 17.

[5]) Paolo Medici, Riti 34 f.

wurde, welche Knaben und Mädchen das Lesen des Hebräischen
Gebethersagen, das Singen der Prophetenabschnitte und besonders
Purimgedichte und Lieder lehrten, sie auch wohl in das Gebet-
buch einführten. Sobald die Knaben den Prophetenabschnitt lesen
konnten, wurden sie in die dem Talmud-Thora-Verein gehörende Schule
geschickt. [1] Die Mädchen mussten von da an mit dem Erlernen von
Handarbeiten zufrieden sein. Die Talmud-Thora-Schule, diese alte
Akademie der römischen jüdischen Gemeinde, war im Besitze eines
Hauses im Ghetto und durch Stiftungen und die Beisteuern einiger
reicher Juden gesichert. Die Schüler mussten ausserdem ein kleines
Monatsgeld zahlen. Eine der grossartigsten Stiftungen, welche die
Anstalt erhielt, war die grosse testamentarische Schenkung des aus
Rom stammenden, in Florenz nach 1672 gestorbenen Zekharia b. Efraim
Mahalalel de Porto. Er hinterliess ihr seine grosse hebräische
Bibliothek und 200 florentinische Scudi mit der Bedingung, ein von
ihm handschriftlich hinterlassenes Sammelwerk auf seine Kosten innerhalb dreier Jahre drucken zu lassen. Über dessen Ertrag sollten sie
frei verfügen können. Falls der Verein die Annahme des bedingten
Legates verweigerte, sollten die Bibliothek samt den 200 Scudi der
Gemeinde Jerusalem zufallen. Der Verein liess das Werk Zekharias
unter dem Titel אסף המזכיר drucken, setzte seinem Verfasser eine
steinerne Gedenktafel und beschloss, in der Synagoge alljährlich durch
einen Schüler der Akademie auf den Testator eine Gedächtnisrede
halten zu lassen. [2] Die Akademie bezweckte die weitere Ausbildung
in der religiösen Literatur des Judentums, die allerdings dadurch sehr
erschwert war, dass der Talmud selbst infolge der eigentümlichen
Verhältnisse in Rom nicht gelesen werden durfte. Einen eigentlichen
Religionsunterricht gab es nicht. Nachdem der Knabe ausgewählte
Stücke aus dem Wochenabschnitte gelesen, ging man zum Raši-
kommentar auf den Pentateuch über. Etwa mit zehn Jahren lernte
der Knabe Grammatik, deren Kenntnis allerdings sehr im Argen lag.
Dann folgte die Lektüre eines Auszuges aus Maimonides' Mišneh Tora
und zwar des ס׳ זמנים, des ס׳ אהבה und des ס׳ המדע. Den Beschluss
machten ausgewählte Stücke aus dem Menorath Ha-Maor des Izhak

---

[1] Jost. Annalen, 1840 317 f. 326 f.

[2] אסף המזכיר (Venedig 1675) Vorrede. Das Werk ist auch am Rande des
עץ חיים (ed. Amsterdam 1725/26) gedruckt. Vgl. Wolf J. 358 No. 573. III. 243 f.;
Steinschneider. Catal. Bodl. p 2249; Nepi-Ghirondi תולדות גדולי ישראל S. 99
No. 2.

Aboab oder dem עין ישראל. ¹) Die Bildung der Fortgeschritteneren vollendete das Studium des Izḥak Al-Fasi. Nur selten kam es vor, dass ein jüdisches Kind vor Eintritt in die Talmudschule Musik, Tanzen und Lateinisch lernte. ²) Dieser enge Unterrichtsplan mit Hintansetzung aller weiteren weltlichen Bildung, ja sogar der jüdischen Religionsphilosophen ist charakteristisch für das Leben im Ghetto. Erst im letzten Viertel des 18. Jahrhunderts beschlossen die Vorsteher der Talmud-Thora-Akademie, Jakob Caivano, Šemtob delli Panzieri und Mošeh Elia Ascariel, dass die reiferen Schüler an jedem Sonnabend Religionsunterricht nach einem geschriebenen Leitfaden erhielten. Die Vorsteher des Jahres 1787 Mošeh Elia Uziel, Josef Šabtai Bondi und Mordkhai Šemuel Modigliani liessen sich diese Neuerung besonders angelegen sein. ³)

Die Ehen wurden schon in frühen Jahren geschlossen. Zur Feier der Hochzeit wählte man gewöhnlich die Neumondszeit. Jungfrauen heirateten zumeist am Mittwoch und Freitag, Witwen am Donnerstag. ⁴) Den Abend, an dem sich der Verlobte zum ersten Male in das Brauthaus begab, und die ganze Hochzeitswoche feierte man durch Gastmähler mit Tanz, Musik und Gesang. Dabei wurde ein solcher Luxus entfaltet, dass die Pragmatica gerade bei den Hochzeitsfeierlichkeiten einschränkend vorgehen musste. Die Anzahl der Gäste und die Zahl der Gänge wurde möglichst reduziert. Am Tanze sollten sich gar nur Männer mit Männern und Frauen mit Frauen beteiligen. Die Musikanten mussten Juden sein und durften nicht mehr als fünf giulii erhalten. Nach der Bulle Pius V. Quoniam non pluries sollte die Mitgift nie mehr als 4050 Dukaten betragen. Die Pragmatica fügte noch hinzu, dass die Braut dem Bräutigam nur zwei Taschentücher im Werte von je einem Scudi, zwei Hemden, von denen das für den Bräutigam bestimmte nicht mehr als fünf, das für dessen Freund höchstens vier Scudi kosten durfte, und einen Gebetmantel überreichen dürfe, dessen Wert 1 % der Mitgift nicht übersteigen sollte. Der Bräutigam durfte sich nur mit einem Paar Pantoffeln aus Leder oder Sammt, einem Paar Strümpfe, einem Paar mit goldenen Spitzen geschmückten Manschetten aus Taffet oder gewirkt, und einem Paar Tanzschuhe revanchieren. ⁵) Die Pragmatica von 1726 erlaubte

---

¹) Historia de riti Hebraici di Leon Modena Rabino (1. ed. Venetia 1638). 2. ed. 1687 104 f.
²) Geiger, Leon da Modena 7.
³) Berliner II. 2. S. 130.
⁴) Historia ecc. di Leon Modena 89.
⁵) Rodocanachi 86—90.

nur am Hochzeitstage Musik nnd das Reichen von Erfrischung gar nur
an dem Sonnabend vor der Hochzeit bei der Braut, an dem nach der Hochzeit beim Bräutigam. Diese Erfrischungen durften in Biscuit, Brot mit
Anis oder Fenchel und Wein bestehen. Pizze (eine Kuchenart), Brot
mit Eiern und Zwieback waren ausdrücklich verboten. Bei der Verlobung durfte der Bräutigam seiner Braut fünf Pfund Konfekt schenken,
ihren Verwandten Gewänder und Bänder oder Putznadeln — letztere
im Werte von höchstens 3 Scudi. Die Verwandten der Braut durften
dem Bräutigam ein Barett oder einen Tallithbeutel oder ein Arbà-
Khanfoth im Höchstwerthe von 10 Scudi verehren. Zur Hochzeit
durfte die Braut nach der genannten Pragmatica dem Bräntigam ein
Hemd, zwei Kragen, 2 Paar Manschetten ohne Spitzen, zwei Taschentücher ohne Spitzen und ein Taschentuch um die Hochzeitsfackel zum
Geschenk machen, wofür ihr der Bräutigam Schuhe, Strümpfe und
Kopfpntz schenkte. Die von der Braut mitgebrachte Ausstattuug
durfte bei einer Mitgift von 500 Scudi 50 Scudi kosten und von jedem
weiteren Hundert 6 Scudi.[1] Der Braut wurde nicht einmal die Benutzung eines Wagens für die Auffahrt zur Hochzeit gestattet (25.
Angust 1667).[2] — Gesetzlich war die jüdische Ehe durchaus nicht denselben Regeln und Gesetzesvorschriften unterworfen wie die der
Christen. So standen dem jüdischen Mädchen nicht die besonderen
Vorrechte bei der Mitgift zu, welche dem christlichen zngestanden
waren. Sie konnte derselben nur durch die Taufe teilbaftig werden.
Als Mitgift war unter anderem auch bei Jüdinnen eine stille Hypothek
zulässig. Am 29. Nov. 1669 entschied die Rota einen Prozess über
eine jüdische Mitgift. Angelo Toscana besass aus seiner ersten Ehe
mit Olimpia einen Sohn Izbak und aus seiner zweiten mit Rosa eine
Tochter Ricca. Izbak ehelichte eine Tochter des Rafael de Tusculo,
namens Ricca, während Angelos Tochter einem gewissen Ahron angetraut wurde. Beide Mädchen brachten als Morgengabe, wie es in
Rom häufig der Fall war, ein ewiges Mietsrecht (ius gazzagà) mit in
die Ehe. Die beiden Parteien hatten ihre Anrechte miteinander
ausgetauscht, wobei ein Streit entstand, den die Rota schliesslich entschied.[3] Über einen besonderen Fall der Ehelichung, der gleichzeitig
einen interessanten Beitrag zur Kenntnis des inneren Lebens der Gemeinde bietet, besitzen wir ein grösseres Doknment. Rosa, die Tochter

---

[1] Berliner II. 2. 197.

[2] Berliner das. S. 53.

[3] Sacrae rotae romanae decisionum recentiorum a Johanne Battista Compagno selectarum Pars XVI. No. 214 (§§ 4. 5. 7).

hin.[1] Sie standen aber in Einklang mit der Entscheidung der Rota vom 5. Oktober 1672, dass eine Ehe mit einem Juden oder nicht getauften Ungläubigen als ungültig zu betrachten sei.[2]

Gegen den Kleiderluxus musste die Pragmatica fortwährend beschränkende Bestimmungen treffen. Sie gestattete wohl der Frau an allen Fingern Ringe zu tragen, doch durfte ihr ganzer Schmuck nicht mehr als 45 Scudi wert sein. Sie erlaubte ihr unter anderem auch eine Tuchnadel mit einer Perle im Werte von 6 Scudi. Ihre Kleidung sollte schlicht aus Wollstoff hergestellt werden, aus Seide nur dann, wenn nachgewiesen werden konnte, dass der Stoff aus zweiter Hand stamme. Die Männer sollten sogar nur getragene Sachen ohne allen Schmuck in schwarzer, brauner oder in Tabakfarbe tragen.[3] Zu dieser Kleidung kam das Judenzeichen. Die Juden trugen dasselbe in der Stadt gewöhnlich an einem schwarzen Hute befestigt.[4] Unter den verschiedenen Erleichterungen beim Tragen desselben sei hier nur auf das Instrument der päpstlichen Kammer vom 21. April 1581 hingewiesen, in dem Gregor XIII. den römischen Juden gestattete, auf Reisen und beim Besuche der Jahrmärkte das Judenzeichen abzulegen, ausser wenn sie sich an dem betreffenden Orte länger als einen Tag aufhielten.[5] Am 3. Mai 1671 wurde vor der Congrega Klage geführt, dass auswärtige Juden mit schwarzer Kopfbedeckung einhergingen. Diese gestatteten sich dann verbotenen Umgang, seien nicht als Juden kenntlich usw. Man beschloss deshalb, dass jeder Fremde nach dreitägigem Aufenthalte in der Stadt das Zeichen anlegen müsse.[6] Gänzlich befreit von demselben waren nur die jüdischen Ärzte.[7] Kinder trugen Schmuckgegenstände, in welche das Wort שדי eingraviert oder aus Edelsteinen zusammengesetzt zu lesen war.[8] Verheiratete Frauen verhüllten ihr Haupt mit einem Quattro oder einer Haube.[9] Gegen das sehr beliebte Ausfahren zum Vergnügen wurden

---

[1] Das. 182 f.
[2] Decisiones S. Rotae Romanae, Venedig 1697 Pars XIV. No. 535.
[3] Rodocanachi 96. 98.
[4] REJ VI. 91.
[5] Erwähnt in der Bulle vom 22. Oktbr. 1586; vgl. Erler im Archiv f. Kath. Kirchenrecht LIII. 55.
[6] Berliner II. 2 S. 53.
[7] Sprenger, Roma Nova, Frankf. 1667 787.
[8] דברי יוסף אירנאם בן עכנואל (Livorno 1742) No. 42. p. 82 b.
[9] Berliner II. 2 S. 54.

am 25. August 1667 von der Congrega rigorose Bestimmungen getroffen. [1])

Über den Speisezettel der Juden sind wir nur mangelhaft unterrichtet. Da hört man z. B. von einer Art Blättergebackenem (ספוליייטי
sfogliate) יופקאם, dessen Genuss in der Passahwoche untersagt wurde.[2])
Bei gleichem Anlasse erfährt man von dem in Italien verbreiteten
Genusse von Gerichten aus türkischem Weizen (הדורא דהיינו הפורמנ״כין,
formentone). [3]) Die von Juden bereiteten Artischoken (Carciofi alla
giudia) wurden auch von Christen gern gegessen. [4]) Besonders schnell
hatten sich unter den Juden Kaffee (קאווי), Thee (טיי), Chokolade
(קיקולאטה) und Tabak (טאבאקו) eingebürgert. Die Segenssprüche
über die drei ersteren wurden festgesetzt. [5]) Für Milchkaffee (Caffé
di latte) wurden besondere Bestimmungen getroffen. [6]) Von rabbinischen
Autoritäten wurde es Juden gestattet, in christlichen Kaffeehäusern
(חנויות של הקאווי) Kaffee zu trinken. [7]) An einen berühmten Talmudgelehrten wurde die Frage gerichtet, ob man am Sabbat die Chokolade (ציקרטה), nachdem sie vom Feuer genommen, zerquirlen und in
Gläser giessen dürfe. [8]) Tabakschnupfen und Rauchen hatte schon
früh leidenschaftliche Anhänger unter den italienischen Juden gefunden.
Man fand es für nötig zu erörtern, ob der Pfeifenraucher den Dank-
spruch über einen Genuss (ברכה) sagen solle. Schon damals hatte der
hässliche Brauch in den Synagogen Eingang gefunden, im Bethause
die Schnupftabakdose herumzureichen und dem Niessenden Gesundheit zuzurufen. Ein Rabbiner wandte sich wegen der Beseitigung
dieser leidigen Gewohnheit an einen Kollegen und erhielt von ihm
die lakonische Antwort, er solle es verbieten, wenn er es könne. Das
Tabakschnupfen am Versöhnungstage gestattete man. [9])

Die grosse Glaubensinnigkeit in der römischen Gemeinde hatte
zu manchem abergläubischen Brauche geführt. Vielleicht gerade der
fortwährende Zusammenhang mit dem religiösen Leben brachte es mit

[1]) Das. S. 53.

[2]) Natanael Segre in פחד יצחק, ם p. 56 b, Šemuel de Medina שו״ת ad Oraḥ
Ḥajim No. 26 p. 9 b f.

[3]) פחד יצחק s. v. קטניות p. 185 a.

[4]) Berliner II. 2 S. 99.

[5]) פחד יצחק s. v. קאווי p. 61 a, קיקולאטה p. 5 a.

[6]) Das. s. v. קאיימא״ק == פוינה.

[7]) שו״ת זרע אמת (Išmael Kohen) p. 46 b f. No. 39. No. 41, vg78.

[8]) Das. No. 40.

[9]) פחד יצחק s. v. טאבאקו p. 62 a.

sich, dass die italienischen Juden, wie die polnischen und deutschen
noch heute zum Teil, in Handel und Wandel ihren Aussagen durch
besondere schwurartige Formeln der Versicherung — gewiss eine
hässliche Angewohnheit — besondere Kraft zu verleihen versuchten.
Ein allerdings nicht judenfreundlicher Schriftsteller in Rom erzählt,
dass man beim Durchlaufen des Ghettos von tausend und abertausend
Schwüren wie: per Dio, com' è vero Dio, in verità di Dio umtost
werde. [1]) Das sogenannte Khaparahschlagen und die Bestimmungen
über den Genuss des Weines von Nichtjuden waren in Italien ausser
Brauch gekommen. [2]) Dafür hielt man sich um so strenger an alle
nur denkbaren Trauerbräuche der Zeit vom 17. Thammuz bis zum
9. Ab. Man fürchtete sich in diesen Tagen vor dem Wüten des
Dämonen Keteb Meriri (קטב מרירי). Die Rabbiner ermahnten, seinetwegen zu bestimmten Tagesstunden nicht allein das Haus zu verlassen.
Die Lehrer schlugen die Kinder nicht, da sie befürchteten, dass der
Dämon ihrem Schlage zu grosse Wucht verleihen werde. Prozesse
mit Christen suchte man in diesen drei Wochen möglichst zu verschieben. Viele enthielten sich während derselben des Fleischgenusses. [3])
Man schützte die Kinder durch silberne Amulette in Nuss- oder
Mandelform [4]) gegen Hexen und Teufel. — Bei den Begräbnisfeierlich-
keiten hatten sich besondere Bräuche herausgebildet. Der Sarg wurde
nach der Grösse des Leichnams gefertigt. Über und unter den
Leichnam legte man ein weisses Tuch. War der Verstorbene ein besonders hervorragender Mann, so pflegte man einen spitzen Sarg (pontita)
zu verwenden. Auf den Sarg eines Rabbiners legte man noch eine
grössere Anzahl hebräischer Bücher. Schwarz bedeckt trug man den
Sarg aus dem Hause. An manchen Orten schritt man mit brennenden
Fackeln hinter ihm her und sang auf dem Wege Trauerweisen. Auf
dem Begräbnisplatze wurde nur dann eine Grabrede gehalten, wenn
der Tote ein Mann von Ansehen gewesen war. Unter den Kopf des
Toten legte man schliesslich ein Säckchen Erde, worauf der Sarg geschlossen und zum Grabe getragen wurde. [5]) Die Gedächtnisrede auf
einen Lehrer wurde in der Synagoge oder im Lehrhause gehalten. [6])
Seit dem 12. Juli 1620 war Frauen das Besuchen der Gräber gänzlich

[1]) Paolo Medici Riti 166.
[2]) Historia ecc. di Leon Modena 53. 75.
[3]) Paolo Medici, Riti 179 f.
[4]) Editto sopra gli Ebrei 1775 No. X.
[5]) Historia ecc. di Leon Modena 114.
[6]) Zunz, Gottesd. Vorträge der Juden 435 f.

verboten. Vordem hatten sie gewöhnlich am Schlusse der Trauer-
woche, des ersten Trauermonats und des Trauerjahres die Gräber
ihrer Lieben aufgesucht. Dabei hatten sie aber meistens ihrer Trauer
so lauten und wilden Ausdruck verliehen, dass sich im Gemeinderat
nur vier von vierunddreissig (32) Stimmen fanden, welche den Frauen
den Gräberbesuch gestatten wollten. [1] Es wurde daher Ricca, der
Mutter des Mošeh Rocca nur ausnahmsweise gestattet, in Begleitung
eines Rabbiners und ihres Schwiegersohnes das Grab ihres Sohnes zu
besuchen, um in demselben unbrauchbar gewordene Blätter von hebräischen Handschriften zu bergen. [2]

In den Synagogen hatte sich wenig geändert. Ihre Wände
schmückte man mit jenen Versen aus dem ersten Buche der Könige
und der Chronik, die von Šelomoh's Tempelbau handeln. [3] Der fromme
Sinn der Gemeinde hatte die Bethäuser reichlich mit kostbarem Ge-
räte ausgestattet. Besonders die Scuola Catalana besass reichen Silber-
schmuck. Am Versöhnungstage prangten in derselben silberne Leuchter
im Gewichte von 500 Pfund. Alle Gefässe waren mit der Inschrift
קדש לה׳ (Heilig dem Herrn) versehen, um sie vor Wegnahme durch
Konvertiten zu schützen. [4] Der Gebetcyklus war bedeutend erweitert
worden. Die schlimmen Erfahrungen zu Beginn der Periode, der
jähe Sturz von der glücklichsten Freiheit in unselige Schmach und
Sklaverei hatte die Herzen Vieler trüb und traurig gestimmt. Nur
ob der Sünden der Gemeinde hatte solches Leid über Israel kommen
können. Als die Leiden sich mehrten, da ging ein Ruf nach Übungen
der Busse und der Askese durch ganz Italien. In den verschiedenen
Gemeinden bildete man besondere Gebetcyklen, die man aus den alten
Festgebeten, Trauergesängen und aus dem Ritual für die Nächte der
hohen Feste zusammenstellte. Dazu wurden sogenannte מעמדות und
אשמורות הבקר gedichtet. [5] Dieselben wurden vor dem Morgengebete
vor Sonnenaufgang in tiefer Andacht gebetet. Auf diese Weise entstanden die שומרים לבקר - Vereinigungen. In manchen Gemeinden
wurden diese Gebetversammlungen nur im Monat Elul abgehalten, in
den meisten aber das ganze Jahr hindurch fortgesetzt. [6] In Rom und
anderen Gemeinden forschten fromme Männer nach dem alten Mahzor

---

[1] Berliner. Magazin I. 104; ders. Aus schweren Zeiten 4.
[2] Das. 4.
[3] Paolo Medici. Riti 58.
[4] Letterbode XI. 111f. Het verhaal van een reis.
[5] Steinschneider, Jewish Literature 242.
[6] So in Venedig, s. שו״ת Menaḥem 'Aṣaria di Fano 71a No. 79.

Vitry, um aus ihm neue passende Gebete zu entnehmen. ¹) Dann erschienen die Gebetbücher dieser Vereinigungen im Drucke, und seither krystallisierten sich die verschiedenen Gebetcyklen. ²)

Die „römische" Gebetordnung blieb unverändert. ³) Neu war die Einführung des mehrstimmigen Figuralgesanges in den Gottesdienst. Ihn verdankte man dem Musikschriftsteller und fruchtbaren Komponisten Salomone de Rossi aus Mantua (1587—1623). ⁴) Seine musikalischen Dichtungen sind neuerdings herausgegeben worden. ⁵)

Einen hervorragenden Bestandteil des Gottesdienstes bildete natürlich die Predigt. Allsabbatlich oder wenigstens alle zwei Wochen am Morgen und am Nachmittage⁶), an allen Festtagen und am Grabe der Frommen und Angesehenen predigte der Rabbiner oder, falls dieser nicht rednerisch oder stimmlich begabt, ein von ihm bezeichneter Stellvertreter ⁷) in italienischer Sprache, in welche auch alle hebräisch angeführten Bibelstellen übertragen wurden. Die Ansprache begann mit einem Verse des laufenden Wochenabschnittes, dem נושא (Thema), auf den der Prediger einen Satz aus dem rabbinischen Schrifttum, den מאמר (Exposition), folgen liess. Darauf folgte der eigentliche Gegenstand der Rede. ⁸) Sie bestand zumeist in der einfachen Auslegung eines Bibelwortes ohne weiteres Eingehen auf dessen sittlichen Gehalt und in Moralpredigten. ⁹) Die Predigt wurde vom Almemor aus gehalten. Die Reihenfolge der Synagogen, in denen gepredigt wurde, wurde durchs Los festgestellt. ¹⁰) In der zweiten Hälfte des achtzehnten Jahrhunderts wurde bei dem allgemeinen Verfall der Wissenschaften auch die Redekunst gänzlich vernachlässigt. An die Stelle der Gemeindepredigt trat die disputierende Derašah, gegen die schliesslich Wessely mit acht italienischen Rabbinern energisch auftrat. ¹¹)

---

¹) כנף רננים Nathanael Trabotti Einltg. abgedruckt in Orient 1844 406 f.

²) z. B 1612 das Gebetbuch des Vereins שומרים לבקר in Mantua.

³) Ein in Rom erschienenes סדר ברכות כמנהג בני רומי sah Dukes in der kaiserl. Bibliothek in Wien, Orient 1844 439.

⁴) Alessandro d'Ancona, Origini del Teatro Italico (Torino 1891) II. 400.

⁵) Von S. Naumbourg. Paris 1877, vgl. Birnbaum, Jüdische Musiker am Hofe von Mantua von 1542—1628. Wien 1893 16 f.

⁶) Historia de Riti Hebraici 62.

⁷) Paolo Medici a. a. O. 64.

⁸) Historia de Riti Hebraici 89.

⁹) Paolo Medici a. a. O.

¹⁰) Berliner II. 2 S. 62; 1620 war Josef de Lattes Prediger, 1621 Jehiel Bessis (das. S. 192).

¹¹) Zunz, Gottesd. Vorträge 474.

Das religiöse Leben der Gemeinde fand seinen Höhepunkt in der strengen und liebevollen Feier des Sabbattages. Doch musste am 11. Juni 1741 ein Bann gegen Sabbatschänder ausgesprochen werden.[1]) Vor Beginn des Sabbats ging der Ḥakham, begleitet von einem oder zwei Vornehmen, durch die Gassen des Ghettos um die Schliessung der Kramläden zu veranlassen und zur Vorbereitung auf den Feiertag aufzufordern. Bei ihrer zweiten Runde musste bereits alles geschlossen sein. Nach der dritten wurden dann auch die Ghettothore geschlossen.[2]) Nach Schluss des Abendgottesdienstes ertönte allseitig der Sabbatgruss (buon Sabbat oder buon Sciabbat a. V. S.)[3])

Über die Dotierung der Gemeindebeamten sind wir nur wenig unterrichtet. Dieselbe ist ausserordentlich niedrig gewesen. So erhielt der Kantor der deutschen Gemeinde Simḥa von den Vorstehern Šemuel und Izḥak b. Jekuthiel Aškhenaẓi ein Jahresgehalt von 9 Scudi ausgezahlt.[4]) Der Prediger und Sekretär der Gemeinde erhielt bis 1656 ein Jahresgehalt von 40 Scudi, das ihm wegen seiner besonderen Verdienste auf 46 Scudi erhöht wurde. Im Jahre 1668 betrug das Gehalt für den protokollierenden Rabbiner 50 Scudi.[5]) Im Jahre 1789 zahlte die Gemeinde Sinigaglia an Rabbiner, Kantor, Pedell, Sekretär und die Synagogendiener zusammen 310 Scudi, die Gemeinde Pesaro in demselben Jahre für Rabbiner, Rechnungsführer, Vorbeter, Schliesser und die Gemeindediener gar nur 288,30 Scudi.[6])

Die Gemeindeverwaltung lag in der Hand der drei Sindachi oder Gonfalonieri, die in Rom den besonderen Titel Fattori del Ghetto (מינתים) führten. Ihre amtlichen Befugnisse hatten sich nicht verändert. Noch immer hatten sie die Steuerrepartition, die Ordnung im Ghetto und die Almosenpflege zu überwachen und den Anordnungen des Rates der Sechzig Ansehen zu verschaffen. Ihre ganzjährige, später halbjährige Amtsthätigkeit wurde unter den misslichen finanziellen Verhältnissen immer schwieriger. Auch die Herstellung der Ordnung im Ghetto war durch rohes Volk sehr erschwert, das überall Händel suchte, die es mit seinen kurzen Messern gewöhnlich gewaltsam endigte. Hatten diese Leute dann eine Person getötet oder

[1]) Berliner II. 2 S. 103.
[2]) Letterbode XL 112 f. Historia de riti Hebr. 59.
[3]) Paolo Medici a. a. O. 189. Historia de riti Hebr. 60.
[4]) Berliner II. 1 S. 100.
[5]) s. o. S. 268, 272.
[6]) REJ XVI. 249. 251.

schwer verwundet, so entzogen sie sich durch eine schleunige Taufe der
städtischen Gerichtsbarkeit. [1]) Da die Fattori für alle Vergehungen
ihrer Gemeinde der päpstlichen Regierung gegenüber persönlich haftbar waren, so wurde das Amt der Fattori zu einer immer drückenderen
Last. Hatte ein Jude wegen eines Verbrechens die Flucht ergriffen,
so hielt man sich an sie und warf sie ins Gefängnis. Noch im Jahre
1774 erhielten die Fattori in einem solchen Falle Gefängnisstrafe
und den Wippgalgen (corda). Ausserdem kostete das Amt seinem
Träger gewöhnlich 150 Scudi. Dazu kamen bisweilen noch Verdächtigungen von seiten der Gemeindemitglieder. Wegen einer solchen
Verleumdung gegen Šelomoh Jošuà Corcos wurde ein gewisser Benzion
aus Sizilien so lange als aus der Gemeinde ausgeschieden betrachtet,
bis er öffentlich Abbitte geleistet hatte (1574). [2]) Es war daher nicht
zu verwundern, dass sich die zu dem Amte Gewählten nicht selten
durch eine Zahlung von 50 Scudi demselben entzogen. Das hörte aber
auf, als die Regierung die Ablehnung des Amtes streng verbot. [3]) Von
den ממונים dieser Periode seien erwähnt:

1551: Daniel, 'Obadia, Mazliaḥ b. Menaḥem, Jošuà,

1552: Mošeh de Arignano, Mošeh b. Rëuben 'Abdon, Elihu b. Šelomoh
  Corcos, Josef Rofe;

1553: Josef;

1554: 'Obadia b. Joab;

1558: Josef b. Immanuel de Lattes, Jehuda b. Šemuel Tagliacozzo;

1562: Mazliaḥ b. Menaḥem de Ceprano, Šemuel b. Abraham Zaddik,
  Izḥak Giojoso b. Jàkob, Ahron b. Meïr;

1563: Šemuel b. Abraham Zaddik, Izḥak Giojoso b. Jàkob, Jàkob de
  Lattes;

1564: Mošeh b. Rëuben 'Abdon, Durante del Sestiere b. Šemtob; [4])

1568: Barukh 'Anaw b. Mordkhai, Mošeh b. Mordkhai de Arignano;

1569: Mošeh di Rignano;

1570: Barukh b. Mordkhai 'Anaw, 'Eliezer Mazliaḥ Khohen de Viterbo,
  Šelomoh Ram b. Šemuel, Jàkob b. Izḥak Giojoso;

1571: Šelomoh b. Jošuà Corcos;

---

[1]) Letterbode XI. 113 Het verhaal van een reis.

[2]) Berliner, Aus schweren Zeiten 11.

[3]) Rodocanachi 78f. vgl. Bartolocci Bibl. I. 135. Über Wahl und Befugnisse
der ממונים s. שו״ת משפטי שמואל des Šemuel Kulài p. 40a (verdruckt לח) No. 54.

[4]) Durante de Sesthieri, Abram Todesco und Sabato hoste bewohnten Häuser
des Prospero Boccapaduli (Ehevertrag vom 23. Sept. 1577 in Marco Ubaldo Bicci,
Notizia della Famiglia Boc. 674).

1574: Mordkhai b. Gabriel Capuano, Rafael b. Ahron de Rignano, Jàkob b. Izḥak Giojoso;

1575: Abraham b. Josef de Rignano, Joab b. Mazliaḥ de Ceprano, Jekuthiel b. Izḥak Aškhenazi, Menaḥem de Modigliano, Sabtai de Rignano, Jàkob de Lattes;

1576: Rëuben b. Mošeh Abdon, Mordkhai b. Gabriel Capuano, Massud b. Šemtob del Sestiere; Menaḥem de Modigliano, Šabtai de Rignano;

1580: Jekuthiel b. Izḥak Aškhenazi;

1581: Šelomoh b. David רוקם, Eliézer Mazliaḥ Khohen b. Abraham Kh. de Viterbo;

1583: Durante b. Šemtob del Sestiere;

1584: Šabtai Rignano, Mošeh מנשי, Jàkob Giojoso; Rëuben 'Abdon, Durante del Sestiere, Šelomoh Corcos;

1585: Šemuel b. Mošeh de Palliano, Šelomoh Corcos, Mikhael b. Mathithja de Palestrina, Josef Ḥakhim b. Abraham Ḥakhim, Menaḥem Zaddik b. Šemuel Zaddik;

1586: Mikhael b. Mathithja de Palestrina, Josef Ḥakhim b. Abraham;

1599: Mikhael b. Mathithja de Palestrina, Rafael b. Ahron de Rignano, Šemuel Zaddik b. Menaḥem Zaddik;

1600: Rafael de Rignano b. Ahron de R., Mikhael b. Mathithja de Palestrina, Geršon de Rignano, David de Rignano, Rafael משען;

1603: David Khohen b. Abraham Kh. de Viterbo, Isaaco fu Ventura Tedesco, David fu Abram di Rignano, Sabbato da Segni;

1604: Eliša de Turano b. Abraham de Rignano, David;

1605: David b. Abraham de Rignano.

Jehuda b. Josef de Piperno war 1578 גזבר. Parnas der Sinagoga Quattro Capi war Joab b. Benjamin (1550); Parnas der Sinagoga del Tempio war 1551 der Arzt Izḥak, 1582 David b. Rëuben Ha-Rofe; Parnas der Siziliana war 1574 Izḥak Menaḥem. Als Gemeindesekretäre fungierten 1552: David b. Jehuda und Jehuda b. Šabtai, 1553: Izḥak, 1554: Šabtai und Abraham Brodo b. Josef, 1552—1585 Izḥak b. Jehuda delli Piatelli. Als Gemeindebote (שליח) werden 1554—1564 Mošeh b. Löbele (ליולה), 1554 Šabtai, 1568—1600 Ventura b. Šemtob Maimon Fogliese, 1569 Josef b. Šemtob Maimon (derselbe?) genannt.

Der Rat der Sechzig (מעלת הקריאה מהששים) erhielt in dieser Zeit zu seinen bisherigen Befugnissen noch die Funktion, alle fünf Jahre die Pragmatica e Regola (Bestimmungen gegen den Luxus, besonders bei Festlichkeiten) zu votieren. Dieselbe musste stets Zusätze und Veränderungen erfahren, da man sie in jeder Weise zu umgehen suchte. Nach der alten Einrichtung war immer einer der Rabbiner Protokollant der Gemeindebeschlüsse, die er auch durch seine Unterschrift zu bestätigen hatte. Schon früh hatte man das Italienische zur Protokollsprache erhoben. Aber erst seit 1719, mit Tranquillo Vita Corcos, wurden die italienischen Protokolle in lateinischen Buchstaben recht üblich. [1] Die Sechzig hatten auch wohl seit der zweiten Hälfte des siebzehnten Jahrhunderts (1682?) die Capitoli ordini (תורת ערכה) alle fünf Jahre zu revidieren und drucken zu lassen. Dieselben enthielten die zur Ordnung der Steuern und Abgaben notwendigen Regeln der Selbsteinschätzung, auf deren Richtigkeit jedes steuerzahlende Mitglied den Eid abzulegen hatte. Die Ausgabe von 1682 ist von den Fattori Crescentio Sermoneta, Vita Menaghen und Šemuel Todesco veranstaltet und von den Deputierten Raffael Velletri, Leon Jair, Šemuel b. Izḅak Ascarelli, Jacobbe Baraffael, Crescenzo Modigliani und Gabriel Ambron und dem Rabbiner Izḅak de Castelnovo ausgefertigt. [2] Die Wahlen zu den Ehrenämtern der Gemeinde fanden vor dem 17. Thammuz statt, die Einführung der Gewählten ins Amt am Sabbate nach dem 9. Ab in der Synagoge, wo ihnen die Offenbarung des Zehnworts aus der hl. Schrift vorgelesen wurde. Den Schatzmeister kontrolierten die drei Sindachi. Für das Armenwesen der Gemeinde, für die Fleischsteuer (polpina), für die Sporteln und Gebühren (propina), für die Verwaltung der Stiftungen, für die Auslösung von gefangenen Glaubensgenossen, sowie für die Armen in Jerusalem und Safed wählte man besondere Rendanten. Eine von der Congrega gewählte Dame war die Oberleiterin der Krankenpflege der Frauen, der Witwen- und Waisenversorgung und der Aussteuer armer Bräute. Dazu kamen noch Aufseher über die Strassenreinigung und die Instandhaltung der Brücken und Wege im Ghetto. [3]

Wahrhaft grossartig waren die Wohlthätigkeitsanstalten der römischen Gemeinde. Ein Beispiel privaten Wohlthätigkeitssinnes bietet das schon erwähnte Testament des aus Rom gebürtigen Zekharia de Porto, der neben zahlreichen anderen Legaten 4000 florentinische Scudi für die Auslösung gefangener Glaubensbrüder und 18 000 zu Ausstattungen jüdischer Bräute, die in Summen von je 50 Scudi vergeben werden sollten, hinterliess. [4] Das Vermächtnis des Izḅak dl

---

[1] Berliner. Aus schweren Zeiten 14 f.
[2] Berliner II. 2 S. 77.
[3] Berliner II. 2 S. 32 f.
[4] Gutachten über die Gültigkeit seines Testamentes s. שו"ת באר עשק § 108 (עש"ב) und שו"ת מים רבים IV. 33—41.

Sarzano zur Aussteuer armer Bräute wurde besonders verwaltet.[1]) Derselbe Sinn herrschte aber in der ganzen Gemeinde. Jeden Freitag und an den Rüsttagen der Feste kamen die Armen in die Häuser der Reichen und des Mittelstandes, wo sie von jedermann nach seinem Vermögen Unterstützung erhielten. Verschämten Armen, Witwen und Kranken brachten die Fattori die Gaben ins Haus. Allsabbatlich gelobten die zum Segensspruch über die Thora auf den Almemor Gerufenen eine sogenannte Nedabah (Gabe) für Arme, für die Ausstattung jüdischer Mädchen oder den Freikauf jüdischer Sklaven. Hatte ein Armer ein besonders dringendes Anliegen, zu dem ihm die Gemeinde nicht die genügenden Mittel verschaffen konnte, so stellte ihm der Gemeinderabbiner ein Zeugnis aus, dass er brav und würdig sei, und forderte in demselben alle Glaubensbrüder allerorten auf, dem Reisenden Wohnung und Unterhalt für einen oder zwei Tage zu gewähren und ihm das Reisegeld zu schenken. Alljährlich sandte die Gemeinde Spenden nach Jerusalem, Safed. Tiberias und Hebron.[2]) Der mit dem Einsammeln von Almosen beauftragte Hausvater musste die Sammelbüchse selbst herumtragen. Falls er das nicht thun wollte, zahlte er 5 Giulii Strafe. Das Ergebnis von Sammlungen bei Leichenbegängnissen floss der Armenkasse und dem Akademieverein zu. Der Sammelertrag an den Selibothtage gehörte allein dem Akademieverein. Dagegen war es verboten, sich in der Synagoge oder sonstwo im Ghetto zum Betteln hinzustellen.[3]) Die von Palästina ausgeschickten Sammler (שד"ר) fanden in Rom stets offene Hand. Einem erhaltenen Rechnungsbericht eines solchen Boten entnehmen wir, dass er in der römischen Gemeinde aus dem Gotteskasten (קופה) 50 Pesos, in der Scuola del Tempio 40, von Privaten 100 und 2,10 Pesos erhalten habe.[4]) Für besonders edel und fromm hielt man es, nichtjüdische Arme vor allem aus dem eigenen Wohnorte zu unterstützen.[5]) Was die einzelnen Wohlthäter nicht durchführen konnten, das leisteten die zahlreichen

---

[1]) Berliner II. 2 S. 57.
[2]) Historia de riti Hebraici 34—36.
[3]) Berliner II. 2 S. 56f.
[4]) Cod. ms. Halberstamm 403 p. 3 (jetzt cod. Montefiore College):

רומא קופה פיים' 50

מק"ק היכל ה'. „ 40

נדבת יחידים „ 100

עוד נדבת יחידים „ 2,10

דברי יוסף אירגאס (1742) No. 37. p. 76a. vgl. פיסאש = פיים'

[5]) Historia de riti H. a. a. O.

Wohlthätigkeitsvereine der Gemeinde. Bei einem Beschlusse des Gemeinderates vom 13. August 1617 werden folgende acht Vereine namhaft gemacht: die bereits 1554 erwähnte Beerdigungsgesellschaft (חברת גמילות הסדים) [1]), der Akademieverein (ח׳תלמוד תורה), der Frauenverein (חברת נשים), der Verein für die Befreiung jüdischer Gefangener, (ח׳מתיר אסורים) der Gebetverein (שומרים לבקר), der Verein für Spenden für das heilige Land (ח׳ ארץ ישראל). der Ausstattungsverein (ח׳ בתולות) [2]) und der Bestattungsverein (ח׳ הרחיצה). Ausserdem forderte die täglich kursierende Büchse (קופת התמידין), die erst in jüngster Zeit durch einen Almosenkasten am Synagogenportal ersetzt wurde, die Synagogenbesucher zu Gaben der Milde auf. Der damals (1617) gefasste Beschluss ermächtigte nur je zwei Vorsteher der genannten Vereine, am Purim und am 9. Ab eine Büchse oder ein Tuch vor der Synagoge zur Sammlung der Spenden hinzuhalten, da in letzter Zeit Unbefugte im Namen dieser Vereine Gaben verlangt und so dieselben geschädigt hatten. Über die Funktionen dieser Vereine ist wenig besonderes zu berichten. Der Verein גמילות הסדים hielt einen Arzt für unentgeltliche Behandlung von Armen. 1615 erhob der Verein מתיר אסורים freiwillige Beiträge, um das Zimmer für jüdische Arrestanten geräumiger zu machen und die Treppen zu demselben auszubessern. Die Gemeinde überliess dem Verein für seine Zwecke den Pachtertrag eines Krahnes. Die Vereinsausgaben betrugen z. B. 1618 für einen Gefangenen 140 Scudi. Auf die Klagen der Vorsteherin des Ausstattungsvereins, Perna di Cori (21. Januar 1618), dass Arme grosse Mitgiften zusagten und dann die Hilfe des Vereins und der Gemeinde in Anspruch nähmen, beschloss der Verein, dass, wer mehr als 200 Scudi Mitgift zusage, keinen Anspruch auf irgend eine Subvention habe. Gleichzeitig wurde bestimmt, dass nie mehr als zwölf Bräute in einem Jahre unterstützt werden sollten. Der erstere Beschluss wurde 1636 erneuert. [3])

Ein Preisgedicht des Semuel Sasportas auf Rom aus dem Jahre 1673 erwähnt einige der 1617 genannten Vereine nicht, fügt aber zu ihnen den am 24. Juni 1659 [4]) gegründeten Armen- und einen

---

[1]) Ihr Statut und ihre Organisation war wohl schon in früher Zeit so streng wie z. B. in Venedig. Vgl. Hebr. Bibl. XVII. 126. Vgl. den כד והגרגת של חברת ח״ג Mantua 1726.

[2]) Ein Statut der gleichartigen mantuaner Gesellschaft סול בתולה ist 1753 in Mantua gedruckt.

[3]) Berliner II. 2 S. 57 f.

[4]) Berliner II. 2 S. 184.

Reisendenunterstützungsverein (עוזר דלים und ח' אורחים) und den im Pestjahre 1657 begründeten Verein zur Anschaffung von Betten (ח' חיים וחסד) hinzu.[1]) Diese Gesellschaften besassen zum Teil ein bedeutendes Vermögen. Nach einem Ausweise vom 29. Oktober 1682 hatte die Gemeinde vom Akademieverein am 22. Januar 1645: 550 Scudi und am 8. Oktober 1667 weitere 2250 Scudi, vom Frauenverein am 14. Juni 1665: 150 Scudi, vom Ausstattungsverein am 19. Mai 1667: 300 Scudi, von der Beerdigungsgesellschaft (Carità della Morte) am 28. Oktober 1665: 500 Scudi, am 25. August 1678: 50 Scudi und am 18. März 1682: 1500 Scudi entliehen.[2]) Die Zahl der wohlthätigen und religiösen Genossenschaften war aber eine bedeutend grössere. Sie waren in vier Klassen eingereiht: Armenwesen (עוזר דלים). Beerdigungswesen (גמילות חסדים), Altersversorgung (מושב זקנים seit dem 22. Dezember 1726) und Kultuswesen (שומר אמונים). Die in ihnen enthaltenen mehr als zwanzig Vereinigungen bieten ein erhebendes Bild von dem Gemeinsinn und der thätigen Menschenliebe in der römischen Gemeinde. Sieben Vereine sorgten für Bekleidung, Schuhwerk, Wäsche, Matratzen und warme Winterdecken für kleine Kinder, Schulkinder, Arme, insbesondere Frauen und Witwen und Gefangene (נוה שלום ,מלביש עניים ,מכסה ילדים ,מלביש ערומים ,לב אורח חיים ,שמחת הרגל ,אלמנות אדניך). Zwei Gesellschaften statteten arme anständige jüdische Bräute aus (אליה הנביא ,חב' בתולות), eine andere gewährte Unterstützungen bei plötzlichen Sterbefällen (מתוק לנפש), wieder eine andere in Fällen schwerer Erkrankung (ביקור חולים). Andere Vereine leisteten Sterbenden die letzten Liebesdienste, führten die Leichenwaschung aus, schenkten die Leichenkleidung und sorgten für eine anständige Bestattung (ח' רחיצה ,לוית מתים ,אורח חיים). Eine fromme Gesellschaft sammelte Spenden für das heilige Land (ירושלים, früher ח/ארץ ישראל). Elf fromme Vereinigungen machten sich die Pflege und die Hebung des religiösen Sinnes zur Aufgabe. Zu einer täglichen Andacht trat die ח/עזרה בצרות zusammen, zu einem besonderen Sabbatgottesdienst der Verein מנוחת אמת ואמונה. zur Lesung der besonderen Gebete (Thikkun) in der Nacht des siebenten Passahtages, des Wochenfestes und des Hošâna rabba die ח' מקראי קדש. Der מנחם אבלים und der מכסה אלמנות-Verein sandte die zur Verrichtung der täglichen Gebete nach jüdischem Ritus nötige Anzahl von Mitgliedern in das Trauerhaus, damit die Leidtragenden ihre tägliche Andacht verrichten konnten. Besonders für das Vespergebet that dies die Gesellschaft

[1]) Berliner, Magazin I. 104.
[2]) Bibl. Vat. Codex Ottobon. 2483 s. Beilagen.

מנישי מנחה. Die Kosten der Beschneidungsfeierlichkeiten deckten die בעלי ברית, welche auch die Wöchnerinnen unterstützten. Die Gebete am Vorabende und am Tage der Beschneidung verrichtete der Verein אליה הנביא. Damit auch die Ärmsten die religiösen Freuden nicht entbehren sollten, versorgten die שומרי מזוזות die Armen mit Mezuzoth, die מדליקי חנוכה mit Öl zum Weihelichtfeste und die מדליקי נר שבת arme Witwen mit Öl für die Sabbatlampe. Schliesslich pflegten zwei Vereine die jüdische Literatur, die Gesellschaft מכבדי תורה die Lektüre der biblischen Bücher und die Vereinigung קובץ עתים לתורה das Studium des hebräischen Schrifttums. [1]

Dass bei einer so religiösen Gesinnung in der Gemeinde Taufen nur selten vorkamen, ist selbstverständlich. Allerdings liessen es die christlichen kirchlichen Kreise an mancherlei Lockspeisen und nur zu oft an gewaltthätigen Massregeln nicht fehlen, um möglichst viele Juden in den Schoss der alleinseligmachenden Kirche zu führen. Trotzdem oder vielleicht gerade deswegen galt es in Rom als Regel, dass getaufte Juden rückfällig wurden. [2] Die Täuflinge gehörten zumeist zur Hefe des Volkes. Da boten sich 1607 vier zu Galeerenstrafen verurteilte Juden zur Taufe an. Sie baten den Papst, sie zu begnadigen. Sie wollten dann um so eifrigere Christen werden, und viele Juden würden sich durch diesen Gnadenakt zur Annahme der Taufe bewogen fühlen. [3] Andererseits war ein jüdischer Reisender in Rom selbst Zeuge, wie man ein jüdisches siebzehnjähriges Mädchen am 9. Ab 1724 raubte und in das Monasterio entführte. Ihr Taufpate war der portugiesische Kardinal Cuña, der ihr 10 000 Scudi als Patengeschenk überreichte. [4] Allerdings erhielten nicht alle Täuflinge solche fürstliche Geschenke. Doch bekam ein jeder vom Papste 100 Scudi Schmerzensgeld [5], welche Summe später auf 20 reduziert wurde. [6] Gewöhnlich stand ein Kardinal Pate, der den in weissen Atlas gekleideten Täufling vierzehn Tage hindurch in seinem Wagen durch die Stadt führte. Wenn ihn dann jedermann als Christen erkannt,

---

[1] Vgl. Jüdische Presse 1886. 38. u. Berliner II. 2 S. 184.
[2] Petra, Coment. in constitt. apost. Venetiae 1729 III. 261 in Döllingers Rede, abgedruckt in der Allg. Ztg. (Augsburg) 1881 p. 3146, 3. August und in Döllinger Vorträge I. 233.
[3] REJ II 282.
[4] Letterbode XI. 119 Het verhaal van een reis.
[5] Das.
[6] J. M. Jost, Neuere Geschichte der Israeliten von 1815—1845, Abteilung II (Berlin 1847).

wurde er in seinen Alltagskleidern herumgeführt. Dem Rückfälligen
drohte der Scheiterhaufen.[1]) Gewöhnlich wartete man mit der Taufe
bis zum Sonnabend der Charwoche.[2]) Von den in Rom in den Jahren
1634—1700 getauften 1195 Juden und den von 1700–1790 getauften
1237[3]) gehörte die Mehrzahl nicht der römischen Gemeinde an, da
die Täuflinge aus Italien, ja sogar aus Frankreich und Deutschland
nach Rom zur Taufe gebracht wurden. Von den Mitteln und Wegen,
Juden zur Taufe zu zwingen, ist bereits an mehreren Stellen die Rede
gewesen. Hier sei nur auf einen Fall, der besonders rührend erscheinen muss, hingewiesen. Der greise gelähmte Bettler Vitale
Prezioso war trotz aller Bitten und Vorstellungen ins Katechumenenhaus geschleppt worden. Er glaubte, dass man ihn sofort zum Taufbecken ziehen würde und warf sich aus Verzweiflung darüber in der
21. Stunde des 18. September 1776 in den Brunnen des Collegio. Er
hatte sogar noch so viel Kraft, die Öffnung mit dem schweren eisernen
Brunnendeckel zu schliessen und erwartete so treu seinem Glauben
den Tod. Er wurde vermisst und mit vieler Mühe aus dem Brunnen
herausgeholt, weigerte sich aber standhaft, Speise zu sich zu nehmen.
Nach den vierzig Tagen der Probe musste man ihn ins Ghetto zurückkehren lassen.[4])

Die Judenpredigten [5]) hatten bei weitem nicht den Erfolg, den man
von ihnen erwartet hatte. Sie wurden schliesslich zu einer lächer-
lichen Schaustellung, bei welcher der Prediger stets mehr die Lust
verlor, der Zuhörer nur lustiger wurde.[6]) Von den mannigfachen
Wandlungen in der Art und in der Zahl der Judenpredigten und der
Prediger ist bereits die Rede gewesen. Die Repräsentanz hatte die
Vorsteher und Rabbiner zu bestimmen, welche zu denselben zu gehen
hatten.[7]) Berühmtere Judenprediger waren die beiden Purgatoren der

---

[1]) Basnage, Histoire des Juifs IX. c. 32; Schudt, Jüdische Merkwürd. I. 259
nach Gabriel Naudaeus Naudeanis 50.

[2]) Schudt, das. nach Misson, Reise in Italien, Brief 29.

[3]) Ettore Natali, 245.

[4]) Das 251.

[5]) Sie waren übrigens schon seit Jahrhunderten in Italien üblich. Vgl. z. B.
Codice diplomatico dei Giudei di Sicilia racc. e pubb. dai frat. Lagumina II. 59
(1467). 167 (1475).

[6]) Vgl. u. a. die Belegstellen bei Schudt, Jüdische Merkwürd. I. 250; Pius VI.
u. s. Pontifikat. Aus dem franz. ins Deutsche von Meyer, Hamburg 1800 150.

[7]) z B. in einer Verhandlung am 12. Juli 1620 beschlossen, dass allsabbatlich
abwechselnd ein Rabbiner und ein Fattore zur Predigt gehen sollten, s. Magazin
I. 104 und Berliner II. 2 S. 38.

hebräischen Bücher Pietro da Trevi und Josef Ciantes. [1]) Neben
dem Judenprediger (Predicatore degli Ebrei) erforderte die Predigt
noch einen Deputato sopra (alla) la predica degl' Ebrei und einen
Zähler der dazu erscheinenden Gemeindemitglieder (Deputato a [per]
scrivere gl'Individui Ebrei che v'intervengono). Im Jahre 1766 treffen
wir als Prediger den Dominikaner Agostino Domenico Garabelli,
während die beiden übrigen Ämter in der Hand des Kanonikus Ro-
moaldo (Honorante di Ascoli nella Marca) und des Abb. Francesco
Adami lagen. [2]) 1778 war Tommaso Luigi Ballapani Judenprediger. [3])
1788—1798 waltete Gabrielle Rainaud dieses Amtes. Der Deputato
sopra la predica war von 1788—1796 R. D. Luc'Antonio Coselli, dessen
Stelle in den beiden folgenden Jahren R. D. Filippo Liberti einnahm.
Der Zähler war während dieser ganzen Zeit Niccola Fragiacomo. [4])
Die Predigt wurde damals in S. Sabina, vordem in S. Trinità degli
Pellegrini am Ponte S. Sisto gehalten. Die Zahl der zum Anhören
der Predigt gezwungenen Juden war fortwährenden Schwankungen
unterworfen. Statt des ursprünglichen Drittels der Gemeinde hatte
schon Gregor XIII. allwöchentlich das Erscheinen von 150 Personen
gefordert. Später mussten sich 300 Personen zur bestimmten Zeit
einstellen. [5]) Im Jahre 1724 hatten sich 300 Männer und 200 Frauen
am Sonnabend Nachmittag zu der zweistündigen Judenpredigt einzu-
finden. [6]) Später verlangte die Regierung wieder die Anwesenheit
von 100 Männern und 50 Frauen. [7]) Jeder nicht Erschienene hatte
3 oder 5 giulii [8]), später 25 bajocchi Strafe zu zahlen. [9]) Nicht uninteressant ist die Schilderung einer solchen Judenpredigt durch einen
Augenzeugen: „Heut den 7. Jul: (1663) Wardt den Juden [wie dann
alle Sonnabendt zu geschehen pflegt in Rom] alla Trinita, von einem
Dominicaner, welcher auch Ein gebohrner Judt gewessen, undt her-
nach Sich bekehrendt getaufft und geistlich worden, scharff und fein
deuttlich geprediget, dahin müssen alle Zeit anderthalb Hundert Juden
und 50 Ihre Weiber an gemelten Sabbath Sich Einstellen der Predig

---

[1]) Berliner Censur und Confiscation 10. 21.
[2]) Notizie per l'anno 1766 (Roma, Cracas).
[3]) Notizie per l'anno 1778.
[4]) Notizie per l' anni 1788—1798.
[5]) Schudt, Jüd. Merkw. I. 250.
[6]) Letterbode XI. p. 114.
[7]) Dott. Leone Vicchi, Vincenzo Monti, le lettere e la politica in Italia dal
1750 al 1830 (I. 1778—1780) Fusignano 1885. 54.
[8]) Sprenger, Roma nova 786.
[9]) Letterbode XI. 114.

beyzuwohnen: Wirdt aber unter Ihnen ein geschwätz oder geschrey, so hat der Schärg macht /: welcher Sie kommandiret: / über die Köpff mit dem Stängel, alss wie die Püffel druckner weyse zu schlagen, dörffen ihm ohne grosse Straff keinen wiederstandt thun: Es geschiehet, dass biessweilen auss anhörung diesser Predigen Etliche Sich bekehren, undt tauffen lassen". [1]

Wie in der eigentlichen Gemeinde Taufen nur äusserst selten vorkamen, so war auch der Stand der Familiensittlichkeit in dieser Zeit ein ausserordentlich hoher. Mit der äussersten Strenge trat man jeder drohenden Schädigung des moralischen Bewusstseins entgegen. In den Strassen des Ghettos sah man nie ein Mädchen allein gehen. [2] Energisch verbot der neunte Artikel der Pragmatica von 1661, die von 1673 und der 18. Artikel der von 1685 den Frauen jedes auffällige Betragen, vor allem das nächtliche Herumtreiben in den Ghettostrassen unter Singen. [3] Das letztere Verbot wiederholte auch der Vikar der Stadt Gasparo di Carpegna am 5. August 1712. [4] Von der Verbrennung einer Jüdin, die in einem unsittlichen Verhältnis zu einem römischen Edelmanne getroffen worden war, im Jahre 1628, ist bereits gesprochen worden.

Die gewerbliche Thätigkeit der Juden in Rom war in dieser Zeit trotz der vielen Einschränkungen eine ausserordentlich mannigfaltige. Ein buntes Bild desselben erhält man aus einer Aufzählung der Gewerbe im Jahre 1726. Nach derselben wurden in Rom von Juden Schneiderei, Kramhandel, Goldschmiedearbeit, Juwelierkunst, die Fabrikation von Sieben, Sätteln und Reitzeug, Lohgerberei, Eisenhandel, Tischlerei, Fischerei und Handel mit der Levante und dem Westen in Teppichen, Korallen und kostbaren Stoffen getrieben; die Juden verkauften zerbrochenes Glas, einfache Heilmittel, Liebestränklein und Amulette. Der Handel mit letzteren wurde ihnen seit dem 15. September 1751 verboten. [5] Von den Handwerken wurde besonders die Schneiderei im Ghetto bevorzugt. [6] Drei Viertel der Ge-

---

[1] cod. IV. Q. 128 der Breslauer Universitätsbibliothek p. 286.
[2] Letterbode XI. 120.
[3] Rodocanachi 63.
[4] Ettore Natali 142.
[5] Rodocanachi 266. Selbstverständlich war das Fleischergewerbe unter den Juden, z. B.: (nach den Akten) 1582 Mošeh b. Nissim. 1584 Mošeh b. Benjamin. 1585 Benjamin b. Eliezer. 1586 Rafael b. Eliezer.
[6] In den Akten z. B. der Schneider R. Jehuda b. R. Josef ל״ז do Maregni am 13. Januar 1585.

meinde betrieben dieselbe. In der Stadt war ihre Schneiderarbeit sehr gesucht und gerühmt. Kardinäle liessen bei Juden arbeiten und ihre Gewänder ausbessern. Mit vielem Geschick beteiligten sich auch die jüdischen Frauen an diesem Gewerbe. Sie arbeiteten meist die Flickereien und verfertigten vorzugliche Knöpfe.[1]) Neben der Schneiderei nahm die Weberei einen Hauptplatz im gewerblichen Leben des Ghettos ein. Die Spinnerei erforderte besondere rabbinische Verordnungen.[2]) Vor den Häusern sah man die Frauen stets mit Nähnädel und Spindel sitzen. Ausschliesslich jüdischen Händen war daher die Lieferung von Betten und teilweise die Ausbesserung der Uniformen der militärischen Besatzungen von Rom, Ancona und Civitavecchia und von anderen Garnisonen im Kirchenstaate anvertraut. Dem römischen Händler Alessandro Ambron, der mit Clemens XIV. persönlich befreundet war, dem Sohne des Gabriel Ambron, wurde am 20. März 1777 die Ausstaffierung der Besatzung von Ferrara übertragen.[3]) In dem Tagebuche eines deutschen Soldaten in Rom finden wir sogar unter den 26. April 1663: Obligation der Juden. „Die Juden zu Rom seindt Schuldig alle Monaht Zweyen mitt Consorten oder Schlaffgesellen /:der Soldateska:/ Ein new gewascheness Leylach oder Bettuch, wie dan auch Ein fein gesauberte cooperten /:dan dar Keine feder Bett gebraucht werden:/ gegen Einhändigung des alten Bettuchs und coopert oder decke her zugeben."[4]) Die durch Meïr Magino in Rom eingeführte Seidenfabrikation wurde von den Juden der Stadt weiter eifrig betrieben. Im Jahre 1784 gab es in Rom zahlreiche jüdische Seidenfabrikanten. Als einige christliche Kaufleute beabsichtigten, eine Zunft der Seidenfabrikanten zu begründen, baten die jüdischen Seidewirker, dass ihnen das Recht bleibe, für eigene Rechnung Seide weben und verarbeiten zu dürfen.[5]) Der Oberinspektor der staatlichen Fabrik von Calancastoff (Art ostindischer Zitz) war der Jude Ambron. Die Stadt besass auch damals eine von einem Israeliten geleitete Fabrik wollener Hüte.[6]) Zahlreiche römische Juden hatten es in den

---

) Paolo Medici, Riti 107, Letterbode XI. 114.

) שו״ת זרע אמת (Jŝmáel Kohen) § 36. לענין מלאכת הפילאטויו = filatojo = Spinnmaschine. vgl. פילאטויו s. v. פחד יצחק p. 21a. Vgl. שו״ת זרע אמת No. 31. p. 39b über die Seidenfabrikation (טרא״ר קאלדיר״ה).

) Dott. Leone Vicchi, Vincenzo Monti ecc. I. 53; Ettore Natali 219.

) Cod. IV. Q. 128 der Bresl. Universitätsbibliothek p. 208.

) Berliner II. 2, S. 99 ff.

) Difesa della nazione ebrea (Frizzi) 116.

verschiedenen Handwerken zu grosser Kunstfertigkeit gebracht. [1]) Im Jahre 1672 wird in Rom ein bedeutender Künstler in Lederarbeiten, Levi Efraim coramaio, gerühmt. [2]) Deutsche und holländische Juden hielten offene Läden mit ausländischen Waren. Vor allem lag aber der so wichtige Handel mit minderwertigen Gegenständen in jüdischen Händen. [3]) Der Vertrieb von Nahrungsmitteln war bei den Juden als Nahrungszweig nicht beliebt, zumeist auch verboten. Doch hielten auf dem Fischmarkt am Ghetto immerhin so viele Juden Fische und Früchte feil, dass die christlichen Händler mit diesen Nahrungsmitteln sich dadurch geschädigt fühlten und bei den Karnevalsumzügen durch Verspottung jüdischer Riten ihrem Ärger darüber Luft machten. Von grösserem Umfange war ihr Handel mit altem Trödel und alten Kleidern (seit 1477 auf der Piazza Navona). Ein prächtiger Stich der Piazza Giudea von Gio. Jacomo Rossi zeigt rechts von dem herrlichen Brunnen, einem Meisterwerke des Giacomo della Porta, einen jüdischen Trödlertisch. Auf demselben sieht man in einem bunten Allerlei eine Mandoline, Uhren, Bilder und Kessel. [4]) Der Altekleider- und Lumpenhandel wurde zumeist von herumziehenden Händlern ausgeübt. Durch den lauten Ruf Heb — eine Abkürzung des Wortes Hebreo — riefen sie Käufer und Verkäufer aus den Häusern auf die Strasse. [5]) Geldgeschäfte wurden in dieser Zeit nur in geringem Umfange getrieben. Zinsgeschäfte wurden den Juden wiederholt ausdrücklich, z. B. am 2. Juni 1570, am 13. Juni 1594, durch die Rota am 13. Juni 1629 gestattet. [6]) Der Zinsfuss war nach der alten Norm auf eine Höchstsumme von 18 % fixiert. [7]) Des öfteren wurde den Juden ein besonderes Privileg erteilt, Geld auf Zinsen zu verleihen, ohne einem anderen Tribunale als dem des Camerlengo dafür verantwortlich zu sein. Am Ende des sechzehnten Jahrhunderts besassen in Rom mehr als sechzig Juden dieses Vorrecht. In einem solchen Freibrief aus dem Jahre 1591

---

[1]) Frizzi das. 82.

[2]) A. Bertolotti, Artisti bolognesi, ferraresi ed alcuni altri del già Stato pontificio in Roma nei secoli XV, XVI e XVII, Bologna 1885. 227. Da in den Listen nie ebreo angegeben, nicht mehr nachzuweisen.

[3]) Frizzi das. 156.

[4]) Gio. Jacomo Rossi, Il nuovo teatro delle fabriche et edificii, in prospettiva di Roma moderna, 1665 im dritten Teile. Vgl. Moroni LII, 283.

[5]) Sprenger, Roma Nova 785.

[6]) Decisionum S. Rotae Romanae, Genf 1662. I. No. 409; Decisiones S. Rotae Romanae rec. select. Venedig 1697 V. [1] No. 301.

[7]) s. a. Capitoli e riformi delli banchieri Hebrei angeführt in Decisiones (Venedig 1697) IV. [1] No. 498.

heisst es: Genannter Banquier Daniel, Sohn des Moyses aus Tybur,
zur Zeit in der Stadt wohnhaft, und alle anderen in der Stadt wohnhaften hebräischen Banquiers sind auf Grund der vorangehenden
Voraussetzungen allein unserer Gerichtsbarkeit unterworfen und von
der Gerichtsbarkeit jedes anderen Richters und Tribunals frei und
ausgenommen.[1] Im Anfange des achtzehnten Jahrhunderts gab es
in Rom nur noch drei jüdische Bankgeschäfte, die gegen eine grössere
Geldsumme vom Camerlengo aus eine erbliche Erlaubnis, von Christen
Zinsen zu nehmen, besassen. Ihre Kräfte waren aber so schwach,
dass sie die Konzession eines vierten jüdischen Banquiers nicht ertragen zu können glaubten. Ein offenbar auswärtiger jüdischer
Banquier bewarb sich nämlich um diese Zeit um ein solches erbliches
Privileg, das nach seiner Überzeugung durch den Tod des Papstes,
welcher es verliehen, als erloschen zu betrachten war. Die bedrohten
Besitzer des angefochtenen Privilegs riefen die rabbinische Entscheidung
des R. Zion b. Šemuel Frances (פראנסיס) an und verteidigten ihre
Rechte. Sie behaupteten durchaus, dass sie das alleinige Recht hätten,
mit Christen Geldgeschäfte zu unternehmen, und dass das Privileg ihres
Vorfahren mit dem Tode des verleihenden Papstes in keinem Falle
seine Gültigkeit verlieren könne. Der Rabbiner gab ihnen Recht, zumal sich auch die Gemeinde damit nicht einverstanden erklärte, dass
bei der ohnehin grossen Konkurrenz eine vierte jüdische Bank in Rom
errichtet werde. Rafael Meldola erteilte diesem Entscheide, zu dem
er noch einige Zusätze gab, seine Zustimmung.[2] Neben diesen grossen
Geldgeschäften gab es aber unter den Juden eine jedenfalls grössere
Anzahl Pfandleiher, die von allen Seiten in Anspruch genommen
wurden. Im Jahre 1648 hören wir z. B. von einer Nonne, welche die
ihr geschenkten Kostbarkeiten an Silber und Edelsteinen bei verschiedenen Juden versetzt hatte.[3] Ein gewisser Fredericus Octavius
hatte für 725 Scudi Farbstoffe bei dem jüdischen Banquier Josef de
Veliterno verpfändet, sie aber für 1029 Scudi an Johann Antonius
verkauft. Josef wandte sich an die Rota, welche auch am 29. März
1677 Octavius verurteilte.[4]

Die Versteigerung der den Juden verpfändeten verfallenen Pfand-

[1] REJ XIX. 133 f.

[2] שרית טים רבים (Amsterdam 5496) ad חושן משפט No. 14 und 15.

[3] Diario della città e corte di Roma, notato e scritto da Deone Hore Temi Dio dell' anno 1648 (cod. ms. Berolinensis ital. fol. 43) p. 22 a.

[4] Sacrae rotae romanae decisionum recentiorum a Joanne Batista Compagno selectarum pars XIX a No. 473.

stücke geschah auf der Piazza Giudea unter Aufsicht des Tribunale di Campidoglio.[1]

Ein unter den Juden neues Gewerbe war das der Wohnungsmöbleure. Vermögende Juden achteten auf die Ankunft vornehmer Herren in Rom, die gewöhnlich leerstehende Paläste für die Dauer ihres Aufenthaltes mieteten. Dann kamen die jüdischen Möbelbesitzer und statteten das betreffende Haus mit allem, oft kostbarem Gerät und Zubehör aus. Als 1686 der Herzog von Mantua nach Rom kam, bot ihm der Papst den Palast di Monte Giordano zur Wohnung an, welchen der Kardinal Ginnetti von seinen Dienern zu einem Teile mit seinen kostbarsten Gerätschaften, zum anderen mit den prächtigen Möbeln der jüdischen Verleiher ausstatten liess.[2] In demselben Jahre mietete der englische Gesandte in Rom für den Kardinal von Nortfolck einen Palast des Fürsten Pamfilio auf der Piazza Navona. Über die Möblierung desselben schloss er mit einigen Juden einen Vertrag ab. Gegen eine monatliche Entschädigung von 100 Goldgulden übernahmen sie dieselbe.[3] Noch im achtzehnten Jahrhundert gaben sich angesehene Juden mit derartigen Ausmöblierungen ab.[4]

In der Mitte des sechzehnten Jahrhunderts scheint die Quacksalberei sehr viele Vertreter unter den Juden gehabt zu haben. Der schon erwähnte Handel mit Liebesträuklein und Amuletten und die durch eine gewisse geistige Superiorität der jüdischen Bevölkerung über die Massen des niedrigen Pöbels dadurch drohende Ausbeutung desselben, hatte schon Pius V. ernstlich beschäftigt.[5] Dass seine Nachfolger die daraus entstehenden Gefahren nicht so hoch angeschlagen, beweist der Umstand, dass den Juden der Handel mit diesen Gegenständen weiter gestattet wurde. Darauf begründete Beschuldigungen der jüdischen Bevölkerung in den Lustspielen der Zeit waren ebenso ungerechtfertigt wie im siebzehnten Jahrhundert jene lügnerische Anklage des getauften Juden Sabbato di Ventura di Monte (Barbarea), welcher neun meist jugendliche Juden der Stadt wegen Beschimpfung eines Marienbildes denunzierte und dadurch die gröbsten

---

[1] Roma ricerata nel suo sito di Fioravanto Martinelli Romano, Venetia 1664. II. p. 174; David Silvagni, La corte e la società Romana nei secoli 18 e 19, ed. III, Roma 1884, I. cap. 3 p. 52.

[2] Archivio storico lombardo 1889 (Diario del Signor Duca di Mantova delle cose più notabili nella dimora fatta in Roma l'anno 1686), p. 31.

[3] Das. p. 35.

[4] Letterbode XI. 113 f.

[5] Bulle Hebraeorum gens sola quondam a Deo dilecta.

Ausschreitungen des Pöbels gegen das Ghetto hervorrief.[1]) Neben
solchen Schwindlern gab es in Rom im sechzehnten Jahrhundert noch
eine ziemlich grosse Anzahl geprüfter Ärzte, deren Thätigkeit durch
die päpstlichen Edikte allerdings nur auf die Praxis bei Juden beschränkt war. Von jüdischen Ärzten treffen wir in der Stadt 1551
Josef b. Izḥak Menaḥem de Spoleto, Izḥak, Naḥman b. Jehuda
מלאקולה, Jeḥiel b. Šelomoh, Ašer b. Zadok und Eleazar b. Mikhael;
1552 Mošeh b. Šabtai (bereits 1539 und 1542 erwähnt), Daniel b.
Mordkhai, Josef Rofe der Fattore, Ašer b. Zadok und Michele di Simone di Fiorentino (in der Campagna, in den Akten Mikhael de Fiorentino b. Šemuel), der am 10. Dezember 1552 ein Patent auf drei
Jahre für die Ausübung der niedrigen Chirurgie erhielt;[2]) 1553 denselben und M° Simone de Moyse aus Cremona, der damals das Patent
für Physik und Chirurgie erhielt. M° Moises Ventura da Monte Fosco,
der das Patent für niedrige Chirurgie besass, den Doktor der niedrigen
Chirurgie M° Jacobo Zarfado di Trevi, einen Sohn des verstorbenen
Physikus M° Angelo[3]) und M° Leone, einen Sohn des verstorbenen
Buonomo aus Alatri, der ein ewiges Patent für jeden chirurgischen
Fall erhielt und dem bei Abwesenheit eines Medicus auch das Dar-
reichen von Heilmitteln gestattet wurde.[4]) Aus den Notariatsakten
dieses Jahres können wir ihnen Šelomoh b. Jeḥiel Rofe סמוריאל hinzufügen. Am 21. April 1554 wurde dem sizilianischen Juden Abramo,
einem Sohne des Neapolitaners Hachim vom Protomedicato ein ewiges
Patent für niedrige Chirurgie ausgestellt.[5]) Von demselben Officium
wurde dem Juden M° Isaaco, der den Beinamen il Greco führte, 1560
ein einjähriges Patent für niedrige Chirurgie verliehen, welches ihm
bald darauf entzogen, aber in den Jahren 1561, 1562 und 1563 erneuert wurde.[6]) Im Jahre 1560 wurde auch M° David das Chirurgenpatent, welches er bereits 1546 erhalten, erneuert.[7]) In demselben
Jahre war der Arzt Laudadio Balnes aus Pesaro bei Kardinal Tiberio

---

[1]) REJ II. 287.

[2]) Bertolotti, La medicina, chirurgia e farmacia in Roma nel secolo XVI in
Buonarroti Ser. III., vol. 2 nach einem Register, welches alle Patente und Lizenzen
des officio del protomedicato vom 18. März 1547 bis 1570 enthält, p. 191 (mit Vergleichung der Notariatsakten).

[3]) Das. 195.

[4]) Das. 196.

[5]) Das. 197.

[6]) Das. 229. 231—34.

[7]) Das. 229.

Crispi in Rom.[1]) 1562 wurde M° Mose, einem Sohne des verstorbenen Emanuele de Sanctis, ein Chirurgenpatent ausgestellt.[2]) Die Akten nennen in diesem Jahre ausserdem Mošeh b. Izḥak Rofe (noch 1564), Šemuel Sohn des Jåkob Mantin, Išmåel b. Mošeh de Bethel (Casadio), Jåkob b. Joḥanan Treves. Im folgenden Jahre übten Izḥak b. Izḥak de Cavi (noch 1584), Eliézer Mazliaḥ Khohen b. Abraham Khohen de Viterbo und der Rabbiner Elia b. Josef de Nola den ärztlichen Beruf. In den gedruckten Auszügen aus den Akten des römischen Protomedikats findet sich von da an bis zum Jahre 1570 keine Erteilung eines Patents an einen Juden. Zu nennen sind noch Šemuel b. Mošeh Khohen מנוסקריוי (1586) und Ḥamul Mazliaḥ Khohen b. Izḥak Khohen Viterbo (1602. 1604).[3]) Seitdem kommen in der Stadt überhaupt nur vereinzelt jüdische Ärzte vor, auf die im Verlauf der historischen und literargeschichtlichen Darstellung bereits hingewiesen wurde. Diese starke Verbindungsbrücke zwischen der jüdischen und der christlichen Bevölkerung war abgebrochen.

Und doch wäre sie gerade in dieser Zeit dringend nötig gewesen. Staat und Kirche gingen ja jetzt gemeinsam gegen Ehre und Achtung der Gemeinde schonungslos und unmenschlich vor. Die Rota scheute sich nicht (22. März 1648), in einem Prozesse des Isaac Mercator Hebraeus, der mit der Insel Zante in Geschäftsverbindung stand, auszusprechen, dass bei jedem Juden List und Betrug vorauszusetzen seien. Sie erklärte es damals für unwahrscheinlich, dass ein Kaufmann zögern könne, einen Rechenschaftsbericht zu verlangen, „zumal wenn er ein Hebräer sei“.[4]) Des öfteren erklärte sie, dass ein Jude unfähig sei, gegen einen Christen Zeugnis abzulegen. Das that sie

---

[1]) Ettore Natali, 186.

[2]) Bertolotti 232.

[3]) Die Zahl der Ärzte war aber noch bei weitem grösser. Als Söhne von Ärzten in Rom habe ich mir gelegentlich notiert 1551: Jekuthiel b. Izḥak Kalonymos, Daniel b. Mordkhai de Zeloni, Mošeh b. Izḥak, 1552: Mazliaḥ b. Šabtai, 1553: Elia b. Abraham. Elia b. Mathithia, 1554: Jehuda b. Izḥak, 1555: Ḥananel b. Jåkob Mantin (noch 1562), 1562: Izḥak b. Izḥak de Genazzano, 1563: Izḥak b. Izḥak de Cavi, 1568: Jehuda b. Izḥak מנוייולו gen. Mestro Gajo (noch 1583), Izḥak b. Mošeh, 1569: Jeḥiel b. Šelomoh de Campegnano (noch 1582), 1570: Šabtai b. Menaḥem de Nola, 1576: Jåkob b. Barukh בלופילי, 1577: Jehuda b. Mordkhai de Cavi, 1578: Immanuel b. Menaḥem de Nola, 1581: David Mazliaḥ b. Jzḥak Messer Lorenzo (noch 1586), 1582: David b. Rëuben (noch 1583), 1585: Benjamin b. Šelomoh de Campegnano.

[4]) Sacrae rotae romanae decisionum recentiorum a Joanne Batista selectarum pars X. No. 186.

in einer Streitigkeit über ein ius gazzagà, bei welcher der Fattore David Pellegrino das Inventar eines Michaele Angelo aufzunehmen hatte, am 20. Juni 1611 [1]) und bei einem Prozesse am 4. Dezember 1673, in den ein Makler Salomo Hebraeus mit verwickelt war.[2]) Noch mehr, man verweigerte sogar (5. Dezember 1616) einem Christen, der nur im siebenten Grade mütterlicher- oder väterlicherseits von Juden entstammte, die Erlaubnis Kirchenämter zu übernehmen [3]), obwohl eine Konstitution Clemens' VIII. vom 12. Dezember 1607 den Abkömmlingen von Juden ausdrücklich die Aufnahme in die Brüderschaften gestattet hatte.[4]) Allerdings erklärte die Rota am 20. Juni 1653, dass eine solche Ausschliessung gegen das allgemeine Recht sei.[5])

Die rechtliche Ausnahmestellung der Juden in Rom fand ihren klassischen Ausdruck in den Karnevalsfestlichkeiten. Die Rennen der vom Pöbel mit Kot beworfenen und mit Steinwürfen und Stockschlägen verfolgten 8—12 nackten Juden, hinter denen noch zum Übermass Soldaten zu Pferde galoppierten, fand allerdings ein Ende — damit aber nicht die Quälereien und Rohheiten des Pöbels gegen die Juden in der Karnevalswoche. Die Governatoren der Stadt mussten fortwährend derartige Ausschreitungen mit den schwersten Strafen bedrohen. Die Regierung war es aber eigentlich selbst, welche den Pöbel durch ihr Gebahren in diesen Tagen zu solchen Gewaltthätigkeiten zu ermuntern schien. An die Stelle der Rennen trat die schimpfliche Huldigung der Gemeinde vor dem Senator. Am ersten Tage des Karnevals begab sich der Rabbiner mit sechs, später nur zwei Gemeindevorstehern auf das Kapitol. Hier mussten sich dieselben in ein schwarzes Gewand mit seidenen Unterkleidern werfen, an dessen Rückenseite ein Mäntelchen wie bei dem Ornate der römischen Abbaten herabfiel. Inzwischen hatten sich im Saale des Konservatorenpalastes zahlreiche Neugierige, unter ihnen viele Kinder, versammelt. Nach dem Eintritte der Konservatoren schritten auf ein gegebenes Zeichen aus dem Seitenzimmer die harrenden Abgesandten der Judenschaft heraus. Unter tiefen Verbeugungen traten sie an die Stufen der Estrade heran. Links von dem Sprecher, gewöhnlich dem Rabbiner, hielt einer der Vorsteher einen grossen Blumenstrauss mit einer darin befindlichen Anweisung auf das zur Schmückung der

---

[1]) Das. pars III. No. 371 § 5.
[2]) Das. pars XVIII ' No. 194.
[3]) Das. pars IV ' No. 355.
[4]) Das. pars IV' (13. Juni 1616) No. 307; Paolo Medici, Riti 530.
[5]) Das. pars XI. No. 319 §§ 30. 31.

Bühne des Senators und der Preisrichter beim Karnevalspferderennen bestimmte Geld. Nach wiederholter Verbeugung erklärte der Rabbiner, dass sie nach Schuld und Pflicht hierhergekommen seien als Sklaven und unterthänige Knechte. Er erbat für sein armes allerdemütigstes Volk der allergetreuesten Hebräer der Stadt Rom Duldung für das nächste Jahr. Damit verband er die erneuten Versicherungen des unterthänigsten Gehorsams gegen jegliches Gesetz des Staates und die ausführlichsten Segenswünsche für das Haupt der katholischen Christenheit, für die heilige Kirche, für Staat und Stadt, für Senat und Volk von Rom und bat zum Schlusse um die Gnade, den Tribut seines Volkes mit diesem Blumenstrausse (so seit 1827) überreichen zu dürfen. Der älteste Konservator sagte ihm dann unter Aufzählung aller Bedingungen, Steuern und Abgaben Schutz und Duldung für das nächste Jahr zu. „Sie sollten in Gottes Namen gehen und Gnade und Schutz haben." Hierauf sprach er das berühmte Andate (Fort!) aus, welches von allen Anwesenden wiederholt wurde. Dann durften die jüdischen Abgesandten, verfolgt von Hohn und Spott, ins Ghetto zurückkehren. Was mag in der Brust des Rabbi bei dieser Entwürdigung getobt haben, wie empört mag sein Herz über die ungeheure Schmach gewesen sein![1]

1743 gestatteten die Konservatoren, dass Rabbiner und Fattori bei der Huldigung im bürgerlichen schwarzen Anzug mit Halskragen erscheinen dürften. Dagegen verlangten sie 1778, dass die Deputierten bei der Huldigung ganz aufs Knie fallen sollten. Auf eine Vorstellung beim Papste wurde ihnen schliesslich erlaubt, nur ein Knie beugen zu müssen.[2] Das von der Gemeinde für die Karnevalsrennen, auch wenn dieselben nicht gehalten wurden, gelieferte Palio, ein roter venetianischer Teppich, hatte zu Pauls IV. Zeit 36 Scudi Wert.[3] Später lieferte die Gemeinde acht solche Palii, von denen einer aus Goldstoff, einer aus Silberstoff, zwei aus Sammt und vier von Brokat waren. Sie mussten von den Juden selbst den siegreichen Rossen umgelegt werden.[4] Nach dem städtischen Statut war es Juden und Huren verboten, während des Karnevals maskiert auf den Corso zu gehen. Traf man einen verkleideten Juden, so wurde er vom Henker.

---

[1] Letterbode XI. 110; Adolf Stahr. Ein Jahr in Italien, Oldenburg 1847.48. II. 479 ff.
[2] Berliner II. 2, S. 49.
[3] Rodocanachi 191.
[4] Allgemeine Ev.-Luther. Kirchenzeitung 1885.

der auf solche Übertretungen wartete, vor dem jubelnden Volke bis
aufs Blut gepeitscht. Der Betroffene hatte überdies dem Henker für
seine Bemühungen 50 bajocchi zu zahlen. Dem niedrigen Pöbel
gingen die römischen Nobili mit edlem Beispiele bei den Quälereien
der Juden in dieser Woche voran. Um die Mitte des vorigen Jahrhunderts leistete darin der Marquis del Grillo, der die unter seinem
Fenster vorbeigehenden Juden mit heissem Wasser begoss, besonders
Hervorragendes. Er fand in Giulio Forolivesi und dem Conte Viscardi
ehrenwerte Nachahmer. Die Behörden waren diesen Rohheiten gegenüber ohnmächtig. [1]

In die staatliche Gerichtsbarkeit des Ghettos teilten sich beinahe
alle Gerichtshöfe der Stadt. Die Juden standen unter der Jurisdiktion
des Kardinalvikars. In Zivilsachen entschieden die beiden Sektionen
des Vikariatsgerichtes in erster und zweiter Instanz. In Kriminalfällen stand ihnen Appellation an die Sacra Consulta zu. Kommerzielle
Streitigkeiten entschied das römische Handelsgericht. Der Appellationshof für dieselben war die Rota. Ausserdem hatte aber das Ghetto
eine eigene polizeiliche Verwaltung, deren Präsident die Gemeinde
der Regierung gegenüber repräsentierte, die Handlungsbücher zu be-
glaubigen hatte und dem auch die Verwaltung des Ökonomischen ob-
lag. [2] Die sich mit Geldgeschäften abgebenden Juden der Stadt
wählten nach dem ihnen von Leo X. gewährten Vorrecht einen eigenen
Notar, dessen Amtsthätigkeit auch durch den Tod der Kämmerer nicht
unterbrochen wurde. Von 1565—1583 walteten Dionysius Sarzatus und
Goldinus Burlaschinus dieses Amtes, von 1583—1591 Zerbinus Sperandius,
und Pascasius, von 1585—1625 angeblich Pompeo dal S. Prospero del
Borgho (מ״ל ז׳ בורגו דיל מצליח בכ״ר יצ״ו פונפיאו הכהונה (משה [3], von
1591—1593 Ludovicus Ascolanus, von 1593 1600 Alexander Cecarellus,
dann Franciscus, auf den Scarpellus folgte, der noch 1623 Notar der
jüdischen Zinsgeschäfte war [4], Tobij (1614), Bulgarini (1614), Nicoli
(1629), Giulio Donati (1631), Bianchi (1632), Cerasio (1643—1645),
Barettino (1643), Florelli (1661), Lucarelli (1661—1672), Paluzzi (1663),
Olli (1663), Simio (1665—1667), Florelli (1667—1681), Pino (1667—1672),

---

[1] Ettore Natali, 112. 120.
[2] Römische Briefe von einem Florentiner (Reumont) 1844. III. 225; Allg. Ztg.
d. Judenthums 1841 590f.; Orient 1841 259.
[3] Berliner II. 1. S. 123.
[4] Sacrae rotae romanae decisionum etc. pars IV.ª No. 455 (3. Febr. 1623)
und No. 467 (17. März 1623) §§ 3. 6.

Pinardi (1675 - 1680), Malvezzo (1680), Conti (1681—2), Gotti (1681), Scarsella (1682), Petrocchi (1682) und Caioli (1682). [1]) Grössere Vorrechte waren den orientalischen Juden und denen von Ancona eingeräumt. Ihnen war es unter anderem auch gestattet, zur Einziehung von Schulden und in sonstigen Geldgeschäften alle Orte des Kirchenstaates unbehelligt zu besuchen. [2]) Ebenso stand ihnen der Handel mit Getreide und sonstigen Lebensmitteln frei, der allen übrigen Juden im Kirchenstaate verboten war. Dieses Verbot war von der Rota noch am 27. Juni 1664 in einem Prozesse des Gabriel hebraeus erneuert worden. [3]) Nach einer Bulle vom 18. Dezember 1585 waren die Juden in Angelegenheiten der Zunft der Wollhändler auch deren Gerichtsbarkeit unterworfen. Ein besonders drückender Zwang war das Verbot der Freizügigkeit, das so weit ging, dass es den Juden sogar untersagt war, ohne Pass und Geleit sich von einem Orte zu einem anderen zu begeben. Der Pass wurde ihnen anf eine vorherige Meldung vom Inquisitionstribunal (oder dem Vikariat) kostenfrei ausgestellt. Er musste an jedem Rastorte des jüdischen Reisenden vom Inquisitor oder dem Bischof des Ortes vidiert und sogleich nach der Rückkehr in den Ausgangsort persönlich der Inquisition zurückgestellt werden. Jede Übertretung dieser Verordnung wurde mit längerer Freiheitsstrafe bestraft. Eine solche Licenza bestimmte genau die Reiseroute und verpflichtete den Reisenden zum Gehorsam gegenüber Bischof, Vikar und Pfarrherrn der berührten Ortschaften.

Bedeutend spärlicher waren die Rechte der römischen Gemeinde. Das wichtigste, später allerdings auch verkümmerte „ständige und unverletzliche" (stabilis et inviolabilis) Recht der Juden war das Jus Gazzagà, das ewige Mietsrecht. Auf der einen Seite hatten die Juden den festen Brauch, ein von einem Glaubensgenossen gemietetes Quartier nur mit dessen Erlaubniss und unter Cession von dessen Mietsrecht zu mieten. [4]) Andererseits erneuerte die Konstitution Clemens' VIII. das Verbot, Juden aus gemieteten Quartieren zu exmittieren. Dafür musste die Gemeinde für nicht bezahlte Mietsgelder unbemittelter Gemeindemitglieder aufkommen. Später verpflichtete sogar Alexander VII. die Gemeinde zur Zahlung der Mieten für nicht bewohnte Quartiere. Es war beinahe eine Erleichterung, als die Rota in einem Prozesse des Josef b. Izḥak mit den Gebrüdern Franconio am 12. Februar 1663

---

[1]) Bibl. Vat. Cod. Ottob. 2483 fol. 191 a—197 a.
[2]) Sacrae rotae romanae etc. pars XIV. No. 225 § 17.
[3]) Das. § 11.
[4]) Das. pars III. No. 326 (4. Februar 1611).

die Gemeinde von dieser Zahlung befreite, wenn das betreffende
Wohnhaus durch Schuld der Vermieter, z. B. durch Zerstörung un-
bewohnbar geworden war. [1] Jede Reparatur des Hauses war Pflicht
des Vermieters. Selbst ein Vertrag zwischen Mieter und Vermieter,
dass ersterer für die Reparaturen aufkommen wolle, war nicht rechtskräftig und brauchte nicht innegehalten zu werden. [2] Falls die
Wohnung dadurch, dass der Vermieter sie nicht restauriert, unbrauchbar geworden, konnte der Jude nicht zur Mietszahlung gezwungen
werden. [3] Der Mietzins durfte wegen Umbau des Quartiers nicht
erhöht werden. Dahin entschied auch die Rota in einem mehrjährigen
Prozesse mit David de Achin Ebreo und dessen Geschwistern am
1. Juni 1672 uud am 6. März 1673. [4] Dagegen musste für Reparaturen und Verschönerungen der Wohnung eine nach Verhältnis der
Kosten derselben gesteigerte Miete gezahlt werden. Die Gemeinde
hatte nun stets für unvermietete Wohnungen den Mietpreis zu zahlen,
welcher von dem letzten Mieter entrichtet worden war. Eine Entscheidung der Rota vom 2. April 1677 war daher von grosser Wichtigkeit. Die Gebrüder Vecchiarelli hatten auf Ersuchen ihrer jüdischen
Mieter Crescentius und Rafael del Monte ihr Haus im Ghetto erweitert und verschönert, dementsprechend aber den jährlichen Mietz-
zins von 26.95 Scudi auf 83.18 Scudi erhöht. Dieser Preis erschien
aber den jüdischen Mietern viel zu hoch. Die Besitzer reduzierten
denselben auch auf 76 Scudi. Dennoch zogen Crescenzo und Rafael
aus. Die jüdische Gemeinde, welche zu einem Mietersatz von jährlich
76 Scudi aufgefordert wurde, appellierte an die Rota. Sie glaubte
nur zur Zahlung von jährlich 26,95 Scudi verpflichtet zu sein, da die
letzten Mieter nur so viel gezahlt. Die Rota entschied trotzdem
gegen ihre Berufung. [5] So ein Jus Gazzagà war sehr oft das einzige
Eigentum einer Familie. Es wurde vererbt, auch oft parzelliert, verkauft und zumeist den Töchtern als Mitgift gegeben. [6]

Sonst sind hier nur bestimmte an die Gemeinde oder an Privat-
personen erteilte Rechte zu erwähnen. So sprach am 28. März 1624
der Camerlengo auf Ersuchen der Fattori Sabato Segni, Leone Bisissa
und Isaaco Treves der römischen Gemeinde das ausschliessliche Recht

[1] Das. pars XIV. No. 38.
[2] Das. pars XVII. No. 179 (22. Juni 1671).
[3] Das. No. 181 (22. Juni 1671).
[4] Das. No. 388 und pars XVIII¹ No. 44.
[5] Das. pars XIX¹ No. 49.
[6] Das. pars XIV. No. 38 § 8 und No. 225 § 14.

des Mazzothbackens zu und untersagte dasselbe dem Venetianer Beniamin und anderen, die sich mit demselben abgegeben hatten. Von
mehreren derartigen Bestimmungen ist bereits die Rede gewesen.
Ebenso erhielt die Gemeinde des öfteren, z. B. am 5. September 1622
eine Absolution für alle leichteren Überschreitungen der päpstlichen
und der städtischen Gesetze. Solche Absolutionen, welche man non
gravetur nannte, wurden auch bisweilen einzelnen Juden der Stadt
erteilt, so durch den Kardinal Gozzadini am 14. Januar 1623 dem
römischen Banquier und estimatore degli spogli della Camera apostolica
(Taxator der von Bischöfen und Prälaten hinterlassenen Kleidungsstücke, Kostbarkeiten und Mobilien) Salomone Toscano und dessen
Söhnen Elia und Giuseppe. Bei 100 Scudi und anderen Strafen wurden
jegliche Belästigung derselben verboten. Ein solches si proibisca di
molestare war ein wirksamer Schutz.[1]

Die Finanzverhältnisse der Gemeinde waren die denkbar trau-
rigsten und in stetem Sinken begriffen. Die immer kleiner werdenden
Einnahmen waren nicht imstande, die sich stets vergrössernden Ausgaben zu decken. Die Fleischsteuer (gabella polpina), in einem auf
2100 Scudi veranschlagten, in der That aber niedrigeren Gesamtbetrage,
kam seit Clemens VIII., der auf das bisher der päpstlichen Kammer
zufliessende Dritteil verzichtete, gänzlich der Gemeinde zu gute.[2] Ebenso
gehörte der Ertrag der Kapitalsteuer per aes et libram, für welche
die Gemeindemitglieder ihr Vermögen alle fünf Jahre selbst einschätzen
und ihre Einschätzung beschwören mussten, der Gemeinde. Die seit
1667 alle fünf Jahre wiederholte Vorschrift der Selbsteinschätzung
(Capitoli et ordini per il giuramento universale da farsi nell' anno 1667)
musste, um allen Ausflüchten und Hinterziehungen entgegenzutreten,
immer genauer und ausführlicher werden. Die Capitoli von 1703 enthielten bereits 61 Artikel. Gegen betrügerische Deklaranten wurde
mit Autorisation der Regierung ausserordentlich streng vorgegangen.
Wurde die Deklaration innerhalb der regulären Frist eingereicht,
so rechnete man für die Steuerberechnung vom Besitz an gemünztem
Gelde, an Aussenständen, Darlehen und Vorschüssen auf Pfänder
20 % ab, von nicht gemünztem Silber und Gold, von Juwelen und zum

---

[1] REJ XIX. 137f.

[2] Durch Breve vom 15. Oktb. 1595 gestattete er, auf jedes Pfund Fleisch
eine Abgabe von 2 Quattrini zu legen, um vom Ertrage dieser Steuer die jährlichen
Zinsen an den Monto in Höhe von 1500 Scudi zu zahlen. Urban VIII. erlaubte
die Steuer auf drei Quattrini zu erhöhen, damit dem Leihhause jährlich noch weiter
700 Scudi zugeführt werden könnten. Berliner II. 2 S. 79.

Verkaufe bestimmtem Mobiliar 25 °₀, endlich 50 % von bestrittenen
und durch den Monte mit Beschlag belegten Geldern.[1]) Von dieser
Vermögenssteuer waren nur die Güter der Synagogen und Schulen befreit. Fremde mussten, sobald sie länger als sechs Monate in Rom
geweilt, die volle Taxe zahlen, während auswärtige Geschäftsleute nur
von importierten Waren diese Steuer zu zahlen hatten. Die Fremden-
besteuerung führte im Jahre 1711/12 zu einem ernsteren Streitfalle.
Menahem Pesaro aus Florenz hatte 28 Jahre in Rom gelebt, ohne die
Gemeindesteuern bezahlt zu haben. Die Fattori der Gemeinde belegten ihn darauf mit dem Banne. Wohl das Rabbinat selbst hat die
zwei Gutachten über diesen Fall und die Geschichte dieses Bannes
mit hebräischen und italienischeu Belegstücken unter dem Namen כלי
המחלוקת gesammelt.[2]) Anfänglich, scheinbar seit 1577, betrug die
Vermögenssteuer (12 giuli für je 100 Scudi) ¹/₅ %, später wurde sie
auf 5 % und schliesslich am Ausgange des siebzehnten Jahrhunderts
auf 6,1 °₀ erhöht. Aus den Berichten über diese Vermögenssteuer
kann man sich ein klares Bild von dem Sinken der Finanzkräfte des
Ghettos machen. Noch in der Adresse an Cromwell (1656) konnte
Menaseh ben Israel auf den Reichtum römischer Familien hinweisen.
Er erwähnt namentlich die drei Brüder Corcos, „die über ein Vermögen von ungefähr 700 000 Kronen zu verfügen haben."[3]) Noch unter
Urban VIII. betrug das Ghettovermögen ¹/₂ Million Scudi. Bereits
1668 war es auf 300 000 Scudi gefallen.[4]) Rechnet man zu letzteren
für die 20 bis 25 %, welche für die ordnungsgemässe Deklaration ab-
gezogen wurden, 65 000 Scudi, schätzt man das Privatmobiliar auf
30 000 Scudi und zählt man den repräsentativen Wert des Jus
Gazzagà, der Steuern, Abgaben und Gefälle (nach damaliger Schätzung)
in einer Höhe von 290 000 Scudi dazu, so erhält man als das damalige
Gesamtvermögen der Gemeinde die Gesamtsumme von 685 000 Scudi.[5])
Sechs Siebentel davon waren aber in der Hand von 20 Familien. Der
Ertrag der Vermögenssteuer war folgender:

---

[1]) Rodocanachi 259 f.

[2]) cod. Oxf. 2191 (cod. Bislichos 67 in הפליט; unvollständig in cod. Oxf. 837,
wo das Jahr 5448 angegeben ist). Einem Mordkhai b. Menahem de Pesaro gehörte
cod. Oxf. 2227.

[3]) M. Kayserling, Menasseh ben Israel. Sein Leben und Wirken, Berlin 1861.
76. Thoraces emendiert K. nach Aboab S. 306 richtig in Corcoces. Kaufmann
will in ihnen Elia, Jošua und Efraim b. Semuel Corcos, die 100 Jahre vorher
gelebt, irriger Weise wiederfinden (REJ XXVI. 268).

[4]) Rodocanachi 262 f.

[5]) Das. 269.

1701	von	174 000	Scudi	8874	Scudi
1712	„	110 041	„	5612	„
1716	„	116 675	„	5950	„
1721	„	188 771	„	6057	„
1726	„	115 318	„	5881	„
1731	„	109 024	„	5560	„
1736	„	98 014	„	4998	„
1741	„	89 343	„	4556	„
1744 .	„	97 172,55	„	4955,80	„
1746	„	81 582	„	4160	„
1751	„	85 493	„	4360	„
1756	„	78 662	„	4011	„
1761	„	68 748	„	3557	„
1766	„	73 291	„	3737	„
1771	„	72 051	„	3674	„
1776	„	68 379	„	3487	„
1781	„	50 817	„	2591	„

Zu dieser Steuer kam als Einnahmequelle seit Innocenz XII. eine Mietsteuer von 12 %, um welche die Mieten im Ghetto zu Gunsten der Gemeinde verringert worden waren. Als der Ertrag der Kapitalsteuer immer kleiner wurde, sah man sich gezwungen auf das Brot eine Steuer zu legen. Das Gesamteinkommen der Gemeinde betrug so im Jahre 1744:

Kapitalsteuer	4955,80	Scudi
Fleischsteuer	2000	„
Mietsteuer	700	„
Herdsteuer	350	„
Brotsteuer	720	„
Wirtshaussteuer	40	„

Summa: 8765,80 Scudi. [1])

Die Einnahmen der Gemeinde verschwanden ihren Ausgaben gegenüber. Allein die Synagogensteuer der römischen Judenschaft an das Katechumenhaus vom 1. Januar 1565 bis zum 30. April 1568 betrug 216 Scudi 50 giulii. [2]) Im Jahre 1569 zahlte die Gemeinde 108 Scudi Synagogensteuer. [3]) Die grosse Armut in der Gemeinde erforderte zudem starke Unterstützungen, deren Ordnung usw. die vier grossen

---

[1]) Das. 263 f. Die Herdsteuer betrug 2 S̶ ̶ ̶ ̶ ̶ ̶ ̶
[2]) Stern 144. Nach Rodocanachi 300 bei̶ ̶ ̶ ̶ ̶ ̶ 7 ̶ ̶ ̶ 445 Scudi.
[3]) Stern 145.

Wohlthätigkeitsanstalten der römischen Judenschaft übernahmen. Im Jahre 1682 waren folgende derartige Ausgaben zu decken:

Wöchentliche Almosen für das Jahr . . . . . . 2500 Scudi
Almosengeld an die Camerlenghi delle Scuole zur
Verteilung . . . . 2500 „
Mitgift für arme Mädchen . . . . 600 „
Almosen an Brot, Kleidung und für die Armenlehrer 1200 „
Gehalt für Arzt, Barbier, Ausgaben für Fleisch
und Medikamente . . . . 900 „
Summa: 7700 Scudi
Dazu für nichtbezahlte Mieten . . . . 500 „
Für Erhaltung armer jüdischer Inhaftierter . . . 500 „
Summa Summ.: 8700 Scudi.[1]

Zwanzig Jahre später (1702) betrugen diese Ausgaben ausser den beiden letzterwähnten Posten bereits 8000 Scudi. Als die Armut im Ghetto noch weitere Fortschritte machte, als reiche Familien, wie die Deodato, welche noch im siebzehnten Jahrhundert ein Vermögen von mehr als 12000 Scudi besassen, und die Emmanuele Todesco ebenfalls Gemeindehilfe in Anspruch nehmen mussten, erfuhr das Almosenkonto der Gemeinde noch eine weitere Steigerung. Zu seiner Deckung legte man den Händlern im Ghetto eine Steuer von 10 Bajocchi auf je 100 Scudi bei Ein- und Verkäufen auf. In dieser Zeit der höchsten Not stellten sich die Almosenausgaben folgendermassen zusammen:

Wochengeschenke der 5 Synagogen an ihre Armen . 4500 Scudi
An die Gesellschaft Della Morte für Krankenunter-
stützung und Begräbnisse . . . . 800 „
Subvention an die Kinderschulen . . . . 1500 „
Für die dreissig Pensionäre der Altersversorgungs-
anstalt . . . . 500 „
An Hospitäler und für wohlthätige Zwecke . . . 1800 „
Summa: 9100 Scudi.[2]

Das alles wäre ohne die ungeheuren zahlreichen Abgaben und Steuern, welche beinahe berechnet schienen, das wenige dem Ghetto zu rauben, was ihm geblieben, erträglich gewesen. In der zweiten Hälfte des sechzehnten Jahrhunderts betrug die Abgabe an das Katechumenhaus 2500 Scudi, die Steuer anlässlich der Karnevalspiele 531,57 Bajocchi, (seit Julius II.) das Drittel der Fleischsteuer 700 Scudi und die Entschädigung für Repartitor und Steuersammler 80 Scudi.

[1] Bibl. Vat. cod. Ottob. 2483.
[2] Rodocanachi 237 f.

Dazu kamen seit 1583 für die Erhaltung des Hafens Fiumicino 300 Scudi und seit Sixtus V. 250 Scudi Handwerkssteuer, so dass die Steuern des Ghettos am Ende des sechzehnten Jahrhunderts 4361.57 Scudi ausmachten. Ausserdem wurde alle drei Jahre die Vigesima in Höhe von 500 Scudi (für ein Jahr also 166,67 Scudi) erhoben. Hierzu waren noch die Ausgaben der Gemeinde anlässlich der Papstwahl hinzuzurechnen u. z.

Dem Vikar vor dem Einzuge in die Stadt für Kelch
    und Becken. . . . . 150 — Scudi
Sold für die Soldaten zum Schutze der Kon-
    gregation im Conclave . . . . 272,95 „
Verschiedene Ausgaben vor der Papstwahl . . . 86,38 „
Ausgaben bei der Amtseinsetzung . . . . . . 270,30 „
Für Schmückung und Ausstattung der Zimmer
    der Konklavisten. . . . . 120 — „
Verschiedenes. . . . . 150 — „

Summa: 1049,63 Scudi.[1]

Rechnet man eine mittlere Papstperiode zu 12 Jahren, so betrug diese Ausgabe jährlich 87,47 Scudi. Mithin war die Gesamtdurchschnittssumme der jährlichen Gemeindesteuern am Ende des sechzehnten Jahrhunderts

    4361,57 Scudi
     166,67 „
      87,47 „
    4615,71 Scudi.

Schon um die Mitte des siebzehnten Jahrhunderts hatte sich dieses Bild stark geändert. Die Abgabe an das Katechumenhaus betrug damals 1246 Scudi, zu denen 300 Scudi an die Casa der Konvertitinnen kamen. Die Abgabe an die Camera di Campidoglio blieb unverändert 831.57 Scudi (300 für den Hafen Fiumicino und die bisherige Karnevalsteuer). Eine Erhöhung bis auf 180 Scudi hatte die Entschädigung für Repartitor und Steuersammler erfahren. Neu kamen dazu 600 Scudi für unbemittelte wegen Schulden inhaftierte Juden und 800 Scudi für die unvermieteten Quartiere im Ghetto, ferner 50 Scudi für die Strassenkehrer und 100 Scudi für Ghettowächter und Instandhaltung der Thore. Eine alle 25 Jahre zum Anno Santo zu zahlende Abgabe an die Trinità de Pellegrini von 18 000 Scudi machte (auf diese Zeit verteilt) alljährlich 720 Scudi aus. Das ergab mit der Handwerkssteuer und den Jahresanteilen am Zwanzigsten und an den Papstwahlausgaben eine Gesamtsteuerlast von 5331,71 Scudi.

[1] Das. 236.

Bereits im Jahre 1682 war ein weiterer Wechsel in den Gemeinde-
lasten eingetreten. Damals hatte die Gemeinde zu zahlen:

Jahresbetrag der Anno-santo-Abgabe an S. Trinità de Pellegrini	720	Scudi
An die Camera apostolica	800	„
An die Camera di Campidoglio	831,57	„
An die Casa de' Catecumeni	1246	„
An das Monasterio der Konvertitinnen	300	„
Geschenke zu Weihnachten, 1. August und andere, für das Abkommen wegen der Brunnen usw.	1000	„
Für den Strassenzollabnehmer (ausser dem giulio)	100	„
An die Parochie von S. Tomaso, S. Angelo in Pescheria und S. Maria in Monticelli	900	„
Für die Steuereinsammlung	150	„
Für Erhaltung der wegen Schulden Inhaftierten .	500	„
Für Miete unbewohnter Quartiere	500	„
Jahresbetrag der Vigesima	166,67	„
Jahresbetrag der Ausgaben für die Papstwahl . .	87,47	„
Für die beiden Strassenkehrer des Ghetto . . .	70,—	„
Gesamtsteuerlast also Summa	7371,71	Scudi.

Zwanzig Jahre später (1702) hatte sich diese ungeheure Steuerlast
insofern stark vermindert, als die Gemeinde für schuldhaftierte Juden
nur 250 Scudi, für die nicht vermieteten Häuser 450 Scudi, für den
Ghettowächter nur noch 80,80 Scudi, vor allem aber für die verschiedenen Geschenke und sonstigen kleineren Ausgaben nur 325,22 Scudi
und wohl auch an die drei Parochieen weniger zu zahlen hatte. Im
Jahre 1790 stellte sich das Steuerbild folgendermassen zusammen:

An die Casa de' Catecumeni	1000	Scudi
Für die Konvertitinnen	300	„
An die Camera di Campidoglio	531,57	„
Für die Befreiung vom Karnevalslauf	300	„
Für Repartition und Einsammlung der Steuern . .	370	„
Für unbemittelte wegen Schulden Inhaftierte . .	150	„
An den Judenprediger	85,60	„
Für Strassenreinigung	150	„
Ghettowächter und Instandhaltung der Thore . .	82,80	„
Obligatorische Geschenke	198,30	„
Miete für die den drei Parochieen gehörigen Häuser	107,50	„
Verschiedenes	799,26	„
Jahresbetrag der Ausgaben bei der Papstwahl . .	87,47	„
Summa:	4162,50	Scudi.

Rechnet man zu dieser Steuerlast die Kosten der inneren Verwaltung
des Ghettos hinzu, so ist es klar, dass die Gemeinde ohne fortwährende
grössere Anleihen ihren finanziellen Aufgaben nicht genügen konnte.
Seit Clemens VII. hatte die Gemeinde denn auch mit fortwährenden
Anleihen zu arbeiten.[1] Diese vergrösserten aber durch die steigende
Zinsenlast die Sorgen der Gemeindeverwaltung. Unter Clemens VIII.
war die Gemeindeschuld auf 18 000 Scudi gestiegen. Gegen eine Zahlung von 3000 Scudi gestattete die apostolische Kammer der Gemeinde
zur Deckung derselben die Aufnahme einer vierprozentigen Anleihe von
21 000 Scudi beim Monte di pietà. Im Jahre 1647 war bereits bei
demselben eine Schuld von 167 076 Scudi aufgelaufen, so das Innocenz X.
eine erneute Anleihe von 166 000 Scudi beim Monte zur Deckung der
alten gestatten musste. Im Jahre 1668 schuldete die Gemeinde dem
Monte schon 186 750 Scudi und anderen Gläubigern 77 679, davon
18 529 jüdischen. Auf christlicher Seite veranschlagte man aber alle
Einzelschulden der Gemeinde 9950 Scudi niedriger. Nach jüdischer
Berechnung hatte damals die Gemeinde an

den Monte	7470 Scudi
an ihre übrigen Gläubiger	4030 "
also Summa	11500 Scudi

Zinsen zu zahlen. Auf christlicher Seite berechnete man die Zinsenlast an die übrigen Gläubiger auf 2709, also die Gesamtzinsenlast auf
10 179 Scudi. Da man der Rechnungsaufstellung der Gemeinde keinen
rechten Glauben schenken wollte, so wurde im Jahre 1682 eine genaue
Übersicht aller Anleihen der Gemeinde aufgestellt. Nach derselben
schuldete die Gemeinde:

den SS[ri] Andrea und Pietro Citta- dini seit 19. Sept. 1632 . . .	1000	Scudi
den SS[ri] Costanzo und Giuseppe Sarazani s. 15. Jan. 1629 (1659?)	800	"
denselben seit 2. Juli 1674 . . .	9674,02	"
dem Sig[r] Gio. Angelo Chucci seit 18. Oktobr. 1667	4000	"
dem Sig[r] Navii seit 22. Juni 1672	3000	"
den Mönchen von Torre di Specchi seit 27. Juni 1667	6200	"

---

[1] Von Einzelanleihen sind noch zu nennen 1634: 3000 Sc., 1643: 4800 Sc.; 1652
sucht die Gemeinde auf einen Wechsel 7000 Sc. zu höchstens 4 1/4 % zu leihen.
1656, 23. Juni: 1500 Sc. (5 %), 5. Juli: 1500 Sc. (5 %), 10. Juli: 4200 Sc. (6 %)
(Berliner II. 2 S. 42 ff).

denselben seit 6. April 1668 . . 1760 Scudi •
denselben seit 14. August 1668 . 3300 „
der S^{ra} Ortensia Verospi seit 14.
  März 1614 (24. März 1657) . . 1000 „
den Padri Secolari seit 24. März
  1614 (8. Nov. 1661) . . . . . 2000 „

32 734.02 Sc.

Ferner auf Wechsel:

dem Sr Marchese Patritij von 15000
  Sc. restlich s. 16. Febr. 1681 . 9000 Scudi
der S^{ra} Madd^{na} Falconieri Gabrielli
  unter demselben Datum . . . 6000 „
der S^{ra} Margarita Mazzarini Martinozzi s. 19. Febr. 1682 . . . 5000
den SS^{ri} Gabrielli 3000 und 2000
  Sc. s. 21. Jan. 1663 . . . . . 5000 „
dem Sr Francesco Alfonso 300 und
  700 Sc. s. 25. Oktbr. 1661 . . 1000 „
dem Sr Simone Moretti seit 18.
  August 1682 . . . . 1500 „
dem Sr Podosca à S. Ignazio seit
  30. August 1680 . . . . . . 1000 „
der S^{ra} Angela Tramandini seit
  6. Juni 1668 . . . . 700 „
dem Sr Cap. Francesco Maria Ridolfo
  s. 14. Okt. 1681 1500
dem Mündel Asdrugo Bises s. 2.
  Febr. 1682 . . . . 5000 „
dem Isach de Sore (Core?) seit
  7. Juli 1643 3079,70
den Erben des sel. Giuseppe del
  Monte s. 23. Jan. 1667 . . . 1000 „
der Kompagnie Chaim Vachese 500
  s. 14. Juni 1665 u. 200 seit 5.
  Aug. 1672 . . . . 700 „
der Scuola del Tempio aus der Hin-
  terlassenschaft der Laura Rossi
  s. 5. Aug. 1672 . . . . . . 600 „
dem Raffaello delli Rossi von 4000
  restlich s. 28. Juni 1643 . . . 2100 „

der Scuola Siciliana seit 7. Mai 1682   1650   Scudi

der Scuola Castiliana seit 25. August
1678   300   „

dem Samuel d'Anticoli seit 23. Januar
1667   500   „

der Scuola Nova seit 28. Oktober 1665   150   „

der Witwe Perla Volletri s. 15. Februar 1680   1800   „

dem Salvator de Veroli 1200 und
600 Sc. Mündelgelder in Papieren
seit 29. Januar 1679   1800   „

dem Abram Betarbo (Viterbo) seit
25. August 1668   400   „

demselben seit 28. Oktober 1665 .   400   „

dem Angelo Marini seit 25. März
1645   400   „

dem Thalmud - Thora - Verein 1500
und 750 s. 8. Oktbr. 1667 . .   2250   „

demselben seit 22. Januar 1645 .   550   „

dem Verein della Carità della Morte
s. 18. März 1682   1500   „

demselben seit 28. Oktober 1665 .   500   „

demselben seit 25. August 1678 .   50   „

dem Verein delle Donne (נשים) s.
14. Juni 1665   150   „

dem Verein delle Zitelle (בתולות)
s. 19. Mai 1667   300   „

dem Angelo Sermoneta und Samuele
Ponsieri s. 18. März 1682 . .   1600   „

dem Ventura Velletri und Abram
Marini s. 9. Aug. 1650 . . .   300   „

den Mündeln des sel. Gabriel Todescho s. Juni 1682   2200   „

dem Leone Ambron und Giuseppe
del Monte in Papier s. Juli 1676   1000   „

der Stella, Tochter des sel. Aron
del Borgo s. 17. Febr. 1675 . .   50   „

dazu eine nicht belegte Schuld .   1300

dazu die Anleihe bei dem Monte . . .   29,70 Sc.

Demnach (Gesamtschuld im Jahre 1682[1])

[1] Bibl. Vat. cod. Ottob. 2483.

Diese Schuld bedeutete eine jährliche Zinsenlast von 10 192,75 Scudi (an den Monte 6640 und an die übrigen Gläubiger 3552,75 Sc.).

Unter Innocenz XII. nahm die Gemeinde eine neue dreiprozentige Anleihe von 128,808 Scudi auf (August 1698). Allerdings hatte sich die Gemeinde durch diese grosse Anleihe von einer grossen Anzahl Privatgläubiger befreit und dadurch trotz der bedeutend gewachsenen Schuld eine geringere Zinsenlast zu tragen. Am 1. September 1698 wurde aber der Gemeinde die Kontrahierung jeder neuen Anleihe streng verboten. Jedoch schon im folgenden Jahre (19. Nov.) musste die Gemeinde von dem Vereine Della Morte 6500 Scudi zu einer Bettenlieferung leihen. Diese Lieferung brachte der Gemeinde jährlich 800 Scudi ein, welche sie direkt an den Monte auf Conto ihrer schuldigen Zinsenlast zahlen musste.

Im Jahre 1702 betrug die Ghettoschuld:

Scudi 166 000 zu 4 % beim Monte	6640,—	Sc. Zinsen
„ 128 808 zu 3 % beim Monte	3864,20	„ „
„ 1 000 zu 3 1/3 % von Francesca Cittadini	33,30	„ „
„ 11 240 zu 3 % von Verschiedenen . . .	337,20	„ „
Scudi 307 048	10 874,70	Sc. Zinsen. [1]

In dieser schrecklichen Finanzlage trat trotz mehrfacher Abgabenerlasse (1732 und 1743) keine Besserung ein. Am Ausgange des 18. Jahrhunderts (1798) betrug der Steuerrückstand der Gemeinde 80 337,10 1/2 Scudi. [2] Unter den Bewohnern des Ghetto befanden sich damals 30—40 reiche und 100 besitzende Familien. Die Übrigen waren Almosenempfänger. [3] Diese traurige Lage änderte auch die Revolution nicht. Das Missverhältnis zwischen Besitzenden und Besitzlosen war schon um die Mitte des siebzehnten Jahrhunderts so erschreckend gross gewesen. Im ganzen Ghetto befanden sich damals nur 200 besitzende Familien, welche ein Gesamtvermögen von 900 000 Scudi besassen. Christliche Statistiker berechneten, dass 600 000 davon auf Zinsen angelegt seien und mit Abrechnung aller Verluste einen jährlichen Reingewinn von 96 000 Scudi einbrächten. [4] Allerdings behauptete man auf jüdischer Seite, dass der Gesamtwert ihres Besitztums nur 300 000 Scudi betrage, während ihre Gesamtschulden

---

[1] So sind die bei Rodocanachi 255 mehrfach ungenauen Zahlen zu ändern.

[2] Das. 256.

[3] Gorani, Rom und seine Bewohner am Ende des 18. Jahrhunderts, Riga 1794 440 f.

[4] Cod. Bibl. Vat. 7711 fol. 227 b.

nach christlicher Berechnung 236000, nach jüdischer aber eben 300000 Scudi ausmachten. Auch in der Berechnung ihrer damaligen Abgaben auf 4000 Scudi war eine Differenz von der christlichen Aufstellung, welche dieselben auf nur 3201 Scudi angab.[1])

Unter den hervorragenden jüdischen Familien werden im siebzehnten Jahrhundert in Rom die Ascarelli, Pessata, de Rossi, de Gallico, Kimḥi, Biterbò (Viterbo), de' Sacerdoti und Corcos genannt.[2]) Als Römer werden u. A. noch folgende Personen erwähnt:

1554: Jehuda b. Šabtai, Gemeindesekretär[3]);

1560: (16. Thammuz) st. Šabtai di Cameo[4]);

1561: (20. Ab) st. Piacentina, Frau des Izḥak delli Panzieri; Dona, Tochter des Mošeh Pardo, Frau des Rëuben 'Abdon;

1563: Izḥak b. Jehuda, Gemeindesekretär. Richter der Arzt Išmáel b. Mošeh de Bethel und Abraham b. Menaḥem Chinon (קינון).[5]) Sonst Šelomoh Ḥaviglio[6]);

1565: (18. Nisan) st. Frescha Rosa, Witwe des Joab della Ripa[7]);

1566: Der Schächter Eliah[8]);

1570: (24. Nisan) st. Gentilesca Croccolo[9]);

1573: (15. Thammuz) st. deren Sohn Jákob Croccolo[10]);

c. 1587: 'Azael de Pomis b. Rëuben, Schwager des Arztes Elia Corcos, verwandt mit David b. Izḥak de Pomis[11]);

1625 ff.: Angelo del Josef Toscano, Gemeindesekretär;

1663—1698: Astruc di Salomone Toscano, Gemeindesekretär[12]);

1686: (6. Siwan) Nissim der Römer? (רומיא) auf einem Ehebrief unterzeichnet. Am Rande daselbst Šelomoh b. Ḥajim Gallimedi[13]);

1709: (17. Šebat) st. Jákob Ascariel (Berliner, Aus schw. Z. No. 11);

---

[1]) Das. fol. 227 a.

[2]) Bartolocci I. 135.

[3]) Berliner, Magazin I. 84.

[4]) Berliner, II. 2 S. 193.

[5]) Letzterer vielleicht der Zeuge des Verkaufs von cod. Oxf. 2332 im Jahre 1564 (?) zugleich mit Josef b. Abraham da Tivoli.

[6]) Berliner Magazin I. 84.

[7]) Ders. Aus schweren Zeiten No. 32.

[8]) Magazin I. 88.

[9]) Berliner II. 2 S. 193.

[10]) Das.

[11]) צמח דוד Einltg.

[12]) Berliner II. 1 S. 123.

[13]) cod. Oxf. 2431.

1711/12: st. Šabtai Kimḥi (das. No. 5);

1717: (11. Šebat) st. Flaminia Kimḥi (das. No. 6);

1720: (9. Šebat) st. Simḥa Malakh (das. No. 18);[1]

1721: (27. Tebeth) st. Efraim Modigliano (das. No. 13);[2]

1723: (Thammuz) st. ? Frau des Zaddik (das. No. 8);[3]

1724: Ḥanna Zaddik, Frau des Izḥak Zaddik (das. No. 9);

1724: (12. Khislew) st. der Vorsteher Beniamin Rafael Zaddik (das. No. 10);

1726: (18. Šebat) st. Mošeh b. Abraham Kimḥi, begraben am 19. Šebat (das. No. 7);

1727: (24. Siwan) st. Perla, Gattin des Ḥananja Esdra (עזרה). Grabstein auf Kosten des R. Jeḥiel Esdra und seiner Brüder gesetzt (das. No. 19);

1727: (24. Šebat) st. Jàkob de Segni (סייני) (das. No. 24);

1728: (20. Šebat) st. Rabbiner und Prediger David de Cobo (Cori?), begraben 21. Šebat (das. No. 26);[4]

1728: (10. Nisan) st. Izḥak Barafel (das. No. 27);

1728: (Nisan) st. Pazienza, Frau des Ḥananja de Alatri (das. No. 22);

1728: (5. Jjar) st. Esther, Witwe des Šemuel Funaro, begraben am 6. Jjar (das. No. 23);

1728: (Adar II.) st. Dinorah (דיהנורא), Frau des Mošeh Zitoni (das. No. 25);

1729: (9. Šebat) st. Abraham Ḥajim de Modigliano (das. No. 14);

1729: (26. Marḥešwan) st. Mazliaḥ Berukhim (das. No. 17);

1730: (12. Adar) st. Šabtai Terracina (das. No. 29);

1730: (16. Elul) st. Perla Barafel (das. No. 28);

1731: (2. Nisan) st. Josef Šemuel Serena (das. No. 31);

1731: (8. Adar I.) st. Josef del Monte (das. No. 30);

1731/1732: st. Jàkob Romi (Carmi?) (das. No. 21);

1732: (3. Šebat) st. Abraham b. Efraim Modigliano (das. No. 15).

1739: (10. Nisan) st. Mošeh Ascariel (das. No. 12);

1739: (Tebeth) st. Mordkhai Capua (das. No. 16).

? Giuseppe de Velecre, Gabrielle della Riccia hebᵒ in Roma et uno da Leone di marini hebᵒ rom.[5]

---

[1] vgl. עפר יעקב No. 44 Calonymo Malakh (s. פהד יצחק s. v. קמן p. 180b; cod. Almanzi 44 geschr. von Rafael Ḥajim Angeli (מלאך).

[2] vgl. Steinschneider Cat. Bod. 2453 f.

[3] 1543 in Rom Šemuel Zaddik b. Abraham Aškhenazi.

[4] s. o. 276 u. 278.

[5] Besitzer eines כיון השואל' (ed. Venedig 1609).

Die drei Zeiten der Freiheit (1793—1870).

1798. — 1848. — 1870.

Es ist eine betrübende Thatsache, dass die grössten Errungen-
schaften des menschlichen Geistes nicht in friedlicher Entwicklung
geschaffen, sondern mit Feuer und Schwert gewaltsam herbeigeführt
worden sind. Es bedurfte jener blutigen Greuel der Revolutionen,
um die Menschheit zur Erkenntnis der Entwicklung im Natur- und
Völkerleben zu führen, ihre Rechtsbegriffe zu läutern, Ideen wie die
von der Verantwortlichkeit der Regierenden, von der Unverletzlichkeit der Menschenrechte ihr zu Bewusstsein zu bringen. Wovon die
Völker kaum zu träumen gewagt, das ist durch jene gewaltsamen
Wandlungen zur beglückenden Thatsache geworden. Man verdammt
mit Recht die Grausamkeiten eines solchen gewaltsamen Ausbruches,
man vergisst aber das Ursprüngliche in demselben, dass er aus dem
innersten Leben der Völker entsprungen, dass er das furchtbare und
mächtige Endergebnis einer langen Reihe von Thatsachen ist, die kein
Bannfluch und kein Verdammen hinwegleugnen kann. Was die Edelsten
allezeit begeistert gelehrt und geliebt, was Jahrhunderte als ihr Heiligstes
gewahrt und geschützt, was die Seele des Volkes trotz Druck und Joch im
Stillen geahnt und gehofft, das stürmt mit elementarer Kraft zusammen,
das sammelt sich Funke zu Funke bis zum lodernden Brandstoss, das ist
die innerste Quelle der Völkerrevolutionen. Für die Geschichte der Juden
sind sie vollends der Grundstein und der Beginn einer neuen Zeitepoche.
Ihnen haben sie all ihren geistigen Besitz, alle ihre Freiheiten, alle
ihre Rechte zu verdanken. Für die Gemeinde der Stadt Rom sind sie
die Denkmäler und Ausgangspunkte dreier Entwicklungsphasen. Dreier,

da auch die Ereignisse des Jahres 1870 eine der grössten und gewaltigsten Erschütterungen des Alten und Veralteten herbeigeführt, da sie die Erfüllung erhabener Volkshoffnungen, die Verwirklichung eines der mächtigsten Gedanken in der Weltentwicklung gebracht. Schaffte die Revolution am Ausgange des achtzehnten Jahrhunderts der Gemeinde die Menschenrechte, brachten ihnen die Jahre 1848/49 den goldenen Traum der bürgerlichen Freiheit, so bedeutet das Jahr 1870 für sie die herrliche Bestätigung und Erfüllung aller ihrer Hoffnungen. Die Juden der Stadt sind nicht zum wenigsten die Träger des freiheitlichen Gedankens in Rom gewesen. Alles was im Ghetto seit langem gegährt und gezuckt, brach in diesen drei Zeiten mächtig hervor. Die verachteten Juden sind die Hauptstützen und die Opferfreudigsten gewesen, als das Gebäude der Freiheit wieder zu wanken drohte. War dann die Freiheit gebrochen, so nährte man im Ghetto still den Gedanken an sie, die Liebe zu ihr. Diese Gedanken und Hoffnungen waren ihr Glück in trüben Tagen. Und sie bedurften einer solchen Stütze. Gerade in den letzten Tagen des Papstregiments hat dieses alle Mittel der Willkür und der Gewalt gegen die Juden nicht angewandt, nein, gemissbraucht, gerade in den letzten Tagen ihre Rechte als Menschen und Unterthanen mit Füssen getreten wie nie zuvor. Wie dankbar waren sie für die geringsten Beweise der päpstlichen Fürsorge, wie undankbar und unmenschlich die päpstliche Regierung für ihre Anhänglichkeit und ihre Leistungen! Hat man sich da noch über den ungeheuchelten Herzensjubel der Gemeinde beim Einzuge Viktor Emanuels in das vom tiefsten Drucke aufjauchzende Rom zu verwundern? „Wess das Herz voll ist, dess geht der Mund über" lautet ein altes Sprichwort, — in Rom hiess es: Wess das Herz voll ist, dess geht das Herz über. Nicht ungerüstet und unwürdig trat die Gemeinde in das neue Leben ein. In allem Drucke hatte sie sich ihre idealen Güter, ihre Liebe zur Religion, zur Wissenschaft und zur Freiheit zu wahren gewusst. Wohl ist ein grosser Teil des geistigen Lebens der jüdischen Gemeinde im Sumpf der Verachtung und der Knechtung verkommen. Sobald aber der Morgen einer besseren Zeit herandämmerte, hatte sie doch genug Männer, welche sie mit Stolz und Zuversicht in die ersten Reihen als ihre Vorkämpfer einstellen konnte. Auch in Rom hat sich die zauberische Kraft des Judentums bewährt, das aus dem alles vernichtenden Feuer der Leiden und aus der verzehrenden Glut des Unglücks stets kräftiger und schöner und geläuterter hervorkam, trotzend allen Listen des Feindes. Die Gemeinde hat sich ob ihrer Leiden und ihrer unverhältnismässigen

Opfer für die Sache Italiens ein Anrecht auf das Glück der jetzigen
Zustände errungen. Die alte Offenbarung hat sich an ihr allerdings
in einem anderen Sinne bewahrheitet, dass die ersten Reiche vergehen sollen, das letzte aber von ewiger Dauer sein soll. Aus den
zwei Zeiten der Freiheit ist für das Ghetto eine neue Zeit eines
hoffentlich ewigen Glückes entstanden!

Der Beginn der ersten grossen Freiheitsepoche war für die römische
Gemeinde wenig verheissend. Bereits die Eroberung von Savoyen und
Nizza hatten eine Demonstration in Rom verursacht. Am 13. Januar
1793 erfolgte dann der erste, aber missglückte Revolutionsversuch des
französischen Agenten Josef Hugo de Basseville, der mit der Ermordung des allzu unvorsichtigen Franzosen sein Ende fand. Der
Pöbel griff darauf vergebens den Palast der Académie de France in
Rom an. Von dem Hass gegen die Franzosen bis zu einer Plünderung des Ghettos war nur ein Schritt — Beweis genug, dass der angebliche Franzosenhass vor allem der Aussicht auf reichliche Beute den
Ursprung verdankte. Nach der Beschädigung einiger Niederlagen und
mit der Androhung weiterer Plünderungen beruhigte sich das Volk.[1]
Der päpstlichen Regierung war es sehr lieb, eine Ableitung der Wut
des Pöbels und ein Mittel, das Unternehmen der Franzosen möglichst
verächtlich zu machen, gefunden zu haben, indem sie es vor allem auf
die Juden zurückführte. Die Regierung ging noch weiter. Sie liess
sogleich nach Bassevilles Ermordung das Gerücht aussprengen, dass
man bei einem jüdischen Trödler mehrere Tausend trikolore Kokarden
gefunden habe. Daraufhin erfolgten zahlreiche Verhaftungen der angesehensten Gemeindemitglieder, unter ihnen der Rabbiner und Ältesten.
Gegen eine ungeheure Summe — man sprach von 100 000 Scudi — wurden
sie in Freiheit gesetzt.[2] Ein Deutscher, der in diesem Jahre in Rom
war, schilderte das Verhältnis des Papstes zur Gemeinde mit den
spöttelnden Worten: „Pius VI. hat sie schlimmer als alle seine Vorgänger behandelt, und bey mehr als einer Gelegenheit haben Seine
Heiligkeit geruht, reiche Geschenke von ihnen anzunehmen, die sie
gleichfalls seinem Neffen brachten.“[3] Um den Juden der Stadt den
Verkehr mit ihren christlichen Mitbürgern in so kritischer Lage
möglichst zu erschweren, andererseits diesen jede Teilnahme an neuen

---

[1] Coppi, Annali d'Italia I. (1793) 148; Ettore Natali, Il Ghetto 155.
[2] Carmoly in Revue orientale III. 171.
[3] Gorani, Rom und seine Bewohner am Ende des 18. Jahrhunderts, Riga
1794 444.

revolutionären Bewegungen unmöglich zu machen, erneuerte der Notar
der heiligen Inquisition vier Tage später, am 17. Januar, die Judenordnung von 1732 mit besonderer Betonung dessen, dass die Juden
auch im Ghetto das gelbe Abzeichen zu tragen hätten, dass während
der Nacht kein Jude das Quartier verlassen dürfe und dass sie nur
in ausserordentlichen Fällen mit Erlaubnis des Bischofs ausserhalb des
Ghettos Läden haben sollten.[1]

Die Kunde von König Ludwigs Hinrichtung in Paris bot dem
Pöbel neuen erwünschten Anlass zu einer Plünderung des Ghettos.[2]
In der That hat es den Anschein, dass die Juden auf die Kunde der
Ereignisse in Frankreich und von der dort erfolgten Gleichstellung
der Juden alle ihre Kräfte der Verwirklichung jener schönen Hoffnungen geweiht und sich an jedem Versuche beteiligt haben, der dazu
führen konnte.[3] Allerdings behauptete ein Reisender, dass die Juden
in Rom „nicht ein Wort von dem, was man in Frankreich für ihre
Nation gethan hatte", gewusst hätten.[4] Erst der grosse italienische
Feldzug Napoleons rief den Gedanken an die Freiheit in Rom
wieder wach.

Währenddem ärgerte man sich in Rom über den Widerstand des
Angelo Oziel gegen die Taufe, zu der ihn sein Vater der Casa über-
geben hatte (31. Januar 1794)[5], und freute sich über die am ersten
Montag der Fastenzeit (1794) in der Kirche della Minerva erfolgte
Taufe einiger nicht so halsstarriger Juden und einiger erleuchteter
Afrikaner.[6] Das war immerhin ein Schauspiel zur Hebung der ge-
sunkenen geistlichen Autorität.

Unerklärt ist bis jetzt die Ursache einer eigentümlichen Verleumdung der italienischen Gemeinden, die auch in Deutschland,
Österreich und Frankreich die weiteste Verbreitung gefunden hatte.
Man hat sie auf politische Machinationen zurückführen wollen, um
nachweisen zu können, dass die Juden der Jetztzeit nicht mehr die
wahren Juden seien, und sie so völlig rechtlos zu machen. Die Gazette
de Deux-Ponts meldete unter dem 20. März 1796 von Florenz, dass

---

[1] REJ II. 288.

[2] Allgemeine Zeitung (München) 1887. Beilage zu Sonntag, 25. Septbr. S. 3921.

[3] Dott. Leone Vicchi, Vincenzo Monti, le lettere e la politica in Italia dal 1750 al 1830. III. (Faenza 1879) 60.

[4] Gorani a. a. O. 484.

[5] Ettore Natali 249.

[6] David Silvagni, La corte e la società Romana nei secoli 18 e 19 (ed. III. Roma 1884) II. 333.

sich in Italien eine grosse Veränderung in der religiösen Gesinnung
der Juden gezeigt habe und dass man, um aus der Not eine Tugend
zu machen, eine Generalsynode wegen einiger wichtiger Reformen nach
Florenz berufen habe. Auf derselben hätten unter anderem die
Rabbiner von Modena, Mantua und Rom nach zehntägigen Beratungen
beschlossen, zur Förderung des Handels den Sabbat auf den Sonntag
zu verlegen, den Genuss von Schweinefleisch und manche Arbeiten an
Festtagen zu gestatten und dergl. mehr. Am 8. April 1796 brachte
der Hamburger „Correspondent“ und dann der Altonaische Mercurius[1])
dieselbe Meldung, an der selbstverständlich kein wahres Wort war.
Der Prager Rabbiner Barukh Jeiteles wandte sich um Auskunft über
diese Nachricht an das Mantuaner Rabbinat, die er unter dem 24.
Nisan 1796 erhielt.[2]) Die Gemeinden von Livorno, Florenz, Modena
und Rom vereinigten sich aber mit I. D. Azulai, Barukh Saportha und
Efraim Nabon zu einem Protestschreiben gegen diese Anklagen,
welches 1796 in hebräischer Sprache in Livorno als: Briefe der Rab-
biner in den Städten Italiens (מכתבי הרבנים אשר בערי איטליא), noch
in demselben Jahre mit einer deutschen Übersetzung in Hamburg und
in der französischen Übersetzung eines gewissen Rivière[3]) erschien.
Das Schreiben der römischen Gemeinde hatte der Oberrabbiner Jehuda
Leon (Leone di Leone) verfasst, der es auch an erster Stelle neben
Mošeh Zebulon Piano, Josef Šemuel Benigno, Šelomoh Rignano, Ješáiah
Ḥajim Anguilara, Gabriel de Castro, Šemuel Piano, Šemuel Josef Coën,
Šelomoh David de Castro, Mordkhai Šemuel Coën, Šabtai Mošeh Brozzi
und Jakob Josef Caivano unterschrieb.

Die gewaltigen Ereignisse der folgenden Jahre lenkten die Aufmerksamkeit für eine Zeit von den Juden ab. Durch den Feldzug
des Jahres 1796 hatte die Revolution auch in Italien Platz gewonnen.
Der Papst sah sich von allen Seiten bedroht. Trotz seiner Neutralität
erfolgte ein Einfall in die Legationen. Unerschwingliche Lieferungen
und grosse pekuniäre Verluste waren seine fühlbaren Folgen. Eine
unsichtbare Folge war die immer stärker werdende revolutionäre
Stimmung im Machtbereiche des Papstes, die sich zuerst in einem
Aufstandsversuche am Monte Piucio äusserte, bei dessen Niederwerfung
sich auch die französische Gesandschaft mit einmischte. Darauf er-

[1]) Staats- und Gelehrte-Zeitung des Hamburgischen unpartheyischen Corre-
spondenten Anno 1796, Num. 57.
[2]) Mitgeteilt in כסאם VII. 3 p. 271 ff. (1797).
[3]) Carmoly in Rev. or. III. 171.

folgte am 28. Dezember 1797 ein neuer Tumult vor dem Palast Corsini, in dem Josef Bonaparte wohnte. Der französische General Duphot fand dabei seinen Tod. Die französische Regierung benutzte diesen Vorfall zum Vorwand der Kriegserklärung. Sogleich rückte General Berthier von Ancona aus und schon in den ersten Tagen des Februar standen die Franzosen vor Rom. Eine Gesandschaft römischer Bürger ersuchte den General am Monte Mario, die Stadt zu besetzen. Berthier erklärte ihnen aber, dass er erst kommen werde, sobald sie die Erhebung durch eigene Kraft ausgeführt hätten. Schon am folgenden Tage proklamierten etwa 300 römische Männer auf dem Campo Vaccino die Abschaffung der päpstlichen Regierung und die Rechte des souveränen Volkes. Am 15. Februar zog darauf Berthier triumphierend in Rom ein. Schon am 20. verliess Pius die Stadt als Gefangener. Die Juden erhielten gesetzlich die volle Freiheit mit allen Rechten der Bürger. „In Erwägung, dass nach den durch den konstitutionellen Akt der römischen Republik geheiligten Prinzipien die Gesetze für alle römischen Bürger gemeinsam und gleich sein müssen, wird das folgende Gesetz dekretiert: Die Juden, in denen sich alle vorgeschriebenen Bedingungen zur Erlangung des römischen Bürgerrechts vereinigen, sollen allein den für alle Bürgern der römischen Republik gemeinsamen Gesetzen unterworfen sein. Demzufolge sind alle Gesetze und Einzelbestimmungen, welche die Juden betreffen, von Stund an null und nichtig."[1] Noch am Abend des 15. Februar hatten die Juden, froh über die glückliche Folge der Ereignisse, ihre Judenhüte abgelegt.[2] Am 17. Februar errichteten sie in dem festlich illuminierten Ghetto unter den Klängen der Musik und freier Verteilung von Erfrischungen vor der Synagoge den Freiheitsbaum.[3] Viele Gegenstände des päpstlichen Palastes, besonders die Galawagen, wurden am 20. Februar den Juden unter der Bedingung verkauft, sie sogleich zu vernichten.[4] Aber schon am 21. Februar machte sich die feindliche Stellung der Transtiberiner gegen das Ghetto geltend. Die Juden waren, um ihrer Freude Ausdruck zu geben, mit trikoloren Bannern unter Trommelwirbel in hellen Scharen zum Monte Cavallo gezogen. Da brach der Ärger der Transtiberiner darüber hervor,

---

[1] V. La Mantia, Storia della legislazione italiana I (1884) 544.
[2] A. Sala, Diario Romano degli anni 1798—99, Parte I. Roma 1882 in Miscellanea della Società Romana di storia patria 31.
[3] Das. 39.
[4] Das. 48.

dass die Juden anstatt des Judenzeichens die allen gemeinsame Ko-
karde tragen sollten. Sie entschlossen sich deshalb, in der Mitte ihrer
Kokarden ein Kreuzchen anzubringen. [1]) Dieser Beschluss kam auch
am 25. zur Ausführung. [2]) Das Unglück wollte es, dass ein französischer
Beamter am Nachmittage desselben Tages das Kreuzchen von der
Kokarde eines Transtiberiners entfernt hatte, und Soldaten in ihrem
Stadtviertel einige Mädchen auf der Strasse belästigt hatten. Das
führte zu einem offenen Aufruhr der Bewohner des Borgho und der
Regola. Unter dem Rufe: Viva Maria, Viva il Papa fällten sie den
Freiheitsbaum und ergossen sich durch die Strassen der Stadt. Hier
plünderten sie die Waffenmagazine im Palazzo Santacroce und auf der
Piazza Branca. Dann ging es gegen das Ghetto! Währenddem hatten
sich aber Abteilungen der Guardia Civica unter dem Fürsten Santacroce und französische Soldaten unter General Vial gesammelt, welche
das äusserste verhinderten. [3]) Das war eine deutliche Mahnung für
die Juden der Stadt, ihre Freude mehr zu verbergen. Sie trugen dem
auch Rechnung, so dass man bei dem Balle im Teatro Alibert über
die verschwindende Anzahl der anwesenden jüdischen Damen ganz
erstaunt war. [4]) Andererseits war die Regierung bemüht, das Interesse
der jüdischen Bevölkerung für sich rege zu erhalten. Sie verkaufte
so den Juden am 7. März einen Teil der in den päpstlichen Kasernen
vorgefundenen Gerätschaften. [5]) Man sprach davon, dass das von den
Mönchen geräumte Kloster des hl. Ambrosius der Gemeinde zur Erweiterung des Ghettos überlassen werden sollte. [6]) Dass sich die
Bürger mit der neuen Ordnung der Dinge noch nicht ausgesöhnt,
zeigten sie zuerst bei einer Versammlung zum Zwecke der Bildung
einer Nationalgarde der Pantheonsektion am 14. März. Zu derselben
hatten sich auch zahlreiche Juden eingefunden, die an dem patriotischen
Unternehmen mit Anteil nehmen wollten. Als sich aber in der Versammlung dagegen, dass auch die Juden der Garde mit eingereiht
werden sollten, lauter Protest erhob, entfernten sich die Juden aus
derselben. Die Versammlung wählte darauf eine Deputation, welche
den Konsuln ihre Reklamation vortragen sollten. Dieselben hatten

[1]) Das. 50.
[2]) Das. 58.
[3]) Das. 59. Diario dell' abate Benedetti bei David Şilvagni, La Corte e la
società Romana (Roma 1884) I. 499.
[4]) G. A. Sala, Diario 80.
[5]) Das. 88.
[6]) Das. 99.

jedoch keine weiteren Anstrengungen nötig, da die Juden schon vorher den Konsuln mitgeteilt, dass sie unter solchen Verhältnissen von einem Eintritt in die Garde Abstand nähmen und dafür dieselbe Entschädigungszahlung wie die Geistlichen für die Wachen leisten wollten.[1] Zu diesen Enttäuschungen kam zwei Tage später der strenge Befehl, zur Beschleunigung der den Juden übertragenen Lieferung der Monturen für die neue Legion trotz des Sabbattages zu arbeiten.[2] Auch dies Opfer brachten die Juden gern, wie sich überhaupt ein gewisser Wettstreit zwischen Christen und Juden in den Leistungen für die Regierung zeigte. Es war daher eine grosse Genugthuung, dass die Stelle eines Majors im Nationalheere, welche der Bürger Guido Lante niedergelegt hatte, dem römischen Juden Baraffael (Baruffall) übertragen wurde. Am Morgen des 18. März, einen Tag nach Veröffentlichung der Konstitution der römischen Republik[3], stellte sich derselbe, von seinen Glaubensgenossen lebhaft begrüsst, auf einem ihm vom Fürsten Borghese geschenkten Pferde in Uniform seinem Truppenteile vor.[4] Die Anteilnahme der Juden an der Nationalgarde war inzwischen doch durchgesetzt worden, führte aber zu weiteren Unannehmlichkeiten. Am 22. März stellte der Gardeoffizier Giardini dem Konsul Angelucci die Unmöglichkeit des Eintritts der Juden in die Garde vor. Er führte als Hauptgründe an, dass das Beten des Rosenkranzes in den Kasernen am Abend von den jüdischen Soldaten ins Lächerliche gezogen worden, und dass sich die Juden bei Begegnungen des hl. Viatikums geweigert hätten zu salutieren und auf die Kniee zu fallen. Angelucci wies diese Vorstellungen gebührend zurück.[5]

Der 13. April fand das Ghetto in der grössten Aufregung. Die Uniformierung des französischen Heeres, welche dem Ghetto übertragen worden war, musste dringend beschleunigt werden. Nach dem Mittagessen marschierte deshalb eine Abteilung Soldaten — es war an einem Freitage — ins Ghetto und schleppte die mit der Uniformschneiderei beauftragten Frauen vor dem Eintritte des Sabbats in die Sapienza, um sie zur Fortsetzung ihrer Arbeiten auch am Sonnabend zu zwingen. Das Rabbinat machte zur Verhütung dieser Gewaltthat dringende Vorstellungen und erreichte auch auf das Versprechen, die

---

[1] Das. 103.
[2] Das. 109.
[3] Diario dell' abate Benedetti a. a. O. 499.
[4] G. A. Sala. Diario 100; vgl. 148.
[5] Das. 120.

Lieferung in einer bestimmten Zeit fertigzustellen, die sofortige Befreiung der Gefangenen. [1]

Von den grossen Steuern, welche die neue Regierung forderte, blieb die Gemeinde durchaus nicht verschont. Es scheint vielmehr, dass die der Gemeinde auferlegten Lasten in keinem Verhältnisse zu den der übrigen Bevölkerung auferlegten gestanden haben. Am 16. April stellten sich ohne vorherige Ansage in den Läden und Wohnungen der begütertsten Juden Soldaten ein. Sie forderten eine grosse Masse Leinwand und Tuch und von jeder Familie ein Betttuch und eine Serviette. Für die unbemittelten Familien lieferte die Gemeinde dieselben. Ausserdem verlangte man binnen wenigen Stunden von der Gemeinde des Ghettos 150 000 Scudi in klingender Münze und weitere 150 000 Scudi in Banknoten. Eine Vorstellung der Judenschaft um Verringerung dieser Kontribution war vergeblich. Der Major Baraffael musste noch dazu 100 Paar Betttücher von feinem Stoffe, 200 Servietten und 12 Tischtücher liefern. [2] Eine allerdings geringe Gegenleistung der Regierung war die Ernennung von sechs jüdischen Kommissaren, unter ihnen Coën aus Ferrara, zum Verkauf der konfiszierten Mobilien und sonstigen Gegenstände. Andere Juden hatten den Wert der Gegenstände abzuschätzen. Nach einer Vereinbarung zwischen den französischen Generälen und den ernannten Kommissaren kauften die letzteren die ganzen in Frage stehenden Gegenstände nach dem Taxwerte an. Später stellten sie aber doch einen grossen Teil derselben zum Verkauf. [3] Unter anderem war den Juden auch die Reliquiensammlung der Casa Albani überlassen worden. Ein Kaufangebot des spanischen Vicekonsuls in Ancona wies Coën zurück. Sogar die Vasen der päpstlichen Gärten waren ihm zum Verkaufe übergeben worden. [4] Besonders der häufige Ankauf von Kultusgegenständen der aufgehobenen Kirchen durch die Juden erregte den Unwillen eines Teils der Bevölkerung. Aus der Kirche des Collegio Inglese hatten mehrere Juden ein Credenzone voller Reliquien erhandelt (4. Juni). Bei dem Verkaufe der Mobilien des Collegio Clementino und des Klosters Trinità de' Monti beteiligten sie sich auch sehr lebhaft. [5] Mitten auf der Piazza Navona hielten Juden

---

[1] Das. 146.
[2] Das. 148; Diario dell' abate Benedetti a. a. O. 519; Ettore Natali. 156 f.
[3] G. A. Sala, Diario 155.
[4] Das. 156.
[5] Das. 244.

Rieger. Geschichte der Juden in Rom. II.   23

einige Beichtstühle zum Ergötzen der Strassenjugend feil, welche in ihnen „Beichte" spielte.[1]) Überhaupt trug man allseitig die grösste Verachtung der religiösen Einrichtungen zur Schau. Sollte man von den Juden verlangen, dass sie das verhinderten? Am 16. Juni machte man im Circolo Costituzionale allen Ernstes den Vorschlag, die Geistlichen durch ein Brandmal an der Stirne zu kennzeichnen. Andere verlangten dringend, sie ins Ghetto zu verweisen.[2]) War das nicht ein Zeichen einer höheren Vergeltung? Noch mehr, man plante die Basilika des hl. Bartholomäus entweder in eine Kaserne oder in ein Theater — oder auch in einen Speicher zur Verwendung der Juden zu verwandeln.[3])

Die Folgen der geplanten Verbindung Neapels mit den Frankreich feindlichen Mächten musste die Stadt zuerst verspüren. Zum Schutze der römischen Republik sollten 12 000 Franzosen nach Rom gelegt werden. Schon am 21. Mai untersuchten daraufhin Regierungsbeamte die Häuser der Stadt, um den Umfang des unbewohnten Quartiers zu erfahren.[4]) Am 23. Mai erschienen dieselben wieder in allen Teilen der Stadt. Da sich im Ghetto nur sehr wenig geeignete Räumlichkeiten zu Einquartierungen fanden, so beauftragte man die Juden mit der Lieferung der Betten für die erwarteten Truppen.[5]) Die von Neapel her immer drohender werdende Gefahr veranlasste am 16. Juni die Requisition aller Männer vom 18. bis zum 25. Jahre mit Ausnahme der Verheirateten, der Witwer, der einzigen Söhne und der Krüppel zum Heere.

In die Gemeinde war wieder Frieden und Ruhe eingekehrt. Am 16. Juli war sogar neben dem Fürsten Marcantonio Borghese und dem Herzog Francesco Cesarini der Jude Ezechiele Morpurgo zum Senator der Stadt Rom gewählt worden.[6]) Alles versprach den Juden eine glückliche Zukunft. Da zerstörte ein Einfall der Neapolitaner in die römische Republik unter dem österreichischen General Mack alle ihre frohen Hoffnungen. Kaum hatte sich die republikanische Regierung nach Perugia entfernt, so stürzte der Pöbel (am 27. November) die Freiheitsbäume und riss die Leichname der auf dem Forum be-

[1]) Das. 268.
[2]) Das. 262.
[3]) Das. 270 (20. Juni).
[4]) Das. 219.
[5]) Das. 223.
[6]) Diario dell' abate Benedetti a. a. O. 529. Gazette Nationale ou le moniteur universel vom 20 Thermidor 1798 p. 1281 (Rome, 27. Messidor).

grabenen französischen Offiziere aus den Gräbern. Wütend eilten
dann die Haufen gegen das Ghetto, ihm Tod und Verderben schwörend.
Es wurde nur durch das schleunige Einschreiten der Nationalgarde
gerettet.[1]) Die Neapolitaner besetzten am 29. November die Stadt.
Sie brachten ihr aber nicht die ersehnte Ruhe. Sie behandelten Rom
wie eine feindliche Stadt, so dass man die Franzosen zurückwünschte.
Diese verjagten auch bald die Neapolitaner und setzten von neuem
den republikanischen Senat ein. Die fortwährenden Plünderungen und
Brandschatzungen und eine grosse Teuerung im Mai 1799 hatten Auf-
läufe und Empörungen zur Folge. General Garnier sah sich genötigt,
am 11. Juli Rom in den Belagerungszustand zu erklären, den Senat
aufzuheben und eine provisorische Regierung einzusetzen.

Die Misserfolge der französischen Waffen in Norditalien und eine
neue neapolitanische Expedition gegen die römische Republik mit
Unterstützung der englischen Flotte machten der französischen Herrschaft ein schnelles Ende. Am 27. September räumten die Franzosen
Rom und den Kirchenstaat. Schon am 3. Oktober zog der neapolitanische Kommandant in Rom ein, besetzte die Engelsburg und setzte
eine Regierungskommission ein, die sich noch verhasster als die französische gemacht hat, besonders aber den Juden ihre Anteilnahme an
den revolutionären Bestrebungen bitter vergalt. Der Gemeinde wurde
eine hohe Kontribution auferlegt, so dass die Gemeindeverwaltung
am 18. Oktober 1799 beschloss, sofort von den 5 Gemeinden 1000 Scudi
zu erheben. Ausserdem musste jeder seinen ganzen Besitzstand genau an-
geben und 2 %/₀ seines Vermögens als Steuer geben. Der vermögende
Izbak Baraffael erklärte, sein Vermögen in der geforderten Weise
nicht abschätzen zu können, und bot 700 Scudi als Pauschalsumme.
Gegen die schwere Belastung der Gemeinde musste der Rabbiner
Giuseppe Samuel Benigno schliesslich protestieren. Doch trat eine
Änderung erst mit dem Abzuge der neapolitanischen Besatzung ein.[2])
Noch Wochen nach dem Abzug der Franzosen durfte sich kein Jude
ausserhalb des Ghettos sehen lassen.[3]) In den letzten Tagen des
Oktobers erliess die Regierungskommission ein Edikt, dass alle Kultus-
gegenstände in Privatbesitz, welche den aufgehobenen Kirchen angehört
hatten, dem Vicegerenten zurückzuerstatten oder ihr Wert zu er-

---

[1]) Das. 554. Zu Ettore Natali, 156 s. Augsburger Allgemeine Zeitung (München)
1887, Sonntagsbeilage 25. Sept. p. 3921.
[2]) Berliner II. 2 S. 123 f.
[3]) Fernow, Sitten und Kulturgeschichte von Rom, Gotha 1802 S. 183.

23*

legen sei. Das Edikt war natürlich nur gegen die Juden gemünzt.
welche ja zumeist derartige Gegenstände angekauft hatten. Man befürchtete auch fortwährend den Ausbruch eines Aufstandes im Ghetto.
Als um dieselbe Zeit Truppenzusammenziehungen in der Stadt statt-
fanden, glaubte man, dass diese zur Niederhaltung eines im Ghetto
drohenden Aufstandes vorgenommen würden.[1]) Unter der Asche
glimmte das Feuer weiter, wenn ihm auch für lange Zeit ein freies
Aufflammen unmöglich gemacht worden war.

Am 29. August 1799 war Pius VI. in Valence (Dauphiné) gestorben. Zu günstiger Stunde wurde in Venedig Pius VII. (13. März
1800) zum Papste gewählt, eines jener Menschenkinder, welche Unglück und Enttäuschung mit der Menschheit verfeindet hat. Die Gemeinde hatte nicht viel zu verlieren. Viel schlimmer als unter der
neapolitanischen Schutzherrschaft konnte es ihr unter dem päpstlichen
Regiment nicht ergehen. Von einem Papste, der aus der Geschichte
der Vorzeit zu lernen verstanden, war vielleicht sogar ein glückliches
Schicksal zu erwarten. Die Gemeinde hatte Salvator Cracovia mit
der Beglückwünschung des neuen Herrschers in Venedig betraut. Bei
dem Possesso, den der Papst nach seinem Einzuge in die Stadt
(3. Juli) hielt, begrüssten ihn auf dem Wege vom Titusbogen zum
Colosseo die huldigenden Embleme der Gemeinde und ein Preisgedicht
in Distichen. Die Inschriften der Embleme, den Wortlaut des Ge-
betes für den Papst und das Gedicht auf ihn enthielt ein kostbarer,
reich illustrierter Band, den eine Gemeindedeputation am 21. Dezember
dem Papste überreichte. Die Überbringer waren der aus Hebron
stammende Gemeinderabbiner Leone di Leone in orientalischer Kleidung mit Turban und langem Barte und die beiden in schwarzer
Tracht erschienenen Faktoren Giacob Giuseppe di Camillo Caivani
und Jacob Vita q. Angelo Ascarelli.[2]) Die Gemeinde, damals etwa
7000 Seelen, sollte sich in dem neuen Pontifex nicht getäuscht
haben.[3]) Zum ersten Male seit längerer Unterbrechung wurden, wahrscheinlich auf eine Anregung des Papstes selbst, nachdem das Handschreiben Innozenz XII. vom 20. Juli 1699 zum Schutze der Vorsteher
und Rabbiner erneuert worden war, 9 Vorsteher und 18 Beisitzer auf
drei Jahre gewählt. Von ihnen fungierten stets 3 Vorsteher und
6 Beisitzer vier Monate lang.[4]) Interessant ist ein Erlass des Staats-

---

[1]) Episodi della storia di Roma in Archivio storico italiano 1887, XX. 443.
[2]) Cancellieri, Possessi 495 ff.
[3]) Vasi, Itinéraire instructif de Rome 1806. II. 521.
[4]) Berliner II. 2 S. 125.

sekretariats, nach dem die Gemeindevertretung innerhalb 3 Tagen die
zur Verteilung der Mazzoth an die Armen im Ghetto nötigen 300 Scudi
aufbringen musste, die dann auf die vermögenden Gemeindemitglieder
repartiert werden sollten.[1]) Pius gestattete der Gemeinde die Fort-
führung ihres bedeutenden Handels und war bemüht, ihre schwere
Finanzlage zu ordnen und zu heben. Trotzdem begann mit dem Jahre
1805 in Rom ein starker Wegzug nach Toskana. Er erliess der Gemeinde die rückständigen Karnevalssteuern, welche bereits auf 16 000
Scudi aufgelaufen waren, verlangte aber die weitere Zahlung derselben.[2]) Der päpstliche Schatzmeister Lante hatte Pius VII. die
Schwierigkeiten der Gemeinde vorgestellt, wie ihre Schulden an die
päpstliche und die städtische Kammer, an das Katechumenenhaus und
das Monastero delle Convertite gewaltig aufgelaufen, wie lässig ihre
Mitglieder im Zahlen der auferlegten Abgaben und Steuern und die
Gemeindebehörden in der Eintreibung derselben seien. Darauf befahl
der Papst in einem Handschreiben vom 25. Juni 1803, dass jeder zu
einem Gemeindeamte, welches mit dem Gemeindehaushalt in Verbindung stehe, Gewählte auch die Verpflichtung habe, sein Amt
treu und emsig zu erfüllen und an allen Zusammenkünften und
Sitzungen teilzunehmen. Die Gründe für ein Fernbleiben von den
Sitzungen sollten gegebenen Falls von den Tesorieri geprüft werden
können. Jedes Gemeindemitglied habe sich streng an die Befehle der
Gemeindeverwaltung und der Tesorieri zu halten. In demselben
Schreiben bewilligte der Papst dem Ghetto für die aufgelaufene Schuld
des Jahres 1802 einen einmonatlichen Aufschub nach der Bekannt-
gebung im Ghetto, welche am 7. Juli erfolgte. Für die Schuld des
Jahres 1803 wie für jede zukünftige sollte aber die betreffende Be-
kanntgebung nach drei Tagen eventuell mit Anwendung von Gewalt-
massregeln ausgeführt werden, falls die in Frage stehende Summe
8,40 Scudi überschritt.[3]) Das änderte natürlich nichts an dem grossen
Gemeindedefizit, welches z. B. 1806 die Höhe von 5013 Scudi erreichte.[4])
Auch bei der gewaltigen Tiberüberschwemmung vom 31. Januar bis
zum 2. Februar 1805 linderte die päpstliche Regierung unter Kardinal
Consalvi soweit irgend möglich die allgemeine Not. Das Wasser erreichte die Höhe der Überflutung von 1750.[5]) Man hat sich also

---

[1]) Das. 129.
[2]) Allgemeine Zeitung des Judenthums 1838 No. 42.
[3]) Barberi, Bullarium XII. p. 32—34; Moroni, LXXIV. 322.
[4]) Rodocanachi 256.
[5]) Artaud, Histoire du pape Pie VII, Paris II. 5 ff. vgl. Buonarroti 1871 77
und Reumont III. 2 S. 670.

nicht über die grosse Anhänglichkeit zu verwundern, welche die Gemeinde dem Papste entgegenbrachte.

Napoleon hatte dem Papste unmögliche Bedingungen gestellt. Ohne Zögern liess er Ancona und Urbino besetzen und, als der Papst dennoch standhaft blieb, durch General Miollis am 2. Februar 1808 auch Rom. In der Stadt herrschte gegen die Franzosen eine sehr zurückhaltende Stimmung, sei es, dass man sich an die Plackereien der französischen Regierungszeit erinnerte, sei es aus Liebe für den edlen Papst. Diese Stimmung äusserte sich bald auch demonstrativ. Das Governo Pontificio hatte nach dem Einmarsch der Besatzung die Belustigungen des Karnevals untersagt, der französische General aber in einem Inserat der Gazzetta Romana die ausdrückliche Erlaubnis zu denselben gegeben. Gegen diese erliess der Papst am 18. Dezember 1808 eine Bekanntmachung. Miollis wollte aber dennoch die Feier des Karnevals durchsetzen, fand jedoch bei der römischen Bevölkerung ungeahnten Widerstand. Nur mit Anwendung von Gewalt konnten die Vorbereitungen zum Feste getroffen werden. Auch die Juden mussten mit Gewalt zur Lieferung der Teppiche für die Schmückung der Bühne der Preisrichter gezwungen werden. Die Karnevalsfeier am 4. Februar kam denn auch nicht zu stande.[1]

Am Vormittag des 10. Juni 1809 verkündete Geschützdonner von der Engelsburg die Vereinigung Roms mit der französischen Monarchie. Wenige Tage später wurde Pius als Gefangener nach Savona gebracht. Rom blieb beinahe fünf Jahre ohne Papst. Die neue Regierung unter Graf Camille de Tournon war zur Hebung der Stadt ungemein thätig. Im lateranischen Palast wurden Arbeitshäuser für Männer, in Sta. Croce in Gerusalemme für Frauen eingerichtet. An anderer Stelle entstanden Werkstätten für Bettler. Die Rechtspflege und die Ordnung wurde durch die Einführung der französischen Gesetze gekräftigt und verjüngt. Auch für die jüdische Gemeinde kamen jetzt Jahre ungestörten Glückes. Die Zahl der Gemeindemitglieder hatte sich seit der päpstlichen Restauration sehr verringert. Bei der Volkszählung am 1. Februar 1809 zählte man 3076 jüdische Einwohner.[2] Der gelbe Lappen an den Hüten der Juden (sciamanno) verschwand. Alle Ausnahmebestimmungen waren aufgehoben. Die Juden wurden von der Karnevalssteuer (851.57 Scudi), welche ihnen Pius wieder

---

[1] Bartolomeo Pacca, Memorie storiche I. (Napoli 1830) 133. 135. Coppi Annali d'Italia II. 227.

[2] Ettore Natali. 55.

auferlegt hatte, gänzlich befreit. [1]) Erst im Jahre 1837 wurde sie
wieder von der Gemeinde eingefordert. Die Forderungen der Casa
dei neofiti und dei catecumeni an die römische Gemeinde wurden
zurückgewiesen (1810). [2]) Nach einem Vierteljahrtausend wurde in Rom
wieder ein hebräisches Gebetbuch col permesso auf Kosten der Vorsteher der Thalmud-Thora gedruckt. [3]) Die Ghettothore, welche bis
dahin nachts geschlossen wurden, blieben jetzt (1810) ständig offen. [4])
„Die Bürger waren geschützt, geschützt die bürgerliche, die politische
und die religiöse Freiheit." Unter diesem Schutze konstituierte sich
auch nach dem Muster des Pariser Sanhedrin, an dem mehrere italienische Rabbiner teilgenommen hatten, im Jahre 1811 auf ein kaiser-
liches Dekret vom 4. Juni 1811 in Rom ein israelitisches Konsistorium,
an dessen Spitze der römische Oberrabbiner Leone di Leone stand. [5])
Ihm beigeordnet waren der zweite Oberrabbiner Giuseppe Samuel
Benigno und als weltliche Mitglieder Vitale de Tivoli, Abram Vita
Modigliani und Sabato Alatri. Am 1. August 1811 wurde das Konsistorium in der Synagoge durch eine Rede des Vicepräfekten eröffnet,
dem Modigliani antwortete. Leone sprach Psalm 71, an den Modigliani
ein Gebet für das Herrscherhaus anschloss; darauf wurden den Ehren-
gästen der Gemeinde in einem Sale des Synagogenhauses Erfrischungen
gereicht und am Abend die Synagoge selbst festlich illuminiert. Das
Konsistorium sollte sich mit der Entscheidung aller inneren Angelegenheiten der jüdischen Glaubensgenossen beschäftigen. Obwohl
es bei weitem nicht die Bedeutung der Pariser Versammlung erlangte,
ist es doch ein erfreuliches Zeichen des unter den italienischen Juden
wieder erwachenden frischen Geistes. Für die Stadtgemeinde hat es
eine noch höhere Bedeutung: Rom ist dadurch für eine allerdings
kurze Zeit der Mittelpunkt der Juden Italiens! Zur Wahrung der
Rechte der Gemeinde bei der Regierung hatte die Gemeinde drei
offizielle Repräsentanten, Vitale di Tivoli, Abram Vita Modigliani und
Tranquillo Trionfo und als deren Stellvertreter Isach Baraffael, Angelo
Modigliani und Salomon Michel Fiano auf Anordnung des Gouverne-
ments gewählt. [6]) Mit gutem Rechte konnte Marini, später ein Mit-

---

[1]) David Silvagni, La corte et la società Romana (ed. 3) II. 676; Allg. Zeitung
des Judenth. 1838 No. 42. vgl. J. M. Jost, Neuere Gesch. der Israeliten von 1818
bis 1845, II. (Berlin 1847) 286 f.

[2]) Berliner II. 2 S. 135.

[3]) Das. S. 137.

[4]) Reumont III. 2 S. 820; Gregorovius, Wanderjahre I. 101.

[5]) Carmoly in Rev. or. III. 173.

[6]) Berliner II. 2 S. 133.

arbeiter Consalvis, am Napoleonsfeste am 15. August 1811 in der überfüllten Synagoge in einer feurigen Rede auf die Segnungen ihrer Emanzipation und die dafür dem Kaiser schuldige Dankbarkeit hinweisen. [1]

Vergebens wurde in dieser Zeit von den Monti der Versuch gemacht, die Gemeinde zur Zahlung der ins Ungeheure angewachsenen Zinsen ihrer Schuld zu zwingen. Dieselben hatten nach dem Berichte der Monti vom 16. Oktober 1810 bereits die Summe von 644 685 Scudi erreicht, von denen bisher nur 32 691 bezahlt waren. Natürlich waren die restlichen 611 994 Scudi durchaus unaufbringbar. [2]

Die kaum eingetretene Ruhe fand ihr Ende bei der Besetzung der Stadt durch Murat. Eine neue Kriegssteuer erschöpfte die kaum gesammelten Kräfte. Rom erhielt auf seine Bitten eine neue provisorische Regierung. Am 14. Januar 1814 musste Miollis die Engelsburg übergeben. Neun Tage nachher verliess Pius Fontaineblau. Das war das Ende der ersten Freiheit! Den Beginn der neuen Zeit machte eine feierliche Ghettoplünderung. [3] Auf den Strassen wurden mit lauter Stimme Flugschriften und „mordbrennerische und bluttriefende" Hetzlieder gegen Napoleon und die Jakobiner und selbstverständlich auch gegen die Juden angepriesen, welche dann vom Pöbel auf den Plätzen und in den Kneipen gesungen wurden. [4] Die Ghettothore wurden wieder geschlossen. [5] Die jüdischen Studenten wurden von den Universitäten und Hochschulen verjagt. Den Laureati wurde nur die Wahl zwischen Müssiggang und Exil gelassen. Jede bürgerliche und staatliche Stellung ward ihnen verschlossen. Innerhalb fünf Jahren sollten die jüdischen Grundbesitzer ihre Liegenschaften verkaufen. [6] Durch das Gesetz vom 12. April 1814 wurden sie von neuem der Jurisdiktion des Kardinalvikars unterworfen und auf das Ghetto beschränkt. [7] Die Karnevalssteuer wurde von neuem vom Senat eingefordert, wenn auch nicht geleistet. Eine neue besonders schimpfliche Form der Huldigung beim Karneval wurde geschaffen. Rabbiner und Fattoren sollten dabei in schwarzer Kleidung in kurzen Hosen, einen kleinen Mantel übergehängt, in Schnallen-

---

[1] David Silvagni, La corte e la società II. 746.
[2] Rodocanachi 257.
[3] Ettore Natali 156.
[4] Silvagni, l. c. II. 718 nach Mitteilungen des Advokaten Giuseppe Vera.
[5] Gregorovius, Wanderjahre I. 101.
[6] Massimo d'Azeglio, Dell' emancipazione civile degl' Israeliti, Firenze 1848. 22.
[7] Ettore Natali 156; Moroni XIII. 275.

schuhen, mit einer Halsbinde (von der zwei weisse Leinenstreifen auf
die Brust herabfielen), die im Volksmunde „Kotelett" hiess, erscheinen.
Die Huldigung sollte von jetzt an nicht nur dem Senator, sondern
auch den Konservatoren dargebracht werden. [1] Im August (1814)
wurde schliesslich die Inquisition wieder eingerichtet. Was war da von der
ganzen Freiheit noch übrig? Inzwischen war auch der Papst, von der Gemeinde festlich begrüsst, wieder in die Stadt zurückgekehrt (24. Mai). [2]
Vergebens boten ihm die jüdischen Kaufleute 100000 Scudi für die Beibehaltung ihrer bürgerlichen Rechte an. Sie erhielten dafür vom päpstlichen Schatzmeister die Versicherung von der Toleranz des Papstes.
Deputierte der israelitischen Gemeinden der Legationen und der Marken
hatten dem Vicestaatssekretär ein von israelitischen Gelehrten verfasstes
Reglement zur Beibehaltung des römischen Konsistoriums überreicht.
Die Deputation, welche aus dem Rabbiner Doktor Del Vecchio aus
Lugo, Selomoh David und dem Kaufmann Beniamin Minerbi aus
Ferrara bestand, wurde auch am 20. August vom Papste empfangen
und kehrte mit den schönsten Versprechungen in ihre Heimat zurück,
— die aber eben nur Versprechungen blieben. Als Pius die Lehns-
rechte und Gefälle im Kirchenstaate abschaffte, wollte sich auch die
Gemeinde von der polizeilichen Verwaltung ihres Bezirkes durch den
päpstlichen Administrator befreien, indem sie behauptete, dass dessen
Gerechtsame in den Bereich der jetzt aufgehobenen Baronalgerechtig-
keit des Senats gehöre. Eine Untersuchung dieser Ansprüche durch
eine dazu einberufene Kommission endete mit einem abschlägigen Be-
scheide. [3] Ein besonders harter Schlag für die Gemeinde war das
Verbot, ausserhalb des Ghettos Tuchläden und Magazine zu halten.
Obwohl vorläufig im Ghetto genügende Räumlichkeiten für die Niederlagen fehlten, sollten die jüdischen Läden am Corso doch sofort geschlossen werden. Man machte eine Vorstellung, dass dies Verbot
den allgemeinen Bankerott der römischen Juden nach sich ziehen
werde, und erlangte vom Prosekretär einen Aufschub von sechs Monaten. Der Papst hob das Reskript im Einverständniss mit Rivarola
trotz der Gegenvorstellungen des Kardinals Pacca auf. Die christlichen Tuchhändler der Stadt setzten es sogar durch, dass noch bevor
der Befehl des Prosekretärs zur Ausführung kam, Sbirren die jüdischen

---

[1] Das. 110. 112. 105. Etienne Piale, la ville de Rome (nouvelle édition) Rome
1826, II. 332 bezieht sich auf die französische Zeit.
[2] Moroni XXXV. 191.
[3] Römische Briefe von einem Florentiner (Reumont) 1844. III. 227.

Läden räumten. Schliesslich erlangten die jüdischen Tuchhändler doch noch eine Frist von drei Monaten. [1])

Noch einmal glaubte man in Rom von solchem Alpdruck befreit zu werden, als Napoleon am 1. März 1815 im Golf Juan gelandet war. Es war ein Traum! Mit der päpstlichen Macht war auch das Banditenwesen in der Stadt zu neuer Blüte gekommen. Allerorten zeigte sich Unordnung und deren Folgen. Dem wollte Leo XII. abhelfen. Eine inquisitorische Sittenpolizei und systematischer Judenhass sollten dem Kirchenstaate aufhelfen. Besonders den letzteren hat Leo heilig und „bestialisch" gepflegt. „Er nahm den Juden jedes Recht auf Besitz, verpflichtete sie alle, ihren Besitz in bestimmter Frist zu verkaufen. Er rief gegen sie zahlreiche schamlose Gesetze und rohe mittelalterliche Bräuche ins Leben; er schloss sie in Ghetti mit Mauern und Thoren ein, unterwarf sie der Willkür des hl. Offiziums. Daher kam es, dass viele reiche und ehrenhafte jüdische Kaufleute aus Rom nach der Lombardei, nach Venedig, Triest und Toscana auswanderten." [2]) Die Auswandernden mussten verpflichtet werden, $2\frac{1}{2}\%$ ihres Vermögens an die Gemeinde abzugeben, damit diese nicht ganz verarmte. [3]) „Für sie war es ein Verbrechen, ein christliches Dienstmädchen oder gar eine christliche Amme zu halten, ein noch grösseres Verbrechen eine Katholikin zu lieben. Der Papst verbot ihnen Liegenschaften zu besitzen, in ein ander Land zu ziehen, einem Vergnügungsverein anzugehören, in dem auch Christen waren." [4]) Die längst vergessene Judenpredigt führte er von neuem ein. [5]) Damit ja alle Juden im Ghetto Platz fänden, sah er sich gezwungen, dasselbe durch zwei Strassen zu vergrössern. [6]) Vergebens erhoben in Rom Männer wie der Volksdichter Giuseppe Gioachino Belli ihre Stimmen laut und mahnend zum Schutze der unglücklichen Juden der Stadt. [7]) Für Leo

---

[1]) Corrispondanza di diplomatici d'Italia 1796—1814, compilatione di Cesare Cantù, Milano 1884 462. Schreiben Tambroni a Borghi, confidenziale (Roma, 16. Juni 1814). Sulamith IV. 2. S. 87. 88. vgl. S. 287; vgl. J. M. Jost, Neuere Geschichte der Israeliten II. (Berlin 1847) 276 f (durchaus unrichtig!) und Grätz XI. 333 f.

[2]) Luigi Carlo Farini, Lo stato romano dall' anno 1815 all' anno 1850 (Trieste 1850) I. 20.

[3]) Moroni XXI. 42; vgl. XXXI. 192.

[4]) Silvagni. III. 122.

[5]) Das.; Gregorovius Wanderjahre I. 98 f; Jost, Annalen 1840 2 f.

[6]) A. Faraglia, Progetto per il restringimento degli Ebrei nel Ghetto senza il pregiustizio di alcuna famiglia cristiana, Roma (Salvioni) 1824. Allg. Zeitung des Judenth. 1841 590.

[7]) Belli, Duecento sonetti in dialetto romanesco, Firenze 1870 71. Li ggiudii (1825?).

galt nur das Gesetz, die Juden zu quälen und zu morden, weil sie
Christum gequält und gemordet. Mit diesem Grundsatze begann er
sein Pontifikat und schloss er es. Gleich nach dem Antritte seiner
Regierung wurde ein armer jüdischer Händler, den man der Gotteslästerung zieh, zur Folter verdammt und dann auf der Piazza di San
Carlo a Catinari an den Pranger gestellt.[1] Dann kamen die Foltern
der jüdischen Gesamtheit. Im Dezember 1826 wurden die alten Bestimmungen über die Verwendung christlicher Dienstboten erneuert.
Binnen Monatsfrist sollten alle weiblichen, innerhalb zwei Monaten
alle männlichen Dienstboten entlassen werden. Soldaten wurden durch
das Ghetto geschickt, um über die genaue Innehaltung der Bestimmung
zu wachen. Sie waren menschlicher als jene Prediger der Menschenliebe und zündeten den Ghettobewohnern an Sabbaten und Feiertagen
das Feuer an.[2] Die Härte und Grausamkeit dieses Gesetzes zeigte
sich besonders im kalten Winter des Jahres 1827. Viele Greise und
Kinder mussten während der ganzen Feiertage im Bett bleiben, bis
sich ihrer einer der wachthabenden Soldaten erbarmte und ein wär-
mendes Feuer anzündete.[3] Auch die alte Judenordnung von 1775
(1732) wurde wieder mit all ihrem mittelalterlichem Beiwerk erneuert
und auf das strengste durchgeführt.[4] Das war im Juli 1827.
Wenige Tage später erliess der Papst das schon erwähnte Dekret
über den Gütererwerb, der den Juden selbstverständlich durchaus
verboten wurde. Innerhalb fünf Jahren vom 1. Januar 1828 an sollten
alle jüdischen Besitzer ihre Liegenschaften kontraktlich verkaufen,
wobei der Papst sich vorbehielt, die Bestimmungen hierüber schon
früher in Kraft treten zu lassen. Nach der Feststellung des Begriffs
„bewegliche Güter" erklärte das Edikt alle mit Umgehung dieser Bestimmungen verkauften Güter für der apostolischen Kammer anheim-
gefallen.[5] Die Karnevalshuldigung wurde ein wenig zeitgemässer
abgeändert. Von 1827 an wurde den Juden gestattet, dabei ohne
Perrücken zu erscheinen und dieselbe in gewöhnlicher Tracht darzu-
bringen. Seit dem folgenden Jahre war es auch Pflicht der Gemeinde,
die Bühne auf der Piazza del Popolo und die Gallerie für den Senator
und die Preisrichter beim Wettlauf zu schmücken.[6] Dabei hatte der

[1] Ett. Natali 127.
[2] J. M. Jost, Neuere Geschichte a. a. O., Annalen 1840 2 f.
[3] Allg. Zeitung des Judenth. 1865 225 f.
[4] Carmoly, Rev. or. III. 180; J. M. Jost, a. a. O.
[5] J. M. Jost a. a. O.
[6] Ettore Natali 110 f.

Papst dem Rabbiner Moise Sabbato Beer in einer Audienz (18. Dezbr. 1827) eine Regelung der Sache der Juden in Aussicht gestellt. [1]

Das waren bittertraurige Tage für die römische Gemeinde. Noch nach Leos Tod wirkte der Fluch des Judenhasses nach. Das Ghetto und die ganze Stadt glaubte befreit aufatmen zu dürfen. Das Volk ergriff ein wahnsinniger Rausch auf die Kunde vom Hinscheiden des Papstes. Wütend riss es die Ghettomauern nieder, um jenes Zeichen der Sklaverei auf ewig verschwinden zu lassen. Das Ende des Schauspiels war natürlich eine allgemeine Plünderung und Demolierung der Läden des Judenviertels. [2] Auch Leos Nachfolger, der am 31. März 1829 gewählte Pius VIII., brachte trotz der besten Vorsätze durchaus keine Wandlung in die immer mehr einer Änderung bedürftigen Zustände. Glücklicherweise war sein Pontifikat so kurz, dass es dem Ghetto nicht verhängnisvoll werden konnte. Er glaubte es seiner Würde schuldig zu sein, den Christen jeden Verkehr mit den Juden zu verbieten (Juli 1829). [3] Seine Regierungszeit brachte auch eine kleinere Neuerung bei der Huldigung am Karneval. Seit dem Jahre 1830 wurden die Juden durch eine Zahlung von 20 Scudi von der Schmückung der Bühne befreit, welche die Fattoren dem Senator in einem Blumenstrausse in Gestalt einer Anweisung zu überreichen hatten. [4] Am 30. November 1830 starb er. Da brach die bisher gewaltsam zurückgehaltene Empörung in den päpstlichen Staaten aus. Am 10. Dezember kam es zu einem Revolutionsversuch, der aber sehr bald erstickt wurde.

Inzwischen hatte Gregor XVI. den Thron bestiegen. Im ganzen Kirchenstaate erscholl der Ruf nach bürgerlicher Freiheit. Schon beim Beginne der Bewegung hatte das Volk die Ghettothore entfernt und in der Proklamation vom 10. Februar 1831 die bürgerliche Gleichheit der Juden erklärt. [5] Der Papst sah sich alledem gegenüber machtlos. Östreichische Intervention stellte die Ruhe im Kirchenstaate wieder her. Bologna, das im Mittelpunkte der Bewegung gestanden, musste sechs Jahre eine östreichische Besatzung in seinen Mauern dulden. Die Gesandten von Östreich, Frankreich, Preussen, Russland und Piemont sowie der englische Bevollmächtigte kamen

---

[1] Berliner II. 2 S. 240.
[2] Ettore Natali 158.
[3] Carmoly, Rev. or. III. 180.
[4] Ettore Natali 111.
[5] Carmoly Rev. or. III. 180 f. Jost, Annalen 1840 13 f., ders. Neuere Geschichte a. a. O.

überein, in einem Memorandum an den heiligen Stuhl vom 31. Mai
1831 die Ansichten Europas über die Notwendigkeit einer inneren
Reform des Kirchenstaates auszusprechen. Hätten die Mächte den
aufrichtigen Willen gehabt. die notwendigen Reformen ins Leben zu
rufen, sie hätten es wohl vermocht. [1]) So aber glaubte Gregor XVI. alle
Wünsche des Volkes, so weit es ihm möglich war, durch eiserne Strenge
niederhalten zu müssen. Je lauter die Aufforderungen zu einer zeit-
gemässen Umwandlung in seinem Staatswesen an sein Ohr drangen,
um so mehr verschloss und wehrte er sich gegen eine solche. Um so
auffallender ist es, dass Gregor, der alle alten Bestimmungen gegen
die Freiheit des Ghettos erneuert hatte [2]), sich der Gemeinde gegenüber, deren Sekretär seit 1825 Salvatore Scala war, oft humaner zeigte,
als es in seiner Politik begründet war. Das hatte sie dem Einflusse
des Rothschildschen Vermögens zu verdanken. Der Papst empfing
eine Deputation der Gemeinde unter der Führung des Rabbiners Beer
nach seiner Rückkehr in die Stadt am 21. April sehr wohlwollend.
In einer anderen Audienz am 25. September 1831 sprach Gregor dem
Sprecher der Deputation. Samuele Alatri, seine Zufriedenheit darüber
aus, dass sich die römischen Juden nicht in die politischen Konflikte
gemischt hatten. [3]) Eine Anleihe bei Rothschild im Jahre 1833 stimmte
ihn noch milder. [4]) Bei einer Reiberei zwischen Juden und Christen
in einer Stadt des Kirchenstaates im Januar 1833 sollten einige arme
Juden um die Wiederherstellung der Ghettothore gebeten haben, die
ihnen auch sogleich gewährt wurde. Obwohl die Vorsteher der betreffenden Gemeinde vom Staatssekretariat Aufschub erlangt hatten,
liess der Erzbischof doch die Thore sofort aufbauen. Die Gemeinde
wandte sich darauf an den österreichischen Gesandten in Rom, der auch
mit Salomon von Rothschilds Unterstützung durchsetzte, dass Gregor
anordnete. dass jene Thore wenigstens stets offen bleiben sollten. [5])

Eine päpstliche Marotte kam der römischen Judenschaft ziemlich
teuer zu stehen. Gregor verlangte von der Gemeinde die schuldige
Thorarolle. welche sie bis vor dreihundert Jahren dem neugekrönten

---

[1]) Bluntschli in Sybel Hist. Zeitschrift II. 386 f.

[2]) אברית ש"דל, Przemysl 1882 No. 136 S. 355 (30. September 1836): אך
בארצות אשר תחת האפיפיור ובארין מאדענא ובטללות פיעמאנט היהודים שרוים
בצער ובדוחק ואינם רשאים ללמד בבתי הלמודים.

[3]) Berliner II. 2 S. 141.

[4]) Farini, Lo stato I. 11; G. J. Belli, Sonetti in dialetto romanesco (Firenze 1870) 82. 87.

[5]) J. M. Jost. Neuere Geschichte II. 283 f.

Papste darzureichen gepflegt. Die israelitische Gemeinde, die gern des Papstes Gunst erworben hätte, widmete ihm statt derselben ein kostbares Huldigungsgeschenk in Gestalt eines kalligraphisch geschriebenen Foliobandes hebräischer Schriften. Nach einem unterwürfigen Vorworte enthielt derselbe das hebräische Sabbatgebet für den Papst mit einer poetischen lateinischen und italienischen Übersetzung. Eine Anzahl Bilder und Zeichnungen des venetianischen Malers Paoletti in Rom, unter ihnen das Bildnis des Papstes, eine Darstellung der Königswahl Šelomohs, eine Zeichnung desselben Königs auf dem Throne und das päpstliche Wappen schmückten die Gabe, deren weissseidenen Einband auf beiden Seiten das in Gold gestickte päpstliche Wappen zierte. Das Ganze wurde durch zwei goldene prächtige Schliessen gehalten. Das Geschenk verursachte der Gemeinde eine Ausgabe von fast 25000, nach anderer Mitteilung von 10000 Francs.[1]

Selbst die schwere Krankheit des Jahres 1837 war nicht imstande die Aufmerksamkeit des Papstes von der Gemeinde abzulenken. Von Terra di lavoro war die Cholera im Sommer 1837 nach Rom gekommen, wo man aus Angst vor der Reizbarkeit des Volkes gar keine Vorsichtsmassregeln getroffen hatte.[2] Es ist charakteristisch für die Niedrigkeit des den Juden so gehässigen Pöbels, dass er behauptete, die Krankheit sei gar nicht vorhanden; die Regierung vergifte vielmehr die Armen, um sie loszuwerden. Sogleich nach dem ersten Auftreten der Krankheit in Rom wurde der Vorschlag gemacht, das Ghetto zu vergrössern, da von der dichten Bevölkerung desselben das Schlimmste zu befürchten war.[3] Diese Befürchtungen sollten sich nur zu bald bewahrheiten. Zur Einrichtung eines Hospitals war der Gemeinde zum Ärger einiger Adelsfamilien, welche das Volk deshalb gegen das Ghetto aufhetzten, der Palast Cenci überlassen worden. Berittene Soldaten mussten zur Beruhigung des Volkes aufgeboten werden. Christliche Ärzte leisteten jüdischen Kranken bereitwillige Hilfe.[4] Der Papst selbst stiftete für sie 100 Betten. Bis zum 26. September zählte das Ghetto bei einer Bevölkerung von 3536 Seelen 87 Choleratote, von denen allerdings die Meisten alte Leute

---

[1] Carmoly, Rev. or. III. 182 f.; Janus oder Erinnerungen einer Reise durch Frankreich, Deutschland und Italien von E. Norder, Hamburg 1838. IV. 157; vgl. die ungenaue Notiz in der Allg. Ztg. des Judent. 1840 No. 13.

[2] Reumont III. 2. S. 685.

[3] Allg. Ztg. des Judent. 1837 No. 54.

[4] Das. No. 79.

waren.[1]) Das war ein sehr günstiges Verhältnis, wenn man bedenkt, dass von den 152 000 Einwohnern der Stadt 5419 der tückischen Krankheit zum Opfer fielen.[2]) Die Judenschaft hatte aber auch alle denkbaren Anstrengungen zur Erstickung der Krankheit gemacht, so dass der Fürst Odescalchi dieselben mit Recht in einem eigenen Schreiben an die Gemeinde rühmen konnte.[3]) Noch in demselben Jahre, am 27. Juni, verpflichtete der Papst die römischen Juden von neuem zur Zahlung der 851 Scudi 57½ bajocchi, wobei er ihnen alle bisherigen Rückstände in der Zahlung dieser Steuer erliess.[4])

Die Anwesenheit James von Rothschilds in Rom im Jahre 1839 verhalf der Gemeinde zu neuen Zugeständnissen von seiten der päpstlichen Regierung. Diesmal galt es besonders die Hebung des Handwerks in der römischen Gemeinde. Bisher hatten katholische Meister jüdische Knaben nicht in die Lehre genommen. Rothschild gelang es, dies auf Bitten der Gemeinde durchzusetzen, worauf der Papst, um dem jüdischen Manne an Edelmütigkeit nicht nachzustehen, der Gemeinde ein Gebäude mietfrei überliess, in welchem israelitische Knaben in der Weberei, Schuhmacherei, Tischlerei und Schreinerei unterrichtet werden sollten.[5])

Nicht viel später sah die Stadt einen anderen jüdischen Philanthropen in ihren Mauern. Diesmal galt es keine Finanzoperation, sondern Leben und Ehre der jüdischen Gesamtheit. Ganz Europa, Juden wie Christen, erfüllte damals die tiefste Trauer über die Gewaltthätigkeit eines asiatischen Despoten und die Schändlichkeit eines christlichen Gesandten. Da war eben jener jüdische Mann opferfreudig für seinen Glauben und für die Gerechtigkeit seiner Sache eingetreten. Es war Moses Montefiore, welcher auf der Rückreise von Damascus in Rom den Papst zur Tilgung der lügnerischen Grabinschrift des Pater Thomas, welche den Pater als das Opfer eines jüdischen Mörders hinstellte, veranlassen wollte. Gregor empfing ihn sehr gnädig, war aber nicht willens jene schmähliche Lüge für immer verschwinden zu lassen, obwohl er den Juden der Stadt noch kurz vorher die Widerlegung der Blutbeschuldigung von Damascus in den öffentlichen Blättern wohl auf eine Vorstellung des damals hervortretenden, am päpstlichen Hofe gern gesehenen Gemeindevorstehers

---

[1]) Das. No. 88, Ettore Natali 55.
[2]) Silvagni, l. c. III. 476.
[3]) J. M. Jost a. a. O.
[4]) Carmoly, Rev. or. III. 184. Allg. Ztg. des Judenth. 1835 No. 42.
[5]) J. M. Jost a. a. O., vgl. Berliner II. 2 S. 162.

Alatri gestattet hatte.[1]) Montefiore erhielt aber doch von Rivarola das Versprechen, dass die Grabinschrift verschwinden solle.[2]) Nach einem dreiwöchentlichen Aufenthalte, während dessen er auch mit Dr. Löwe die Schulen der Gemeinde besichtigte, verliess er Rom. Auch noch später mussten Glieder des Rothschildschen Hauses die Schützerrolle der Gemeinde spielen. Zu einem grossen Teile auf die Vermittlung dieser Familie ging die Zurücknahme eines strengen Befehls der Inquisition gegen die Gemeinde Ancona vom 10. Juni 1843 zurück. Auch bei einer zufälligen kurzen Anwesenheit in Rom unterliess es Karl von Rothschild nicht, für die Juden Roms beim Papste ein gutes Wort einzulegen.[3])

Die Stimmen, die Juden zu emanzipieren wurden immer lauter. In ganz Italien erhoben sich die Edelsten und Gebildetsten, um die Sache der Juden in die Hand zu nehmen. Auch in Rom machte sich dieser frische Zug der Humanität immer fühlbarer. Bereits im Jahre 1836 hatte Carlo Cattaneo in seinen „Ökonomischen Untersuchungen über die gesetzlichen Einschränkungen gegen die Israeliten" die Forderung gestellt, die Lage der Juden in Italien zu bessern.[4]) In demselben Jahre erzählte das römische Album die edle Handlungsweise Moses Rothschilds gegenüber dem Kurfürsten von Hessen zu einem nicht zu verkennenden Zwecke.[5]) Lauter und dringender wurden diese Mahnungen in den letzten Tagen Gregors. Was der letztere mit Aufbietung aller seiner Kräfte zurückgewiesen, konnte sein Nachfolger nicht mehr versagen, selbst wenn er kein so herrlicher Mensch wie Pius IX. gewesen wäre. Es war bereits zu spät zu einem Nachgeben. Neue immer grössere Forderungen wurden an den Papst gestellt, denen er eben als Papst nicht nachgeben konnte. Der Bewegung des Jahres 1848 konnte das Papsttum nicht standhalten. Die pariser Februarrevolution und vor allem der Sturz der wiener Regierung waren ausschlaggebend für die italienische Bewegung. Das Nationalgefühl regte sich in allen Teilen Italiens. Die konstitutionelle Einheit der italienischen Staaten war das Losungswort. Diesem Rufe konnte der Papst nicht Folge leisten, ohne seine Autorität und die des geistlichen Regiments gewaltig zu schädigen. An ihm scheiterten alle

---

[1]) J. M. Jost a. a. O. 285, vgl. Israelitische Annalen 1841 129 No. 17.
[2]) Das. und Grätz, XI. 550.
[3]) Allg. Ztg. des Judenth. 1843 No. 37. 40. 41. 42; 1844 No. 36.
[4]) Carmoly a. a. O. 184.
[5]) L'Album, Roma 19. März 1836.

Herzensgüte und alle hohen Pläne des trefflichen Kirchenfürsten. Sein
Widerstand in diesem Punkte brachte die offene Empörung nach Rom.

Die Wahl des menschenfreundlichen uneigennützigen Papstes bedeutete für die Juden der Stadt eine Ära neuer Freiheit und reinen
Glücks. Mit freudigem Stolze erzählte man im Ghetto, wie der neugewählte Papst auf einer Fahrt durch die Stadt einen kranken jüdischen
Greis, der wie leblos auf dem Strassenpflaster lag, mit eigenen Händen
in seinen Wagen gehoben und in seine Behausung gebracht und bei
dem Hinweis des herumstehenden Pöbels: „Es ist nur ein Jude" entrüstet gefragt hatte: „Gehören denn die Juden nicht zu unseren Neben-
menschen, denen wir helfen müssen?"[1]) Dieser humanen Gesinnung
gab der Papst auch beim Empfange der jüdischen Gemeindedeputation
am 13. Juli beredten Ausdruck. Er sicherte ihr Anteil an allen von
ihm ausgehenden Wohlthaten zu. Und Pius liess es nicht bei blossen
Worten. Er stellte die Entfernung der Ghettomauern in Aussicht, hob
die vexatorische Ghettoordnung auf und gestattete mehreren angesehenen
Israeliten, sich in der christlichen Stadt niederzulassen. Am Tage der
Amnestie liess er unter die Ghettoarmen 300 Scudi und eine grosse
Menge Brot verteilen. Allgemeine Begeisterung für Pius erfüllte die
Herzen seiner jüdischen Unterthanen.[2]) Dr. Moses Leone Finzi in
Ferrara liess ein allegorisches Gemälde anfertigen: Mild im Bestrafen,
ein Gott im Verzeihen, das ist das wahre Bild Pius' (d. h. des Frommen).
L. V. Levi und Arnaldo Veniziano feierten den Papst in feurigen
Versen.[3])

Unter dem jubelnden Volk bei der Besitzergreifung des Laterans
durch den Papst am 8. November befanden sich zahlreiche Juden.
Eine Deputation der Gemeinde brachte ihm knieend die Huldigung
dar.[4]) Die ganze Gnade des Papstes erfuhr die Gemeinde zuerst bei
dem Jammer der Tiberüberschwemmung vom 10. und 12. Dezember 1846.
Die ganze Bürgerschaft war eifrig bemüht, die unglücklichen Ghettobewohner zu unterstützen. Allen voran ging aber der Papst. Auch
im Ghetto wurden über fünfhundert Scudi für die Überschwemmten aufgebracht. Der Papst ordnete an, dass den Juden während der Über-

---

[1]) Franz Hülskamp, Piusbuch (Münster 1870) 97 f.; Rudolf Pfleiderer, Pius IX.
(Heilbronn 1878) 35.

[2]) Moroni LIII. 190; Allg. Ztg. des Judenth. 1846. No. 33. 34. 37. 38.

[3]) Orient 1846 292; Allg. Ztg. des Judenth. 1846 No. 43.

[4]) Vgl. L'Italie de 1847 à 1865 Correspondance politique de Massimo Azeglio,
ed. Rendu Paris 1867 p. 21 Anm. 1; Jewish Chronicle 1849 381; Allg. Ztg. des
Judenth. 1849 No. 43; 1846 No. 50; Franz Hülskamp l. c. 123.

schwemmung ausserhalb des Ghettos Wohnungen angewiesen würden. Damals tauchte übrigens auch der alte Plan wieder auf, die Juden in einem andern Stadtteile anzusiedeln und den Boden des Ghettos zu heben.[1]) Einen neuen Beweis seiner Humanität gab der Papst, als er am 1. Oktober 1847 die Karnevalshuldigung der Gemeinde gänzlich aufhob, die Karnevalssteuer (851 Scudi 57¹/₂ bajocchi) aber als Staatssteuer beibehielt. Am 6. Februar 1847 wurde die Huldigung dem Senator zum letzten Male dargebracht.[2]) Dabei liess es aber Pius nicht bewenden. Im Mai desselben Jahres ernannte er auf eine Vorstellung der Gemeinde eine Kommission zur Untersuchung der materiellen Lage der Gemeinde und des Zustands des Ghettos, in welcher der edle Fürst von Teano, Don Michele Caetani, der Graf Giuseppe Malatesta, der Governatore der Stadt und der Generalschatzmeister unter dem Vorsitze des Kardinalvikars vereinigt waren. Die erste Frucht dieser Kommission war die Erlaubnis, sich in den dem Ghetto benachbarten Regionen niederzulassen.[3]) Die Judenpredigt in S. Angelo di Pescheria hörte auf.[4]) Der Papst verbot jedes Vergehen gegen Leben und Eigentum der Gemeinde bei langjähriger Galeerenstrafe.[5]). Auch in den Kreisen der Bürgerschaft war man eifrig bemüht, des Papstes Streben in dieser Hinsicht zu unterstützen und mit zur Hebung der gesellschaftlichen Stellung der jüdischen Bevölkerung beizutragen. Bisher ausschliesslich christliche Gesellschaften erlaubten auch Juden den Eintritt. Der Circolo Romano und das Casino de' Negozianti nahmen mehrere Juden auf.[6]) Am 8. Juli brachte der römische Volksmann, der trasteveriner Schenkwirt Ciceruacchio (Brunetti), eine Puppe Mazzinis, eine jener eigentümlichen Erscheinungen in kritischen Volkslagen, welche über ihresgleichen unumschränkt gebieten können, eine förmliche Versöhnung zwischen den Juden und den Bewohnern der Regola zustande. Allerdings sollte sich die wahre Stimmung des gemeinen Volkes gegen die Juden sehr bald zeigen. Es ist unzweifelhaft, dass der Pöbel alle

---

[1]) Luigi Carlo Farini, Lo stato romano dall' anno 1815 all' anno 1850 (Torino 1850) 192; Allg. Ztg. d. Judenth. 1847 No. 2, 3, 17; Moroni LXXV. 148.

[2]) Massimo d'Azeglio, Dell' emancipazione civile degl' israeliti (Firenze 1848) 42; Ettore Natali 111; Allg. Ztg. des Judenth. 1847 No. 11; Orient 1847 144 Luigi Pompili Olivieri, Il senato romano II (Rom 1886) 49 f.; Moroni LIII. 190.

[3]) Massimo d'Azeglio a. a. O., vgl. das Gedicht in Orient 1847 288.

[4]) Magazin für die Literatur des Auslandes 1861 375.

[5]) Orient 1847 271.

[6]) Jewish Chronicle 1849 381; Orient 1847 200; Allg. Ztg. d. Judenth. 1847 No. 26, 1849 No. 43.

den Juden von seiten des Papstes gewidmete Sorgfalt mit tiefstem Ingrimm verfolgte. Er fühlte sich dadurch zurückgesetzt. Er allein glaubte berechtigten Anspruch auf des Papstes Gnade zu haben. Bei jeder Gelegenheit bedrohte er die jüdischen „Bürger" mit Mord und Brand. Selbstverständlich waren es dann nach der Darstellung der Verfechter der italienischen Idee, welche die Juden für die Durchführung ihrer Pläne nur allzu nötig hatten, stets entlassene päpstliche Polizeisoldaten gewesen, die den Aufruhr gegen das Ghetto angezettelt. oder sonstige Agenten des Papstes, welche die „brüderliche" Stimmung des „Popolo" gegen die Juden angeblich nicht ertragen konnten. Es ist aber Thatsache, dass die Absicht des Papstes, die Juden aus dem Ghetto zu entlassen, eine Hauptursache der Juliverschwörung gewesen ist. Die Gemeinde war gezwungen, den Papst zu bitten, sie vorläufig im Ghetto zu lassen.[1]) Inzwischen fuhr Ciceruacchio fort, das Volk den Juden günstig zu stimmen. In einer Volksversammlung am 15. Juli 1847 auf der Anhöhe des Torre di Quinto, welche von 2000 Personen besucht war, brachte es schliesslich die Beredsamkeit Ciceruacchios, des Trasteveriners Favella und des Regolanten Mecoccetta dahin, dass auch die energischsten bisherigen Gegner der Juden, ihnen als „Brüdern und Freunden, als Blut eines Vaterlandes" versöhnt die Hand reichten. Noch am Abend desselben Tages zogen 6000 römische Männer ins Judenviertel. Alles umarmte sich. Aller Groll schien vergessen. „Das war die thatsächliche Bewahrheitung der Liebe im Evangelium."[2]) Trotzdem blieb die Gemeinde ihrem päpstlichen Schutzherrn durchaus treu. Das zeigte sich wieder am Jahrestage seiner Papstkrönung. Wie seinem Vorgänger brachte ihm die Gemeinde an diesem Tage eine prächtige Huldigungsgabe dar, ein herrliches Album, welches ausser einem vom Rabbiner Fasano verfassten Gedichte das Gebet für den Papst und den 72. Psalm in hebräischer, lateinischer und italienischer Sprache enthielt. Pius überwies das kostbare Geschenk — sein Wert betrug 500 Scudi — den Sammlungen seines früheren Bischofssitzes Immola.[3])

In der Gemeinde selbst äusserte sich eine neue grössere Regsamkeit. Bereits 12 Jahre, welche für das Ghetto eine Zeit tiefster Erniedrigung und Versumpfung gewesen, war der Rabbinatssitz der Gemeinde unbesetzt geblieben. Nach dem Tode des damaligen Rabbiners

---

[1]) Allg. Ztg. des Judenth. 1847 No. 31—33.
[2]) Boni, La conjura di Roma e Pio IX. (Losanna 1847) 135.
[3]) Berliner, Letzte Tage, Anmerkung 4; Gregorovius, Wanderjahre I 89.

Beer hatte sich die Judenschaft ausser stande gesehen, einen eigenen Rabbiner zu erhalten. Iu jenen Tagen kam nun einer jener gotterfüllten Sendboten, der weitgereiste R. Mošeh Israel Ḥazan nach Rom. [1]) Die Gemeinde, welche durch öftere Streitigkeiten beinahe zerfallen war, brauchte einen Mann, der durch seine Autorität die Gemeinde einigen und ihre Stellung nach aussen wahren konnte. Auf eine Aufforderung Samuele Alatris erklärte sich auch Mošeh bereit, das römische Rabbinat zu übernehmen. Die Gemeinde hat dem sich für sie aufopfernden gelehrten Manne unendlich viel zu verdanken gehabt. Am 21. August wurde er feierlich in sein Amt eingeführt. Nach Absingung einiger Psalmen las der Gemeindesekretär Salvator Sala das Bestallungsprotokoll vor. Dem folgte eine Ansprache des Vorstehers S. Alatri, welche der neugewählte Rabbiner gewandt erwiderte. Das Gebet für den Papst schloss die Feier. Ein Schüler der Thalmud-Thora-Schule, Crescenzo Alatri, übersetzte den von Mošeh für diese Gelegenheit gedichteten Psalm und das Gebet ins Italienische.[2]) Der Contemporaneo — auch ein Zeichen der Zeit — veröffentlichte einen Teil der Übertragung.[3])

Die „Liebe" des Volkes zu den Juden zeigte sich bei den neugeschaffenen Bürgergarden wieder in recht zweifelhaftem Lichte. Der Papst hatte ausdrücklich den Juden den Eintritt in dieselben gestattet.[4]) Die braven Freunde der Juden hatten es aber in einigen Städten des Kirchenstaates so weit gebracht, dass man die Juden von den Bürgergarden ausschloss. Gegen ein solches unwahres Benehmen erhoben sich alle edlen Freiheitsfreunde in Italien. Der „Felsineo" in Bologna (17. Dez. 1847) trat entschieden gegen eine solche Ausschliessung auf und forderte völlige Emanzipation der Juden des Kirchenstaates. Mit ihm vereinigte sich der „Padre Crespino". Der „Contemporaneo" brachte die Rede Robert Peels für die Zulassung der Juden in das englische Parlament. Der „Statuto" sprach nicht mehr von Juden, sondern nur von Bürgern des Staates.[5]) In einer Broschüre „Über die Emanzipation der Israeliten" richtete Massimo d'Azeglio am 8. Dezember 1847 an Pius als den von Gott gesandten, von aller Welt geliebten Fürsten die Aufforderung zur völligen Gleichstellung der

---

[1]) ש"ות כרך של רומי p. 61a (No. XVII.).

[2]) Pel glorioso Pio IX. Salmo e preghiera. Versione italiana dall' originale ebreo di Crescenzo Alatri, studente dell' istituto Talmud Tora, Roma (1847).

[3]) Allg. Ztg. des Judenth. 1847 No. 39.

[4]) Ettore Natali 159, Massimo d' Azeglio Dell' emancipazione 42.

[5]) Jewish Chronicle 1849 382. Allg. Ztg. des Judenth. 1849 No. 43.

Juden, da die Wiedergeburt Israels aufs engste mit der Italiens verbunden sei.[1] In Santa Maria di Trastevere predigte der Abbé Ambrosoli über Toleranz und begeisterte seine Zuhörer so, dass sie sogleich Mauern und Thore des Ghettos niederreissen wollten.[2] Der Circolo Romano wählte einen Juden in den Vorstand. Dieselbe Stimmung erfüllte die Massen bei dem grossen Volksaufzuge am Namensfeste des Papstes, bei welchem dem Papste die Liste der 34 Postulate des Volkes, deren 11. die Emanzipation der Juden forderte, von einer Deputation übergeben werden sollte.[3] Die Juden traten immer mehr ins öffentliche Leben ein. Auch sie waren von Begeisterung für die Sache Italiens erfüllt. Auf die Kunde vom Aufstande in Wien und von der Erhebung Mailands wurden sie mit von dem allgemeinen Taumel ergriffen. Unter den Freiwilligen, welche den lombardischen Brüdern kämpfend beistehen wollten, welche mit an dem „Kreuzzug" für Italiens heilige Sache teilnehmen wollten, befanden sich zahlreiche römische Juden. Wie die christlichen Soldaten hefteten sie sich ein Kreuz in den Nationalfarben auf die Brust. Am 13. April 1848 schreibt Luzzatto an einen Freund, er habe ein Lied gedichtet, aus dem er ersehen könne „dass ganz Italien wie ein Mann einig sei, dass die eine Idee es durchdringe, das Joch der Fremdherrschaft abzuschütteln. In Italien solle fürder kein Fremdling herrschen, er müsste denn vorher alle seine Bewohner vernichtet haben. Der Papst habe den Kreuzzug gegen die Tedeschi gepredigt, und das ganze Volk ziehe mit jubelnder Freude, Jude wie Christ, das Kreuz auf der Brust, hinaus in den heiligen Krieg.[4]

Inzwischen ging der Papst in seinem Liebeswerk für die römische Gemeinde unentwegt weiter. Dasselbe gipfelte in der Erlaubnis zur Niederlegung des Ghettos. Auf Vortrag des Polizeiministers Galetti ordnete Pius IX. am Abend des 17. April 1848 die Entfernung der Ghettomauern und der Ghettothore an, ohne dass man davon in der Gemeinde die geringste Ahnung hatte. Am Spätabend der Nacht zum 17. April, es war am ersten Tage des Passahfestes, — man war in den Häusern des Ghettos mit den heiligen Bräuchen des Festtages beschäftigt — wurde die Festesstille durch laute Axtschläge unter-

---

[1] Massimo d' Azeglio. Dell' emancipazione civile degl' Israeliti (Firenze 1848).

[2] Jewish Chronicle a. a. O.; vgl. Berliner, Letzte Tage 6 f.

[3] Historisch-politische Blätter für das katholische Deutschland 1850 622; Allg. Ztg. des Judenth. 1848 No. 4; Kölnische Zeitung 1848 (Rom, 28. Dezember 1847).

[4] אגרות שד״ל No. 427 p. 1051 f. vgl. Allg. Ztg. des Judenth. 1848 No. 17.

brochen. Man glaubte im Judenviertel bereits an einen Überfall fanatischer Christen anlässlich der Passahfeier. Wie freudig erstaunt war man aber, als man erfuhr, dass jene Axtschläge die Niederlegung der schimpflichen Grenzscheide zwischen den jüdischen und christlichen Bewohnern der Stadt zu bedeuten hätten, als man sah, dass viele edle Bürger der Stadt, unter ihnen auch Ciceruacchio mit seinen Genossen, welche zufällig von dem Befehle an den Kardinalvikar Kunde erhalten hatten, unter jubelnden Zurufen mit Hand an die Mauern und Thore des Judenzwingers legten.[1] Es schien beinahe, als ob alles das von ihnen und nicht vom Willen des hl. Vaters ausgegangen sei. Das war das Schöne bei diesem grossartigen Akte päpstlicher Humanität. Was für Leid und Jammer hatten diese dreihundertjährigen Mauern gesehen, wie viel schimpflichen Hass, wie viel empörende Rohheit! Wie viel Seufzer und wie viel Flüche sind ihretwegen zum Himmel gestiegen! Am 18. April war ein gut Teil der Mauern verschwunden.

Die Gemeindevorsteher beschlossen, dies frohe Ereignis nach den Passahfesttagen zu feiern. Sie hatten aber nicht mit dem Wankelmute des Pöbels gerechnet. Schon der bisher ungewohnte Anblick eines Juden in den Strassen nach dem Ave Maria reizte das Volk zu Wutausbrüchen. An jedem Abend entstanden im Ghetto neue Unruhen. Ein Jude wurde erschlagen, weil man ihn nach dem Ave in der Stadt angetroffen. Ein anderer, welcher einem Priester — gewiss nicht ohne begründete Ursache — ins Gesicht gespieen haben sollte, konnte dem Pöbel nur dadurch entrissen werden, dass man ihn ins Gefängnis schleppte. Es kam zu Demolierungen der Häuser im Ghetto. Die Bürgergarde konnte nur mit Mühe dem plünderungslustigen Pöbel Einhalt gebieten. Starke Wachtposten der freiwilligen Garde und Ketten mussten das Ghetto schützen. Zu ihnen gesellten sich auf Befehl des Polizeiministers Kavallerie und Infanterie. Wer dachte da an eine Festfeier der neuen Freiheit? Wie mancher mag sich nach den schützenden Ghettomauern gesehnt haben!

Auch in der Civica wurde den Juden das Leben nach Möglichkeit verbittert. Nur in vier Bataillone wollte man sie aufnehmen. Vier andere verweigerten geradezu die Aufnahme eines Juden. Diese

---

[1] Luigi Carlo Farini, Lo stato romano dall' anno 1815 all' anno 1850 (Torino 1850) II. 90; Coppi, Annali d' Italia IV 282 No. 165; Gazzetta di Roma dal 1848. num. 66; Orient 1848 167; Allg. Ztg. des Judenth. 1848. No. 20.

ͣten brachten es schliesslich dahin, dass man ein eigenes
ͭaillon in der Civica bilden wollte. ͣ)
ͭ war schon nicht mehr imstande, dem Treiben jener
Ͱcͭ ein Ende zu machen. Die Eröffnung der gesetzgeben-
ͰͰͰͰmmlung am 5. Juni war das Signal zu neuen Unruhen des
ͰͰissenlosen Männern aufgestachelten Volkes. Am 6. August
ͰͰ wilder Aufruhr in den Strassen Roms. Die Klagen der Juden
ͰͰͰer die Willkür des Pöbels wurden immer lauter. Der Staatsrat
erklärte sich zu ihren Gunsten. Das Ministerium legte der Deputierten-
kammer einen Gesetzentwurf zur Regelung der Lage der Gemeinde
vor, der auch einstimmig angenommen wurde. Sie beauftragte noch
vor ihrer Vertagung eine Kommission mit einem Berichte über diese
Angelegenheit für die nächste Session der Kammer. ͣ) Am Tage ihres
Zusammentrittes trat das schon lange drohende Ereignis, die offene
Revolution ein. Vorher hatte das Ghetto noch einmal die Willkür
des Volkes und die Schwäche der Regierung zu fühlen. Aus irgend
einem Grunde hatten Pöbel und Bürgergarde den Laden eines
jüdischen Fleischers geplündert und sich dann auf die Juden des
Quartiers gestürzt. In ihrer Not verteidigten sich dieselben so gut
es ging mit Stöcken und was ihnen sonst in die Hand kam. Zwei
Tage wurden diese Gewaltthätigkeiten fortgesetzt. Erst dann konnte
päpstliches Militär die Ruhe wiederherstellen. Ein Jude hatte bei
diesen Strassenkämpfen drei Bürgergardisten schwer verwundet. Ein
Flugblatt forderte deshalb das Volk auf, die Waffenniederlagen zu
stürmen und den Juden den Garaus zu machen. In der That versuchten Pöbel und Bürgergarde am 26. Oktober mit einigen Barbieren
ins Judenviertel einzudringen, — um den Juden die Schnurrbärte ab-
zuschneiden, in Wirklichkeit um Leben und Eigentum der Juden an-
zugreifen. Diesmal war man besser vorbereitet. Der Versuch misslang. Eine sofort angestellte gerichtliche Untersuchung soll den
Angriffsplan auf die Umtriebe judenfeindlicher Pfaffen zurückgeführt
haben. Im Ghetto war man über diese Vorkommnisse empört und
zugleich gekränkt. Beim Sabbatgebet für den Landesfürsten hörte
man in der Synagoge lautes Murren. ͣ) Lelio Cantoni trat im Con-
gresso federativo zu Turin infolge der römischen Ereignisse vom 23.
und 24. Oktober für die Freiheit des Kultus ein und legte feier-

---

ͣ) Orient 1848 167; Allg. Ztg. des Judenth. 1848 No. 22. 31.
ͣ) Jewish Chronicle 1849 382
ͣ) Orient 1848 372; Allg. Ztg. des Judenth. 1848 No. 48.

lichen Protest gegen dieselben ein. Er veröffentlichte dann mit dem
Ausdrucke des tiefsten Unwillens eine Protesterklärung im „Opinione". [1])
Die fortwährenden Plackereien durch Häscher und Spione Rossis riefen
im Ghetto offene Empörung gegen die Regierung hervor. [2]) Am 15.
November 1848 fiel Rossi unter den Dolchstichen eines Meuchelmörders
auf der Treppe der Cancellaria. Vom folgenden Tage an wurde der
Quirinal von den aufgeregten Massen belagert. Bei den ersten Flinten-
schüssen konnte der unglückliche Kirchenfürst erkennen, dass alle
Liebe und Nachgiebigkeit vergebens ist, wenn der Empfänger den
Untergang des Gebers herbeiwünscht.

Mit der Flucht des Papstes aus seiner geliebten Hauptstadt endete
auch die konstitutionelle Regierung. Eine vorläufig gewählte Giunta
di Stato berief am 29. Dezember 1848 eine konstituierende Nationalversammlung (Assemblea nazionale), welche am 5. Februar zu ihrer
ersten Sitzung zusammentrat und bereits am 9. die römische Republik
auf dem Kapitol proklamierte. Die Wähler der Glieder der Assemblea
mussten unbescholten sein, ein Jahr in der Stadt wohnen und das
21. Jahr vollendet haben. Das religiöse Bekenntnis machte keinen
Unterschied aus. [3]) Zwei Israeliten aus Bologna und Ferrara waren
in die Assemblea gewählt worden. Dieselbe versprach einstimmig die
Erfüllung aller berechtigten Wünsche der Gemeinden des Kirchen-
staates und erklärte die völlige Gleichstellung der Juden mit allen
Bürgern des Staates. Der Geist der Freiheit errang noch weitere
Siege. Das Votum des Volkes brachte drei Israeliten in den Stadtrat.
Der Pöbel benutzte nicht mehr wie unter der päpstlichen Regierung
jeden nur denkbaren Anlass zu Gewaltthätigkeiten gegen das Ghetto.
Ein einmüthiger brüderlicher Sinn durchdrang alle Bewohner des
Landes. Da übernahm am 29. März Giuseppe Mazzini als Chef eines
Tribunats die Verwaltung der Republik. Zahllose Revolutionäre aus
ganz Italien strömten nach Rom, in die Stadt des souveränen Volkes.
Auch das Tribunat proklamierte die bürgerliche Gleichstellung der
Juden. Sie musste teuer bezahlt werden. Hatte schon die Erhebung
des Jahres 1798 der römischen Gemeinde die schwersten Opfer auf-
erlegt, so übertrafen die des Jahres 1849 alle bisher Bekannte. Die
nach Rom gekommenen Revolutionäre waren meist lichtscheues Ge-

---

[1]) Catalogo ragionato degli scritti sparsi di S. D. Luzzatto. Padova 1881 405
im Schreiben Cantonis an L. vom 18 Dezember 1848.
[2]) Luigi Carlo Farini, Lo stato romano ecc. IV 291.
[3]) Das. III 124.

sindel. In der Nationalversammlung sassen nach Farinis Worten: „einige armselige und verrufene Menschen, zahlreiche Buben, viel Enthusiasmus, viel Thorheit und wenig politischer Verstand." Die Gewaltthaten im Namen der Republik waren zahllos. Gift und Dolch wüteten im Geheimen. Wer konnte, verliess die Stadt. Die Zurückgebliebenen gaben patriotisch all ihr Besitztum hin, um dafür neuen Verdächtigungen, neuen Gefahren ausgesetzt zu sein. Not und Hunger auf der einen, Schamlosigkeit und Willkür auf der anderen Seite — ein trübes Bild. Die Juden waren die Opferfreudigsten unter den Opfernden und ernteten dafür süsse Versprechungen und bittere Drohungen. Das war eine traurige Zeit einer scheinbaren Freibeit. Zum Glück waren ihre Tage gezählt.

Inzwischen hatte der Papst alledem nicht unthätig zugesehen. Östreich, Spanien, Neapel und Frankreich erklärten sich zu seiner Restitution bereit. Während das erstere Bologna und Ancona einnahm, wandte sich das letztere eifersüchtig gegen Rom selbst. Am 25. April landete General Oudinot in Civitavecchia. Zwei Tage später beriet die Assemblea über die Verteidigung der Stadt. Schon am 30. April standen die Franzosen vor den Mauern. Die Not in der Stadt stieg aufs Höchste. Mit dem Mute der Verzweiflung wurde ein Angriff Oudinots blutig zurückgeschlagen. Die Franzosen waren gezwungen, eine Verstärkung von fast 20000 Mann zu erwarten. Währenddem ernannte der Municipio vier Verteidigungskommissionen. Der vierten, welche die Verteilung der Unterstützungen besonders an die Familien, deren Ernährer am Kampfe teilnahmen, zu besorgen hatte, gehörten auch Samuele Alatri, Samuele Coën und Emanuele Modigliano an.[1]) Die Zahl der Verteidiger der Stadt war auf 18000 angewachsen. Erst am 16. Mai konnte Oudinot die Belagerung der transtiberinischen Stadt beginnen. Nun folgte Sturm auf Sturm. Die Stadt wurde aufs heftigste bombardiert. Das Ghetto war der französischen Artillerie stark ausgesetzt, blieb aber fast unbeschädigt. In der Nacht des 22. Juni setzten sich die Belagerer in einer Bastei des Janiculums fest. Damit war auch das Schicksal der Stadt besiegelt. Am 30. wurden die Feindseligkeiten eingestellt. Am Abend

---

[1]) Diario di Nicola Roncalli dall' anno 1849 al 1870 (Roma 1884) I 277, 454. Am 19. April war Samuele Alatri als 21. mit 2776 und Samuele Coen als 50. mit 2476 Stimmen gewählt worden. (Luigi Pompili Olivieri Il senato romano II. Rom 1886 272). Salvatore Anau unterstützte die Finanzordnung des Conte Valentini während der Belagerung (Carlo Rusconi, La republica romana II, Torino 1850 150).

des 1. Juli wurden die Thore S. Pancrazio, Portese und S. Paolo übergeben, worauf Oudinot am 3. seinen Siegeseinzug feierte. Ein französisches Departement löste die Reste der konstituierenden Versammlung auf, welche noch am Tage vorher vom Campidoglio aus die von
ihr ausgearbeiteten Grundprinzipien der Konstitution veröffentlicht
hatte, deren siebentes die Unabhängigkeit der bürgerlichen und politischen Rechte vom Religionsbekenntnis aussprach.[1]) Das war das
Ende der zweiten Zeit der Freiheit. Viel trüber und trauriger war
ihr Gesicht als das der ersten, sie hatte aber doch den Grund gelegt
zu einer neuen freiheitlichen Gesinnung, sie hatte die Geister für eine
bessere Zukunft geweckt. Ihre Unterdrückung war ein Sieg der
geistlichen Gewalt, war die gewaltsame Niederbeugung der national-
italienischen Bestrebungen. Mit dem Ausgange der Revolution von
1849 begann langsam die monarchische Revolution fortzuschreiten, welche
Italien die dauernde Freiheit schenken sollte.

Eine drückende französische Besatzung liess vorläufig keinen
Gedanken an die Freiheit aufkommen. Handel und Industrie waren
gänzlich gelähmt. In die Gemeinde hatte die bitterste Not ihren
Einzug gehalten. Die Gemeindevorsteher thaten alles Mögliche zur
Linderung der Notlage. Von der neuen Kardinalregierung unter
Lambruschini hatte die Gemeinde zudem nichts Gutes zu erwarten.[2])
Zwar hatte Louis Napoleon noch am 18. August 1849 an Ney nach
Rom geschrieben, dass er von einer päpstlichen Regierung allgemeine
Amnestie, ein Laienministerium, Einführung des französischen Gesetz-
buches und eine liberale Regierungsform erwarte. Der Papst ver-
schloss sich durchaus solchen Forderungen. Amnestie und Liberalis-
mus sollten ja die Revolution herbeigeführt haben! Dennoch wollte
Pius einige Rechte verschenken. Schliesslich gewährte er auch der
Stadt eine beschränkte Amnestie und die Erneuerung aller städtischen
und staatlichen juristischen Einrichtungen von der Zeit vor der Revolution. Das Vikariat übernahm wieder die Jurisdiktion über die jüdische
Gemeinde. Die Regierung hatte nichts gelernt, aber auch nichts vergessen. Sie hatte nicht vergessen, dass die Juden gegen Rossis
Häscherwesen gemurrt, dass sie sich eifrig an den Regungen der
Revolution beteiligt. Sie hatte auch nicht vergessen, dass es zu den
Traditionen des päpstlichen Regimentes gehöre, die Juden ganz rechtlos zu machen oder sie wenigstens in den ersten Rechten des Staates

---

[1]) Luigi Carlo Farini. Lo stato romano ecc. IV 229. Reumont III² 830.
[2]) Jewish Chronicle 1849 382. Vgl. Allg. Ztg. des Judenth. 1849. No. 44.

und der Menschlichkeit zu beschränken. Mit der neuen Regierung lebten auch alle Ausnahmebestimmungen gegen die Gemeinde neu auf. Die Abgaben an die Pfarrei von S. Angelo und an die Casa wurden wieder eingefordert, das Verbot christliche Dienstboten zu halten, aufgefrischt. [1]) Dazu kamen die unerhörten Gewaltthätigkeiten im Oktober 1849. Das offenbar von klerikaler Seite ausgesprengte Gerücht, dass im Ghetto grosse Schätze an Reliquien und Kirchengut verborgen seien, gab den ersten Anlass zu denselben. „In der Nacht des 24. Oktober besetzte französisches Militär das Ghetto. Mit dem Grauen des folgenden Morgens begannen die Durchsuchungen, welche drei Tage dauerten. An alle Häuser wurde Hand angelegt, keiner konnte heraus, keiner hinein; die Kranken blieben ohne Arzt, die Schwangeren ohne Beistand, die Armen ohne Brot; die Polizei fand nichts Geraubtes und trug alles Gold- und Silbergerät fort; man fand keine Räuber und verhaftete dafür Ehrenmänner. Drei Tage hindurch waren die eifrigen Beschwerden einiger angesehener Juden, welche ausserhalb des Ghettos wohnten, oder gerade, als das Ghetto besetzt wurde, sich ausserhalb des Ghettos befanden, Recht und Gnade zu erlangen, — vergeblich; vergeblich waren auch die Bemühungen des Herrn Corcelles, bis sich in der Stadt und unter den französischen Beamten lauter Unwillen kundgab. Da erst hob man auf Drängen Corcelles' und auf die gemeinsamen Klagen einiger reicher Juden in Rom in diesem Falle den Belagerungszustand und die Plünderung auf. Die Gequälten erbaten Recht und Gerechtigkeit. Doch, glaube ich, erhielten sie nicht einmal alle ihr Geld und die Gegenstände aus ihrem Besitztume zurück." So weit Farini! [2]) In Wirklichkeit war es gerade Corcelles' Lässigkeit, welche diesen Belagerungszustand des Ghettos herbeigeführt und so lange bestehen gelassen hat. Die Sbirren hatten dreissig angesehene Israeliten verhaftet. Alles Silberzeug ohne Familienzeichen, Wäsche, Stoffe, sogar die alten Brokate der Synagogen wurden aus dem Ghetto unter dem Vorwande herausgeholt, dass sie aus Kirchen gestohlen und im Ghetto verkauft worden seien. Einem angesehenen über jeden Zweifel erhabenen Juden nahm man 350 Scudi baares Geld, über deren rechtmässigen Erwerb er verhört wurde. Natürlich fand man während der sechzigstündigen Blokade alles andere, nur kein Kirchengut. Dann fehlte es natürlich nicht an Ent-

---

[1]) Jewish Chronicle, 5610 39, vgl. Allg. Ztg. des Judenth. 1849 No. 40. 45.
[2]) Luigi Carlo Farini, Lo stato romano dall' anno 1815 all' anno 1850 (Turin 1850) IV 291 f.

schuldigungen und Beschuldigungen. Von französischer Seite führte man den Gewaltakt auf einige geldbedürftige Kardinäle zurück, auf päpstlicher Seite klagte man französische Agenten desselben an. In der That ist es Herrn de Corcelles' Benehmen gewesen, welches das Vorgehen begünstigte, in der That haben die französischen Truppen die Blokade ausgeführt. Eine vom preussischen, schweizerischen und vom englischen Konsul unterzeichnete Denkschrift kam angeblich zu spät, um Corcelles' Befehl zu verhindern. Nach dem Journal des Débats hat das französische Generalkommando bei diesem Anlasse eine traurige Rolle gespielt. Dem Papstregiment kam diese Gewaltthat nicht ungelegen. Der Kardinal Savelli erklärte einer Gemeindedeputation wegen Einstellung der Plünderung nur, dass die Juden an der langen Dauer der Republik Schuld gewesen seien. Die angesehensten Gemeindemitglieder baten die in dieser Angelegenheit eingesetzte Kommission um amtliche Veröffentlichung in den römischen Journalen, falls man Gravierendes gegen die Gemeinde im Ghetto gefunden habe. Selbstverständlich konnten die römischen Zeitungen nichts derartiges bringen. Die Anklagen, welche zum Belagerungszustand geführt, waren von Grund aus erlogen, um dem Ghetto die Gewalt und Macht der neuen Regierung zu zeigen. [1] Die römische Gemeinde richtete an mehrere französische Journale Dankschreiben für ihre thatkräftige Unterstützung in diesem Falle. Damit sollten die Beunruhigungen der Gemeinde noch nicht ihr Ende erreicht haben. Beim Karneval des Jahres 1850 fürchtete man revolutionäre Unruhen. Die Polizei und die französische Kavallerie trafen Vorsichtsmassregeln. Von revolutionärer Seite wurden die jüdischen Teppichhändler brieflich mit dem Dolche bedroht, falls sie ihre Waren feilhalten würden und so zum Gelingen des kirchlichen Festes beitragen würden. Die Juden kannten die Macht dieser im Geheimen wirkenden Mächte und kein jüdischer Händler liess sich sehen. [2]

Am 12. April 1850 war Pius in Rom eingezogen. Zu den mannigfachen Versprechungen, die er bei seiner Neuhuldigung machte, gehörte auch die Einsetzung einer Kommission zur Untersuchung der Lage der Gemeinde. Die Kommission teilte das Schicksal von vielen ihrer Vorgängerinnen, — sie ging ein, ohne das Geringste geleistet zu

---

[1] Jewish Chronicle 5610: 55. 62. 78. 94. Allg. Ztg. des Judenth. 1849. No. 46. 47. 49. 50 51. 1850 No 19. Augsburger Allg. Ztg. 1849. p. 4773. Beilage zu No. 307 und p. 4837 Beilage zu No. 311. Ettore Natali, 204.

[2] Diario di Nicola Roncalli dall' anno 1849 al' 1870 (Roma 1884) 210.

haben. Einem Agenten Rothschilds, der um die endliche Durchführung der versprochenen Koncessionen ersuchte, erwiderte Antonelli, dass dieselben unmöglich seien. Höchstens sei Hoffnung, die Juden bei der geplanten Gerichtsreform zu berücksichtigen.[1]) Besonders das Verbot, christliche Dienstboten zu halten, gab Anlass zu immer neuen Plackereien. Der angesehene Tagliacozzo wurde zu einer Gefängnisstrafe verurteilt, weil er eine fünfzigjährige Christin zum Wäscheausbessern in sein Haus genommen hatte. Natürlich begründete die päpstliche Presse dies mit einer lügenhaften Beschuldigung von Tagliacozzos Charakter.[2]) Das Inquisitionstribunal von Ancona bestimmte eine Altersgrenze für christliche Dienstboten (August 1850). Der Kardinalgeneralvikar der Stadt erklärte sogar (Dezember 1853), dass nur verheiratete Frauen oder Witwen und zwar nur am Tage im Ghetto Dienste leisten sollten. Noch im Jahre 1861 wurde dies Verbot von neuem verschärft. Auf das Gerücht, dass sich dennoch christliche Dienstboten im Ghetto befänden, erfolgten damals sogar Haussuchungen bei mehreren jüdischen Familien. Drei Jahre später besetzten noch päpstliche Soldaten das Ghetto in Ferrara, um die Juden zu hindern, Christen in ihre Dienste zu nehmen.

Die Vorsteher der Gemeinde erhielten wohl beim Empfange im Vatikan auch am Neujahrstage 1851 die schönsten Versprechungen. In Wirklichkeit aber wurde den jüdischen Mitgliedern des Kasinos in Ferrara polizeilich der Besuch desselben untersagt, das Reisen im Lande erschwert und was dergleichen hässliche Quälereien mehr waren. Die Notwendigkeit neuer Anleihen beim Hause Rothschild liess eine Zeit lang die Gegner des Ghettos verstummen.[3])

Während der Generalinquisitor alle Gläubigen zur Denunziation aller Ketzer, aller Verteidiger und Anhänger des jüdischen Ritus und des Islams, aller Zauberer und Magier, aller derjenigen, welche mit dem Teufel und den Dämonen paktiert, im Oktober 1856 aufforderte, begannen jene Gräuelthaten der religiösen Gewalt, welche die ganze gebildete Welt empörten, welche Rom in den Augen der Menschheit noch mehr erniedrigten, als es schon politisch erniedrigt war. Den Reigen dieser Gewaltakte im Namen der alleinseligmachenden Kirche eröffneten zwei Fälle in Sinigaglia und in Ancona. Da war am 18. Oktober 1854 ein dreijähriger Knabe aus angesehener Familie ge-

---

[1]) Allg. Ztg. des Judenth. 1851 No. 2.
[2]) Allg. Ztg. des Judenth. 1851 No. 2. 6.
[3]) Diario di Nicola Roncalli ecc. 263 (12. August 1852) und 274 (9. April 1853).

storben. Zum höchsten Erstaunen der Eltern verlangte der Bischof die Auslieferung des Leichnams, da der Knabe kurz vor seinem Tode von einer Magd getauft worden sei. Die Familie musste trotz aller Gegenvorstellungen die Leiche ausliefern. Noch seltsamer war der Fall in Ancona. Eine jüdische Familie lässt eine Anverwandte auf dem Lande erziehen. Die Pflegemutter erklärt auf dem Sterbebette. das Mädchen, welches bereits das achtzehnte Jahr erreicht hat, getauft zu haben. Ohne weiteres wird sie in ein Kloster gebracht und ohne Wissen der Familie von dort aus an einen Christen verheiratet. Was war alles das im Vergleich mit dem schamlosen Raube des vier-jährigen Edgar Mortara! Während einer Krankheit hatte eine Magd den Knaben mit Küchenwasser getauft.[1]) Sofort holte die Inquisition das Kind ab und führte es nach Rom. Deutschland. Frankreich. England und Sardinien richteten Noten an die päpstliche Regierung. Die deutschen Rabbiner schickten Vorstellungen an den Papst, an Antonelli und den preussischen Gesandten in Rom. Bis nach Amerika drang die allgemeine Erregung.[2]) In der römischen Gemeinde ordnete man besondere Gebete an. Die Gemeinde wagte nicht, dem Papste ein eigenes Bittgesuch einzureichen, da erst vor kurzem eine Bitt-schrift der Gemeinde um Einstellung der Angebereien bei den Be-kehrungspredigten schroff zurückgewiesen worden war. Um das Mass voll zu machen, führte ein Priester den Täufling durch die ärmsten Strassen des Ghettos. Ein Memorandum an den Papst machte eben-sowenig Eindruck wie Adolf von Rothschilds und Moses Montefiores persönliche Vorstellungen beim Papste.[3]) Der letztere war noch Zeuge der Folgen des Mortaraprozesses für die römische Gemeinde. Drei Kinder von an der Piazza Cenci wohnhaften Christen hatten sich an einem Freitage — es war am 15. April — in einem Weinberge ver-irrt. Die Mutter der vermissten Kinder erhielt von einer Wahrsagerin die Kunde, dass eins ihrer Kinder ermordet worden sei, zwei aber im Ghetto versteckt gehalten würden. Natürlich hiess es sofort in der Stadt, dass sei eine Vergeltung für den Mortarafall, und da das jüdische Passahfest herannahte, wurden auch alle die Blutbeschuldi-gungen von neuem aufgewärmt. Der Präsident des Rione, Conte Dandino, liess daraufhin die Häuser und Schulen des Judenviertels

---

[1]) David Silvagni, La corte e la società Romana (ed. III Rom 1884) III. 675.
[2]) Proceedings in delation to the Mortara abduction, San Francisco 1859.
[3]) Über die dem letzteren gemachten Schwierigkeiten siehe: Times. 25. April 1859.

von Gensdarmerie untersuchen.' Nur mit Mühe verhinderte man eine
Durchsuchung der Synagoge. Drohende Pöbelmassen gefährdeten
Leben und Besitz der Juden. Eine Deputation der Gemeinde erwirkte
bei dem Governatore Msgr. Manteucci, der von der Angelegenheit
noch gar nicht unterrichtet war, Schutz durch Carabinieri und französisches Militär. Erst das Auffinden der ganz unversehrten Kinder
beruhigte die aufgeregte Bevölkerung.[1] Wenige Jahre später beunruhigte die römische Gemeinde ein neuer Kinderraub.

Ein immerhin erfreuliches Zeichen war die 1857 erfolgte Beauf-
tragung Samuele Alatris mit der Berichterstattung über die Handels-
verhältnisse des Kirchenstaates.[2] Unter anderen Verhältnissen wären
auch die Pläne der Munizipalität zur Verschönerung des Ghettos
freudig aufgenommen worden. So waren aber die kostspieligen Pläne
eine drohende Gefahr für die finanziell ganz und gar herabgekommene
Gemeinde. Am 16. Oktober 1858 erliess die städtische Verwaltung
den Befehl, die Mauern zwischen der Piazza Cenci und der Piazza
Giudea (Giulia?) niederzureissen und an deren Stelle einen grossen
marmornen Springbrunnen zu Lasten der Gemeinde zu errichten. Die
Kosten des Baues waren auf 15 000 Scudi veranschlagt. Die Judenschaft war unmöglich imstande, eine solche Summe so leichthin aufzubringen. Im folgenden Jahre drohte eine abermalige Erhöhung der
Abgaben. Und wie traurig sah es dabei in der Gemeinde aus! Die
grosse Konkurrenz und die neu erfundenen Maschinen hatten den
Gewerbfleiss der römischen Juden schwer geschädigt. Der Klein-
handel war nicht mehr in ihrer Hand. Er war auch dadurch beschränkt, dass die Juden beim Eintritte der Dämmerung ihre Läden
in der Stadt schliessen mussten. Kein Wunder, dass die meisten Gemeindemitglieder auf die öffentliche Wohlthätigkeit angewiesen waren.[3]
In einem Sendschreiben an die Glaubensgenossen in Europa und an
den Kongress schilderte die Gemeinde (Januar 1860) ihre traurige Lage,
wie ihnen Künste, Wissenschaften[4], die mechanischen Arbeiten und die

---

[1] Times. 28. April (second edition). Allg. Ztg. des Judenth. 1859 309 f.
[2] Siehe auch Wertheimer. Jahrbuch für Israeliten 1856 57. 227. Samuele A.
ist am 30. März 1805 in Rom geb.; seit 1828 im Consiglio, Sprecher der Gemeindedeputation seit Gregor XVI.; später im Verwaltungsrat der päpstlichen Bank; von
1875 bis zu seinem Tode (20. Mai 1889) Direktor des Monte di Pietà. (Berliner
II 2 S. 209—212).
[3] Allg Ztg. d. Judenth. 1857 383. (Educatore israelitico).
[4] Unter solchen Verhältnissen wurde es als ein besonderes Glück angesehen,
dass Rothschild für die Juden die Erlaubnis erwirkte, in Rom Mathematik zu

Handwerke, ja sogar die Pflege der Musik und der bildenden Künste
verboten seien, wie ungerecht die Strafgerichtspflege, wie schwach
und armselig ihre Kräfte. Die stolze Gemeinde musste die Unterstützung ihrer europäischen Schwestergemeinden anrufen.[1] Nur noch
drei jüdische Familien wohnten ausserhalb des Ghettos (zwei in der
Via papale und eine auf Pozzo delle Cornacchie) und zahlten für diesen
Vorzug 10 % der jährlichen Miete an die Pfarrei von St. Angelo als
Vergütung für die ausgefallenen Sporteln für Taufe, Trauung, Begräbnis und andere geistliche Verrichtungen.[2] Die Unterstützung
der Gemeinde von seiten der Regierung im Betrage von 1500 Lire
war natürlich im Verhältnisse zu der Notlage eine lächerlich kleine,
zumal sie eine ganze Reihe christlicher Beamten gezwungen erhalten
musste. Die Gemeinde war nicht mehr imstande, einen eigenen Rabbiner zu halten. Laudadio Coen und der Arzt Dr. Samuel Toscano
verwalteten interimistisch das Rabbinat.

Noch kritischer wurde die Lage der Gemeinde, als die Regierung
im Dezember 1864 viele jüdische Läden, welche die Juden noch von
1849 her unter christlicher Firma weiterführten, schliessen liess.[3]
Zu der letzteren Form von Geschäften waren die Juden durch die
Verhältnisse geführt worden. Als nach der Restauration sehr viele
Israeliten ins Ghetto zurück mussten, konnten sie ihre Läden ohne
grossen Verlust nicht so schnell aufgeben. Sie waren also gezwungen,
sich hinter einen Christen zu stecken, der seinen Namen bei allen
Kontrakten und öffentlichen Geschäften hergab, worüber er einen
förmlichen Vertrag mit dem jüdischen Besitzer abschloss. Natürlich
führte dieses Scheinverhältnis zu vielen Unerquicklichkeiten. Der
jüdische Besitzer geriet, ausser den so verursachten grossen Kosten,
meist in das niedrigste Abhängigkeitsverhältnis von dem christlichen
Strohmanne und war gezwungen, auch am Sabbat des äusseren Scheines
wegen den Laden offen zu halten. Der Kardinalvikar erhielt von
diesen Verhältnissen Nachricht, zitierte die betreffenden Juden vor
sich und befahl die sofortige Schliessung der Läden und deren Räumung

---

studieren. (כרם 1870 372). Die Dankbarkeit der Gemeinde für die öftere Unter-
stützung durch die Familie Rothschild zeigte sich bei James von R.'s Tode. Vgl.
Exequie celebrate dagl' Israeliti di Roma in morte del Barone James de R.,
Firenze 1869.

[1] L'Indépendance belge (édition du soir). 10. Jan. 1860; Allg. Ztg. des
Judenth. 1860 60. 130. cf. 1870 580 f.; Wertheimer, Jahrbuch 1860,61 101.

[2] Augsburger Allg. Ztg. 1862 No. 321; Allg. Ztg. des Judenth. 1862 726.

[3] Allg. Ztg. des Judenth. 1865 25.

innerhalb drei Tagen. Von da an nahmen die Juden des öfteren
christliche Kompagnons für ihre Magazine in der Stadt an, mit denen
sie sich zusammen in den Geschäftsräumlichkeiten aufhielten. Im
Jahre 1867 erfuhr der Kardinalvikar gerüchtweise, dass dies eigentlich jüdische Läden seien und liess sie sogleich schliessen. Sie wurden
nur unter der Bedingung wieder geöffnet, dass künftighin kein Jude
mehr in ihnen als Verkäufer sitzen solle. Der jüdische Besitzer war
zudem in steter Gefahr, dass sein angeblicher Kompagnon den Vertrag brechen werde.[1] Selbst zum Handel mit alten Kleidern bedurften die Juden einer Erlaubnis der Regierung. Mit einem Worte,
die ökonomische Lage der Gemeinde war schon kaum mehr einer
Verschlechterung fähig. Die Gemeinde war in einer Verfassung wie
sie es nur in den trübsten Zeiten gewesen war. Dabei befand sie
sich in völlig rechtlosem Zustande, der Willkür jedes Beliebigen ausgesetzt. Heute war es der Pöbel, der sie beunruhigte, morgen die
Regierung, die sie beeinträchtigte. Im April 1862 drangen einige
Fanatiker in den Tempel ein und störten den Gottesdienst. Zum
Glück fanden sich einige beherzte Jünglinge, welche die Tempel-
schänder gebührend belohnten.[2] Andererseits gab die Regierung einen
traurigen Beweis schändlicher Inhumanität. Ein Dekret des Kardinals
Mattei gebot allen Juden des Sprengels Velletri mit Ausnahme der
dort besonders geduldeten, denselben vor dem 10. August 1862 zu
verlassen und untersagte allen Juden den Besuch der dortigen Märkte,
wodurch auch die römischen Juden nicht unerheblich geschädigt wurden.[3]
Der Protest der gebildeten und freidenkenden Welt hatte selbstverständlich nicht die geringste Wirkung. Im folgenden Jahre lebten
wieder einmal die Zwangstaufen in Rom auf. Es schien, als ob die
Gemeinde keine frohe Stunde mehr erleben sollte. Ein etwa zehnjähriges Mädchen, Graziosa Cavigli, weint auf der Piazza S. Catarina
di Funari wegen einer von den Eltern erhaltenen Züchtigung. Eine
Dame, die sich in dieser Stunde offenbar den Himmel erwerben wollte,
führt das nichtsahnende Kind in das Katechumenenhaus. Vergebens
fordern die unglücklichen Eltern ihr Kind zurück. Es wird gegen
seinen und der Eltern Willen nach der vierzigtägigen Probezeit in
der Basilika von S. Johann getauft.[4] Noch schamloser war die gewalt-

---

[1] מגיד 1867. 154. 267. 281 f.
[2] Allg. Ztg. des Judenth. 1862. 261.
[3] Das. 1862. 542. 697. 710. 726. 746. 759; 1863 1 f.
[4] Das. 1863. 556. 668. 749.

same Entführung des Josef di Michele Coen. Der zehnjährige Josef geht bei einem Schuhmacher in die Lehre. Auf der Strasse ergreift ihn ein Priester und schleppt ihn in die Casa. Trotz sofortiger Reklamationen seitens der Gemeinde und des Vaters, trotz der energischen Schritte des französischen Gesandten, Grafen Sartiges, wird das Kind am Tage des heiligen Michael am 29. September 1864 getauft. Josefs achtzehnjährige Schwester stirbt infolge der Gemütserregung. Josefs Mutter wird deshalb wahnsinnig. Sein Vater verlässt Rom, um den Verfolgungen der Regierung zu entgehen. Ein Jude wird verhaftet, weil er Josef Coen am Fenster der Casa gesehen haben soll. Der so günstige Ausgang dieses Falles, vielleicht auch die Aussicht auf eine gute Belohnung ermutigte einen christlichen Handwerker zur gewaltsamen Taufe eines achtjährigen Knaben.[1] Wie viel verdiente Flüche, wie viel Verwünschungen mögen ob solcher Gewaltthaten zum Himmel gestiegen sein! Erst den energischen Massregeln der königlichen Regierung verdankte Josef Coen nach siebenjähriger schmählicher Haft seine endliche Erlösung.[2] Erst durch diese wurde auch Enrichetta, die Tochter des Samuel Ascarelli aus Nettuno, unter Anwendung von Gewalt nach einem Jahre der Qualen den verzweifelnden Eltern zurückgegeben.[3] Den letzten Beweis päpstlicher Gnade erhielt die Gemeinde im Jahre 1867 während der Zeit der Cholera, welche im Ghetto besonders viele Opfer forderte. Der Papst verlieh sogar den jüdischen Ärzten Šemuel Toscano, Mošeh Ascarelli, Daniele Amati, Benjamino Seta, Abraham David Toscano und Benedetto Zevi, sowie den fünf jüdischen Mitgliedern der Sanitätskommission silberne Medaillen. Für diese Gnade hatten sich die so Ausgezeichneten in einer Audienz (29. Mai 1868) zu bedanken. Noch am 11. April 1869 überreichte die Gemeinde dem Papste anlässlich seines Priesterjubiläums in kostbarer Umhüllung 16 Stücke englischen Mousselin, welchen Pius sogleich an die christlichen Armen verteilen liess.[4]

Inzwischen war das Rad der Geschichte ein gewaltig Stück weitergerollt. Sie waren nicht eingeschlafen, alle jene vorwärtsstürmenden Kräfte, sie waren nicht verstummt, alle jene grossen Wünsche nach einem einigen mächtigen Italien. Überall, wo noch ein Funke von

---

[1] Allg. Ztg. des Judenth. 1865. 41.

[2] Das. 1864. 533. 580. 631. 699; סניד 1870. 372; Israelitische Wochenschrift 1871 263.

[3] Israelit. Wochenschrift 1871 206. 215; Allg. Ztg. des Judenth. 1871 577.

[4] Berliner II. 2 S. 168 f.

Freiheit und Freisinn zuckte, war er sorgsam gehegt und gepflegt worden wie ein heiliges Feuer. Der italienischen Regierung wurde es beinahe unmöglich, dem Drängen der italienisch-nationalen Bewegung zur Eroberung Roms als der natürlichen Hauptstadt des Reiches zu widerstehen. Die edelsten Männer der jüdischen Gemeinde der Stadt gehörten zu den eifrigsten Trägern des nationalen Gedankens. Keine Gelegenheit liess man vorübergehen, um in der Stadt die Sympathieen für die Sache Italiens zu zeigen trotz Schergen und Häschern des Papsttums. Die Juden blieben nicht zurück. In den Theatern wurde jeder Anlass zu den lärmendsten Demonstrationen benutzt. Man warf dort nur Kränze in den nationalen Farben, man duldete dort bei den darstellenden Künstlerinnen nur das grün-weiss-rote Kostüm, man applaudierte bei allen auf die italienische Politik anzüglichen Stellen. Nach einer solchen Demonstration am 12. Januar 1861 schritt man zu Verhaftungen. Unter den Arretierten befand sich ein Jude Graziano Piperno.[1]) Zur Feier des Jahrestages der Rückkehr des Papstes von Gaeta hatten seine Freunde eine Illumination am 13. April 1861 angeregt; den Ghettobewohnern musste mitgeteilt werden, dass für sie die Illumination obligatorisch sei.[2]) Im April 1863 verhaftete man wegen politischer Umtriebe drei Juden. Bei einem derselben, namens Piperno, der wohl derselbe wie der erwähnte ist, fand man revolutionäre Schriften.[3]) Man empfand auch in Rom dieses Mitstreben der israelitischen Bevölkerung und wollte sich thatkräftig für dieselbe verwenden. Angesehene Christen der Stadt regten Ende 1865 eine Petition an die päpstliche Kammer wegen Beseitigung der schimpflichsten Gemeindeabgaben an die Casa und das Monasterio, welche jährlich 5250 Lire betrugen, an. Sie blieb selbstverständlich erfolglos. Sogar der Graf Sartiges — ein Zeichen der Zeit — lehnte eine Befürwortung der Bittschrift beim Papste ab.[4])

Viktor Emanuel war mit seinem Hofstaate nach Florenz gezogen. Im Dezember 1866 verliess auch die französische Besatzung Rom, das endlich wieder einmal frei aufatmen konnte. Schon im Oktober des folgenden Jahres begannen die Angriffe der garibaldischen Freischaaren. In Rom selbst regte sich die Revolution. Schon schien es, als ob die italienische Regierung zur Unterstützung der Bewegung die Grenzen

---

[1]) Diario di Nicola Roncalli ecc. 405.
[2]) Das. 426.
[3]) Allg. Ztg. des Judenth. 1863. 294.
[4]) Das. 1866. 9.

des Kirchenstaates überschreiten werde. Da liess der Kaiser der
Franzosen Civitavecchia besetzen. Mit französischer Hülfe wurden
Garibaldis Schaaren bei Mentana gänzlich geschlagen. Noch einmal
war der Papst in den unbestrittenen Besitz des Kirchenstaates gekommen. Im vatikanischen Konzil hatte sich inzwischen der „un-
fehlbare" Pius gegen alle Neuerungen des modernen Lebens ausgesprochen. Er sollte sich bitter getäuscht haben! Der Ausbruch des
deutsch-französischen Krieges zwang Frankreich zur Zurückziehung
seiner Truppen aus dem Kirchenstaate und zur Einhaltung der Neutralität mit Italien. Die Niederwerfung Frankreichs gab Italien die
Freiheit zu handeln. Pius selbst sah die Unmöglichkeit einer Verteidigung der Stadt durch seine Freiwilligen ein. Er zeigte sich noch
einmal als der Fürst des Friedens. Die weisse Fahne auf der Engelsburg und der Donner der italienischen Geschütze verkündeten Rom
die Freiheit, die langersehnte goldene Freiheit. Das war das Ende
der Geschichte der päpstlichen Macht! Zum letzten Male hatte die
Gemeinde dem Papste bei seinem Priesterjubiläum im April 1869 ihre
Huldigung dargebracht. Noch im Juli 1870 hatte sie eine ausführliche Bittschrift an den Papst abfassen lassen. Jetzt stand die Erfüllung ihrer berechtigten Wünsche in nächster Aussicht. Mit hellem
Jubel begrüsste die Gemeinde den Einzug des nationalen Befreiers.
Er fand seinen Ausdruck in der enthusiastischen Dankadresse an
Viktor Emanuel, welche sie dem General Cadorna übergab. Unter
denen, welche am 2. Oktober das Plebiszit übergaben, war auch Samuele
Alatri. Ein Dekret des Königs hob am 13. Oktober 1870 alle die
bürgerliche und politische Freiheit beschränkenden Verordnungen und
Gesetze auf,[1]) und am 15. Dezember erklärte die italienische Deputierten-
kammer, dass alle religiösen Bekenntnisse vor dem Gesetze gleich
seien. Dass das im Sinne der Bürger der Stadt geschehe, dokumen-
tierten sie dadurch, dass sie Samuele Alatri und Settimo Piperno mit
grosser Majorität zu Deputierten wählten. Das war in der That das
Ende alles Druckes, das war das Morgenrot der auferstandenen Freiheit!

---

[1]) Gazzetta ufficiale 14. Okt. 1870.

Das Leben im Ghetto im letzten Jahrhundert seines Bestandes.

Der allgemeine Umsturz der politischen Lage in der Stadt hatte nicht die Folge gehabt, welche man von ihm erhoffen zu können geglaubt hatte. Der kurze Rausch der neuen strahlenden Freiheit war bald verflogen und hatte die Leere und Öde zurückgelassen, die seine Folge zu sein pflegt. Das redliche Streben der Franzosen, in Rom zu helfen und zu nützen, erwies sich gegenüber den unendlich grossen Anforderungen, die man an sie stellte und stellen musste, als machtlos. Die Gefolgschaft der römischen Republik bei ihrer grossen Schwesterrepublik kam ihr sehr teuer zu stehen. Die exponierte Stellung der Stadt in den Wirren und Kämpfen Frankreichs in Italien barg die schwersten Gefahren in sich. Die Juden opferten Gut und Blut für die Bringer der Gleichheit und der Freiheit, die aber in Rom selbst recht oft vergassen, dass sie deren Träger seien. Was gibt der Mensch nicht alles hin für eine ehrliche Stellung, für einen geachteten Namen! Sollten sie nun jubeln, als der Papst wieder mit all seiner Macht und Pracht in der Stadt einzog? Sollten sie klagen, dass nun der schöne, bittere Traum ein Ende hatte? Anfangs war der Wechsel nicht so fühlbar. Als aber die künstlich gehaltene Macht des Papsttums zu wanken begann, als die ersten Zeichen der Volksströmung gegen die politische Stellung des Pater ecclesiae sich allerorten fühlbar machten, da erging wie ebedem der Schlachtruf in den berufenen Kreisen der Ecclesia militans, Fuss zu fassen und sich gegen das Andringen aller „finsteren Kräfte" zu wehren. Eine solche angebliche

Waffe der Kirche war die Unterdrückung ihrer jüdischen Unterthanen. In ihnen erkannte sie ihre stillen Gegner, sie waren, das hatte auch der letzte Umsturz gezeigt, die wahren Freunde der Revolution. Dann kam der zweite grosse Tag der Abrechnung. Ein grosser und edler Fürst musste büssen, was seine Vorgänger verbrochen und der italienische Nationalgedanke angeregt. Wiederum flackerte in der Gemeinde die Hoffnung, welche der neunte Pius genährt, zur hellen Flamme auf. Wieder folgte die bittere Enttäuschung — Leid, welches ersehntes Glück noch vergrösserte. Dann drängte alles in Italien wie mit elementarer Gewalt zu jener gewaltigen Entscheidung vom 20. September 1870. Die Sklaven, die unseligen, vom Schicksal niedergebeugten und gebrochenen Bewohner des Ghettos hatten ihrer geharrt mit der zähen stummen Zuversicht des Verlassenen und Verstossenen. Mit einer gewissen widerstandslosen Gleichgültigkeit hatten sie die letzten Jahre durchlebt. Nur wenige unter ihnen hatten ein Verständnis für die historische Entwicklung der Dinge behalten. Nun war sie da, die neue Zeit der dauernden Freiheit, nun war es zu Ende mit Schmach und Erniedrigung. Da begann es sich zu regen in der Brust der Armen, da wurden alle Gefühle wach, die ihnen ein herbes Schicksal nach und nach geraubt. Das war die Freiheit, die der Prophet verheissen, die messianische Zukunft der alten Hoffnungen!

Lahmheit der Bewegung, Gleichgültigkeit im Leben, Widerstandslosigkeit gegenüber allen Regungen und Bewegungen, nirgends Wandel zum Bessern oder das Streben danach, überall Ermattung und Ermüdung zeigt das Gemeindeleben in dieser Zeit. Das äussert sich in der Erziehung, das äussert sich im Hause, das zeigt sich auch im religiösen und literarischen Leben. Der erste Jugendunterricht war meist alten Frauen überlassen. Hierauf kamen die Knaben in die seit dem Progetto di nuovo Regolamento pp. per l'insegnamento dei ragazzi von 1808 vierklassige Thalmud-Thoraschule, wo sie gegen ein kleines Entgelt in Lesen, Schreiben, Rechnen und Bibel unterrichtet wurden. Hier wurde dann auch Rašis Pentateuchkommentar, ein Auszug aus Maimonides יד החזקה, מנורת המאור oder עין יעקב gelesen. Für den Religionsunterricht hatte man die Morale catechistica (למודי ה') von David Sachut Modena eingeführt, welche in fünfzehn Abschnitten den Kindern einen verworrenen und mangelhaften Begriff vom Judentum beibrachte. Man hielt es für unnötig, die Kinder mehr lernen zu lassen, da ihnen ja doch Künste und Wissenschaften mit der alleinigen Ausnahme der medizinischen Praxis in der Gemeinde von Staatswegen verschlossen waren. Neben den Gemeindeunterrichts-

anstalten wurden auch Privatschulen für den hebräischen Unterricht
konzessioniert. Für Jünglinge, welche an der römischen Universität
Medizin studieren wollten, wurde 1830 eine Vorbereitungsschule eröffnet, an der Professor Marselle den Unterricht erteilte, da der
lateinische Unterricht, den der Sekretär Salvatore Sala 6 Knaben
erteilte, für ungenügend befunden wurde. Im Jahre 1867 scheinen
die ersten jüdischen Schüler in das römische Archiginnasio aufgenommen worden zu sein. Die Mädchen mussten sich mit dem Erlernen
von weiblichen Arbeiten begnügen. Sehr spät entschloss man sich
zur Gründung zweier getrennter Kinderasyle für Knaben und
Mädchen.[1] Vermögende Eltern schickten zudem ihre Kinder aus
Furcht vor Zwangstaufen mit Vorliebe ins Ausland.[2] Natürlich war
die Unwissenheit in der Gemeinde eine entsetzliche. Von talmudischen
Kenntnissen war gar nirgends die Spur.[3] Um so grösser war der
Fleiss und die gewerbliche Regsamkeit im Judenviertel der Stadt.
Tag und Nacht schaffte jung und alt. Man sah unter ihnen keinen
Bettler. Jedermann fragte den Besucher des Ghettos freundlich nach
etwaigen Wünschen: Che commanda, Signor? oder Che è a vostro
servizio, excellenza?[4] Die Frauen sah man stets mit Nadel und
Spindel.[5] In den Flickarbeiten waren sie Meisterinnen. Die Haupt-
beschäftigung der Männer war der Kleiderhandel, der bedeutendste
Handel der mit neuen Tuchwaren. „Die jüdischen Kaufleute in Rom
stehen bei den auswärtigen Handelshäusern in besserem Credit, als
die meisten christlichen, weil sie immer prompte Zahlung leisten"
schreibt Fernow 1802.[6] Die Unbemittelten waren Packträger,
Lumpensammler, Händler mit Schwefelhölzern, Laufburschen, Auf-
wärter und Wasserträger.[7] Die Bemittelten pflegten den Handel
mit Häuten, Leinwand und Wolle.[8] Auf der Piazza Giudea und der
Piazza delle Tartarughe befanden sich reiche Magazine mit Leinen,
Baumwollen- und Wollenzeugen.[9] In der Textilindustrie, die sie bis-

---

[1] Jost, Annalen 1840 317 f. 326 f.; Allg. Ztg. des Judenth. 1870 848 f.;
Berliner II. 2 S. 130. 143 u. 158.

[2] Jost, Annalen 1840. 360.

[3] Soave, Controversia tenutosi a Toloso (?). Venezia 1862 7.

[4] Ernst Willkomm, Italienische Nächte, Leipzig 1847. I in Allg. Ztg. des
Judenth. 1848 No. 7.

[5] Allg. ev. luth. Kirchenzeitung 1885. 902. Allg. Ztg. des Judenth. 1841 690 f.

[6] Fernow. Sitten- und Kulturgeschichte von Rom, Gotha 1802 182.

[7] Berliner, Aus den letzten Tagen des römischen Ghetto. 11.

[8] Allg. Ztg. des Judenth. 1840 No. 13.

[9] Römische Briefe von einem Florentiner (Reumont) 1844. III. 208.

her fast allein betrieben hatten, entstanden ihnen christliche Konkurrenten, welche durch ihre prächtigen Läden im Zentrum der Stadt die Mehrzahl der Käufer anlockten. [1]) Die Gemeindeverwaltung musste den Vikar um die Erlaubnis bitten, dass katholische Meister jüdische Knaben in die Lehre nehmen dürften, obwohl die Congrega selbst die Kommission für die nationale Industrie, welche besonders Weberei und Schuhmacherei befördern wollte, durch einen Jahresbeitrag unterstützte. [2]) Typisch waren die in den Strassen herumziehenden jüdischen Altekleidehändler, die mit dem Sacke auf der Schulter unermüdlich ihr Robbe vè (robba vecchia)! riefen. Auf dem Fischmarkte am Ghetto hielten auch Juden Fische feil. [3]) Ein deutscher Reisender schilderte im Jahre 1833 die jüdischen Händler Roms mit den Worten: Sie sind „oft ehrlicher, immer aber billiger als die Christen". [4])

In der Gemeinde herrschte Zerrüttung und Parteizwist; überall Mangel an Gemeingeist und Gemeingefühl; wegen der geringsten Ursachen die langwierigsten, hässlichsten Streitigkeiten. Nur während der Rabbinate der wenigen Gemeinderabbiner trat eine kurze Ruhe ein. Dass die verhältnismässig grosse Gemeinde nicht dauernd einen Rabbiner anstellen konnte, ist weniger auf die Geldnot als auf die Uneinigkeit zurückzuführen. Den wenigen Rabbinern scheint aber in Rom das Leben sehr schwer gemacht worden zu sein. — Ein Zeichen des Rückgangs im religiösen Leben der Gemeinde war die Feier der Hochzeit. Vor der Trauung hatten Braut und Bräutigam vor einem Talmudgelehrten (Morenu) ein Examen über Ritualgegenstände nach einem Auszuge aus dem ציון חזה abzulegen. [5]) Die Trauung fand gewöhnlich im Hause statt. Die Gebete bei der ehelichen Einsegnung wurden in einer gekünstelten Sangweise vorgetragen. Nach derselben warf der Rabbiner ein Glas auf ein ihm zu Füssen stehendes Waschbecken. Auf die Einsegnung folgten die Gratulationen. Hierauf geleitete man die Braut in ein anstossendes Zimmer, wo sie, umgeben von den geschmückten Frauen, auf einem erhöhten Sitze Platz nahm. Mit dem Herumreichen von Erfrischungen, vor allem des Sorbetto, endigten die Hochzeitsfeierlichkeiten. Am Tage nach der Hochzeit

[1]) Berliner, Aus den letzten Tagen des römischen Ghetto 10.
[2]) Berliner II. 2 S. 144.
[3]) Gregorovius, Wanderjahre I. 97. 56.
[4]) Rom im Jahre 1833. Stuttgart und Tübingen (Cotta) 1834. 8.
[5]) Jost, Annalen 1839 37.

oder an dem derselben folgenden Sabbate begab sich der Bräutigam, begleitet von Verwandten und Freunden, in die Synagoge.[1]

Eines besonderen Ansehens in der Gemeinde erfreute sich der Morenu. Er hatte sogar die Macht, Gemeindemitglieder wegen Irreligiosität für eidesunfähig zu erklären. Daneben sorgten wie bisher drei von der Gemeinde auf ein halbes Jahr gewählte Fattori del Ghetto für die innere Verwaltung, für die Almosenpflege und die Verteilung der Steuern. Die Gemeinde hat in dieser Zeit nur drei wirkliche Rabbiner und diese zum Teil auf kurze Zeit gehabt. Von 1852 an war das römische Rabbinat nicht mehr besetzt.

In der Synagoge war keine Wandlung vorgekommen, ausser dass im Jahre 1870 in der Scuola del Tempio für den Gottesdienst an den grossen Festen Chor mit Harmoniumbegleitung eingeführt wurde.[2] Einige kleinere Änderungen führte Mošeh Israel Ḥazan ein. Sieben Mal im Jahre wurde ausser den Gelegenheitsreden eine Predigt in italienischer Sprache gehalten, und zwar an den Sabbaten vor dem Passah- und dem Wochenfeste, am Wochenfeste selbst, am Sabbate vor dem 9. Ab, am ersten Sabbate des Monats Elul, am ersten Neujahrstage und am Bussesabbat. Der Prediger war entweder der Rabbiner oder wie in Rom des öfteren mit Erlaubnis des Vorstandes ein studiertes Gemeindemitglied. Die Rede wurde getrennt vom Gottesdienste am Vor- oder Nachmittage, nach einer vorherigen Ankündigung des Synagogendieners vom Almemor aus, gewöhnlich in der Synagoge, bisweilen auch im Saale der Thalmud-Thoraschule gehalten. Dem Inhalte nach waren diese Reden meist unbedeutend, geschmack- und kunstlos, weniger auf Belehrung und Erbauung als auf Mitteilung von Spitzfindigkeiten und gezwungenen Deutungen beruhend.[3] Ein erfreulicheres Bild bieten die zahlreichen Wohlthätigkeitsanstalten der römischen Gemeinde. Zu den vielen alten Vereinen waren neue hinzugekommen, unter ihnen der Verein zur Unterstützung der Kleinkinderschule nach Fröbel'schem System (עץ חיים). Die höchste Zahl dieser Vereinigungen, die zum Teil später eingingen, scheint im Jahre 1850 erreicht worden zu sein. Damals soll man in Rom beinahe fünfzig solche Vereine gezählt haben.[4] Als im

---

[1] Allg. Ztg. d. Judenth. 1842 222 f. Vgl. Berliner, Aus den letzten Tagen etc. 12.

[2] Ettore Natali 143.

[3] Zunz, Gottesd. Vorträge (1892) 487.

[4] Allg. Ztg. des Judenth. 1850 No. 25 nach Jewish Chronicle.

Jahre 1885 die Wohlthätigkeitsanstalten in die einheitlich geleiteten Opere di beneficenza vereinigt wurden, bestanden von ihnen noch sechsundzwanzig. [1] Allerdings war die Armut in der Gemeinde so gross, dass z. B. 1870 in Rom 2000 notorisch Unbemittelte für die wöchentlichen Almosen in die Listen eingetragen waren. [2] Ganze Familien mussten sich mit einem einzigen Wohngemach begnügen. Man zieh die Gemeindeverwaltung, welche die Steuern einzutreiben hatte, der Willkür und der Ungerechtigkeit. Allerdings hatten diese Steuern eine Höhe, welche bei weitem das Mass der Kräfte der Gemeinde überstieg. Vergebens hatten angesehene römische Christen versucht, die Gemeinde von der Abgabe für das Katechumenenhaus und das Kloster der Konvertitinnen zu befreien. [3] Es war als ein grosses Glück anzusehen, dass Cardinal Antonio Tosti durch ein Manifest vom 10. Juni 1835 den Juden gestattete, die von ihnen hinterlegten Pfänder beim Monte di pietà zu belehnen. [4] Vergeblich waren mehrfache Schritte der Gemeinde wegen Erleichterung ihrer Steuerlast gewesen. Ein Bild der Abgaben erhält man aus einer Zusammenstellung der Steuern im Jahre 1847. Damals zahlte die Gemeinde:

An die Casa de' Catecumeni	1100 — Sc.
An das Monasterio delle Convertite	300
An die Camera Capitolina für die Karnevalszurüstungen	831.57½
Dem Segretario del Vicariato für seine Gegenwart bei der Judenpredigt mit einer Eskorte Carabinieri	73.60
Dem Ghettowächter	163.60
An die Pfarrer der benachbarten Pfarrkirchen für den Ausfall der Sporteln	123
Trinkgelder zu Weihnachten und im August	205
Für Zurüstung der Tribüne der Regierungsvertreter	109.92
Für den Juristen, Rechnungsführer, Gemeindesteuereinnehmer (alles Christen!)	360
Summa: Scudi	3266.69½

Dazu kam die Steuer „Industria e Capitali", welche damals 113 Individuen im Mindestbetrage von vier Scudi, im Höchstbetrage von 150 Scudi zu zahlen hatten, und die Fleischsteuer (für jedes Pfund

---

[1] Jüdische Presse 1885 39.
[2] Berliner, Aus den letzten Tagen des römischen Ghetto 12.
[3] Allg. Ztg. des Judenth. 1806 9.
[4] Moroni XLVI. 265; Berliner II. 2 S. 217.

ein bajocco). [1]) Im Jahre 1853 betrugen die jährlichen Abgaben der Gemeinde 13000 Scudi. [2]) Diese Abgabenlast war auch während der französischen Revolution durchaus nicht geringer gewesen. So betrugen die Steuern der Gemeinde im Jahre 1801:

Abgaben an das Kapitol (Spielsteuer, Hafen Fiumicino)	831,57 Sc.
für die Katechumenen	1100
für die Neophytinnen	300
für den Thorwächter	27,60
für den Prediger	73,60
Wasserabgabe	3,60
An die verschiedenen Funktionäre	723,20
Geschenke zu Weihnachten und am 1. August	250
Unterhalt der öffentlichen Brunnen	180
	Scudi 3489,57.

Hierzu kamen damals noch:

für fremde Juden	120
für gefangene Juden	280
Gerichtskosten	170
Betten für die Armen	160
Almosen	530
Verschiedenes	268
	Scudi 1528.

Zusammen: Scudi 5017,57. [3])

Die Zinsenleistungen für die damalige dreiprozentige Schuld beim Monte di pietà in Höhe von 128808 Scudi betrugen in diesem Jahre 3864,2 Scudi. Die Gesamtausgaben im Jahre 1801 machten also eine Summe von 8881,77 Scudi aus. Da die Einnahmen der Gemeinde aber in diesem Jahre nur:

Kapitalsteuer	2000
Fleischsteuer	1620
Mietsteuer	1500
Mitgiftsteuer	100
Handwerksteuer	150
Von den fünf Scuole	720
Also insgesamt Scudi	6090

[1]) Massimo d'Azeglio, Dell'emancipazione civile degl'Israeliti. Firenze 1848 25 f. Die Angaben bei Moroni XXI. 34. 41 weichen unwesentlich ab.

[2]) Gregorovius, Wanderjahre I. 103; Moroni XXI. 41 giebt dieselbe Summe c. 1843. Hiervon wurden c. 3600 für Beamtengehälter, c. 6700 für Unterricht, Armenpflege usw. verausgabt.

[3]) Rodocanachi 239.

betrugen [1]), so ergab sich für das Jahr 1801 ein Defizit von Scudi 2791,81. Eine Bulle vom 7. Juli 1803 schlug infolgedessen einige strenge Massregeln vor. [2]) Dennoch gestaltete sich im Jahre 1806 das Konto der Gemeinde noch bedeutend ungünstiger. Die Einnahmen waren infolge des allgemeinen finanziellen Druckes auf 3850 Scudi gefallen, während sich die Ausgaben auf einer Höhe von 8863 Scudi erhalten hatten. Infolge des so entstehenden Defizits von 5013 Scudi traf der Fiskus strenge Massregeln, die aber nur einen schwachen Erfolg hatten. [3]) Der Bericht der Monti vom 16. Oktober 1810 rechnete bereits eine von den Juden auf die Schuld von 294812 Scudi aufgelaufene Gesamtzinsensumme von 644685 Scudi zusammen, von denen bisher erst 32691 Scudi getilgt waren. Der Rest in Höhe von 611994 Scudi war trotz der strengsten Massregeln von seiten der Monti in der Gemeinde nicht aufzubringen. [4]) Von da an hielt man diese Summe für verloren. Auch der Papst sah sich gezwungen, am 27. Juni 1837 der Gemeinde alle rückständigen Steuern zu erlassen.[5]) Beachtet man, dass im Jahre 1837 die Erhaltung der Synagoge, der Schule, des Armen- und des Krankenhauses, welche damals etwa 7000 Scudi kosteten, nur 109 Familien (ein Zehntel der Gemeinde) zur Last fiel, kann man ungefähr auf die Armut im römischen Judenviertel schliessen. [6]) Die Steuer Industria e capitali, welche alle zwei Jahre erneuert wurde, war noch 1870 im Wachsen begriffen. [7]

Auch für das schimpfliche Sklavenverhältnis der Juden zu Stadt und Staat hatte die französische Revolution nur eine Heilung von kurzer Dauer gebracht. Kaum war der Papst in seine Sedis apostolica zurückgekehrt, wurden alle die Einschränkungen gegen die Juden der Stadt erneuert. Wie vorher standen sie unter der obersten Kongregation der Inquisition. Der Kardinalvikar war wie ehedem ihr Civil- und Kriminalrichter, ihr Kodex wie bisher die Dekretalien, die

---

[1]) Rodocanachi 264 vgl. 256.
[2]) Barberi, Bullarium XII. p. 32—34.
[3]) Rodocanachi 256.
[4]) Das. 257. Die jährliche Zinsensumme von 10504 Scudi entsprang den beiden grossen Anleihen von

128812 Scudi zu 3 % = 3 864 Scudi jährliche Zinsen.
166000 „ „ 4 % = 6 640 „ „ „
294812 Scudi = 10 504 Scudi jährliche Zinsen.

[5]) Allg. Ztg. des Judenth. 1838 No. 42.
[6]) Janus oder Erinnerungen einer Reise durch Frankreich, Deutschland und Italien von E. Norder, Hamburg 1833 159.
[7]) Berliner, Aus den letzten Tagen etc. 13.

Bandi und — die Willkür. Wie vordem mussten sich die Juden vom
Vikariat die Licenza (Geleitschein), Rom zu verlassen, ausstellen lassen
und dabei die Reiseroute vorgeschrieben erhalten und sich zum Gehorsam gegen Bischof, Vikar und Pfarrherrn der berührten Ortschaften
verpflichten.[1]) Die neue Gerichtsordnung von 1834 brachte für die
jüdischen Verhältnisse keine Änderungen. In Civilangelegenheiten
entschieden die beiden Sektionen des Vikariatsgerichtes in erster und
zweiter Instanz. In Kriminalsachen war die Appellation an die Sacra
Consulta gestattet. Handelsstreitigkeiten schlichtete das römische
Handelsgericht und die Sacra Consulta als Appellationshof. Die polizeiliche Aufsicht über das Ghetto führte der Präsident der Region von
St. Angelo und Campitelli, der auch die Gemeinde der Regierung
gegenüber zu vertreten hatte.[2]) Der Capitano del Ghetto wachte über
die Sicherheit des Ghetto.[3]) Zu den tausenderlei beschränkenden
Bestimmungen gehörte die von Leo XII. eingerichtete zweitägige
Schliessung des Ghettos. Am grünen Donnerstage früh 10 Uhr wurde
jedermann im Ghetto gewarnt, dessen Mauern zu verlassen. Dann
wurden die Thore geschlossen und erst am Sonnabend 12 Uhr mittags
wieder geöffnet. Jeder während dieser Zeit ausserhalb des Ghettos
Betroffene musste ohne Widerrede ins Gefängnis wandern. Die schimpfliche Karnevalshuldigung der Juden mit all ihrer Beschämung, welche
sich ein Goethe zu beschreiben gescheut, dauerte ungestört fort, wenn
sich auch wohl mancher Conservatore, der die Huldigung mit der
üblichen Formel zu erwidern hatte, das Ungerechte dieses Aktes so
recht vor Augen geführt haben mag.[4]) Bis in die jüngsten Tage
mussten die Juden den siegreichen Rossen die von ihnen gelieferten
Siegeszeichen von Samt und Brokat umlegen.[5]) Selbst von den lächer-
lichen Bekehrungspredigten hatte man sich in Rom noch nicht los-
sagen können. Während der Republik und des Kaiserreichs sowie im
Jahre 1848 hatten sie aufgehört. Aber Leo XII. und dann Pius IX.
hatten diese schändlichsten und letzten Zeichen von Glaubens- und
Gewissenszwang wieder erneuert.[6]) Die Predigten, welche noch 1819
in der Kirche SS. Trinità de' Pellegrini gehalten wurden, wurden
dann nach S. Angelo in Pescheria verlegt. Von 1818 – 1819 war der

---

[1]) Luigi Carlo Farini, Lo stato Romano ecc. IV. 289.
[2]) Allg. Ztg. des Judenth. 1841. 590 f.; Gregorovius, Wanderjahre I. 103.
[3]) Luigi Pompili Olivieri, Il senato romano II, Rom 1886 71.
[4]) Adolf Stahr, Ein Jahr in Italien, Oldenburg 1847,48. II. 479 ff.
[5]) Allg. ev.-luth. Kirchenzeitung 1885 885; Allg. Ztg. des Judenth. 1841 590 f.
[6]) Ettore Natali 225 ff.

Deputato sopra la predica degl'Ebrei der Rev. Sign. D. Antonio Canonico Aquari, von 1824—1825 R. S. D. Canonico Argenti, von 1830
bis 1840 der Vikariatssekretär Giuseppe Canali (als Presidente alla
predica degli Ebrei), von 1841—1855 der Vikariatssekretär Rmo. Sig.
D. Giuseppe Canonico Tarnassi (als Presidente alla predica che si fa
agli Ebrei). Der Deputato a scrivere gl'Individui che v'intervengono
war 1818—1819 R. S. D. Antonio Argenti, von 1824—1847 der Sosti-
tuto della Segreteria del Vicariato R. S. D. Leonardo Mazzucconi (als
Deputato all'assistenza della predica che si fa agli Ebrei) und 1851
bis 1855 Rmo. S. D. Francesco Canonico Anivitti. Die Prediger waren
in dieser Zeit 1818—19 unbestimmt, 1824—1825 Filippo Aminto (dell'
ordine de' Predicatori) und 1830—1855 Rmo. P. M. Angelo-Vincenzo
Modena (dell'ordine de' Predicatori).[1]

Es ist nicht zu verwundern, wenn unter solchen Umständen ein
schwaches Menschenkind zu Falle kam, wenn durch solche Erniedrigung
das Göttliche in mancher Brust verdrängt wurde. Man kann es der
römischen Judenheit wahrlich nicht zum Vorwurfe machen, dass es in
der Stadt einige wenige unglückliche Judenmädchen gab, die aus Not
und Leid ihre Schamhaftigkeit zu Markte trugen.[2] Selbst Edmond
About nennt die Gemeinde „untadelig in ihren Sitten".[3] Leiden
legen sich auf das Gesicht. Man erkennt den Unglücklichen, den
Armen trotz aller Verstellung auf den ersten Blick. So bildete
auch das Aussehen der Juden in Rom gewissermassen ein leben-
diges Abbild der Erniedrigung und des schmählichsten Unglücks.
Ihre Physiognomie war der ägyptischen ähnlich, blaue Augen und
helle Haare bildeten neben der breiten stumpfen Nase ihr Charakte-
ristikum; ihr Gesicht war voller als das der deutschen Juden[4] und
gewöhnlich unschön. Die krankhafte bleichgelbe Farbe und das auf-
gedunsene Gesicht waren die Folge der ungesunden Wohnstätten.[5]

Die Anzahl der jüdischen Bewohner Roms, die am Ausgange des
achtzehnten Jahrhunderts so rapid gefallen war, stieg mit dem Beginne des neunzehnten Jahrhunderts mit geringen Schwankungen erst
langsam, dann um die Mitte des Jahrhunderts mit grosser Schnellig-
keit. Die grossen jüdischen Bevölkerungszahlen am Anfange des sieb-

---

[1] Vgl. die Notizie per l'anno 1818—1855.
[2] Ettore Natali 141 f.
[3] Edmond About, Rome contemporaine (Paris 1861) 93.
[4] Rom im Jahre 1833. Stuttgart und Tübingen 1834 8.
[5] Römische Briefe von einem Florentiner (Reumont) 1844. II. 208. Fernow,
Sitten- und Kulturgeschichte von Rom, Gotha 1802 181; s. a. Rudolf Schramm,
Italienische Skizzen, Erfurt 159.

zehnten Jahrhunderts sind allerdings bei weitem nicht mehr erreicht worden. Die jüdische Bevölkerung betrug:

1809: 1. Februar	3076	Seelen.
1810: 1. Februar	3038	„
1816: 1. Februar	3047	„
1821: 13. März	3059	„
1832:	3538	„ [1])
1833: c. 4000	„	(?) [2])
1837:	3536	„ [3])
1840:	3600	„ [4])
1841:	3705	„ [5])
1842:	3782	„ (1863 Männer und 1869 Frauen in 828 Familien). [6])
1847: Ende des Jahres	3900	„ [7])
1851:	3908	„ [8])
1853:	3800	„ [9])
1858:	4196	„ [9a])
1862: November	4486	„ [10])
1863: Dezember	4490	„ [11])
1864: Januar	4484	„ [12])
1865: Januar	4490	„ [13])
1866: Dezember	4560	„ [14])
1867:	4600	„ [15])
1868:	4995	„ [16])

[1]) Ettore Natali 55.

[2]) Rom im Jahre 1833 7.

[3]) Ettore Natali 55.

[4]) Allg. Ztg. des Judenth. 1840 No. 13.

[5]) Ettore Natali 55. — 4500 Seelen, Orient 1841 560.

[6]) Reumont, Röm. Briefe III. 227. — 3800 Seelen (800 Familien) Orient 1847 327.

[7]) Massimo d'Azeglio Dell'emancipazione 22., vgl. Orient 1847 271.

[8]) Ettore Natali 55.

[9]) Gregorovius, Wanderjahre I. 103; nach Annuario israelitico italiano in L'Univers israël. IX. 514.

[9a]) Edmond About a. a. O. 92.

[10]) Augsb. Allg. Ztg. 1862 No. 321; vgl. Allg. Ztg. d. Judenth. 1862 726.

[11]) Illustrierte Monatshefte für die gesamten Interessen des Judenthums. Wien 1865 I. 104.

[12]) Allg. Ztg. des Judenth. 1864 87.

[13]) Das. 1865 9.

[14]) Das. 1867 13.

[15]) מבית 1867 154 f.

[16]) Ettore Natali 55.

1871: 31. Dezember 4827 Seelen (2353 Männer und 2474 Frauen).[1]
1872:   4619   „   [2]
1880:   5600   „   [3]
1881: Dezember   6200   „   [4]
1882: 31. Dezember 5429 „   [5] im Gemeinderegister und etwa
                                   600 nicht Eingetragene.[6]
1885:   6210   „

Matt und farblos sind die sporadischen literarischen Leistungen in der römischen Gemeinde im 19. Jahrhundert. Es fehlt ihnen die selbständige Anschauung, der freie ungestörte Blick. Nach dem Tode Mazliaḥ di Castros (23. Jan. 1792) und Mahallalel Modiglianos (5. Jan. 1795) fehlte es in der Gemeinde an geeigneten Männern zur Führung des Rabbinats. Schon diese[7] waren von palästinensischen Sendlingen ordiniert worden. Nicht wie ehedem war die Gemeinde im stande, sich unter ihren Mitgliedern einen Rabbiner zu wählen. Sie musste froh sein, wenn sich irgend ein palästinensischer Sendbote auf das Ersuchen der Gemeinde dazu entschloss, das dornenvolle Amt ihres geistlichen Führers zu übernehmen. Allerdings hatte die Judenschaft mit den von ihr Gewählten, besonders mit dem von ihr zuletzt Erkorenen, besonderes Glück.

Die Gemeinde Hebron hatte Jehuda Leon (Leone di Leone) als Sendboten nach Europa gesandt. Auf seiner Wanderung berührte er auch Rom. Die Gemeinde war lange Zeit ohne Rabbiner und stellte dem gelehrten Sendboten ihre Bitte vor, in Rom zu verweilen und dort das Amt des Rabbiners zu verwalten. Jehuda Leon erklärte sich dazu bereit und übernahm das Rabbinat, welches er beinahe vierzig Jahre geführt hat. Zum ersten Male trat er 1796 bei den schimpflichen Anklagen französischer und deutscher Zeitungen über Reform-

---

[1] Annuario statistico italiano. Anno I. 1878 44.
[2] Isr. Wochenschrift 1872 169.
[3] Lunario israel. (Flaminio Servi) in Jüd. Centralblatt 1885 172, Allg. Ztg. des Judenth. 617.
[4] Vessillo israel. 1884 319, vgl. 392 f.
[5] Ettore Natali 55. Allg. Ztg. (München) 1887, Beilage zu Sonntag, 25. September S. 3922.
[6] Rodocanachi 71.
[7] Berliner II. 2 S. 102.

bestrebungen unter den Juden Italiens hervor. Er verfasste die Erklärung der römischen Gemeinde, die er auch an erster Stelle unterschrieb. Sie erschien in demselben Jahre in Livorno, dann in Hamburg mit einer deutschen Übersetzung und schliesslich in französischer Übertragung in den „Briefen der Rabbiner in den Städten Italiens."[1] Am 21. Dezember 1800 überreichte er in orientalischer Kleidung, den Turban auf dem mit einem langherabwallenden Barte geschmückten Haupte, mit den zwei Fattori dem Papste Pius VII. die in einem kostbaren Bande gesammelten Inschriften und Embleme, mit denen die Gemeinde die Feststrasse bei dem Possesso geschmückt hatte.[2] Im Jahre 1811 war er der Leiter des israelitischen Konsistoriums in Rom.[3] Um das Jahr 1830 ist Leone in Rom verschieden. Er war ausserordentlich bewandert in der Literatur des Talmuds und der Dezisoren. Eine Frucht dieser seiner Studien ist das הלכות בכורות ע״פ הלכות י״ט.[4] Da er der Landessprache nicht recht mächtig war, wurden 1804 besondere Lehrer (Prediger?) an den verschiedenen Synagogen angestellt. In der Catalana fungierte damals Santoro del Presto, in der Castigliana Adoniram di Porto, im Tempio Donato Rignano, in der Scuola nova Selomoh di Castro und Sabato Beroccie in der Siziliana.[5] Leons Nachfolger im Amte war der von Ancona nach Rom berufene, beim Papste beliebte Rabbino Moseh b. Sabtai Beer, der sein Amt im Dezember 1825 antrat und am 6. Mai 1835 in Rom starb. Belli hat auf seinen Tod ein schönes Sonnet gedichtet.[6]

Noch zu Lebzeiten Leone di Leones, im Jahre 1826, brach in Rom ein Streit aus, der aus kleinen Ursachen zu recht unerquicklichen Folgen führte. Damals waren in Livorno der Pentateuch und die Festgebete neu gedruckt worden. Diese Drucke hatten Worte wie רוממו, צללו, הללו, גללו mit שׁוא und nicht mit חטף פתח, wie die bisherige Aussprache in den Synagogen Roms war, punktiert. Dementsprechend wurden auch in den Synagogen die Gebete und die Vorlesungen aus der heiligen Schrift vorgetragen. Das führte zu lebhaften Erörterungen und schliesslich zu lauten Demonstrationen und Schlägereien in den Bethäusern selbst, so dass der Kardinalvikar mit den Sbirren einschreiten musste. Die Repräsentanz bestimmte darauf,

---

[1] מכתבי הרבנים אשר בערי איטליא.

[2] Cancellieri, Possessi 495 f.

[3] Carmoly. Revue orientale III. 173.

[4] Nepi-Ghirondi תולדות גדולי ישראל S. 166 No. 76.

[5] Berliner II 2 S. 130.

[6] Gedichte IV. 198, siehe Vessillo israel. 1886. 368 u. Berliner II. 2 S. 140.

dass der jedesmalige Wochenabschnitt aus dem Pentateuch und der dazu
gehörige Prophetenabschnitt entsprechend der Ansicht des מנהת שי
(Selomoh de Norzi) mit שוא vorgelesen werde. Vier römische Gemeinden
fügten sich dieser Entscheidung. Es dauerte aber nicht lange, und neue
Streitigkeiten störten den Frieden des jüdischen Gemeinwesens. Drei
Gemeinden der Stadt standen den übrigen zwei feindlich gegenüber.
Vergebens versuchten die Rabbinate von Triest, Turin und Livorno
den Frieden unter den Juden Roms wiederherzustellen. Der letzte
Ausweg war die Veranstaltung einer Geldsammlung zur Heranziehung
eines durchaus unparteiischen Richters in der bestrittenen Angelegenheit. Man fand diesen in dem Sendboten R. Rafael Meïr Fanizil
(פאניזיל) aus Jerusalem, der 1845 nach Rom kam. An einem Sabbat
predigte Rafael über die Herrlichkeit der Eintracht und des Friedens
so ergreifend, dass es ihm gelang, die Gemeinde zu einträchtigem
Vorgehen zu bewegen. Er entschied, sich in der Synagoge der Aussprache des מנהת שי anzuschliessen, und setzte im ganzen sieben
hierauf bezügliche Regeln fest. Ein Schriftstück über die Geschichte
dieses Streites und dessen endliche Schlichtung wurde in das Protokoll-
buch der Gemeinderepräsentanz eingetragen. [1]

Zwei Jahre später übernahm ebenfalls ein Sendbote aus dem
heiligen Lande das Rabbinat der römischen Gemeinde, nachdem bisher
Jakob Fasani die rabbinischen Funktionen ausgeübt hatte. Israel
Mošeh b. Eliézer Ḥazan, der Enkel des Verfassers des Werkes חקרי לב,
ist die letzte literarisch bedeutende Persönlichkeit im römischen
Ghetto, eine Persönlichkeit, in der sich hervorragende persönliche
Eigenschaften mit dem Ruhme der schriftstellerischen und amtlichen
Thätigkeit zu einem schönen Ganzen vereinigten. Mošeh entstammte
einer alten spanischen Familie, die sich von Abraham Ḥazan aus
Andalusien, dem Verfasser des אהות קטנה, herleitete. [2] Er war in
Jerusalem geboren und hatte dort bis in die reiferen Jahre gelebt.
Mit Erlaubnis des R. A. Gagin verfasste er in Jerusalem mehrere
hebräische Gedichte nach arabischen Melodien und rabbinische Gut-
achten. [3] Von 1844 an treffen wir ihn auf Reisen. Überallhin ver-

---

[1] Magazin XVII. (אוצר טוב) 31—36; Ettore Natali, Il Ghetto di Roma, 210 f.

[2] קנאת ציון (Amsterdam 1846) Schluss; Zunz, Syn. Poesie 311; Catalog. Bodl. 1964
2869; vgl. Frankl, Nach Jerusalem I. Ein David Šemuel Ḥasan, Dajan in Jerusalem und dessen Sohn Šelomoh, Sendbote derselben Gemeinde, siehe Nepi-Ghirondi
הולדות גדולי ישראל p. 77 No. 4.

[3] ברך של רוכי Livorno 1876. p. 4 b, 21 a.

breitete sich der Ruhm des frommen und hochgelehrten Rabbi aus
Jerusalem. Der Rabbiner von Lissabon, wo Mošeh auch geweilt,
wandte sich 1845 an ihn mit einer schwierigen halakhischen Frage.[1]
In London druckte er seine „Worte des Friedens und der Wahrheit"
(דברי שלום ואמת), die er selbst ins Englische übersetzte[2], in Amsterdam 1846 seinen feierlichen und energischen Protest gegen die Braun-
schweiger Rabbinerversammlung „Zions Eifer". [3] Auch Smyrna und
Gibraltar hat er auf seiner Reise berührt. [4] Auf allen seinen Wanderungen aber sehnte er sich zurück nach der heiligen Stadt. Von
Amsterdam begab er sich durch Deutschland nach Italien, um von
hier aus die Rückreise nach Jerusalem anzutreten. Bei dieser Gelegenheit besuchte er auch Rom. Hier war infolge der Wahl und der
ersten Erlässe des neuen Papstes Pius IX. in die Gemeinde ein neues
Leben eingezogen. Man glaubte von Pius die völlige Freiheit erhoffen
zu dürfen. Die Gemeinde wollte sich aber auch in ihrem Innern
würdig zu dem erhofften Wandel der Dinge vorbereiten und selbst
an ihrem Teile an ihre Neubildung und Kräftigung Hand anlegen.
Kurz, man erkannte in Mošeh die geeignete Persönlichkeit zur Einigung
und Förderung der Gemeinde und forderte ihn auf, in Rom zu bleiben
und das Oberrabbinat zu übernehmen. Mošeh erklärte sich dazu bereit.
Feierlich wurde er am 21. August 1847 nach einer Ansprache Angelo
Fornaris, eines Schülers der Thalmud-Thoraschule, in sein Amt eingeführt. [5] Mit rastlosem Eifer und grösster Opferfreudigkeit hat er
sich seitdem seiner Gemeinde gewidmet. Er ist redlich bemüht gewesen, Frömmigkeit und religiösen Sinn in ihr zu heben. Er verstand
es, mit feiner Erkenntnis der Sachlage Milde und Nachsicht walten
zu lassen, aber auch gegebenenfalls mit der ganzen Energie eines
kräftigen Charakters gegen Missstände einzuschreiten. Verständigen
Reformen und Neuerungen nicht abhold, trat er mit beissendem Spott
und flammender Begeisterung den „Hunden" entgegen, welche ohne
Einsicht und Verständnis der Dinge bei jeder Gelegenheit nur „Reform
und Modern" schreien. [6] Von seiner ärztlichen Thätigkeit in der Gemeinde und seinem Äusseren entwarf ein deutsches Blatt ein schönes

---

[1] Das. No. 10 p. 20b.

[2] Das. p. 17a, 18a.

[3] קנאת ציון.

[4] כרך של רומי p. 3b, p. 4a.

[5] Discorso nel possesso del .... Mosè Israel Hazzan Gerosolimitano alla
carica di Rabbino Maggiore di Roma, Roma 1847, siehe Catalog. Bodl. 983.

[6] כרך של רומי p. 16b.

Bild. „Der Hauptarzt der Gemeinde ist der Oberrabbiner, der jeden
Morgen nach dem Gottesdienste in der Synagoge bei allen Kranken
herumgeht, gefolgt von einem Diener in türkischer Kleidung, und
überall auf seinem ärztlichen Gange mit den Zeichen der tiefsten
Ehrfurcht empfangen wird. Sein imponierendes, majestätisches Äussere
mit einem Turbane, einem fliessenden Bart und langem Kleid vermehrt
noch das orientalische Gepräge."[1]) Drei Monate nach seiner Installation widmete Israel Mošeh Ḥaẓan dem Papste einen Psalm und ein
Gebet in geschmackvoller hebräischer Sprache, welches ein Schüler
der Thalmud-Thoraschule, Crescenzo Alatri [2]), ins Italienische übersetzte.
Josef Almanzi pries in einem Gedichte vom 10. Khislew 1847 die
Schönheit von Mošehs Dichtung.[3]) Bald machte sich der Einfluss des
neuen Rabbiners auf allen Gebieten des religiösen Lebens in der Gemeinde geltend. Als er nach Rom kam, gab es daselbst keine fest-
bestimmten Gebetstunden. Er richtete deshalb nach dem שׁולחן ערוך
eine feste Gebetordnung ein, welche durch Jakob Fasani ins Italienische
übertragen wurde. Die Ordnung war da, die Synagogenbesucher
waren aber an den alten Schlendrian gewöhnt. Er machte daher den
Vorschlag, im Vorhofe des Tempels eine Uhr anzubringen. Die Schatzmeister (גוברים) der fünf Synagogen waren damit auch einverstanden.
Ja, der Schatzmeister der Synagoge ירא׳ ה׳, Mordkhai Scazzochio,
fragte den Rabbiner an, ob es dem jüdischen Ritualgesetze zuwider-
laufe, auch eine Glocke im Tempel anbringen zu lassen. In ebenso
gelehrter wie verständiger Weise setzte dieser darauf auseinander,
dass dagegen kein rabbinisches Bedenken vorgebracht werden könnte.
Er erklärte im Anschlusse daran sogar den Theaterbesuch für gestattet und wies dabei auf R. Šelomoh b. עוליאיל hin, der in Gibraltar
ein Theater erbaut hatte, und auf R. Abraham Ha-Khohen אריאשׁ in
Smyrna, den er mit anderen gelehrten und frommen Israeliten Kirchen
besuchen sah, um dort die Melodien für die hohen jüdischen Festtage
abzulauschen. Schliesslich sprach er sich für den mehrstimmigen
Gesang in den Synagogen aus, wie er in den meisten Gemeinden
Europas gebräuchlich sei. Dieses Gutachten unterzeichnete mit ihm
auch der Sendbote der Gemeinde Tiberias, Šemuel Ḥajim Ha-Khohen,
am 10. des Monats der Barmherzigkeit (Ab) 5608 in Rom. [4]) Es wurde

---

[1]) Nach „das Ausland" in Orient 1847 328.
[2]) Pel. glorioso Pio IX. Salmo e preghiera, versione Italiana dall' originale di
Crescenzo Alatri, studente dell' istituto Talmud Tora, Roma. s. a.
[3]) אוצר נחמד I. 175.
[4]) שו"ת כרך של רומי No. 1.

auch ins Italienische, wohl ebenfalls von Jakob Fasani, übersetzt. [1]) Demselben oder seinem Schüler Mošeh Ascariel (Ascarelli) trug er von Viterbo aus am 28. Juli 1852 die italienische Übersetzung einer anderen hochwichtigen ehegesetzlichen Entscheidung auf. [2]) Mit Šemuel Ḥajim unterfertigte er auch am 19. Ab 5608 seine bereits erwähnte Entscheidung über das Mietsrecht der Scuola Castigliana im Tempelgebäude der Scuola del Tempio. [3]) Von nicht geringer Bedeutung waren die Reformen, die er als Vorsitzender der תברה הקדושה של הרחיצה, der er auch in Jerusalem vorgestanden, durchführte. Vor allem führte er (Passaḥ 1848) die Leichenwaschung mit kaltem Wasser ein. [4]) Wichtige Entscheidungen erforderte die Neugestaltung der Verhältnisse während der Revolution und der französischen Okkupation. Ihre Behandlung zeugt von Israel Mošeh Ḥazans Verständnis der Lage und zugleich von seinem echtjüdischen Sinn. Eine solche Entscheidung betraf einen Trauerfall in der Familie Efraim und Immanuel Modiglianos, die sich mit Erlaubnis der Regierung ausserhalb des Ghettos niedergelassen hatten. [5]) Interessanter ist die italienische Anfrage seines Schülers und Freundes R. Mordkhai de Capua [6]), für einen Schüler der Thalmud-Thoraschule, der sich medizinischen Studien gewidmet und zur Zeit das Examen bestanden hatte. Nach päpstlichem Gesetze durfte bekanntlich ein jüdischer Arzt nur bei Juden praktizieren. Diese Praxis war aber bei der Armut der Gemeinde eine wenig einträgliche. Nun hatte damals die französische Besatzung in Rom eine Ospedale begründet. Der betreffende Schüler bewarb sich um diese Stelle, befürchtete aber, an deren völliger Ausfüllung durch das jüdische Sabbatgesetz gehindert zu werden, da man von ihm am Sabbat eventuell die Ausstellung eines Rezeptes fordern könnte. Der Rabbiner gestattete ihm dennoch die Übernahme des Amtes und wies darauf hin, dass in dem angegebenen Falle ja auch der Apotheker das betreffende Rezept schreiben könne. [7]) Von allen Seiten liefen halakhische Anfragen und Bitten um Entscheidung in schwierigen

---

[1]) Das. p. 17a. Der gelehrte Giacobbe Fasani starb 1865 in Rom.

[2]) Das. No. 17 p. 63b.

[3]) Das. No. 20.

[4]) Das. No. 12. Der Vicepräsident des Vereins war damals Manoaḥ Corcos p. 31a.

[5]) Das. No. 11.

[6]) קובץ על יד IV. p. 24.

[7]) Das. No. 9. Der נאבן הקהלה war damals Sig. Jošuá Sullam. Der מנהיג הקהלה: Josef. No. 14.

Rechtsstreitigkeiten an Israel Mošeh Ḥazan ein, aus Sinigaglia [1]), aus Ancona [2]), Ferrara (1848) [3]), Pitigliano (1851) [4]), Wien [5]), Lemberg. [6]) Eine ausführliche Entscheidung vom 1. Khislew 5611 über das Vermögen des am 23. Juli 1850 in Ancona ohne Testament verstorbenen Jakob b. Semuel Gallico, die ihm R. Šemuel Ḥaj Vivante in Ancona übertragen hatte, ist getrennt erschienen. [7]) Die Mehrzahl seiner rabbinischen Entscheide bezogen sich allerdings auf römische Verhältnisse. [8]) Literarisch wertvoll ist ein Responsum an Ahron b. Josef Gugenheimer in Kriegshaber vom 18. Elul 1850, auf eine Bitte vom 17. Šebat desselben Jahres. Dasselbe enthält die Textvergleichung einiger Stellen des Emunah ramah mit dem vatikanischen Manuskripte dieses Werkes. Mošeh hatte durch Msg. Molza die Handschrift zur Vergleichung erhalten. [9]) Nebenbei versäumte er auch seine sonstigen Pflichten als Rabbiner der Gemeinde nicht. Wir hören zum Beispiel von einer in Rom gehaltenen Predigt über die drei Kronen, in welcher er die Krone der Gotteslehre für die erhabenste im Judentume erklärte. [10]) Bei aller treuen Pflichterfüllung, trotz seines grossen Ansehens, trotz der Freundschaft mit den hervorragenden Männern der Gemeinde, wie Šemuel Alatri [11]), sehnte er sich doch nach seiner Heimat, nach Jerusalem, mit all der Innigkeit eines jüdischen Herzens zurück. Dieser Sehnsucht verlieh er auch in der Begutachtung

[1]) Das. No. 2.
[2]) Das. No. 6. 16. (5616 aus Korfu beantwortet) 23.
[3]) Das. No. 8.
[4]) Das. No. 15.
[5]) Das. No. 13.
[6]) Das. No. 18.
[7]) ס'נחלה לישראל, פסק ארוך Wien 1851. Zu ihrem Verständnis diene beifolgende Tafel:

Izḥak.

Mahalalel. Semuel.

Jehojakim. Jákob. Ḥajim. Consola. Benedetta. Ahron †. Izḥak †. Regina. Jákob.

Simḥa.

Rosina. Mathilde.

David. Eugenie. Benjamin. Adeline.

[8]) כרך של רומי No. 1. 3 (Adar 1850). 4 (1851). 5. (Dezember 1851). 9. 11. 12. 14. 20 (1848). 21 (17. Tebeth 1849). 22 (7. Elul 1849).
[9]) Das. No. 26.
[10]) Das. p. 116 u.
[11]) Das. No. 3.

einer Entscheidung Šelomoh Klugers in Jerusalem Ausdruck. Er sprach in derselben die feste Absicht aus, nach Palästina zurückzukehren.[1]) Vielleicht sah er sich in mancher berechtigten Hoffnung getäuscht, vielleicht trug die missliche Lage der Juden das ihrige zu dem Entschlusse bei. Kurz, im Jahre 1853 verliess er Rom und begab sich von neuem auf die Wanderung, bis er in Korfu zum Rabbiner gewählt wurde. Von hier aus approbierte er Nathan Coronels בית נתן am 8. Thišri 1853[2]) und gab rabbinische Gutachten (1855 und 5616) ab.[3]) Auch in Korfu weilte er nicht lange. Wir begegnen ihm dann in Cairo[4]) und bei seiner Einführung in das Oberrabbinat von Alexandria in Ägypten[5]), von wo er noch im Jahre 1858 Responsen erteilte.[6]) Die von ihm gedichteten Gesänge bei seiner dortigen Installation sind von dem Römer Crescenzo Alatri in italienische und französische Verse übersetzt worden. Von Alexandria aus wollte Mošeh endlich die längst geplante Reise nach seiner Vaterstadt unternehmen. Da ereilte ihn in Beirut, das er auf Anraten der Ärzte aufgesucht, der Tod. Es war ihm nicht vergönnt, sein Jerusalem noch einmal zu sehen. Er ist in Sidon begraben.[7]) Mošeh hat eine grosse Anzahl Werke hinterlassen. Ausser den erwähnten sind noch: Über den zweiten Feiertag (קונטרס קדושת יום טוב שני)[8]), Noten zu den Gutachten der Geonim I. (איי הים ח"א)[9]), die von seinem Sohne Elia (Rabbiner in Tripolis, seit 1886 in Alexandrien) gesammelten 26 rabbinischen Entscheidungen (כרך של רומי)[10]), ferner handschriftlich der zweite Teil der Noten zu den Gutachten der Geonim (איי הים ח"ב), ישמח לב, חוקר לב und נצח ישראל erhalten.[11]) Sie sind in einem schönen reinen Hebräisch verfasst, das sich nicht selten zu rhetorischem Schwunge erhebt. Ein-

---

[1]) Das. No. 19 p. 83b.
[2]) Wien 1854.
[3]) כרך של רומי No. 7 nach Triest, No. 16 nach Ancona.
[4]) Monatsschrift XV. (1866) 406.
[5]) משביל למשה ההלה תפלה) Precazione e salmi ebraici dell'eccelo e revero sig. rabbino M. J. H. letti nel giorno della sua istallazione nella catedra di Rabbino maggiore in Alessandria d'Egitto con parafrasi dei Salmi in versi italiani e francesi (Biema in Hebr. Bibl. III. 64).
[6]) כרך של רומי No. 24. 25.
[7]) Jahrbuch ירושלים I. (1882) hebr. 148.
[8]) Wien 1855.
[9]) Livorno 1869. Er zieht hier die Rezension des Juhasin derjenigen im Hofes Matmonim vor, siehe Magazin I. 4.
[10]) Livorno 1876.
[11]) כרך של רומי Einleitung.

gehende Sachkenntnis, grosse Belesenheit, sittlicher Ernst und warme
Frömmigkeit drücken ihnen den Stempel auf. Albert Cohn rühmte
ihn als einen Freund der Wissenschaft und der Volksbildung, in dessen
Haus sich europäische Sitte mit orientalischer Gastfreundschaft vereinigte.[1])

Seitdem ist eine grosse Zahl für die Entwicklung der Gemeinde
eifrig thätiger Männer in Rom hervorgetreten. Keiner hat aber auf
dem Gebiete der Literatur Hervorragenderes geleistet. Ehrende
Nennung verdienen unter ihnen Dr. med. Mošeh Vita (Jeḥiel) Ascarelli,
der Übersetzer und Dichter Giacobbe Fasani (st. 1865)[2]), die Rabbinats-
verweser Dr. med. Šemuel Toscano (st. 1879), Laudadio Coën und Dr.
med. Abramo (Alberto) Toscano und der gelehrte, redebegabte Gemeindesekretär Sabatino Scazzocchio (Februar 1828 bis 22. Januar 1880),
welcher eine Schrift über den Mortarafall verfasst hat.[3]) Der Erstgenannte scheint der in der Anfrage an J. M. Ḥazan erwähnte junge
Arzt zu sein. Er hat auch dessen נחלה לישראל (Consulto rabbinico)
italienisch herausgegeben. In seinen Predigten in der Scuola Catalana, in den Gedichten zu Ehren Samuele Alatris und in den Korre-
spondenzen im Maggid[4]) zeigt er sich gleich gewandt in der italienischen
wie in der hebräischen Sprache.

Seit dem 20. September 1870 hat sich die Gemeinde langsam aber
stetig entwickelt. Die Organisation derselben hat schwere Kämpfe
gekostet. Nach dem Sturze der päpstlichen Regierung verlor die alte
Gemeindeverfassung ihre gesetzliche Geltung. Die ganze Ordnung des
alten Gemeinwesens hatte sich in eine wilde Gesetzlosigkeit verwandelt.
Die Zahlung der Kultussteuern hörte auf. Der Gemeindesekretär
musste seine undotierte Stellung aufgeben. Die alte Thalmud-Thoraschule und alle anderen Gemeindelehranstalten drohten einzugehen.
Lange Zeit waren die Bemühungen der edelsten römischen Juden zur

[1]) Monatsschrift XV. 1866 406.

[2]) Verfasser einer kleinen ital. Schrift über thalmud. Münzen, Masse u. Gewichte.

[3]) Vessillo isr. 1880 57 f. 87 ff.

[4]) Unter אל״ז (אכיח ליעקב) vom XI. Jahrgange an, cf. Berliner, Magazin I.
86, Lippe, Bibliogr. Lexikon 566 (Wien 1879.80). Sein Panegirico sull'elezione
d'Israele nel tempio israelitico di Roma (scuola Catalana) il Sciavuot 5640 (17. Maggio
1880) per l'iniziazione alla maggiorità religiose del figlio Angelo Raffaele et altri
giovanelli della communione. Roma 1880.

Neuschaffung einer Organisation der starren ungebildeten und gleich-
gültigen Masse gegenüber vergeblich. Es kam so weit, dass sich
niemand zur Übernahme des Amtes eines Gemeinderepräsentanten
bereit fand. Wohl hatte sich in Rom eine zahlreiche jüdische Geistes-
elite zusammengefunden. Was bedeutete sie aber gegen den ver-
sumpften jüdischen Pöbel, der hinter jeder noch so bescheidenen Neuerung einen Umsturz des Glaubens finden zu müssen glaubte! In den
Redaktionen der angesehendsten römischen Zeitungen arbeiteten hervorragende jüdische Kräfte. Die Rabbiner Angelo Fornari und
Dr. Toscano waren eifrig bestrebt, die Gemeinde zu heben. Der
Sektionschef im Ministerium des öffentlichen Unterrichts, Cavaliere
Vittore Ravà, führte in vierjährigem rastlosen Bemühen die Reformation
der alten Asili infantili israelitici nach dem Fröbelschen System durch.
Ravà war auch im Vereine mit Crescenzo Alatri, Giacomo Alatri
(gest. 8. März 1889), Ascarelli, Pontecorvo und Tagliacozzo Begründer
der Società di Fratellanza (7. November 1875), welche sich den Unterricht der jüdischen Kinder und die Unterstützung der Künste und des
Handwerks unter den Juden zur Aufgabe gemacht. Im Jahre 1877
erreichten auch der thätige Angelo Fornari und Angelo del Monte
nach jahrelangen Anstrengungen die Wiedereröffnung des Thalmud-
Thora-Instituts, das vom Jahre 1883 an von Dr. Moise Ehrenreich, seit
1887 durch Rabbiner Angelo Fornari geleitet wird. Jüdische Kinder
leisteten in den Schulen Ausgezeichnetes. Mehrere Jüdinnen bestanden
das Lehrerinnenexamen. Aber durch den Widerstand der Masse wurde
die Bildung einer Gemeinde unmöglich gemacht. Der auf ein Manifest
vom 26. September 1879 erfolgte Aufruf des Sekretärs Scazzocchio
zur Neugründung der Gemeinde verhallte wirkungslos. Dennoch liessen
eine Anzahl der hervorragendsten Gemeindemitglieder nicht ab, an
dem weiterzuarbeiten, was sie für eine gesunde Entwicklung des Gemeinwesens für nötig erachteten. Es handelte sich um die Vereinigung
aller in Rom weilenden Juden mit festen Beisteuern unter vorläufiger
Beibehaltung der Verwaltungen der fünf Tempelgemeinden, um das
Zusammenwirken der zahlreichen römischen Wohlthätigkeitsanstalten
und die spätere Errichtung eines einzigen Haupttempels. Zu alledem
war die Sammlung von Unterschriften zur Zeichnung einer jährlichen
Steuer von 8000 Lire nötig. Eine im November 1880 in der Scuola
Catalana abgehaltene Generalversammlung, die von 400 Personen besucht war, nahm die Vorschläge einer vorläufigen Commissione mista
an. Im Februar 1881 konnte dann endlich, nachdem auch bereits
12000 Scudi jährliche Steuern gezeichnet worden waren, zur Wahl

des dreissiggliedrigen Consiglio zur Ausarbeitung eines Gemeindestatuts geschritten werden. Als Präsident desselben ging Samuele Alatri [1]), als Vicepräsidenten Raffaele Costantini und Pellegrini Pontecorvo, als Administratoren der Conte Edoardo Cahen, Settimio Esdra und Giuseppe Pontecorvo hervor. [2]) Am 27. September 1883 bestätigte ein königliches Dekret die neugeschaffenen Statuten der Gemeinde, die jetzt alle in Rom ansässigen Juden in sich vereinigte. 42 Gemeindemitglieder leiten die Verwaltung, ein siebengliedriges Präsidium führt deren Vorschläge durch. Die religiöse Leitung hat der Oberrabbiner, dem ein Rabbinatskollegium zur Seite steht. Mit der Vereinigung der 26 jüdischen Wohlthätigkeitsvereine als Opere di Beneficenza durch ein Dekret vom 26. Februar 1885 ist die Neugestaltung der Gemeinde vollendet. Der Aufbau einer neuen grossartigen Gemeindesynagoge auf dem von der Piazza Cenci, Piazza delle Scuole, der Via Rua und der Via delle scuole begrenzten Platze vollendete das im Jahre 1880 aufgestellte Programm. Mit der Niederlegung des örtlichen Ghettos konnte erst begonnen werden (Februar 1884), nachdem der von der Gemeinde wegen der Entschädigung für das Jus Gazzagà angestrengte Prozess in allen Instanzen zu Gunsten der Juden entschieden worden war. Das freundliche Entgegenkommen der Behörden hat auch den ärmsten Juden das Verlassen der billigen Wohnstätten durch Gewährung besonderer Unterstützungen erleichtert. Ein Comitato per il decentramento degl'israeliti poveri sorgt seit 1884 für die Unterbringung der auf dem ehemaligen Ghettoterrain wohnenden jüdischen und katholischen Familien in gesunden und billigen Wohnungen, zumeist im Viertel S. Cosimato und in Trastevere. Der Bann des geistigen Ghettos ist gebrochen für alle Ewigkeit. Aus den Trümmern jenes grausamen Denkmals der Verirrung des Menschengeistes ist siegreich der Geist der Humanität und der Freiheit emporgestiegen. Erst jetzt ist Rom das, dessen es sich stets mit Unrecht gerühmt hat, erst jetzt ist Rom Aller Heimat. Wie die ganze jüdische Geschichte ist auch die der Juden in Rom ein Gang durch düstere Nacht zum strahlenden Licht!

[1]) Er war 1848 Consigliere communale (Stadtrat), dann bei der Gründung und Leitung der Banca Romana und der Casa di Risparmione thätig. Am 2. Oktober 1870 wurde er in den Regierungsausschuss gewählt. Seitdem war er mehrfach Beisitzer für die städtischen Finanzen u. s. w. Er starb als Ehrenpräsident der römischen Gemeinde 84 Jahre alt den 20. Mai 1889; s. S. 383 Anm. 2.

[2]) Die übrigen Mitglieder des Consiglio siehe Vessillo israelitico 1881 90. Vgl. 1880 249 f.

Beilagen.

--

1 A.

Zu S. 6.

Archivio Vaticano (Diversorum Cameralia, Arm. 29. t. 11. fol. 3b—4a).

Bulla „Cum universitas". Rome apud s^{tos} Apostolos — 16. nov. 1426.

Benedictus etc. Discreto viro, magistro Lencio magistri Angeli ebreo, Rome
habitanti, viam veritatis agnoscere et agnitam custodire. Cum universitas et singu-
lares persone iudeorum Rome commorantium ita magnis inter se discordiis et
dissentionibus elaborent, quod facile presumi possit ne de aliquo oportuno provi-
deatur remedio, ut eorum discordie removeantur, esse dictos ebreos de brevi ad
maiores discordias et scandala perventuros. Eapropter dominus noster, papa volens
dictis dissentionibus et contentionibus obviare, dictorumque ebrorum statui et quieti
providere, attendensque sollicitudinem et industriam tuam et in agendis experientiam,
sperat quod quanto maiori licentia munitus fueris et ampla facultas tua poterit
exerceri, tanto ampliora pro statu et honore sanctitatis sue efficere poteris, nobis
vive vocis mandavit oraculo, ut te preficientes preclibatis ebreis in gubernatorem,
personam tuam apud eos honorabilem faceremus; hinc est, quod te de mandato
predicto super universis et singulis iudeis utriusque sexus Rome commorantibus
gubernatorem usque ad domini nostri pape beneplacitum tenore presentium facimus,
constituimus et etiam disputamus, tibique super prefatis ebreis gerendi, faciendi et
exercendi omnia et singula quae ad pacem et tranquillitatem dictorum ebreorum
pertinere cognoveris dictosque universitatem et ebreos generaliter vel specialiter,
ortandi, requirendi, monendi, vel si deliquerint aut inobedientes tibi fuerint, citandi,
inquirendi, condempnandi, mulctandi, puniendi, poenasque et mulctas camerae Apostolicae applicandi, quas infra unum diem notificare dictae Camerae debeas, ut de
dictis poenis et mulctis executores seu executiones fieri faciamus, nec non officiales
qui tibi pro pace et tranquillitate praedictis videbuntur debere fieri faciendi et
deputandi, illosque removendi et reponendi secundum tuae beneplacitum voluntatis,
harum literarum serie concedimus facultatem, mandantes de mandato prefato ac
auctoritate Cameriaratus officii, cuius curam gerimus de presenti, omnibus et singulis
ebreis prefatis, ut tibi in his, quae ad praedictorum executionem pertineant, dicto
durante beneplacito, pareant effectualiter et intendant; Nos enim sententias et
poenas, quas rite tuleris in dictos ebreos, inobedientes ac rebelles, et ratas habe-
bimus et faciemus usque ad satisfactionem condignam inviolabiliter observari. Tu

itaque sic in praemissis te habere studeas fideliter, sollicite, prudenter, quod apud prefatum dominum nostrum papam ex hoc de sollicitudine et prudentia tuis valeas merito commendari.

Datum Rome apud sanctos Apostolos sub sigilli etc. Anno Domini 1426, indictione quarta, die quintadecima mensis Novembris, pontificatus etc. domini Martini divina providentia pape V. anno 9°.

Jo: de Gallesio.

1.

שו״ת רבני מנטובה לא‏ *‏.. לת יצבץ § 78 :(.Aus Carmolys Nachlass (Bresl. Sem.)

שנת ה״א ר״ב כאשר איגינה** הרביעי ראש הכומרים ברומי הוציא לאור
דת אשר גזר שאין יהודי רשאי בעיר אחת אם יהיה ברשות המלך ועד
ניכוסים הרבה יש להם שלא יוכל שום יהודי לעשות שום מלאכה ושלא
יוכלו לדון בדיני ישראל והולהם רבים‏, אז הסכימו קצת מהיהודים לקבל
מאת שר המולך בזמן ההוא בעיר מנטוב׳ה שיתן להם היישוב ושיתן להם
רשות לשמור תורת משה בפרהסיא ולדון בדיני ישראל ולעשות כל
מלאכות שירצה וכ״ו

* nicht lesbar.   ** Eugenio.

2.

Ms. lat. Dresden. A. 203: Campanus epůs Apruntinus de vita Pii. pont. maximi. 470 Oktavblatt beg.: Pius II. originem duxit; schliesst: & in Cella Divi Andree sepultů ad Vaticanum: Finis.

p. 24b. Questore urbano usus est Tulio fortipisano acris & animi & (25ª) viro: sed contrahendo ere alieno in sumptus bellicos paulo laxiore quo scuti (factum) est ut exhaustis vectigalibus unde suppeditare domesticis sumptibus pecuniâ posset: aliquo (aliquando) laboraverit: coactus unů iu triclinium et ipům admodum frugi familiam oẽm (opem) redigere, ut aliqů exclamaverit, & qui appeteret et qui contenneret (sic!) pecuniam stultum cẽ (esse): Sed neque rationem fisci vectigalibus aut portorijs auxit: neque decimas antea exegit q̃ (quam) bello turcis indicto: & tunc quoque moderatione adhibita ne prophani magistratus q̃ (quam) sumpmi (supremi); utque iudeorum ultra q̃ (quam) trigessima (!) gravarentur: neve ad maiorem sumãm infimi magistratus q̃ (quam) sůpmi (supremi): utque iudeorum vigesime non ex proventibus sed ex capite deducerentur.

3.

Ms. lat. Dresden. F. 48. Beginnt (von späterer Hand) CHRONIC. INCERTI AVTORIS / ab Init. Mundi usqu. ad annū 1517. (Randnote: Sed verò Egidj Cardinalis Viterbiensis scripsit...) VSVRPATVR Passim versiculus david.

p. 254b. Alexandro acerrimum ingenium, Inerat solertia, prudentia, diligentia et multe efficacie ac facundia naturalis. Nemo egit accuratius, persuasit vehementius, defendit pertinacius: tantusque rebus omnibus aparuit et cogitando, loquendo, agendo, sustinendo quod ad maximum principem faceret... cibi fuit... parcissimus voluptatum tamen appetentissimus etc. Schliesst p. 325ᵃ: et Accurrato Medico curandum provisit (325 Hochquartseiten). Vgl. Höfler in Archiv f. Kunde oesterr. Gesch.-Quellen. 1854 (12). S. 381.

4.

Ms. lat. Paris (Bibliothèque nationale) 5163 (fol.) enthält:

1. Alexandri Papae VI. obitus et Pij Tertij Creatio MDIII.
2. Electio Julij P. P. II. (p 49ᵃ ff.).
3. Diarij / Di Papa Giulio Secondo / 1503 (p. 169ᵃ ff.).
4. Electo (!) Julij II. Papae (p. 177ᵃ 224ᵃ).
5. Continuatio Diariorum / Julij Pape II. (p. 225ᵃ—292ᵃ).

1 und 2 sind von Johannes Episcopus Ortanus (in der civitas Castellana) verfasst (vgl. p. 137ᵃ, 152ᵃ). Sein Diarium (p. 1 -167ᵃ) beginnt mit dem 12. August 1503 und reicht bis zum 31. Mai 1506 (schliesst: ad sanctitatem Suam scriptas). Dann folgt ein leeres Blatt (p. 168). Die folgenden Diarij sind von einer anderen sehr zierlichen italienischen Hand. Die Relation 2. ist besser als 4., scheint aber aus der gleichen Quelle zu stammen. Die letztere schliesst: cuius Anima requiescat in Pace ᵗ6. Mai 1506 p. 224ᵃ). Die Continuatio besteht aus Auszügen aus einem grösseren Tagebuch, dessen Paginierung stets angegeben wird.

p. 4ᵇ. 1. Sevitia (saevitie Ms. Dr.), Insidiae, rabies, furor, ira, libido,
Sanguinis, atque auri spongia dira sitis

2. Sextus Alexander, saeco (iaceo Ms. Dr.) hic iam libera gaude
Roma tibi quoniam mors mea vita fuit (tua est Ms. Dr.)

3. Sextus Alexander vastavit caedibus orbem
Tertius at reparat nomine reg Pius

4. Vendit Alexander Cruces (claves Ms. Dr.) Altaria Christum
emerat ille prius, vendere iure potest.

Dasselbe Gedicht enthält Ms. Dresden. F 132 (Historico-Politica varia Italica atque latina linguâ in ipsa Italia conscripta) p. 316 vollständig. Vgl. Gregorovius VIII. 10 und Ms. Breslauer Universitätsbibliothek IV Q 146ᵐ p. 228.

5.

Ritratto di taglia in Saggiatore, Giornale Romano I (Rom 1844) S. 339.

Mensis julii 21. 1527

In mei etc. constitutus d. Petrus de Vallevanck hispanus, Bartholomeus Vainethus etiam hispanus, et quilibet ipsorum refutaverunt Isaac Salomonis et Heliae etiam filiae dicti Isaac et Bala *) uxori ejusdem Isaac et Rich **) uxori d. Caym filii dicti d. Isaac praes. omnia iura eius et cuiuslibet ipsorum competentia contra eos occasione taliae impositae pro redimendo sese ipsos a manibus eorum militum nullo iure etc. hanc autem refutationem fecerunt quia etc. confessi fuerunt habuisse et recepisse ab iisdem de talia quinquaginta scutorum per ipsos impositorum de quibus vocaverunt sese bene pachati etc. pro quibus etc.

Actum in regione Areuulae

Cicurellus.

*) Bella. **) Ricca.

6.

Ms. hebr. Bresl. Sem. XXXI.

אמר הרב הריאיטי מב"ע דע אתה המעיין במליצתי יאת כי .129 .p
לא מפני היות החכם ר' לוי בן גרשום בלתי מופלג בחכמות ומושלם
בדעות לא עבר בן (!) כתבי מליצתי זאת כי חכם גדול היה בכל חכמה
בדעיון ובחכמת הטבע ובלמודיות יותר מכלם גם בתלמוד נטה שפירירו
אבל כי בדברים מהמן האלהות דבר סתר לי אליו: וכן הנחתי החכם
הנרבונני ור' יצחק אלבלג .... וכן לא הבאתי עמנואל ממשפחת הצפרוני
על לשננות' ובכל דבריו במחברתו החשק וכן ר' מוסטין דיארירא וכו'

7 A.

Ms. Kgl. Bibl. Berlin or. qu. 511 האיפוריסמי דאיפוקראטו und anderes Medizinisches
Vgl. Steinschneider Hebr. Übers. S. 660.

15b, 25ᵃ f., 28b, 29b, 32b, 42ᵃb, 43b, 46ᵃ, 49ᵃ, 56b.

אמר האישל הגדול הר' משה מריאיטי [א' הת'] השמטנו מהספר .58b
הזה מטופו [מסוף הספר הזה] ארבעה וחמשה מיוחסים לאפוקרט [אבל]
הם כפולים וכן עזבנו פרקים נמצאים בהעתקות אשר [מה] לא נמצאים
ומצאתי בנצרי ולא ראיתי בעניינם תועלת . אמרתי הנה הנצרים בויכוח
מרחיבים [מה] על האומר דבר שלא בשם אומרו ולכן לא אשימם מכשול
לפני בהתוכחם עמי: ויוצרני ברחמיו יראנו נפלאות מספר [מספרו] הכתוב
עליו לא תוסף [עליו] ולא תגרע ממנו . אין צוד בלעדו יתרומם על כל ברכה
ותהלה אמן כי"ר אמן [אמן אמן סלה ועד]:

Die Varianten sind aus Ms. or. qu. 517 p. 48ᵃ.

7.

Ms. hebr. Bresl. Sem. XXXI p. 13b—17b יער לבנון

נחדי כפרת תועת הספורה / ואין לי גבול מתי מספר שמת ומלאו זבול /
ואין זבול בעבדתי / עוד מאז באתי בגדיש / צל עוני ולמעני הסער / ואקום
נבער / למצא את בית יוצרי שער! מצאוני שומר נער / מפניה נלאתי
נחלתי / כי המה מלאתי / נמשל אהי בנהי וחיי כן היא / חקרתי מעינה
נסתרתי / ובני הפקרתי / וגרוני נחרתי / מעיני קרתי ושתיתי מים / מי
שמים שומו כי מרים הם / ולא מהם אפשר שיכשר להריח דמים ורפש /
יכתות הנפש כיתי הגויות הומות נואמות בדמע כלם / וקולם בלי נשמע /
על נהרות ומדברות אחת לאחת דברות / קינה היא וקתנונה: וכו'

8.

Šelomoh Molkho's literarische Thätigkeit.

Seine דרשות (המפאר 'ס) cod. Med. Plut. XLIV. No. 9; cod. München 57,6.
311.13; cod. Oxford 977. 995ᵃ. 1030. 1658,1. 1659. 1660. 1661; gedruckt Salonichi
1529, Krakau 1569, 1598 usw. von Jákob b. Mošeh aus Hamburg.

Sein חית קנה cod. Oxf. 1662,1. 2210.1 gedruckt Amsterdam s. a.

Kabbalistische Dissertation cod. Oxf. 1589,6.

Ansicht über das Jahr der Erlösung cod. Oxf. 2586,2.

Gedicht יולו מים mit אגרת cod. Oxf. 2221,1.

Proben seiner dichterischen Begabung in חסד לאברהם (Abraham Azulai,
Konstantinopel, p. 106ᵃ).

קמיע in cod. Oxf. 2285.10.

Sein Reisebericht עתה באתי להגיד סבת נסיעתי מפרטוג" in cod. Almanzi 38
(Hebr. Bibl. IV. S. 98); cod. Bresl. Sem. (vgl. Graetz IX. 43) veröffentlicht von
Eduard Biberfeld. Der Reisebericht des David Rëubeni, Berlin 1892.

9 A.

Ms. or. Berlin. Kgl. Bibl. Quart 651 סנן אברהם des Abraham Farissol.

fol. 108ᵃ. פרק ע״א על מועד מועדים וחצי מועד עדן ועדנין ופלג עידן
das.: כאשר ראיתי בשנת רנ״ד לאלף הששי הגיע לנו בגלילות
איטאליאה העירה מפורשת בכתב העיר רומי על ביאור הקצים יהמו (?)
והמועדים האלה מיום לידת משיחם ושישלימו שני' המועדים וחצי האלה
הנזכרים בשנת אלף ותק״ה ללידת משיחם שהוא לחשבון ישראל ה' אלפים
רס״ה לבריאת העולם וכו'

fol. 115ₐ. פרק ע״ד על ידיעת קץ לביאת המשיח וזמן תחיית המתים
das.: וזמן האחרונים עוד בזמני זה החכם השלם הרופא המובהק
מיסטיר בוניט דילאטש אשר מעיר רומי כתב ברבים על הקץ הזה והגביל
גבול לביאתו שיגלה וירëאה בשנת רס״ה לאלף הששי כפי מה שמנה וטעה
כאשר כתבנו למעלה בפרקים מיוסדים לזה וכו'

9.

Textvergleichung der ed. princ. Rom 1493 (nach L. Hain, Repertorium
Bibliographicum II. 1. p. 242 n. 9926) und der ed. Paris 1511 (10. Nov.
H. Stephan [Kgl. Bibl. Dresden; ed. Marburg 1537 Kgl. Bibl. Berlin]) von
Bonets de Annulo.

Titel: Boneti delatis [de latis] hebrei medici Provenzalis [provenzalis] Anuli
[anuli] per eū cōpositi super astrologiam utilitates incipiunt [astronomici utilitatum
liber ad Alexandrum sextum pontificem maximum]. Im Vorwort wird der Quadratus
Israelis (רובע ישראל) des Jákob b. Makhir erwähnt. Nachwort: Hec sunt beatissime
pater: Anuli astronomici puncta peregregia, una mecū ad S. tue [sanctos tuos]

pedes humilime [humillime] oblata. que positis supiciliis [superciliis] hilari vultu /
ut spes fovet recipias. Nec mirum si gramatice methas [metas] qui hebreus sum
latinitatis expers nonnūq excesserim: nolens utile per inutile viciari. Malui S. T.
[fehlt] tibi rosulas [in] vili q̃ urticas loliumve [aut lolium] in [i] preciosa offerre
sportula: ut que ad S. T. totiusque reipublice [ad salutem tuam totiusq r. p. c.]
commodū / omniuinq̃ rerum opificis laudem utilia cōperta sunt / ob connexiones
verborum enormes [ob humilem cōtextum vocabulorum] / non omittereūtur / sumã
verum auctoritate tua interposita a cunctis patule agnoscerentur [Quin potius sub
summa tua maiestate atq̃ auctoritate ab omnibus amplius cognoscerentur].

Parce precor rudibus que sunt errata latino
Lex hebrea michi est / lingua latina minus.

10.

Ed. prin. des 'ס הרכבה des Elia Levita, Rom August 5278.

וקומם יקרשה	וטו ליעף	ישועת המונים	אברך לנותן
מלאכה חדשה	להשלם בדקדוק	וחזק זרועי	אשר אמצני
משנה וקשה	ומורכב ומלה	דבר כל לשון זר	וספר בביאור
לאחים שלשה	לחוקקו נתתיו	ומסיג צפרתיו	יסדתיו כתבתיו
ואמם ירצה	אביהם אביגדור	ויעקב לויים	ליצחק ויום טוב
בלי שום נפישה	ויוקנו מלאבתם	ונגפם חקקו	תנדבו רכושם
באיי אלישה	מדינה עדינה	ונעשה ברמי	עדי התשלמה
עשרה וששה	ונגמר ביסים	לחדש שמו אב	תוחל באחד
ואלף חמישה	ומאות שתים	שמנה תשבעים	למנין יצידה
עשות עוד ספרים בסד דת קדושה:		יצו הוד וחסדו	אלהים לעבדו

p. 37.

גם שאר הספרים שנדפסים אתר זה אשר חברם המחבר הנ״ו Schluss:
יהיו נדפסים ברשותו ובכח גזרת חרמו כמבואר בכתב חותמו הנתן על
בכה הנקרא גר״ציה ופריבילייו בלע״ו... ונחקק בבית זואן יקומו פאוט
דמר״נטיקיו ברד״מה בשוק סונ״טאנארי:

11.

Archivio Urbano Storico in Campidoglio.

[Mešullam di Volterra (מתא סופר) 1536].

בעצם היום הזה יום א' י״א יוניו נועדו יחד הבנקיירי בכנסת ציציליאני
הסכימו וגמרו ביניהם לקרוא להם שני אנשים ברורים שיפסקו הם ודינו
על עסקי הבאנקי מהיהודים כאשר יטב בעיניהם וכל מה שיפסקו הם
יהיה להם מעומד וקיום ואילו הם הברורים ר' שלמה צרפתי ורבי בנימין
דלוקלו ואילו הם הבנקיירי אשר היו מרוצים על קריאת הברורים הנ״ל:

ר' בנימין דלוקלו[דלוקלו]	ר' בנימין דכותפרי	קדם ר' שלמה מפיסה
ר' משה טוטו וחברו	ר' מנחם טרטאלייה	ר' שלמה צרפתי

ר' יהושע קורקוס [נורקוס]	ר' דוד פיצו	ריצח'ק גוייום
ר' אליהו קורקוס	ר' דוד רם	ר' שלמה הרופא
ר' משה דנוייילו	ר' מסעות	ר' מנחם גוררובאן [גנדרוכאק]
ר' משה בר יחיאל	ר' שמואל אלביצו	ר' עבדיה דרוסילו [כרוסטה]
ר' מצליח גפא דטוכי [ממונטי רטונו]	ר' שבתי מפוני	ר' מרדכי דרוסאטא [דרוסטה]
ר' יצחק דלוקלו	ר' מרדכי מכינפרי	[ר' יוסף דריניינו]
[ר' משה מורו]	ר' אליה ב' יואב	ר' מצוני

12.

Namenregister aus den Atti diversi, donazioni, prestiti, divorzi, contratti di nozze ecc. der Gemeinde im Archivio urbano storico in Campidoglio [Älteste erhaltene Gemeindeakten 1536—1542].

Abraham b. Ahron de Scazzocchio 1536.
1538 (רמופר). 1539.
Abraham b. Ḥajim Khohen 1538.
Abraham b. Jâkob di Palestrina 1536.
Abraham Lewi (נובר) 1538.
Abraham de Mozone 1541.
Abraham b. Rafael 1540.
Abraham רונם 1536.
Abraham b. Simantob 1536.
Abraham Siziliano 1536.
Ahron Jona 1540.
Ahron b. Jehuda di Trastevere 1542.
Ahron רכיינו 1536.
Ahron b. Šemuel 1540.
Ašer b. Šemuel 1540.
'Azariah b. Joab di Rosello 1536.
'Azariah Mordkhai 1536.
Barukh ינו 1536.
Barukh b. Joab 1538. 1539, 1542.
Ben Astrug (הפרנם) 1536. 1539.
Beniamin de Lucoli 1536.
Beniamin דכינפר 1536.
Beniamin Khohen (ממונה) 1536. 1543.
Beniamin b. Meir de Maregni 1542.
Beniamin de Plumara (Fiumara) 1541.
Daniel b. Abraham 1536.
Daniel Siziliano 1536.
Daniel b. Vito Mercanti 1541.

David b. Barukh Figo 1536.
David Beni (?).
David b. Elia 1536.
David Falcon 1539.
David Finzi 1536.
David Fogliese 1536.
David Piccio 1540, 1542.
David Ram (המפואר) 1536.
Durante b. Semtob del Sestiere 1542.
Efraim מאוליכנו 1536.
Efraim b. Rafael de Frascati 1536, 1540.
Elia b. Abraham di Anticoli 1536.
Elia b. Abraham Ha-Rofe 1536.
Elia Corcos 1536, (סמונה) 1542.
Elia b. Menaḥem 1536.
Elia b. Mošeh 1538.
Elia b. Uziel 1542.
Eliézer b. Beniamin de Fasano 1539.
Eliézer der Musikant 1542.
Gabriel רדואל 1536.
Gabriel b. Šemuel de Aspra 1539.
Gabriel di Šaul 1536.
Hadriel נעמיאסיו 1539.
Ḥajim Aškhenazi 1536.
Ḥananiah 1540.
Ḥananiah b. Eliézer 1536.
Jâkob Ascarello 1536.
Jâkob Uriel 1536.

Jákob di Daniel 1536(—1562).
Jákob Siziliano b. Jirmia 1542.
Jákob אורציל 1540.
Jákob b. Daniel מסלחה 1536.
Jákob di Aversa 1536.
Jákob Rosello (רונזל) 1539, 1542.
Jákob Piperno 1540, 1542.
Jano Funaro 1541.
Jedidia b. Mošeh delli Panzieri 1539.
Jehiel Aškhenaṣi 1536.
Jehiel capo delli azimatori 1539.
Jehiel b. Eleazar Siziliano 1539.
Jehiel b. Jákob Aškhenaṣi 1536.
Jehuda b. Eljakim Aškhenaṣi 1538.
Jehuda b. Šabtai 1536, 1539, 1541.
Jehuda Ha-Rofe 1536.
Jehuda b. Jedidia Gatigno (סטין) Fattore genannt מחנה 1538.
Jehuda b. Josef Finzi 1540, 1542 da Bologna.
Jehuda b. Mikhael 1539.
Jehuda b. Mošeh b. Abraham de Veroli 1539.
Jehuda di Tagliacozzo 1540.
Jekuthiel b. Iṣhak (Arzt) 1539.
Jekuthiel di Napoli 1540.
Jirmia b. Geršon Ḥajim 1542.
Ješaia b. Šemuel Tripolese 1539.
Joab Mercanti 1540.
Joab Rafael b. Beniamin de Mon(te)santo 1539, 1542, 1550.
Joab Melammed 1539.
Joab Fattore 1539.
Joab b. Mošeh Trionfo 1539.
Johanan b. Mikhael de Tagliacozzo 1540.
Josef (ממונה) 1540.
Josef Abraham b. Mikhael 1536.
Josef b. Abraham Ha-Rofe 1539, 1540.
Josef de Aversa 1539.
Josef b. Beniamin 1539.
Josef כבושיאה (מכושיאה?) 1540,1541.
Josef b. Daniel 1536.
Josef b. Jákob דמלוצו 1539, 1541.
Josef b. Jekuthiel מלוכסראפו 1538.
Josef Khohen Fogliese 1539.
Josef דכוסיכו 1536.
Josef b. מלוצו 1539 (s. J. b. Jákob.)
Josef b. Meir di Perugia 1539.

Josef b. Menaḥem 1541.
Josef Moṣardo 1542.
Josef b. Mošeh 1539.
Josef de Mozone 1540.
Josef ibn עקש 1539.
Josef Zarfathi 1536.
Josef b. Zekharia 1536.
Jošúa Corcos 1536.
Jošúa b. Šemuel טראבלסי 1539.
Israel 1536.
Israel Aškhenaṣi 1536.
Izhak Aškhenaṣi 1536.
Izhak b. Jákob Giojosi 1536(—1562).
Izhak b. Jehuda b. Šabtai סוף' כתא, 1538—1542.
Izhak Khohen de Viterbo 1542.
Izhak סלופיליו 1540.
Izhak נינו 1540.
Izhak de Palliano 1536.
Izhak Rafael המלאך 1538.
Izhak Rafael חמלמד 1542.
Izhak רכיינו 1536.
Izhak b. Šabtai (ממונה) 1539, 1540.
Izhak b. Šelomoh 1539—1541.
Izhak b. Šelomoh di Cori 1539, 1540 (משרח), 1542.
Izhak Siziliano 1540.
Izhak Usilio 1536.
Izhak Zemat 1542.
Izhak Zoref 1542.
Khascher b. Abraham Aškhenaṣi 1539.
Maḥaneh 1540, s. Jehuda b. Jedidia.
Marsugo di Frascati 1536.
מסנתת ר' 1536.
Massud b. Moše דמנשי 1539.
Massud Siziliano 1540.
מסיעות 1536.
Mathithia b. Mikhael 1536.
Mazliaḥ b. Mordkhai תלמכרים 1536.
Mazliaḥ נפא דכוכי 1536.
Mazliaḥ de Monte Rotondo 1536, 1541.
Mazliaḥ b. Joab Rafael 1540.
Mazliaḥ b. Joel di Velletri 1538.
Mazliaḥ רכוב תאפו 1536 vgl. oben.
Menaḥem di Bondi 1539.
Menahem Cordovano 1536.
Menaḥem b. 'Obadia de Genazzano 1536, 1538.

Menaḥem Tartaglia 1536.
Meïr b. Jehuda di Mantua 1539.
Mešullam di Volterra 1536, 1538.
Mikhael Khohen b. Josef 1536, 1542.
Mikhael di Palestrina (נובר) 1538.
Mikhael b. Šabtai Zemat 1539.
Mordkhai b. Jehuda מכאוק 1539.
Mordkhai b. Joab מכינפרי (ממונה) 1538.
Mordkhai Khohen 1539.
Mordkhai Luganti 1536.
Mordkhai b. Mošeh Galante 1539—1541.
Mordkhai Ottoletta (ממונה) 1536.
Mordkhai di Palliano 1542.
Mordkhai di Rosetta 1541—42.
Mordkhai דרוסקאסא 1536.
Mordkhai di Scazzocchio 1536.
Mošeh Haj b. Jakob Haj ז״ל 1539.
Mošeh b. Šemuel טורכישננו 1536.
Mošeh b. Šemuel de Ceprano 1536.
Mošeh de Colobecchio 1540.
Mošeh Moro 1536.
Mošeh Aškhenaẓi 1536.
Mošeh Lewi 1538.
Mošeh טליוולה 1540.
Mošeh ליוולה 1542.
Mošeh דנוי לי 1536.
Mošeh di Cameo 1536, 1540.
Mošeh Izḥak (Arzt) 1539, 1542.
Mošeh b. Šelomoh 1536.
Mošeh b. Šelomoh Aškhenaẓi 1538.
Mošeh Rafael 1539.
Mošeh di Pontecorvo 1536.
Mošeh b. Simantob 1540.
Mošeh b. Meïr 1536.
Mošeh b. Neḥemja 1539.
Mošeh de Veroli 1539, 1540.
Mošeh Tosso & Comp. 1536.
Mošeh b. Jeḥiel 1536.
Mošeh מרור 1536.
Mošeh b. Josef de Rignano 1536, 1539.
Obadia di Rosello 1536.
Rafael b. David di Ascola 1536.
Rafael Stichi 1541.
Saadia b. David 1540.
Šabtai Khohen Grego 1536.
Šabtai b. Menaḥem di Cammeo 1536 bis 154.

Šabtai de Plumara 1536, 1541.
Šabtai de Pone 1536.
Šabtai b. Efraim 1536.
Šabtai de Viterbo 1536.
Šabtai b. Abraham de Palestrina 1539.
Šabtai b. Joab di Calabrese 1539. (ממונה), 1540 (משרת).
Šabtai b. Josef דמנש 1539.
Šabtai di Piperno 1541.
Saïd b. Abraham Sarmani 1539.
Šallum 1541.
Šelomoh Tripolis 1542.
Šelomoh Abilio 1536, 1540.
Šelomoh b. Šemuel 1536 [Ram]
Šelomoh b. Josef Ha-Khohen 1536—1550.
Šelomoh Corcos b. David 1536, 1540, 1542.
Šelomoh di Pisa 1536, 1539.
Šelomoh Zarfathi 1536.
Šelomoh b. Ḥajim (Gatigno) 1542.
Šelomoh (נטאניו ders.?) 1542.
Šelomoh Salerno 1541.
Šelomoh Ha-Rofe 1536, 1542.
Šelomoh סנורי (de Cori?) 1536.
Šelomoh b. Jehiel Ha-Rofe 1536, 1539.
Šelomoh b. 'Obadia 1536.
Šelomoh Natronai 1540.
Šelomoh b. Izḥak 1540.
Šemtob Ambron 1539.
Šemajah b. Šelomoh טריגו 1536.
Šemarjah 1541.
Šemuel כהלול 1536, 1542.
Šemuel b. Mošeh di Tivoli 1536, 1542.
Šemuel Albizi 1536.
Šemuel b. Izḥak 1536.
Šemuel b. Leon Romano 1539.
Šemuel b. Šabtai di Nola 1536.
Šemuel b. David כהלול 1539, s. S. כהלול.
Šemuel Zaddik 1540, 1541.
Šemuel de Emilia 1542.
Šemuel Rosso 1542.
Šemuel b. Abraham 1539, 42—62.
Simantob נובירא 1539, 1542.
Šimon Khohen b. Mordkhai Khohen de Viterbo 1539.
Zeraḥ b. Peraḥ di Napoli 1539.
Zeraḥia עמרון (Ambron) 1536.
Zeraḥin b. Mathithia Rofe כטיאלי 1538.

13.

Hervorragende Gemeindemitglieder (Akten 1542—1605)

(ausser den gelegentlich bereits erwähnten Ärzten usw.).

1542.

7. Thišri. Mikhael Khohen b. Josef Kh.

1543.

23. Jan. Izḥak b. Šelomoh נ״ע, gen. Gajo.

10. Adar. Josef נחסיפה.

29. Adar. Jehuda אלמושענו. Šelomoh b. Izḥak שלו'.

22. April. Barukh b. Šabtai משען נ״ע.

5304.

11. Sept. Jehuda b. Šabtai ז״ל. Šem Tob di Sforno.

23. Sept. Meïr Bonafossa di Bonfilo.

1550.

3. Adar II. Mordkhai der Lehrer b. Jehuda.

4. April. Mikhael der Lehrer.

16. März. Mahalalel b. Šemuel da Lonzano ז״ל.

9. Juni. Barukh Ḥazak b. Jehuda der Arzt ז״ל.

26. Okt. Šelomoh b. Josef Purim ז״ל. Jehuda b. Šemtob Ambron.

5. Nov. Abraham der Lehrer.

1551.

27. Jan. Abraham Astrologo.

22. Juni. Barukh b. Mordkhai 'Anaw.

1552.

8. März. Mikhael Khoh. b. Josef Kh. ז״ל.

8. Juni. Mazliah b. Menaḥom ז״ל da Zeprauo.

15. Juli. Daniel b. Efraim Astrologo ז״ל.

25. Okt. Abraham b. Ahron ז״ל. Josef b. Barzilai.

23. Khislew. Benjamin b. Josef de Arignano.

16. Dez. Mordkhai der Lehrer.

1553.

23. Febr. Abraham Ḥabib.

26. April. Jekuthiel b. Izḥak der Arzt aus der Familie Kalonymos des Römers.

7. Mai. Izḥak b. Ḥajim Usilio.

Šabtai b. Izḥak de Pone ז״ל.

Rafael b. Jedidiah de Cori ז״ל.

21. Mai. Josef de Arignano b. 'Obadja ז״ל. Izḥak Giojosi b. Jákob Giojosi ז״ל.

22. Mai. Jehuda b. Šabtai ז״ל. Elié̯er Mazliah Khoh. b. Abraham Kh. ז״ל. Mošeh 'Abdon b. Rëuben ז״ל. Šabtai b. Menaḥem de Cameo.

7. Juni. Josef b. Mošeh de Rieti ז״ל. Mordkhai מבינפרי b. Joab ז״ל.

18. Juni. Izḥak b. Mordkhai de Campegnano ז״ל.

25. Juni. Abraham b. Josef Brodo ז״ל.

13. Aug. Joab der Lehrer de Recanati.

9. Okt. Šelomoh b. Abraham Aškhenazi ז״ל.

15. Okt. Šelomoh b. David רוקם פרנס מנמילות חסדים.

26. Okt. Mordkhai b. Jákob de Nepi ז״ל.

22. Nov. Mešullam de Monte Juani ז״ל.

1554.

12. Jan. Gabriel b. Šemuel de Rieti ז״ל.

30. Jan. Hajim 'Anaw b. Jákob de Capua.

26. Febr. Josef b. Mordkhai Leridi ז״ל. Jošuá b. Mošeh Abina ז״ל. Šelomoh Ḥulajo b. Jošuá ז״ל.

1. April. Jákob b. Mordkhai Creti ז״ל. Mošeh b. Barukh משען Sixiliano ז״ל.

8. April. Šelomoh b. Josef ביסין.

10. April. Josef b. Šelomoh כנים ז״ל.

25. April. Gabriel b. Šemuel de Ceprano ז״ל. Jákob b. Mordkhai Leridi gen. de Aversa ז״ל.

13. Mai. Šemuel Zaddik Aškhenazi b. Abraham ז״ל.

21. Mai. Ḥajim b. Gabriel der Arzt de Avisano.

Menaḥem b. Menaḥem Napolitano לי"ז.

24. Mai. 'Amram b. Nathan Tripolese לי"ז.

1. Juni. Ḥajim Aškhenaẓi לי"ז.

10. Juni. Mordkhai b. Jákob Rosello.

Barukh Khohen b. Menahem Kh. de Viterbo לי"ז.

19. Juni. Šelomoh b. Josef סניסים.

20. Juni. Mikhael b. Šemuel Fiorentino לי"ז.

David b. Jehudah.

21. Juni. 'Aẓarjah Khohen b. Šabtai Kh. לי"ז.

27. Juni. David b. Mordkhai de Tivoli לי"ז.

Jehudah b. Mazliaḥ de Ceprano.

4. Juli. Ḥajim 'Anaw de Capua b. Jákob לי"ז.

Jehiel b. Abraham.

5. Juli. Mordkhai סלפני de Rosetta.

8. Juli. David b. Mošeh de Fiorentino לי"ז.

16. Juli. Ašer b. ?

28. Aug. Jákob b. Saâdia di Emilio לי"ז.

Barukh 'Anaw de Capua b. Mordkhai.

16. Sept. Izḥak Rafael der Lehrer b. Abraham de Salmineta לי"ז gen. R. Creti.

Šemuel b. Mikhael de Montopoli.

25. Nov. R. Šabtai b. Jehiel.

9. Dez. Mikhael Khohen b. Josef Kh. לי"ז.

10. Dez. Mathithia b. Mikhael de Palestrina.

1555.

20. Jan. Abraham רונם b. Jákob לי"ז.

23. Jan. Mazliah b. Menaḥem de Ceprano לי"ז b. Jákob.

Benjamin b. Josef de Arignano.

29. Jan. Ḥajim b. Nissim Rafael לי"ז.

16. Febr. Joab b. Benjamin לי"ז.

Abraham Ḥakhim b. Eliêẓer Ḥakhim לי"ז.

1562.

9. März. Jirmiah b. Geršon Tonina לי"ז.

5. April. Mošeh Aškhenaẓi b. Mešullam.

21. Mai. Šelomoh Ram b. Šemuel Ram לי"ז.

23. Aug. Abraham b. Josef de Pisa לי"ז.

27. Sept. Joab Rafael b. Benjamin de Monte Santo לי"ז.

4. Okt. Jákob b. Immanuel de Lattes לי"ז.

28. Okt. Mošeh b. Šelomoh de Pisa.

29. Okt. Eliêẓer Khohen b. Abraham Kh. de Terracina לי"ז.

11. Nov. Durante del Sestier b. Semtob Provinziale לי"ז.

12. Nov. Šabtai b. Josef de Rignano לי"ז.

1563.

3. Febr. Abraham b. Bono nomo Gatigno לי"ז.

4. April. Mošeh de Rignano b. Josef de R.

27. Juni. Elḥanan Ḥaj b. Šelumiel Haj de Amerino.

Uẓiel Mikhael Jaghel b. Jehuda de Camerino לי"ז.

4. Juli. Josef b. Mošeh סלינרוטי ז"ל.

24. Okt. Mošeh b. Mordkhai de Rignano לי"ז.

27. Dez. Mošeh b. Izḥak der Arzt לי"ז.

1564.

30. Nov. Ḥajim Khohen b. Šabtai Kh. de Sezi לי"ז.

1565.

3. Jan. Mošeh de Nola der Lehrer b. Benjamin.

11. Jan. Nathan b. Rafael חסון.

1568.

17. Okt. Šelomoh Binah b. Jošuâ Binah לי"ז.

1570.

20. Juni. Israel Provençale.

26. Nov. Jákob b. Menašeh פרנם ז"ל סנסילות חסדים.

1571.

4. Febr. Israel b. Rëuben de Valbriga לי"ז.

13. Mai. Jákob Giojoso b. Izḥak Giojoso.

10. Aug. David b. Barukh Figo ל״ז.
　　　　1574.

10. Jan. Jišmáel Provençale.
　　　　1576.

14. Jan. Jisrael Provençale b. Rëuben ל״ז.

20. Mai. Mordkhai b. Josef Leridi.

9. Okt. Abraham b. Šemuel Zaddik
　　　　ז״ל פרנס גמילות חסדים.

26. Nov. Menazeah b. Šelomoh de Porto ל״ז.

　　　　1577.

1. Dez. Mošeh b. Hananja פרנס ז״ל
　　　　מהחברה מנ״ח.
　　　　Izḥak Corcos פרנם מהחברה
　　　　מנ״ח.

25. Dez. David b. Geršon כמשפחת
　　　　רבאליצי ז״ל della Marca.
　　　　1581.

25. Juni. Ahron b. Mordkhai (מכינפרי)
　　　　מכינפרה ז״ל.

15. Aug. Šemuel b. Jošuá Corcos.

5. Dez. Šelomoh b. Josef ibn פיסם ז״ל.
　　　　1582.

24. Febr. Izḥak b. Elija Treves ל״ז.
　　　　1583.

17. Febr. Jeḥiel b. Mošeh Khohen זצ״ל
　　　　Manoscrivi.

14. Juni. Abraham Khohen b. Eliéẓer
　　　　Mazliah Kh. Viterbo.
　　　　1584.

7. Febr. Jeḥiel b. Šelomoh Remontilino
　　　　ז״ל z. Z. in Safed.

20. Febr. Joab b. Mošeh ז״ל חיי פאישי
　　　　(de Jesi?).
　　　　1585.

19. Sept. Josef b. Jehuda Ascarello.
　　　　1599.

8. Dez. Joab b. 'Obadja de Tivoli ל״ז.
　　　　1600.

16. Febr. Josef b. Izḥak Corcos ל״ז.

3. Mai. Šemuel b. Mošeh de Castelnovo ל״ז.

28. Okt. Josef b. Elia Treves ל״ז.
　　　　David b. Josef della Roca ל״ז.

17. Dez. Šelomoh Corcos b. Šelomoh C. ל״ז.

24. Dez. Šelomoh b. Efraim Corcos ל״ז.
　　　　Šelomoh b. Ahron Romano de
　　　　Scazzocchia ל״ז.
　　　　1601.

28. Mai. David Khohen b. Abraham
　　　　K. Viterbo ל״ז.

2. Dez. Mošeh b. Mošeh de Ripa ל״ז.
　　　　1602.

20. Sept. Abiéẓer Elia b. Todros 'Aẓariel
　　　　לבית סדרום ז״ל.

8. Dez. Mikhael b. Mathithja de Palestrina ל״ז.

26. Dez. Jákob Leridi b. Josef L. ל״ז.
　　　　1603.

8. Mai. Josef b. David לב״ב de Cori ל״ז.
　　　　1605.

26. April. Izḥak Corcos b. Šelomoh C.
　　　　Mordkhai Khohen b. David
　　　　Kh.

14.

Ms. Dresden. F 82. Italienische Briefe. 29 Blatt Folio. Schliesst p. 29b: Di Londra li 3. di maggio 1559.

p. 3ᵇ et essendo dalla disobbedienza delle leggi nata la licentia di leggere d' ogni sorte de libri di onde si e comminciato ad infettare il popolo, pero li sono prohibiti tutti i libri heretici e sospetti, et rinovate le pene contro di quelle, che li leggono, imprimomo esportano nello Regno con ordine che per l'avvenire non si stampara cosa alcuna senza licenza dell' ordinario secundo il Decreto del Consilio Lateranense ultimo et accio che il popolo non circumferatur omni vento Doctrinae

si e ordinato che non si senga o insigni altra dottrina che quella che approva, e
tiene la chiesa Romana, e si sono dannati per heretici tutti quelli che altramente
credono, o Insegnano rinovandoti tutte le penne, e provisioni gia constitute contro
quelli tali ecc.

Der Brief ist an Cardinal Marone und Londra li 19. di febraro 1556 datiert.

15.

Ms. Breslauer Stadtbibliothek: Exemplar Epistolae Romae allatae quae loco
historiae / esse potest, de obitu Pauli IIII. Pontif. qt. 1559.

p. 2ᵃ. Doppo fatta questa attione se ne ritornono in Campidoglio, dove il
senato et populo Romano ad perpetuam rei memoriam haveva eretta una bellissima
statua di candidissimo marmore dell'effigie naturale del papa, che gli era costata
tre mila scudi, et uniti dal'odio et dalla rabbia tutti um lamte gli taglione il capo,
il naso, la bocca, et l'orecchie, con una man, et di poi in dispreggio del papa la
ruppero et fracassorno tutta. la testa fu presa dalli pulli, et con maledir il papa
la ruzzorlorno giu del monte, et tutto questo fu fatto da Romani vivendo anchora
il papa, molti con d'opinione per vendicare l'ingiurie che aveva recevuto da casa
Caraffa il Carle Stª fiora, e forte che questo non e mal giudicio.

p. 4ᵇ. Mi era scordato di dirne che lunedi et martedi li pulli ruzzorlorno per
tutta Roma la testa di quella statua del papa, li devano il fuoco alla barba, et li
facevano tutti quei dispreggi ch'e possibile a imaginarsi, et vi erano molti figliuoli
de gentilhuomini Romani armati, che accompagnanano coloro che facevano questo
effetto, et ognuno se ne rideva cosi huomini come donne, poveri et ricchi, si che
da San Pietro, in qua non si e mai veduto ne letto il maggior vituperio fatto ad
alcuno pontifice nella morte sua. [p. 5ᵃ] Pensate che hoggi il populo Romano ha
fin dato licentia alli hebrei che gettino a terra certi portoni, ch'erano stati fatti
fare da questo papa per tener li tutti chiuse in un certo loco, a loro designato per
far che non vi resta memoria di lor [lia?] in alcun modo. viediate (!) pure che non
hanno rispetto fin alli tempij, di far scanzellare et rompre l'arma sua et levarla fin
giu di pali, et della pianete inululando tirannia et infamissima casa Caraffa, tanto
odiosa al senato et populo Romano. ecc.

p. 5ᵇ. Di Roma alli XXIII d'Agosto 1559.

Vro amorevolissimo fretto

Gio. Vicellino.

16.

Ms. lat. Paris (Bibl. nationale) 5172 fol. schliesst p. 208ᵇ in manibus Sue
Sanctitatis Finis Anni 1573. Der Titel von späterer Hand: Pius P. P. IV /
1565. Dann: Cornelii Firmani De / Macerata I. U. D. / Ceremoniarum
apostolicarum magistri / Diarium / Pii. Papae. Quinti. / Pontificatum in-
tegrum; et res gestas ad Sacras / Ceremonias pertinentes ab obitu Pii IIII. /
Usque ad initium Pontificatus Gregorii XIII. / complectens. Cornelius
Firmanus war seit 22. August 1565 Cerimonienmeister.

p. 26ᵃ. Die Martis 4o Junij (1566) in mane quoniam Sanctissimus Dominus
Noster mandavit, quod Episcopus Ferratinus Vicarius Basilice S. Petri faceret exor-

cismum in porta Ecclesiae et alia omnia usque ad effusionem aque in Sugestu dedi rotulum pro Babtismo Parandorum hoc modo:....

[26b] Paratis omnibus ut supra feci portari in cammera in qua morabantur baptizzandi bacile cum Saleria, aliud bacile cum vase et mappula, et quinque faculas deinde ad cammeram Sue Sanctitatis ivi in qua Reverendissimi Domini Cardinales Farnesius, et Crispus[1]) qui debebant esse compatres quorundam ex ipsis baptizzandis constituerunt eorum procuratorem Reveren- [27a] dissimum Dominum Archiepiscopum Sancte Severine ad interveniendum nomine ipsorum ad Cathechismum, et exorcismum affirmante Sanctissimo Domino quod illud fieri poterat quia per solum interventum et debitas ceremonias in infusione contrahebatur spiritualis affinitas. Deinde in Anticamera sue Sanctitatis Reverendissimi Domini Cardinales Pacecus, et Vitellius similiter eundem Archiepiscopum ad idem constituerunt Procuratorem, et idem fecit Reverendissimus Gesualdus[2]), postea in Cammera paramentorum duxi deinde Baptizzandos ad Ecclesiam hoc videlicet procedebant quattuor mazzarij, duo neophite cum Bacile et soleria alter cum bacile, et cum vase, et mantilibus, deinde tres Parafrenarij Sue Sanctitatis cum eorum vestibus de rosato portantes tres pueros babtizzandos ornatos vestibus albis faculas in manibus portantes, quos sequebatur Elias et Moises Filius eodem modo vestiti cum faculis.

Episcopus Ferratinus. i. Amerius[3]) lotis manibus, et acceptis paramentis, de quibus dixi supra in Capella Sancti Andree sedens in porta Ecclesie super sede posita super tapete fecit exorcismum pro ut in meo rotulo presente dicto Archiepiscopo Procuratore, et Respond. (responderunt) ut dicebat.

Postea ivit ad sugestum factum ante Capellam Sanctissimi Sacramenti altitudinis unius pedis ubi sedens super faldistorium versus ad portam Ecclesie fecit Cathechismum unxit eos deinde [27b] lavit manus et expectavit Pontificem qui cum Pluviali, et Mitra albis delatus descendit ad Basilicam ipsam Cruce et Cardinalibus secondum ritum procedentibus oravit ante sanctissimum sacramentum, ascendit in suggestum ivit ad sedem positam ante Columnas Capelle Sacramenti versus Ecclesiam et lavit manus illo interim Accoluthis candelabra cum luminaribus porta' (portante) et sine mitra stans dixit.

Domine exaudi orationem meam / Et Camor (l. Clamor) meus ad te veniat / Dominus Vobiscum / Et cum Spirito tuo / Et orationem / Oremus / Domine Deus Virtutum etc. /

Deinde sedit cum Mitra, et tunc fecit portari ante suam Sanctitatem fontem argenteum duo auditores portarunt gremiale quod semper tenuerunt, et Pontifex Baptizzavit Eliam quem tenuit Reverendissimus Dominus Cardinalis Crispus. Moisem quem tenuit Reverendissimus Dominus Cardinalis Vitellius. Leonem quem tenuit Reverendissimus Dominus Cardinalis Farnesius. Abraam quem tenuit Reverendissimus Dominus Cardinalis [p. 28a] Pacecus. Eliam nepotem predicte Elie quem tenuit Rev.mus Dominus Cardinalis Gesualdus.

In fine Pontifex dedit Pacem cum alapa cuilibet ipsorum et sine mitra stans dixit Orationem. V. / Oremus / Omnipotens etc. / Et cum Mitra sedens linivit eos oleo Chrismatis, dedit illis vestem candidam, et facellas accensas, et lavit manus, deinde sine mitra genuflexus incepit. / Te Deum laudamus. / Te Dominum etc. /

[1]) † 6. Oktober 1566 (p. 34b).
[2]) † Mai 1572 (p. 170a).
[3]) (Amerinus) Il Ferratino war sein Volksname (p. 99b), † 10. Mai 1569.

Et dicto primo versu stetit usque ad finem Himni et cum Accoliti tulissent candelabra dixit Orationem. Sedit cum Mitra recepit babtizzatos ad osculum pedum, deinde sine mitra stans presente Cruce dedit benedictionem, et concessit presentibus indulgentiam decem Annorum, et totidem quadragenas.

Assistentes Diaconi Reverendissimi Cardinales fuerunt Reverendissimus Dominus Cardinalis Vitelius, et Simoncellius, duo Prelati assistentes servierunt de libro, et Candela.

Pontifex completis omnibus ut supra oravit ante Sanctissimum Sacramentum, et altare Vulnis (!) Sancti qui fuit ostensus et delatus in sede rediit ad Palatium.

[28b] Fuerunt dicta die in Basilica Sancti Petri infiniti Judei quibus dedi locum subtus Organum Cardinales steterunt ante sugestum in bancis positis in forma rotunda.

17.

Ms. lat. Paris (Bibliothèque nationale) 5173 fol. Titelblatt:

Diariorum
caerimonialium
Joannis Pauli Mucantij
Romani I. V. D. caeremo-
niarius Apticar[1]) Magistri
Tomus Septimus.

(1 De ingressu Conclavis et rebus in eo gestis post obitu fel: rec. Clementis Papae VIII.

De creatione, coronatione, morte et exequiis St.ine[2]) Leonis Papae XI.

De rebus in Conclave gestis post eius obitum.

Et de creatione, coronatione, et primo Anno Pontificatus S.D.N. Pauli divina provid.ª P. P. Quinti.

Die Relation beginnt mit 14. März 1605; endet p. 98b (15. Mai) mitten im Satze: Die Dominica XV. eiusdem mensis Maij post solitam missam conventualem celebratam à Sa — Für die Wahrhaftigkeit der Relation bürgt eine Randglosse von andrer Hand: hoc est verissimum ego / Jacobus / Grimaldus / Vaticanae / Basilicae / Clericus / Beneficia/tus bei der Erzählung, dass sich kein Mensch mit Leos Leichnam abgeben wollte, wenn nicht J. P. Mucautius und der D. Jacobus Clericus Sancti Petri dazu angetrieben hätten.

p. 45ª. Fuit haec Leonis Undecimi electio[3]) non modo sacro Collegio R.mor. dd. Cardinalium, sed universae Curie et Urbi gratiss.ª ob Electi magnificentiam, splendorem, liberalitatem, integritatem, facilitatem, rerum experientiam, et omnium denique virtutum excellentiam, quae in supremo Christiano Principe omnium moderatore maxime desiderantur.

p. 46b. Justitiam, pietatem, religionem, charitatem, et alias omnes virtutes ita semper amavit, ut homines aliquo virtutis genere insignes, vel aliqua scientia, seu arte praeclaros summopere dilexerit, et honorari procuraverit... Quibus virtutibus ita Sacri Collegij et popularem auram aquisiverat, ut... Populus Universus Urbis ob eius electionem iubilatione maxima exultaverit.

---

[1]) Apostolicarum.

[2]) Sanctae memoriae.

[3]) Nach dem 18. Scrutinium.

p. 47ᵇ. Nomen Leonis accepisse se dixit, non solum ob Patrui sui magni memoriam, sed etiam ut universa Urbs in spem adduci posset videndi saecula illa aurea Leonis X. in ipso Leone undecimo renovata.

18.

Ms. ital. fol. Berlin. 41—43. Diarium des Theodor Amayden aus Hertogenbusch. No. 41: Diario / veridico e spassionato, / della Città / e Corte di Roma / dove si legge tutti li successi della / suddetta Città Incominciando dal primo / Agosto 1640, fino / all'ultimo dell'Anno 1644. notato / e scritto fedelm.ᵗᵉ da Deone hora Temi / Dio, e copiato dal proprio Originale. 681 Blatt. Dieser Teil des Diario reicht nur bis Ende 1642. Einen Teil davon enthält cod. 114ᵃ der bibl. Alexandrina: Diario della Città e corte di Roma, notato da Deone hora temi Dio dell'Anno 1640 a die 19 augusti tantum... Includitur dies prima Jan. a. 1642 [Narducci, Catalogus codd. manuscript. praeter orientales in bibl. Alexandrina, 1877 p. 90]. No. 42: Diario / della Città e Corte / di / Roma / scritto, e notato / da Deone hora Temi Dio / dell'anno 1645 (1646 und 1647). 570 Blatt. No. 43: Dasselbe 1648. 1649. 1650. 510 Blatt.

XLI p. 334ᵇ f. Domenica 15 corrente [September 1641] fu posto in tavoliere qualche tratato d'aggiusta men. con Parma ponendo in considerazione, che Papa Clemente, Pontefice di tanto credito tanto stimo, eseguito, negli ultimi anni del suo Pontificato uolle pur [?] dalli Farnesi supportare [p. 335ᵃ] una espressa rebellione in Roma, ch'avendar guerra in Italia che bene espesso da picciola favilla si estende in larga fiamma. Tuttavia esce soldatesca da Roma, e setti pagati, come dicemmo dal commune dell'Hebreo, che a questo fine pose 25000 Scudi à cambio dal Principe Prefetto, estimo, che si come all'Hebreo non é prohibito di far usura col' Christiano, cosi non è prohibito al Christiano di farla con l'hebreo, dicendo il sacro testo: non feneraberis fratribus.

XLII. p. 221ᵇ (24. März 1646) La medesima mattina sendo uscito il Tevere dal suo letto, et occupato i luoghi bassi di Roma il Sign. Card. Panfilo con Monsignor Governatore di Roma, Monsignor Bonvisi Prefetto della grascia il Marchese del Buffalo et altri Signori andò in Barca distinguendo il pane alle finestre alle assediate delle acque.

p. 557ᵇ (7. Dezbr. 1647) Sendosi il Tevere inondato grandemente Roma nella parte più bassa è sotto acqua. Il Papa con cura grande fu con le barche sovvenir le case oppressi dal fiume senza pagamento, e s'aggiunge l'altro Incommodo che non corrono fontane per accomodarsi li Condotti, et li Pozzi sono pieni d'acqua cattiva del fiume.

p. 564ᵃ (21. Dezember 1647) Giovedi mattina di nuovo fù rumore in Roma per la cresciuta del fiume della notte precedente, et sta la'atta tutta insieme, et travaglio grandissimo dubitando d'essere travagliata dell'acque per tutto questo Inverno. p. 564ᵇ.... il danno che hà fatto l'Innondatione del Tevere massimo nella Città di Roma. Ove vano cadendo molte fabriche e si vedono Infinite case appontellate contravi.

XLIII. p. 22ᵃ (15. Februar 1648.) Il medesimo giorno una monaca attempata sendo portinara, nell'hora che le monache stavano à desinare apri la porta, e se ne andò, nè si sà dove haveva questa monaca molte amicitie, con dame, e prelati, e per quanto si dice un poco sospette, hà preso imprestite da gli amici, et amiche sue quantità di gioie, et argenti impegnati da lei à diversi hebrei, di modo che sarà stata una cara amica.

19.

Vat. Bibl. cod. Vat. 7711. fol. 227ᵃᵇ: Aufzeichnungen des 17. Jahrhunderts. (Sehr dünnes gelbes Papier aufgeklebt auf weisses.)

Ghetto de gli Hebrei in Roma.

Sono in Ghetto 4500 bocche di Hebrei.

200 famiglie sole benestanti hanno il Valsente di 900 m. scudi. In tutto il ghetto un millione e qualche centinaia di milliaia di più.

Essi dicono d' hauer solo 300 m. scudi in tutto.

L'Università hebrea tiene da Christiani 236 m. sc. à 4 per cento quali dana ad usura à 18 per 100.

Essi dicono di tenerne 300 milla.

Hanno di pesi Camerali 3 m. 201 sc. altre volte haueuano 4861.

Essi dicono d'hauerne 4000.

La pigione delle case del ghetto e stata tassata dalla Camera, ne si puo alterare ne meno si possono appigionare ad altri che Hebrei. Restando qualche cosa spigionata l'Università hebrea è obligata à pagarne la pigione rarissime uolte però e per breuissimo tempo ne resta alcuna spigionata crescendo (crescendo) il numero de gli Hebrei ma non il sito.

fol. 227ᵇ. Tengono nel ghetto 3 o 4 macelli proprij, e l'Università ò Communità loro riscuote 3 quattrini per lib. (libra) affittando questa gabella 2100 ogni anno almeno.

Pagano ogni anno sc. 1500 per i convertiti hebrei.

Essendosi convertito sotto Urbᵒ (Urbano) VIII. un' hebreo conspicuo dᵒ (detto) Masserano, fu condannata l'Università loro à pagar li 600 sc. di pensione annua ipso vivente. Essi per liberar sene l'uccisero; in pena di che furono condannati à pagarli 1600 (1600 durchstrichen) Scu. perpetuamente à fauore de catecumeni inpiegannosi anche à tal' effetto tutte le multe pecuniaria de' maleficij hebraici.

Le sole (sole nachträglich eingefügt) 200 familie benestanti che possedono 900 m. sc. di Valsente (concessoli come dicono, che un terzo resti infruttifero) tengono almeno 600 m. sc. à guadagno à 18 per 100 (se bene anco danno à olo à 10 è più per 100) ma dato (data?) ogni cosa à loro modo, destratti i pesi camerali, et ogni altra spesa ni resta per loro di puro e netto 96 m. sc. di guadagno ogni anno à queste sole 200 familie.

fol. 228ᵃ (wohl von derselben Hand wie 227ᵃᵇ). Hauendo in diverse occasioni dati straordinarij sussidij alla Camera, gli è stato restituito ogni cosa intieramente, e da 30 anni in qua si è calcolato e trovato hauer riceuuto di più di quella dato haveano 40 m. e più sc.

Essi però si milantano d'hauer imprestato sempre gratis.

} Il B. Gio. da Capistrano offerì una uolta una gran naue alla Sta di Eugenio IV
per trasportare gli Hebrei di la del Mare.
Questo è quello che si sà delle loro ricchezze, quello che non si sà forsi è molto più.

20.

Bibl. Vat. Cod. Ottob. 2483 fol. 191ᵃ—197ᵃ cop. ch. s. 17 ex. fol. 197ᵇ—198ᵃ
leer. fol. 198ᵇ steht nur 1682. 29. 8bre. Impositioni de Som. Pontefici e
debiti de gl' Hebrei di Roma. (Datum und die Worte e debiti bis Roma
von derselben Hand später hinzugefügt.)

Poca memoria si puol' hauere dell'origine delli debiti che hà l'Università, e
massime da tempi lontani purche l'officiali d'essa non sono prouisionali mà forzati
à seruire, e con loro disgusto, e non essendo alcuno dell' Hebrei, etiam de Pàli
(principali) che possino uiuere senza le loro industrie assai è che se ne troui qualche
memoria in Carta Rozza, e non compita, et etiam cosi non si hà che dal 1595 in
questa parte, ma di prima non se ne sù penitus cos'alcuna.

Si hà per certo che in d⁰ tpo (detto tempo) era l'università carica solo che
di sc. 18ᵐ e qualche Cent⁰ (Centesimo) di Debito e quali furono fatti per impositioni de Som. Pontefici. Si uede per qualche coniettura, che ciò principiasse dal
tempo di Clemente VII per le miserie di Roma, e si augumentasse⁰ (augumentassino)
in tempo di Clemente VIII per l'Innondatione del Teuere.

Il detto Pontefice ammise l'Università à monti sanctà del Popolo Romano
per luoghi 214, che li sc. 18ᵐ e cent⁰ (centesimo) seruirono per estinguere li Debiti come per Chirografo dell'istesso diretto alli SSri Conservatori et il sopra più
che furono sc. 3ᵐ e 75 in cᵃ (circa) furono ritenuti dalla Camera per souentione
d'essa per la Concessione di detta Gratia come per Chirografo dell' istesso diretto
à Mʳ tesoriero come si puol verificare, e nel Deposito del S. Monte della Pietà
nel quale furono dal Giustiniani che comprò li monti à Cento per Cento depositati,
e tutto segni nell'anno 1595.

Nel 1627 ò 1628 che fosse Urbano VIII fel. mem. impose all'Università, per
souuenire l'Annona sc. 6000 di che ne pagauano sc. 300 l'Anno.

Del 1629 ò 30 impose all' Università, che douesse pagaro ad un tal Neofito
sc. 1200 annui e che parue esorbitante che un Neofito godesse tanto per
Chirografo impose che douesse l'Università pagare sc. 5000, si come li pagorono
al Banco de Sigri Sacchetti come per cedola prodotta all'off⁰ (officio) del Plebano
e l'altri sc. 600 lasciò che si pagassero al detto Neofito coupato che alla sua
morte, recadesse alla Casa de Catechumini si come l'hà pagati sino al presente, e
ua perseuorando.

Del 1632 ò 33 il medesimo Pontefice impose per la souventione dell' Annona
altri sc. 8000 come apparisce si dice nel libro dell' Abbondanza.

Fù ammessa l'Università per sc. 12ᵐ à Mti (Monti) Sali r (regionis) e (ejusdem) con patto che pagasse sc. 760 per l'Interesse, come hà sempre pagato sino
al tempo dell' estintione, cioè della Concessione che fece Innoc⁰ (Innocenzo) X. fel.
me. d'ammettere l'Università à Mti (Monti) Annona r (regionis) e (ejusdem) per
sc. 166ᵐ et all' hora in luogo di farli pagare solo che li dd (detti) sc. 12ᵐ perche
li luoghi de Mti (Monti) correuo (correvano) à 4¼. Volse questo Pontefice che
pagasse sc. 16ᵐ si che l'avvebbe sc. 4ᵐ oltre alli pagati per la dᵃ (detta) Concessione.

Per riguardare lo stato dal Contagio che serpeua fuori d'esso ordinò il detto Pontefice Urbano VIII al Sr Pietro Colangeli all' hora fiscale di Compidoglio, che facesse pagare all' Università sc. 3000 si come furono pagati al Banco de Sigr¹ Sacchetti. pag. 192. Nel 1634 ò vero 1635 ordinò il medesimo che si pagasse alla Casa de Catachumini altri sc. 3000 si come furno pagati nel Banco de SSrᵢ Syrij.

Nel 1642. ò uero 43 dall' istesso Pontefice fù imposto che l'Uniuersità pagasse sc. 35ᵐ. Si come al Banco de SSrᵢ Farsetti e Pauia dal pᵐᵒ (primo) Giugno 1643 à ttᵒ (tutto) 26 detto furno pagati sc. 22 900 in 14 partite, et altri sc. 12 068.85 furno pagati da 15 settembre 1643 à tutto li 30 magᵒ (maggio) 1644 nel detto Banco de SSrᵢ Farsetti e Pauia in 8 partite.

Il Complemento della detta somma di sc. 37ᵐ di uerità non ui è sufficienza di trouare tal pagamento ma saranno certo nelli libri Camerali.

Puol' essere che in dd (dette) Depositioni ci sia qualche abbaglio mà non sarà di momento ne da farci reflessione.

Tanto nel tpo (tempo) del Contagio, quanto nel tpo (tempo) della Guerra di Parma (mà nel tpo di questo fù di eccesso) farno (furno) ordinati dal medesimo Pontefice quantità immensa di letti e per la Guerra furno mandati à Ronciglione Viterbo Acquapendente, Perugia Corneto Castiglion del Lago, et altri luoghi dello stato che per mantenere detti letti e fare muta di lenzolo e paga di Minri (ministri) che bisognaua mantenere per assisterci, e Vetture per mandar dette Robbe importò piu di sc. 80ᵐ e dalle robbe non ritornorno altro che stracci e non si poterno recuperare ne li Noli ne le robbe perdute.

In tpo (tempo) d'Innocᵒ (Innocenzo) furno fatti li Monti Anona r. e. (regionis ejusdem) ma costò di pepe all' Uniuersità che bisognò donare alla R. C. A. (Reverendissima Camera Apostolica) sc. 16ᵐ oltre alli sc. 4ᵐ sudd (suddetti).

In tpo (tempo) d'Alessandro VII fù il Contagio e perche uis errorno il Ghetto bisognò gouernare tutti i Poueri e così la maggior parte di essa per lo spatio di quasi mese 8 che si daua à testa un Carlino il giño (giorno) che importò all' Uniuersità con la spesa di Lazzaretto sc. 40ᵐ.

Il medesimo per li moti di Francia ordinò all' Uniuersità li letti che li bisognò comprare la robba qⁿᵗⁱ (quanti) plurimi, e se bene di uerita hebbe li Noli non erano suffraganto perche bisognò mandar li letti à Viterbo Toscanella, Corneto e Ciuita Vecchia che con li minrⁱ (ministri) assistenti e robbe perdute ci rimese l'Uniuersità di molta considerabil somma.

Per tutte le sopra dette Cose si troua al presente con debito di piu di sc. 260ᵐ e qᵗᵒ (questo) perche oltre alle ddᵉ (dette) somme di Capitale non potendo l'Università resistere ogn' anno andaua augumentando il Debito qualche migliaio di scudi come al presente uà rimettendo.

Afuori che ogn' Anno Sᵗᵒ (Santo) li uien' imposto di pagare alla Trinità de Pellegrini sc. 1800.

Paghe annue inuariabili necessarie.

Per frutti di Luoghi di monte	sc. 6 640
frutti di Censi	sc. 1 265.75
frutti di Cambij	sc. 2 487.—
Alla R. C. Ap.	sc. 800
Alla Camera di Campidoglio	sc. 831.57
Alla Casa de Catachumeni	sc. 1 246.—
Alle Conuertite	sc. 300.—

Nella partita di spesi incerti che S.ult⁴ (s'ultima) e di sc. 1000 questi sono
quasi piu certi de gl'altri e necessarij.

Perche ci uengono compresi li presenti di Natale e Ag⁵t⁰ (Agosto) et altri
Regali, accomodamento di fontane et altre occasioni che non si possono tutte
esprimere   sc. 1000

All'esattore delle strade oltre al giulio che pagano tutti gl'altri di Roma sc. 100
Per custodia e risposta de Portoni come per ricento   sc. 100
Alli Parochi di S. Tomasso S. Angelo in Pescaria e S. Maria à Monticelli sc. 900
All'Esecutori et esattori di Datij   sc. 150

Spese necessarie per il buon Gouerno.

A due scopatori per tenere polito il Ghetto   sc. 70
Souuenimento à Poueri agni settiman'a annui   sc. 2500
Souuenimento à modesimi, che se li fà spartire da Camarlenghi delle scole sc. 2500
Sussidio dotale à pouere Zittelle   sc. 600
Souuenimento di pane e uestiti, e maestri per poueri annui   sc. 1200

Per medico, speziale, e Barbiere, Carne et altro per li poveri infermi sc. 900

Rimessione che si fà delle Case ricadute all'Universita in esecutione della
Bolla di Alessandro VII. et ogni grão (giorno) ne uanno ricadendo, e le pigioni
non si riscotono   sc. 500

Alimento alli poueri Carcerati ad instža de Christiani non essendo pro-
uisti da creditori in esecutione della Bolla di Urbano VIII. piu e meno sc. 500

Debiti che hà al presente l'Uniuersità alla R. C. A. (Reverendissima Camera Apostolica).

Per luoghi di monti come per Chirografo dell fel. mem. d. Innoc⁰ (Innocenzo) X⁰ del 1647 per l'atti dell'Lucarelli per estinguerne altri debiti sc. 166 000

Censi.

Da SSri (Signori) Andrea e Pietro Cittadini come per Instrumento per
li atti del Bianchi Not'o (Notaro) dell'Em⁰ Vic⁰ (Eminentissimo vicario) il di
19 Settembre 1672 (oder 1682) è notato in libro de Censi Ca. (wohl für
carta) 79   sc. 1000

Da SSri (Signori) Constanza e Giuseppe Sarazani come per Instrumento
per li atti de SSri m'ri (Signori maestri) di Strada il di 2 luglio 1674 p⁵⁰
(primo) per li atti de Niccoli Not' o (Notaro) A. C. (Apostolicae Camerae)
li 15. Geno (Gennajo) 1629 et in d⁰ lib. (detto libro) Ca. 14   sc. 800

Da detti SSri Sarazani come per Instrumento rogt⁰ (rogato) per dd (detti)
atti il di 2 luglio 1674. et in detto lib. Ca. 87   sc. 9674,2

Dal Sig⁵ Gio. Ango (Angelo) Chucchi come per Instrumento per l'atti
del Florelli Not⁰. (Notaro) dell'Em'o Vic⁰. (Eminentissimo Vicario) sotto li 18.
ottobre del 1667 et in detto lib. Ca. 41   sc. 4000

Dal Sr. Gioseppe Nauii come per Instrumento per l'atti del Lucarelli
Not⁰ Cap⁵⁰ (Notaro Capellano oder Capuano?) il di 22 Giugno 1672 et in detto
lib. Ca. 70   sc. 3000

Dalle RR. Monache de Torre di Specchij come per Instrumento per dd
(detti) atti il di 27 Giugno 1667 et in detto lib. Ca. 31.   sc. 6200

Dalle dette RR. Monache come per Instrumento per detti atti sotto li 6.
Aprile del 1668 et in detto lib. Ca. 52   sc. 1760

Dalle dd (dette) RR. Monache come per dd (detti) atti il di 14 Agosto del 1668 et in detto lib. Ca. 59   sc. 3300

Dalla Sr͏a Ortensia Verospi come per l'atti dell' olli Not͏o A. C. il di 24 Marzo del 1657 primo per l'atti del Bulgarini Notaro di Camera il di 14 Marzo 1614, et in detto lib. Ca. 22   sc. 1000

Dalli RR. PP. (Reverendissimi Padri) Secolari come per Instrumento per li atti del Tobj Not' o A. C. il di 24 Marzo 1614. e poi per l' atti del Florelli Not͏o del Em'o (Eminentissimo) Vic͏o il di 8 Nouembre del 1661   sc. 2000

Cambij.

Dal Sr. Marchese Patritij scudi quindicimi la come per Instrumento per li atti del Conti Not͏o Cap͏no al presente restano à scudi 9͏m come per li atti del Forelli il di 15 feb͏o (febbraio) 1681 e nota si nel libro Ca. 324   sc. 9000

Dalla Sr͏a Madd͏na Falconieri Gabrielli come per Instrumento per detti atti il detto gi'no (giorno) et in detto lib. Ca. 326.   sc. 6000

Dalla Sr͏a Margarita Mazzarini Martinozzi come per Instrumento per li atti del Conti Not͏o Cap͏no il di 19 feb͏o 1682 et in detto lib. Ca. 307   sc. 5000

Dalli SSri Gabrielli scudi 5000 come per Instrumento per l'atti del Palazzi Not͏o A. C. di sc. 2000 et altri sc. 3000 per l'atti dell' Olli Not͏o A. C. li 21 Genn͏o (Gennajo) 1663 et in detto libro Ca. 230 e 231   sc. 5000

Dal Sr Francesco Alfonso come per Instrumento per l' Atti del Rubino Not͏o A. C. di sc. 300 e sc. 700 per l'atti del Lucarelli il di 25 ottobre del 1661 et in detto libro Ca. 313   sc. 1000

Dal Sr Simone Morettini come per Instrumento per l'atti del Petrocchi Not͏o A. C. il di 18 Agosto 1682   sc. 1500

Dal Sr Ebanista Podosco à S. Ignatio come per Instrumento per l'atti del Malvezzo Not͏o A. C. il di 30 Agosto 1680   sc. 1000

Alla (Dalla) Sr͏a Ang͏a Tramandini come per Instrumento per l'atti del Pino il di 6 Giugno 1668 et in d͏o (detto) libro Ca. 410   sc. 700

Dal Sr Cap͏to Francesco M͏a (Maria) Ridolfi come per Instrumento per l'atti del Gotti Not'o Cap͏no il di 14 ottobre 1681 et in detto lib. Ca. 246. sc. 1500

Da Asdrugo Bisen Pupillo come per Instrumento per l'atti del Scarsella Not'o A. C. il di 2 feb͏o 1682 et in detto lib. Ca. 97.   sc. 5000

Da Isach de Sore come per Instrumento per l'atti del Cerasio Not'o dell' Hebrei Banchieri il di 7 Luglio 1643. et in detto libro Ca. 158 sc. 3079.70

Dall' Eredità del q. (quondam) Giuseppe del Monte come per Instrumento per l' atti del Pino il di 23 Gen͏o (Gennajo) dell 1667 et in detto lib. Ca. 399   sc. 1000

Dalla Compagnia di Chaim Vachese sc. 700 cive sc. 500 per l' atti del Simio il di 14 Giugno del 1665 e sc. 200 per l' atti del Pino il di 5 Agosto del 1672 et in detto lib. Ca. 333. 34.   sc. 700

Dalla scola del Tempio per lascita fatto dalla q. (quondam) Laura dolli Rossi come per Instrumento per l' atti del Pino il di 5 Agosto 1672 et in detto libro Ca. 317   sc. 600

Da Raffaello delli Rossi sc. 4000 come per Instrumento per l'atti del Barettino Not 'o de Banchieri il di 28 Giugno del 1643 che hoggi restano à scudi 2100: come per quietanza et in detto lib. Ca. 42   sc. 2100

Dalla scola Siciliana come per Instrumento per l'atti del Caioli Not'o Cap^{no} li 7 maggio 1682 et in detto lib. Ca. 341.　　　sc. 1650

Dalla scola Castiliana come per Instrumento per l'atti del Pinardi il di 25 Agosto 1678 et in detto lib. Ca. 396.　　　sc. 300

Da Samuel d'Anticoli come per Instrumento per l'atti del Pino li 23 Genn^o (Gennajo) 1667 et in detto lib. Ca. 385　　　sc. 500

Dalla scola noua come per l'atti del Simio il di 28 ottobre del 1655 et in detto lib. Ca. 402　　　sc. 150

Da Perla Volletri Vedoua come per Instrumento per l'atti del Pinardi il 15 feb^o (febbraio) dell' 1680 et in detto lib. Ca. 92　　　sc. 1800

Da Saluator de Veroli per li Pupilli sc. 1800: cio è sc. 1200 come per Instrumento per detti atti il di 29 gen^o 1679 et sc. 600 per poliza come in detto lib. Ca. 387　　　sc. 1800

Da Abram Betarbò come per Instrumento per detti atti il 25 agosto 1668 et in detto lib. Ca. 383　　　sc. 400

Dal detto come per Instrumento per l'atti del Simio li 28 ottobre 1665 et in detto libro Ca. 281　　　sc. 400

Da Ang^o (Angelo) Marini come per Instrumento per l'atti del Cerasio Not'o delli Banchieri il 25 Marzo 1645 et in detto lib. Ca. 53　　　sc. 400

Dalli lochi pij detto Talmud tora sc. 1500 e ridotti altri Cambij sc. 750 come per Instrumento per l'atti del Simio il di 8 ottobre 1667 et in detto libro Ca. 185　　　sc. 2250

Dalli detti lochi pij come per Instrumento per l'atti del Valentino. boggi Martoli il di 22 Gen^o (Gennajo) 1645 et in detto lib. Ca. 14.　　　sc. 550

Dalla Comp^a (Compagnia) della Carità della Morte come per Instrumento per l'atti del Caiola Not'o Cap^{no} li 18 Marzo 1682.　　　sc. 1500

Dalla detta Compagnia come per Instrumento per l'atti del Simio li 28 ottobre 1665 et in detto lib. Ca. 330　　　sc. 500

Dalla detta Compagnia come per Instrumento per l'atti del Pinardi il di 25 Agosto 1678 et in detto lib. Ca. 279　　　sc. 50

Dalla Compagnia delle Donne come per Instrumento per l'atti del Simio li 14 giugno 1665 et in detto lib. Ca. 277.　　　sc. 150

Da Samuel d'Anticoli come per instrumento per l'atti del Pino 23 gen^o (gennajo) 1667 et in detto lib. Ca. 377　　　sc. 500

Dalla Compagnia delle Zitelle come per Instrumento per detti atti il 19 Maggio 1667 et in detto libro a dette Carte　　　sc. 300

Da Ang^o (Angelo) Sermoneta e Samuele Ponsieri come per Instrumento per l'atti del Caioli il di 18 Marzo 1682　　　sc. 1600

Da Ventura Velletri et Abram Marini come per poliza il di 9 Agosto 1650 et in detto libro Ca. 299　　　sc. 300

Dalli Pupilli del q. Gabriel Todescho come per Instrumento per l'atti del Scarsella del Mese di Giugno 1682　　　sc. 2200

Da Leone Ambron e Giuseppe del Monte come per Poliza del mese de luglio 1676　　　sc. 1000

Da Stella del q. Aron del Borgo come per Instrumento per l'atti del Pinardi il di 17 feb^o (febbraro) 1675 et in detto libro Ca. 103　　　sc. 50

Oltre che si sono uenduti scudi 4000 di letti: cio è sc. 2000 ad Abram Modigliano e sc. 2000 à Samuel Sacerdote e tutti si sono rimessi nelli fatto-

rati passati. (Zwischen passati und Ristretto ist in der Vorlage ein grösserer Zwischenraum.)

Ristretto.

Per luoghi de Monti	sc. 166000
Censi	sc. 032734.2
Cambij	sc. 062329.70
	sc. 261063.72

21.

Im Archiv der jüdischen Gemeinde in Rom finden sich folgende Akten zur Geschichte des jüdischen Konsistoriums in Rom:

1. Handschriftlich: Decreti del Concistoro Israelitico di Roma 14 apr. 1811 al 23 ag. 1812. Die Handschrift enthält auf 12 beschriebenen Blättern die Sitzungsprotokolle mit den Beschlüssen vom 14. Juli (sio!) 1811 bis zum 23. August 1812.

2. Im handschriftlichen Libro dei Decreti del consiglio di amministrazione 14 ott. 1719 al 22 giugno 1823 sind möglicherweise auch Aufschlüsse über den Concistoro enthalten; freilich findet sich hier eine Lücke zwischen dem 10. Januar 1811 und dem 21. Mai 1814. Die Handschrift enthält allerdings nur interne Angelegenheiten der Gemeindeverwaltung.

3. Ein Druck: Descrizione della solenne Istallazione del Concistoro Israelitico eseguita in Roma il di 1 agosto 1811. Roma Nella Stamperia di Luigi Perezo Salvioni MDCCCXI. klein 4°. 27 Seiten. Die Descrizione enthält inseriert das kaiserliche Dekret d. d. S. Cloud 4 giugno 1811, durch welches das jüdische Konsistorium eingesetzt wurde, mit Nennung der 5 Mitglieder desselben, nämlich:

Leon di Leone — Gran Rabbino,
Giuseppe Samuel Benigno — Secondo gran Rabbino,
Vitale di Tivoli ⎫
Abram Vita Modigliani ⎬ Membri laici,
Sabato Alatri, ⎭

ferner den Wortlaut der Eröffnungsrede des Vicepräfekten mit der Erwiderung A. V. Modiglianis, dann den Eid der Mitglieder und eine Reihe von Ansprachen und Festliedern, bei denen zum Teil dem italienischen Text ein hebräischer beigefügt ist.

22.

Zur Musikbeilage.

EJn Newes sehr Künstlichs // Lautenbuch / darinen etliche Preambel / vnnd // Welsche Tentz / mit vier stimmen / von den berumbten // Lutenisten / Francisco Milaneso. Anthoni Rotta. Joan Maria. Rosseto. // Simon Gintzler vnd andern mehr gemacht / vnd zu samen getragen / aus welscher ihn teutsche Tabulatur versetzt / durch // Hanssen Gerle den Eltern / Burger zu Nüren- // berg vormals nie gesehen / noch im // Truck ausgangen /; MDLII. // [Gedruckt zu Nurenberg bey // Jeronimus Formschneyder.

Register diser Preambel seindt // eins vnd dreissig.... Joan Maria hat achte / das 12345678.

Register der welschen Tentz // sindt acht vnd dreissig.... Joan Maria hat sechs den 9. 10. 11. 12. 13. 14. (9, 10, 12, 14 sind Saltarelo; 11 und 13: Passe meso).

Das 1. Preambel. *Joan maria.*

Der 9. Saltarello. *Johann Maria.*

23.

Die ältesten Gemeinderegister.

In Gli studi in Italia 1881 II. und 1882 I. ist ein Einwohnerverzeichnis der Stadt Rom, nach Bezirken geordnet, aus der Zeit Leos X. von Armellini veröffentlicht. Dasselbe zeigt leider sehr grosse Lücken. Von den jüdischen Familienhäuptern sind folgende erhalten:

S. 907. Im Rione Colonna: mayᵒ Massetto hebreo.

S. 70. Im Rione Campomarzo: Daniel de Sinagoga [מבית אל].

S. 328. Im Rione Regola: Ms. Isac francese cum uno suo compagno pte.

S. 334. Das.: Manasseo hebreo.

S. 481. La casa di Virgilio de Rusticis habitano certi iudey lavorano et texano paßi a nome di miser Juliano Leno.

S. 483 f. Im Rione Sant' Angelo: Bonadora hebrea. Mayᵒ Leone hebreo medico tutti pesonati del ditto. Abraam Ascarel. Jacob de Abraam. Symon spagnolo. Isac Abutar [אביתור ?]. Isac Avecito. Salamon als [alias] ditto Sircocha tavernaro. Joseph. Angelo banchero. Et uno altro judeo che ne se vole apolezar.

28*

Ein vollständiges Register der Familien mit deren Kopfzahl aus der Zeit Clemens VII. (vor 1527) veröffentlichte Gnoli im Arch. rom. della soc. di storia patria 1894. Das in vieler Hinsicht hochinteressante Register konnte leider nicht mehr verwertet werden. Die folgende Aufzählung enthält nur die durch ein beigesetztes hebreo kenntlichen Namen.

S. 415. In der Regio di Campo Martio:		Bondi	3	Moyses	8
Emanuel	5	Mira	1	Moyses de Rinano	3
S. 455. Regio Parionis:		Lion	5	Espasoleto	8
Leon Gateno [Gatigno]	12	Simon	3	Ysac	2
Isac paduanus	14	Sabato	3	Salamon	3
Moyses	8	David	4	S. 496. Regio S. Angelo.	
Rospo sartor	15	Isac Sacanino	3	Abraam hispanus	5
S. 470. Regio Regulae:		Saule	7	Salamon phisicus	5
Ventura	5	Josepe	2	Moyses matarasarus	2
Sabathuco	8	Salamon Macinin	6	Vitalis sutor	●5
Ysac	6	Astrua ebrea	2	Moyses pizigarolus	4
Servi Jdio [עבדיה]	2	Lia ebrea	10	Sabatinus veteramen-	
Datolo [יואב]	3	Josepe Rumo	2	tarius	6
Salamon	2	Abraam	4	Moyses veterament.	5
Vital	2	Salamon Corcas [l. Cor-		Salamon veterament.	5
S. 477. Astruc	3	cos]	3	Jacob de Moyse sutor	3
Ventura	8	Ysac	5	Simon Calcetarius	4
Bran de Salamone	2	Gabriel	4	Gentilis hebrea	3
Ventura	9	David de Vagalude	5	S. 497. Aramantinus de	
Moyses	4	Helia	2	Recanate	5
Lusfro	6	Diana	6	Stella	2
Melo	4	Lion sartor	4	Simon	4
S. 478. Heli	7	Ysac Columbo	4	Moyses	3
Angelo	4	Josepe	2	Flora	1
Michael	3	Josepe	7	Ella	4
Joseph Sacerdote	3	Salamon di Blanes	4	Bonaventura hebrea	4
Vital	4	Isac Usilo (אוסילין)¹	7	Moyses	3
Moyses	6	Raphael	3	Symeon teutonicus	4
Samuel	4	Abraam	4	Leo sutor	4
Angelo francese	4	Erone	4	Bolestella	5
Bonomo	3	Angelo	4	Stella	2
Salomon	15	S. 479. Abraam tudesco	2	Camilla	4
Angelo Dato	7	Neron	2	Gentilis hebreus	2
Lion	4	S. 480. Raphael	6	Dulce Bella	2
Abraam	5	Simon	5	Rica	2
Prosper	3	Eli	5	Ventura veteramentarius	4
Abraam	4	Ysac yspano	4	Consiglius teutonicus	2
Abraam	5	Aron romano	3	Moyses Satinius textor	6
Salomon	8	Salvadio	5	Vitalis veteramentarius	3
Lazaro	8	Salamon	9	Ammon hyspanus sutor	7
		Angelo	7	Isac sutor	2

¹) In den Akten 21. März und 1. Marheŝwan 1536; vgl. S. 82.

Isac catalanus sutor	5	Bella Stella vidua	7	Sabbatucius	8
Isac veteramentarius	4	David tessitor	9	Jacob Brudo	5
Abraam sutor	6	Isac lanternarius	6	David veteramentarius	3
Isac Nattas¹ veterament.	4	Jacob veteramentarius	5	Moyses veteramentarius	6
Filadora vidua	3	Elias veteramentarius	7	Ansalmus	3
Donna vidua	1	Joseph de Lucoli vete-		Simon siculus	5
Moyses veteramentarius	3	ram.	5	Guillelmus cartularius	4
Estrucha hebrea	3	Salomon tinctor et sutor	6	Isac venditor pannorum	3
Regina vidua	3	Guillelmus [Beniamin]		Abraam venditor panno-	
Benettus sutor	2	sacerdos Judeorum	10	rum	2
Hebrea vidua	3	Moyses veteramentarius	6	Abraam veteramentarius	3
Josep calzolarius	2	David	8	Simon sutor	4
Moyses	10	Leo doctor	7	Prosper sutor	5
Angelus	3	Vitalis	4	Perna vidua	4
Abraam	7	Joseph	3	Salamon	4
Josua veteramentarius	3	Emaneul (!)	5	Emanuel	6
Santes veteramentarius	5	S. 498. David pollarolus	9	Salamon di li Panseri²	4
Leo	2	Angelus Saleo veteram.	6	Angelus	3
Isac veteramentarius	3	Angelus de Ancicha	10	Salamon	7
Prosper	6	Savius venditor vini	7	Salamon de Terracina	4
Sabbatinus siculus	5	Jacob acconciator di		Isac sutor	3
Moyses sutor	7	calse	5	Abraam Cavis calzolarius	4
Angelus provincialis	7	Arogia Gentilis	4	David calzolarius	4
Leo Mahottus	3	Sabon hebrea veteram.	4	Columbus	6
Salamon sutor	4	Moyses calzolarius	4	Moyses mariscalcus	2
Mira sutrix camisaria	3	David calzolarius	5	Bonsue velero	6
Vitalis teutonicus	6	Nora vidua	2	Leo venditor pannorum	3
Emanuel venditor panni	8	Abraam zupolinus	2	Strucus Barro	2
Melusius	6	Angelus	2	Heber sutor	9
Vitalis teutonicus	5	Jacobus de Piperno	7	Stella	3
Simeon	4	Rosella vidua	3	Simon	4
Isac venditor pannorum		Tiullus mandatarius		Angelus Mutus	6
veterum	2	[שליח]	5	Abraam Rubolese	2
Tregus [טרינו]	5	Enea Mella	3	Marzochus	4
Abraam medicus	8	Argia vidua	6	Cioca tripolesius	7
Joseph calzolarius	4	Abraam sutor	2	Rachelle	1
Salamon calzolarius	5	Vitalis	6	Elias de Micinelle	4
Brunetta sutrix	2	Morescus de Morea	6	Abraam sutor hispanus	1
Simon venetus	2	Sabatinus	6	Morescus tripolesius	3
Mella hebraea lanaria	2	Banchorus	6	Aron piscator	7
Moyses veteramentarius	5	Isac morescus sutor	7	Moyses ang.	9
Bertilus bastarus	11	Jacob medicus	5	Abraam Josepi	8
Jacob de Viterbis	8	Bergantinus	7	Josapus	3
Salamon	5	Joannes de Luce hebreus	4	S. 499. Rosa	3
Moyses	9	Beiamiez [Beniamin?]		Elias	5
Jorius medicus	6	cartularius	13	Micinellus	6

¹) Lattas?

²) Vgl. S. 270 Anm. 5 u. S. 438.

Elias macellarius	6	Abraam venditor panno-		Simone	3
Jacobus de Elia	5	rum	5	Gabriele	6
Abraam magister schole	6	Mel pelliciarius	5	Sabbatuccio	10
Bartilus	7	Isac	2	Abraam	2
Abraam perusinus	5	Josep	5	Dattolo	7
Contius macelarius	6	Isac	9	Isac	3
Grattiolus de Oehiatin	3	Leo cartarius	8	Gratiosa	5
Beniaminus macelarius	12	In eadem domo Mona-		Angela	2
Moyses Roselli [רשילו]	5	chus ebreus.		Gratiano	4
Sabato tabernarius	5	Jo. Baptista de Canistro		Angelo	4
Josepus	5	hebreus	4	Joseph	5
Josepus siculus	3	S. 501. Bernardus	1	Bonadiuto	1
Seppe	7	Leo tessitor	10	Abraam	5
Josepus	7	Jacobus bastarius	9	Alexandro	8
David macellarius	6	S. 502. Moyses	7	Mosci	5
Saron [Aaron?]	7	Simon	3	Leon	2
Angelus	5	Diodora vidua	5	Astruccio	6
Leo	4	Abraam	2	Salamon	3
Moyses	6	Leo	6	Angelo	6
Saltabastance	2	Joseph	4	Rosa	6
Rosa siecula	6	Josep	6	Bonaventura	3
Sabatus	3	Rosellus	2	Simon	2
Elias Sabati	5	S. 503. In eadem domo		Salamon	4
Leo venditor ferri vecchi	5	cuiusdam hebrei.		Sabato	2
Moyses tripolinus	3	David sacerdos Hebre-		S. 508. Ventura	5
Simon siculus	4	orum	2	David	6
Maro	5	Moyses veteramentarius	6	Sarra	2
Anchelinus	5	Isac de Sabatucio	8	Gentelesca	2
Josepphus	3	Vitalis	3	Moscetto	4
Jacob siculus	5	Isac teutonicus	2	S. 509. Raphael	2
Isac tribolinus	2	Corosus	4	Regio Transtiberim:	
Angelus	6	Abraam	6	S. 518. Gutone iudeo	5
Aron	3	Sabbatucius	5	Sabato iudeo	6
Servadio	6	Moyses	6	Gratianus iudeo	3
Isac spadarius	8	S. 504. Gentilis hebrea			
Salamon ferravecchio	7	senensis	2		
Sabbatucius macellarius	4	Salamon	6	Es wohnten also, so weit	
Josepus bastarius	5	Joseph	4	das aus dem Register er-	
Moyses	9	Leo phisicus	8	sichtlich ist, in der Regio	
Bonaiuto	5	Angelus sutor	6	Campo Martio	5
Leo portugaliensis	5	Jacobus h. in eadem		Parionis	49
Nora vidua	9	domo.		Regulae	356
Magnanus	1	Regio de Ripa:		S. Angelo	1169
Ventura	4	Salvatore de Capua	7	Ripa	145
Gratiosa	4	Mosce	6	Transtiberim	14
S. 500. Piciottus	4	S. 507. Mosce	3	In Rom 1738 Ju-	
Cain (?)	3	Sabbatucio	3	den bei einer Gesamtbe-	
Paulus teutonicus hebr.	4	Servo	1	völkerung von 55035 Ein-	
				wohnern.	

Berichtigungen.

Anm.: Druckfehler, welche als solche leicht kenntlich sind, sind im folgenden nicht verbessert.

S. 2 Z. 19. Statt Amnestie l. Ausnahmestellung.

S. 5 Anm. 2. Vgl. Ms. ital. Berlin 9 fol. p. 274ᵃ.

S. 6 Z. 24. Statt den l. einen .

S. 24. Die Erzählung, dass sich die röm. Gemeinde geweigert habe, die spanischen Exulanten aufzunehmen, beruht wahrscheinlich auf einer Verwechslung mit einer Begrüssungsgesandschaft aus Avignon (Juni 1493), welche Alexander bat, die spanischen Juden nicht aufnehmen zu müssen und die wegen dieser Bitte vom Papste mit einer Strafsumme belegt wurde (Bulletin hist. et arch. de Vaucluse 1879 S. 62).

S. 39 Anm. 5. Serie V, tomo 2.

S. 52 Z. 13. Nach: Verona ist das Komma zu streichen.
Anm. 2. Calo Calonymos [Kalonymos b. David] aus Neapel war der Schwiegervater des Eliah Menahem Halfon (Steinschneider Hebr. Übers. 200, 333, 551, 637. 642, 984.

S. 74 Anm. 3. Dattilo (Joab) b. Raffaele de Rieti 1524 (REJ. 1893. 146) hinzuzufügen.

S. 75 Anm. 17. Statt Revere l. Rovere.

S. 78 Anm. 9 l. ריי״ן.

S. 92 Z. 23. Statt Šemuel Zarfathi l. Jakob b. Immanuel de Lattes.

S. 96 Anm. 3 l. gymnasio.

S. 121 Z. 11 ist „der sogenannte Apollo als Violinist im Parnass" zu streichen.
Z. 13 l. In dem Apoll als Violinist im Parnass.
Z. 17. Statt „Apollo" l. „Violinspieler". Zur Sache vgl. Passavant, Rafael von Urbino und sein Vater (1839) IL 99; Crowe & Cavalcaselle, Raphael (deutsch v. Aldenhoven) II. 328 f.

S. 123 Z. 24. Statt Lewi l. Khohen.

S. 166 Anm. 1. Statt 572 l. 5172.

S. 175 Z. 24. Nach (1581) ist das Komma zu streichen.

S. 193 Z. 20 l. verpflichtete.

S. 209 Z. 26 l. מיכם.

S. 231 Z. 13. Statt Innocenz l. Clemens.

S. 252 Z. 16 l. Tag und Nacht.

S. 270 Anm. 5. Šelomoh delli Panzieri 1524 (REJ. 1893. 146) hinzuzufügen. Derselbe ist auch im Register S. 436 genannt.

S. 286 Z. 21 l. Safed.

S. 294 Z. 3 l. auf dem der Vers Ješaja 65, 2 mit grossen . . . Lettern zu lesen war.

In der Musikbeilage S. 434 f. sind folgende Stellen zu verbessern:

Im Preambel ist Zeile 1, Takt 3 der letzte Akkord durch ein d (im oberen System) zu vervollständigen; desgl. Zeile 4, Takt 1 der erste Akkord durch ein ebensolches d (halbe Note mit Punkt). Zeile 7, Takt 3 ist vor die erste halbe Note im Bass (h) ein Auflösungszeichen zu setzen; die zweite halbe Note im Bass ist in demselben Takte g. Zeile 8, Takt 1 ist im Bass eine vierte halbe Note d einzufügen.

Im Saltarello Zeile 1, Takt 5 ist ein sic! einzufügen. Zeile 3, Takt 4 ist die erste Note im Bass (d) ¼ Das., Takt 5 ist der Punkt bei der letzten Bassnote (g) zu streichen. Zeile 4, Takt 1 ist das zweite Sechszehntel der Oberstimme e (nicht d).

Register der Eigennamen

29*

Lippert & Co. (G. Pätz'sche Buchdr.', Naumburg a.S.